KB069585

2판

현대 교육과정 탐구

강현석 저

Exploring the Modern Curriculum

학지사

📖 2판 머리말

한 나라의 교육에 대한 기대와 비전에 따라 그 나라의 운명이 결정된다고 해도 과언이 아닐 정도로 교육의 중요성은 아무리 강조해도 지나치지 않다. 교육이 중요하다는 점은 모두가 공감하면서도 교육을 구체적으로 어떻게 실천할 것인가 하는 지점에서는 정교한 방법이나 타당한 의견을 찾아보기가 드문 것이 사실이다. 이러한 어려움을 해결하는 분야가 교육과정 분야이다. 교육과정은 교육의 일반 내용과 방법에 대해서뿐만 아니라 특정 교과를 가르치는 측면에서도 일정한 방안을 제공하는 데에 중요한 역할을 수행하는 분야이다.

이러한 중요성을 지니는 교육과정 분야는 교사양성 대학에서 여러 교직이론 과목의 하나로 예비 교사들에게 가르치게 되거나 심지어는 이 과목을 이수하지도 않아도 교사자격증을 취득하는 데에 지장이 없을 정도로 제도적으로 허술하게 운영되고 있다. 학교의 운영이 바로 교육과정에 의해 이루어지고 있음에도 불구하고 예비 교사들이나 현직 교사들은 교육과정을 하나의 문서 정도로 이해하는 경향이 강하다. 이러한 상황은 우리 모두의 책임이 크다. 본 연구자는 이러한 문제를 타개하고 교육자들에게 보다 참다운 교육을 실천할 수 있게 도움을 주는 방법은 교육과정 분야의 저서를 부단히 연구, 발표하는 길이라고 생각하고 있다.

본 개정판은 이러한 문제의식에 비추어 그간의 내용들 중에서 시의성을 반영해야 하는 부분을 중심으로 다소간 보강하여 이루어졌다. 주지하다시피 교육과정 분야는 교육정책이나 제도와 밀접하게 관련되어 있어서 정책 변화나 흐름에 민감하게 맞추어 수정해야 하는 부분들이 존재한다. 이번 개정판 역시 이러한 점을 반영하여 몇 가지 측면에서 내용을 수정, 보강하였다.

첫째, 최근 교육과정 개정에 맞게 시의성에 부합하도록 국가 교육과정 부분을 삭제, 보강하였다. 특히 부록에 제시되어 있던 과거 교육과정 총론 문서를 삭제하고 최근 총론 문서로 대체하였다. 이에 따라 본문의 내용도 변경하였다.

둘째, 한국 교육과정의 역사와 유형 부분에서 최근 교육과정을 중심으로 수정, 보강하였다. 2015 개정 교육과정의 추가, 창의적 체험활동의 보강, 특별활동의 삭제를 통하여 최근의 국가 교육과정 변화를 포함하였다.

셋째, 국가 교육과정 개발의 절차에서 기존의 방법 외에도 최근 2015 개정이나 2022 개정에서의 숙의 절차나 공론화 방식에 대한 부분을 추가하였다. 기존과는 다르게 최근에 국가 교육과정은 전문가 중심에서 소위 다수 이해당사자들을 직접 참여시키는 형태를 취하고 있으나 이에 대한 비판도 적지 않은 편이다. 특정 이념에 경도된 거버넌스의 채택보다 중요한 것은 진정한 교과교육이 가능하도록 국가 교육과정 기준—학교 교육과정 실천 기준—대학입학 기준이 일관되게 연계되어 교육과정이 안정적으로 구현되게 하는 것이다.

넷째, 최근 교육과정에서 강조하는 단위학교 교육과정 편성 · 운영 부분을 수정하였다. 교육과정의 최종 도착지는 학교단위에서 교육과정을 편성하고 운영하는 것이므로 이 부분을 보다 자세하게 제시하였다. 늘 국가 교육과정, 지역 교육과정과의 연관 속에서 학교 교육과정이 보다 풍부하게 편성, 운영되기 위해서는 교사의 교육과정 전문성이 강화될 필요가 있을 것이다.

다섯째, 교육과정의 최근 동향 부분에서 내러티브 교육과정 모형과 OECE 학습 나침반 내용을 추가하여 관련 내용을 보강하였다. 이 부분은 최근에 강조되는 구성주의 교육과정과 역량 교육에 대한 최신 내용을 보강하는 차원이다.

여섯째, 한국교육과정의 발전 과제에서는 창의성과 고급 사고력 개방에 대한 부분을 추가하였다. 이 부분은 최근 역량기반 교육과정이나 창의 융합형 교육과정 설계 부분과 관련이 있는 부분으로 교사들의 교육과정 설계 전문성을 드높이는 데에 도움을 줄 것으로 기대한다.

흔히 책은 세상에 나올 때 자신의 운명을 갖고 나온다고 한다. 이 책도 자신의 운명을 갖고 태어났다. 2011년에 태어나서 이제 10년이 지난 나이를 지니고 있다. 이 책이 예비, 현직 교사들의 교육과정 전문성을 어느 정도로 갖추게 해 주었는지 부끄러움이 앞선다. 10년이 지나는 동안 한국 사회도 변하였고, 학교 교사 문화, 학부모 문화도 많이 변하였다. 특히 우리 학생들 세대도 급속하게 IT 세대로 바뀌었다. 더욱이 국가 교육과정도 서너 번 바뀌었다. 그 와중에 수업 자료로 시의성을 적절하게 반영하였지만, 금번 개정을 통하여 교재 안에 그 내용들을 포함시키고자 하였다. 그럼에도 불구하고 여전히 미흡한 부분이 많을 것이다. 독자 여러분의 질정을 바라 마지않는다.

사실 이 책은 여타의 교육과정 책들보다 다소간 학부생들에게 강의하는 데에 어려운 부분이 존재한다. 그 이유는 이 책이 역사적으로 큰 범위를 깊이 있게 다루고 있기 때문이다. 특히 개론서와 다르게 필자의 생각이 여러 장에서 일관되게 표현되는 이론서의 형태를 취하고 있기 때문이기도 하다. 임용 수험서의 형태인 강의용 교재로서는 역설적으로 적합하지 않은 측면이 있다. 그럼에도 10년 이상 독자들의 사랑을 받아 왔으며, 이번에 새로 개정 작업을 통하여 그 관심에 작게나마 보답하고자 어쭙잖은 마음을 먹어 본다.

어려운 출판계의 사정에도 불구하고 두꺼운 분량의 개정판을 출간하는 데에 큰 도움을 주신 학지사의 김진환 사장님 이하 편집부 관계자분들께도 깊은 감사를 드리는 바이다. 출판사 내부의 출간 일정이 어려움에도 흔쾌히 일정을 서둘러 수강생들에게 피해가 가지 않도록 깊은 배려를 해 주신 관계자분들께 다시 한번 더 감사를 드린다. 동시에 창립 30주년을 다시 한번 더 축하드리며 학지사의 교육계 발전 공로에 깊은 감사를 드리는 바이다. 교육과정 관련 저서를 품질 좋게 출간하여 교육과정의 저변을 확대해 오는 만큼 연구자로서 깊은 연구와 현장의 아픔을 개선하는 일로 상호발전을 기대해 본다.

모쪼록 금번 개정판을 통하여 교육과정에 대한 깊이 있는 이해를 발전시키고 시의성이 있는 내용에 대한 능동적인 이해로 자신의 교육과정 전문성 향상에 자그마한 도움이 되기를 간절히 소망해 본다. 개정판 준비를 위해 연구실에서 도움을 준 박사과정 김수영 선생님과 노진규 선생님, 마징이 선생님께 감사를 드린다.

복현 동산에서 저자 강현석 씀

🔍 1판 머리말

학교교육에서 가장 핵심적인 일은 교과를 교과답게 가르치는 일이다. 국어를 국어답게 가르치고 수학을 수학답게, 과학을 과학답게, 미술을 미술답게 가르치는 일이다. 교과를 제대로 가르치려면 자신이 가르치는 교과에 대하여 여러 가지 사항들을 제대로 알아야 한다. 수많은 것들 중에서 어떤 내용을 어떻게 골라서 가르쳐야 하는지, 왜 가르쳐야 하는지, 어떻게 가르쳐야 하는지, 제대로 가르쳤는지 또는 학생이 제대로 학습했는지를 어떻게 알 수 있는지 등등의 문제를 제대로 알아야 한다. 이러한 문제를 연구하고 탐구하는 분야가 교육과정이다.

이런 점에서 교육과정은 학교교육의 핵심을 이룬다. 우리의 학교는 교육과정을 중심으로 운영된다. 교사가 가르치는 내용이나 학생이 학교에서 경험하는 모든 것들이 교육과정과 관련된다. 그리고 엄밀하게 말하면 교사가 자신의 전공 교과를 가르치는 경우에도 교과의 '교육과정'을 가르치는 것이지 '교과서'를 가르치는 것은 아니다. 그런데 아직도 교육과정을 무시하고 교과서에 얽매어 교과서 내용을 금과옥조로 여기면서 진도 나가기 식의 수업에 여념이 없는 경우를 자주 볼 수 있다. 과거에는 교과서 중심의 교육 시대였다면 이제는 교육과정 중심의 교육 시대로 변화하고 있다. 따라서 우리가 교육을 제대로 하고 교과를 제대로 가르치려면 교육과정을 잘 알아야 한다.

이러한 연유로 교사를 양성하는 대학에서는 교육과정을 교사들에게 반드시 가르치도록 하고 있다. 교육과정을 모르고서 전문적인 교사로 성장한다는 것은 상상하기 어려운 일이다. 학생의 학습을 지원하고 심층적인 학습으로 발전하도록 조력해 주고, 교사의 삶을 가치 있게 구성하려면 우리는 교육과정에 대하여 제대로 된 눈을 가지고 탐구해야 한다.

이제 한국에서도 교육과정을 연구하고 전공하는 사람들이나 교사양성 단계나 교사교육 단계에서 교육과정의 중요성을 인식하는 사람들이 늘어나고 있는 실정이다. 이러한 실정에 맞게 그간 이 분야에서도 다양한 유형의 저서들이 출간되었으며, 양적으로도 많은 성장을 보이고 있다. 전공자의 증가, 학교교육에서의 위치, 연구자의 다변화, 교원임용시험의 변화, 교과교육과 교과내용학 전공자들 간의 역학관계, 교육학 내 세부 전공들의 이해관계 등의 사정을 감안한다면 교육학 전공자들은 새로운 탐구의 눈을 찾아 나서야 한다.

이러한 사정에 비추어 보면 이제 교육과정 전공 분야의 책들에도 교직 과목의 수준을 넘어서는 내용들이 포함될 필요가 있다. 교육학 혹은 교육과정을 교직 과목의 수준으로 인식하는 한 교육학과 교육과정의 발전은 어려울 것이라는 것이 필자의 생각이다. 생각을 이렇게 거창하게 말해 놓고 나니 부끄럽기 짝이 없다.

그러나 이 책을 집필하면서도 독자층을 염두에 두지 않을 수 없었다. 교육학 전공자나 교육과정 전공자뿐만 아니라 교직 이수생들도 감안하여 내용을 다루어야 하기 때문이다. 그러나 보니 책의 성격이 다소간 어중간하게 되었다. 교직 과목 수준의 책도 아니고 전공 분야의 이론서도 아니고 약간 이상하게 되어 버린 느낌이다. 하지만 책을 집필하는 동안에 양자의 입장을 절충하려고 애는 많이 썼다.

현재 교사양성 단계에서는 교직 과목과 관련해서 대학 자율로 설정한 '교육과정'이나 '교육과정 및 평가'를 학생들이 이수하고 있다. 이 책도 과거 집필한 『교육과정 및 평가』의 내용들로부터 많은 도움을 받았다. 이 책을 집필하게 된 기본 의도도 교육과정 부분만을 독립하여 가르칠 필요가 있어서 내용을 새롭게 정리 보충하여 집필하게 되었다. 과거 책의 개정판이라고 하기에는 내용 변화가 너무 많고 내용의 수준도 다소 어려워졌다.

앞에서도 언급하였듯이 교육활동에서 가장 중요한 것은 아마도 '교과를 가르치고 배우는 일'일 것이다. 교과를 가르치고 배우는 일은 이 과정에 참여하는 사람의 특별한 관심과 몰두를 필요로 한다. 교수-학습 과정에서 교사와 학습자는 교육내용(교과)을 매개로 하여 만난다. 교육과정과 교육평가의 이론과 실제는 여기에서 출발한다. 본서는 학교 교육체제의 실체를 규정하는 중요한 영역인 교육과정의 문제를 교사 혹은 예비교사로서 이론과 실제의 측면에서 논의하는 데 관심을 둔다. 교과내용을 가르치고, 그 가르침을 확인하고 평가하는 과정을 통해 교사와 학생의 삶은 성장하며 그것이 어떻게 가능한지를 간략하게나마 공부해 볼 수 있는 기회를 가지게 된다. 교과내용을 잘 가르치고 교육적으로 평가하는 것은 교육의 본래적 임무다.

이 책은 여러분이 학교 교육실제에 활용할 수 있는 교육과정과 관련한 지식과 기능, 태도나 가치관을 습득하는 데 도움이 되도록 집필되었다. 구체적으로 역점을 둔 것은 다음과 같다.

첫째, 교육과정에 관련된 사실이나 구체적 정보, 핵심 개념과 원리를 중심으로 구성하였다.

둘째, 전공 교과의 토대가 되는 교육과정의 문제를 이론과 실제의 차원에서 종합적으로 고려하고자 하였다.

셋째, 교육과정 학문 분야의 전공 지식과 학교 상황에서의 실천적 지식을 염두에 두면서 양자를 절충하고자 노력하였다.

넷째, 교육과정에 대한 특정한 입장이나 이론에서 내용을 다루기보다는 교육과정 현상이나 활동을 교사들이 포괄적으로 이해할 수 있도록 다양한 입장이나 관점들을 다루고 있다.

다섯째, 이 책에서 다루고 있는 내용들은 과거『현대 교육과정과 교육평가』(2004)『교과교육학의 새로운 패러다임』(2006)이라는 책의 내용들이 근간이 되었다. 특히 15장과 16장에서는 2006년도의 단행본 책을 많이 인용하고 있다. 하지만 단순히 내용을 개정한 차원을 넘어서서 새롭게 내용을 보충하고 추가하여 완전히 새롭게 집필된 부분이 많다. 그리고 어떤 내용들은 필자의 이전 논문(2000~2010)과 단행본 책들을 참고하였음을 밝힌다.

이 책은 이상의 주안점을 중심으로 하여 총 16개 장으로 이루어져 있다.

1장에서는 교육과 교육과정의 문제의식을 기반으로 교육과정의 개념을 보다 쉽게 이해하기 위하여 우선 교육과정의 정의와 이미지를 살펴보고 교육과정과 관련된 유사 용어, 교육과정 의미의 본질과 특성, 교육과정의 다양한 영역을 논의하고 있다.

2장에서는 교육과정의 역사를 탐구하고 있다. 역사를 크게 외국의 역사와 한국의 역사로 나누어 살펴보고 있다. 외국의 역사에서는 주로 미국을 중심으로 각종 위원회와 보고서를 통하여 가르쳐야 할 교육내용과 관련한 이슈들을 살펴보고 있다. 특히 교육과정 구성법의 발달사를 살펴봄으로써 20세기 초반의 교육내용을 선정하고 조직하는 문제를 다양하게 알아보고자 하였다. 한국의 역사에서는 주로 국가 수준에서 교육과정을 개정한 주기에 비추어 주요 변화를 간략하게 살피고 있다.

3장에서는 교육과정의 유형을 다양하게 소개하고 있다. 우선 편제상의 유형과 학교에서 작용하는 유형을 다루고 있다. 그리고 크게 세 가지 측면, 즉 개념상의 유형, 의사 결정 수준상의 유형, 내용 조직상의 유형 등으로 구분하여 다루고 있다. 특히 하나의 교육과정이 만들어져서 실행되고 평가되는 과정 속에서 다양하게 작동되는 메커니즘을 유의할 필요가 있다.

4장에서는 교육과정을 설명하는 이론과 관점에 대해서 논의하고 있다. 교사들이나 교육자들은 어떠한 이론과 관점을 견지하느냐에 따라 교육과 교육과정을 보는 눈이 달라지고, 심지어 학교 교실에서의 수업에 임하는 자세도 달라진다. 이러한 교육과정의 이론과 관점은 교육과정 개발 시에 어떠한 교육과정을 개발할 것인가 하는 교육과정 구상과 개발의 관점에 영향을 미친다. 그리고 교육과정을 이해하는 입장이나 교육과정의 지향점과도 관련이 있다. 교육과정 이론에서는 기초 이론과 핵심 이론으로 구분하여 각각을 설명하고 있으며, 관점에서는 교육과정 사회학과 교육과정 철학을 추가 설명하고 있다.

5장에서는 교육과정의 설계를 다루고 있다. 아무리 훌륭하고 이상적인 교육적 아이디어라도 교육과정 설계를 통하여 구체적인 교육 프로그램으로 구체화되어야 한다. 여기에서는 설계의 개념과 구조, 대표적인 설계 이론과 설계 유형, 그리고 최신 설계 동향을 소개하고 있다.

6장에서 10장까지는 교육과정 개발의 문제를 다루고 있다. 교육과정 개발 활동은 다양한 수준과 모형에서 전개된다. 여기에서는 개발의 기초 지식, 개발 모형, 개발 과정에 대한 다양한 관점, 개발 절차 등이 다루어지고 있다. 그리고 교육과정 개발의 구체적 산물로서 단원 개발의 문제를 자세히 다루고 있으며, 국가 수준에서 단위학교 수준에 이르기까지 개발의 다양한 수준과 학교 교육과정 개발의 문제를 다루고 있다. 최근에는 학교 교육과정이 강조되고 있으며 예비 교사들은 이 문제를 잘 이해하고 있어야 한다.

11장에서는 개발된 교육과정을 현장에 적용하는 실행과 운영상의 문제를 다루고 있다. 교사는 교육과정 실행과 운영 주체로서의 역할을 다해야 한다. 여기에서는 실행의 개념과 영향 요인, 실행의 관점, 실행의 문제로서 교수 모형, 교육과정 운영과 교사의 역할, 학교 교육과정 컨설팅의 문제를 살펴보고 있다.

12장에서는 교과서와 교육과정 재구성의 문제를 다루고 있다. 교사의 전문성이 가장 잘 드러나는 영역이 교육과정 재구성 문제다. 여기에서는 재구성의 근거와 개념, 재구성의 유형, 재구성 전략을 다루고 있다. 특히 재구성 전략으로 교육과정 해석, 내러티브, 내용교수지식을 탐구하고 있다.

13장에서는 교육과정 평가를 다루고 있다. 교육과정을 개발하고 나면 그것을 실행에 옮겨 보고 난 후에 그 효과를 알아보아야 한다. 교육과정 평가에서는 평가의 개념, 평가의 쟁점과 성격, 교육과정 평가의 모형을 논의하고 있다.

14장에서는 교육과정 연구의 문제를 다루고 있다. 교육과정 분야가 학문적으로 발전하려면 연구문제가 심층적으로 논의되어야 한다. 여기에서는 교육과정 연구의 세 가지 패러다임, 여러 가지 다양한 연구방법들을 간략하게 소개하고 있다.

15장에서는 교육과정의 최근 동향을 간략하게 소개하고 있다. 최근 동향으로는 교육과정 차별화, 다문화 교육과정, 이해중심 교육과정, 구성주의 교육과정, 내러티브 교육과정, 통합 교육과정, 기준 교육과정 운동, 역량중심 교육과정, 교과교육 이론의 동향을 살펴보고 있다.

마지막으로 16장에서는 여러 가지의 발전 과제들을 설정하여 간략하게 살펴보고 있다. 여기에는 이해중심 교육과정의 심화 · 발전, 교과 교육과정 개발의 과제, 창의성과 고급 사고력 개발을 위한 교육과정 설계, 교육과정 일치도, 신 교육목표분류학의 발전, 브루너의 문화 구성주의의 탐구, 교과교육에 대한 체계적 연구 등이 있다. 이 내용들은 필자의 연구(2006)의 일부분을 전재(全載)함을 밝힌다.

교육과정을 탐구하고 교육과정과 관련된 강의를 하면서 교육과정 전공이나 연구자, 교직 과목 수강생들과 일선 교사들의 요구와 어려운 점을 고려하여 집필하려고 하였으나 의도한 바에 비추어 너무 많이 미흡하고, 부족한 점이 한두 가지가 아니다. 이 책에서 다루고 있는 내용들은 교육과정 분야에서 최근의 내용과 매우 일반적으로 논의되고 있는 사항들을 중심으로 구성되어 있다. 따라서 그 내용들은 학문적 동향을 감안하고 실용적인 수준에서 재구성되었으며, 교원임용의 현실적 여건을 동시에 고려하고자 하였다. 이런 점 때문에 내용의 질과 수준에서 많은 허점이 있을 것으로 예상되므로 앞으로 많은 수정과 보완을 하고자 한다. 이 점에 대해 독자들의 많은 지도와 격려를 부탁드린다. 특히 예비 교사들과 현장 교사들의 많은 지도 · 조언을 기대한다. 그리고 책의 출판을 흔쾌히 허락해 주신 학지사 사장님 이하 관계자 여러분께 깊은 감사를 드린다. 특히 오랫동안 과거에 집필한 책을 수강해 준 학생들에게 감사의 마음을 전하며, 학생들의 반응이 이 책을 다시 집필하게 해 준 큰 계기가 되었다. 이런 점에서 이 책의 출간 동기는 전적으로 학생들인 셈이다.

2011. 8.
저자 강현석

차례

제16장 한국 교육과정의 발전 과제 ······ 595

부록

제1장 교육과정의 개념

이 장의 주요 목표

▷ 교육과정의 다양한 정의와 이미지에 담긴 의미를 이해할 수 있다.

▷ 자신의 교직 생활을 안내할 만한 가치를 지닌 교육과정의 개념을 구성할 수 있다.

▷ 교육과정의 유사 용어와 영역 구분을 통하여 교육과정의 성격을 이해할 수 있다.

▷ 교육과정의 의미의 본질과 특성을 설명할 수 있다.

우리가 학교생활을 하면서 가장 많이 듣게 되는 단어 중의 하나는 교육과정이라는 용어일 것이다. 교육과정이라는 용어는 도대체 무슨 의미를 지니고 있는가? 교육과정(敎育課程)은 우리에게 친숙한 용어이면서도 그 정확한 의미를 파악하는 데에 많은 어려움이 있다. 왜냐하면 교육과정이라는 용어가 여러 가지 의미를 지니고 있고, 사용하는 사람에 따라 시대와 장소에 따라 그 의미가 상이하기 때문이다. 그런데 교육과정의 개념이 중요한 이유는 어떠한 의미로 교육과정을 사용하느냐에 따라 자신의 교실 수업과 학교생활에 대한 생각과 의미가 달라지기 때문이다. 따라서 교사의 교직 생활에 가장 큰 영향을 미치는 것은 교육과정이라는 개념과 교육과정에 대한 교사의 이해 방식이라고 볼 수 있다. 그러므로 이 장에서 우리는 최우선적으로 교육과정의 개념, 유사 용어, 의미와 본질, 교육과정의 영역을 살펴보기로 한다.

1. 교사와 교육과정

1) 학교생활과 교육과정

이 책을 통해 독자 여러분은 학교에서 가르쳐야 할 것은 무엇이고, 학교교육에서 교과 수업을 제대로 하기 위해서 우리가 알아야 할 것은 무엇인지에 대하여 생각해 보게 될 것이다. 이 책에서 사용하는 교육과정이라는 용어는 학교가 제공하는 공식적인 교과목의 편제뿐만 아니라 교사, 학생, 행정가들이 학교에서 실제로 만드는 교육 프로그램의 목적, 내용, 활동, 조직 모두를 의미한다.

우리는 교사로서 학교생활에서 무수한 결정을 하고 교과를 지도하고 학생들의 생활을 지도하고 있다. 그리고 교사들이 교육과정과 관련하여 겪는 어려움 대부분은 다음의 세 가지 문제와 관련되어 있다.

첫째, 교육과정과 교과서 내용은 어떻게 다르며, 교육과정을 모르고 교과서 내용만 잘 알아도 되는 것인가? 교육과정을 어느 만큼 알아야 하며, 수업 준비를 위해서 무엇을 해야 하는가?

둘째, 교과서 내용보다 학습자의 경험이 중요한가? 교육과정을 생각할 때 교과내용과 학습 경험을 모두 통합하는 방법은 없을까? 우리는 지금까지 제대로 된 지식교육을 수행하였는가? 교과를 교과답게 제대로 가르치려면 학교교육에서 어떠한 내용을 선정하여 어떻게 조직해야 하는가?

셋째, 교육의 목적과 목표를 달성하는 데 자신이 가르치는 교과목은 어떠한 도움을 줄 수 있는가? 일반 시민을 양성하는 데 자신의 교과목은 어떠한 기여를 하고 있으며, 올바른 시민을 기르기 위해서 자신의 교과에서 무엇을 어떻게 가르쳐야 하는가?

이러한 문제를 숙고하는 데 있어서 우리는 학교에서 교육과정의 위치를 진지하게 생각해 보아야 한다. 이 점을 Walker와 Soltis는 다음과 같이 표현하고 있다(허숙·박승배, 2004: 11-13).

교육과정과 더불어 일하는 것은 교사들의 일상생활의 중요한 부분이다. 교사와 학생이 학교 놀이터에서 지켜야 할 규칙에 관해 이야기할 때 이는 교육과정의 일부가 된다. 교사가 연간 교육계획표를 세우고, 가르칠 내용을 결정하고, 가르칠 시간을 배당하고,

가르칠 순서를 결정할 때 그는 교육과정을 설계하고 있는 것이다. 학생들이 교과목을 선택하고, 학생회 간부를 선출하거나 또는 직접 학생회 활동에 참여할 때 그들은 학교의 교육과정 형성을 돕고 있는 것이다.

　교장선생님이 학생들의 자원봉사 활동을 위하여 지역사회 프로그램을 개발할 때 그것도 학교 교육과정의 일부가 되며, 학생들이 토론 수업에서 요점을 벗어나 샛길로 나갈 경우 교사가 이를 바로잡는 것도 교육과정의 한 결정이 된다. 교사가 사회 수업시간에 중요한 시사문제를 다루기 위하여 본래 계획된 수업을 잠시 뒤로 미룬다면 그 교사는 본래의 교육과정을 변경하기 위한 전문적인 판단을 내리고 있는 셈이다. 교사가 학생들의 성적을 내기 위하여 시험문제를 출제하고 성적을 산출하여 학생의 성취도를 보여 주는 다른 자료와 비교하여 그 비중을 결정할 때에도 교사들은 교육과정에 관한 사고를 수행하고 있는 것이다. 인간의 육체에서 머리를 분리할 수 없듯이 교육과정과 수업은 서로가 밀접히 관련된 하나의 연속체라고 할 수 있다.

　교육과정은 어느 곳에 멀리 떨어져 있어서 교사가 참고할 수도 있고 참고하지 않을 수도 있는 그런 성격의 것이 아니다. 그것은 학교가 가지고 있는 교육 프로그램 속에 처음부터 붙박여 존재하는 것으로서 교육의 목적, 내용, 활동, 조직을 포괄하는 개념인 것이다. 물론, 우리는 교육과정을 문서로 기록할 수 있는 것처럼 생각하기도 하고, 또 모든 학교에서 간략하게 때로는 자세하게 문서로 기록된 공식적인 교육과정을 가지고 있는 것이 사실이다. 어쩌면 모든 국민들에게 학교의 교육과정을 간략하게 정리한 문서가 필요할지도 모른다. 우리의 자녀들이 다니는 학교가 어떤 프로그램을 제공하고 있는지를 알 수 있도록 학교의 교육목적, 중요 교과목, 교육철학 등을 간략히 소개한 1~2쪽 정도의 자료가 제공될 수 있을 것이다. 이와는 대조적으로 교사들이 참고할 문서에는 교육과정이 아주 자세하게 기록되게 된다. 교사는 이 문서로부터 교육의 목적, 내용, 활동, 조직에 관한 모든 것을 아주 구체적으로 알게 될 것이다. 그러나 교육과정이란 말 속에는 그 내용이 얼마나 자세히 기록되어 있느냐에 관계없이 문서화된 것 이상의 의미가 담겨 있다. 예를 들어, 놀이터에서 지켜야 할 규칙에 관해 수업이 이루어지고 있다고 가정해 보자. 한 교사는 놀이터에서 지켜야 할 규칙과 그 규칙을 어겼을 때 가할 벌칙을 학생들에게 알려 주면서 "우리 반 학생은 누구도 규칙을 어기지 말기를 바랍니다."라는 훈시로 수업을 이끌어 갔다. 그러나 옆 반의 다른 교사는 놀이터에서 필요한 규칙들과 위반했을 때의 벌칙을 학생들로 하여금 스스로 토론하게 하고, 그런 다음 민주적인 학생 자치활동의 일부로서 규칙을 투표로 정하도록 하는 수업을 했다고 생각해 보자. 이 두 경우에 있어 비록 그 규칙의 내용은 동일한 것이라고 할지라도 그 수업의 목적과 학생들이 학습한 내용은 상당히 다를 수 있다. 전자는 학생들에게 규칙을 강요하고 경고를 가한 것이 되지만, 후자의 경우는 학생들 스스로 규칙을 이해하고 다스리도록 교육을 시킨 것이다. 따라서 이 두 경우에 있어 실제적인 교육과정은 상당히 달라지는 것이다.

교육과정이라는 것이 가르쳐야 할 내용인지 아니면 그 내용을 학생들로 하여금 경험하도록 하게 하는 것인지, 혹은 교육과정은 교육을 위한 의도나 계획인지 아니면 계획으로 산출된 성과나 결과인지를 폭넓게 이해하는 것이 중요하다. 우리는 이 책을 공부하면서 교육과정의 의미를 보다 넓고 포괄적으로 생각해 볼 필요가 있으며, 교사와 학생 행동의 많은 부분들이 교육과정과 어떻게 관련되는지를 알 수 있어야 한다.

2) 교육과 교육과정

흔히 교육은 '인간' '행동'의 '계획적인' '변화'라고 주장된다. 현재까지 인간 행동이 어떻게 이루어지는지를 탐구하려는 노력이 지속되고 있으며, 계획적으로 변화시키려는 노력 또한 멈출 수 없는 지난한 일이라는 점에서 교육은 참으로 힘든 과제임에 틀림없다. 교육을 정의하는 위의 네 가지 용어 중에서 교육과정은 '계획적인'이라는 용어와 긴밀하게 관련되어 있다. 교육과정은 사전에 특정한 의도와 계획을 가지고 출발하는 것이다. 의도나 계획은 흔히 목표로 구체화된다. 따라서 교육과정을 만드는 일은 달성해야 할 목적이나 목표를 염두에 두는 목적적 활동이다.

다른 한편, 교육은 목적 및 목표-내용-방법-평가의 일련의 과정으로 설명되며 교육과정은 이 중에서 내용에 해당되는 협소한 차원으로 이해되기도 한다. 그러나 광의로 보면 교육과정은 이 네 가지 차원을 모두 포함하는 포괄적인 활동으로 설명되기도 한다. 국가 수준의 교육과정 문서 체제(성격-목표-내용-방법-평가)를 보면 이러한 점을 쉽게 알 수 있다.

이론적 수준에서든지 혹은 실천적 수준에서든지 교육이 어떤 조건하에서 성립되는지를 생각하는 데 필요한 범주로는 세 가지 전제 조건이 있다(김호권 외, 1988: 14-32). 첫째로 교육이란 무엇인가 혹은 무엇이 교육인가 하는 개념적 조건, 둘째로 어떤 것이 좋은 교육인지를 밝히는 규범적 조건, 셋째로 어떤 방식으로 교육이 실현될 수 있는가

하는 문제를 밝히는 가능성의 조건이 그것이다. 마지막 가능성의 조건은 논리적 가능성과 사실적 가능성으로 구분되며, 사실적 가능성은 다시 이론적 수준의 인과법칙적 가능성과 실천적 수준의 기술적 가능성으로 설명될 수 있다. 교육은 어떤 인간 변화가 가능한가에서 시작하는 것이 아니라, 어떤 변화가 이루어져야 하는가에서 시작하므로 개념적 조건과 규범적 조건은 가능성의 조건에 논리적으로 선행하는 것이다.

일반적으로 교육에 관해서 설명하거나 논의할 때 교육의 목적 혹은 목표, 내용, 방법 등의 용어들을 사용한다. 교육과정은 이러한 용어들 중에서 어느 것과 관련되는가? '목적'이 '왜?'라는 질문에 대한 답이라면 '목표'는 '무엇을 얼마나?'에 대한 답이다. 목적이 행위를 정당화하는 근거라면, 목표는 행위가 지향하는 대상이다. 따라서 목적이 목표에 논리적으로 선행한다. 교육의 목적을 진술하는 것은 규범적 조건들을 포괄적으로 나타내는 것이며, 그것은 반드시 교육의 개념적 조건을 논리적으로 내포하거나 상정하고 있어야 한다. 교육목표는 교육활동의 대상과 한계를 나타내는 것이므로 교육활동 그 자체를 특징짓는다. 교육의 내용은 사실상 교육의 목적을 만족시키는 목표들의 체제라고 할 수 있다. 따라서 교육내용은 교육목표를 보다 하위의 단위활동으로 상세화한 결과로 얻어진다. 교육의 내용이 교육의 목표에 의해서 밝혀진 인간활동의 판도라고 한다면 그 내용은 교육의 목적을 만족시키고 목표를 달성할 수 있도록 조직되어야 한다. 교육의 내용을 조직한다는 것은 한 단위 교육활동의 목표를 논리적으로 세분화하는 일을 포함한다. 교육의 내용만으로 목적이 달성되는 것은 아니므로 교사는 내용을 목적에 연결시키는 원리와 기술을 확보해야 한다. 교육의 방법은 내용과 분리해서 존재할 수 있는 것이 아니므로 교육활동의 내용은 방법의 기용이 가능하도록 조직되어야 한다. 교육방법은 주어진 교육의 목표를 달성하기 위하여 온갖 수단들을 동원하고 조직하고 전개하는 원리와 기술을 총칭한 것이다. 목표에서 논리적으로 도출된 교육의 내용과는 구별된다. 그러나 교육에서는 방법 가능성의 조건이 충족되어야 하므로 방법적 원리는 내용의 조직을 통제하게 된다.

이상의 논의에 의하면 교육과정은 교육의 내용이라고 볼 수 있으며, 그것은 교육의 목적에 비추어 타당하게 선정된 것이며, 교육의 방법적 원리의 적용이 가능하도록 조직된 것이다.

2. 교육과정의 정의와 이미지

앞에서 간략하게 살펴본 것처럼 교육과정의 정의를 한마디로 내리기에는 어려운 일이다. 일반적으로 정의(定義)는 구체적 대상에 대한 명칭이다. 그런데 교육과정은 구체적 대상이기보다는 매우 포괄적 개념이다. 교육과정을 구체적인 대상물로 의미를 한정해 버리면 교육과정이 지니는 여러 다양하고도 풍부한 의미가 감소하게 되고 중요하고 본질적인 측면이 간과될 가능성이 높다. 따라서 교육과정의 정의를 정확하게 이해하기 위해서 교육과정이라는 말을 여러 가지로 표현할 수 있는 다양한 이미지(image)가 무엇인지를 알아보는 것이 유익할 수가 있다. 교육과정의 이미지에는 다양한 것들이 존재한다. 여러분이 학교에서 학생들을 가르치는 상황에서 가장 타당하고 유의미한 이미지가 어느 것인지를 생각해 볼 필요가 있다(김경자, 2000: 191-205; Schubert, 1986: 26-34). 우선 교육과정의 다양한 이미지를 알아보기 전에 교육과정의 어원에 대하여 살펴보기로 하자.

1) 교육과정의 어원과 의미

현재 우리가 사용하는 교육과정이라는 용어는 커리큘럼(curriculum)의 번역어다. 이 용어는 미국에서는 1820년경부터 사용하였으며, 1856년 Noah Webster 사전에 등장한다고 한다. 이 용어는 라틴어의 쿠로(curro, 나는 달린다) 혹은 쿠레레(currere, 달리는 것)라는 단어에서 유래하였다고 한다. 이 용어가 외연하고 있는 의미로는 두 가지가 있다. 첫째는 말이 달리는 경주로(race course)이고, 둘째는 달리는 경주 행위(running)를 의미한다. 경주로라는 의미에서는 학생이 입학해서 졸업할 때까지 달려가는 정해진 코스가 곧 커리큘럼이 되는 것이다. 즉, 어떤 자격(증)이나 조건을 충족시키기 위해서 반드시 이수해야 하는 내용들의 체계적인 묶음으로 대변되고, 경주 행위라는 의미에서는 학생들이 내용을 경험하는 행위에 초점이 모아진다. 이 상반된 의미를 확장해 보면 첫째는 교과내용에, 둘째는 학습 경험이나 과정에 연관되어 있다.

이 두 가지 문제는 더 나아가서 '교과를 무엇으로 볼 것인가' 하는 내용 대(對) 과정의 논쟁과 관련되어 있다. 이 논쟁은 '지식의 구조'라는 개념의 등장으로 통합되어 나타난다. 왜냐하면 지식의 구조는 후술되겠지만 지식 내용과 탐구과정이 통합된 것이기 때문이다. 교과는 내용과 과정의 양면을 지니고 있으며 그것은 분리되지 않는다. 특정 지식이나 원리에 도달케 하는 지적 과정이나 탐구과정을 거치지 않고 그 지식이나 원리를 완전히 이해한다는 것은 불가능하며, 특정 지식 내용을 담지 않은 탐구과정이란 있을 수도 없지만, 있다 해도 무의미한 형식이 되고 말 것이다. 여기에 내용과 과정의 통합이 필요해진다. 이리하여 교육내용이라면 지식내용과 탐구방식을 합친 것이 되어야 한다는 주장이 성립하게 된다.

이와 동시에 이 쿠레레라는 용어가 내포하고 있는 함축적 의미를 살펴보면 다음의 세 가지인 바(Cremin, 1971), 이는 곧바로 교육과정의 본질을 생각할 때 가장 핵심적인 원리가 된다(이성호, 2009: 14-15). 첫째, 응집(凝集, coherence)이다. 이는 교육과정이 여러 내용을 정합적으로 응집시켜 놓은 것이라는 것이다. 교육과정은 많은 것들을 줄여서 간결하게 만들어 집약시켜 놓은 것이다. 둘째, 교육과정은 순차(順次) 혹은 계열(系列, sequence)의 의미를 내포하고 있는데 이는 교육과정에는 그 내용들이 어떤 체계적 순서에 따라 기술되어 있다는 것이다. 셋째, 연계(連繫, articulation)라는 의미가 내포되어 있는데, 이는 그 내용들의 앞뒤가 서로 논리적으로 잘 연결되어 있다는 것이다. 이상의 의미에 따르면 교육과정은 내용을 순서 있게 논리적으로 잘 조직하여 간결하게 집약해 놓은 것으로 볼 수 있다.

2) 다양한 이미지

(1) 교과목 혹은 교과에 담긴 내용

교육과정에 대한 가장 전통적인 이미지는 교과목이나 교과에 담긴 내용이다. 교육과정 하면 여러 가지 교과목을 연상하게 되고 국어, 수학, 과학, 예체능 과목이나 그러한 교과에 담긴 내용을 떠올리게 된다. 예로부터 서양의 삼학사과(三學四科), 동양의 사서오경(四書五經)이 대표적인 경우다.

오늘날 교사나 학교행정가들에게 교육과정이 무엇인지 묻는다면 대개는 교과편제와 시간배당을 얘기한다. 교과편제에는 교과목의 명칭, 교과목의 구분, 선택과 필수의 구분 등이 제시되며, 시간배당표에는 학년별로 편성해야 할 시간과 단위수가 제시되어 있다.

교육과정을 이와 같이 교과목이나 교과에 담긴 내용으로 보는 방식에는 학교에서 가르쳐야 할 교과를 분명하게 제시하고 학교급별로 학생들이 배워야 할 교과목을 지정·편성한다.

(2) 학교의 지도 아래 학생이 겪는 실제 경험

교육을 경험의 계속적 재구성으로 보고, 교육과정의 초점을 경험의 개조 혹은 성장에 둔다. 여기에서 교육과정은 한 개인의 경험에 대한 반성적 노력 속에서 풍부해진다. 사고는 탐구이며 탐구는 생활이고 생활은 곧 교육이다.

이 이미지에서 학습자는 인류문화의 유산을 스펀지처럼 빨아들이는 수동적 존재가 아니라 커다란 잠재력을 지닌 능동적인 존재다. 학습자는 성인의 시각에서 판단되는 성인의 축소판이 아니며, 제각기 독특하고 가치 있는 존재다.

교육과정을 경험으로 보는 방식은 학습자가 실제로 어떻게 느끼고, 생각하며, 체험하는가를 중요시한다. 학습자에게는 동일한 교과목이나 교육내용이라도 그것과 어떠한 상호작용을 하는가 하는 것이 중요하다. 이러한 점은 Tyler의 학습 경험에 대한 강조에서도 나타난다. 교실 수업에서 교사가 가르치는 교과내용에 대해 학생이 어떠한 상호작용을 하는가 하는 것은 학생마다 상이하다. 그러나 경험은 포괄적이고 학습자들마다 상이하므로 사전에 계획하기가 매우 어렵다는 단점을 지니고 있다. 교육과정이 소기의 목적을 달성하기 위해서는 계획의 필요성이 발생하게 된다.

(3) 계획된 활동으로 구성된 프로그램

교육과정을 사전에 계획된 일련의 활동 계획이나 프로그램으로 보는 방식이다. 이는 교육과정을 어떠한 활동을 해야 하는지에 대한 사전 계획이나 프로그램이라는 이미지로 보는 것이다. 즉, 교육과정은 구체적으로 학습을 위한 계획이라고 볼 수 있다. 따라서 교육목적을 성취하기 위하여 혹은 교육적 결과를 초래할 목적으로 학습자에게 학교가 제공하는 모든 계획이 교육과정이 된다. 그런데 학생들에게 제공되는 계획은 문서화된 것뿐만 아니라 문서화되지 않은 계획도 포함된다.

학교 현장에서의 문서화된 계획은 다양한 수준과 형태로 표현된다. 여기에는 국가수준의 교육과정 문서, 시 · 도 교육청의 교육과정 편성 · 운영 지침, 지역 교육청(최근에는 교육지원청)의 장학 자료, 단위학교의 교육과정, 교육과정 지침서, 교사용 지도서, 수업지도안 등이 존재한다. 교육과정에서 이러한 계획을 강조하는 이유는 학생들이 기대되는 활동을 하도록 하는 데에 있다. 활동을 통해 달성하고자 하는 목표나 기대되는 성과를 계획하는 일이 중요하다. 따라서 학생들이 행하는 활동 그 자체보다는 활동을 계획하는 일이 중요하다. 그것은 목적을 달성하는 데에 가장 중요한 것이 사전에 치밀한 계획을 수립하는 것이기 때문이다.

(4) 수행할 일련의 과제

어떤 목적을 달성하기 위하여 숙달해야 할 일련의 절차화된 과제로서 구체적인 행동목표로 표출된다. 흔히 군대나 산업체 혹은 기업에서 연수시켜야 하는 훈련 프로그램의 이미지를 갖는다. 구체적인 행동목표를 달성하기 위하여 학습해야 할 내용을 그 구조나 위계에 비추어 분석이 가능하다. 흔히 과제분석(task analysis)으로 일컬어지는 활동이 여기에 해당된다. 수행할 과제를 구성하는 일은 직무분석(job analysis)이나 활동분석으로 가능하다. 이 방법은 F. Bobbitt이 교육과정을 만들 때 채택한 방법이기도 하다.

(5) 의도된 학습성과

사전 계획보다는 의도된 학습성과(Intended Learning Outcomes: ILOs)로서 교육과정을 보는 방식이다. 의도된 성과는 주로 교육의 목적이나 목표를 상세화하는 방식으로 표출된다. 교육과정에서 중요한 것은 결과나 성과다. 여기에서는 활동보다 학습결과에 초점을 두며 계획보다는 결과에 주목한다.

(6) 문화적 재생산의 도구

교육과정 속에는 그 특정 사회의 문화가 투영되어 있다. 학교는 다음 세대에게 지식을 물려주는 기관으로서 특정 사회의 가치나 신념을 전수하는 사회기관이다. 이 활동을 통해 사회의 문화가 재생산된다. 그런데 재생산되는 내용이나 방식에 대해서 기능적 관점과 비판적 관점이 존재한다. 기능적 관점은 교육과정을 통하여 재생산되는 것을 긍정적으로 평가하는 입장이고 비판적 관점은 재생산되는 내용을 부정적으로 비판하는 입장이다.

(7) 사회재건을 위한 아젠다(agenda)

학교가 교육과정을 통해 사회의 변화와 개혁을 하고 사회 개조를 위한 교육과정이 중요시된다. 사회 혁신과 변화를 위한 지식과 가치를 창조하고 사회 재건을 위한 아젠다로서의 역할을 해야 한다. 교육과정은 사회 변화의 수단인 동시에 사회 변화의 목적을 제공해 준다.

(8) 학생의 삶에 대한 해석과 전망: 쿠레레(currere)로서의 교육과정

교육과정이란 학생의 삶에 대한 자서전적 해석이다. 말이 달려야 할 경주로보다는 경주 행위가 더욱 소중하다. 교육과정은 학생들이 학교에서 혹은 자신의 삶을 살아가면서 이수하거나 거쳐야 하는 고정된 실체로서의 대상이 아니라 공부하고 삶을 살아가는 그 자체인 것이다. 경주로는 결과를 획득하기 위해서 모든 사람이 넘어야 할 객관적인 대상이지만, 경주하는 행위나 활동은 그 행위를 하는 사람들에게 서로 다른 의미가 있으며, 그 행위 속에서 자신의 의미를 해석하면서 구성해 나간다. 이 이미지는 Pinar의 견해에서 구체화된다.

(9) 은유

교육과정은 각 이미지가 드러내는 은유(metaphor)를 밝힘으로써 그 개념과 의미를 정확하게 이해할 수 있다. 대표적으로 Kliebard는 교육과정이 생산, 성장, 여행이라는 은유를 제시하고 있다. 특정 결과물을 산출하는 객관적인 일련의 절차나 과정으로서의 '생산', 주위 환경과의 적응이나 활동을 통하여 존재를 변화시켜 나가는 '성장(Dewey의 성장개념과 생물학적 성장개념은 다름)', 미지의 세계를 탐험하는 '여행'으로서의 교육과정에 대한 은유는 다양한 이해의 폭을 넓혀 준다.

3) 교육과정 의미의 분류

교육과정 용법들은 다양하다. 그 다양한 용법들은 다음의 범주들 중 어느 하나에 해당된다. 첫째로 체제적 교육과정(예를 들어, 서울특별시 고등학교 교육과정), 둘째로 교과 교육과정(예를 들어, 8학년 사회과 교육과정), 셋째로 특정 학교/기관 교육과정(고양외국어고등학교 교육과정)이 그것이다.

이와 다르게 Hosford(1973)는 교육과정의 정의를 4가지로 분류하였다. 즉, ① 일어난 모든 것, ② 제공된 모든 것, ③ 계획된 내용과 방법의 묶음, ④ 계획된 내용의 묶음으로 분류하였다. ①과 ②는 학교에서 일어나거나 제공된 모든 경험 또는 활동을 교육과정이라고 보는 것이어서 가장 광의의 정의다. 이에 비해 ③과 ④는 교육내용과 방법을 교육과정으로 보느냐 아니면 교육내용만을 보느냐에 차이인데 이때의 방법이란 수업에서 일어나는 모든 활동을 나타낸 말이다.

Saylor와 Alexander(1974)는 교육과정 정의를 ① 교과 및 교재로서의 교육과정, ② 경험으로서의 교육과정, ③ 목표로서의 교육과정, ④ 계획으로서의 교육과정으로 분류하였다.

Tanner 부부(1980)는 교육과정의 개념을 10가지로 제시하고 있는데, ① 전통적으로 누적된 지식의 조직, ② 사고양식, ③ 민족의 경험, ④ 학교 지도하의 조직, ⑤ 계획된 학습 경험, ⑥ 인지적·정의적 내용과 과정, ⑦ 수업계획, ⑧ 수업의 결과(목표), ⑨ 공학적 생산체제, ⑩ 지식과 경험의 재구성 등이다.

이경섭 등(1982)은 교육과정의 정의를 크게 6가지로 분류하고 있는 바, ① 학생들의 환경 혹은 학생들의 활동 및 경험의 전부, ② 학생들의 학습내용, ③ 학생들의 학습규범, ④ 교수요목(course of study), ⑤ 바람직한 인간생활의 축도, ⑥ 지식의 구조를 통한 탐구과정의 조직이다.

김호권 등(1988)은 교육과정의 한 개념 모형을 세 가지 수준으로 제시한 바, ① 공약된 목표로서의 교육과정(의도된 교육과정), ② 수업 속에 반영된 교육과정(전개된 교육과정), ③ 학습성과로서의 교육과정(실현된 교육과정) 등이다.

이성호(2009: 16)는 교육과정을 내용과 운용의 측면, 교수자와 학습자의 입장에 비추어 4가지 요소로 분류하였다. 그것을 표로 제시하면 〈표 1-1〉과 같다.

표 1-1 **교육과정 의미 분석의 준거틀**

	교수자	학습자
내용	조직화된 지식의 모음(Ⅰ)	학습 경험(Ⅱ)
운용	의도적 계획(Ⅲ)	학습결과(Ⅳ)

대체로 1890년대부터 교육과정은 학생들이 배우는 교수요목으로 이해된다. 이런 고전적 정의(I)는 1930년대까지 보편적으로 수용된다. 그러나 이런 정의는 지식의 증가, 학습맥락의 무시 등 많은 문제를 야기한다. 이 고전적 정의는 진보주의 교육철학자들로부터 비판을 받기 시작하였고, 이때 학습자의 입장에서 경험이 교육과정의 실체적 내용이 되어야 한다는 듀이의 사고(II)가 등장한다. 1950년대 중엽에 일기 시작한 또 다른 변화는 교육과정을 단순히 내용의 측면에서만 볼 것이 아니라 내용을 실제적으로 어떻게 운용할 것인가 하는 측면에서 보면서 교수자의 입장에서 사전계획성(III)을 강조해야 한다는 것이다. 1960년대와 1970년대로 접어들면서 교육의 책무성이 강조되면서 교육의 결과(IV)를 강조하게 되었다.

교육과정과 밀접하게 관련되는 것 중에 하나가 수업이다. 수업은 교육과정이 전개되는 과정을 말한다. Johnson(1967)은 교육과정과 수업을 다음과 같이 간명하게 제시하

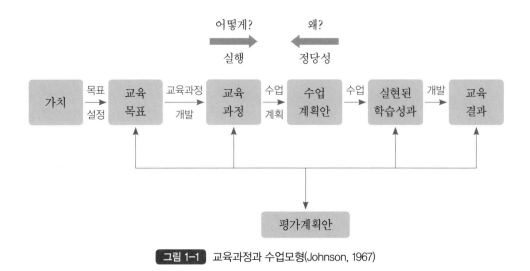

그림 1-1 교육과정과 수업모형(Johnson, 1967)

고 있다.

[그림 1-1]에 따르면 교육과정은 교육과정 개발의 산물이며 수업계획 과정의 투입물이 된다. 우리가 추구하는 가치가 목표설정 과정을 통해 교육목표로 정해지면 교육과정 개발을 통해 교육과정으로 만들어지는 것이다. 그리고 교육과정이 존재하는 이유는 교육목표 달성에 있다.

3. 교육과정의 유사 용어

교육과정이라는 용어는 이론적으로나 현실적으로 그 의미가 다양하고 서로 비슷한 용어들이 존재하고 있어서 정확한 의미를 포착하는 데 많은 어려움이 있다. 여기에서는 간혹 교육과정을 의미하는 것처럼 사용되는 유사 용어들을 구분해 보고자 한다(김인식 · 박영무 · 최호성, 1995; Posner, 1992: 4-10).

1) 스코프와 시퀀스

특정한 학교나 학과목의 스코프(Scope)와 시퀀스(Sequence)는 교육과정 개념을 일련의 의도된 학습성과로 구체화시킨 것이다. 의도된 학습성과를 각 학년 수준으로 열거함으로써 교육과정에 시퀀스를 제공하게 되고, 주제나 테마 또는 특정한 차원에 따라 의도된 학습성과를 묶음으로써 교육과정의 스코프를 제공하게 되는 것이다. 일반적으로 스코프는 교과영역으로, 시퀀스는 학년이나 이수 순서와 시기로 구체화된다.

2) 강의요목

강의요목(Syllabus)은 전체 코스를 가르치기 위한 계획서다. 계획서에는 코스 목표와 근거, 가르칠 주제, 사용할 자료, 부과될 과제, 권장할 만한 평가 전략 등이 포함된다. 이따금 학습목표, 학습활동, 연구 문제 등이 포함되는 수도 있다. 따라서 강의요목은 특정한 코스 계획, 즉 그 코스의 목적과 수단 양자의 요소 모두를 나타내게 된다.

3) 내용 개요

교육과정을 내용의 개요와 동일시하는 것은 수업내용이 교육과정 계획과 동일하다고 생각하는 것과 같다. 교육의 유일한 목적이 정보를 전달하는 데 있고, 가르치는 것이 내용으로 구성되어 있을 경우에는 그와 같은 정의가 의미 있다.

4) 교과서

교과서는 학교에서 교육을 위하여 사용되는 학생용 주된 교재로서, 교육과정에 따라 각 교과가 지니는 지식과 경험의 체계를 쉽고 명확하며 간결하게 편집해서 교사와 학생이 학습에 활용할 수 있게 한 도서다. 따라서 교과서는 교육과정을 근거로 해서 만들어지며, 초·중·고 및 이들에 준하는 학교에 있어서 교과과정의 구성에 맞춰서 조직 배열된 교과의 주된 교재로서, 가르치기 위한 목적으로 제공되는 도서다. 학교교육상 교육과정에 따라 주된 교재로 사용하기 위하여 편찬된 도서로서 교사용 도서와 학생용 도서, 1종 교과서와 2종 교과서(국정과 검정), 인정 교과서 등이 있다.

현행 대통령령 제20740호인 「교과용 도서에 관한 규정」에 제시된 용어들을 보면 다음과 같다(교육법전편찬회, 2005: 1144).

① '교과용 도서'라 함은 교과서 및 지도서를 말한다.
② '교과서'라 함은 학교에서 학생들의 교육을 위하여 사용되는 학생용의 서책·음

반·영상 및 전자저작물 등을 말한다.

③ '지도서'라 함은 학교에서 학생들의 교육을 위하여 사용되는 교사용의 서책·음반·영상 및 전자저작물 등을 말한다.

④ '국정도서'라 함은 교육과학기술부가 저작권을 가진 교과용 도서를 말한다.

⑤ '검정도서'라 함은 교육과학기술부장관의 검정을 받은 교과용 도서를 말한다.

⑥ '인정도서'라 함은 국정도서·검정도서가 없는 경우 또는 이를 사용하기 곤란하거나 보충할 필요가 있는 경우에 사용하기 위하여 교육과학기술부장관의 인정을 받은 교과용 도서를 말한다.

⑦ '개편'이라 함은 교육과정의 전면개정 또는 부분개정이나 그 밖의 사유로 인하여 교과용 도서의 총 쪽수(음반·영상·전자저작물 등의 경우에는 총 수록 내용)의 2분의 1을 넘는 내용을 변경하는 것을 말한다.

⑧ '수정'이라 함은 교육과정의 부분개정이나 그 밖의 사유로 인하여 교과용 도서의 문구·문장·통계·삽화 등을 교정·증감·변경하는 것으로서 개편의 범위에 이르지 아니하는 것을 말한다.

교과서에 의거해서 가르치는 교사에게 교과서는 일상적인 지침, 즉 수업의 목적과 수단 모두에 관한 지침으로 작용한다. 전통적인 교과서는 무엇을, 어떻게 가르치고, 배워야 하는지에 대해서 안내를 하지 않고 내용을 제시하고 있다. 현재의 교과서는 수업 체제와 관련된 것으로 기술되어 있다고 보는 것이 적절하다. 그러한 것들은 주로 교사용 지침서, 학생의 학습 지침인 워크북, 테스트, OHP 자료, 실험용 키트 자료, 보충수업 자료 등으로 되어 있다.

현재 교과서 정책은 국정이나 검정을 최소화하고 인정이나 자유발행제를 확대해 가려는 추세에 놓여 있다. 그리고 변화하는 미래 사회에는 디지털 교과서가 확대 보급될 가능성이 매우 높다. 우리는 교과서에 너무 얽매어 수업을 하고자 하는 경향이 강하다. 교과서는 교육과정의 목표를 달성하기 위한 하나의 수단에 불과하다. 교과서 내용을 금과옥조로 여기기보다는 여러 요인들을 고려하여 교과서를 재구성하려는 자세가 중요하다. 이 문제와 관련해서는 12장에서 자세하게 다루어진다.

5) 교수요목

교육과정이나 교수요목 혹은 일련의 코스라는 단어의 어원과 전형적인 사전적 정의는 모두 교육과정을 학생들이 거쳐 나가야 하는 일련의 코스로 해석하고 있다. 이러한 견해는 이 분야의 사고를 지배하고 있는 주요한 비유 중의 하나인 여행과 비유할 수 있는 토대를 제공하고 있다. 여행의 비유에 따르면 교육은 의도된 목적지를 가진 하나의 여행이다.

6) 계획된 학습 경험

많은 진보주의 교육가들은 교육과정을 일련의 문서화된 것 이상이라고 말한다. 그들은 가르칠 내용이 의도되었거나 의도되지 않았거나 관계없이, 또한 교육청에서 결정된 것이건 교과서나 교사에 의해 결정된 것과는 관계없이 교육과정을 학생들의 학습에 관해 기술해 놓은 것이기보다는 학교가 계획한 학생들의 모든 경험이라고 주장한다.

이상의 구분을 요약 정리하면 [그림 1-2]와 같다.

1. 스코프와 시퀀스: 교육과정을, 연속적인 학년 수준에 따라 배당되고(예: 시퀀스), 공통적인 주제에 따라 묶인(예: 스코프) 목표들의 행렬표라고 기술함
2. 강의요목: 이론적 근거, 주제, 자료, 평가들을 포함하고 있는 것으로서 전체 코스에 대한 계획
3. 내용 개요: 개요 형태로 조직된 가르칠 주제 목록
4. 교과서: 교실 수업을 위해 지침으로 사용되는 수업 자료
5. 교수요목: 학생들이 수료해야 하는 일련의 코스
6. 계획된 학습 경험: 학문적·신체적·정서적·사회적인 것과 관계없이 학교가 계획한 것으로서 학생들이 가지게 되는 모든 경험

그림 1-2 교육과정과의 유사 용어들

7) 모듈

모듈(module)은 수업과 관련하여 일련의 목표를 성취하기 위하여 수집해 놓은 학습 경험들의 집합체라고 할 수 있다. 일반적으로 몇 시간에서 몇 주일 동안 학습하도록 고안되며 일정한 학점이 주어진다면 소단위 학습과정으로 간주되기도 한다. 즉, 하나의

통합된 주제를 가진 자족적인 또는 자력학습용의 수업단위의 한 유형을 의미한다.

8) 프로그램

프로그램(programme)의 사전적 의미는 어떤 목적 또는 활동을 추진하기 위한 계획 (plan)으로 특정한 목적이나 목표를 달성하기 위하여 그 수단이 되는 내용과 활동을 일정한 원리에 의해 체계적으로 배열, 조직한 것으로 사전에 분명하게 기획되어 단계적으로 전개되는 것이 특징이다. 특히 대상이나 목적의 핵심 내용에 따라 다양하게 분류되기도 한다. 그리고 크기에 따라 단원(unit)-코스-프로그램 순으로 커진다. 이 경우 프로그램은 교과 프로그램으로 간주되기도 한다.

4. 교육과정의 본질과 특성

1) 교육과정의 문서상 의미

현행 우리나라 국가 수준 교육과정에는 교육과정을 구성하는 문서체계를 성격, 목표, 내용, 교수-학습, 평가로 규정하고 있다. 이런 점에서 보면 교육과정은 이 다섯 가지 요소를 모두 포괄하는 것으로 볼 수 있으며, 각 교과별 교육과정들이 이 요소들을 중심으로 제시되고 있다. 따라서 교육과정은 협소하게 내용만을 지칭하기보다는 내용 이외의 성격과 목표, 교수방법, 평가 등을 포함하는 것으로 이해될 필요가 있다.

한편, 편제상으로 보면 교육과정을 교과, 재량활동, 특별활동으로 편제상 규정하고 있다.

첫째, 교과는 각급 학교별로 학생들이 이수하게 되는 것으로 여기에는 국어, 도덕, 사회, 수학, 과학, 실과(기술·가정), 체육, 음악, 미술, 외국어(영어)가 포함된다. 다만, 초등학교 1, 2학년의 교과는 국어, 수학, 바른생활, 슬기로운 생활, 즐거운 생활 및 우리들은 1학년으로 한다.

둘째, 재량활동에는 교과 재량활동과 창의적 재량활동이 포함된다. 그리고 교과 재량활동에는 국민 공통 기본 교과 재량과 선택 교과 재량활동이 포함된다. 창의적 재량활동에는 범교과학습과 자기주도적 학습이 포함된다.

셋째, 특별활동에는 자치활동, 적응활동, 계발활동, 봉사활동, 행사활동이 포함된다. 특별활동은 교과 이외의 활동으로도 불리며 교과활동으로 달성할 수 없는 것을 강조하는 교육활동이다.

그러나 2009 개정 교육과정에서는 재량활동과 특별활동이 통합되어 창의적 체험활동으로 제시되고 있다. 여기에는 자율활동, 동아리 활동, 봉사활동, 신로활동이 포함된다.

교육과정을 문서상에서 보면 의도적 계획을 의미한다. 의도된 계획 문서로서의 교육과정의 본질을 D. G. Amstrong은 6가지로 설명하고 있다(이성호, 2009: 19).

① 교육과정은 공공적이고 정당한 합법성(legitimacy)을 지니고 있다.
② 교육과정은 그것에 직접 관련되는 사람이든 아니든 모든 사람들로부터 인정받는 신뢰성(credibility)을 지니고 있다.
③ 교육과정은 그것을 누가 어떻게 사용하여야 하는가, 즉 교수자들은 무엇을 어떻게 가르치고, 학습자는 무엇을 어떻게 배워야 하는가를 아주 분명하게 제시하는 명세성(specification)을 지니고 있다.
④ 교육과정은 그 안에 적은 모든 내용을 체계화시켜야 하며, 또 누구에게든 쉽게 이해되는 명료성(clarity)을 지니고 있다.
⑤ 교육과정은 그 안에 적은 모든 내용들이 상호 간에 내적·외적으로 연계되는 일관성(consistency)을 지니고 있다.
⑥ 교육과정은 반드시 사람들 손에 쥐어질 수 있는 실체로 만들어져, 모든 사람들에게 널리 배포되는 생산성(production)을 지니고 있다.

2) 공통 속성

이상의 여러 이미지에서 살펴본 교육과정에는 몇 가지 공통적인 속성이 존재하고 있다.

첫째, 학습자들을 위해 설계된 공식화된 교수요목이라는 점이다. 즉, 교육의 기본 요소들 중에서 내용에 가장 많은 비중을 두며, 내용의 선정과 조직에 초점을 둔다. 그리고 내용을 전개하는 과정에서 학습 경험도 동시에 중시해야 한다.

둘째, 학습성과들을 결정하려고 시도하는 의도적인 계획이다. 즉, 교육과정은 특정 의도나 목표 달성을 전제하고 있다. 이것은 사전 계획으로 구체화되기도 한다.

셋째, 학습을 촉진하여 주는 어떤 구조의 형식이다. 교육과정은 학생의 학습을 가능하게 해 주는 체제다. 교사가 내용을 전달하더라도 그것은 학생의 학습을 촉진하여 주는 데 초점을 두어야 한다. 따라서 교육과정은 학생의 학습을 위해 존재하는 것이지 교사의 전공 과목 유지를 위해 존재하는 것이 아니다.

넷째, 학습성과나 성취 결과와 연계하여 이해되어야 한다는 점이다. 단순하게 계획만을 수립하고 과정을 거치는 것만으로는 교육과정이 될 수 없으며, 거기에는 반드시 최종 성과나 결과를 의도하고 확인해야 한다.

다섯째, 학교라는 제도 내에서 공공의 가치를 추구해야 한다는 점이다. 교육과정은 공식적이고 형식적인 제도의 틀 내에서 이해되어야 하며, 공공적 가치 달성에 기여해야 한다.

3) 본질적 의미

이상에서 본 것처럼 교육과정은 교육목표를 달성하기 위하여 교육기관 또는 일정 집단이 학습자가 행하는 학습의 내용 또는 경험(혹은 과정)을 유기적으로 조직해 놓은 것이다. 즉, 교육과정은 교육기관이 학습자에게 제공하는 계획된 모든 학습기회(내용 포함)이며, 교육과정이 실행되는 과정에서 학습자가 체험하는 경험들로 정의된다. 여기에는 학습자들을 위해 교사가 고안해 낸 활동들과 활동들이 실행되는 과정이 포함된다. 그 활동들은 쓰여진 문서의 형태로 제시되며, 과정은 학습자, 자원, 교사와 학습환경과 같은 상황 변인들과의 상호작용에 따라 주어지는 활동들을 교사들이 실행하기 위하여 의사결정을 해야 하는 과정들이다. 이 정의에 비추어 보면 교육과정은 다음과 같은 것들을 포함한다.

첫째, 계획된 내용과 학습 경험
둘째, 교육기관이나 프로그램 내에서 제공된 것
셋째, 문서로서 표현된 것
넷째, 문서 실행의 결과로 나타나는 경험

따라서 교육과정은 특정 교육기관에서 내용을 계획하여 문서로 표현한 것으로, 단지 문서 그 자체보다는 문서가 실행되면서 그 결과로 나타나는 학습 경험을 충분히 고려해야 한다는 의미를 지니고 있다.

5. 교육과정의 영역

1) 교육과정의 기초

교육과정의 기초란 교육과정 목표설정의 내용 및 조직에 영향을 미치고 또 그것을 구조화하는 기초적인 영향력을 의미하며, 교육과정의 원천(source)이나 결정 요인(determinants)으로 볼 수 있다. 여기에는 다음과 같은 차원들이 존재한다.

① 철학과 지식의 본질
② 사회 및 문화
③ 개인 학습자
④ 학습이론

2) 교육과정 이론

교육과정 이론은 교육과정 현상과 실제를 기술하고 설명(나아가서 예언까지 포함)하고 해석하는 일련의 명제나 원리들의 체계 내지 구조화된 설명 체계라고 볼 수 있다. 교육과정 이론은 교육이론이나 교육사상과 구분 없이 사용하고 있으나 엄밀하게 구분할 필요가 있다. 물론 교육과정 이론 역시 개념적으로 보면 교육이나 교육과정에 대한 관점에 따라 다르겠지만, 교육과정 특유의 이론이 존재한다. 이귀윤(1996: 11-12)은 교육과정 이론의 특징적 범주를 크게 3가지로 보았다. 첫째, 이론의 체계성·일반화 가능성을 추구하고 그에 역점을 두는 일반성(generality) 이론, 둘째, 교육현실의 실제적 맥락에 의거해야 함을 강조하는 맥락성(contextuality) 이론, 셋째, 현실의 불안정과 불확실성 때문에 교육과정 이론은 확실하게 정립할 수 없다는 불확실성(uncertainty) 이론이다.

Beauchamp(1981)에 따르면 교육과정 이론은 위로는 교육학(지식응용 차원), 사회과학이론(기초학문 차원)이 위치하고 있으며, 하위 이론으로는 교육과정 설계 이론과 교

5) 교육과정 개발

교육과정이 효과적으로 구성되기 위해서는 가장 먼저 교육과정의 정의, 방향, 기본 철학, 심리적이고 사회적인 기저 등이 밝혀져야 한다. 따라서 교육과정의 성격 규명이 건물을 세우게 될 기초 마련이라면, 그 기초 위에 건물을 세우는 작업이 구성 작업에서 해야 할 일이 된다. 이러한 구성 영역은 특히 교육과정 개발 영역과 혼용되어 사용되기도 한다. 그러나 엄밀하게 구분해 보면 교육과정 개발은 교육과정의 기초 연구, 방향 결정, 성격 규정, 목표의 지향, 편성, 목표설정, 실행 및 운영, 평가, 지도상의 유의점 모두를 새로운 차원에서 입안하는 것을 뜻한다. 반면, 교육과정 구성은 성격과 목표 및 내용에 대한 선정과 조직의 문제에 초점을 둔다. 따라서 이러한 구분에 따르면 구성은 성격과 목표, 내용에 대한 사전 계획의 문제를 다룬다. 다시 말해서 교육과정 개발의 일부분이라고 할 수 있다.

한편, 교육과정 개발(curriculum development)은 구성과는 다소 차이가 있다. 개발은 구성이 전개되는 방식을 결정짓는 과정인 것이다. 개발은 다음과 같은 질문을 제기한다. 교육과정 구성에 참여하는 사람은 누구인가, 구성에는 어떤 절차가 활용되는가, 교육과정 위원회가 설립된다면 어떻게 조직되어야 하는가 등이다. 실제 상황 하에서는 개발이 구성과 분리되어 선행적으로 전개되지 않는다. 구성과 개발은 서로 중복되거나 동시에 이루어지는 결정과정으로 이해된다. 따라서 구성과 개발은 통합될 필요가 있다. 단, 결정 양식의 본질을 규명하거나 그것에 초점을 맞출 때에는 양자를 구분하는 것이 유용하다. 즉, 구성은 교육과정 자체에 관심을 두는 것인 반면, 개발은 그 구성의 과정에 관심을 두는 것이다. 개발 영역은 6장부터 10장에 걸쳐서 자세히 설명된다.

6) 교육과정 실행

단순하게 보면 교육과정 실행(curriculum implementation)은 구성 및 개발과정에 의해 만들어진 교육과정을 효과적으로 전개하는 것을 의미한다. 교육과정 전개나 시행으로 불리기도 한다. 좁게는 교육과정 실행을 교사에 의한 수업의 전개라고도 볼 수 있다. 실행은 구성 및 개발과정에 대해 평가적 피드백을 제공해 주며, 그 자료는 교육과정 수정 및 개선을 위해 유용하게 활용될 수 있다. 실행 영역은 제11장에서 자세히 설명된다.

7) 교육과정 공학

이 용어는 비교적 최근에 생긴 것으로서, Beauchamp(1981)에 의하면 교육과정 공학(curriculum engineering)은 학교에서 교육과정 체제를 효율적으로 구성하는 데 필요한 모든 과정들이라고 정의하고 있다. 여기서 교육과정 체제란 다음과 같은 세 가지 기능을 수행한다. 교육과정을 만드는 일, 그 교육과정을 시행하는 일, 그 교육과정 및 교육과정 체제의 효과성을 평가하는 일 등이 그것이다.

8) 교육과정 개선과 변화

Taba(1962)는 개선은 어떤 교육과정의 기본적 개념이나 조직을 변화시키지 않고 그 교육과정의 특정한 측면만을 변화시키는 것이며, 변화는 교육과정 설계, 목적, 내용, 학습활동, 범위 등을 포함한 교육과정의 전체 구조를 변형시키는 것을 의미한다고 하였다. 이 두 용어는 보통 교육과정 개정(curriculum revision)과 유사 용어로 쓰인다. 개선은 현상유지를 보다 세련시키려는 데 초점이 있기 때문에 보다 안정적이며, 변화는 가치·인간·사회·문화에서의 변화에 대한 교육과 바람직한 삶을 위한 기본적 가정에서의 변화를 요구한다.

변화의 본질에 관한 두 가지 사항을 고려하는 것이 중요하다. 첫째, 변화는 불가피할 것이라는 사실이다. 둘째, 변화 자체는 좋은 것도 나쁜 것도 아니다. 즉, 변화란 방향을 제시하는 것이며, 좋고 나쁜 것을 결정하는 가치판단일 뿐이다. 따라서 변화를 방치하기보다는 의도적 노력에 의해 바람직한 방향으로 이끌어 주는 것이 중요하다.

9) 교육과정 정책

교육과정 정책은 국가 교육 제도의 틀 속에서 입안되고 실행되는 교육과정 관련 정책적 아젠다를 분석, 해석, 평가하는 분야를 의미한다. 크게 보면 교육정책과 구분되기 어려우며 특히 교육과정 분야에 초점을 두고 일련의 정책 결정 과정을 대상으로 탐구하거나 실천하는 분야다. 특히 이 영역에서 교사들의 실천적 노력과 대응이 중요하게 작용하기도 한다.

10) 교육과정 연구

교육과정 연구는 교육과정의 현상이나 활동을 연구 대상으로 하여 체계적인 연구절차에 의해 이루어지는 탐구활동이다. 교육과정 연구가 제대로 이루어져야 교육과정에 대한 우리의 지식과 현장의 문제들이 발전적으로 개선되어 나간다. 교육과정에 대하여 우리는 개인적인 입장이나 관점, 철학을 지닐 수 있다. 그러나 교육과정을 보다 체계적으로 이해하고 발전시키려면 보다 엄밀하고 체계적인 탐구 형식들에 친숙해져야 한다. 교육과정 연구에 유익한 연구 패러다임의 종류는 다양하다. 일반적으로 Habermas의 인식관심에 비추어 실증주의적 패러다임, 해석적 패러다임, 비판적 패러다임 등이 가능하다. 그리고 최근에는 매우 다양한 연구방법들이 개척되고 있다. 양적 연구의 정련화, 질적 연구의 비약적 발전, 통합적 연구의 등장과 발전 등 다양한 연구방법들이 논의되고 있는 실정이다. 그러나 교육과정 본질과 고유성에 부합하는 연구방법 개발이 시급하다. Posner(1989)는 교육과정 연구를 총 21가지로 분류하여, 교육성과 연구(6가지), 교육과정 개발과정 연구(2가지), 교육개념과 목적 분석(3가지), 교육자료 연구(1가지), 학생 연구(4가지), 학교와 교실수업 연구(5가지) 유형으로 구분한 바 있다.

이 장의 주요 내용

교육과정과 관련된 현상이나 활동을 보다 체계적으로 살펴보기 위해서는 교육과정에 대한 개념을 이해하는 것이 매우 중요하다. 교육과정의 개념을 보다 쉽게 이해하기 위하여 우선 교육과정의 정의와 이미지를 살펴보는 일이 선행되어야 한다. 그리고 교육과정과 관련된 유사 용어, 교육과정의 의미와 본질을 살펴보고, 교육과정의 영역을 구분할 수 있어야 한다.

우선 교육과정에 대한 교육과정의 정의를 정확하게 이해하기 위해서 교육과정이라는 말을 여러 가지로 표현할 수 있는 다양한 이미지가 무엇인지를 알아보는 것이 유익할 수가 있다. 교육과정의 이미지에는 다양한 것들이 존재한다. 가장 전통적이며 오랫동안 우리의 생각을 사로잡는 것이 교과목 혹은 교과에 담긴 내용으로 교육과정을 보는 것이다. 이 이미지는 매우 영향력이 강하고 우리의 사고방식을 강하게 지배해 오고 있다. 일반적으로 교육과정이라고 하면 학생들이 배우게 될 교과목이나 교과에 담긴 내용을 연상하는 경우다. 이외에도 매우 다양한 이미지들이 존재한다. 객관적으로 주어지는 교과목이나 교과에 담긴 내용보다는 학생들이 직접 경험하는 것에 초점을 두는 것으로서 '학교의 지도 아래 학생이 겪는 실제 경험'이 있다. 사전에 의도한 구체적인 학습계획이나 활동으로 보는 이미지로는 '계획된 활동으로 구성된 프로그램'이 있다. 다음으로는 수행할 일련의 과제, 의도한 학습결과, 문화적 재생산의 도구, 사회재건을 위한 아젠다, 학생의 삶에 대한 해석과 전망, 은유 등이 있다.

이상의 교육과정에 대한 이미지들을 관련이 있는 초점과 관점별로 정리해 보면 다음과 같다.

이미지 유형	초점	관점
교과목 혹은 교과에 담긴 내용	교과나 교과목의 목록	교과 중시
학교의 지도 아래 학생이 겪는 실제 경험	학생 경험	아동/사회 중시
계획된 활동으로 구성된 프로그램	사전 계획이나 의도	사회적 효율성
수행할 일련의 과제	절차화된 과제	사회적 효율성
의도한 학습결과	결과	사회적 효율성
문화적 재생산의 도구	문화 재생산	사회개혁 중시
사회재건을 위한 아젠다	사회개혁의 수단	사회개혁 중시
학생의 삶에 대한 해석과 전망	삶의 해석과 구성	아동/사회 중시
은유	상이한 입장의 생산적 이해	절충적 관점

교육과정에 대한 의미가 매우 많아서 여러 학자들이 그 의미를 다양하게 분류하기도 한다. 그리고 교육과정과 매우 유사하게 사용되는 용어들도 다양하게 존재한다.

교육과정의 의미와 용어가 다양하지만 거기에는 우리가 주목해야 하는 몇 가지 공통적인 속성과 본질적 의미가 있다. 공통적인 속성으로는 공식적인 형식성, 의도성, 학습촉진을 위한 구조화된 형식, 학습성과와의 관련성, 공공성 등이 있다. 그리고 교육과정은 특정 교육기관에서 내용을 계획하여 문서로 표현한 것으로, 단지 문서 그 자체보다는 문서가 실행되면서 그 결과로 나타나는 학습 경험을 충분히 고려해야 한다는 본질적 의미를 지니고 있다.

교육과정의 영역은 매우 다양하게 구성되어 있다. 교육과정의 영역은 그것을 구분하는 기준에 따라 상이하게 설정할 수 있다. 교육과정의 주제에 따라, 교육과정 개발의 과정에 따라, 관점에 따라 다양하게 구분될 수 있다. 그러나 일반적으로 보면 그 영역에는 교육과정의 기초, 교육과정 이론, 교육과정 설계, 교육과정 구성, 교육과정 개발, 교육과정 실행, 교육과정 공학, 교육과정 개선과 변화, 교육과정 정책, 교육과정 연구 등이 있다.

주요개념

강의요목	교육과정 변화	모듈
교과서	교육과정 설계	스코프
교수요목	교육과정 실행	시퀀스
교육과정 개발	교육과정 연구	은유
교육과정 개선	교육과정 이론	의도한 학습결과(ILO)
교육과정 공학	교육과정 정책	프로그램
교육과정 구성	내용 개요	학습 경험

탐구문제

1. 교육과정의 다양한 이미지를 통해 교육과정의 의미를 밝혀 보시오.

2. 자신이 선호하는 교육과정의 의미를 그림이나 문장으로 제시하고 그 이유를 설명해 보시오.

3. 오늘날 학교 교육과정의 문제를 해결하는 데 어느 이미지가 가장 적합할 것으로 생각되는가?

4. 교육과정의 다양한 의미들을 분류한 것 중에서 그 분류 기준과 오늘날 학교 현실을 가장 잘 설명해 주는 방식은 어느 것인가?

5. 교육과정에 대한 다양한 의미나 용어에 공통적으로 들어 있는 속성과 본질적 의미를 설명해 보시오.

6. 교육과정과 관련된 유사 용어들을 구분해 보시오.

7. 교육과정의 영역을 구분하여 설명해 보시오.

8. 학교 현장의 교사를 인터뷰하여 교육과정에 대한 개념을 조사해 보시오.

참고문헌

교육법전편찬회(2005). 교육법전. 서울: 교학사.

김경자(2000). 학교 교육과정론. 서울: 교육과학사.

김인식 · 박영무 · 최호성(1995). 교육과정 이론과 분석. 서울: 교육과학사.

김호권 · 이돈희 · 이홍우(1988). 현대교육과정론. 서울: 교육출판사.

서울대교육연구소(2000). 교육학 용어사전. 서울: 하우.

이경섭 · 이홍우 · 김순택(1982). 교육과정: 이론, 개발, 관리. 서울: 교육과학사.

이귀윤(1996). 교육과정 연구. 서울: 교육과학사.

이성호(2009). 교육과정론. 경기: 양서원.

허숙 · 박승배(2004). 교육과정과 목적. 서울: 교육과학사.

Beauchamp, G. A. (1981). *Curriculum Theory*. NY: F. E. Peacock Publishers, Inc.

Cremin, L. A. (1971). Curriculum Making in the United States. *Teachers College Record, 73*(2), 207-220.

Giles, H. H., McCutchen, S. P., & Zechiet, A. N. (1942). *Exploring the Curriculum*. NY: Harper & Brothers.

Hosford, P. L. (1973). *An Instructional Theory*. NJ: Prentice-Hall.

Johnson, M. (1967). Definitions and Models in Curriculum Theory. *Educational Theory, 17*(2), 127-139.

Ornstein, A. C., & Hunkins, F. P. (2004). *Curriculum: Foundation, Principles, and Issues*. NY: PEARSON.

Posner, G. J. (1989). Making Sense of Diversity: The Current State of Curriculum Research. *Journal of Curriculum and Supervision, 4*(4), 340-361.

Posner, G. J. (1992). *Analyzing the Curriculum*. NY: McGraw-Hill.

Saylor, J. G., & Alexander, W. M. (1974). *Planning Curriculum for Schools*. NY: Holt Linehart and Winston.

Schubert, W. H. (1986). *Curriculum: Perspective, Paradigm, and Possibility*. NY: Macmillan Publishing.

Tanner, D., & Tanner, L. N. (1980). *Curriculum Development: Theory into Practice*. NY: Macmillan.

Zais, R. S. (1976). *Curriculum: Principles and Foundation*. NY: Harper & Row.

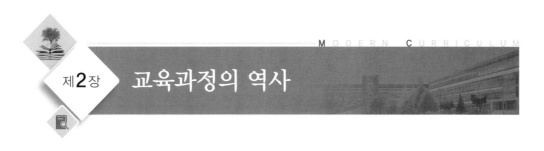

제2장 교육과정의 역사

MODERN CURRICULUM

📖 이 장의 주요 목표

▷ 교육과정에 대한 역사적 조망을 형성하는 일의 중요성을 파악할 수 있다.

▷ 무엇을 가르칠 것인가에 대한 역사적 논쟁의 흐름을 이해할 수 있다.

▷ Bobbitt과 Charters가 차지하는 교육과정 역사에 대한 위치를 설명할 수 있다.

▷ 교육과정 구성법의 발달사적 특징을 설명할 수 있다.

▷ 교육과정 역사에서 교과와 경험의 대립 구도가 지니는 의미를 이해할 수 있다.

▷ 한국 교육과정 개정의 변천 과정을 설명할 수 있다.

한 학문 분야를 보다 체계적으로 이해하기 위해서는 그 분야의 역사를 알아보는 것이 중요하다. 교육과정이라는 학문 분야는 20세기 초에 본격적으로 출발하여 많은 성장을 보인다. 그러나 그 이전에 다양한 생각들이 있었고, 여러 학자들의 견해에 영향을 받았다. Herbart Spencer(1820~1903)의 교육과정적 질문으로부터, F. Bobbitt에 이르러서 본격적으로 체계적인 분야로 성장한다. Dewey의 이론 역시 매우 중요한 의미를 지니고 있다.

그리고 외국의 교육과정 역사를 이해하는 데에는 역사적으로 중요한 각종 보고서들이 존재하며, 교육과정 구성법의 변화를 이해하는 것도 매우 중요하다. 동시에 학문중심 교육과정의 등장과 교육과정의 입장에 대한 다양한 세력들이 어떠한 생각들을 견지해 나갔는지 살펴볼 필요가 있다.

우리 한국에서도 해방 후에 본격적인 교육과정 정비가 진행되고, 그 이후 수차례 개정을 단행한다. 이 장에서는 교육과정의 역사적 사실과 그 중요성을 살펴보기로 한다.

1. 외국 교육과정의 역사

1) 교육과정의 역사적 기초

(1) 스펜서: 어떤 지식이 가장 가치 있는 것인가

스펜서는 1860년에 『교육론: 지, 덕, 체(Education: Intellectual, Moral, and Physical)』라는 저서를 통해 대학준비의 고전교육을 비판하면서 교육의 목적을 어떻게 하면 개인과 사회에게 행복을 위한 완전한 삶(complete living)을 살 수 있도록 준비시킬 것인가에 두어야 한다고 주장한다. 따라서 지식과 교과들의 상대적 중요성은 재평가되어야 하고 인간 삶에서 실용적인 가치에 따라 그 중요성을 고려할 필요가 있다는 것이다. 이러한 맥락에서 그는 인간 삶의 활동에서 실제적인 중요성에 따라 가치 있는 지식을 다음과 같이 다섯 가지로 분류하였다. ① 직접적인 자기 보존에 기여하는 활동, ② 생활에 필요한 물질획득에 도움이 되는 간접적 자기 보존에 기여하는 활동, ③ 자녀의 양육과 교육에 대한 활동, ④ 적절한 사회적·정치적 관계 유지에 관련한 활동, ⑤ 생활의 여가를 즐기는 활동 등이다. 이런 견해에서 보면 가장 중요한 교과는 과학이 된다. 삶과 건강을 위해서도, 생활에 필요한 재화를 얻기 위해서도, 자녀를 적절하게 기르기 위해서도 과학이 가장 효율적인 공부라는 것이다. 이와 같이 실생활 측면에서 교과를 정당화한 생각은 후일 미국의 중등학교 목표 7대 원리에 영향을 미치게 된다.

(2) 전통적 교과에 대한 다양한 입장

1890년대 후반까지 전통적 교과 교육과정은 학교 교육과정에서 절대적인 위치를 누리고 있었으나 20세기로 접어들면서 학교의 전통적 교과에 대한 불만이 제기되었다. 즉, 새로운 사회적 요구에 대해서 민감하게 반응하지 못한다든지, 새로운 사회에 대한 적절한 준비가 어렵다든지 하는 것들이었다. 그리고 새로운 심리학의 발달로 아동의 본성에 대한 각성과 행동주의 심리학의 강조가 전통적 교과의 타당성을 의심받게 하였다.

전통적 교과에 대한 불만은 다양한 반응으로 나타났다. Kliebard(1986)는 이것을 크게 네 가지 관점으로 설명하고 있다. 첫째로 인문학적 지식과 전통적 가치 및 문화의 전수를 강조하는 전통적 인문주의자(C. A. Eliot로 대표됨), 둘째로 아동의 발달과 요구를 강조하는 아동중심주의자(G. S. Hall로 대표됨), 셋째로 새로운 사회의 요구와 성인의 역할을 준비시켜 주는 것에 강조점을 두는 사회적 효율성 입장(F. Bobbitt으로 대표됨), 넷째로 학생들에게 사회정의와 평등에 대한 전망을 심어 주고 사회를 개선시키려는 사회개혁주의자(H. Rugg로 대표됨) 등이 있다. 이들 각 집단들은 미국 교육과정 역사에서 특정 시기에 주도적인 역할을 하였는데 전통적 인문주의자들은 19세기에, 사회적 효율성론자들은 20세기 초반 20여 년 동안에, 아동중심주의자들은 1920년대에, 사회개혁주의자들은 1930년대에 미국교육을 주도하였다.

(3) 학문 영역으로서의 확립

교육과정학 분야는 교육학 분야 중에서 그 탐구의 역사가 오래된 분야다. 교육과정에 대한 논의의 역사는 교육의 역사만큼이나 오래된 과거를 갖고 있다. 교육의 역사가 곧 교육과정의 역사라고 볼 수도 있다. 그러나 교육과정 분야가 학문적 체계를 갖추기 시작하여 하나의 독립된 학문으로 자리 잡은 계기는 Bobbitt이 1918년[1]에 『교육과정(The Curriculum)』이라는 책을 저술한 것과 관련이 깊다. Bobbitt은 이 책을 저술하기 전 1910년에 시카고 대학 교수가 되어 교육과정 강좌를 처음으로 개설하였다. 『교육과정』이라는 책에서 그는 학교가 아동이 성인세계에 적응할 수 있도록 준비시키는 기관이므로, 교육과정은 아동들이 성인들의 세계에서 접하게 될 과제들을 적절히 수행하도록 준비시키기 위하여 분명하고 구체적으로 구성되어야만 한다고 주장하였다. 이후에 그의 생각은 여러 학자들에 의해 찬사와 비판을 받았으며, 특히 진보주의자들에 의해 많은 비판을 받았고, 반면 그의 생각을 더욱 발전시킨 사람으로는 Tyler가 있다.

---

1) 1918년은 교육과정 분야에서 특별한 의미를 지닌다. 이 해에는 보빗의 단행본 출간뿐만 아니라 Kilpatrick의 프로젝트 방법(진보주의의 정신)과 중등교육위원회의 중등교육 7대 핵심원리(Cardinal Principles)가 제안(고전 교육과정의 변화)되었다. 7대 원리에는 건강, 기초과정의 구사 능력, 가치 있는 가족 구성원의 의식, 직업준비, 시민의식, 여가활용, 윤리적 성격 개발 등이 포함된다.

2) 각종 위원회와 주요 보고서를 통해 읽는 교육과정의 역사

(1) 기본 교과, 교양교육에 대한 역사

모든 학생들이 반드시 배워야 하는 기본 교과로는 어떤 것들이 있을까? 이 문제는 단순한 것 같지만 매우 복잡한 문제다. 어떤 사람들은 대인관계에 필요한 의사소통 기술이나 민주시민 교육을, 다른 사람들은 보건이나 체육을, 또 다른 이는 경제교육을, 진로교육을 학교에서 반드시 가르쳐야 할 내용으로 제안한다. 이상의 내용들은 시대에 따라서 기본 교과에 포함되기도 하였고, 또 비판을 받기도 하였다. 여러분이 만일 위의 내용 모두를 기본 교과에 포함시키고자 한다면 그 교육과정은 수많은 내용들로 뒤범벅될 것이며, 그 교육은 서로 충돌하는 목적들 사이에 많은 갈등을 겪게 될 것이다. 우리가 모든 학생들에게 꼭 가르쳐야 할 기본 교과는 정말 무엇일까? 이하의 관련 내용은 Walker와 Soltis(허숙 · 박승배, 2004: 51-74)의 입장을 중심으로 살펴보자.

교양교육의 목적과 그 내용은 무엇이고 무엇을 기본 교과로 보아야 하는지에 관해 지난 100여 년 동안 이루어진 논의들의 일부를 살펴보자. 대체로 초등학교에서는 단하나의 포괄적인 교육과정을 제공하는 방식으로 교양교육이 이루어진다. 그러나 중등교육에서는 교양교육의 문제가 다소 분명해진다. 학생들은 다양화와 전문화에 대해 준비가 이루어져야 하고, 많은 학생들에게 고등학교는 공식적인 학교교육의 마지막 단계이기 때문에 교사들은 이 고등학교 단계를 교양교육을 완성할 수 있는 마지막 기회로 보기도 한다.

19세기 후반 미국의 중등교육은 그 형태와 수준에 있어서 아주 다양하게 이루어졌는데, 그리스어 · 라틴어 · 천문학 · 기하학 및 기타 고급 수준의 학구적인 과목들을 가르치는 사립학교로부터 실용영어와 기능을 가르치는 상업학교에 이르기까지 여러 종류의 학교가 혼재하였다. 유명한 대학들은 대학에 들어오고자 하는 학생들이 대학에서 제공하는 교과목들을 이수하기에 준비가 잘되어 있지 않다는 우려를 표명하였다. 따라서 대학들은 고등학교에서 학구적인 과목을 제대로 배우는 것이야말로 대학입학에 유리할 뿐만 아니라, '모든 사람을 위한 가장 좋은 교육'이라고 생각하였다.

1893년 미국교육연합회(National Education Association: NEA)는 고등학교 교육과정을 표준화하는 일을 돕기 위하여 하나의 위원회를 만들었는데, 이는 후에 '10인 위원회'라 불렸다. 주로 사립학교 교장들과 대학교수들로 구성된 이 '10인 위원회'의 의장은 당시 하버드대학교 총장이던 Charles Eliot이었다. 이 위원회는 고등학교 교육과정으로 고전어 과정(그리스어, 라틴어 포함해 3개 외국어), 라틴어와 과학 과정(2개 외국어, 현대어 1개), 현대어 과정(2개의 현대 외국어), 영어 과정(고전어나 현대어 중 1개의 외국어) 등의 네 가지 표준 유형을 제시하였다. 이 네 가지 유형은 모두 전통적인 학구적 교과목들로 구성되어 있었는데, '10인 위원회'는 이러한 네 가지 유형들 중의 하나를 따르고 있는 고등학교 졸업생은 대학에서 공부하는 데 필요한 능력을 적절히 구비했을 것이므로 대학에서 받아들이라고 추천하였다. '10인 위원회'는 실용적이고 직업적인 교과목과 예술과목에 대해서는 아무런 언급이 없었다. 그들은 고전, 과학, 영어, 수학, 사회 등의 과목에 대해서는 아주 자세히 설명하였다. 이에 대해 여러 학자들의 비판이 있었다. G. S. Hall은 아동에 대한 연구 성과를 기초로 엘리트 중심적인 학문적 교과목이라고 비판하였고, DeGarmo와 McMurry 형제 등 헤르바르트주의자들 역시 비판하였다. F. Parker는 사회적 환경 속에서 자라나는 개인의 자아발달을 중심으로 교육과정이 구성되어야 한다고 주장하였다. 이러한 비판을 수용하는 방향에서 NEA는 15인 위원회를 구성하여 보고서를 발간하였으나 이 보고서 역시 W. T. Harris가 주도한 결과 고전적 학문주의 입장을 크게 벗어나지 못하였다.

이러한 '10인 위원회'의 보고서는 곧 고등학교 교육과정의 표준이 되었다. 많은 고등학교에서 해당 학교의 교육과정을 위와 같은 교과목들에 대한 교육으로 구성되었다. 심지어 오늘날에도 대학에 진학하기를 희망하는 학생들이 주로 다니는 고등학교의 교육과정은 100여 년 전에 이 '10인 위원회'가 제안한 내용과 크게 다르지 않다.

이 '10인 위원회'의 보고서가 나온 지 25년 후에 미국교육연합회에서는 고등학교의 교육과정을 조사하기 위해 새로운 위원회를 구성하였는데, 그 위원회의 이름은 '중등교육개편위원회(The Commission on the Reorganization of Secondary Education)'라 붙이었다. 주로 공립학교의 교사들과 교장들로 구성된 이 위원회는 진보주의 교육을 강하게 추구하였다. 이 위원회는 1918년 하나의 보고서를 작성하였는데 이는 '중등교육의 핵심원리(Cardinal Principles)'라는 이름이 붙어 있었다. 이 보고서에서는 '기본 교과'를 학생들이 대학에 진학해서 공부를 잘하기 위해 필요한 과목들로 보기보다는, 학교 밖의 삶을 성공적으로 살아가는 데 필요한 것이 무엇인가라는 관점에서 규정하였다. 이 위원회가 제시한 7가지 '핵심원리'에는 중등교육에서 무엇을 '기본 교과'로 보아야 하는지에 대한 그들의 생각이 잘 드러나 있다. 이 위원회가 제시한 '교육의 주요 목표'는 다음과 같다.

1. 건강

2. 기초적인 의사소통 수단의 숙달(읽기, 쓰기, 셈하기, 말하기)

3. 원만한 가족관계

4. 직업훈련

5. 시민정신

6. 여가시간의 적절한 활용

7. 도덕적 성품

중등교육개편위원회는 이 보고서를 통하여 모든 학교의 교과목이 다시 검토되어야 하고 필요하다면 위와 같은 목표를 달성할 수 있도록 재조직되어야 한다고 주장하였다. 위와 같은 목표를 달성하는 데 도움이 되지 않는 교과목들은 삭제되거나 적절한 교과목으로 대체되어야 한다고 주장하였다. 그리하여 이 보고서가 발표된 후 20~30년 동안 미국의 학교들은 역사상 그 전례를 찾아보기 힘든 대대적인 교육과정 실험이 이루어졌다. 당면한 프로젝트를 중심으로 교육과정을 조직하는 학교도 있었고, 영어와 사회, 과학과 수학을 결합하여 통합된 중핵교과를 중심으로 교육과정을 재조직한 학교도 있었다. 또한 학생들과 교사가 그들의 필요와 흥미를 중심으로 즉시적이고 현장중심적인 교육과정을 만들려는 시도도 있었다. 중등교육에서 중학교와 고등학교를 분리하는 것도 바로 이 시기에 이루어진 것이었다. 또한 이 보고서는 동일한 학교 내에서 학구적인 과목, 직업에 필요한 과목, 교양에 필요한 과목을 모두 함께 가르치는 이른바 종합고등학교를 설립하는 데 많은 영향을 미쳤다.

그러나 이로써 미국에서 교양교육의 문제에 관한 논의가 해결된 것은 아니다. 1940년대 중반에 미국 하버드대학교의 교수들로 구성된 한 위원회는 '자유사회에 있어서의 교양교육'이라고 이름 붙인 보고서에서 이 문제를 다시 제기하였다. 즉, 교육의 목적은 하나는 젊은이들로 하여금 그들 각자의 독특한 삶을 갖도록 돕는 일이고, 다른 하나는 한 사회의 시민이요 문화 계승자로서 타인과 함께 공통의 생활영역을 갖도록 하는 일이다. 이렇게 볼 때 문제는 보다 분명해진다. 이상적인 교육은 모두에게 공정하여야 하며 개인의 서로 다른 요구를 만족시켜 주면서도 민주주의의 뿌리라고 할 수 있는 인간의 동료의식을 길러 주는 것이어야 한다.

이러한 생각을 구현하기 위하여 위 보고서는 모든 학생을 위한 기본 교양교육을 제안하였다. 즉, 학생들은 각자 자기의 능력에 따라 인문학이나 사회과학과 자연과학의 분야에서 세부적으로 전문화되지 않은 내용들을 학습함으로써 인류의 공통적인 유산을 함께 소유하도록 해야 한다는 것이다.

이 하버드 위원회는 20세기 중반의 문제 상황을 기술하면서 모든 학생들에게 능력과 흥미에 따른 전문교육을 제공함과 동시에 일반적이고 공통적인 교양교육을 제공할 수 있는 교육과정을 마련하고자 노력하였다. 이들이 제시한 교육과정은 예상대로 교과목의 절반 정도를 교양교육을 위한 과목으로 구성하는 것이었다. 고등학교에서 이러한 교육과정은 영어, 과학, 수학교과 분야에서 각각 세 강좌를 가르치고, 사회교과 분야에서 두 강좌를 가르치는 방식으로 구체화되었다. 그들의 설명에 따르면 이러한 강좌들은 미래의 시민들에게 모종의 공통된 지식을 제공하고 정신능력을 개발할 목적을 가지고 있는 것이다. 이들이 말하는 모종의 정신능력이란 바로 '효과적으로 생각하는 능력, 자신의 생각을 전달하는 능력, 적절한 판단을 내리는 능력, 가치를 변별하는 능력'들을 의미하는 것이었다. 이러한 능력을 갖춘 뒤에 학생들은 직업에 관련된 기능을 배우고 전문교육을 받도록 요구되었다.

그러나 이러한 하버드 보고서는 교양교육의 문제를 해결해 주지 못하였다. 제2차 세계 대전 이후부터 지금까지 기본 교과 혹은 교양교육에 대한 비판과 반대, 그리고 개혁 등에 관한 논의가 계속되고 있다.

(2) 20세기 초반의 교육과정 절충

미국 교육과정을 대변하는 고전적 인문주의자들과, 이에 대항하는 헤르바르트주의자, 아동연구에 바탕을 두는 입장, 사회효율성을 강조하는 입장, 사회적 모순을 개혁하려는 입장들은 교육과정의 개정 때마다 서로 갈등을 유발하면서 대립하여 왔다. 이러한 다양한 입장들을 절충하고 종합하려고 시도한 것은 미국교육협회(NSSE)의 1926년 연차보고서다. 이 보고서를 통해 해결하고자 한 것은 교육과정 개발과 관련된 다양한 질문들이었다. 그중에서 중요하다고 생각되는 몇 가지만을 제시해 보면 다음과 같다.

첫째, 교육과정은 어떻게 성인생활에 효과적으로 참여할 수 있도록 학생들을 준비시킬 수 있는가?

둘째, 교육과정의 내용은 어떻게 입안되고 진술되어야 하는가?

셋째, 교육의 과정에서 교과목의 위치와 기능은 무엇인가?

넷째, 교육자의 관점에서 볼 때 학습은 언제 일어났다고 판단해야 하는가?

다섯째, 교육과정은 개인차를 어느 정도로 고려해야 하는가? 여섯째, 교육과정의 조직 형태는 어떠해야 하는가?

이런 질문들은 결국 중등학교 교육과정 개발을 정교화하고 체계화하는 데 많은 기여를 하게 된다. 이후에 초·중등 연계교육, 중등과 대학의 교육 연계성에 대한 연구는 소위 '8년 연구'를 통하여 본격화되었다고 볼 수 있다.

3) Bobbitt와 Charters의 교육과정 구성법

(1) 과학적 교육과정 구성: 활동분석법

Bobbitt은 『교육과정』을 출간한 지 6년 후인 1924년에 출판한 『교육과정 구성법(How to Make a Curriculum)』에서 과학적 교육과정 구성법을 소개하고 있다. 이 방법은 성인 생활의 직무를 분석하는 것이다. 여기에는 다음과 같은 절차가 포함된다. 첫째, 이상적인 성인들의 생활을 몇 가지 주요 활동으로 나누라. 둘째, 이런 주요 활동을 학생들이 성취할 수 있는 구체적인 활동으로 분석하라. 셋째, 학생들이 성취해야 할 구체적인 활동을 교육의 목표로 설정하라. 이상의 절차를 보다 상세하게 5단계로 제시하면 다음과 같다.

- 1단계: 인간경험의 분석(광범한 인간경험을 중요한 몇 개의 분야로 구분한다.)
- 2단계: 직무분석(인간경험의 주요 분야를 다시 몇 개의 더 구체적인 활동으로 상세화한다.). 직무분석은 어떤 직무의 구성요소를 주의 깊게 관찰하여 기술한 것으로서 그 결과는 직원이 할 일을 열거하거나 일을 수행하는 절차와 방법을 열거한 목록이며, 이것은 직무를 수행하도록 훈련시키는 프로그램 개발의 요소가 된다.
- 3단계: 교육목표 추출(활동을 수행하는 데 필요한 능력들에 대한 진술로부터 교육목표를 추출한다.).
- 4단계: 목표 선정(도출된 목표들로부터 학생들의 활동으로 계획할 목표 목록을 선정한다.)
- 5단계: 구체적인 활동 계획 수립(목표를 달성하는 데 포함되는 다양한 활동·경험·기회를 각 연령별 혹은 학년별로 학생들의 활동을 매일 상세하게 수립한다.)

(2) Charters의 활동분석법

Bobbitt과 유사한 생각을 한 Charters는 교육과정이 이상과 활동으로 구성되어야 한다고 보았다. 그는 이상을 관찰 가능한 결과를 지닌 목표로 간주했다. 일단 이상이 선정되고 나면 그것은 행위에 대한 표준으로 기여해야 한다. 이상은 활동으로부터 나오지는 않는다. 아동의 삶에 이상을 부여하기 원하는 교사는 이상이 적용되는 활동을 분석하고, 선택된 이상이 아동의 활동에 적용된다는 것을 알 필요가 있다.

Bobbitt과 달리 Charters는 교육과정 구성방법에서 지식에 대해 명백한 관심을 표명하고 있다. 그는 생활에 유용하고 학습자의 동기 유발에 중요한 교재를 원했다. 차터스에 의하면 교육과정은 AIPRTE에 의해 통제되는 단위들로 구성된다(이경섭, 1990: 203). 여러 활동(A: activity)은 이상(I: ideal)에 의해 통제되고 활동을 수행하는 방법은 수행자(P: performer)에 의해서 결정되며, 이런 활동이 사람들과 결부되어 수행될 때 추리(R: reasoning)는 활동을 계속하는 적절한 방법을 계획할 경우에 활용된다는 것이다. 활동이 계획된 연후에 그것은 어떤 기법(T: technique)으로 수행되는데, 이런 수행에는 정서적이고(E: emotional) 정의적인 요소가 그 분위기를 마련해 준다는 것이다.

Bobbitt과 Charters에 의하면 교육과정 구성 과정은 그 자체로 하나의 연구 분야다. 목적(이상), 목표, 활동 간의 관련성은 교육과정 구성에서 중요한 관심사다. 목적의 선정은 하나의 규범적 과정이다. 목표와 활동의 선정은 과학적이고 경험적인 과정이다. 또한 목표와 활동은 과학적 분석과 검증의 대상이 된다. 따라서 조직화된 학문 분야의 지식과 경험 생활의 실제적 필요요건 간의 관련성은 교육과정을 탐구하는 사람들에게 핵심적인 주제다.

4) 교육과정 구성법의 발달사적 특징

교육과정 구성법에는 교과서법, 활동분석법, 사회기능법, 청소년 욕구법, 항상적 생활장면분석법, 학문 구조 중심법 등이 있다. 이하에서는 강현석 · 이경섭(2003)의 연구를 중심으로 살펴보자.

① 교과서법은 산업혁명 이후 종래의 7자유과에서 벗어나 산업사회의 대중을 위한 세속적인 교육 또는 대학 진학 학생을 위한 교육에 필요한 교과서를 만들어 내려는 데서 유래한 방법이다. 1910년대에 들어서면서 '교육에 있어서 시간경제위원회(Committee on the Economy of Time in Education)'가 사회일반인, 학습자의 조사, 기성 교과서 및 교과과정의 시간 수 등의 분석을 통해 보다 합리적인 교과서법을 개발하고자 했으며, 1930년대에는 8년 연구에 참가한 몇몇 학교들이 교과서법에 대

한 연구를 추진한 것이다. 최근에도 여러 나라에서 각급 학교의 교과서를 편찬하기 위해 또는 특정 교과의 교육과정을 개발하기 위해 이 방법이 활용되기도 한다.

② **활동분석법**이 강조되던 시기는 1910년대 Dewey의 새교육운동, Taylorism과 경영학의 발달, 교육에서의 시간경제연구, 실험학교 연구, 제1차 세계 대전, 심리학 및 측정학의 발달, 생활활동의 분석적 연구 등이 전개되고 있었다. 이 구성법은 Bobbitt이 1918년의 『교육과정』에서 주창한 이래 W. W. Charters, L. T. Hopkins, H. Harap 등에 의해서 특히 1920년대 크게 각광을 받던 구성법이다. 1920년대 초에 Charters와 Bobbitt이 활동분석법의 기본 입장을 분명히 밝혀, 1924년에 Bobbitt은 '교육이란 50대의 성인생활을 위한 준비'라고 하였다. 그런데 이 입장은 1918년 생활활동의 분석에 의해서 기능적인 교육과정을 주창한 것과는 상이한데, 생활활동이 한 성인의 생활활동인가 학습자의 생활활동인가 하는 문제, 또는 생활활동의 분석에 의한 교육과정은 현재의 생활을 위해서 구성되어야 할 것인가 미래 생활의 준비인가 하는 문제는 1910년대에는 분명하지 않았다. Bobbitt이 분석의 대상을 일반적인 생활활동보다는 이상적인 성인 생활활동에 강조점을 옮긴 것이며, NSSE(1927)가 제시한 18개 항의 교육과정 구성의 기본 문제를 결정한 것도 보빗의 견해를 더욱 발전적으로 해석한 것에 불과하다고 볼 수 있다.

③ **사회기능법**의 시기에는 1920년대 말부터 1930년대 초의 세계경제공황, PEA의 교육연구, 뉴딜정책, 제2차 세계 대전이 있었다. 1930년대 초 버지니아 주에서 처음으로 활용되었으며 Caswell과 Campbell에 의해서 체계화된 구성법으로서 1920년대 활동분석법이 교과영역을 완전히 탈피하지 못한 것을 사회 기능법에서는 스코프라는 차원에서 탈피하려고 하였다. 그래서 Caswell과 Campbell은 문화인류학과 유기체의 기능주의 심리학의 영향을 받아서 개인 및 집단의 문제 등이 지속적으로 집중되고, 사회생활의 핵심이 되는 기능을 분석하여 그것을 스코프로 결정하려고 한 것이다. 이 구성법에서 개발된 버지니아 안의 스코프는 나중에 조지아, 알칸사스, 캘리포니아, 미시시피 안의 스코프 결정에 큰 영향을 미치게 된다. 이 구성법에서 중핵(core) 교육과정의 출현은 뉴딜일 정책의 소산이라고 볼 수 있다.

④ **청소년 욕구법**은 1930년대 초 진보주의교육협회(PEA)가 8년 연구를 수행해 갈 때 중등학교 교육과정의 개선을 위한 연구의 일환으로 개발되기 시작한 구성법이다. 1940년대 초까지는 교육과정 구성법으로 이론화되지 않았으나, 8년 연구의 한 멤버로서 활약한 Alberty가 1940년대 후반부터 오하이오 주립대학교에서 이

연구를 체계화하여 정립한 것이다. Alberty는 중등학교의 주요 목표를 모든 개인의 '최적의 발달'에 두고 청소년의 요구와 문제를 조사 분류하여 스코프를 결정하고, 발달 과업과 흥미를 중심으로 시퀀스를 결정하여 중핵형의 구성법을 제안하였던 것이다.

⑤ 항상적 생활장면분석법은 경험중심 교육과정의 구성법으로서는 가장 늦게 개발된 것으로, 항상적 생활장면분석에 의해서 목표, 스코프, 시퀀스, 학습내용 및 경험의 선정·조직이 이루어진다. 컬럼비아 대학교의 Stratemeyer 여사가 개발한 것으로 경험형의 집대성이라고 평가할 만한 구성법이다.

⑥ 학문 구조 중심법은 주지하다시피 1950년대 말의 소련의 인공위성 발사, 수학과 과학과를 중심으로 하는 교과교육개혁운동, Bruner의 교과구조론, 국방교육법의 공포(과학교육, 수학, 및 외국어 교육의 강화), 과학기술의 발달, 지식의 폭발 등으로 특징지어지던 시대의 산물이라는 측면도 동시에 지니고 있다. 지식의 구조 그리고 Phenix와 Schwab의 학문구조론을 중심으로 하여 1960년대에 크게 강조되던 구성법으로서―물론 그 아이디어는 그 이전부터 작용해 오고 있었으며―오늘날에도 강한 영향력을 행사해 오고 있다.

이상의 구성법들과 관련하여 주요 시대별 특징을 보면 1910~1920년대에는 교과중심 교육의 비판 및 변형이 이루어지던 시기이고, 1930~1940년대에는 8년 연구와 청소년 욕구법이 등장한 시기다. 특히 사회기능법에서는 뉴딜 정책의 일환으로 중핵 교육과정이 탄생하게 되고 여기에서 교과, 인종, 인격통합을 의도하게 된다. 그리고 대통령 직속의 사회동향 조사연구위원회(Committee on Recent Social Trends)에서 제안한 스코프를 가져오게 된다. 사회기능법과 청소년 욕구법에서 나타나는 공통점은 교사와 학습자가 협동작업을 통해 중핵 코스를 구안하는 점이고, 차이점은 스코프와 시퀀스의 강조점에 약간 차이가 있다는 점인데 사회기능법에서는 사회를, 청소년 욕구법에서는 개인을 강조하였다. 따라서 제2차 세계 대전 종료 후 1947년 말에 등장한 항상적 생활장면 분석법에 와서야 교육과정 구성의 집대성이 가능하게 되는 계기가 마련된다. 그리고 1950년대 말부터 지식의 구조가 강조되는 교육과정 개혁운동이 전개된다.

그런데 교육과정 구성법의 문제는 결국 학교에서 무엇을 가르칠 것인가 하는 문제로 수렴될 수 있으며, 이와 관련하여 각 구성법의 역사적 배경에는 서로 상이한 관점들이 작용하고 있다. 이 문제와 관련하여 H. Kliebard(1995)는 서로 다른 관심집단들의 관점—Eliot으로 대표되는 전통적 인문주의자, Hall로 대표되는 아동발달중심주의자, Bobbitt으로 대표되는 사회적 효율성 추구자, Rugg로 대표되는 사회개혁주의자—의 투쟁(struggle)으로 보고 있다. 이 논의에 따르면 교육과정 구성에서 교과, 개인, 사회에서 어느 것을 우선시하는가 하는 문제가 함축되어 있다고 볼 수 있다. Kliebard의 논의에 따르면 교육과정 구성법의 본격적인 계기를 가져다준 활동분석법은 사회적 효율성을 추구하면서 교육과정을 과학적으로 구성할 것을 시도한 사람들로서 20세기 초반부터 20여 년 동안 강조되었고, 사회보다는 개인의 문제와 청소년의 욕구에 관심을 가진 청소년 욕구법으로 대표되는 입장들은 1920년대에, 사회문제에 관심을 보인 입장들은 1930년대에 미국 교육과정을 주도하였다. 특히 교육과정의 과학적 구성법을 주도한 Bobbitt과 Charters의 생활활동분석법은 성인생활의 준비로서의 교육이라는 관점을 갖고 있었기 때문에 이들이 직무분석을 통한 과학적 관리기법을 교육과정의 구성방법으로 도입한 것은 당연한 결과로 보인다. 그리고 성인생활의 준비를 위해 성인의 직무를 분석하여 그것을 가장 잘 성취하도록 가르치는 경우에 그 방법 역시 당연히 사회적 실용성이라는 기준을 따르게 되어 있다. 이러한 교육과정 구성방식은 이후 교육과정 구성과정 자체를 습득해야 할 직무에 비유하여 그 절차를 확인하고, 각 절차에서 어떻게 하는 것이 의도하는 목표를 가장 잘 성취할 수 있을까 하는 문제에 관심을 두는 기술공학적 관점을 성립시키는 기반이 된다.

이러한 평면적인 사적 구분은 그 특징을 중심으로 하여 구성법의 발달사적 시대를 일정하게 구분하는 것이 가능하다.

첫째, 교육과정 구성의 모색기(1900~1920)를 설정할 수 있다. 이 시기의 사회적·경제적 요인으로는 산업의 근대화, 미국으로의 이민자 유입 증가, 연방 및 주 정부의 역할 강화, 제1차 세계 대전 등이 있었다. 사상적으로는 민주주의와 실용주의 및 과학주의 사상이 강조되던 시기다.

둘째, 교육과정 구성의 정립기(1920~1930)로서, 이 시기에는 심리학적 조사방법과 검사지의 활용에 대한 연구들이 융성하게 전개되었고, 생활활동 분석법에 대한 평가가 엇갈리고 있었다. 즉, Snedden, Johnson, Alberty는 목표의 구체적 설정과 교육과정의 관점에서 긍정적인 평가를 내린 반면에, Bode, Caswell, Campbell, Alberty는 직무분석의 성격, 이상과 행동상의 불일치 문제에서 부정적 평가를 내리고 있다.

셋째, 교육과정 구성의 발전기(1930~1950)로서, 이 시기에는 정치·경제적 요인과 사상적 요인이 구성 이론에 영향을 미쳤다. 즉, 경제공황은 사회기능법에, 제2차 세계 대전은 청소년욕구법과 항상적 생활장면분석법에 영향을 미쳤다. 사상적 요인으로는 진보주의 교육사상과 개발된 선행 구성 이론에서의 영향을 들 수 있다.

넷째, 학문중심 교육과정기(1950년대 이후)에서는 소련의 인공위성 발사와 국방 교육법의 발효, 컴퓨터 개발에 의한 지식의 폭발, 인지론의 발달이라는 배경을 안고 있다. 이러한 교육과정 구성법의 발달사적 구분은 구성법의 흐름과 향후 전망에 일정한 시사점을 제공해 주고 있다.

5) 교과와 경험의 대립 속에서 탄생: Dewey의 교육과정 이론

(1) 19세기의 교육: 고전 중심의 교육

19세기의 말엽에 미국 교육은 문법·수사학·라틴어·지리·역사·문학·고전 교과 등의 암기와 교사중심의 엄격한 훈육중심으로 더욱 확고한 틀을 갖추게 되었는데 여기에는 몇 가지 요인들이 작용하였다. 우선 첫째, 고전 교육과정을 옹호한 '예일보고서'를 들 수 있다. 19세기에 미국의 학교에서 가르친 내용들은 주로 라틴어, 그리스 시대의 고전·수학·문학·역사 등이었는데 이것들을 고전 교육과정이라고 부른다. 이러한 고전 교육과정을 주장한 1828년의 「예일보고서(Yale Report on the Defence of the Classics)」는 정신도야설의 입장에서 고전을 통한 정신 근육의 단련을 강조하였다. 둘째, 미국교육연합회에서 구성한 세 개의 위원회(중등교육에 관한 10인 위원회, 초등교육에 관한 15인 위원회, 대학입학 요건에 관한 위원회)를 들 수 있다. 셋째, 독일로부터 Herbart의 교육사상이 미국으로 도입된 것이다. 단편적 사실들의 암기를 지양하고 5단계 교수에 의해 학생들을 제대로 가르쳐야 한다는 생각이다.

이러한 교사중심의 암기 암송 교육을 개선하고자 하는 움직임이 19세기 말에 진보주의에 의해 시작되었다.

(2) 진보주의

진보주의의 본격적인 발단은 John Dewey에 의해 진보주의의 아버지라고 불린 F. Parker(1837~1902)의 Quincy System이다. 파커는 당시의 고전 암기식 교육을 배격하고 아동의 흥미를 고려한 교육을 실천하고자 했으며, 시카고의 실습학교를 통해 아동중심의 교육, 여러 과목을 통합하는 교육을 실천하고자 하였다.

진보주의의 핵심적 인물인 Dewey는 『민주주의와 교육』(1916)을 통해 그의 사상을 체계화하였으며, 그의 사상을 알리기 위해 1919년에 진보주의교육협회(PEA)가 결성되었다. 그 협회의 기치는 다음과 같다.

① 아동들이 자유롭게 성장할 수 있도록 자유를 허용하라.
② 흥미가 모든 작업의 동기가 되도록 하라.
③ 교사는 훈육자가 아니라 안내자가 되어야 한다.
④ 아동발달에 대한 과학적인 연구를 추구하라.
⑤ 아동의 신체적 발달에 영향을 미치는 모든 요소에 깊은 관심을 기울이라.
⑥ 아동의 삶의 필요를 충족시키기 위하여 학교와 가정의 협력 관계를 구축하라.
⑦ 진보주의 학교는 모든 교육운동의 리더 역할을 해야 한다.

이러한 진보주의 정신은 후일 Washburne의 Winneka Plan(학생의 능력에 따른 개별화 학습)과 Parkhurst의 Dalton Plan(연령에 따른 학년 편성 방식보다는 학생과 교사의 계약학습제)에 의해 확산되었다.

6) 학문중심 교육과정의 등장: 교과의 새로운 부활

1957년의 소련의 스푸트니크 인공위성 발사로 미국 교육에 대한 위기가 고조되고, 1959년 9월의 Woods Hole 회의로 학문중심 교육과정이 본격화되었다. 물론 1950년 이전부터 교과교육이나 교육과정 개혁운동이 서서히 전개되고 있었으며 경험 교육과정에 대한 문제와 비판이 다양하게 제기되고 있었다.

Bruner의 '지식의 구조'에 대한 제안으로 교육과정의 문제는 새로운 국면을 맞이하였다. 기존의 교과중심 교육과정에서 중시하는 교과지식에 대한 입장을 비판적으로 이해하고, 학습자 중심의 활동 교육과정의 문제를 종합적으로 고려하여 지적 수월성을 강조하는 방향으로 교육과정의 문제를 해결하고자 하였다.

이 입장에서 교과는 새롭게 부활하였으며 주로 '지식의 구조'라는 의미에 비추어서 그 의미가 새롭게 제시되었다. 이러한 입장에서 교과는 학문과 동일한 것이며 학문을 탐구하는 활동의 측면에서 교과를 새롭게 조명할 필요가 있다. 여기에는 Bruner 이외에도 학문의 구조를 제시한 Schwab, 의미의 영역을 제안한 Phenix, 교과를 인지적 및 평가적 지도로 보는 Broudy, 지식의 형식을 제안한 Peters와 Hirst 등이 있다. 이들은 교과의 가치를 종래와는 다른 방식으로 정당화하였다.

7) 다양한 세력들의 등장

학문중심 교육과정이 지적 측면을 과도하게 강조하고 학문적으로 체계화된 지식을 강조하다 보니 인간의 정의적 측면이 무시되고 사회적 문제해결에 소극적인 경향을 보인 것이 문제로 지적되었다. 이러한 문제로 인해 1960년대 이후로 교육과정에 대한 다양한 입장들이 혼재하는 실정이다. 이후에 강조되고 있는 입장들에는 다음과 같은 것들을 들 수 있다.

첫째, 인본주의 교육과정의 흐름이다. 이 입장에서는 교육과정에 대한 학습자의 개인적 적합성과 인간적 의미가 강조된다. 학습자 개인의 인간적 보편 가치와 권리, 의미 추구, 자율과 소통을 강조하는 내용과 과정 개발이 선호된다.

둘째, 공학주의적 교육과정 흐름이다. 이 입장에서 공학은 명세화된 목적을 성취하는 데 있어서 프로그램, 방법, 자료의 효과성에 초점을 둔다. 교육과정 문제해결을 위해서 공학적 틀로서 체제접근을 강조한다. 요구사정으로부터 도출된 목표의 명세화, 목표 성취를 위해 면밀하게 통제된 학습활동이나 수업계열, 그리고 성취수행 및 평가의 준거 등을 강조한다.

셋째, 미래주의 교육과정의 흐름이다. 이 입장에서는 인간의 삶에 영향을 미치는 미래 사회의 변화에 주목하고 이 사회 변화에 능동적으로 대처할 수 있는 교육과정 개발을 강조한다. 여기에는 변화에 '대비하는' 소극적 차원뿐만 아니라 미래를 '만들어 가는' 적극적인 차원도 포함된다. 특히 국가 간의 거시적인 미래 문제의 해결에 많은 강조점을 두기도 한다.

이러한 다양한 세력들의 등장으로 교육과정의 흐름은 역사적으로 이제 어느 한 입장이나 관점이 독점하는 시대가 아니라 상호 갈등, 타협, 조정하는 통합형의 형국이라고 볼 수 있다.

2. 한국 교육과정의 역사적 변천

역사적 변천 연구에서는 언제부터를 시대 구분의 기점으로 삼을 것인가 하는 문제와 구체적인 시대 구분을 어떻게 설정할 것인가 하는 문제가 복잡한 난제다. 여기에서는 시대 구분을 교육과정 개념의 변천에 따랐으며, 그것은 대체로 교육부 교육과정령의 변천과 일치하기도 한다. 즉, ① 해방 후~1953: 교수요목 강조의 시기, ② 1953~1963: 교과중심 시기, ③ 1963~1973: 생활중심 시기, ④ 1973~1981: 학문중심 시기, ⑤ 1981~1987: 인간중심 시기, ⑥ 1987~현재까지는 통합지향형 시대로 볼 수 있다. 이하의 사료들은 주로 함종규(2003)와 이경섭(1997)의 연구, 그리고 국가 수준의 자료를 기초로 하였음을 밝혀 둔다.

1) 교육에 대한 긴급조치기(1945~1946)

1945년 일본 제국주의의 패망으로 8·15광복 후 서울에 진주한 미군은 미군정청 학무국을 조직하고 10인의 한국교육위원회 건의로 '일반명령 제4호'를 공포하였다. 이 명령으로 인해 공립 소학교가 문을 열고 각급 학교가 개학을 하였다. '일반명령 제4호'에 따라 군정청 학무국의 신조선의 조선인을 위한 교육방침이 시달되고, 초·중등학교 교과편제 및 시간배당을 발표하였다.

〈표 2-1〉에 따르면 공민은 일제시대의 수신을 대신하는 것으로 새 나라의 민주시민을 육성하기 위해 교과로 등장시킨 것이며, 1~3학년에 국어시간과 산술시간을 많이 배정한 것은 소위 3R's 교육에 중점을 둔 것이라 하겠다. 4학년에 이과 시간을 3시간으로 늘리고 있는 것도 두드러진 조치라 하겠다. 이렇듯 일어를 중심으로 하였던 교육내용이 명실 공히 우리의 국어로 바뀌었고 일본 역사를 폐지하고 우리의 국사가 더해졌다. 이러한 편제는 다시 수정되어 다음과 같이 하달되었다. 당시의 중학교는 고등학교와 사범학교 심상과와 실업학교를 포함하고 있었으며, 수업 시수는 일주일에 32~34시간 정도였고 국어·영어·수학에 많은 시간이 배정되었다.

표 2-1 긴급조치 시기의 국민학교 과목편제 및 시간배당(1945. 9.)

교과\학년	공민	국어	지리·역사	산술	이과	음악·체육	계
1~3	2	8	1	5	1	3	20
4	2	7	1	4	3	3	20
5~6	2	6	2	3	2	3	18
고등과	2	6	2	2	2	3	17

이와 같이 이 시기에는 각급 학교 교과목 주당 교수 시수표가 등장하였고 특히 수신과 폐지, 공민과 등장, 우리말 중심의 국어과 개설, 일본 역사 폐지 등이 주요 특징이라고 볼 수 있다.

2) 교수요목기(1946~1953)

이 당시에는 교육과정이나 교과서가 미처 준비되지 못하였으며, 미군정청 편수 당국의 교과별 편수사들이 교수요목제정위원회를 조직하여 교수요목을 제정하고 하달하였으며 교과서를 편찬하는 일에 착수하였다. 교수요목이란 교과의 지도내용을 상세히 기술한 것으로서 이때 교수요목이라는 것은 학교급별 교수요목, 교과목별 주당 수업시간표, 교과목별 교수요목을 일컫는다. 특히 교수요목에서는 지도내용을 상세히 표시하려고 하였으며 기초능력 배양에 주력하고 분과주의를 채택한 것이 특징이었다.

표 2-2 중등학교/고등여학교 교과편제 및 시간배당(1945. 9.)

	공민	국어	지리역사	수학	물리화학생물	가사	재봉	영어	체육	음악	습자	도화	수예	실업	계
1중학	2	7	3	4	4	−	−	5	3	1	1	1	−	1	32
고녀	2	7	3	3	3	2	2	4	2	2	1	1	1	−	33
2중학	2	7	3	4	4	−	−	5	3	1	1	1	−	1	32
고녀	2	7	3	3	3	2	3	4	2	2	−	−	1	−	33
3중학	2	6	4	4	5	−	−	5	3	2	−	1	−	2	34
고녀	2	6	3	2	4	4	3	4	2	2	−	1	1	1	35
4중학	2	5	4	4	5	−	−	5	3	2	−	−	−	3	33
고녀	2	5	3	3	4	4	4	4	2	2	−	1	1	1	36

그런데 〈표 2-2〉와 같이 중등학교의 교과목 편제와 시간배당은 사범학교 심상과와 실업학교를 포함하여 정한 것이었다. 사범학교와 실업학교에서는 중등학교의 교과과정에 실업과목만을 넣어서 가르치도록 하였다. 그러므로 인문계 중학교와 사범학교나 실업학교의 교과편제 사이에는 실업과목을 제외하고는 아무런 차이가 없었다. 그리고 이 당시의 열악한 교육환경으로 인해 제대로 교육이 이루어지지 못하였으며 이러한 문제로 많은 논란이 진행되다가 중등학교의 교과편제와 시간배당은 중등학교가 6년제

(초급 중학교 3년+고급 중학교 3년)로 개편됨에 따라 1946년에 〈표 2-3〉과 같이 바뀌게
되었다.

이 당시의 교수요목은 매우 불충분하였고 각 교과별로 가르칠 주제를 열거하는 정도
에 그쳤다. 또 교수목표나 지도상의 유의점이 제시되지 못하였고, 대부분의 교과가 단
원 또는 제재명과 내용 요소, 단원 혹은 제재별 이수 시간 수를 제시하고 있고, 교과편
제는 지금과 유사하지만 사회생활과가 등장하였다는 점이 특이하다. 이 교수요목은 정
부수립과 교육법의 제정에 따라 새롭게 개정될 예정이었으나 6 · 25전쟁으로 중단되어
1954년의 「교육과정 시간배당기준령」과 그 이듬해의 교과과정이 공포될 때까지 유효
했으며, 이에 따른 교과서가 편찬되어 사용되었다.

표 2-3 초급 중학교 교과과정 표(1946. 9.)

교과목 \ 학년		제1학년	제2학년	제3학년
필수과목	국어	5	5	5
	사회생활	5	5	5
	수학	5	5	–
	일반과학	5	5	5
	체육 · 보건	5	5	5
	실과	2	2	2
	음악	2	2	2
계		29	29	24
선택과목	수학	–	–	–
	외국어	5	5	5
	음악	1~2	1~2	1~2
	미술	1~2	1~2	1~2
	수공	1~2	1~2	1~2
	실업	1~10	1~10	1~15
특수과목	국어	1	1	1
	과학	1	1	1
계		39	39	39

* 표의 숫자는 주당 수업시수표.
출처: 함종규(2003). 한국 교육과정변천사 연구, p. 190.

3) 제1차 교육과정기(1954~1963)

　제1차 교육과정은 1954년 문교부령 제35호로 제정·공포된 초등학교·중학교·고등학교·사범학교 교육시간배당 기준령과 그 이듬해 문교부령 제44호, 45호, 46호로 각각 공포된 초등학교·중학교·고등학교 교과과정을 말한다. 이 시기에 본격적으로 교육과정 시간배당 기준표가 만들어졌으며, 교육과정이라는 의미가 '각 학교의 교과목 및 기타 활동의 편제'로 정의되었고 법령상의 명칭이 교과과정이었기 때문에 이 시기를 교과과정기 혹은 교과중심 교육과정 시기라고 부른다. 이것은 우리나라 최초의 체계적 교육과정이라는 점에서 그 의미가 있다.

　그러나 이 시기는 교과중심 교육과정 시기이지만 학생의 경험과 생활을 강조하는 생활중심 교육과정 사조가 침투되어 있었으며, 따라서 지적체계 중심의 교과과정과 생활중심의 교과서를 지향하고 있었다. 그리고 이 시기의 교과편제는 크게 교과와 특별활동의 2대 체제였으며, 반공·도덕과 실업교육, 민주시민 교육이 강조되었고, 특별활동

표 2-4 중학교 교육과정 시간배당 기준표(1954)

교과 \ 학년		1(시간)	2(시간)	3(시간)
필수교과	국어	140(4)	140(4)	140(4)
	수학	140(4)	140(4)	140(4)
	사회생활	175(5)	175(5)	175(5)
	과학	140(4)	140(4)	140(4)
	체육	70(2)	70(2)	70(2)
	음악	70(2)	70(2)	70(2)
	미술	70(2)	70(2)	70(2)
	실업·가정	175(5)	175(5)	175(5)
소계		980(28)	980(28)	980(28)
선택교과	실업·가정	35~245(1~7)	35~245(1~7)	35~245(1~7)
	외국어	105~175(3~5)	105~175(3~5)	105~175(3~5)
	기타 교과	0~105(0~3)	0~105(0~3)	0~105(0~3)
특별활동		70~105(2~3)	70~105(2~3)	70~105(2~3)
계		1,190~1,330(34~38)	1,190~1,330(34~38)	1,190~1,330(34~38)

* 총 시간 수는 연간 최소 시간량이고, ( ) 안의 숫자는 34주 기준 주당 평균 시간 수임.

에 시간을 배당하여 전인교육을 지향하고자 하였다. 구체적으로 교과편제는 대교과제로 필수(8개 교과)와 선택(실업ㆍ가정, 외국어, 기타 교과)으로 구성되었고, 도의교육은 사회생활과에 배당된 시간 수 중 최저 35시간 이상 이수하도록 하였다. 이 시기의 중학교 편제를 보면 앞의 〈표 2-4〉와 같다.

4) 제2차 교육과정기(1963~1973)

제2차 교육과정은 1963년 문교부령 제119호, 제120호, 제121호, 제122호로 제정 공포된 초등학교ㆍ중학교ㆍ고등학교 및 실업학교 교육과정을 말한다. 이 시기에서 의미하는 교육과정은 '학교의 지도하에 학생들이 가지는 경험의 총체'로서, 특히 교육과정 문서 총론에서 "교육과정은 곧 학생들이 학교의 지도하에 경험하는 모든 학습의 총화를 의미하는 것이다. 따라서 학생들의 경험 여하에 따라 그들이 어떤 인간으로 성장하게 되느냐가 결정되는 것이다."라고 규정하고 있다.

2차에서 개정된 교육과정의 주요 특징을 살펴보면 다음과 같다.

첫째, 개정의 취지에서 교육과정 내용 면에서는 자주성ㆍ생산성ㆍ유용성을 강조하였다. 자주성이란 각 학교가 국가적 기준에 의하여 각 지역사회의 실정에 맞게 교육과정을 구성하도록 하는 것과 학습자의 주체적 활동을 강조한, 학습의 주체성을 의미한다. 생산성이란 생활 향상과 직접적으로 관련 있는 실업 및 직업, 과학 기술 교육을 강화하는 것을 의미하며, 유용성이란 교육을 실생활과 직결시키고 학교를 사회와 연계시키려는 것을 의미한다. 교육과정 조직 면에서는 학생의 성장과 발달에 초점을 두는 학교급 간의 연계성뿐만 아니라 교과 간의 통합성, 교육과정의 계열화를 통한 계통학습을 강조하였다. 운영 면에서는 지역성을 강조하여 지역사회의 자원을 학습 경험에 활용하도록 하였다.

둘째, 여러 가지 역사적 사실로서 1968년 국민교육헌장 선포, 중학교 무시험 진학 및 대입예비고사제 실시 등 교육과정 개정 사유들이 생겼다. 이에 따라 문교부(지금의 교육과학기술부)는 국민교육헌장 이념의 구현과 한글 전용 계획 등 정부 시책과 시대적 요구에 적응하기 위하여 두 차례의 부분개정을 하게 된다.

① 1969년 개정
- 교련 교과를 12단위로 신설

- 인문계 고교의 국어 I 에서 한자교육을 폐지하고 국어 II 의 한문을 6단위로 증가
- 제2외국어 과목에 에스파냐어(스페인어) 추가
- 국민윤리 4단위를 반공 및 국민윤리 6단위로 증가
- 미술의 표준색을 12색에서 10색으로 수정
- 사회과 2학년(역사)에서 국사 부분을 세계사와 분리
- 남녀 공통의 필수 기술과목 신설
② 1972~1973년 개정
- 중학교에 한문과를 신설
- 인문계 고교 제2외국어에 일본어 신설
- 국적 있는 국사교육 강화

셋째, 교육과정의 편제는 크게 교과, 반공·도덕 그리고 특별활동으로 이루어졌다. 특히 반공·도덕은 모든 과목에 영향을 미친 교육과정 체제로서 독립된 교과과정이 아니었다. 1963년에 1시간 배당된 것을 1969년에는 2시간으로 배가하였다.

이 시기의 교육과정 시간배당 기준을 보면 다음의 〈표 2-5〉와 같다.

표 2-5 교육과정 시간배당 기준(1963)

과정 \ 학년		1	2	3
교과	국어	5~6	5~6	4~6
	수학	3~4	3~4	2~4
	사회	3~4	3~4	2~4
	과학	3~4	3~4	2~4
	체육	3~4	3~4	2~4
	음악	2	2	1~2
	미술	2	2	1~2
	실업·가정	4~5	4~6	3~12
	외국어	3~5	3~5	2~5
반공·도덕		1	1	1
총계		30~33	30~33	30~33
특별활동		8%~	8%~	8%~

* 주당 평균 수업시간 수임.
* 특별활동 시간배당은 전체 시간에 대한 백분율(각 학년별로 8% 이상)로 제시하였던 것을 1969년에 2.5시간 이상이라는 표현으로 바꿈.

5) 제3차 교육과정기(1973~1981)

제3차 교육과정은 1973년, 1974년 문교부령 제325호, 제326호, 제350호로 제정 공포
된 초·중·고등학교 교육과정을 말한다. 이 시기의 교육과정은 구 교육과정에서의 생
활중심 교육과정을 지양하고 학문중심 교육과정을 강조하였다. 그리고 교육과정을 구
성함에 있어서 국민교육헌장의 이념을 구현하고 1960년대의 미국의 학문중심 교육과
정 개혁운동의 사조를 적극적으로 반영하고자 하였다. 학문중심 교육과정에서는 학문
적 지식을 효과적으로 습득하기 위해서 학문의 기저를 이루는 지식의 구조를 학생들에
게 가르치되 학생 스스로가 발견하고 탐구할 수 있도록 해야 한다는 점을 강조한다. 이
러한 맥락에서 교육과정 개정의 기본 방침에서 "기본 개념의 파악: 지식의 구조를 이루
는 기본 개념과 그 관계를 이해하고 지적인 탐구방법을 익힐 수 있도록 지도내용을 정

표 2-6 | 교육과정 시간배당 기준(1973)

교과		학년	1	2	3
도덕			70(2)	70(2)	70(2)
국어			140(4)	175(5)	175(5)
국사			–	70(2)	70(2)
사회			105(3)	70(2)	70(2)
수학			140(4)	105~140(3~4)	105~140(3~4)
과학			140(4)	105~140(3~4)	105~140(3~4)
체육			105(3)	105(3)	105(3)
음악			70(2)	35~70(1~2)	35~70(1~2)
미술			70(2)	35~70(1~2)	35~70(1~2)
한문			35(1)	35~70(1~2)	35~70(1~2)
외국어			140(4)	70~175(2~5)	70~175(2~5)
실업·가정	필수	기술(남)·가정(여)	105(3)	105(3)	105(3)
	선택	농·공·상·수산·가사 중 택 1	–	105~140(3~4)	105~245(3~7)
총 이수 시간			1,120(32)	1,120~	1,120~
특별활동			70~(2~)	70~(2~)	70~(2~)

* 총 시간 수는 연간 최소 시간량이고, ( ) 안의 숫자는 1년 기준 주당 평균 시간 수임.

선하여야 한다.”라고 되어 있으며, 특히 그 특징이 가장 잘 드러난 교과는 수학(SMSG),
과학(물리: PSSC, 화학: CHEM, 생물: BSCS 등), 사회(MACOS) 등이었다.

이 당시의 교과편제는 교과와 특별활동으로 이루어져 있으며, 반공·도덕이 삭제되
고, 도덕과 국사가 독립하였으며, 여자 기술을 가정으로, 가정을 가사로 개편하였다.

이 당시의 교과편제를 보면 〈표 2-6〉과 같다.

문교부는 1978년 당시 운영 중인 교육과정이 갖고 있는 체제상의 문제점을 분석하
여 시정함으로써 이의 합리성과 교육현장에서의 실용성을 높이고자 하였다. 따라서 정
비체제 기준 모형에 따라 각급 학교의 교육과정 체제를 정비해서 1979년 3월 1일에 문
교부 고시 제424호로 공포하였다. 여기에서 교육과정 전체의 체제를 통일하고 자구 수
정, 맞춤법, 표현방법 등을 정비하여 ‘부령’을 ‘고시’(법제처의 심의를 거치지 않아도 됨)로
바꾸었으며 내용의 변화는 없었다.

6) 제4차 교육과정기(1981~1987)

제4차 교육과정은 1981년 문교부 고시 제442호로 공포된 교육과정을 말한다. 이 시
기의 교육과정은 제5공화국의 출범에 따른 교육개혁 조치를 고려하여 개정이 이루어
졌으며, 개정의 방식도 문교부 편수관이 주도하던 것에서 연구 개발형으로 작업이 진
행되었다. 교육과정 개정의 방침으로는 제3차 교육과정의 문제점(학습내용의 과다, 학습
하기 어려운 교과내용, 교과목 위주의 분과교육, 기초교육 및 일반교육의 소홀, 전인교육의 미
흡)을 보완하고, 교육정상화를 위한 교육개혁의 추진(교육내용의 양과 수준의 적정화, 과
열 과외 요인 제거), 국민정신교육의 강화 등에 두었다. 특히 이 시기의 교육과정 사조로
는 어느 특정의 한 입장만을 고수하기보다는 종합적이고 절충적 성격을 지녔으며, 미
래지향적 정신과 인간중심 교육과정의 성격을 반영하여 개인적·사회적·학문적 적
합성을 고루 갖춘 교육과정이 되고자 하였다.

특징적인 사항은 인간중심의 전인교육을 강조하였고 여기에 기초하여 특별활동을
강화하였는데, 중학교에서의 특별활동은 학급활동, 학생회활동, 클럽활동, 학교행사의
4개 영역에서 학급활동을 학생회활동에 통합하였지만 학생회활동과 클럽활동에 각 1
시간씩 배당하였고, 학교행사는 별도로 시간을 확보하도록 하였다. 그리고 각급 학교
별 교육목표를 신설하여 교육법 제100조, 제101조의 규정만으로 교육목표를 추상적이
고 포괄적으로 이해하던 것에서 보다 구체적으로 학교교육의 방향을 시사받을 수 있도

록 하였다. 교과활동에서는 중학교에서 '자유선택과목'을 신설하여 학교와 지역사회의 실정 및 학생들의 희망에 따라 학교장의 재량으로 학생에게 도움이 되는 교육내용을 선정하여 지도하게 하였다. 그리고 고등학교에서는 자유선택과목의 이수단위가 0~8단위로 늘어나고 선택의 범위도 확대되었다.

표 2-7 중학교 교육과정 시간배당 기준(1981)

교과			학년 1	2	3
교과활동		도덕	68(2)	68(2)	68(2)
		국어	136(40)	170(5)	170(5)
		국사		68(2)	68(2)
		사회	102(3)	68~102(2~3)	68~102(2~3)
		수학	136(4)	102~136(3~4)	102~136(3~4)
		과학	136(4)	102~136(3~4)	102~136(3~4)
		체육	102(3)	102(3)	102(3)
		음악	68(2)	68(2)	34(1)
		미술	68(2)	68(2)	34(1)
		한문	68(2)	34~68(1~2)	34~68(1~2)
	외국어	영어	136(4)	102~170(3~5)	102~170(3~5)
	실업가정	필수 생활기술(남) / 가정(여)	102(3)	136~204(4~6)	
		선택 농업 / 공업 / 상업 / 수산업 / 가사			택 1~2 170~238 (5~7)
	자유선택		0~34(0~1)	0~34(0~1)	0~34(0~1)
	계		1,088~1,122 (32~33)	1,088~1,156 (32~34)	1,088~1,156 (32~34)
특별활동			68~(2~)	68~(2~)	68~(2~)
총계			1,156~1,190 (34~35)	1,156~1,224 (34~36)	1,156~1,224 (34~36)

* 총 시간 수는 연간 최소 시간량이고, ( ) 안의 숫자는 1년 기준 주당 평균 시간 수임.

표 2-8 고등학교 단위배당 기준

교과	과목	보통교과				전문교과
		공통필수	일반계 고교 선택		일반계 고교 직업과정, 실업계 및 기타 계열 고교선택	실업계 및 기타 계열 고교의 필수 및 선택, 일반계 고교 직업과정 선택
			인문 · 사회 과정	자연 과정		
국민 윤리	국민 윤리	6				농업에 관한 교과 공업에 관한 교과 상업에 관한 교과 수산 · 해운에 관한 교과 가사 · 실업에 관한 교과
국어	국어 (I, II)	14~16	14~18	8~10	3~8	
국사	국사	6(4)				
이하 생략						
이수단위 소계		88~102 (*72~84)	92~116	90~116	10~38	일반계 고교 직업과정 52~106 실업계 및 기타 계열 88~122
이수단위합계		192~204				
특별활동		12~				
총계		204~216				

* 실업계 및 기타 계열 고등학교 이수단위.

** 각 과목의 단위 수는 3년간 이수단위. 1단위는 매주 50분 수업을 기준으로 1학기에 17주 이수하는 수업량.

*** 과목 I , II의 I 은 공통필수과목이며, II는 과정별 선택과목.

이 시기의 교과편제는 고등학교의 경우 인문계 · 실업계 · 기타계 고등학교의 교육과정을 통합하여 단일화하였으며, 교과활동을 보통교과와 전문교과로 나누고, 보통교과에 전 과정의 40~60%를 공통필수과목으로 지정함으로써 전인교육을 충실히 하도록 하였다. 중학교 편제와 고등학교 단위배당 기준을 간략하게 제시해 보면 〈표 2-7〉, 〈표 2-8〉과 같다.

7) 제5차 교육과정기(1987~1992)

제5차 교육과정은 1987~1988년 문교부 고시 제87-9호, 제87-7호, 제88-7호로 공포된 초 · 중 · 고등학교의 교육과정을 말한다. 이 시기에는 4차와 크게 달라진 점이 별로 없으며, 교육과정 및 교과용 도서 중에서 개선이 필요한 부분만을 개정한다는 것을 기본 원칙으로 삼고, 바람직한 인간상을 '건강한 사람, 자주적인 사람, 창조적인 사람, 도덕적인 사람'으로 정하였다. 이러한 인간상을 기르기 위하여 기초교육의 강화, 정보화 사회에 대응하는 교육의 강화, 특별활동의 강조, 특수학급 운영 지침 명시 등을 개정의

표 2-9 | 중학교 교육과정 시간배당 기준(1987)

교과 \ 학년			1	2	3
교과활동		도덕	68(2)	68(2)	68(2)
		국어	136(40)	170(5)	170(5)
		국사		68(2)	68(2)
		사회	102(3)	68~102(2~3)	68~102(2~3)
		수학	136(4)	102~136(3~4)	102~136(3~4)
		과학	136(4)	102~136(3~4)	102~136(3~4)
		체육	102(3)	102(3)	102(3)
		음악	68(2)	68(2)	34~68(1~2)
		미술	68(2)	68(2)	34~68(1~2)
		한문	34(1)	34~68(1~2)	34~68(1~2)
	외국어	영어	136(4)	102~170(3~5)	102~170(3~5)
	실업 · 가정	기술	택 1 102(3)	택 1 136~204(4~6)	택 1 136~204 (4~6)
		가정			
		기술·가정			
		농업			
		공업			
		상업			
		수산업			
		가사			
	자유선택		0~68(0~2)	0~68(0~2)	0~68(0~2)
	계		1,088~1,156 (32~34)	1,088~1,156 (32~34)	1,088~1,156 (32~34)
특별활동			68~(2~)	68~(2~)	68~(2~)
총계			1,156~1,124 (34~35)	1,156~1,224 (34~36)	1,156~1,224 (34~36)

* 총 시간 수는 연간 최소 시간량이고, ( ) 안의 숫자는 1년 기준 주당 평균 시간 수임.

중점으로 삼았다. 그리고 개정의 방침으로는 교육과정의 적정화·내실화·지역화를 강조하였으며, 구체적인 개정 전략으로는 지속성·점진성·효율성을 삼았으나 제4차와는 크게 달라진 것이 없고 다만 지역화와 효율성을 강조하고 있다는 점이 상이하다.

교육과정 지역화는 지금까지의 중앙집권적 교육과정 체제를 지역화하여 지역 수준의 교육과정으로 편성해야 한다는 지향점을 의미하는 것이며, 구체적으로 특정 지역에 맞게 교육과정을 편성, 운영해야 함을 의미한다. 교육과정 효율화는 국가 기준으로서 의도하고 있는 것이 학교 현장에서 실질적으로 실현될 수 있도록 하는 데 도움이 되도록 한다는 것이다.

이 시기에서 특징적인 것은 첫째, 실업·가정과에서 남녀가 공통으로 이수할 수 있는 기술·가정이 신설되었으며, 그로 인해 종전의 기술(남), 가정(여), 기술·가정 중 택1을 하도록 하였다. 시간배당은 기초과학 교육 강화를 위해 중학교 3학년의 수학 및 과학과의 시간을 주당 1시간씩 증가시키고 실업·가정과의 시간을 줄였다.

둘째, 자유선택 시간을 주당 0~1시간에서 0~2시간으로 확대하여 학교장의 재량을 확대하였으며, 제4차의 특별활동에서 학생회활동에 포함되어 있던 학급회 활동을 분리시켜서 4개 영역(학급활동, 학생회활동, 클럽활동, 학교행사)으로 강화하였으며, 생활지도 관련 내용을 특별활동의 내용에 포함시켰다.

이 시기의 교과편제는 〈표 2-9〉와 같다.

8) 제6차 교육과정기(1992~1997)

제6차 교육과정은 교육부 고시 제1992-16호, 제1992-11호, 제1992-19호로 1992년 제정·공포된 교육과정을 말한다. 이 시기의 교육과정은 기존의 5차 교육과정의 문제점(결정 권한의 중앙집중, 교육과정 구조의 획일성, 내용의 부적합성, 목표 달성의 비효율성)을 개선하기 위하여 개정되었다. 그리고 바람직한 인간상으로, 건강한 사람·자주적인 사람·창의적인 사람·도덕적인 사람을 설정하고, 개정의 중점으로 교육과정 결정의 분권화·교육과정 구조의 다양화·교육과정 내용의 적정화·교육과정 운영의 효율화를 설정하였다.

이 시기에 특징적인 것으로서는 교육과정 의사결정 권한의 변화를 들 수 있다. 교육과정 편성과 운영 체계에서 국가 수준, 지역 수준, 학교 수준으로 분화되어 국가의 기준 교육과정, 지역의 교육과정 편성·운영 지침, 단위학교의 교육과정으로 편성·운

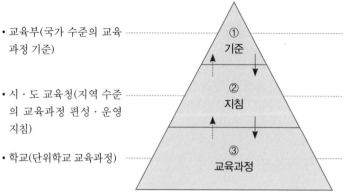

- 교육부(국가 수준의 교육 과정 기준)

- 시·도 교육청(지역 수준의 교육과정 편성·운영 지침)

- 학교(단위학교 교육과정)

① 기준

② 지침

③ 교육과정

- 초·중등 교육법 제23조 2항 근거(일반적, 공통적, 기본적, 요강적인 기준)

- 지방자치에 관한 법률 제27조 6항 및 교육기본법 제23조 2항에 근거(지역특성, 실태, 요구를 고려한 편성·운영 지침)

- 초·중등 교육법 제23조 1항에 근거(학교 실정, 학생실태를 고려한 구체적인 교육과정 수업)

그림 2-1 교육과정의 수준과 법률적 근거

영될 수 있도록 하였다. 이와 같이 제6차 교육과정에서는 교육과정의 의미를 교육부가 법률에 의거하여 고시하는 국가 수준의 교육과정과 시·도 교육청의 교육과정 편성·운영 지침, 학교 수준의 교육과정을 모두 포함하는 범위로 하고 있다. 이러한 법률적 근거를 그림으로 제시해 보면 [그림 2-1]과 같다.

그리고 초등학교에서는 학교재량시간을 신설하여 교육과정 편제에 제시된 교과나 특별활동의 보충, 또는 학교의 독특한 교육적 필요 및 학생의 요구 등에 따른 창의적인 교육활동을 지역 특성과 학생 실정에 알맞게 운영할 수 있는 길을 열었다. 중학교에서는 선택교과제를 도입하여 한문, 컴퓨터, 환경의 세 교과 혹은 그 외에 필요한 교과를 지역과 학교의 독특한 특성과 필요에 맞게 설정하여 운영할 수 있게 하였다. 고등학교의 경우 교과 구분을 다양하게 하였는데 일반 교양교육을 위한 보통 교과는 계열과 과정에 관계없이 모든 학생이 이수해야 할 공통필수과목(교육부)＋과정 필수과목(시·도 교육청)＋과정 선택과목(학교)으로 설정하였다. 그리고 지금까지는 일반계 고교에서 3개 과정만을 설치·운영하였으나 6차에서는 시·도 교육청에서 지역 특성, 학교 실정, 학생의 요구 등을 고려하여 기타 필요한 과정을 설치하고 각 학교에 제시할 수 있도록 하였다.

그리고 교과별 교육과정의 진술체계(framework)가 변화되었다. 5차에서는 교과목표, 학년목표, 내용, 지도 및 평가상의 유의점으로 제시되었는데 6차에서는 각 교과목별 성격을 분명히 밝혔고 내용체계를 새롭게 제시하였으며, 학년목표를 폐지하고 지도방법과 평가의 기준을 상세화하여 제시하였다.

이 시기의 교과편제는 〈표 2-10〉과 같다.

표 2-10 중학교 교육과정 시간배당 기준(1992)

교과	학년	1	2	3
필수 교과	도덕	68	68	68
	국어	136	170	170
	수학	136	136	136
	사회	102	136	136
	과학	136	136	136
	체육	102	102	102
	음악	68	34~68	34~68
	미술	68	34~68	34~68
	가정	68	34	34
	기술·산업	34	68	68
	영어	136	136	136
선택 교과	한문	34~68	34~68	34~68
	컴퓨터			
	환경			
	기타			
특별활동		34~68	34~68	34~68
연간 수업시간 수		1,156	1,156	1,156

* 총 시간 수는 연간 최소 시간량이고, 1단위 시간을 45분을 원칙으로 함.

9) 제7차 교육과정기(1997~2007)

제7차 교육과정은 1997년 12월에 교육부 고시 제1997-15호로 공포하였다. 학교급별, 학년별 적용의 시점은 연차적으로 되어 있는데 초등학교 1, 2학년은 2000년 3월 1일에 시작하고, 마지막 2004년 3월 1일에 고등학교 3학년을 끝으로 적용을 마치게 된다. 개정의 사유로는 획일적 교육과정을 탈피하고 수준별 교육과정을 적용하며 선택중심의 수요자 중심 교육을 지향한다는 것이다.

이 시기의 교육과정은 몇 가지 점에서 특징적이다.

첫째, K~12 system을 도입하여 학교 간의 구분을 없애 유치원에서 12학년(고교 3학년)까지의 연계성을 강조하였다.

둘째, 국민공통 기본 교육과정(1~10학년까지)과 고등학교 선택중심 교육과정(11~12학년)으로 양분되어 있다.

셋째, 교과군제를 도입하고 있다. 교양 과목군에서 2개 과목 이상, 인문사회과목군, 과학·기술과목군, 예체능과목군, 외국어 과목군에서는 각각 1과목 이상을 이수하도록 하고 있다.

넷째, 수준별 교육과정을 다양한 유형으로 적용하고 있다. 단계형 수준별 교육과정에는 수학 1~10, 영어 7~10학년까지 적용된다. 심화·보충형 수준별 교육과정은 국어 1~10, 사회/과학 3~10, 영어 3~6학년까지 적용된다.

다섯째, 선택중심 수준별 교육과정에서는 보통교과(일반계 고교)의 경우 일반선택(24 이상)+심화선택(112 이하)을 이수하도록 하고 있다. 그리고 선택권한에서 교육청과

표 2-11 제7차 교육과정 편제 및 시간배당 〈국민공통 기본 교육과정〉

구분	학교\학년	\	\	초등학교	\	\	\	중학교	\	\	고등학교	\	\
		1	2	3	4	5	6	7	8	9	10	11	12
교과	국어	국어 210 238		238	204	204	204	170	136	136	136	선택 과목	
	도덕			34	34	34	34	68	68	34	34		
	사회	수학 120 136		102	102	102	102	102	102	136	170 (국사 68)		
	수학	바른생활 60 80		136	136	136	136	136	136	102	136		
	과학			102	102	102	102	102	136	136	102		
	실과	슬기로운생활 90 102		·	·	68	68	68	기술·가정 102 102 102				
	체육	즐거운 생활 180 204		102	102	102	102	102	102	68	68		
	음악			68	68	68	68	68	34	34	34		
	미술	우리들은 1학년 80 ·		68	68	68	68	34	34	68	34		
	외국어 (영어)			34	34	68	68	102	102	136	136		
재량활동		60	68	68	68	68	68	136	136	136	204		
특별활동		30	34	34	68	68	68	68	68	68	68	8단위	
연간 수업시수		830	850	986	986	1,088	1,088	1,156	1,156	1,156	1,224	144단위	

표 2-12　고등학교 선택중심 교육과정(보통교과)

구분		국민공통 기본 교과	선택과목	
			일반선택과목	심화선택과목
교과	국어 도덕 사회	국어(8) 도덕(2) 사회(10) (국사 4)	국어 생활(4) 시민 윤리(4) 인간 사회와 환경(4)	화법(4), 독서(8), 작문(8), 문법(4), 문학(8), 윤리와 사상(4), 전통윤리(4), 한국지리(8), 세계지리(8), 경제지리(6), 한국근현대사(8), 세계사(8), 법과 사회(6), 정치(8), 경제(6), 사회문화(8)
	수학 과학 기술·가정	수학(8) 과학(6) 기술·가정(6)	실용 수학(4) 생활과 과학(4) 정보사회와 컴퓨터(4)	수학 I (8), 수학 II (8), 미분과 적분(4), 확률과 통계(4), 이산수학(4), 물리 I (4), 화학 I (4), 생물 I (4), 지구과학 I (4), 물리 II (4), 화학 II (4), 지구과학 II (4), 농업과학(6), 공업기술(6), 기업경영(6), 해양과학(6), 가정과학(6)
	체육 음악 미술	체육(4) 음악(2) 미술(2)	체육과 건강(4) 음악과 생활(4) 미술과 생활(4)	체육이론(4), 체육실기(4 이상) 음악이론(4), 음악실기(4 이상) 미술이론(4), 미술실기(4 이상)
	외국어	영어(8)		영어 I (8), 영어 II (8), 영어회화(8) 영어독해(8), 영어 작문(8)
			독일어 I (6), 프랑스어 I (6), 스페인어 I (6), 중국어 I (6), 일본어 I (6), 러시아어 I (6), 아랍어 I (6)	독일어 II (6), 프랑스어 II (6), 스페인어 II (6), 중국어 II (6), 일본어 II (6), 러시아어 II (6), 아랍어 II (6)
	한문 교련 교양		한문(6) 교련(6) 철학(4), 논리학(4) 심리학(4), 교육학(4) 생활경제(4), 종교(4) 생태와 환경(4) 진로와 직업(4) 기타(4)	한문 고전(6)
	이수단위	(56)	24 이상	112 이하
재량활동		(12)		
특별활동		(4)	8	
총 이수단위			216	

단위학교는 각각 28단위 이상, 학생은 최대 50%까지 선택할 수 있다. 전문교과는 실업계와 기타계 고등학교에 적용된다.

이 시기의 교과편제는 〈표 2-11〉, 〈표 2-12〉와 같다.

10) 2007년 개정 교육과정: 제7차 개정(2007~2013)

제7차 개정 교육과정 종전까지 전면개정으로 이루어졌던 국가 교육과정 개정 체제를 수시개정 체제로 바꾼 뒤 개정된 네 번째 교육과정이다. 이 교육과정은 2007년 2월 28일에 교육인적자원부 고시 제2007-79호로 고시된 교육과정이다.

이 교육과정에서 가장 중요한 변화는 수준별 교육과정을 개선하고 수준별 수업으로 전환한 것이다. 즉, 학생의 능력에 따른 학습내용의 범위와 수준을 조정하던 것(제7차)에서 학생 개인의 능력, 수준, 적성, 희망에 따라 내용의 깊이와 접근 방법을 조정(2007년 개정 교육과정)하였다. 따라서 국어, 사회, 수학, 과학, 영어 교과에서는 수준별 수업을 권장하였다. 이것은 이미 2006년에 부분 고시(고시 제2006-75호)된 바가 있다. 그리고 수준별 수업을 적용하는 교과는 심화보충 학습을 위한 추가 시간이 필요할 경우, 재량 활동에 배당된 시간 등 별도의 시간을 활용할 수 있다.

그리고 추가적으로 살펴보면, 초등학교 3, 4학년의 과학 교과서를 새로 만들었으며, 2010년에 초등학교 3, 4학년부터 영어를 적용하여(2011년에 5, 6학년 적용) 영어 수업시간을 1시간씩 늘렸다. 또한 중등학교 수준별 보조 교과서를 도입하였다. 즉, 중학교 1학년의 수학 교과서와 영어 교과서에서 단계형을 없애 통합하였으며, 수학은 기본교과서(수학)와 수학 익힘책, 영어는 기본교과서(영어)와 학습활동 책인 English Activities로 교과서를 나누었다. 무엇보다 국어과 교과서가 국정 교과서 체제에서 검인정 교과서 체제로 변화했다는 점을 특징으로 들 수 있다. 기존에 국가에서 한 가지 교과서만을 만들어 배포했던 것과는 달리 많은 교과서 업체에서 교과서를 개발하여 국가의 검인정을 받아 배포하는 방식으로 변화한 것이다. 이에 2010년에 배포된 중학교 1학년 국어, 생활국어 교과서는 검인정되었다.

그 밖에도 다음과 같은 사항들이 개정되었다.

첫째, 체육 교과군의 독립으로 체육 과목을 필수과목으로 지정하였다.

둘째, 10학년 과학 · 역사 과목 수업을 주당 한 시간씩 늘렸다.

셋째, 역사 과목을 독립하여 사회과와 분리해 시수를 매김으로써 과목의 시수를 보장하였다(7학년에서 10학년까지).

넷째, 일반선택교과와 심화선택교과를 통합하고, 다양한 선택교과(매체언어, 동아시아사 등)를 신설하였다.

상세한 편제 및 시간배당 기준, 보다 상세한 내용, 그리고 적용 연도는 부록을 참고하기 바란다.

11) 2009년 개정 교육과정(2011~2015)

이 교육과정은 2009년 12월 23일에 교육과학기술부 고시 제2009-41호로 고시된 교육과정이다. 대통령 자문기구인 '국가교육과학기술자문회의' 산하 교육과정특별위원회의 교육과정 T/F팀[2)]에서 연구한 구상안을 기초로 만들어졌다. 자문회의에서 만든 '미래형 교육과정 구상안'을 기초로 교육과학기술부가 만들어 고시하였다.

핵심적인 특징을 보면 다음과 같다.

첫째, 학습의 효율성을 높이고자 하였다. 이를 위해 학년을 묶어 학년군을 운영하고 교과군을 도입하며, 학기당 이수 과목수를 8개로 줄여 '집중이수'를 통하여 학습부담을 줄인다. 즉, 학기당 이수 교과목 수 축소를 통한 학습부담의 적정화와 의미 있는 학습 활동이 전개될 수 있도록 집중이수를 확대한다.

둘째, 폭넓은 인성교육을 실시하고자 하였다. 이를 위해 특별활동과 재량활동을 통합하여 '창의적 체험활동'을 도입함으로써 시수를 확대하고, 편성과 운영을 학교에 자율로 맡기고 상급학교 진학의 입학 전형 자료로 활용될 수 있도록 하였다.

셋째, 고등학교 학생의 핵심 역량을 강화하고자 하였다. 이를 위해 고등학교 전 과정을 선택 교육과정으로 운영한다(초등학교와 중학교 9년간을 공통 교육과정으로 하고). 공통 교육과정의 교과는 교육목적상의 근접성, 학문 탐구 대상 또는 방법상의 인접성, 생활양식에서의 연관성 등을 고려하여 교과군으로 재분류한다. 선택 교육과정에서는 학생들의 기초영역 학습 강화와 진로 및 적성 등을 감안한 적정 학습이 가능하도록 4개의 교과영역으로 구분하고, 필수 이수단위를 제시한다. 그리고 진로에 맞춰 기초 핵심 역량을 강화하고 고등학교 일부 선택과목을 정비하였다.

넷째, 학교교육의 다양성을 유도하고자 하였다. 이를 위해 학교 교육과정 편성·운영의 자율성을 확대하고(교과목별 수업 시수 20% 증감 허용), 고등학교 '학교 자율 과정' 운영으로 학교교육을 특성화·다양화하고, 예체능 등 특정 계열 지망 소수 학생을 위한 교육기회를 제공하였다.

편제 및 시간 배당기준, 보다 상세한 내용, 적용 연도는 〈부록〉을 참고하기 바란다.

12) 2015 개정 교육과정(2017년~현재)

(1) 개정의 취지

2015 개정 교육과정은 국가·사회적 요구 및 2009 개정 교육과정이 추구하는 인간상을 기초로 창조사회가 요구하는 핵심 역량을 갖춘 '창의융합형 인재'상을 제시하고 현행 교육과정에서 제시된 문제점을 개선하기 위해 이루어졌다. 2015 개정 교육과정의 기본 방향은 다음과 같다. 첫째, 모든 학생이 인문·사회·과학기술에 대한 기초 소양을 함양하여 인문학적 상상력과 과학기술 창조력을 갖춘 창의융합형 인재로 성장할 수 있도록 우리 교육의 근본적인 패러다임을 전환하고자 하는 교육과정을 개발한다. 이를 위해, 기초 소양 함양을 위해 '공통과목'을 도입하고 통합적 사고력을 기르기 위해 '통합사회' '통합과학' 과목을 신설하였다. 둘째, 미래 사회가 요구하는 핵심 역량을 기를 수 있는 교과 교육과정을 개발한다. 이를 위해, 각 교과는 단편적인 지식보다 핵심 개념과 원리를 제시하고, 학습량을 적정화하여 토의·토론 수업, 실험·실습 활동 등 학생들이 수업에 직접 참여하면서 역량을 함양할 수 있도록 하였으며 과정 중심의 평가가 확대되도록 구성하였다. 셋째, 대학입시 중심으로 운영되어 온 고등학교 문·이과 이분화와 수능 과목 중심의 지식 편식 현상을 개선한다. 어느 영역으로 진로·진학을 결정하든 문·이과 구분 없이 인문·사회·과학기술에 관한 기초 소양을 갖출 수 있으며, 진로와 적성에 따라 다양한 '선택과목'을 이수할 수 있도록 하였다. 넷째, 새로운 교육과정이 학교 현장에 안착될 수 있도록 교과서, 대입제도, 교원 양성 및 연수 체제 등 교육제도 전반을 개선하고자 하였다.

즉, 현재 문제점으로 지적되고 있는 과다한 학습량으로 인해 진도 맞추기식 수업이 이루어지는 상황에서 학생들이 PISA 등 국제학업성취도 평가에서는 높은 학업성취도를 나타내지만, 이에 비해 학업 흥미도 및 행복감이 매우 낮은 문제를 개선하고 '창의융합형 인재' 양성을 위해 핵심 개념 중심으로 학습 내용을 구성하며 진도 나가기에 급급하기보다 학생 참여 중심 수업을 통해 학생들의 학습 흥미도를 높일 수 있도록 교육과정을 개발하고자 하였다.

(2) 주요 개정 내용

2015 개정 교육과정은 2009 개정 교육과정이 추구하는 인간상을 기초로 창의융합형 인재상을 정립하였다. 창의융합형 인재란 인문학적 상상력, 과학기술 창조력을 갖추고 바른 인성을 겸비하여 새로운 지식을 창조하고 다양한 지식을 융합하여 새로운 가치를 창출할 수 있는 사람을 의미한다. 이를 토대로 추구하는 인간상으로 자주적인 사람, 창의적인 사람, 교양 있는 사람, 더불어 사는 사람으로 제시하였다. 이를 구체적으로 살펴보면 다음과 같다.

- 자주적인 사람-전인적 성장을 바탕으로 자아정체성을 확립하고 자신의 진로와 삶을 개척하는 사람
- 창의적인 사람-기초 능력의 바탕 위에 다양한 발상과 도전으로 새로운 것을 창출하는 사람
- 교양 있는 사람-문화적 소양과 다원적 가치에 대한 이해를 바탕으로 인류 문화를 향유하고 발전시키는 사람
- 더불어 사는 사람-공동체 의식을 가지고 세계와 소통하는 민주 시민으로서 배려와 나눔을 실천하는 사람

또한 2015 개정 교육과정에서는 추구하는 인간상과 더불어 창의융합형 인재가 갖추어야 할 핵심 역량 여섯 가지를 국가 교육과정에서 처음으로 제시하였다. 구체적인 내용은 다음과 같다.

- 자기관리 역량-자아정체성과 자신감을 가지고 자신의 삶과 진로에 필요한 기초 능력과 자질을 갖추어 자기주도적으로 살아갈 수 있는 능력
- 지식정보처리 역량-문제를 합리적으로 해결하기 위하여 다양한 영역의 지식과 정보를 처리하고 활용할 수 있는 능력
- 창의적 사고 역량-폭넓은 기초 지식을 바탕으로 다양한 전문 분야의 지식, 기술, 경험을 융합적으로 활용하여 새로운 것을 창출하는 능력
- 심미적 감성 역량-인간에 대한 공감적 이해와 문화적 감수성을 바탕으로 삶의 의미와 가치를 발견하고 향유할 수 있는 능력
- 의사소통 역량-다양한 상황에서 자신의 생각과 감정을 효과적으로 표현하고 다

른 사람의 의견을 경청하며 존중하는 능력
- 공동체 역량–지역 · 국가 · 세계 공동체의 구성원에게 요구되는 가치와 태도를 가지고 공동체 발전에 적극적으로 참여하는 능력

총론에서 설정하고 있는 추구하는 인간상, 핵심 역량 등은 결국 교육과정 개발을 통해 구현된다. 2015 개정 교육과정에서는 구성의 중점을 다음과 같이 밝히고 있다.

이 교육과정은 우리나라 교육과정이 추구해 온 교육 이념과 인간상을 바탕으로, 미래사회가 요구하는 핵심 역량을 함양하여 바른 인성을 갖춘 창의융합형 인재를 양성하는 데에 중점을 둔다. 이를 위한 교육과정 구성의 중점은 다음과 같다.

- 인문 · 사회 · 과학기술 기초 소양을 균형 있게 함양하고, 학생의 적성과 진로에 따른 선택학습을 강화한다.
- 교과의 핵심 개념을 중심으로 학습 내용을 구조화하고 학습량을 적정화하여 학습의 질을 개선한다.
- 교과 특성에 맞는 다양한 학생 참여형 수업을 활성화하여 자기주도적 학습 능력을 기르고 학습의 즐거움을 경험하도록 한다.
- 학습의 과정을 중시하는 평가를 강화하여 학생이 자신의 학습을 성찰하도록 하고, 평가 결과를 활용하여 교수–학습의 질을 개선한다.
- 교과의 교육 목표, 교육 내용, 교수–학습 및 평가의 일관성을 강화한다.
- 특성화 고등학교와 산업수요 맞춤형 고등학교에서는 국가직무능력표준을 활용하여 산업사회가 필요로 하는 기초 역량과 직무 능력을 함양한다.

3. 특별활동, 재량활동 그리고 창의적 체험활동

현행 우리나라의 교육과정은 교과활동 · 특별활동 · 학교재량시간활동으로 이루어져 있다. 특별활동이 정식으로 우리나라 교육과정으로 자리 잡게 된 것은 해방 후 1954년의 문교부령 제35호로「교육과정 시간배당 기준령」을 공포할 때부터이며, 이 때 종래 사용하던 용어인 교과과정을 교육과정으로 바꾸고 과외활동을 특별활동으로 바꾸었다. 여기에서는 "특별활동이라 함은 교육목적 및 교육목표를 달성하기 위하여 필

요한 교과 이외의 기타 교육활동을 말한다."라고 특별활동을 규정하고 있다. 특별활동을 지칭하는 용어도 다양한데 과외활동(extra-curricular activities) 외에도 학급 외 활동, 학생활동, 협력과정 활동, 병행과정, 연대활동 등이 있다. 교육학 사전에서도 "학교교육의 목표를 달성하기 위하여 마련된 교과학습 활동 이외의 학교교육 활동, 즉 학생의 개성 신장, 건전한 취미와 특수 기능의 육성 및 민주적 생활활동을 육성하기 위하여 학생회·봉사활동·운동 경기·토론회·독서회·클럽활동 등을 통해서 행해지는 교육활동"이라고 정의하고 있다.

표 2-13 제7차 교육과정에서의 **특별활동**

영역	내용
자치활동	• 협의활동 • 역할분담활동 • 민주시민활동
적응활동	• 기본 생활습관 형성활동 • 친교활동 • 상담활동 • 진로활동 • 정체성확립활동
계발활동	• 학술문예활동 • 보건체육활동 • 실습노작활동 • 여가문화활동 • 정보통신활동 • 청소년 단체활동
봉사활동	• 일손돕기활동 • 위문활동 • 캠페인활동 • 자선구호활동 • 환경시설 보전활동
행사활동	• 의식행사활동 • 학예행사활동 • 보건체육행사활동 • 수련활동 • 안전구호활동 • 교류활동

이러한 특별활동은 1930년대에 경험중심 교육과정의 개념이 대두됨에 따라 부각되기 시작하였으며, 이 관점에서의 교육과정이라는 것이 학교의 지도하에 학생들이 가지는 경험의 총체이므로 학교생활을 하는 동안에 학생이 가지는 경험은 학교행사·취미활동·자치회 등을 통하여 가지는 경험을 교과활동과 함께 학교교육 계획에 포함시키도록 하였다.

제7차 교육과정에서 제시되고 있는 특별활동의 내용을 보면 〈표 2-13〉과 같다.

이러한 특별활동은 초등학교의 경우 1학년은 연간 30시간, 2~3학년은 34시간, 초등 4학년~고등학교 1학년은 연간 68시간, 고등학교 2~3학년은 연간 8단위를 편성하도록 하고 있다. 시간 단위 수가 배정되지 않은 영역의 활동은 학교의 실정에 따라 별도의 시간을 확보하도록 하고 있다(참고로 1년 365일 중에서 연간 수업일수는 220일, 교육과정 시간배당 기준 주수는 34주 204일, 연간 법정 수업일수는 220일 이상임. 1년-연간 수업일수 220일=145일(방학, 공휴일, 휴일 등). 연간 수업일수-34=16일).

특별활동의 평가는 담임 교사의 수시 평가가 이루어져야 하고, 학교와 지역사회의 실정, 교육목표에 적합한 평가가 이루어지고, 학생 각자의 성취도와 변화를 진단하는 절대평가 등이 이루어져야 한다. 그러나 이러한 특별활동이 입시위주의 교육풍토, 교사와 학부모들의 인식 부족, 과밀 학급과 학교의 문제, 교사의 근무부담, 관련 전문 지식의 부족, 빈약한 지원이나 프로그램의 미약 등으로 많은 문제를 안고 있다.

제7차에서는 학교재량활동이 신설되는데 이것은 또 교과재량활동과 창의적 재량활동으로 구분된다. 교과재량활동은 중등학교의 선택과목 학습과 국민공통 기본 교과의 심화·보충 학습을 위한 것이며, 창의적 재량활동은 학교의 독특한 교육적 필요, 학생의 요구 등에 따른 범교과(cross-curricular) 학습과 자기주도적 학습을 위한 것이다.

초등학교의 재량활동은 학교의 실정에 따라 융통성 있게 배정할 수 있으나 교과의 심화·보충학습보다는 학생의 자기주도적 학습능력을 촉진시키기 위한 창의적 재량활동에 중점을 둔다.

중학교의 교과 재량활동의 연간 수업시간 수는 102시간 이상이며, 한문, 컴퓨터, 환경, 생활 외국어, 기타의 선택과목 학습시간에 우선 배정하고, 나머지 시간은 국민공통 기본 교과의 심화·보충 학습으로 활용한다.

고등학교 1학년의 교과 재량활동 연간 이수단위 수는 10단위이며 국민공통 기본 교과의 심화·보충 학습에 4~6단위를 배정한다. 다만, 실업계 고등학교의 교과 재량활동은 전문교과로 대체 이수할 수 있다. 창의적 재량활동에는 2단위를 배정하여 범교과

학습과 자기주도적인 학습이 학교의 실정에 따라 이루어지도록 되어 있다.

범교과 학습의 내용에는 민주시민 교육, 인성 교육, 환경 교육, 경제 교육, 에너지 교육, 근로정신 함양 교육, 보건 교육, 안전 교육, 성 교육, 소비자 교육, 진로 교육, 통일 교육, 한국 문화정체성 교육, 국제이해 교육, 해양 교육, 정보화 및 정보윤리 교육 등을 학교의 실정이나 학생의 요구에 따라 다양하고 특색 있게 운영되도록 되어 있다.

2007년 개정 교육과정에서는 범교과 학습 주제가 이전보다 19개 정도가 늘어나고 2009년 개정 교육과정에서는 한국 문화사 교육, 한자 교육, 녹색 교육 등이 추가로 증가하였다.

창의적 체험활동은 2009년 개정 시에 기존의 재량활동과 특별활동을 통합하여 배려와 나눔의 실천을 위해 신설하였다. 창의적 체험활동 영역은 자율활동, 동아리활동, 봉사활동, 진로활동으로 한다.

학교는 창의적 체험활동이 실질적 체험학습이 되도록 지역사회의 유관기관과 적극적으로 연계·협력해서 프로그램을 운영해야 한다. 그리고 교과와 창의적 체험활동의 효율적인 운영을 위하여 지역사회의 인적, 물적 자원을 계획적으로 활용한다. 창의적 체험활동에 배당된 시간 수는 학생의 요구와 학교의 실정에 기초하여 융통성 있게 배정하여 운영할 수 있다.

재량활동과 특별활동을 창의적 체험활동으로 통합하는 이유는 기존의 재량활동이 본래 취지를 살리지 못하고 교과 보충학습으로 변질되는 등 형식적·획일적으로 운영되어 왔다는 지적이 많았기 때문이다. 창의적 체험활동은 이런 문제점을 개선하고자 자율, 동아리, 봉사, 진로 등 4개 활동 영역을 정해 체계적이고 내실 있게 운영하는 데 초점을 맞췄다. 매뉴얼에 따르면, 초등학교 저학년 때는 자율활동 중심의 입학 초기 적응 프로그램, 고학년에서는 동아리활동과 자기이해, 직업이해를 중심으로 한 진로활동을 운영한다. 창의적 체험활동 시간은 초·중학교는 주당 평균 3시간 이상으로 하고, 고등학교는 현행 주당 평균 2시간에서 4시간으로 확대하였으며, 운영 시간 및 운영 방법은 학교에서 자율적으로 결정한다.

중·고등학교에서는 본격적인 진로탐색을 위해 동아리활동과 봉사활동을 연계·통합한 프로그램을 운영할 예정이다. 예를 들어, 무용부 동아리가 노인복지관에서 정기적으로 공연을 한다거나 역사탐구 동아리가 유적지 주변의 환경보호활동에 참여하는 방식이다. 중·고등학생은 자신의 체험활동 이력을 '에듀팟'(www.edupot.go.kr) 시스템에 기록해 관리함으로써 고교 또는 대학 진학 때 입학사정 자료로 활용할 수 있다. 교과부

표 2-14 창의적 체험활동의 내용체계

영역	성격	활동
자율활동	학교는 학생중심의 자율적 활동을 추진하고, 학생은 다양한 교육활동에 능동적으로 참여한다.	-적응활동 -자치활동 -행사활동 -창의적 특색활동 등
동아리활동	학생은 자발적으로 집단활동에 참여하여 협동하는 태도를 기르고 각자의 취미와 특기를 신장한다.	-학술활동 -문화 예술 활동 -스포츠 활동 -실습 노작 활동 -청소년 단체 활동 등
봉사활동	학생은 이웃과 지역사회를 위한 나눔과 배려의 활동을 실천하고, 자연환경을 보존한다.	-교내 봉사활동 -지역사회 봉사활동 -자연환경 보호 활동 -캠페인 활동 등
진로활동	학생은 자신의 흥미, 특기, 적성에 적합한 자기계발 활동을 통하여 진로를 탐색하고 설계한다.	-자기이해 활동 -진로 정보 탐색 활동 -진로 계획 활동 -진로 체험 활동 등

는 전국 각 학교에 매뉴얼을 보급하고 연수, 컨설팅도 계속 실시해 2011년 3월 새 학기부터 단위학교별로 특색 있는 창의적 체험활동 프로그램이 시행되도록 할 계획이다.

창의적 체험활동의 내용체계는 〈표 2-14〉와 같다.

이상과 같은 창의적 체험활동은 2015 개정에서도 그 영역은 동일하게 유지되었다. 초등학교에서는 1~2학년이 336시간, 3~4학년이 204시간, 5~6학년이 204시간, 중학교에서는 306시간, 고등학교에서는 18학점(306시간)을 배정하였다. 초등학교에서는 이들 영역을 학생들의 발달수준, 학교의 여건 등을 고려하여 학교(군)별로 선택적으로 편성·운영할 수 있게 했으며, 중학교에서는 학교스포츠클럽활동 및 자유학기에 이루어지는 다양한 활동들과 연계하여 운영할 수 있게 하였다. 고등학교에서는 학생의 진로와 연계하여 다양한 활동이 이루어질 수 있도록 하였다. 이러한 창의적 체험활동은 학생의 소질과 잠재력을 계발하고 공동체 의식을 기르는 데에 중점을 둔다. 동시에 범교과 학습 주제는 교과와 창의적 체험활동 등 교육활동 활동 전반에 걸쳐 통합적으로 다루도록 하되, 지역사회 및 가정과 연계하여 지도한다.

이 장의 주요 내용

교육과정이 하나의 학문 분야로 자리 잡은 것은 F. Bobbitt의『교육과정』이 출간된 1918년으로 보는 것이 통설이다. 물론 그 이전에도 교육과정에 중요한 영향을 직간접적으로 미친 것들이 다수 있다.

교육과정적으로 가장 의미심장한 의문을 품은 사람은 아마도 Spencer다. 그는 가장 가치 있는 지식이 어떠한 것인지를 논의하였다. 전통적 교과에 대해서 다양한 비판들이 제기되었다. 즉, 전통적 교과에 대한 불만은 다양한 반응으로 나타났다. Kliebard(1986)는 이것을 크게 네 가지 관점으로 설명하고 있다. 첫째, 인문학적 지식과 전통적 가치 및 문화의 전수를 강조하는 전통적 인문주의자, 둘째, 아동의 발달과 요구를 강조하는 아동중심주의자, 셋째, 새로운 사회의 요구와 성인의 역할을 준비시켜 주는 것에 강조점을 두는 사회적 효율성 입장, 넷째, 학생들에게 사회정의와 평등에 대한 전망을 심어 주고 사회를 개선시키려는 사회개혁주의자 등이 있다. 이들 각 집단들은 미국 교육과정 역사에서 특정 시기에 주도적인 역할을 하였는데 전통적 인문주의자들은 19세기에, 사회적 효율성론자들은 20세기 초반 20여 년 동안에, 아동중심주의자들은 1920년대에, 사회개혁주의자들은 1930년대에 미국 교육을 주도하였다.

그리고 미국의 교육과정 역사에서 각종 위원회와 주요 보고서의 내용들을 보면 학교에서 가르쳐야 할 교육내용에 대하여 다양한 생각들이 존재하고 있었다는 점을 알 수 있다. 특히 교양교육과 기본 교과에 대하여 입장의 차이가 컸다는 것을 알 수가 있다.

Bobbitt의『교육과정』출간으로 학문 영역으로서 확고한 위치를 차지하였으며, 이후에 그의 생각은 여러 학자들에 의해 찬사와 비판을 동시에 받았으며, 특히 진보주의자들에 의해 많은 비판을 받았다. 반면 그의 생각을 더욱 발전시킨 사람이 R. Tyler가 있다. Bobbitt과 Charters는 교육과정은 활동분석을 통하여 과학적으로 구성되어야 한다고 보았다. 이 연장선상에서 미국에서 교육과정 구성법의 발달사적 특징과 의의는 크다고 볼 수 있다.

교육과정이 이론적으로 활발하게 논쟁적이었던 것은 Dewey의 공헌이 크다. 19세기의 고전 중심의 교육에 대한 비판과 반박은 교육과정 이론의 발전을 촉진하였다. 진보주의에 의한 비판과 Dewey의『민주주의와 교육』에 제시된 사상은 매우 중요한 의미가 있다.

우리나라의 교육과정은 미국의 영향을 많이 받았다고 볼 수 있다. 특히 우리의 교육과정은 해방 후부터 지금까지 크게 여덟 번의 큰 변화를 거쳤는데 흔히 이를 교육과정 개정의 시기로서 표현되고 있다. 해방 후부터의 교수요목 강조의 시기가 있었고, 그 이후에는 교육과정의 개념과 일치되는 변화를 보였다. 즉, 교과중심 시기, 경험중심 시기, 학문중심 시기, 인간중심 시기를 거쳐 통합 지향형의 시기를 거치고 있다. 현재는 수준별 교육과정과 고등학교 선택중심 교육과정으로 특징지어지는 7차 교육과정 시기, 2007 개정 교육과정 시기, 2009 개정 교육과정기가 혼재하고 있다. 2009 개정 교육과정은 2009년 12월에 고시되어 2011년에 초등학교 1 · 2학년, 중학교 1학년, 고등학교 1학년부터 시행에 들어가 연차적으로 시행된다. → 학교 1학년부터 시행에 들어가 연차적으로 시행되었으며, 2015 개정 교육과정은 2015년 12월에 고시되어 2017년에 초등학교 1, 2학년, 2018년에 초등 3, 4학년, 중학교 1학년, 고등학교 1학년, 2019년에 초등 5, 6학년, 중학교 2학년, 고등학교 2학년, 2020년에 중학교 3학년, 고등학교 3학년부터 시행되고 있다. 이제 곧 2022 개정 교육과정이 고시될 예정으로 있다.

주요개념

10인 위원회	긴급조치기	정신도야설
15인 위원회	범교과 학습	중등교육개편위원회
교과군제	선택중심 교육과정	중등교육의 핵심원리
교수요목기	수준별 교육과정	직무분석
교양교육	심화선택	진보주의
교육과정 구성법	일반선택	창의적 체험활동
국민공통 기본 교육과정	자기주도적 학습	특별활동
기본 교과	재량활동	하버드 위원회
활동분석법		

탐구문제

1. 교육과정이 한 학문 영역으로서 확립되는 역사적 과정을 설명해 보시오.

2. Bobbitt과 Charters의 활동분석법의 절차를 제시, 비교해 보시오.

3. 한국 교육과정의 역사적 변천에서 주요 특징들을 제시해 보시오.

4. 제7차 교육과정에서 수준별 교육과정의 유형과 운영 방식을 설명해 보시오.

5. 선택중심 교육과정의 편성과 운영방법을 설명해 보시오.

6. 2015 개정 교육과정의 특징과 개정의 주요 방향을 설명해 보시오.

7. 미국에서 교육과정 구성법이 발달해 온 과정을 설명해 보시오.

8. 과거 교육과정 역사에서 등장하는 각종 위원회와 보고서들의 특징을 조사해 보시오.

9. 역사적으로 교육과정을 보는 다양한 세력들의 등장 과정을 탐구해 보시오.

참고문헌

강현석 · 이경섭(2003). 미국 교육과정 구성법의 전개와 그 발달사적 특징. 교육과정평가연구, 6(2), 25-50.

교육과학기술부(2009). 2009 개정 교육과정 총론.

교육인적자원부(2007). 제7차 개정 초 · 중등학교 교육과정.

이경섭(1990). 교육과정 유형별 연구. 서울: 교육과학사.

이경섭(1997). 한국 현대 교육과정사 연구(상). 서울: 교육과학사.

함종규(2003). 한국 교육과정변천사 연구. 서울: 교육과학사.

허숙 · 박승배(2004). 교육과정과 목적. 서울: 교육과학사.

Bobbitt, F. (1918). *The Curriculum*. NY: Houghton Mifflin.

Bobbitt, F. (1924). *How to make a Curriculum*. Boston: Houghton Mifflin.

Dewey, J. (1916). *Democracy and Education: An introduction to the philosophy of education*. NY: Macmillan.

Kliebard, H. M. (1986). *The Struggle for the American Curriculum 1893-1958*. Boston: RKP.

Kliebard, H. M. (1995). *The Struggle for the American Curriculum 1893-1958* (2nd ed.). NY: Routledge.

MODERN CURRICULUM

제3장 교육과정의 유형

▷ 교육과정의 다양한 유형을 분류하여 그 의미를 설명할 수 있다.

▷ 학교에서 작용하는 다양한 교육과정의 양상을 설명할 수 있다.

▷ 교육과정 운영 과정에서 잠재적 교육과정과 영 교육과정을 고려해야 하는 이유를 설명할 수 있다.

▷ 국가 교육과정 기준과 단위학교 교육과정 자율성의 관련성을 설명할 수 있다.

▷ 다양한 내용 조직상의 유형을 구분하여 구체적인 조직 방법을 기술할 수 있다.

　　우리는 학교 현장에서 교육과정의 종류나 유형에 대해서 여러 가지 용어들을 접하게 된다. 정상적인 교육과정 운영을 위해서는 여러 가지 다양한 유형의 교육과정을 잘 이해해야 하며, 그 입장과 배경을 잘 알아야 한다. 이 장에서는 다양한 교육과정의 유형을 살펴본다. 교육과정을 얘기하면서 그 수준과 유형을 분명히 하지 않으면 많은 혼란을 야기할 수 있다. 따라서 교육과정의 유형을 분명히 하는 것은 그만큼 중요하다고 볼 수 있다.

　　흔히 교육과정 유형은 교육과정 내용의 조직 차원에서 그 형태를 말하곤 한다. 그러나 교육과정 유형의 의미가 확장되면서 여러 차원에서 유형을 말할 수 있게 되었다. 이하에서는 편제상의 유형, 개념상의 유형, 학교에서 실질적으로 작용하는 유형, 의사결정 수준상의 유형, 내용 조직상의 유형으로 구분하여 살펴보기로 한다.

1. 현행 편제상의 유형

1) 교과

흔히 교육과정의 대표적 유형은 교과다. 교과들이 학교급별로 학년별로 다양하게 편제되어 제시된다. 교과목을 학교급별로 엄밀하게 구분하면 중학교까지는 교과 혹은 교과활동으로 지칭되며, 고등학교에 가서야 과목으로 세분화된다. 흔히 교과는 필수교과와 선택교과로 구분되어 편성되며, 교과나 과목들의 명칭들도 역사적으로 다양하게 변화되고 있다. 특히 교과목들의 형성 과정을 역사적으로 연구한 Goodson(1983; 1985)과 조인진(1994)에 의하면 교과목들은 사회역사적으로 특정 배경하에서 발생하고 존재 영역을 넓히기도 하고 사라지기도 한다고 보았다. 교과에 대한 이러한 연구방식을 사회구성사적 접근이라고 부른다.

이러한 분석방법에서는 교과는 구체적인 역사와 사회적 상황에 의해 형성되고 변화된다. 그 변화의 과정에서 학교교과는 일련의 전통을 구축하였고, 또한 학교교과는 사회적, 전문적 이해관계와 갈등을 포함한다. 교과는 교과공동체를 구성하는 이해집단들의 관심 변화에 의해 성격을 변화시키기도 하며 이해집단들 사이의 지위, 자원, 영역에 대한 갈등구조를 갖는 역동성을 지닌다. Goodson(1985)은 교육과정 안에서 교과들 사이의 갈등과 변화 양상을 밝히면서 특정 교과가 학교 교육과정상의 교과로 되어 가는 과정을 논의하고 있다. 학교 교육과정의 역사에서 교과 전통들을 이론적 · 추상적 지식들로 구성되어 높은 지위를 획득한 학문적(academic) 교과, 실제적 · 실용적 지식들로 구성되어 낮은 지위에 있는 실용적(utilitarian) 교과, 아동의 개인적 · 사회적 지식을 강조하는 교수방법적(pedagogic) 교과들로 구분하고 이러한 세 가지 전통들은 학교 교육과정 안에서 갈등과 변화의 과정을 거친다고 보고 있다(1983: 27-35).

따라서 교육과정 논쟁은 지위, 자원, 영역을 둘러싼 교과들 사이의 갈등이라는 것이다. 이러한 점은 사회경제적 변화나 제도와 같은 거시적 차원보다는 미시적 차원이 더 중요하다는 것을 의미한다. 시간이 경과하면서 교과가 변화되는 것은 학교 교육과정에서 교과로 승인받는 데 성공하기 위하여 행사한 일련의 조치들을 의미한다. 이러한 교육과정에 대한 역사적 탐구는 교육과정 변화를 조망할 수 있는 단서를 제공하며, 교과집단들이 행사한 반응과 실력 행사가 기존에는 교과의 문제에서 무시되어 왔지만 이제는 이것이 중요한 부분으로 고려되어야 한다는 점을 지적해 주고 있다(Goodson, 1983; Kang, 1998).

우리의 경우, 기술·가정, 지구과학, 교련, 제2외국어, 국민윤리, 사회생활, 반공·도덕의 경우가 좋은 사례가 된다고 볼 수 있다.

고등학교에서는 교과도 보통교과와 전문교과로 구분되기도 하며, 7차에 와서는 국민공통 기본 교과와 선택과목으로 구분하였으며, 선택과목도 일반선택과목과 심화선택과목으로 구분하기도 하였다. 2007년 개정 시기에서는 일반선택과목과 심화선택과목 구분이 다시 없어지기도 하였다. 2009년 개정 교육과정에서는 교과군과 학년군 개념이 등장하였다.

2) 특별활동

교육인적자원부장관이 초·중등교육법 제23조 제2항에 의거하여 교육과정 문서로 결정·고시한 국가 수준의 교육과정 기준에서는 특별활동의 성격을 다음과 같이 규정하고 있다(교육인적자원부, 2007). 특별활동 성격 항에서는 특별활동의 정의, 목표, 영역, 학교급별 중점, 운영 방법에 관한 내용을 기술하고 있다.

특별활동은 교과와 상호 보완적 관련 속에서 학생의 심신을 조화롭게 발달시키기 위하여 실시하는 교과 이외의 활동이다. 특별활동은 근본적으로 집단활동의 성격을 지니고 있으나, 집단에 소속한 개인의 개성·자율성·창의성도 아울러 고양하려는 교육적 노력을 포함한다.

특별활동은 다양한 집단활동에 참여함으로써 학교생활에 잘 적응할 수 있게 하고, 민주시민의 자질을 함양하게 한다. 또한 다양한 자기표현의 기회를 제공하여 학생의 개성과 소질을 계발·신장하고, 건전한 취미 함양 및 여가선용을 통하여 자아실현을 돕는다.

특별활동의 교육과정은 자치활동, 적응활동, 계발활동, 봉사활동, 행사활동의 5개 영역으로 구성된다. 각 영역별 구체적인 활동 내용은 지역의 특성과 학교의 실정, 학습자의 특성 등을 고려하여 선정하고, 융통성 있게 운영할 수 있다.

초등학교의 특별활동에서는 학생의 기본 생활 습관과 자율적인 생활 태도의 형성에 중점을 둔다. 중학교에서는 왕성한 활동력과 다양한 욕구를 건전한 방향으로 유도하고, 원만한 인간관계를 형성하는 데 중점을 둔다. 고등학교에서는 자아의 발견과 확립,

삶의 힘과 지혜, 남과 더불어 살아가는 방법 등을 체득하는 데 중점을 둔다.

특별활동에서는 특히 학생의 자주적인 실천 활동을 중시하여, 교사와 학생이 공동 협의하거나 학생 자신의 힘으로 활동 계획을 수립하고 역할을 분담하여 실천하게 한다. 아울러 지역과 학교의 독특한 문화 풍토를 고려하여 특색 있고 융통성 있게 운영하는 것이 중요하다

이상의 내용을 보다 자세하게 해설한 것을 보면 다음과 같다(교육인적자원부, 2007).

첫째, 특별활동은 교육과정의 한 분야로서 교과활동과는 상호 보완적인 관계에 있다. 교과활동이 개념이나 원리를 바탕으로 한 학문적 · 인지적 접근을 주로 한다면, 특별활동은 실천적, 체험적 접근을 통해 교과활동을 구체적으로 적용해 본다는 측면에서 교과활동과는 상호 보완적인 관계에 있다. 교과 학습내용이 특별활동의 실제 문제, 실제 상황에 적용되는 경우도 있고, 특별활동을 통해 교과에 대한 필요성이나 흥미를 느끼게 하여 교과에 대한 바람직한 시사를 받을 수도 있으며, 교과활동을 통하여 달성할 수 없는 내용을 특별활동을 통하여 이루는 경우도 있다. 교과활동과 상호 보완적 관계에 있는 특별활동은 학생들이 자율적인 활동과 구체적인 체험활동을 통해 자신감이나 성취감을 높이고, 삶에 필요한 여러 가지 규범을 익히고 가치관을 형성하게 한다.

둘째, 특별활동은 집단을 단위로 하는 활동이다. 특별활동은 개별적인 활동보다는 집단을 통하여 심신의 조화로운 발달을 꾀하는 데 중점을 둔다. 특별활동은 기본적으로 집단을 구성하고 집단 구성원 간의 협동적인 노력을 통해 이루어지는 활동이다. 그러나 특별활동에 있어서의 집단활동은 그 자체가 목적이라기보다는 집단 내의 개인 간 관계를 도모하고 타인과 더불어 사는 삶으로서의 개인의 완성을 위한 활동이다. 여기서 집단은 개인의 완성을 목표로 하는 방법적인 것으로 이해할 수 있으며, 개인의 완성은 집단의 활동을 통하여 가능해진다고 볼 수 있다. 특별활동의 목표는 교육의 일반 목표인 인격의 완성을 집단활동을 통해 이루는 것으로, 집단에 속한 개개인의 자아실현을 이루려는 것이다.

셋째, 특별활동은 학생들의 자발적이고 자율적인 활동에 바탕을 둔다. 특별활동은 기본적으로 교사의 지시와 통제에 따르기보다는 학생 스스로의 방향 설정과 노력에 의해 이루어 가는 자발적이고 자율적인 활동이라고 볼 수 있다. 교과활동에서는 학생이 비교적 수동적인 입장을 취하게 되는 반면, 특별활동에서는 활동의 계획, 조직, 운영, 평가 등에서 학생들의 자발적이고 능동적인 자세가 요구된다. 이 과정에서 교사는 가능한 한 조력자의 입장에서 돕는 역할을 해야 한다. 따라서 특별활동에서는 특히 학생

의 자주적인 실천활동을 중시하여 교사와 학생이 공동 협의하거나 학생 자신의 힘으로 활동 계획을 수립하고 역할을 분담하여 실천하게 한다.

넷째, 특별활동은 그 운영에 있어서 융통성을 가진다. 특별활동은 주제 및 장소 선정, 시간 운영, 집단 편성, 부서 지도, 부서 이동 등과 같은 요인을 고려하여 탄력적으로 운영할 수 있다. 교과활동은 이미 정해져 있는 교육과정상의 목표 내용 수준에 따라 체계적으로 학습하도록 계획되어 있으나, 특별활동은 학생과 교사가 주제를 자유롭게 선정하여 장소, 시간, 방법에 구애받지 않고 자유롭게 탄력적으로 운영할 수 있다. 집단 편성에 있어서도 학년별, 학기별, 분기별로 필요와 여건에 따라 학급 단위, 학년 단위, 지역 단위로 다양하게 구성하여 운영할 수 있는 점이 교과활동과는 다르다.

활동의 성격에 따라서는 여러 교사들이 협동하여 하나의 팀으로서 특정한 활동 부서를 운영할 수 있다. 또한 학년별, 학기별, 분기별로 자신에게 보다 적절하거나 흥미를 느끼는 다양한 활동 부서로 이동할 수도 있다. 특별활동 운영에 있어서 지역과 학교의 독특한 교육 문화 풍토를 고려하여 특색 있고 융통성 있게 운영하는 것이 무엇보다도 중요하다.

다섯째, 학교급 및 학습자의 발달 단계를 고려하여 특별활동을 운영한다. 초등학교의 특별활동에서는 학생의 기본 생활 습관과 자율적인 생활 태도의 형성에 중점을 둔다. 단위학교에서는 '다양하고 건전한 집단활동에 자발적으로 참여하여 개성과 소질을 계발, 신장하고, 공동체 의식과 자율적인 태도를 기름으로써 민주시민으로서의 기본적인 자질을 함양한다.'는 특별활동 목표를 추구하면서 초등학교 특별활동의 중점 사항 구현에 부합되는 다양한 활동을 운영할 필요가 있다.

특별활동의 자세한 내용 영역은 2장에서 살펴본 것과 같다. 5개 영역으로 자치활동, 적응활동, 계발활동, 봉사활동, 행사활동이 있으며, 영역별로 자세한 내용이 제시되고 있다.

3) 재량활동

재량활동은 단위학교의 교육과정 편성·운영에 대한 재량권을 부여하고, 교육내용에 대한 선택권을 부여한 점에서 자율성을 가진다. 한편, 학교 나름의 창의적인 재량활동 교육과정을 편성·운영하지 않을 수 없다는 점에서 학교 구성원의 교육과정에 대한 편성·운영 능력을 높이려는 계도적 성격도 가지고 있다. 또한 재량활동은 학교 단위에서 창의적으로 구성할 수 있다는 점에서 비법령성, 무정형성의 특성을 갖고 있으며, 만들어 가는 교육과정이라는 점에서 형성적 교육과정이라 할 수 있다.

재량활동은 교육과정 운영의 분권화, 자율화, 지역화, 내용의 적정화를 촉진하기 위한 교육과정의 한 영역으로서 다음과 같은 성격 및 기능을 갖고 있다(교육인적자원부, 2007).

첫째, 재량활동은 교과 및 특별활동과 상호 보완적 성격을 갖고 있다. 교과활동이 주로 개념이나 원리 또는 지식을 바탕으로 한 인지적 학습을 중점으로 이루어진 데 반하여, 특별활동은 이를 자율적이고 구체적으로 적용해 보는 태도와 기능의 학습을 강조한다. 그리고 재량활동은 직접적인 체험 학습과 공통 기본 교과의 심화·보충 학습을 통해서 인지적 학습과 태도 및 기능의 학습 모두를 강조하는 것이라고 볼 수 있다.

둘째, 재량활동은 지역사회와 학교의 독특한 교육적 필요, 학생의 요구에 따른 교육을 전개하기 위한 자율적 교육활동이다. 재량활동은 단위학교가 나름대로 창의적 교육활동을 할 수 있도록 교육과정의 한 영역으로 설정하고 있으며, 지역 및 학교의 여건, 학생과 학부모의 희망과 요구에 따라서 학교에서 자율적으로 프로그램을 편성하고 운영하는 데 그 의의를 찾아볼 수 있다.

셋째, 재량활동에서는 범교과 학습과 자기주도적 학습과 같은 창의적 재량활동이 강조된다.

이에 따라 교육과정의 영역으로 설정된 재량활동의 교육적인 의의를 보면 다음과 같다.

첫째, 학생들의 다양한 요구·흥미·적성을 수용하기 위한 것이다.

둘째, 학교 교육에 대한 사회적 요구를 수용하기 위한 것이다.

셋째, 학교의 독특한 문화 풍토에 따른 특색 있는 학교로 바꾸어 나가기 위한 것이다.

넷째, 교육과정에 대한 교사의 전문성을 발휘하기 위한 것이다.

다섯째, 교육내용에 대한 교사의 전문성을 발휘하기 위한 것이다.

여섯째, 학생의 직접적인 체험활동이 이루어지도록 하기 위한 것이다.

일곱째, 학생의 자기주도적인 학습능력을 신장시키기 위한 것이다.

여덟째, 교과서 중심의 교육 체제를 벗어나 교육과정 중심의 학교교육 체제로 전환하기 위한 것이다.

재량활동은 21세기에 본격적으로 전개될 지식 정보화 사회 및 열린 학습 사회에 대한 대비 교육으로서의 성격을 띠게 될 것이며, 그에 따라 범교과 학습과 자기주도적 학

표 3-1　재량활동의 내용 영역

구분 / 내용	교과 재량활동			창의적 재량활동	
	공통 기본 교과의 심화·보충 학습	선택과목 학습		범교과 학습	자기주도적 학습
영역		중학교: 선택과목 학습	고등학교: 선택교육과정 과목 학습		
내용	국어, 도덕, 사회, 수학, 과학, 실과(기술·가정), 체육, 음악, 미술, 외국어(영어)	한문, 컴퓨터, 환경, 생활 외국어(독일어, 프랑스어, 스페인어, 중국어, 일본어, 러시아어, 아랍어), 기타	선택 과목	민주시민 교육, 인성 교육, 환경 교육, 경제 교육, 에너지 교육, 근로 정신 함양 교육, 보건 교육, 안전 교육, 성교육, 소비자교육, 진로 교육, 통일 교육, 한국 문화 정체성 교육, 국제 이해 교육, 해양 교육, 정보화 및 정보 윤리 교육 등	주제 탐구 학습, 소집단 공동 연구, 학습하는 방법의 학습 등

습이 강화되어 학생들의 평생 학습력과 수행 능력을 신장시켜 주는 방향으로 나아갈 것이다.

이러한 의미를 지니는 재량활동의 내용 영역을 보면 〈표 3-1〉과 같다.

4) 창의적 체험활동

창의적 체험활동은 2007년 개정 교육과정 때까지 존재했던 특별활동과 재량활동을 2009년 개정 교육과정 시기에 와서 통합하여 새롭게 등장한 것이다. 외국의 경우에는 창의성, 활동, 봉사를 의미하는 CAS(C: Creativity, A: Action, S: Service)가 이와 유사하게 운영된다. 이하에서 구체적인 내용을 살펴보자(교육과학기술부, 2009).

(1) 성격

창의적 체험활동은 교과 이외의 활동으로서 교과와 상호 보완적 관계에 있으며, 앎을 적극적으로 실천하고 나눔과 배려를 할 줄 아는 창의성과 인성을 겸비한 미래지향적 인재 양성을 목적으로 한다. 창의적 체험활동은 기본적으로 자율성에 바탕을 둔 집단활동의 성격을 지니고 있으며, 집단에 소속된 개인의 개성과 창의성도 아울러 고양하려는 교육적 노력을 포함한다.

창의적 체험활동 교육과정은 자율활동, 동아리활동, 봉사활동, 진로활동의 4개 영역으로 구성된다. 각 영역별 구체적인 활동 내용은 학생, 학급, 학년, 학교 및 지역사회의 특성에 맞게 학교에서 선택하여 융통성 있게 운영할 수 있다. 여기에 제시되는 영역과 활동 내용은 권고적인 성격을 띠고 있으며, 학교에서는 이보다 더 창의적이고 풍성한 교육과정을 선택하고 집중하여 운영할 수 있다.

초등학교의 창의적 체험활동에서는 학생의 기초 생활 습관의 형성, 공동체 의식의 함양, 개성과 소질의 발현에 중점을 둔다. 중학교의 창의적 체험활동에서는 남과 더불어 살아가는 태도의 확립, 자신의 진로에 대한 탐구, 자아의 발견과 확립에 중점을 둔다. 고등학교의 창의적 체험활동에서는 학습자의 다양한 욕구를 건전한 방향으로 유도하고, 원만한 인간관계를 형성하며 진로를 선택하여 자아실현에 힘쓰도록 하는 데 중점을 둔다.

창의적 체험활동에서는 학생의 자주적인 실천 활동을 중시하여 학생과 교사가 공동으로 협의하거나 학생들의 힘으로 활동 계획을 수립하고 역할을 분담하여 실천하게 한다. 아울러 지역과 학교의 독특한 문화 풍토를 고려하여 특색 있고, 인적·물적 자원과 시간을 폭넓게 활용하여 융통성 있게 운영하는 것이 중요하다.

(2) 목표

학생들은 창의적 체험활동에 자발적으로 참여하여 개개인의 소질과 잠재력을 계발·신장하고, 자율적인 생활 자세를 기르며, 타인에 대한 이해를 바탕으로 나눔과 배려를 실천함으로써 공동체 의식과 세계 시민으로서 갖추어야 할 다양하고 수준 높은 자질 함양을 지향한다.

① 각종 행사, 창의적 특색 활동에 자발적으로 참여하여, 변화하는 환경에 적극적으로 대처하는 능력을 기르고, 공동체 구성원으로서의 역할을 수행한다.
② 동아리활동에 자율적이고 지속적으로 참여하여 각자의 취미와 특기를 창의적으로 계발하고, 협동적 학습능력과 창의적 태도를 기른다.
③ 이웃과 지역사회를 위한 나눔과 배려의 활동을 실천하고, 자연환경을 보존하는

2. 교육과정의 다양한 유형   103

생활 습관을 형성하여 더불어 사는 삶의 가치를 깨닫는다.

④ 홍미와 소질, 적성을 파악하여 자기 정체성을 확립하고, 학업과 직업에 대한 다양한 정보를 탐색하여 자신의 진로를 설계하고 준비한다.

(3) 내용체계

영역	성격	활동
자율활동	학교는 학생중심의 자율적 활동을 추진하고, 학생은 다양한 교육 활동에 능동적으로 참여한다.	−적응활동 −자치활동 −행사활동 −창의적 특색활동 등
동아리활동	학생은 자발적으로 집단활동에 참여하여 협동하는 태도를 기르고 각자의 취미와 특기를 신장한다.	−학술활동 −문화 예술 활동 −스포츠 활동 −실습 노작 활동 −청소년 단체 활동 등
봉사활동	학생은 이웃과 지역사회를 위한 나눔과 배려의 활동을 실천하고, 자연환경을 보존한다.	−교내 봉사활동 −지역사회 봉사활동 −자연환경 보호 활동 −캠페인 활동 등
진로활동	학생은 자신의 홍미, 특기, 적성에 적합한 자기 계발 활동을 통하여 진로를 탐색하고 설계한다.	−자기이해 활동 −진로 정보 탐색 활동 −진로 계획 활동 −진로 체험 활동 등

2. 교육과정의 다양한 유형

1) 유형의 분류

학교 현장에서 근무하다 보면 여러 가지 유형의 교육과정 용어를 접하게 된다. 원래 교육과정 유형은 교육내용을 조직하는 방식이 뚜렷하게 구분되는 것에서 유래한다. 그러나 요즘에는 너무 많은 유형들이 혼용되어 사용되다 보니 의사소통에 혼란이 생기고 업무에 차질이 생기기도 한다. 그렇다고 하여 모든 유형들을 전부 열거하는 것은 불가능하다. 따라서 이하에서는 몇 가지 차원에서 가능한 유형들만을 간략하게 소개하기로 한다.

첫째, 교육과정 개념상의 유형이다. 이것은 교육과정에 대한 엄밀한 의미의 차이에 따라서 발생할 수 있는 유형이다. 여기에는 네 가지 유형이 존재하는데 공식적 교육과정, 잠재적 교육과정, 실현된 교육과정, 영 교육과정이 있다. 이들 유형은 하나의 교육과정이 공식적으로 만들어져서 특정 장면에서 실행되어 가는 시간의 변화 과정에 비추어서도 이해가 가능하다.

둘째, 학교 현장 교사들이 평소에 이해하고 접하는 유형들을 살펴본다. 이 유형들은 교육과정 관련 전문서적에 등장하는 것이기보다는 일선에서 학교 업무를 하면서 일상적으로 사용하는 유형들, 혹은 교사들의 평상시 교육과정에 대한 입장을 말한다. 예를 들면, 국가 교육과정 문서, 교사용 지도서나 지침서, 교과서, 각종 참고서나 학습 자료 등이 있다.

셋째, 의사결정의 수준에 따른 유형이다. 현재 우리의 교육과정에 대한 의사결정은 여러 수준에서 이루어지고 있다. 국가, 지역, 단위학교에서 다양하게 의사결정이 이루어진다. 이것은 교육과정의 자율화나 지역화 방향과 관련이 있으며, 시대적 배경과 국가마다 각각의 의사결정 권한과 방식은 상이하게 진행되고 있다.

넷째, 내용 조직상의 유형이다. 이것이 교육과정 유형과 가장 밀접하게 관련이 된다. 역사적으로 학자들마다 내용을 조직하는 방식과 유형을 구분하는 것도 매우 다르게 제안되어 왔다. 가장 보편적으로는 교과형, 경험형, 학문형 등으로 구분된다.

2) 개념상의 유형

(1) 공식적 교육과정

이 유형의 교육과정은 형식적인 공적 문서 속에 기술되어 있는 교육계획으로서 공식적(official) 교육과정을 의미한다. 교육적 목적과 목표에 따라 구체적이고 분명하게 의도된 표면적(surface or explicit) 성격을 지닌 것으로서 쓰인(written) 교육과정을 나타낸다. 구체적인 계획을 표현하는 공적인 문서에는 국가 교육과정 기준을 담은 국가 수준의 문서(교육부 고시 등), 시·도 교육청의 교육과정 편성·운영 지침, 지역 교육청의 장학자료, 학교 교육과정 혹은 학교 교육계획서 등이 있다. 미시적으로는 교과서를 비롯한 수업용 교재, 교사의 수업계획, 실시된 수업, 특별활동 등이 여기에 포함될 수 있다.

이상의 문서화되어 있는 교육과정은 교사들이 단시 수업을 계획하고, 학생들을 평가

하도록 하기 위한 기반을 제공하고, 행정가들에게는 교사를 감독하고, 실행과 결과에 책임을 지게 하기 위한 토대를 제공하는 데 있다(김인식 외, 1995: 29). 그런데 이러한 공식적인 교육과정은 학생들에게 경험되면서 부수적인 학습을 낳는데, 의도하지 않은 교육과정과 가르쳐지지 않고 소홀하게 다루어지고 금기시 되는 교육과정이 존재한다. 전자는 잠재적 교육과정으로, 후자는 영 교육과정으로 부른다.

(2) 잠재적 교육과정

우선 공식적으로나 표면적으로 의도하지 않은 교육과정으로서 표면적이지 않고 (implicit), 숨겨져서(hidden) 잠재되어 있는(latent) 교육과정이다. 학교가 공식적 교육과정에서 의도하거나 계획하지 않은 것으로서, 교육과정이 작동되거나 운영되면서 학생들이 은연중에 배우게 되는 가치 · 태도 · 행동양식과 같은 경험된 교육과정이다. 즉, 의도된 교육과정이 제시되는 동안 학생에게 무의도적으로 전달되는 학습을 의미한다. Hewitson(1982)은 학교에서 학생이 학습하는 잠재적 교육과정의 수준을 사회적 수준, 학교 수준, 교실 수준으로 보고, 각각 ① 사회의 한 부분으로서의 학교체제, ② 학교 운영, ③ 학교 교실의 기능과 작용으로 제안하고 있다. 이러한 잠재적 교육과정은 긍정적이거나 부정적인 방식으로 작용하기도 한다.

잠재적 교육과정이라는 개념은 Jackson(1968)에 의해서 처음으로 사용되었으며, 그는 학교의 특성을 군집 · 상찬 · 평가 등으로 규정하고 그것들이 학생들의 생활에 미치는 영향력을 제시하였다. 제도적 기관으로서 학교는 일련의 규범과 가치들을 구현하고 있다. 특히 성 · 계층 · 인종 · 권위 · 학교 지식 등과 관계가 있다. 잠재적 교육과정이 시사하고 있는 내용은 성 역할, 학생에게 적절한 행동, 활동과 놀이의 구분, 어느 어린이가 다양한 종류의 과제에 성공할 수 있으며, 누가 누구를 위한 의사결정을 할 권리가 있고, 어떤 종류의 지식이 합당하다고 생각되는 것인가에 관한 내용을 포함하고 있다(Giroux & Purple, 1983). 특히 도덕발달의 단계로 유명한 Kohlberg는 잠재적 교육과정으로서 학교의 도덕적 분위기를 강조한다.

이런 측면에서 Bruner는 지하교육과정(underground curriculum)을 인식할 필요성을 역설한다(1996: 27-28). 학교 교육과정은 매우 선별적이고 선택적이다. 즉, 어떤 능력을 개발해야 할지, 어떤 능력이 기본적인 것이며 어느 교과가 그것과 관련되는 것인지, 필수는 무엇이고 선택은 무엇인지에 대하여 선택적 결정을 해야만 한다. 더욱이 학교 교육과정과 교실 풍토는 분명한 계획뿐만 아니라 모호한 문화적 가치도 반영한다. 그런데 이러한 가치들은 사회계층, 성, 사회 권력의 특권과 분리될 수 없다. 지하 교육과정은 학교가 학생들에 대한 태도, 인종적 태도 및 다른 문제들에 대해 교육과정을 적응시키는 방식을 의미한다. 학교는 문화적으로 독립하여 그 자체만으로 존재할 수 없다. 학교가 무엇을 가르치는지, 실제로 어떤 사고방식이나 언어를 가르치고 있는지 하는 것은 학교가 학생들의 삶과 문화에 어떻게 자리하고 있는지 하는 문제와 분리될 수 없는 것이다. 왜냐하면 교육과정은 교과목에 관한 것뿐만이 아니기 때문이다. 문화적으로 보면 학교의 주된 배움거리(교재)는 학교 그 자체인 것이다. 바로 그것이 학생들 대부분이 학교를 경험하는 방식이며, 그 속에서 자신들이 만들어 내는 의미가 어떠한 것인지를 결정하는 것이다(강현석, 2005: 74-75).

한편, 잠재적 교육과정은 공식적 교육과정과 병행 관계에 있기 때문에 긍정적이고 부정적인 측면이 존재한다. 따라서 교육과정이 실행되고 평가하는 데 중요하게 고려해야 할 문제다. 특히 교사의 수업 운영과 학생의 정의적 행동 특성의 형성과 관련하여 중요하게 다루어져야 할 영역이다.

이런 중요성으로 인해 최근에는 잠재적 교육과정을 공식적 교육과정으로 전환하려는 노력이 이루어지고 있다. 예를 들면, 성 편향의 문제를 성평등 교육과정으로 변환하고, 문화편견의 문제를 공식적 교육과정에 다문화주의로 포함시키는 경우다. 이것은 잠재적 교육과정의 학습으로 야기되는 문제점의 해결 방식이기도 하다. 그러나 주의할 것은 공식적 교육과정으로 포함시키다 보면 교육과정 범람으로 이어질 수 있다는 것이다. 이 문제는 최근에 국가 수준 교육과정에서 범교과 학습 주제가 급격하게 증가한 것에서 알 수 있다.

(3) 실제적 교육과정

모든 계획은 사전 의도대로 실현되기도 하지만 계획대로 실천에 옮겨지지 않는 경우도 존재한다. 그리고 계획은 실천으로 옮겨져야 그 가치가 있다. 아무리 이상적인 계획이라도 실행에 옮겨지지 않는다면 쓸모가 없다. 그러나 계획과 실행이 일치하면 정상적인 교육과정 운영을 기할 수가 있다. 파행적인 교육과정이라는 말은 공식적 교육과정과 실제적 교육과정과의 격차 또는 계획과 실행 간의 격차와 관련이 있다.

교실 수업에서 실제적으로 운영되고 학생의 학습에 영향을 미치는 교수 내용이나 시험 내용과 같은 것들이 여기에 해당된다. 따라서 교사가 실제로 가르치는 것과 그 중요성을 학생들에게 어떻게 전달하느냐, 즉 학생들이 그것이 중요하다는 것을 어떻게 아느냐 하는 것과 관련이 있기 때문에 ① 교사가 수업에 포함시켰고 강조했던 내용, 즉 교사가 가르치는 것, ② 학생들이 실제로 책임을 지는 학습성과라는 두 가지 측면을 가지고 있다. 전자는 가르쳐진 교육과정으로 나타나고, 후자는 테스트된 교육과정으로 나타난다. 실제적 교육과정은 교사가 자신의 지식·신념·태도를 중심으로 그것을 해석하려는 경향이 있으므로 공식적 교육과정과는 다르다.

(4) 영 교육과정

교육과정이 가르쳐야 할 내용을 선정하는 것이라면 한편으로 가르칠 만한 내용인데 의도적으로 배제되는 내용들이 있을 수 있다. 가르칠 필요가 없는 것을 배제시키는 것은 당연하지만 가르칠 가치가 있는 것인데도 배제되어 버린다면 문제가 생길 수 있다.

영 교육과정(null curriculum)은 가르치지 않는(not to teach) 교육과정으로서 공적인 문서 속에는 포함되어 있지 않지만 학생들이 도달해야 할 교육목표나 배워야 할 가치를 지니는 교육내용을 가리킨다. 교육과정이 선택과 배제, 포함과 제외의 산물이기 때문에 영 교육과정은 공식적 교육과정의 필연적 산물이며, 교육과정이라는 동전의 앞뒤면이라고 볼 수 있다. 즉, 학교에서 소홀히 하거나 공식적으로 가르치지 않는 지식·사고양식·가치·태도·행동양식·교과 등을 일컬으며, 학습자들이 아직 경험하지 못한 것이다. 영 교육과정은 소극적인 면에서 본다면 공식적 교육과정을 배우는 동안에 놓치게 되는 '기회학습' 내용(기회비용에서 유추)이라고 할 수도 있다(홍후조, 2002: 50). 적극적으로 보면 특정 내용을 배제시켜 버린(excluded or nullified) 것이다. 이러한 영 교육과정이 발생하게 되는 원인들에는 편견이나 경직된 신념으로 인한 타성, 의욕 부족, 무지 등이 있을 수 있다.

일찍이 Eisner(1994)가 체계적으로 제시한 것으로서 교육적 가치가 있는데도 이러한 것들을 공식적 교육과정에서 의도적으로 배제시켜 버린다면 학교교육의 가치와 의미가 왜곡될 수 있다고 경고하고 있다. 예를 들어, 학교에서 논리적 사고만을 강조하고 심미적 사고를 경시하고 문자나 숫자 위주의 표현양식을 강조하는 데 반해 다양한 감각적 경험을 경시하는 것, 일본이 한국 역사 왜곡을 교과서에서 배제시키는 것, 생물교과에서 창조론을 배제하는 것, 지배계급의 부도덕성을 삭제해 버리는 것 등을 들 수 있다.

이러한 교육과정은 공식적 교육과정에서 중요하고 가치 있는 어떠한 교육내용이나 가치·태도 등이 배제되고 있는지를 평가하는 데 중요한 단서를 제공해 줄 수 있다는 점에서 가치가 있다.

3) 학교에서 작용하는 유형

이상의 네 가지 유형의 교육과정은 다른 차원과 상호작용하면서 학교에서 작용하기도 한다. English(1992: 9)는 이 점을 다음의 〈표 3-2〉로 표현하였다.

표 3-2 학교에서 작용하는 3×3 교육과정 매트릭스

교육과정	공식적(formal)	비공식적(informal)	잠재적(hidden)
작성된(written)			
가르쳐진(taught)			
평가된(tested)			

이상의 표를 보면 학교에서 작용하는 교육과정은 매우 복합적이고 다양하다는 것을 알 수 있다. 우선 문서로 작성된 교육과정이 공식적으로, 비공식적으로 잠재된 양식으로 작용하기도 한다는 점이다. 흔히 가장 일반적으로는 공식적으로 작용하는 것이 관례다. 문서로 작성되고 쓰여진 교육과정은 공식적으로 영향력을 행사하기 때문이다.

가르쳐진 교육과정은 작성된 교육과정이 교사의 손에 의하여 교실 수업에서 실행되는 교육과정을 말한다. 교사가 수업에서 강조하여 가르치거나 수업내용으로 포함되는 것들이 여기에 해당된다. 즉, 교수-학습활동을 통하여 교육과정 문서가 수업시간에 전개되는 것이다. 여기에서도 공식적으로, 비공식적으로, 잠재적으로 작용하게 된다는 것이다. 이 경우 교사가 공식적으로 가르쳐진 교육과정에만 얽매일 경우 교육과정을 효과적으로 운영하는 일이 어렵게 된다.

평가된 교육과정은 교육과정의 내용을 평가를 통하여 시험을 보는 것이나 학생들이 달성해야 하는 학습성과를 가리킨다. 교사의 평가 방식에 따라 학생의 학습방식도 달라지고, 시험 출제 유형에 따라 학생이 공부하는 양과 질이 달라진다. 교사 역시 시험 유형에 맞게 가르치기도(teaching to the test) 한다. 이 점이 교육과정의 큰 문제로 지적되고는 한다.

한편, 학교에서 작용하는 교육과정을 이와는 다르게 통념적으로 표현할 수도 있다. 즉, 일선에서 학교 업무를 하면서 일상적으로 사용하는 유형들, 혹은 교사들의 평상시

교육과정에 대한 입장을 의미하기도 한다. 이러한 유형에는 국가 교육과정 문서, 교육과정 지침서나 교사용 지도서, 교과서, 각종 참고서나 학습 자료 등이 있다. 교사들은 흔히 국가 교육과정 문서에 친숙하지 않거나 체계적으로 이해하려고 하지 않는 경향이 있다. 이것은 여러 가지 이유가 있으나 교육과정 문서가 너무 형식화되어 있으며, 교사들이 쉽게 이해하고 활용하기에 너무 복잡하고 난삽한 원인도 있다.

그리고 교육과정 문서나 지도안, 지침서를 보지 않고도 수업지도안을 작성하거나 수업을 하는 데 지장이 없다고 생각하기 때문에 보지 않는 것이라고 판단된다. 따라서 교사들이 교육과정을 분석하거나 수업지도안을 작성할 때 도움이 되는 방향으로 문서나 지침서, 지도안을 만들 필요가 있다. 교사들도 문서를 무시하고 수업지도안을 작성한다든지, 교과서에만 의존하여 수업 준비를 하는 관행 역시 문제가 많다. 각종 지침서를 숙지하지 않고 손쉽게 접근할 수 있는 자료들, 자신이 만든 자료가 아닌 상업적으로 만들어진 자료들만을 고집할 경우 문제가 발생하기도 한다. 최근에 한국교육방송공사(EBS)에서 제작한 교재로 인해 학교에서 교과서가 무시되는 아이러니가 발생하고 있다는 비판이 높다. 교육과정을 효율적으로 운영하려면 여러 가지 요인들을 다각적으로 고려해야 한다는 점을 항상 유의할 필요가 있다.

4) 의사결정 수준상의 유형

(1) 국가 수준 기준 교육과정

국가 수준에서 고시하는 교육과정으로서 교육에 대한 국가의 의도를 담은 문서 내용을 말한다. 현재 이 문서는 교육과학기술부(2009) 장관이 결정·고시하는데 교육법 제155조 1항에 근거하여 전국의 모든 학교에 적용되는 교육과정을 말한다. 이 교육과정은 일반적·공통적·기본적·요강적 기준을 제시하고 있다는 점에서 기준 교육과정이라고 부른다.

현행 교육과정 문서에서는 이 수준 교육과정의 성격을 다음과 같이 규정하고 있다.

이 교육과정은 교육법 제155조 제1항에 의거하여 고시한 것으로, 초·중등학교의 교육목적과 교육목표를 달성하기 위한 국가 수준의 교육과정이며, 초·중등학교에서 편성·운영해야 할 학교 교육과정의 공통적·일반적 기준을 제시한 것이다.

이 교육과정의 성격은 다음과 같다.

① 국가 수준의 공통성과 지역, 학교, 개인 수준의 다양성을 동시에 추구하는 교육과정이다.

② 학습자의 자율성과 창의성을 신장하기 위한 학생 중심의 교육과정이다.

③ 교육청과 학교, 교원 · 학생 · 학부모가 함께 실현해 가는 교육과정이다.

④ 학교교육 체제를 교육과정 중심으로 개선하기 위한 교육과정이다.

⑤ 교육의 과정과 결과의 질적 수준을 유지 · 관리하기 위한 교육과정이다.

이것은 초 · 중등학교에서 편성 · 운영해야 할 교육과정의 목표, 내용, 방법, 평가, 운영에 관한 기준 및 기본 지침을 담고 있다. 현행 국가 수준의 교육과정 체제는 총론에서 '교육과정의 편성과 운영'에서 ① 교육과정 구성의 방향, ② 학교급별 교육목표, ③ 편제와 시간(단위) 배당 기준, ④ 교육과정의 편성 · 운영 지침을 제시하고 있으며, 각과 교육과정에서는 각 교과별로 성격, 목표, 내용(내용체계와 학년별 내용), 교수–학습방법, 평가 등이 제시되어 있다.

(2) 시 · 도 교육청 지침 교육과정

지역 수준의 교육과정으로서 현재는 시 · 도 교육청 수준에서 고시하는 교육과정 편성 · 운영 지침을 말한다. 이 교육과정은 지역의 특성, 실태, 요구를 고려한 편성 · 운영 지침으로서 지방 교육자치에 관한 법률 제27조 6호에 근거하여 만들어지는 것이다. 따라서 지역별로 교육과정이 상이하다고 볼 수 있다. 이러한 교육과정은 교육에 대한 지역의 의도를 담은 문서 내용이며, 국가 수준과 단위학교 수준의 중간에 위치하여 양 수준의 교량적 역할을 하게 된다.

그런데 지역의 특성과 실정, 필요, 요구 등의 제 요인을 조사 · 분석하여 국가 공통의 일반적 기준 교육과정을 보완 · 조정하여 학교의 교육과정을 편성하는 데 지침을 제공해 주어야 하는데, 시간이나 인력, 경제적 비용 때문에 교육과정의 질이 저하되고 지역 간 격차로 인해 오히려 문제가 생기는 역기능도 동시에 존재한다.

(3) 지역 교육청(교육지원청) 장학 자료

이 교육과정은 제6차에서는 없었으나 제7차에 와서 학교 교육과정을 편성하는 데 보다 효율적이고 실질적인 자료를 시 · 군 · 구 교육청에서 학교에 제공해 줄 필요가 있어서 새롭게 신설된 것이다. 교육청에서는 장학 자료를 개발하여 학교 교육과정을 안내

하고 통제한다. 따라서 단위학교에서는 이 교육과정에 기초하여 내실 있는 학교 교육
과정을 편성해야 한다.

(4) 학교 교육과정

초 · 중등교육법 제23조에 근거하여 학교 실정, 학생 실태를 고려한 구체적인 교육
과정을 말하는 것이다. 단위학교에서는 이상의 상위 수준 교육과정(국가, 시 · 도 교육
청, 지역교육청)을 참고로 하여 학교의 특성에 부합하는 특색 있는 교육과정을 편성 ·
운영해야 한다. 이 과정에서 흔히 학부모와 학생, 교사의 특성이나 실태 등을 반영하여
학교 차원의 교육계획서를 작성한다. 따라서 일반적으로 단위학교에서는 학교 교육계
획서 안에 교육과정의 편성 · 운영 · 평가 부문을 포함시켜 학교 교육과정을 제시하고
있다.

그런데 엄격한 의미에서 학교 교육과정에는 교과별 · 학년별 · 학급별(초등의 경우 활
성화되어 있음) 교육과정이 상세하게 제시되어야 하며, 학교 현장의 문제가 많이 반영되
어야 한다. 이러한 학교 교육과정은 학교중심 교육과정(SBCD: School-Based Curriculum
Development)이라고도 불리는데, 외국의 경우 현장중심(Site-Based)의 정신이 반영되
는 경우다.

학교중심 교육과정은 보다 본격적으로는 다양한 의미로 사용되는데, 학교 외부에서
개발한 교육과정을 학교가 채택하여 사용한 것에서부터 학교 자체에서 개발한 교육과
정에 이르기까지 다양할 수 있다(강현석 외, 2000: 39-54).

5) 내용 조직상의 유형

교육과정의 유형은 다양하게 분류될 수 있다. 여러 학자들 역시 서로 상이하게 분류
하고 있다. Caswell은 과학적 교과 교육과정, 생활영역 교육과정, 광역 교육과정, 생성
교육과정으로, Ragan은 분과형 교육과정, 상관형 교육과정, 융합형 교육과정, 통합형
교육과정, 경험형 교육과정으로, Alberty는 교과중심 교육과정, 경험중심 교육과정, 중
핵 교육과정으로 분류하고 있다. 이하에서는 대표적으로 교과중심, 경험중심, 학문중
심으로 나누어 제시하고자 한다.

(1) 교과중심 교육과정

① 기본입장과 지향점

교과중심 교육과정은 역사적으로 가장 오래된 전통을 지니고 있으며, 가장 폭넓게 영향력을 미쳐 오고 있다. 따라서 가장 오래된 동서양의 교육과정 유형이라고 보아도 무방하다. 교육의 가장 전형적인 형태가 교사중심의 교과서 내용 전달이라고 보는 입장에서는 교육 그 자체가 교과중심일 수밖에 없는 것이다. 여기에서는 학교에서 학생이 배우는 모든 교과와 교재를 강조하는데, 이 경우 교과란 전승 가치가 있는 인류의 문화유산을 논리적으로 조직한 것이며, 문화유산의 내용에 따라 서로 상이하게 구분되며 주로 분과형의 형태를 띠게 된다. 그리고 교과 전문가의 견해가 많이 반영되어 교과의 논리에 따라 교육내용이 선정·조직된다. 따라서 이러한 관점에서 보면 교육과정이란 학생들에게 가르치는 교과들의 체계적 목록이며, 각 과목별로 학생들에게 가르칠 만한 주제들을 열거해 놓은 것, 즉 교수요목(course of study)을 의미한다.

이러한 유형의 교육과정의 이론적 기초는 형식도야설(formal discipline)에서 찾을 수 있다. 능력심리학(faculty psychology)에 토대를 두고 있는 형식도야설에 따르면 인간의 정신은 서로 구분되는 몇 개의 부소(部所) 능력들(faculties), 예를 들면 지각·기억·상상·추리·감정 및 의지로 이루어져 있으며, 이러한 부소 능력들은 신체의 근육을 단련하는 것처럼 마음의 근육[心筋]을 단련하는 것, 즉 정신도야를 통해 단련·개발될 수 있다고 본다. 그런데 부소 능력들을 단련하는 데는 거기에 적합한 교과가 있으며, 그러한 교과를 가르침으로써만이 정신을 계발시킬 수 있다는 것이다(이홍우, 1992). 따라서 교과들 중에는 도야적 가치가 큰 교과들이 강조된다. 이 이론에서는 전통적으로 서양의 경우 3학(Trivium: 문법, 수사학, 논리학) 4과(Quadrivium: 대수, 기하, 음악, 천문학)의 7자유과(seven liberal arts)가, 동양의 경우 4서(논어, 맹자, 중용, 대학) 3경(시경, 서경, 주역)이 도야적 가치가 큰 교과로 인정되고 있다. 이러한 교과의 중요성은 그 교과에 담겨져 있는 구체적인 '내용'에 있기보다는 그 내용을 담고 있는 형식에 있다. 즉, 무엇을 기억하고 추리하는가가 문제가 아니고 기억되고 추리되는 내용이 무엇이든지 간에 그것을 추리하고 기억한다는 점이 중요하다는 것이다. 그리고 형식도야는 교육의 목적인 동시에 방법을 시사하는데 도야의 가장 효과적인 방법은 반복과 연습(drill and practice)이다. 따라서 교수방법상 반복과 암송이 강조될 수 있다. 그러나 20세기에 들어와서 행동주의 심리학과 Dewey의 생각에 의해 상당히 비판을 받게 된다.

이상의 교과중심 교육과정은 철학적 입장에서 보면 관념론의 입장에 있으며, 진리의 불변성과 일관성, 정신우위의 심신이원론, 인식결과로서의 지식관, 교사의 권위 등을 강조한다. 그리고 교과지식의 습득을 통한 이성 개발을 지향한다. 학습자는 미성숙한 존재이므로 인류문화의 유산에 대한 통달을 통해 미개한 정신을 도야하고 감성을 제거하고 교사가 중심이 되어 지식을 전달하게 된다.

② 내용 조직

분과형 교육과정   각 교과 또는 과목들이 종적 체계는 분명하여도 교과나 과목 간의 횡적 연관이 전혀 없이 조직된 교육과정을 말한다. 이 형태에서는 해설적인 방법에 따르며 완전히 독립된(separate) 하나의 교육과정들이다. 조직 형태를 그림으로 표시하면 다음과 같다.

상관형 교육과정   두 개 이상의 교과나 과목이 각각 교과선(subject line)을 유지하면서 상호 관련된(corelation) 내용들이 부분적으로 함께 하나로 조직되어 있는 것으로, 여기에는 사실상관 · 기술상관(한 원리가 두 개 이상의 과목에 활용될 때 나타남) · 규범상관(원리가 규범적이고 사회 도덕적인 경우)이 있다. 사실상관에는 역사적 사실을 배경으로 하는 문학작품을 가르칠 때 역사와 문학을 관련시킨다든지, 세계사에서 문화의 발상을 가르칠 때 지리적 조건을 관련시키는 것과 같은 방식이 있다. 기술상관에는 보일−샤를의 법칙이 화학과 물리 과목에 동시에 연관되도록 조직하는 것이며, 규범상관에는 민주주의 원리가 정치나 사회 과목에 연관되도록 조직하는 방식이 있다. 조직 형태를 그림으로 표시하면 다음과 같다.

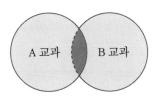

융합형 교육과정　　융합(fusion) 교육과정은 과목들의 성질은 유지되면서 공통요인 (내용 또는 성질 면에서)만을 추출하여 조직한 것으로서 중심이동법을 통해서 조직된다. 예를 들어, 사회과에서 일정 기간 동안에 일정한 과목, 즉 지리적 교재를 중심으로 하여 타 과목을 관련시켜서 교수하고 일정 기간 동안에는 경제적인 교재, 그다음에는 역사적인 교재로 통합 중심을 이행하는 것이다. 조직 형태를 그림으로 표시하면 다음과 같다.

융합 사회				
지리	경제	사회	문화	정치

광역형 교육과정　　관련 교과를 하나의 학습영역으로 통합하는 것으로 동일 교과영역에 속하는 각 과목 간의 구획화를 깨뜨리고 그 영역 내의 지식들을 포괄적으로 조직한 것으로서(broad field) 주제법을 통해 조직된다. 과목의 체계에 따르지 않고 지식의 주요 주제나 제목을 중심으로 조직하는 것으로 일반 사회과, 일반 과학의 경우인데 물리, 화학, 생물, 지구과학을 통합하여 과학으로 하는 경우와 역사, 지리, 정치, 경제 등을 통합하여 사회과로 통합하는 것이다. 조직 형태를 그림으로 표시하면 다음과 같다.

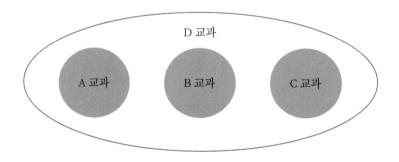

중핵형 교육과정　　일련의 연대기 또는 문화기를 주축으로 삼고 각 시대에 해당되는 지식을 교과별로 조직한 것으로서 문화개관법을 통해 조직된다. 주로 사회생활과와 문학에서 많이 활용되는데, 예를 들면 종교개혁, 식민지시대 그리고 산업혁명과 같이 일련의 시대별로 교육과정을 조직하는 것이다. 이런 교육과정은 일정 시대 정신을 중심으로 중핵과정(core course)이 조직되고 이것을 둘러싼 주변과정(fringe course)이 조직된다. 이것을 그림으로 나타내 보면 [그림 3-1]과 같다.

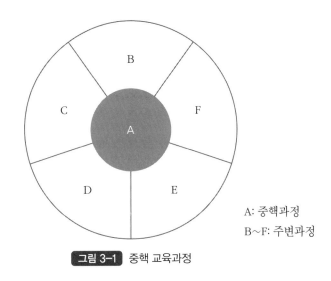

A: 중핵과정
B~F: 주변과정

그림 3-1 중핵 교육과정

이상의 조직 방법을 표로 요약해 보면 〈표 3-3〉과 같다.

표 3-3 교과중심 교육과정의 조직 방법

조직 형태	조직 방법
분과형	내용해설법
상관형	사실, 기술, 규범상관법
융합형	중심이동법
광역형	주제법
중핵형	문화개관법

③ 장단점

Neagley와 Evans(1967)의 견해를 중심으로 제시해 보면 다음과 같다.

장점

- 새로운 지식, 사실을 설명, 체계화하는 데에 논리적이고 효과적이다.
- 학생들의 지적능력을 발전시키는 데에 가장 적절하다.
- 축적된 인류문화를 가장 잘 활용한다.
- 장구한 전통에 뿌리박고 있으며, 널리 받아들여지고 있다.
- 교과의 체계적인 조직은 경험을 효과적으로 해석하는 데 필요한 것이다.

- 교과 조직은 단순하고 명료하다.
- 객관적인 평가기준에 의해서 학습결과가 쉽게 평가된다.

단점
- 학습자의 흥미와 활동을 경시한다.
- 너무 구획화되고 단편화되어 지식을 통합하는 전체적 구조가 없다.
- 현대 학교가 성취하려는 민주적 가치로부터 동떨어져 있다.
- 교과목 그 자체가 심적 훈련을 시키는 것은 아니다.
- 학습자의 학습을 세분화하고 단편적이다.

(2) 경험중심 교육과정

① 기본입장과 지향점

경험중심 교육과정은 이른바 1875년에 시작된 진보주의 운동과 밀접하게 관련된다. 그 당시는 교육의 정신이 과학적 접근, 사회 개혁, 아동중심의 사상들로 주목을 받고 있었던 시기다. 경험중심 교육과정은 아동들의 요구와 흥미를 중요시하고 실제 생활에서의 적응능력을 강조하였다. 전통적인 교과중심 교육과정은 진보주의 교육사조가 대두되면서 많은 비판을 받기 시작한다. 특히 교과내용을 학생의 흥미나 요구에 관계없이 맹목적으로 주입시키는 점을 가장 강하게 문제삼았다. 이 유형의 교육과정은 교과내용보다는 학생의 흥미나 경험을 우선시하고 실생활의 문제해결을 중요하게 고려하였으며, 관념적인 교과지식보다 생활문제의 해결과 사회 적응에 강조점을 두었다. 그래서 생활중심 교육과정 혹은 아동중심 교육과정이라고도 불린다. 그런데 경험중심 교육과정이 교과보다 경험만을 강조한 것이기보다는 '교과를 아동에게 경험시키는 것'을 중요하게 강조하였으며, 그런 점에서 교과와 아동 사이의 간격을 없애기 위하여 노력한 것이라고 볼 수 있다.

이러한 교육과정은 매우 다양한 이론적 입장을 기저로 하고 있으나 가장 체계적으로 영향을 받은 것은 Dewey의 교육이론이라고 볼 수 있다. 실제로 경험중심 교육과정은 19세기 말부터 20세기 초에 걸쳐서 Dewey에 의해 꽃을 피우게 되었지만 Herbart, Rousseau, Fröbel 등과 같은 자연주의 교육사상가들의 영향을 크게 받았다고 볼 수 있다. 진보주의교육협회(PEA)가 1950년에 해체될 때까지 진보주의 정신은 교육과정에 큰 영향을 끼쳤다.

이 유형의 특징을 Hopkins(1930)는 다음과 같이 제시하고 있다.

- 교육과정의 중점을 교과에 두지 않고 학습자에 둔다.
- 교재를 가르치는 데 치중하지 않고 학생의 바람직한 성장을 조성하는 데 노력한다.
- 교재는 사전에 조직되는 것이 아니라 현장 학습에서 결정된다.
- 교육과정은 교사가 일방적으로 부과하는 것이 아니라 모든 학습자의 협동적인 참여로 구성된다.
- 분산된 사실을 가르치는 것보다는 통합된 의미를 체험시키는 것을 중요시한다.
- 교재와 결부된 교수법을 맹목적으로 따르기보다는 청소년의 학습법을 존중하여 가르친다.
- 학생 개개인의 창조적인 특성을 개발한다. 교육은 교수라기보다는 지속적인 성장이라고 본다.

이 교육과정에서 교과조직은 기본적으로 아동의 기본적 욕구나 흥미를 중심으로 이루어지며 교과마다 구분되고 분리되는 방식보다는 아동의 경험이나 생활문제해결을 위해서 교과를 통합시킬 수도 있다.

② 내용 조직

활동형 교육과정　학습자의 흥미와 욕구 등에 기초하여 학습경험을 선정하고 조직하는 형태로서 학습자들에게 심리적으로 알맞으며, 학생들의 문제를 해결하는 데 도움이 되는 활동을 다룬다. 이 형태에는 Kilpatrick(1918)이 주장한 구안법(構案法, project method)이 있으며, 구안법은 교사가 집단성원으로 참여하여 학습자와 함께 학습목적과 계획을 세우고 실천·평가하는 일련의 과정을 밟는데 여기에는 관찰, 유희, 이야기, 수공, 소풍 등의 영역으로 나타난다. 이 영역들은 Meriam(1920)이 제안한 안에 잘 반영되어 나타난다.

광역형 교육과정　지식보다는 생활·흥미·경험 등을 중심으로 동일 경험 영역에 속하는 중요한 내용을 조직해 놓은 것으로 작업단원법을 사용하여 조직된다. 이 방법은 동일 영역의 학습내용을 학습자의 발달단계에 따른 생활경험 중심으로 단원을 조직하는 것이다. 여기에서는 사회생활영역, 자연에 관한 영역, 수학영역, 가정과 공작 영역, 휴양과 예술 영역, 언어생활영역 등으로 조직된다.

생성형 교육과정　　사전에 계획을 하지 않고 교사와 학생들이 학습 현장에서 함께 학습 주제를 선정하고 내용을 계획하여 교육이 이루어지는 형태로서 조직 형태도 일정하지가 않다. 그러므로 사전 계획이 없다는 점에서 교사와 학생에게 많은 융통성과 자유를 부여하지만 잘못하면 내용의 깊이가 없는 피상적인 문제를 다룰 가능성이 크기 때문에 유능한 교사가 조직해야 교육적 의의를 지니게 된다.

중핵형 교육과정　　중핵과정과 주변과정이 동심원적으로 조직된다. 중핵과정은 종합과정, 생활학습, 학습자의 공통욕구, 장시간제 등으로 조직되고 주변과정은 중핵과정을 둘러싸고 있으면서 계통학습을 하되 몇몇 영역으로 구분·조직된다. 중핵과정은 주로 사회영역이나 자연영역의 생활경험 중심으로 조직되며, 주변과정은 관련된 기본 교과로 조직된다. 그런데 엄격하게 구분하면 중핵형에는 교과중심 중핵, 개인중심 중핵, 사회중심 중핵 등이 존재한다.

이상의 조직 방법을 표로 요약해 보면 다음과 같다.

표 3-4　경험중심 교육과정의 조직 방법

조직 형태	조직 방법
활동형	구안법
광역형	작업단원법
생성형	현장구성법
중핵형	동심원법

③ 장단점
주로 Alberty(1963)의 견해를 중심으로 제시해 보면 다음과 같다.

장점
- 학습자의 흥미와 욕구에 기초하고 있기 때문에 학생의 자발적 행동을 촉진한다.
- 현실적이고 실제적인 생활문제를 해결할 수 있는 능력을 기를 수 있다.

- 생활인을 육성하는 데 우선시한다.
- 민주적 태도를 함양하는 데 강조점을 둔다.
- 학교와 지역사회와의 유대를 강화할 수 있다.

단점
- 학생들의 기초학력의 저하를 가져올 수 있다.
- 교육과정 분류의 준거가 분명하지 못하다.
- 교육시간의 경제성을 무시한다.
- 경험의 새로운 적용이 곤란하다.
- 교직적 소양과 지도방법이 미숙한 교사는 이 교육과정 운영에서 실패하기 쉽다.
- 행정적인 통제가 곤란하다.

(3) 학문중심 교육과정

① 기본입장과 지향점

생활경험을 중시하는 교육과정 역시 아동의 요구나 흥미를 과도하게 강조한 나머지 많은 문제를 발생시켰다. 교과지식을 체계적으로 습득하는 데 소홀하여 지적 수월성이 저하되었고, 학문의 발전으로 인한 지식과 기술의 변화에 능동적으로 대처하지 못하였다. 특히 교과를 무시한 생활경험은 도야되지 않은 사소한 일상적인 경험일 수밖에 없다. 아동의 모든 경험이나 흥미, 요구가 항상 교육적 가치를 지니는 것은 아니다. 경험중심 교육과정의 자유 방만한 운영과 체계적인 지식교육의 결여를 우려하는 목소리가 커져 갔다. 시대적으로 보면 1957년 10월에 소련의 인공위성 스푸트니크 발사에 의한 충격(Sputnik's shock)이 국가의 안보와 생존을 위협하였으며 과학기술의 후진성에 대해 교육개혁으로 극복하고자 하는 분위기가 형성되어 갔다.

이러한 시대적 분위기는 경험중심의 교육과정을 변화시켰고, 지적 수월성을 위해 학문적 지식을 습득하여 학생의 지적 능력을 개발시켜 주는 것으로 방향이 옮아갔다. 교육과정에서는 단순한 교과내용이나 아동의 생활경험보다는 학문에 내재해 있는 지식의 구조를 가르쳐야 함을 강조하였다. 지식의 구조는 특정 학문의 기저에 있는 기본적인 아이디어·개념·원리를 의미하며, 그것은 학문의 사고방식이나 사물을 보는 안목과도 일치한다.

결국 지식의 구조는 지식의 기본 개념, 지식의 기본 원리, 탐구과정과도 유사한 것이다. 이러한 지식의 구조를 가르친다는 말은 해당 학문의 성격을 충실히 가르친다는 것을 의미한다. 지식의 구조를 가르침으로써 기본 내용의 이해가 용이하고, 망각을 방지하고, 전이가 잘 일어나며, 초보적인 지식과 고등 지식 간의 간극을 줄일 수 있는 이점이 있다.

이 학문중심 교육과정의 이론적 기저 역시 다양하지만 Bruner의 이론에 의해서 가장 체계적으로 잘 설명될 수 있다. Bruner의 Woods Hole 회의 보고서로 출판된 『교육의 과정(The process of Education)』에서 그 견해가 가장 체계적으로 집약·제시되어 있다. 여기에서 그는 지식 구조의 중요성과 발견학습, 준비도, 직관적 사고, 교구의 문제 등을 소개하고 있다. 특히 지식의 구조를 학습하는 데 있어서의 대담한 가설, 즉 어떤 교과든지 지적으로 올바른 형식으로 표현하면 어떤 발달단계에 있는 아동들에게도 효과적으로 가르칠 수 있다는 것을 소개하고 있다. 여기에서 표현양식(mode of representation)과 나선형(螺旋形) 교육과정(spiral curriculum)을 제시하고 있다.

② 내용 조직

분과형 교육과정　교과선 또는 과목선을 파괴함 없이 그 내용을 기본 개념이나 과정 또는 방법 중 어느 하나를 중심으로 구조화한 것에 따라 조직한 것이다.

나선형 교육과정　나선형이라는 말은 달팽이나 조개껍질에서 보듯이 동그라미가 작은 것에서 연속적으로 점점 크게 돌아 나가는 모양을 의미한다. 이와 같은 모양으로 동일한 교과(동일한 구조, 동일한 개념과 원리)가 학년이 올라감에 따라 점차로 심화·확대되어 가도록 조직하는 것이다. 학문중심형에서는 교육내용이 지식의 구조가 되며, 지식의 구조가 학문의 기본적인 것이 되므로 초등 수준의 지식과 고등 수준의 지식에 차이가 없으며, 학년별·학교별 수준에 따라 깊이와 폭이 달라지게 된다.

결국 동일한 교육내용이 학교와 학년에 따라 깊이는 깊어지고 폭은 넓어지는 조직 형태를 의미한다. 보다 정확하게 말하면 서로 관련이 있는 내용을 시간이 경과함에 따라 수직적으로(비근접적으로) 조직하는 것으로 계열성과 유사한 성질을 지니는 방식(helic type)이다(Posner, 1992). 취급내용을 몇 개 분야로 구분하여 그 분야들을 반복 회전하면서 위로 올라갈수록 퍼지는 이른바 나선형이 되도록 기본 개념이나 과정·방법 중 어느 하나를 중심으로 구조화하는 방법이다. 이 방법은 학문형의 대표적 방법으로 1960년대에 미국에서 가장 활발하게 전개된 것이다. 여기에는 PSSC, SMSG, BSCS, SAPA, SCIS, ESS 등이 있다.

학문 통합형 교육과정　　학문을 통합하는 방식에 따라 여러 가지 유형이 가능하다. 개별 학문만을 중심으로 조직하는 것 이외에도 다학문적 형태, 간학문적 형태, 교차학문적, 초학문적 형태 등이 있다. 개별 학문 설계는 제각기 독특한 구조를 가지는 학문에 의해 서로 구분되는 학문으로서 내용을 조직한다. 이 방식에서는 학문 간의 관련성이나 관계를 습득하기가 어렵다. 다학문적(multi disciplinary) 형태는 유사하거나 인접한 학문들을 모아 하나의 교과를 구성하는 것이다. 예를 들어, 물리학 · 화학 · 생물학 · 지구과학의 학문들을 통합하여 과학이라는 교과를 구성하는 것이다. 이 방식에서도 교과가 서로 상이하게 조직될 수 있다. 그 방식 중에 하나는 과학이라는 하나의 교과 속에 관련 학문들을 독립적인 단원들로 설정하여 개별적으로 단원들을 가르칠 수 있도록 조직하는 것이다. 독립적 단원의 형태로 조직하는 방법을 그림으로 표시하면 다음과 같다.

과학(교과중심의 독립적 단원)			
물리	화학	생물	지구과학

다른 하나는 과학이라는 교과 속에 주제나 제재를 중심으로 단원을 만들어 놓고 그 단원 속에 제재나 주제에 관련된 개별 학문의 내용을 가르치도록 조직하는 것이다. 예를 들어, 산성비라는 주제를 중심으로 산성의 농도(화학), 산성비의 원인(지구과학), 산성비의 영향(생물학) 등에 관한 내용을 가르치도록 계획한다. 주제별로 단원을 조직하는 방법을 그림으로 표시하면 다음과 같다.

산성비(주제별 단원)			
농도	원인	영향	대기오염

이 경우 단원 구성을 위하여 통합되는 학문들의 개별적 성격은 유지되고 교과나 단원 구성의 목적이 특정 제재를 통하여 관련 학문들에 관한 지식, 기능, 가치 등을 습득하는 데 주목적이 있다. 간학문적(interdisciplinary) 조직은 학문의 개별적 성질이 약화

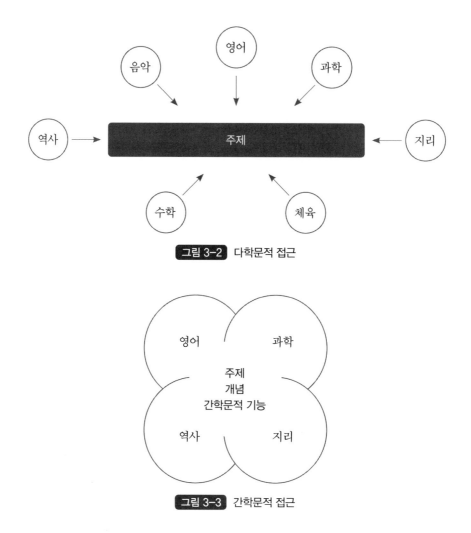

그림 3-2 다학문적 접근

그림 3-3 간학문적 접근

되면서 몇 개의 학문에 공통되는 주요 개념, 원리, 법칙, 탐구방법 등을 중심으로 새로운 교과나 학문을 조직하는 것이다. 교차 학문적(cross-disciplinary) 조직은 학문의 횡적 연계방식으로 어떤 동일한 원천적 학문을 주축으로 하여 여러 개의 다른 분야의 학문이 연결 통합되는 경우다. 그리고 초학문적 방법은 독립된 여러 학문들의 경계를 초월하여 특정 주제나 개념, 기능들을 포괄적으로 통합하는 방법이다(Jantsch, 1972). 이상의 다학문적 접근은 국제바칼로레아(IB)의 고교 수준인 IBDP와 간학문적 접근은 중학교 수준인 MYP와 초학문적 접근은 초등학교 수준인 PYP와 관련이 깊다고 볼 수 있다.

　　Drake와 Burns(2004: 8-15)는 다학문적, 간학문적, 초학문적 조직 형태를 위의 그림과 같이 표현하고 있다.

그림 3-4 초학문적 접근

이상의 조직 방법을 요약해 보면 〈표 3-5〉와 같다.

표 3-5 학문중심 교육과정의 조직 방법

조직 형태	조직 방법
분과형	개념, 과정, 방법 중심
나선형	계열적 조직
학문 통합형	다학문, 간학문, 교차학문 등

③ 장단점

장점
- 교육내용이 기본 내용을 중심으로 조직되므로 지식의 전체 구조 중 쉽게 통찰할 수 있어 기본 개념의 이해를 촉진할 수 있다.
- 학생들 자신이 능동적으로 탐구과정에 참여해 봄으로써 자연현상의 발견력, 탐구력을 향상할 수 있다.
- 학습내용이 양적으로 적지만 질적으로는 가장 기본적이고 핵심적인 것만을 다루기 때문에 학습에 관한 흥미를 지속적으로 유지할 수가 있다.
- 높은 학습 전이가 가능하다.
- 내적 동기가 유발된다.

단점

• 지식의 기본 개념이나 기본 구조를 작성해야 한다는 주장에는 이론이 없으나 그것을 실제로 하기에는 어려운 일이다.

• 각 교과의 기본 구조만을 지나치게 강조한 나머지 교과와 교과 사이의 통합이 어려워질 수 있다.

• 교사가 지식의 구조를 충분히 이해하기가 어렵다.

• 탐구과정에 학습자가 능동적으로 참여할 수 있는 인적·물적·시간적 및 교육제도적 조건의 정비가 어렵다.

• 사람의 행동에 있어서 지나치게 지적 능력만을 강조하고 정의적 교육에 소홀할 수 있다.

이 장의 주요 내용

　교육과정의 유형은 원래 교육과정의 조직 형태를 유형별로 구분해 놓은 것으로 교육목표를 달성하기 위하여 선정한 교육내용을 조직하는 여러 형태를 일정한 분류기준에 따라 유형화해 놓은 것이다. 그런데 현재는 조직 형태에 의하지 않고 다른 기준에 의해 유형을 거론하고 있는 실정이다. 그래서 그 의미를 정확하게 규정하지 않고 교육과정 유형을 말하다 보니 무엇이 교육과정 유형인지 불분명한 측면이 존재한다. 이 장에서는 다양하게 거론되는 유형을 크게 형식적인 편제상의 유형, 학교에서 실질적으로 작용하는 유형, 개념상의 유형, 의사결정 수준상의 유형, 내용조직상의 유형 차원에서 설명하고 있다.

　형식적인 편제상의 유형에는 교과, 특별활동, 재량활동, 창의적 체험활동 등이 있으며, 학교에서 실질적으로 작용하는 유형으로는 여러 매트릭스를 통하여 제시하였으며, 특히 현장 교사들에게 친숙한 기준 교육과정, 각종 지침서나 지도서, 교과서, 학습 자료들을 소개하고 있다.

　개념상의 측면에서는 공식적 교육과정, 잠재적 교육과정, 실현된 교육과정, 영 교육과정 등이 있으며, 의사결정 수준의 측면에서는 국가 수준, 시·도 교육청 수준, 지역 교육청 수준, 단위학교 수준의 교육과정 등이 있다. 내용 조직상의 측면에서는 크게 교과중심, 경험중심, 학문중심 교육과정이 있다.

주요개념

3학 4과	교차 학문적 형태	잠재적 교육과정
간학문적 형태	기준 교육과정	장학자료
경험중심 교육과정(활동형, 광역형, 생성형, 중핵형)		재량활동
공식적 교육과정	나선형	중핵형
광역형	다학문적 형태	창의적 체험활동
교과/과목/교과목	분과형	특별활동
교과중심 교육과정	상관형	표현양식
교육과정	실제적 교육과정	학교 교육과정
교육과정 매트릭스	영 교육과정	학문중심
교육과정 편성 · 운영 지침	융합형	형식도야설

탐구문제

1. 형식적인 편제상의 교육과정 유형을 구분하여 설명해 보시오.

2. 학교에서 작용하는 다양한 교육과정 매트릭스를 탐구해 보시오.

3. 공식적 교육과정과 실제적 교육과정의 관계를 설명해 보시오.

4. 잠재적 교육과정의 영향에 대해서 설명해 보시오.

5. 영 교육과정의 예를 들어 보시오.

6. 학교에서 작용하는 교육과정 매트릭스를 설명해 보시오.

7. 교사들이 국가 교육과정 문서를 잘 보지 않는 이유를 조사해 보시오.

8. 교과중심 교육과정에서 내용을 조직하는 방법들을 제시해 보시오.

9. 경험중심 교육과정에서 내용을 조직하는 방법들을 제시해 보시오.

10. 나선형 교육과정의 조직 방법을 설명해 보시오.

참 고문헌

강현석(2005). 합리주의적 교육과정 체제에서 배제된 내러티브 교육과정 가능성과 교과목 개발의 방향 탐색. 교육과정연구, 23(2), 83-115.

강현석 · 박철홍 · 이원희 공역(2000). 학교 교육과정 개발. 서울: 학지사.

교육과학기술부(2009). 창의적 체험활동 교육과정 해설.

교육인적자원부(2007). 특별활동, 재량활동 교육과정 해설.

김인식 · 박영무 · 최호성(1995). 교육과정 이론과 분석. 서울: 교육과학사.

이홍우(1992). 교육과정 탐구(증보). 서울: 박영사.

조인진(1994). 학교 교과의 형성과 변화과정에 대한 분석: 교과의 형식과 성격을 중심으로. 성균관대학교 대학원 박사학위논문.

홍후조(2002). 교육과정의 이해와 개발. 서울: 문음사.

Alberty, H. B., & Alberty, E. L. (1963). *Reorganizing the High School Curriculum*. NY: The Macmillan Co.

Bruner, J. S. (1996). *The culture of education*. Cambridge, Mass: Harvard University Press.

Drake, S. M., & Burns, R. C. (2004). *Meeting Standards through Integrated Curriculum*. VA: ASCD.

Eisner, E. W. (1994). *The Educational Imagination*. NY: Macmillan.

English, F. W. (1992). *Deciding what to teach and test*. California: A Sage Publications Company.

Giroux, H. A., & Purple, D. (1982). *The Hidden Curriculum and Moral Education: Illusion or Insight*. Berkeley: McCutchen.

Goodson, I. (1983). *School Subjects and curriculum change*. London: Croom Helm.

Goodson, I. (1985). *Social Histories of the Secondary Curriculum: Subject for Study*. The Falmer Press.

Hewitson, M. (1982). *The Hidden Curriculum*. St Lucia, Queensland: Published by the Author.

Hopkins, L. T. (1930). *Curriculum Principles and Practices*. NY: Benj. H. Sanborn & Co.

Jackson, P. W. (1968). *Life in Classrooms*. NY: Holt, Rineholt & Winston.

Jantsch, E. (1972). Inter-and Trans-disciplinary University: A Systems Approach to Education and Innovation. *Higher Education, 1*, 7-37.

Kang Hyeon-Suk (1998). Another Perspective on Curriculum History as a Field of Study. 교육과정연구, 16(1), 207-244.

Kilpatrick, W. H. (1918). The project method. *Teachers College Record, 19*(4), 319-335.

Meriam, J. L. (1920). *Child Life and the Curriculum*. NY: World Book Co.

Neagley, R. L., & Evans, N. D. (1967). *Handbook for Effective Curriculum Development*. NJ: Englewood Cliffs.

Posner, G. J. (1992). *Analyzing the Curriculum*. NY: McGraw-Hill.

MODERN CURRICULUM

제**4**장 교육과정 이론과 다양한 관점

▷ 교육과정의 기초 이론과 핵심 이론을 구분하여 설명할 수 있다.

▷ 교과와 경험, 학문중심 입장의 토대가 되는 교육과정 이론을 조사, 설명할 수 있다.

▷ Bruner의 교육과정 이론의 변화를 이해할 수 있다.

▷ 내용 구성 이론의 변화를 설명할 수 있다.

▷ 교육과정에 대한 다양한 관점들의 차이와 학교교육에 대한 시사점을 제시할 수 있다.

교육과정을 설명하는 이론과 관점은 매우 다양하다. 가장 전형적으로 전통주의자 (Bobbitt, Tyler, Schwab 등), 개념적 경험주의자(MacDonald, Johnson 등), 재개념주의자 들로 구분되기도 한다. 그런데 어떠한 이론과 관점을 견지하느냐에 따라 교육과 교육 과정을 보는 눈이 달라지고, 심지어 학교교실에서의 수업에 임하는 자세도 달라진다. 그리고 교육과정을 개발하고, 교육과정을 교실 수업에서 실행하는 경우에도 많은 영 향을 받게 된다. 교육과정 이론은 교육과정의 유형에 따라 대표적인 것을 설정할 수 있 으며, 이론의 영향력에도 차이가 있을 수 있다. 여기에서는 지금까지 중요하게 영향을 미쳐오고 있는 대표적인 교육과정 이론을 '기초 이론'과 '핵심 이론'으로 나누어 살펴본 다. 그리고 최근에 부각되는 다양한 교육과정 관점 중에서 교사들의 교실 수업에 포괄 적으로 영향을 미칠 수 있는 관점을 제시하고자 한다.

이러한 교육과정의 이론과 관점은 교육과정 개발 시에 어떠한 교육과정을 개발할 것인가 하는 교육과정 구상과 개발의 관점에 영향을 미친다. 그리고 교육과정을 이해하는 입장이나 교육과정의 지향점과도 관련이 있다.

1. 교육과정의 기초 이론

1) 형식도야 이론

형식도야 이론은 어떤 구체적인 학파나 개인에 의해서 이론적 체계를 갖추어 형성된 것이기보다는 고대 희랍시대부터의 전통적인 철학사상을 바탕으로 하여 자연스럽게 형성된 교육 이론이라고 볼 수 있다. 그러나 일반적으로 형식도야 이론은 능력심리학을 그 기반으로 하고 있다고 보는데, 능력심리학은 18세기 독일의 심리학자 Christian von Wolff(1679~1754)에 의해 체계화되었다.

그런데 형식도야 이론은 능력심리학을 기반으로 하기보다는 고대로부터 인간의 정신과 마음에 대해서 가져오던 상식적인 교육 이론이 능력심리학을 만나서 더욱 강화되었다고 볼 수 있다. 철학적으로는 심신이원론, 소박한 실재론, John Locke의 실재론 등이 영향을 미쳤으며, 심리학적으로는 인간의 마음을 분리된 능력으로 보는 능력심리학에 의해 강한 영향을 받았다.

형식도야 이론은 몇 가지 가정에 놓여 있다.

첫째, 인간의 정신 속에는 몇 가지의 일반적인 능력들이 존재한다는 것이다. 이 일반적인 능력들을 신체의 근육에 비유하여 심근이라고 부르기도 한다. 능력들에는 지각, 기억, 상상, 추리 등의 지적인 능력과 감정의 능력과 의지의 능력 등이 있다. 이와 같은 능력들은 그 능력이 작용하는 구체적인 내용과 관련되는 특수적인 능력이기보다는 내용에 종속되지 않는 일반적인 능력을 말하며, 그런 의미에서 형식(form)이라고 부를 수 있다.

둘째, 학습의 전이이론에서 일반적 전이를 가정하고 있다. 즉, 학습을 통하여 도야된 정신능력은 그것이 어떤 구체적 내용을 통하여 학습되었든지 간에 그 정신능력이 필요한 상황에서는 내용에 상관없이 효율적으로 활용될 수 있다는 것이다.

셋째, 인간발달에 대한 전통적인 관점인 양적 접근 방법을 택하고 있다. 인간의 정신

능력은 서로 구분되는 몇 가지의 능력들로 구분될 수 있으며, 이러한 능력들은 훈련에 의해서 더욱 발달된 형태로 도야될 수 있으며, 아동은 정신능력들에 있어서 성인보다 미발달된 상태이므로 교육을 통하여 성인과 같은 정신능력에 도달할 수 있다고 본다는 점이다.

이러한 이론에 비추어 볼 때 몇 가지 교육원리가 권장될 수 있다(이달우, 1995).

첫째, 교육의 목적은 마치 운동을 통하여 신체적 근육을 단련하듯이 정신의 근육을 단련하는 정신도야에 있다. 정신도야를 통해 심근이 완전하게 발달된 사람, 즉 자유인을 기르는 것이 교육의 목적이 된다.

둘째, 교육내용과 관련해서는 교과의 분류와 내용의 선정 및 배열은 그것이 어떠한 정신능력을 도야시킬 수 있느냐가 그 기준이 된다. 따라서 교과의 가치는 그것이 지니는 사회적 맥락에 있는 것이 아니라 그 교과가 지니는 형식에 있으며, 모든 교과는 그것이 지니는 정신도야에 중요한 가치를 두게 된다. 예를 들어, 수학이나 문법은 지력을 도야하는 데 적합한 것으로 인정되고, 순수예술은 감정의 능력, 도덕이나 종교 등은 의지력을 도야하는 데 적합한 것으로 인정되었다.

셋째, 교육방법과 관련해서는 주로 훈련과 반복의 주입식 방법이 사용되었다. 교과의 내용이 형식적 가치에 의해서 선정되기 때문에 아동의 흥미와는 관련이 적을 수 있으며, 학습자의 노력을 중요하게 취급한다. 흥미가 없는 교과라 하더라도 학습자가 노력을 하면 그 노력은 학습자 의식의 긴장을 초래하며 의식의 긴장 상태가 계속되면 심근이 강화된다고 보는 것이다.

결론적으로 형식도야 이론에서 교육의 목적은 심근을 단련시키는 것, 결과는 정신도야, 즉 6가지 능력이고, 방법은 능력의 반복적 연습이다. 훈련의 전이가 자동적으로 보장되기 때문에 소수의 능력만을 학습하는 것으로 훌륭한 인간을 길러 낼 수 있다. 교육의 내용은 심근을 발달시키는 데 효과적인 교과(예: 7자유과)로 내용보다는 형식이 중요시된다. 형식도야 이론은 간접적으로는 능력심리학의 몰락에 의해, 직접적으로는 듀이의 교육 이론의 등장에 의해 상당 부분 가치가 상실되었다.

형식도야 이론에 대한 비판을 보면, 형식도야 이론은 Thorndike의 전이실험에 의해 지력을 향상하는 데 있어서 뛰어난 교과는 없으며, 단지 동일한 요소가 있을 때 전이가 이루어진다는 사실을 밝혔다. Dewey는 인간의 마음이 수많은 본능적인 경향으로 구성되어 있으며, 교육은 이 지력을 문제상황에서 적절하게 발휘하도록 하는 사고능력을 개발하는 것으로 규정한다. 부소능력의 훈련으로서의 교육이라는 이 입장은 타당하지 못하다는 것이다. Dewey는 이 점에서 능력과 교과는 이원론적으로 분리될 수 없으며, 또 교과는 그 자체로서 가치가 있는 것이 아니라 사회적 맥락 안에서 결정된다고 함으로써, 정신도야의 가치가 아니라 교육의 내용과 방법이 사회적 맥락과 관련 없이 맹목적으로 주입되는 것을 반대하였다.

2) Tyler 이론

Ralph W. Tyler(1902~1994)

Tyler는 네브래스카 대학교에 진학하여 과학교육으로 석사학위를 받고 24세에 Bobbitt이 재직하는 시카고 대학교(당시에 이 대학에는 C. Judd, G. S. Counts, W. W. Charters가 교육학과에 재직하고 있었음)에 Judd의 지도를 받아 박사학위를 받는다. 1929년에 오하이오 주립대학교로 옮겨 여기에서 진보주의 운동을 Dewey와 함께 이끌었던 Boyd Bode를 만나 8년 연구에 주도적으로 참여하는 행운을 누린다. 8년 연구(the Eight Year Study, 1933~1941)는 당시 진보주의교육협회 내의 중등학교와 대학 간의 관계연구위원회에서 주관하였으며, 고등학교에서도 경험중심의 진보주의 교육이 가능한가를 검토하려는 것으로 30개 고교와 300개 대학이 참여한 연구다. 이러한 8년 연구의 책임자로 일하면서 Bloom과 Cronbach 등을 합류시켜 측정 및 평가 분야에 큰 업적을 남겼다(박승배, 2001).

이 8년 연구 뒤에 Tyler(1949)는 『교육과정과 수업의 기본 원리』라는 저서를 발표한다. 후세 사람들이 타일러 논리(Tyler Rationale)라고 부르게 되는 교육과정 개발 절차에 관한 그의 이론이 이 책에서 소개된다. 그는 시카고 대학 시절에 쓴 이 책에서 교육과정과 수업을 계획할 때 고려해야 할 네 가지의 질문을 다음과 같이 표현하였다.

① 학교가 달성해야 할 교육목표가 무엇인가?
② 목표를 달성하기 위하여 어떤 학습경험을 제공해야 하는가?
③ 학습경험을 효과적으로 조직하는 방법은 무엇인가?
④ 목표가 달성되었는지를 어떻게 알 수 있는가?

이상의 각 물음들은 교육목표의 설정, 학습경험의 선정, 학습경험의 조직, 학습성과의 평가로 요약할 수 있는데, 이는 Tyler가 말하는 교육과정의 네 가지 기본 요소를 가

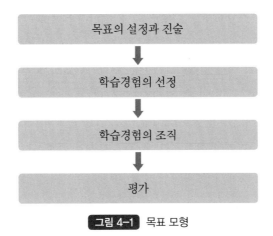

그림 4-1 목표 모형

리킨다. Tyler가 제시한 교육과정의 네 가지 구성요소와 그들 간의 관계를 그림으로 나타내면 [그림 4-1]과 같다.

이 그림에서 알 수 있듯이 Tyler의 교육과정 개발 모형은 교육목표가 설정되면 이를 토대로 학습경험의 선정과 조직이 이루어지고, 다음에 학습성과에 대한 평가를 실시하며, 평가결과는 다시 교육목표 설정에 송환되어 교육과정을 수정·보완하는 과정으로 진행되어야 한다는 것이다.

Tyler의 모형은 교육과정 개발자들이 따라야 할 절차를 제시한다는 점에서 처방적 모형이고, 전체 교과에서 단원의 개발로 향하는 연역적 모형이며, 목표에서 평가로 진행하는 일정 방향을 가진다는 점에서 직선적 모형으로 간주될 수 있다.

그런데 이 모형에는 많은 문제가 있다. Kliebard는 크게 네 가지로 Tyler 모형의 문제점을 지적하고 있다(허숙·박승배, 2004: 127-130). 첫째, 교육목적의 선택을 정당화하기 위하여 필요라는 개념을 잘못 사용하고 있다는 것이다. 교육목적의 정당화를 위해 학생들의 요구나 필요를 따지는 것은 본질적으로 가치 판단의 성격을 갖는 문제를 사실적인 현상으로 해결하려는 것과 같다는 것이다. 둘째, 교육철학이 교육목표를 걸러주는 체의 역할을 한다는 타일러의 주장에도 문제가 있다는 것이다. 여러 가지 교육목적 중에서 가장 가치 있는 것의 선택을 위해 교육철학이 객관적인 기준으로 사용될 수 있다고 말하고 있지만, Kliebard가 보기에 그것은 객관적인 기준이 아니라 단지 각자 자기의 가치 판단에 따라 선택하라고 하는 말과 같은 것이라고 주장한다. 셋째, 학습경험의 선정과 조직에 대해서도 문제를 제기하는데, 경험이란 것이 학생과 교사가 그들만의 환경 속에서 갖는 독특하고 고유한 상호작용의 결과로서 전혀 예측할 수 없는 것인데도 경험을 사전에 선정하고 조직한다는 것이 가능한가라고 되묻는다. 학습활동이나 과제 등은 사전에 선정되고 조직될 수 있을지 모르지만 경험은 그럴 수가 없는 것이다. 넷째, 교육평가가 사전에 진술된 목표의 달성도를 확인하는 일이라고 하는 생각에도 문제를 제기한다. Dewey를 인용하면서 인간 행위는 목적의 성취만이 중요한 것이 아니라 그 행위에 따르는 부수적인 결과가 더 중요할 수도 있다는 것이다. 예를 들어, 음악 시간의 목표로서 악기의 이름이나 음악의 형식을 배우는 일은 그 수업의 결과로서 학생들이 얻게 되는 음악 감상의 효과보다 덜 중요한 것일 수도 있다는 것이다.

3) Dewey의 경험 교육과정

John Dewey(1859~1952)

Dewey의 철학에 붙여진 이름은 다양하다. 실용주의 · 도구주의 · 실험주의 · 경험적 자연주의 등 친숙한 용어들뿐만 아니라 삶의 과학, 과학과 자유의 철학 등 다양한 이름으로 불리고 있다. 듀이의 교육사상을 지탱하는 그의 철학적 주장 혹은 입장은 무엇인가(박봉목, 2000: 377-386).

첫째, 듀이는 추상적 관념보다는 구체적인 경험에 가치를 둔다. 듀이가 사상적으로 택하고 있는 실용주의(pragmatism)는 활동, 실행, 실천의 의미로 해석된다. 내용보다는 방법에 강조를 둔다. 듀이의 반성적 사고는 방법적으로 회의하고 탐구하고 실험하고 가설을 세운다. 철학은 직접적 해결이 아닌 문제에 대한 해결을 위한 방법을 찾는 것이다. 경험은 의식 상태보다는 행동, 기능, 적응을 의미한다. 그것은 유기체와 환경 간의 상호작용을 의미한다. 초기에는 생물학적 · 심리학적 상호작용을 강조했지만 점차로 사회적 · 문화적 측면에 관심을 가졌다.

둘째, 이원론을 배격하고 계속 일원화의 원리를 주장한다. 이원론의 배격은 조화의 원리, 균형의 원리를 수반한다. 관념과 실제적 결과 사이의 계속성을 인정하고 목적과 수단 간에는 고정된 상하관계보다는 동적 관계성이 유지되어야 한다. 양자의 균형이나 조화의 문제는 이론적으로 가능하나 실천적으로 용이한 문제가 아니므로 여기에는 단순한 사회적인 제도나 정치적인 형태로서만이 아닌 삶에 대한 태도나 실천으로서의 민주주의가 요청되고 이를 위한 교육이 필요해진다.

셋째, 변화의 개념이 가치관 형성이나 진리관에서 중요한 역할을 한다. 변화는 성장

의 조건이다. 그래서 고정된 가치관이나 진리관을 배격하고 사회적 진전에 대해서 도
전적이다.

1920년대 진보적 교육의 이름으로 전개된 아동중심 교육은 전통적 교육의 주지적인
관념적 교육에 대하여 생활을 통해서 학습하는 경험주의 · 활동주의 · 행동주의의 교
육이었다. 그리고 그것은 교사의 활동으로 주도되는 타율적 학습이 아니고 아동의 경
험이 중심이 되는 자율적 학습이며, 그것은 지식에만 편중하는 주입적인 외적 강요가
아니고 아동 자신의 학습 동기와 방법상의 흥미가 중심이 된 것이다. 따라서 교육의 내
용도 아동의 요구에 순응하는 교과의 이해나 기술의 습득으로 전인적인 인격도야라는
큰 목적 안에 속해야 한다고 생각했다. 진보주의 아동중심 교육사상은 1930년대에서
1940년대로 가면서 사회적 생활이나 문화 그리고 지역사회의 일원으로 타인과의 조화
를 위한 민주적인 경험이 중시되었다.

듀이의 교육과정 이론은 그의 명저『민주주의와 교육』(1915)에서 잘 제시되어 있지
만, 그 이전의『아동과 교육과정』(1902)에서는 아동의 경험과 교과 간의 관계를 역설하
고 있으며,『경험과 교육』(1938)에서는 전통적 교육과 진보주의 교육을 논의하고 교육
내용의 점진적인 조직을 언급하고 있다. 특히『민주주의와 교육』에서는 삶의 필연성으
로서의 교육, 사회적 기능으로서의 교육, 성장으로서의 교육, 흥미와 도야, 경험과 사
고, 교과의 성격, 교과로서의 과학 등이 잘 논의되어 있다.

특이한 것은 Dewey 이론에 비추어 보면 교과는 교육활동의 소재이자 수단이다. 우
리는 통념적으로 교육을 교과를 가르치는 일로 생각한다. 그러나 Dewey에게 교육활
동은 교과를 수단으로 하는 것이다. 따라서 교육의 가치와 교과의 가치는 서로 다르다.

모든 교과는 두 가지 관점에서 고려될 수 있다(Dewey, 1902; 박철홍, 2002: 61-63에서
재인용). 하나는 학자의 관점이며, 다른 하나는 교사의 관점이다. 학자에게 있어서 교육
내용을 구성하고 있는 지식은 새로운 문제를 찾아내고 구체적으로 연구를 설계하고 연
구를 통하여 검증된 결과를 발견하는 데에 이용할 수 있는 지식의 체계다. 학자들의 입
장에서 보면 그가 전공하는 학문의 내용은 그 자체로 독립적인 것이다. 교사는 학문 분
야에 대한 새로운 사실을 발견하는 데에 관심이 없다. 교사가 관심을 두는 것은 가르치
는 교과의 내용을 학습자의 '경험 발달의 특정 단계에 맞게 해석하는 것'이다. 교사가
해야 할 일은 새로운 지식이 아니라 학습자들로부터 교과에 해당하는 직접적이고 생
생한 경험을 이끌어 내는 것이다. 그러므로 교사는 교과가 학습자의 경험이 될 수 있는
방법, 즉 아동의 현재 경험 속에서 교과와 관련하여 이용할 수 있는 것이 무엇인지, 그

러한 것들을 어떻게 효과적으로 이용할 수 있는지, 교과에 대한 지식을 학습자의 필요나 활동을 이해하고 해석하는 데에 어떻게 활용할 것인지, 올바른 방향으로 그리고 적절하게 성장시키기 위하여 학습자에게 어떤 환경과 자료를 제공해야 하는지 등등과 같은 문제에 관심이 있다. 교과 그 자체에 관심이 있는 것이 아니라 보다 넓고 전체적인 조망 속에서 경험의 바람직한 성장을 이룩하는 데에 교과가 어떤 역할을 할 수 있는지에 관심이 있다. 그러므로 교과를 보는 교사의 기본적인 입장은 '교과를 심리화'하는 것이다.

학자의 지식(교과내용)을 학습자에게 제공할 때에 교사와 교재는 서로 갈등하게 된다. 교사는 어떤 식으로든지 교육내용을 학습자의 수준에 맞게 변형시키고 수정할 수밖에 없다. 교과가 학습자의 삶의 경험과 아무런 관련을 맺지 못할 때에 직면하는 문제로서는 교육내용의 추상화, 학습동기의 결핍, 학문적 성격의 상실을 들 수 있다. 경험의 입장에서 교과는 일상적인 경험의 범위 안에서 나온 것이다. 전통적 교육은 학습자의 경험 밖에 있는 사실과 진리에서 출발하며, 따라서 학습자의 경험 밖에 있는 사실과 지식을 학습자의 경험 안으로 끌어들일 수 있는 수단과 방법을 찾아야 한다. 그러나 경험 안에서 학습할 내용을 찾아내는 것은 이와는 다르다. 교과내용을 아동과 환경의 상호작용이라는 측면에서 이해해야 한다.

4) Bruner의 지식의 구조와 내러티브

(1) 교육의 과정

Bruner(1960)의 『교육의 과정』은 교육내용으로서 지식의 구조를 설명한 최초의 저서다. 그는 여기에서 교육내용을 규정하는 또 하나의 관점을 제시하고 있다. 지식의 구조의 핵심적 의미는 '학문'과 논리적으로 관련되어 있다. 이 경우 교육내용은 곧 지식의 구조이면서 동시에 '학문하는 일'— 그 해당 분야의 학문의 기저를 이루고 있는 일반적인 원리를 발견하고 그 원리를 써서 사물과 현상을 이해하는 학자들의 학문 탐구활동—로서 규정된다.

Jerome S. Bruner(1915~2016)

(2) 지식의 구조의 의미

우선 Bruner는 지식의 구조를 "하나의 아이디어에 다른 요소를 따르게 만드는 지식의 관련성과 그의 파생"이라 하고 "구조란 서로 관련성을 가지지 않으면서 누적된 여러 관찰 사실에 어떤 질서를 부여해 주는 개념적인 발명품이므로, 구조는 우리가 배우게 될 것에 의미를 부여해 주고 새로운 경험의 세계를 안내해 줄 수 있게 된다."(1966a: 120)라고 말하고 있다. 그리고 이 말을 토대로 "어떤 지식 내의 아이디어들의 조직은 경험을 경제적으로 하게 해 주며 서로 관련을 맺게 해 주는 발명품"이라는 것이다. 이 말은 특정 학문에서 그 학문 현상을 이해하기 위한 개념적 수단이 지식의 구조이며, 예를 들어 물리학에서 힘, 화학에서 결합, 심리학에서 동기, 문학에서 스타일 같은 개념들이 바로 그것이다. 이와 같이 Bruner의 지식의 구조는 아이디어나 개념들이 지식이나 학문의 구조를 형성하는 요소들이 된다. 그리고 이렇게 학문에 내재하고 있는 기본적인 아이디어나 개념들을 지식의 표현양식, 지식의 경제성, 효과적인 힘이라는 방법에 의해서 구조화한 것을 학문이나 지식의 구조로 보고 있다.

(3) 지식의 구조에 대한 설명방식

『교육의 과정』에서 제시된 지식의 구조 의미를 이홍우(1992: 72-82)는 세 가지로 설명하고 있는데, 첫째, '기본 개념과 원리' '일반적 아이디어', 둘째, 사물이나 현상의 관련방식을 이해하는 '사고방식(perspectives)', 셋째, '지식의 구조 이점' 등이다. 세 가지 설명방식을 이하에서 각각 알아보기로 하자.

① 기본 개념과 원리

첫 번째 설명방식에서는 지식의 구조가 해당 학문의 기저를 이루고 있는(underlying) 기본 개념과 원리이며, 따라서 특정 교과의 지식의 구조는 그 교과의 해당 '학문'의 성격을 충실히 반영하고 있는 것으로 해석할 수 있다. 그러므로 사실상 특정 교과(교육내용)의 지식의 구조는 그 교과를 나타내는 학문의 가장 근본적인 개념과 원리인 셈이며, 교육내용의 선정은 그 교과의 학문 성격과 해당 학자들의 탐구활동 속에서 이루어져야 한다는 것을 시사하고 있다.

② 사고방식

두 번째 설명방식에서는 지식의 구조를 사물이나 현상이 관련되어 있는 방식으로 보고 있다. 이것은 지식의 구조가 단지 가르쳐야 할 단편적인 지식이나 토픽이 아니라 현상을 보는 '눈(perspectives)'이며, 사고방식이라는 의미다. 여기에서는 여러 사실들이 따로 떨어져서 존재하는 것이 아니라 일반적 원리와 관련되어 있으며, 특히 Bruner는 이 점을 '일반적 전이가 일어날 수 있는 개념이나 원리'로 설명하고 있다. 이런 점에서 볼 때, 특정 학문의 지식 구조를 파악한다는 것은 특정 학문의 현상을 이해한다는 것이고, 그것은 곧 일반적 전이가 일어나서 특정 학문의 현상을 이해할 수 있게 해 주는 개념이나 원리를 파악하는 것이다. 그러므로 지식의 구조는 '일반적 전이'가 높은 개념이나 원리이며, 전이가 쉽게 일어날 수 있도록 핵심 개념과 원리의 성격을 지니고 있다. 이러한 전이가능성(transferability)은 Bruner가 구조의 특징으로 강조하는 생산성(effective value)을 의미하며, 이것은 관련된 다른 현상을 설명할 수 있는 학습한 명제군이 생성적 가치(generative value)를 지니고 있다는 뜻이며, 특정 지식의 구조가 새로운 명제를 만들어 내거나 문제해결을 위해 정보를 이용할 때, 학습자로 하여금 주어진 사실을 넘어서(beyond information given) 진행할 수 있게 하는 구조의 생성력을 말하는 것이다. 특히 Bruner는 지식의 구조를 탐구하고 발견하는 데 있어 이러한 생성력에 대한 고려를 강조하면서 구조의 발견이라는 지력과 인지적 성장을 핵심적인 교육목적으로 설정하고 있다.

이와 같이 지식의 구조를 '일반적 전이가 일어날 수 있는 개념과 원리'로 설명하는 방식에서는 구조의 특징으로 표현양식(mode of representation)과 경제성(economy)과도 관련되어 있으므로 구조의 특징을 말할 때에는 이 세 가지 성질—표현양식, 경제성, 생산성—을 모두 고려해야 한다.

③ 지식의 구조 이점

구조를 4가지 이점—기억하기 쉽고, 이해하기 쉽고, 학습사태에서 배운 내용을 학습사태 이외의 사태에 적용하기 쉽고, 초등지식과 고등지식 사이의 간격을 좁힐 수 있다—으로 설명하는 세 번째 방식에서는 네 번째 이점 이외의 세 가지 이점이 앞의 두 가지 설명방식과 논리적으로 분명하지만, 네 번째 이점은 Bruner의 핵심적 확신에서 그 의미를 규명할 수 있는데, 그것은 지식의 구조를 가르친다는 것이 학생들로 하여금 해당 분야의 학자들과 '동일한 일'을 하도록 해당 분야의 현상을 탐구하도록 한다는 뜻이다. 이것은 그전에 교과내용을 그 분야의 학자들이 탐구해 놓은 사실들이나 토픽—Bruner는 이것을 중간 언어(middle language)라고 불렀음—으로 인식해 온 것이 교육의 기본 문제점이라고 여겨, 교과내용을 곧 학자들이 탐구하는 '학문활동'으로 전환한 것을 의미한다.

지식의 구조를 4가지 지식의 구조 이점으로 설명하는 세 번째 설명방식은 사실상 내용을 선정하고 조직하는 데 기본적인 기준들을 얘기하는 것으로, 첫 번째 이점—기억보존—은 내용이 일반적 원리를 중심으로 관련을 맺을 수 있도록 선정·조직되어야 하고, 단편적으로 서로 떨어져 존재하는 것이 아니라 구조를 중심으로 조직되어야 기억을 용이하게 할 수 있다는 뜻이다.

두 번째 이점—이해 용이성—은 교과내용이 '기본 개념'을 중심으로 개념의 유효성이 발휘될 수 있도록 선정·조직되어야 교과 이해가 쉬우며, 이것은 개념의 유효성과 관련되는 문제라고 볼 수 있다. 문제는 각 교과에서 기본 개념이 무엇이며 그것을 어떻게 선정하는가 하는 문제로서 별도의 논의가 이루어져야 하겠다.

세 번째 이점—훈련전이—은 지식 구조의 두 번째 설명방식과 관련되어 있으며, 전이가능성을 최대화할 수 있도록 내용이 선정·조직되어야 한다는 것이다. 전이가능성이 높은 내용이 선정되려면 해당 교과(학문)의 기본 개념을 중심으로 이루어지는 분류체계(coding system)와 약호화 구조를 준수해야 한다.

네 번째 이점—고등지식과 초등지식 간 간격 좁힘—에서 볼 때, 교육내용은 곧 학문 탐구활동이 되며, 내용 선정은 해당 교과(학문)의 성격을 충실히 반영하는 사고방식을 확인하는 일이 된다. 그것은 교육내용이 결국 학문의 탐구방식이므로 단편적으로 분리되어 있는 '토픽'들이 아니라 일반적 원리하에서 관련되어 있는 (관련성) 학문 탐구방식이어야 함을 뜻한다고 볼 수 있다.

이상의 세 가지 설명방식을 통하여 지식의 구조 의미가 매우 복합적이라는 점을 알 수 있다.

(4) 변화된 입장: 이야기 만들기로서의 내러티브

교육과정과 교수이론에서 1960년대에 Bruner는 지식의 구조에 관해 체계적 입장을 피력한 바 있다. 그 이후로 그의 이론은 비교적 변함 없이 합리적 구조주의 틀 속에서 이해되어 온 경향이 강하다. 그런 탓인지 Bruner의 교육과정 이론에 대한 한국 독자들의 생각은 주로 그가 하버드 대학에 재직하고 있었던 1950~1960년대의 생각에 토대를 두고 있으며, 특히 지식구조론을 중심으로 그의 연구 세계를 이해하는 경향이 강하다.

그러나 그는 최근에 『교육의 문화』(1996)에서 "마음은 인간 문화 속에서 구성되고 실현된다."(1996: 1)는 문화주의(culturalism)의 전제하에 교육과정에 대한 새로운 입장을 제시하고 있는데, 주요 근거로는 패러다임적 사고에 대비되는 내러티브 사고방식을 주장하고 있다.

내러티브(narrative)란 여러 의미가 있다. 첫째, 내러티브는 서사체를 말하며 하나의 이야기, 즉 시간적 연쇄로 구성된 일련의 사건들을 의미한다. 이야기는 사건들로 구성되며, 그 사건들은 특정의 계열을 이루며 배열된다. 그러므로 내러티브는 사건들의 계열과 사건들이 만들어 내는 이야기에 의해서 특징화된다.

둘째, 사고양식으로서의 내러티브다. 내러티브는 의미를 구성하는 방식이다. 내러티브는 단순히 이야기를 넘어서 이야기를 만들어 내는 사고양식이다. 즉, 이야기 만들기의 인지작용이다.

셋째, 내러티브는 인간 경험을 구조화하는 일종의 틀이다. 따라서 의미 구성의 틀로서 작용한다. 왜냐하면 내러티브는 특정 방식으로 인간 경험을 구조화하는 방식이기 때문이다.

그런데 우리는 이야기를 설명하지 않으며 다만 이야기에 대해 다양한 해석을 할 따름이다. 과학적 이론이나 논증은 검증됨으로써 판단되지만, 이야기는 '있음직한 가능성'에 의해 그 적절성이 판단된다. 이러한 이야기는 물리적 세계보다는 인간 '행위자'에 관한 것으로 인간의 의도적 행위에 초점을 둔다. 이러한 의도적 행위로 인해 인간의 행위가 예측 불가능하기 때문에 그 행위 발생의 이유에 대한 명확한 설명은 불가능하게 된다.

한편, 질적 연구로서의 내러티브 탐구(narrative inquiry)는 살아 있고 구술된 이야기로서 경험을 이해하는 것이다. 전통적 방법과 달리 내러티브 탐구는 원자화된 사실과 수의 데이터로 양화될 수 없는 인간적 차원을 묘사하는 데 주안점을 둔다. 질적 탐구에서 내러티브는 이야기를 만드는 과정, 이야기의 인지적 도식, 그 과정의 결과 모두를 의미하는 것으로 보는 것이 타당하다(Polkinghorne, 1988: 13-15).

내러티브 탐구를 위한 사고의 언어는 Dewey의 경험의 개념과 밀접히 관련되어 있다(Clandinin & Connelly, 2000: 49-50). 듀이의 경험의 상황, 연속성, 그리고 상호작용의 의미를 가지고 내러티브 탐구의 전략을 구성해 보면 인간 경험은 개인적이며 사회적인 의미(상호작용)를 지니며, 과거 · 현재 · 미래와 연관되며(연속성), 특정한 공간(상황)에 관련되어 있다. 이것이 일시적 우연성, 공간성, 개인적이며 사회적인 것이라는 내러티브 탐구의 3차원성을 의미한다. 개인은 다양한 사람, 장소, 공간의 관계 속에서 경험을 구성하므로 개인의 경험은 보다 넓은 맥락 내에서 이해되어야 한다는 것을 의미한다. 특히 개인이 경험하는 보다 넓은 맥락을 의미하는 것으로 풍경(landscape)이라는 은유를 사용하며, 교사의 경험도 '풍경' 속에서 이해되어야 한다고 강조한다.

5) Pinar의 재개념주의: 쿠레레로서의 교육과정

Pinar는 교육과정의 지배적인 경향을 전통적이고 개념적 경험주의 경향이라고 보고, 그러한 방식은 인간과 지식, 사회를 보는 방식에 많은 문제점이 있다고 비판하면서 새로운 눈으로 교육과정을 재개념화해야 된다고 보고 있다. 교육과정은 어떤 정해진 길을 가는 것이 아니라 인간 자신의 경험과 의미에 따라 자신의 길을 만들어가는 것이라고 본다. 자신의 실존적 의미를 추구하고 자신의 교육과정을 새롭게 추구해 가는 것이 교육이다.

William Pinar(1946~현재)

Pinar의 교육과정 이론은 오늘날 우리가 처해 있는 사회적 · 문화적 현실 속에서 개인이 갖는 경험과 의미를 파헤치고 이해하는 일에 초점을 두고 있다. 교육과정의 이론에서 교육과정이나 수업에 보편적으로 작용하는 일반적인 원리를 추구하는 전통주의자들이나, 학교교육 관련 변인과 변인 사이에 일정하게 존재하는 과학적 명제와 법칙들을 구명하는 개념적 경험주의자들이나, 심지어 사회구조 속에 존재하는 인간 구속의 조건들을 정치적 · 경제적으로 분석하고자 하는 구조적 재개념주의자들까지지도, 구체적이며 인간의 직접적인 경험들을 추상적으로 개념화한 틀로 파악하고자 한다는 점에서 인간의 개별적 경험들을 왜곡시킨다는 것이다. 이런 점에서 Pinar는 교육과정을 인간의 경험을 이해하는 가장 훌륭한 방법이며 인간 경험이 갖는 개별적 특수성과 의미를 찾는 것으로서 이해하고 있다.

Pinar는 교육과정의 의미로서 라틴어 어원인 쿠레레(currere)의 본질적 의미인 교육에 대한 개인적 경험이 갖는 의미를 제안하고 있다. 경주로가 아니라 경주에서 각각의 말들이 코스를 따라 달리는 개인적인 경험을 지칭하는 것이기도 하다. 따라서 쿠레레로서의 교육과정은 탐구목표를 정하고 코스를 설계하고, 결과를 평가하는 일과는 거리가 먼 활동이다.

Pinar가 제안한 쿠레레 방법은 교수-학습 과정에도 적용될 수가 있다. 쿠레레 방법에서 교수는 지식을 가르치거나 전달하는 활동보다는 학생들이 자신의 교육적 경험을 이해하고 해석하는 학습활동을 안내하고 학생들이 이러한 학습활동에 적극적으로 임할 수 있도록 조력해 주는 과정이라고 볼 수 있다. 학습은 지식을 습득하는 과정이 아니라 지식을 구성하는 과정이다. 그가 제안한 교수-학습 과정은 회귀(regressive)-전진(progressive)-분석(analysis)-종합(synthesis)이다. 회귀 단계에서는 현재의 자신으로부터 멀어져서 과거로 이동한다. 과거로 돌아가서 그때의 경험을 기록한다. 전진은 미래에 있을 일에 대해 예측하고 바라는 것이 무엇인지에 대해 심사숙고하는 과정이다. 분석의 단계에서는 앞의 두 단계를 통해서 자유연상적으로 회상한 것에 대해 비평적으로 반성하는 것이다. 과거의 복귀와 미래의 구상에 있어서의 경험이 충실하게 보존되어야 한다. 종합의 단계에서는 과거의 명확한 표현과 그것으로부터의 해방이 일어난다. 상상된 미래에 초점을 둘 때 사람은 자기를 구속한 것들로부터 해방된다.

한편, Pinar를 포함한 다수의 재개념주의자들이 사용한 주요 원리들은 다음과 같다(Klohr, 1980).

① 교육과정은 인간과 그의 자연과의 관계를 총체적이고 유기적인 관점에서 고찰하는 것으로 이해되어야 한다.
② 개인은 지식 구성의 주요 행위자다. 개인은 문화 전달자일 뿐만 아니라 문화 창조자다.
③ 우리는 자신의 경험적 근거에 의존함으로써 의미를 갖는다. 그러므로 개인과 집단의 경험을 재구성하고 재조직하는 것이 필요하다.
④ 경험의 전의식은 교육과정에 대한 의미를 발전시키는 데 중요하다.
⑤ 개인적 자유와 더 높은 수준의 의식 달성에 중요한 가치를 둔다.
⑥ 이 목적을 달성하기 위하여 제안된 사회적 목적과 수단의 특징은 다양성과 다수주의다.
⑦ 교육과정에 대한 새로운 의미와 통찰을 가져오기 위해 새로운 방법이 요구된다.

6) 교육과정의 포스트모던 이론

주지하다시피 포스트모던 이론은 그 기원이나 성격, 범위가 매우 다양하여 일정하게 합의된 내용이 없다고 보아도 무방하다. 그러나 공통적으로 논의되는 특징은 우선정초주의에 반대하는 반정초주의다. 지식이나 인간의식에 있어서 궁극적이고 절대적인 기초가 존재한다고 보는 근대철학의 기본 입장을 비판한다. 그리고 대서사(meta-narrative)를 거부하고 소서사를 지향하며, 해체주의의 입장에 있다. 즉, 확실성이나 보편성, 객관성이나 합리성, 진리라는 고정된 사고의 틀과 통일된 관점에 비추어 세계나 인간을 규정하려는 모든 시도를 비판한다. 또한 총체적인 사고를 거부하고 상이한 사회집단과 거기에 적합하면서 다양한 가치를 인정한다.

이러한 특징에 비추어 교육과정에 접근하려는 노력들은 매우 다양하게 전개되고 있다. 대표적인 포스트모던 교육과정 이론가에는 Doll, Cherryholmes, Popkewitz 등이 있다.

Doll(1993)은 Tyler식의 교육과정 논리를 극복하는 구성주의적·과정적·비선형적 교육과정관을 제시하고 있다. 그는 종래의 3R's에 기초한 교육모형에 대한 대안으로 네 가지 R인 함축(Richness), 회귀(Recursion), 관계(Relations), 엄격(Rigor)이 포스트모던 시대에 적합하다고 주장하고 있다.

Cherryholmes(1988)는 기본적으로 Derrida와 Foucault의 이론에 기초한 탈구조주의적 분석을 교육과정 이론과 실제에 적용함으로써 현존하는 교육적 담론 실제를 구성, 해체, 재구성하는 새로운 패러다임인 비판적 실용주의(critical pragmatism)를 발전시키고 있다. 이 입장에서는 교육과정을 해체와 재구성, 또 다른 해체의 과정으로 본다.

Popkewitz(1998; 1999)는 Foucault의 지식과 권력의 관계, 언어, 주체성, 정신통제(governmentality)를 중심으로 교육과정 논의를 조명하고 있다. Foucault는 "모든 교육체제는 지식과 권력을 가지고 담론의 적합성을 유지하거나 변경하는 정치적 수단"이라고 지적하고 있듯이, 교육과정 연구는 이 점에 주목해야 한다는 것이다. 더하여 학교교육과 교육과정에 대한 Popkewitz의 사회인식론(social epistemology) 연구는 지식의 사회적 구성에 관한 문제를 제기한다. 학교에서 우리가 배우는 것은 무엇을 할 것인가 혹은 무엇을 알아야 할 것인가 하는 것뿐만 아니라 세계에 대한 의식이다. 교육과정에 대한 그의 강조점은 학교에서 우리의 담화방식이나 사용방식을 권력과 규정의 문제에 연결시키는 것이다. 교육과정은 하나의 사회 규정을 구성하는 것이다. Foucault는 '정신통제'와 권력과 지식의 관계에 의해 사유체제가 학교 지식의 조직체를 통해 어떻게 변화되고 관리되는가 하는 점을 논의하고 있다.

2. 교육과정의 핵심 이론

1) 내용 구성 이론

교육과정에서 가장 핵심적인 것은 교육과정 구성법이다. 교육과정 구성(curriculum making)의 문제는 교육과정론에 있어서 핵심적 문제다. 바람직한 교육목표를 달성하기 위하여 학습자들이 다양한 학습활동을 전개하더라도 체계적으로 적용될 교육과정이 바람직하게 구성되지 않으면 소기의 교육목표 달성은 불가능하다고 볼 수 있다. 왜냐하면 교육내용의 선정 및 조직의 문제가 교육목표 달성에 직결되기 때문이다. 교육과정을 구성하는 기본 요소는 일반적으로 교육목표, 스코프, 시퀀스, 단원으로 볼 수 있다. 따라서 이런 4개의 요소를 어떻게 설정하여 어떤 틀 속에서 어떤 관계를 맺도록 하느냐가 교육과정 구성에 있어서 가장 핵심적인 문제다. 이런 구성 작업은 결국 하나의 교육과정 안을 낳게 된다. 그러므로 아무리 이상적인 교육 이론이라고 할지라도 그것이 교육현장에서 실천되려면 하나의 교육과정으로 입안되어야 한다.

이러한 교육과정을 구성할 때에는 가장 먼저 교육과정의 정의, 방향, 기본 철학, 심리적이고 사회적인 기저 등을 밝혀야 하는 것이다. 따라서 교육과정의 성격 규정이 건물을 세우게 될 기초 마련이라면, 그 기초 위에 건물을 세우는 작업이 구성 작업에서 해야 할 일이 된다. 이러한 구성 영역은 특히 교육과정 개발 영역과 혼용되어 사용되기도 한다. 그러나 엄밀하게 구분해 보면 교육과정 개발은 교육과정의 기초 연구, 방향 결정, 성격 규정, 목표의 지향, 편성, 목표설정, 실행 및 운영, 평가, 지도상의 유의점 모두를 새로운 차원에서 입안하는 것을 뜻한다. 반면, 교육과정 구성은 성격과 목표 및 내용에 대한 선정과 조직의 문제에 초점을 둔다. 따라서 이러한 구분에 따르면 본 연구는 교육과정 구성 부분, 즉 성격과 목표, 내용의 사전 계획 문제를 다룬다. 다시 말해서 교육과정 개발의 일부분이라고 할 수 있는 교육과정 구성 계획에 관한 이론에 대한 것이다.

이러한 교육과정 구성법은 본래 Bobbitt(1924)의 『교육과정 구성법(How to Make a Curriculum)』에 기원을 두고 있으나 Bobbitt은 자신의 특정 관점에 근거하여 구성법을 제안하고 있어서 포괄적인 구성법을 제안하지는 못하였다. 이하에서는 미국에서 등장한 교육과정 구성법을 강현석 · 이경섭(2003), 이경섭(1984; 1990)의 연구를 중심으로 개관하기로 한다.

(1) 기본 입장

① 교과서법과 활동분석법

교과서법에서는 준비설과 형식도야설을 지지하면서 전통적인 지식 습득을 강조하는 반면, 1920년대에 정립된 활동분석법에서는 F. Bobbitt이 교육의 근본적인 임무는 성인생활을 위한 준비에 있음을 강조하고 있다. 이러한 기본 입장에 따라 Bobbitt을 비롯한 Charters와 Harap 등은 활동분석법을 교육과정 구성에 도입하였는데, 특히 Bobbitt은 성인 생활 활동을, Charters는 직업활동을, Harap는 성인의 소비 생활을 분석하였던 것이다. 또한 교육은 사회에 순응하는 것이지 사회를 개조하는 것은 주목적이 아니라고 보았다.

② 사회기능법

사회기능법은 다음과 같은 사회기능의 정의에 그 근거를 두고 있다.

> 집단생활을 연구하면 개인의 여러 가지 활동이나 집단의 계획 및 문제가 집중되는 약간의 주요한 중심이 있는 것을 알게 된다. 이 중심을 사회기능이라고 할 수 있다. 이와 같은 사회기능은 모든 조직적인 집단에 지속적이고 공통적인 것이다. …… 이와 같은 중심 또는 사회기능은 거기에 실제의 생활활동이 집중되고 조직되는 점인 고로, 실제 생활의 제 활동에 아동을 유력하게 참가시키려는 교육과정이 이와 같은 사회기능 또는 강조점을 이용할 수 있고 교육과정의 윤곽에 이용하는 것은 합리적이라고 생각한다(Caswell & Campbell, 1935: 121).

또한 문화인류학과 기능심리학의 토대 위에 학습내용을 경험 형태로 통합함과 아울러 학습자의 흥미를 중심으로 조직해야 한다고 보고 있다.

③ 청소년 욕구법

청소년 욕구법에서는 민주주의 이상 실현을 강조하면서 학습자에 대한 관심을 중요하게 취급하고 있다. 민주주의 이상은 모든 개인의 최고의 발달이 최고의 선이 되는 사회 조직의 한 형태로서, 인간은 그의 동료와의 협동과 타인에 미치는 자신의 행동 결과를 고려하여 행동할 때만 최고의 발달을 성취할 수 있다는 것이다(Alberty & Alberty,

1963: 53). 그리고 학습자에 대한 관심을 지니고 있어야 하며(Ibid., 82), 청소년 연구의 필요성을 역설하고 있다.

> 교육과정은 우리 목표의 성질과 일치하고 우리들 사회에서 변화하고 있는 청년의 역할에 계속적으로 적합해야 한다. 이런 이유 때문에 고등학교 학생의 교육과정 설계를 결정하기 전에 청년의 특성, 청년에 작용하는 긴장과 부담, 문화와 그들과의 상호작용에서 유래하는 성장과 같은 폭넓은 의미로 생각되는 그들의 문제 및 욕구 등을 조사하는 것은 적절하다고 생각한다. 우리들은 그것이 교육과정 설계에 도움이 될 단서를 마련해 줄 것이라는 희망에서 이것을 행하는 것이다(Ibid., 114).

④ 항상적 생활장면분석법

컬럼비아 대학교의 교육과정팀에서 '기본 가정'과 '보장되어야 할 문제'들을 제기하고 있다. 우선 기본 가정은 교육과정 설계가 학습자의 욕구 및 목표에 중심을 두어야 한다는 것과 학습경험의 선정과 조직은 학습자가 직면하는 여러 생활장면에서 이루어져야 한다는 것이다. 그리고 보장되어야 할 문제들은 주로 균형에 맞는 발달, 계속적인 성장, 깊이 있는 지식, 특수 교과영역의 활용, 문화유산의 습득, 기본 관심에 의한 문제 선택, 집단 학습 문제 등으로 이루어져 있다. 이러한 문제들에 비추어 볼 때 교육과정 설계에서 중시하는 문제를 다양한 생활장면에서 찾고, 그 목적은 학습경험의 선정·조직과 효과적인 학습에 두고 있으며, 그 강조점은 학습자의 심리적 측면에 두고 있다.

⑤ 학문 구조 중심법

지식의 구조에 의한 방법은 우선 학습자나 환경적 요인보다 지식을 강조한다. D. M. Fraser는 두 개의 교육적 요소, 즉 학습자와 환경이라는 것이 강조된 반면에 지식이 무시된 것을 다음과 같이 말하고 있다(1961: 6).

> 교육적 요소에서 학습자와 환경이라는 것이 오랫동안 매우 강조된 반면에, 지식이 무시당해 왔다고 비판하고 있다. 이런 주장들이 옳든 그르든 간에 최근에 와서는 학자들이 여러 지식 분야의 성질이나 지식 자체에 더욱 관심을 기울이고 있다. 그리하여 여러 지식 분야의 검토가 흔히 새로운 교육과정 내용이나 윤곽을 낳게 한다. 교육자들이 오늘날 직면하고 있는 주된 과제는 조직화된 지식의 윤곽인 것이다.

2. 교육과정의 핵심 이론

다음으로는 널리 알려진 Bruner(1960: 23-26)의 교과 구조의 중요성과 인지론적 관점에서 '학습을 위한 레디니스' '직관적 사고와 분석적 사고' '학습 동기' 등을 강조하고 있다.

(2) 교육목표의 설정

① 교과서법과 활동분석법

교과서법에서 교육의 일반적인 목적은 개인이나 집단에 의해서 성인의 이상적인 생활에 중요하다고 판단되는 몇 개 항목으로 설정하고, 가르치는 학과목의 목표는 교과 전문가에 의해서 설정된다.

활동분석법에서의 교육목표 설정 및 처리 과정은 ① 일반 교육목표의 방향 결정, ② 주요 생활 영역의 결정, ③ 각 생활 영역에서의 생활 활동분석에 의한 구체적 목표의 설정, ④ 구체적인 목표의 선택 또는 삭제, ⑤ 구체적인 목표의 학년 또는 교과영역에의 배당 순으로 진행된다. 이러한 설정 및 처리는 1920년대 말경에 H. Harap에 의해서 제안되었으며, Bobbitt과 Charters는 1920년대의 전반기에 생활 활동의 분석에 의해서 일반 목표 영역을 설정하고, 설정된 각 영역마다 구체적 목표설정만을 행한 것이다.

특히 Bobbitt 팀에서 교육목표 설정을 위해서 실시한 조사(1926b: 1-102)와 설정한 생활영역(1926a: 8-9), 그리고 결정한 인간능력과 자질은 〈표 4-1〉과 같다(1926a: 21-22).

이상의 작업을 통하여 10개 영역 중 직업활동을 제외한 9개 영역에서 259개 항목의 구체적인 목표를 설정하였다.

② 사회기능법

여기에서는 바람직한 행동양식의 정의 → 활동 흐름의 관찰 → 교육목표의 설정이라는 과정을 거쳐 목표가 설정되며 교육목적의 원천, 바람직한 행동 양식의 정의, 행동의 일반화된 통제의 구성 등을 배경으로 삼고 있다. 버지니아 주 교육위원회가 설정한 교육목표의 일부를 밝히면 다음과 같다(Caswell & Campbell, 1935: 135-139).

행동의 일반화된 통제
　104 자기 통합의 태도(이하 생략)
　• 자기 행위의 결과에 대한 책임을 수용하는 성향(이하 세목 생략)

표 4-1 활동분석법의 목표설정

조사의 종류	설정한 생활영역	인간능력과 자질
① 정기 간행물 조사 ② 신문 조사 ③ 백과사전 조사 ④ 언어 조사 ⑤ Literacy Digest(주간지) 조사 ⑥ 선량한 시민의 임무 및 특성 조사 ⑦ 교육과정 색인으로서의 시민적, 사회적 결점 조사 ⑧ 노동집단의 사회 문제 조사 ⑨ 행위의 질 조사 ⑩ 대중이 과학에 활용하는 수학 문제 조사 ⑪ 승인된 사회적 행동 조사 ⑫ 성인이 쓴 영어에 있어서의 결점 조사 ⑬ 여러 연령층의 유희 활동 조사 ⑭ 시(詩)의 각 학년에의 배정한 것 조사	① 언어활동–사회적 의사소통 ② 건강활동 ③ 시민활동 ④ 일반 사회활동 및 타인과의 화합 및 교제 ⑤ 여가활동–즐거움, 오락 ⑥ 자신의 정신 건강 유지 ⑦ 종교활동 ⑧ 양친활동 ⑨ 비전문적 비직업적 실제 활동 ⑩ 자신의 직업에 속하는 노력	• 세목적인 능력의 행사에 포함된 것, 즉 자료, 힘, 과정, 관계, 경험 및 결과에 관한 흥미 • 포함된 것에 대한 자율적인 신중 또는 주의 • 포함된 것에 관한 바른 평가, 태도, 감상 • 능력 행사에서 오는 결과에 관한 욕망 • 능력 행사에 포함되어 있는 경험의 즐거움 • 경험, 결과 또는 그 양자에 쓰이는 능력에 대한 욕망 • 능력 행사에 포함되어 있는 것, 장면, 경험에 대한 정상적이며 건전한 정서적 반응 • 활동을 용이하고 효과적으로 수행하는 데 필요한 세목적인 습관 및 기능

일반화의 원리

　　201 모든 생활방식의 상호 의존에 관한 이해(이하 생략)

구체적인 습관과 운동 기능을 명백할 정도까지 포함하는 능력

　　301 읽기 능력(이하 생략)

③ 청소년 욕구법과 항상적 생활장면분석법

　　청소년 욕구법을 정립시킨 Alberty가 직접 설정한 교육목표는 발견되지 않았다. 이것은 그가 활약한 '8년 연구'에서 청소년 욕구를 중심으로 한 교육목표가 있었기에 그의 저서에서 언급하지 않은 것으로 판단된다. 그래서 8년 연구 때 'The Commission on the Relation of School and College of the Progressive Education Association'에서 설정한 교육목표가 존재한다(Aikin, 1942: 88-89). 그 목표는 ① 목표설정의 원리, ② 목표

설정의 기초로서의 청소년 욕구, 욕구와 사회와의 관계, 개인적 욕구와 사회적 욕구의 관계, 요구 목록과 그 교육적 해석, ③ 설정 기초로서의 민주주의, ④ 목표설정 방법으로서의 조작 또는 능력에 대한 목표분석법, 예시적, 전형적 행동 형태의 시험에 의한 방법 등에 대한 연구를 거쳐서 설정된 것이다.

항상적 생활장면분석법에서는 최우선적으로 교육목표와 항상적 생활장면과의 관련성을 강조하고 있다. 설정된 교육목표의 가치는 항상적 생활장면을 처리하는 능력에 놓여 있으며, 교육목표의 골격은 각 장면 처리 능력의 윤곽에 따라 상이하게 나타난다. 그리고 진술된 목표에서는 새로운 자료, 보다 나은 행동양식 등의 발견에 따라 변화한다는 것 등이 강조되고 있다. 그리고 교육목표와 학습자의 성숙 및 능력이 관계를 맺어야 하며, 교육목표가 학습자의 성숙이나 능력 등의 개인차에 따라서 상이해야 하는데, 그 근거로 행동목표는 고정되지 않기 때문에 장기목표가 전 학습자에게 동일하지 않다는 점을 들고 있다. 또한 일반 목표와 특수화된 목표가 상이하며 일반 목표, 즉 장기목표 자체도 학습자의 능력 및 지역적 배경에 따라서 상이해진다. 그리고 목표는 행동 용어로 표현되어야 한다는 것이다.

(3) 스코프와 시퀀스의 결정

① 교과중심 교육과정

여기에서의 스코프는 교과영역으로 이루어진다. 그런데 교과중심 교육과정에서는 개설 과목이 먼저 결정되고, 이런 과목들을 교과영역별로 분류함으로써 각 교과의 영역들이 분명히 결정되고, 이런 교과영역 각각이 하나의 스코프를 이룬다. 시퀀스는 결정된 과목들을 학교 및 학년에 배정하고 그 과목들을 계열화하는 역할을 한다. 이와 같이 과목을 각급 학교 수준에 또는 각 학년에 어떻게 배열하느냐의 문제는 교육과정의 수직적 차원을 마련하게 된다. 특히 초·중등학교의 과목 배열은 단진적(單進的) 배열법, 병진적(並進的) 배열법, 절충적 배열법이 활용되었으며, 이후 병진적 방법의 적용에 있어서도 간단한 것에서 복잡한 것으로, 선행필수학습, 연대순, 곤란도 등이 원칙으로 작용하였으나 대체로 종전대로 과목들을 학교 또는 학년에 배정하는 것이었다.

② 활동분석법

여기에서는 가능한 한 생활중심의 스코프를 받아들이는 것이 필요하며, Hopkins

(1930: 383)의 견해를 보면 결국 일반 교육목적은 생활활동중심으로 설정하고, 이런 목표를 달성하기 위해서는 활동 프로그램 작성이 요청되나 그 당시의 연구가 아직 그런 프로그램 작성을 할 수 있거나 그런 자료를 공급할 수준에 이르지 못했으므로 부득이 교과 및 과목의 목표로 일반 교육목적을 분석해야 한다는 것이다. 그리하여 결국에는 "교과목표 및 과목목표를 통해서 생활활동중심의 일반 교육목적을 달성하고자 하였으므로 교육과정의 스코프는 교과영역이라는 결론"(Ibid., pp. 57-58)에 귀착하게 된다. 이렇게 활동분석법에 있어서 교과영역이 생활활동중심의 교육목표 달성을 위한 스코프이므로, 교과의 학년배당과 그 계열화는 전술한 교과중심의 것과 동일하다고 보아야 할 것이다.

③ 사회기능법

1934년에 사회학자, 문화인류학자들의 조사결과에 의해서 교과영역을 탈피한 사회기능중심의 스코프를 처음으로 발표했는데 그것은 다음과 같다(Caswell & Campbell, 1935: 178).

1. 생명, 재산, 천연자원의 보호 · 보존   2. 물자의 생산 및 생산물의 배분
3. 물자 및 시설의 소비   4. 물자 및 사람의 통신과 수송
5. 오락   6. 미적 욕구의 표현
7. 종교적 욕구의 표현   8. 교육
9. 자유의 확대   10. 개체의 통합
11. 탐색

그리고 Harap는 8가지의 바람직한 스코프 결정 기준을 밝히고, 그 기준에 따라 스코프 간 내에 중복이 없도록 스코프를 ① 가정생활, ② 여가, ③ 시민성, ④ 조직화된 집단생활, ⑤ 소비, ⑥ 생산, ⑦ 의사소통, ⑧ 수송으로 정하고 있다(1935: 92-96).

사회기능법의 시퀀스를 결정하는 기본 가정에 대해서는 다음과 같이 말하고 있다.

① 사회기능법은 모든 교과활동이 통합된 교육 프로그램에 기여해야 한다는 가정에 그 기초를 두고 있다. 이것은 효과적인 활용을 위해서 능력들이 조직되려면 교과영역으로 조직되어야 한다는 것을 뜻하는 것이 아니고, 모든 교과들이 아이들의 경험 통

합에 이바지하도록 중핵이 교육과정에 마련되어야 함을 뜻한다.

② 이 구성법의 또 하나의 가정은 특정 아동집단을 위한 작업범위가 그들의 흥미에서 유
래하도록 계획되어야 한다는 것이다. 이것은 효과적이고 경제적인 학습을 보증한다.
학생들의 흥미는 각 학년 수준에서 이루어지는 작업 범위를 결정하는 하나의 요인이
라는 것도 이러한 가정에서 나온 것이다(Caswell & Campbell, 1935: 174-175).

이상과 같은 가정하에 다음과 같은 버지니아 안의 '흥미중심' 시퀀스가 1934년에 처
음으로 발표되었다.

1학년: 가정과 학교생활
2학년: 지역사회 생활
……
11학년: 계속적으로 계획하는 사회질서가 인간생활에 미치는 영향(Ibid, p. 178)

④ 청소년 욕구법

청소년 욕구법에서는 L. L. Lurry가 청소년 욕구 및 문제영역을 선택하는 일련의 기
준 개발, 10년 간 중핵 프로그램 개발에 활용된 문제영역에 관한 문헌의 개관, 중핵 프
로그램 개발에 폭넓은 경험을 가지고 있는 30명의 교육과정 연구자 비판 등에 의해서
청소년의 욕구 및 문제영역 중심의 교육과정 스코프를 결정한 것이다.

Lurry가 제안한 12가지 문제영역의 선택 기준에 의해 제안된 청소년의 문제영역 중
심의 스코프는 다음과 같다(L. L. Lurry & E. J. Alberty, 1957: 59-60).

1. 학교생활의 문제   2. 자기이해의 문제
3. 가치발견의 문제   4. 사회적 관계의 문제
5. 일과 직업의 문제   6. 자연자원의 이용과 보존의 문제
7. 민주주의 교육의 문제   8. 여가의 건설적인 활용문제
9. 가족생활의 문제   10. 의사소통의 문제
11. 민주정치의 문제   12. 지역사회 및 개인의 건강문제
13. 민주주의에 있어서 경제적 관계의 문제
14. 원자시대에서 세계평화 달성의 문제

15. 국제적인 문화관계의 문제   16. 비판적 사고의 문제

청소년 욕구법에 있어서의 시퀀스 결정은 스코프의 각 영역들을 학년 배정하는 과정에서 이루어진다. 페어몬트 하이츠(Fairmont Heights) 중등학교는 시퀀스를 결정하기 위해 "지역사회의 연구, 표준화된 테스트의 결과, 흥미검사, 협의, 청소년의 성장과 발달에 관한 문헌조사"(Ibid, 218) 등을 기초로 해서 교사와 학생의 협의에 의해 결정된다. 청소년의 문제영역 중심의 배열은 고정되어 있는 것이 아니라 하나의 지침 역할만을 하게 된다. 가장 구체적인 배열의 결정은 중핵 코스를 가르치게 되는 교사집단의 협의에 의해서 결정된다.

⑤ 항상적 생활장면분석법

여기에서는 일상 생활장면이 스코프 결정의 기초를 마련해 준다. 컬럼비아 대학 팀이 가정 생활장면, 시민적 · 사회적 생활장면, 직장 생활장면, 여가 생활장면, 정신적 생활장면으로 일상 생활장면을 분류하고, 이런 5개 장면은 남녀노소가 함께 항상 직면하는 것이라고 보았다. 그런데 일상 생활장면과 항상적 생활장면과의 관계를 보면 일상생활의 모든 장면에 있어서 개인적 능력이 활용되어야만 하고 사회적 제 관계가 존재하며 주위의 환경—자연적 · 과학기술적 혹은 사회적 · 경제적 · 정치적 환경—이 처리되지 않으면 안 된다.

항상적 생활장면이 분류되는 3부분은 각 부분의 하위부분도 동일하게 상호 관련되어 있다. 어떤 부분에서 발달한 기질은 타 부분에서 달성하려고 하는 능력에 영향을 미칠 것이다. 지력을 활용하는 능력, 도덕적 선택을 하는 능력, 정신적 혹은 정서적 건강의 측면, 타인과 함께 활용하는 능력 등은 거의 모든 장면에서 요구되는 것이다(Stratemeyer & Others, 1957: 150-151). 이상과 같은 일상 생활장면과 항상적 생활장면의 관련을 볼 때 남녀노소를 막론하고 일상 생활장면에서 항상 부닥치는 문제를 학습자의 능력 성장 장면으로 체계화할 수 있다. 시퀀스 결정은 학습자의 성숙 단계에 따라 아동전기, 아동 후기, 청소년기, 성인기로 이루어져 있다.

⑥ 학문중심 교육과정

여기에서 스코프의 결정은 지식의 영역화에 그 기초를 두고 있다. 우선 Phenix에 의한 지식의 속적(屬的) 분류(1964: 47-48)를 들 수 있는데, 지식의 학습가능성과 유용성을

학문적인 지식으로 설명하고 있다. 그리고 이런 학문이 지식을 낳게 하는 종(種)이라고 본 것, 또 이런 학문적 지식을 인식론적 논리에 따라 분류한 점, 분류 결과로서 지식의 영역화가 6개의 의미영역으로 이루어진 점이 특징이다. 그리고 지식영역을 분류하는 준거인 외연의 3정도(단일, 일반, 포괄)와 내포의 3종(사실, 형식, 규범)을 서로 연결하여 여러 학문이 생겨난다는 것이다.

이와 유사하게 P. H. Hirst의 지식의 형식(1970: 64; 1974)에서도 지식을 그 형식중심으로 영역화하고 있으며, A. Brent는 이상과 같은 Hirst의 지식 형식을 교육과정의 스코프 결정에 활용할 수 있는 범주적(categorial) 개념과 실체적(substantive) 개념을 지식의 형식별로 밝히고 있다(1978: 102-108). 또한 H. S. Broudy(1961)는 지식을 기능중심으로 영역화하는 방안을 제안하면서 J. T. Tykociner가 행한 지식의 기능적 분류에 의해 그의 안을 제시하고 있다. 특히 지식의 기능 분야로서(이인기·서명원 공역, 1963: 426-427), 우선 ① 학습·사고 및 의사소통을 위한 상징적 도구, ② 기본 지식영역의 계통적 조직, ③ 과거 사실의 조직, ④ 미래의 문제를 해결하고 분석하는 기능 분야, ⑤ 인간의 지식을 통합하고 종합하며 인간의 열망을 강화하는 가치관, ⑥ 개인적 문제 등을 제시하고 있다.

시퀀스 결정에서는 Posner와 Strike(1976: 665-690)가 제안한 내용계열화 원리의 도식을 활용할 수 있다. 특히 학문중심 교육과정의 입장에서는 개념과 탐구에 관련되는 원리를 중심으로 시퀀스를 결정할 수 있다.

(4) 내용의 선정 및 조직

① 교과중심 교육과정

내용 선정 방법으로서 판단법(judgemental procedure)에서는 과목을 선정하거나 과목 내용을 선정하는 주체가 그 과목과 유관한 개인, 또는 위원회다. 판단법에 의한 교육과정 내용 선정에서는 '중요성'과 '장기간 잔존'이라는 준거가 활용되었는데, 전자의 준거는 교과가 포함하고 있는 내용에 대한 판단 정도를 뜻하는 것으로서, 그 정도란 교과의 지식이 그 분야의 숙달에 본질적인 것이라고 생각되는 정도를 말한다. 후자의 준거는 교육과정 내용으로서 오랫동안 교재에 잔존해 온 정도를 뜻한다.

조직 방법으로는 교과서법, 교재법, 상관법, 중심 이동법, 목적적 융합법, 중심 융합법, 생활원리에 의한 융합법, 주제법, 문화개관법 등이 있다. 특히 상관법의 구체적 내용은 다음과 같다(Hopkins, 1941: 55).

상관법은 구체적으로 사실상관, 기술상관, 규범상관으로 구분되나, 대개의 경우 이런 구분 없이 활용된다. 그런데 이 방법에 있어서 밝혀야 할 것 가운데 하나가 이런 방법을 이용해서 어떤 과목의 내용들이 형식상 하나의 내용으로 조직될 수 있는가 하는 점이다. 즉, (1) 동일 교과 내 과목들 간의 상관, (2) 특정 과목과 타 교과 내 과목과의 상관, (3) 특정 과목과 생활문제와의 상관 등이 있다.

그리고 주제법은 내용을 조직하는 방법 중에서 가장 폭넓게 활용되고 있다. 이 방법은 교과중심 교육과정에서뿐만 아니라 경험중심, 학문중심 교육과정에서도 활용되고 있다. 이 주제법(Caswell & Campbell, 1935: 164-170)은 현대생활을 해석할 때 성인들이 활용하는 가장 중요한 몇몇 통칙들을 중심으로 교육과정을 조직한다. 이 방법은 특히 사회과 교육과정 내용을 규정하는 데 활용되어 왔다.

② 경험중심 교육과정

• 내용의 선정

활동교육과정을 주장하는 J. I. Meriam은 교과 스코프 대신에 활동영역에 의한 활동을 기본 내용으로 선정하여 관찰, 놀이, 이야기, 수공 등으로 제시하고 있다(1920: 383). 그리고 E. Collings는 1917년에 교육과정의 주된 영역을 놀이, 소풍, 이야기, 수공으로 구분하고, 그에 속하는 내용으로서의 활동들을 제시하고 있다(Smith & Others, 1950: 417-418). 이런 내용의 선정을 통해 행함으로써 학습하도록 의도하였던 것이다.

사회기능법의 버지니아 주 안에서는 스코프라고 하는 수평적인 축과 시퀀스라고 하는 수직적인 축이 교차하는 곳에 각 학년에서 학습자가 학습할 작업단원을 도출하고 있는데 그 특징을 살펴보면 다음과 같다(Ibid., 181-182).

첫째, 작업단원 선정에 충실히 반영되어 있어서 선정의 기초가 튼튼하다는 점이다. 왜냐하면 목표를 설정할 때의 의도가 스코프와 시퀀스에 두 가지, 즉 사회기능과 학습자의 흥미로 반영되었고 이 두 가지에 의해 모든 작업단원이 선정되었기 때문이다. 둘째, 선정된 작업단원 수를 보면 1, 2학년이 6단원, 3학년에서 7학년까지가 8단원, 8학년에서 11학년까지가 11단원으로 되어 있다. 이와 같은 단원 수의 차이로 인해 학년이 높아짐에 따라 내용 및 활동이 분화·확대되어 갔다고 말할 수 있을 것이다. 셋째, 설정된 단원들을 보면 모두가 해당되는 스코프와 시퀀스에 부각된 내용들을 결부시켜 어떤 의미를 나타내게 되어 있다. 그 단원들을 보면 저학년일수록 가정, 지역사회, 학교 등으로 내용을 제한해서 표현하고 있고, 학년이 높아짐에 따라 그 내용의 성격이 상이한 것으로 보아 선정된 단원에서 기능적이고 실용적이며 생활중심적인 내용 및 활동을 강조하고 있음을 알 수 있다. 넷째, 작업단원들은 중핵과정의 단원만을 제시한 것으로 교육과정에 포함되어야 할 일반적인 내용과 활동의 일부라고 할 수 있다. 그래서 이런 내용을 중심으로 주변과정의 내용과 활동이 선정되는 것과 합해져서 교육과정 전체의 내용과 활동이 되는 것이다.

청소년의 욕구 또는 문제를 중심으로 한 내용은 교사와 학생의 협의를 거쳐서 결정된 작업단원의 주제와 적절성을 지닌 논쟁문제 가운데서 선정된다. 따라서 내용 선정에 있어서는 작업단원의 내용이 될 그 단원의 주제들과 적절성을 지닌 논쟁문제들을 전적으로 교사와 학생이 공동 협의하여 어떻게 결정하느냐가 문제의 관건이 된다. 특히 스코프의 영역으로 결정된 청소년의 욕구 또는 문제영역마다 작업단원이 선정되는데, 그 내용은 주제결정을 위한 준거와 적절성을 지닌 논쟁문제를 결정하기 위한 준거에 의해서 선정된다. 전자의 준거를 보면 그 내용들이 다른 방법에 의한 내용 선정 준거와 별 차가 없는 것이다. 후자의 준거들을 보면 그 준거 설정에 앞서서 논쟁문제를 내용 선정의 한 자원으로 삼은 것은 높이 평가할 만하다.

항상적 생활장면분석법에서 컬럼비아 대학교의 교육과정 팀은 내용, 즉 경험을 결정하는 단계로서 학습자들의 관심사를 확인하는 것과 교육과정 내에 그 경험들의 위치를 결정하는 것 등을 제안하고 있다. 특히 이 두 단계의 내용을 보면, 내용을 선정하는 다른 방법들보다 특이한 것은 발견되지 않는다. 그런데 이러한 단계를 보면 내용, 즉 경험이 처리되는 방식이 관심거리다. 물론 선정된 경험은 일정한 형태로 조직되기 마련인데 이런 선정이나 조직은 항상적 생활장면과 관련성을 지녀야 함이 이 방법의 특징인 것이다. 다시 말하면 교사가 학습자의 관심사를 확인할 때나 그것을 교육과정 내에 위치시킬 때는 이미 마련되어 있는 스코프와 시퀀스 가운데의 어떤 항목과 유관성을 지니고 있는가 하는 문제를 항상 생각하고 있어야 한다는 것이다. 만약 반대로 말해서 항상적 생활장면의 분석표에 포함될 수 없는 관심사라면 그것 자체가 아무리 좋은 것으로 보인다고 하더라도 교육과정 내에 그 위치를 점할 수 없는 것이다.

• **내용의 조직**

활동교육과정의 내용 조직에서는 내용을 활동으로 보고 이런 활동들을 사전에 조직해 둔 것이 아니라, 가르칠 토픽 안을 제시해 두고 그것에 합당한 활동을 교육현장에서 교사가 직접 조직하고 이른바 생성교육과정 조직을 지향하고 있음을 알 수 있다. 구체적인 방법으로는 구안법, 작업단원법, 동심원법 등이 있다.

사회기능법에서의 작업단원법은 작업중심으로 학습활동을 다양하게 적극적으로 수행할 수 있고 교사와 학생이 협동함으로써 효과적인 학습성과를 기대할 수 있는 단원으로 내용들을 조직하는 방법이다. 이 방법은 사회기능법, 청소년 욕구법, 항상적 생활장면분석법 등에서 활용·발전시켜 온 것이다. 이 방법에 대해서 Caswell과 Campbell은 다음과 같이 소상히 말하고 있다.

> 이 방법은 작업단원 교육과정을 개발한 실험학교의 지도에 따른 공립학교에 의해서 개발된 것이다. 실험학교들은 일반적으로 작업단원이 교실이라는 특수상황에서 볼 때 그 적당성의 문제를 교사가 결정하도록 허용한 반면에, 대부분의 공립학교들은 그 문제를 교사들에게 맡기는 것을 원하지 않았다. 그래서 공립학교들은 가르칠 작업단원의 윤곽을 미리 정하고 단원들이 개발되는 순서와 학년을 지시한 것이다. 작업단원법은 교사가 교재법이나 교과서법에서 요구하는 것보다 더 큰 주제취급을 요구하기 때문에 교사는 이런 주제에 관계되는 자료들을 특수한 교수장면에 맞도록 조직해야 한다. 작업단원법은 여러 교과 및 여러 시대에서 가져온 자료들을 활용할 기회를 주게 된다. 그래서 미리 규정된 단원이 취급해야 할 교재나 혹은 문화여행의 체계를 지시한다 하더라도 이런 영역 내의 자유가 상당히 허용되는 것이다(Caswell & Campbell, 1935: 160-164).

사회기능법에서 개발한 동심원법은 경험중심의 중핵 교육과정을 조직하는 방법으로서 오랫동안 발전해 왔는데, 어떻게 중핵 코스와 주변 코스를 통한 학습자들의 경험을 동심원적인 것으로 통합시킬 수 있느냐에 관심의 초점이 있다. 그리고 또 중핵 코스와 주변 코스의 통합에 대한 강조가 경험 교육과정의 여러 조직 형태에 공통적인 특징이라고 할지라도 특히 중핵 교육과정은 내용, 곧 경험이 통합됨으로써 개인의 인격이 통합되고 개인의 인격이 통합됨으로써 사회가 통합된다는 신념에서 비롯된 것이라고 판단된다. 그런데 과연 중핵 코스와 주변 코스의 통합성의 정도를 이미 조직된 것을 보고 판단하기는 어렵다. 그중에 버지니아 주 교육위원회의 프로그램이 대표적인데, 중핵 코스는 단원에 관한 여러 측면의 경험을 학습자들이 갖도록 항목들을 제시해 놓고 있고, 주변 코스는 중핵 코스의 내용과 관련성을 지니고 있기는 하나 국어, 과학 및 수학의 측면이 부각되어 있다.

청소년 욕구법에 있어서 Alberty는 학습내용의 조직 형태를 다음과 같이 5개 형태로 제시하고 있다(1962: 222-224).

　제1형태: 분과에 기초를 둔 것
　제2형태: 두 개 이상의 교과 상관에 기초를 둔 것
　제3형태: 두 개 이상의 교과 융합에 기초를 둔 것
　제4형태: 문제영역의 틀 내에서 청년의 공통문제, 욕구 및 흥미에 기초를 둔 것
　제5형태: 어떤 형식적인 구조에 관계없이 교사와 학생의 계획적 활동에 기초를 둔 것

Alberty는 이상에서 제4, 제5형태를 활용하도록 주장하고 있으며, 청소년 욕구법에 있어서는 사회기능법에서 개발한 작업단원법도 동시에 활용할 것을 주장하고 있다(Ibid., 204-222). 항상직 생활장면분석법에 있어서 교육과정 내용의 조직은 분석된 항상적 생활장면과 학습자의 성숙단계에 의해서 이루어지고, 이후 몇 단계로 분석되는데 이런 분석 단계 가운데서 모든 단계를 아동전기, 아동후기, 청소년기, 성인기 별로 나타내는 것이 시퀀스 결정을 나타낸다.

③ 학문중심 교육과정

• 내용의 선정

여러 학자들이 주장하는 다양한 내용 선정 준거를 표로 제시해 보면 다음과 같이 정리해 볼 수 있다(이경섭, 1990: 402).

이상의 표를 중심으로 보면 내용 선정의 준거는 내적 준거로서 기초적인 것이 있다. 그런데 각 교과에는 내용 선정 기준이 있고, 이 기준에 의해 '선정된 기초 개념'들이 있다. 그리고 학문의 구조, 탐구방법, 경제성 등이 있다. 그 이외에 외적 준거로서 교육목표와의 관련성, 학습자의 학습가능성, 사회에의 적합성 등이 있다.

• 내용 조직의 방식

내용 조직 방식은 다음과 같이 매우 다양하게 제시될 수 있다(이경섭, 1996: 273-298). 즉, 위계질서법, 망조직법, 내용·학습 병용법, 구조법, 탐구법, 간학문적 방법, 나선형

표 4-2 내용 선정의 내외적 준거

제안자	내적 준거	인간능력과 자질
R. S. Zais	• 중요성(기초적인 것)	• 유용성, 흥미 • 인간발달
H. Taba	• 내용의 타당성과 의의 • 폭과 깊이의 균형	• 사회적 실재와의 일치 • 광범한 목적을 위한 대책 • 학생들의 경험에 대한 적응력과 학습능력 • 학생의 욕구 및 흥미에의 적절성
E. W. Eisner	• 선택 가능한 내용 가운데서 어느 것을 설정해야 할 것이냐의 결정 • 아동들이 살고 있는 가정 및 지역사회에서 유래하는 넓고 다양한 경험을 학교에서 가져오는	• 내용과 목적 간에 어떤 관계가 있는가 • 내용은 프로그램이 의도한 아동들에게 유의미한 것인가
R. C. Doll	• 학문적 지식으로서의 타당성과 중요성 • 범위와 깊이의 적절한 균형 • 존속성 • 주제와 주된 아이디어 및 개념과의 논리적 관계 • 타 교과로부터 자료를 끌어 올 가능성	• 학습자의 욕구와 취미에의 적절성 • 학습가능성
W. H. Schubert	• 존속성 • 학문의 구조	• 사회적 욕구 • 유용성 • 출판업자의 결정 • 정치적 세력 • 학습자의 흥미 • 민주적 행위
M. Print	• 중요성(기초적인 것) • 타당성	• 사회적 적절성 • 유용성 • 학습가능성 • 흥미

법 등이 그것이다. 이것들은 조직 형태와 조직 기법으로 구분되는데 전자에는 구조형, 탐구형, 간학문형, 나선형이 있고, 후자에는 위계질서법, 망조직법, 내용·활동 병용법 등이 있다.

2) 교과 가치 이론

우리가 학교에서 교과를 왜 가르치고 있는가? 시험을 잘 보기 위해서, 아니면 자신의 교과가 없어지는 것을 방지하기 위해서, 아니면 학습자의 성장을 위해서 등등 여러 이유가 존재할 것이다. 이러한 질문과 대답은 교육의 목적과 관련되어 있다. 교과의 가치를 얘기하기 전에 교육의 목적을 논의하는 것이 우선이다.

교육의 목적을 논의하는 방식은 다양하다. 우선 궁극적 목적과 수단–목적의 연쇄적 관계 속에서 목적을 생각해 보는 것이다. 특정 목적은 다른 목적의 수단이 된다. 예를 들어, 아르바이트는 돈을 벌기 위한 수단이며, 이 경우 돈은 목적이며, 바로 이 목적이 되는 돈은 책을 사기 위한 수단이 된다. 또 다시 이 책은 지식 습득을 위한 수단이 된다. 이와 같이 수단과 목적의 연쇄를 계속 따라 올라가 보면 더 이상 다른 것의 수단이 되지 않는 궁극적인 목적에 이르게 된다. 이때 교육뿐만 아니라 인간의 모든 활동은 궁극적 목적을 달성하기 위한 수단이라고 볼 수 있다. 그런데 궁극적 목적이 무엇이며, 교육활동과 어떤 관련이 있는가 하는 것은 탐구해야 할 과제다.

교육의 목적을 생각하는 또 다른 관점은 외재적 목적과 내재적 목적을 구분하여 생각해 보는 것이다. 교육활동 그 자체에 목적을 두는 경우와 교육의 결과 얻게 되는 다른 어떤 것을 목적으로 하는 경우다. 교육의 목적을 외재적으로 규정하는 것은 교육이 아닌 다른 것의 목적을 달성하기 위하여 교육을 끌어들이는 경우다. 개인의 출세나 부귀와 명예, 출세를 위한 교육이 여기에 해당된다. 이 경우 외재적 목적을 위한 수단이 되면 될수록 교육이 아니 다른 것에 관심을 두게 된다. 이때 교육활동은 왜곡되거나 명목상으로만 교육일 뿐 실제적으로는 교육이 아닌 다른 활동으로 변질되고 만다(윤정일 외, 2002: 115-120).

우리가 학교에서 교과를 가르치는 이유는 교과 그 자체에 있는가 아니면 교과 외의 다른 데에 있는가? 교육의 내재적 목적 또는 내재적 가치는 무엇인가? 내재적 가치에 대한 설명 역시 다양하다. 교육(학) 분야에서 내재적 가치에 대해 처음 언급한 학자는 Dewey다. Dewey는 교육을 성장으로 보고 성장은 그 자체로서 가치가 있다고 주장한다. 그 이후 R. S. Peters나 P. H. Hirst에 의하여 본격적으로 논의되었다. 이들은 교과를 학습할 때에 지적 안목을 갖는 것이 교육의 내재적 가치라고 보았다.

교육한다는 것은 학습자의 입장에서 보면 공부하는 것이다. 공부한다는 것은 탐구하는 것과 동일한 것으로 볼 수 있다. 그리고 탐구한다는 것은 무엇인가를 이해하는 것이며, 이해를 통하여 지식을 획득하는 것이다. 이때 배운 내용은 사람의 내면으로 들어와 몸의 한 부분을 형성하게 된다. 지식이 내면으로 들어오면 내면의 눈, 즉 안목이 된다.

사물을 볼 때 감각의 눈만을 가지고 사물을 본다고 생각하지만 따지고 보면 신체적 감각의 눈으로 사물을 본다기보다는 내면의 눈으로 사물을 본다고 해야 옳다. 사물 자체는 외면의 눈으로 보지만 사물의 의미는 내면의 눈으로 보는 것이다. 내면의 눈으로 보지 않고 외면의 눈으로만 보면 태극기와 그림이 그려진 큰 천은 하등의 차이가 없을 것이다. 고전음악을 모르는 사람은 고전음악을 들을 때 갖게 되는 즐거움을 누릴 수 없으며 그 음악은 단지 알 수 없는 소리에 불과할 것이다. 심미적인 눈과 음악적인 귀는 저절로 생기는 것이 아니라 미술과 음악을 공부한 결과로 생기는 것이다.

이러한 것은 미술이나 음악에만 한정되는 것이 아니라 학교의 교과들도 이러한 성격을 지니고 있다. 어떤 교과를 배운다는 것은 그 교과를 배우지 않고는 이해할 수 없는 독특한 이해의 능력을 갖는 것이다. 그것을 배움으로써 우리는 세상을 이해하는 내면의 눈, 즉 안목을 형성하게 된다.

홍은숙(1999: 195-196)은 교과의 내재적 가치와 관련하여 교과를 어떠한 방식으로 그것의 내재적 가치에 충실하게 가르칠 수 있겠는가 하는 측면에서 논의하고 있다. 교과의 내재적 가치는 교과가 하나의 활동으로서 가지는 본질적 가치뿐만 아니라 그 교과를 통해서 학생이 배우게 되는 가치도 포함한다. 교과를 통해서 학생이 배우게 되는 가치는 원리의 이해뿐만 아니라 기술의 습득, 판단력의 제고, 인격의 함양, 정서의 발달, 안목의 형성 등 교육의 다양한 측면을 포함한다. 이처럼 교과의 내재적 가치를 인식하여 그것에 초점을 맞추어서 가르치는 경우 교육의 여러 요소들을 균형 있게 고려할 수 있는 전인교육의 이상에 보다 가까이 접근 가능하다고 주장하고 있다.

3) 교과 내면화 이론

교과 내면화는 교과지식이 학생 자신의 것으로 되는 것을 비유적으로 표현한 것이다. 교육과정에서 교과 내면화는 핵심적인 관심사가 될 수밖에 없다. 교과지식을 어떻게 가르치고 배워야 자신의 것으로 되는가, 자신의 것으로 된다는 것은 무엇을 의미하는가, 교과와 우리 마음의 관계는 어떠한가 등등의 문제가 관련되어 있다.

교육학에서 흔히 접할 수 있는 내면화 아이디어들은 많다. Whitehead의 교육 리듬, Dewey의 교과 심리화와 지도 작성, Broudy의 지식의 네 가지 용도 중에서 해석적 용도, Bruner의 지식의 구조와 내러티브 등이 그것이다. 이러한 아이디어들이 단순히 아이디어로 그치지 않고 구체적으로 내면화 상태, 내면화 방법에 대하여 구체적인 수준까지 논의가 이루어질 필요가 있다.

(1) 교육과정 이론으로서 성리학

최근에는 동양의 성리학을 교육과정 이론으로 해석하려는 시도가 활발하다. 성리학에서는 교과 내면화는 자득(自得)이라고 한다. 대학의 격물치지(格物致知)는 자득을 그 방법의 측면에서 규정하는 것이다(이홍우, 2000b).

성리학의 이론은 교육의 실제를 대상으로 한다. 교육의 실제를 언급하지 않은 채 성리학의 이론을 설명한다는 것은 불가능하다. 성리학의 이론이 드러내려고 한 교육의 실제 세 가지 측면은 교과의 의미, 교과 내면화, 교육받은 인간의 모습(편의상의 구분이며 서로 긴밀히 관련됨)이다. 또한 교육의 목적이란 현재 가르쳐지고 있는 교과의 '논리적 가정'으로 그 속에 붙박혀 있다고 본다. 교육의 내재적 정당화는 교육을 즉각적인 외부의 필요에 부합하는, 필요의 수단으로 보려는 위험한 발상으로부터 보호한다.

성(性)과 도(道)는 모든 사람과 사물에 동일하지만 기품에는 차이가 있어서, 넘치고 모자라는 등 차이가 없을 수 없다. 그리하여 성인은 사람과 사물이 마땅히 따라야 할 길을 알아내어 제도화하고 그것을 천하의 표준이 되도록 하였다. 이것이 곧 교(敎), 즉 가르침이다.

성리학의 교과와 오늘날의 교과는 모두 그 세부적인 내용 항목의 차이에도 불구하고, 교과로서의 공통성을 나타내고 있다. 중용의 '솔성지위도(率性之謂道)'와 '수도지위교(修道之謂敎)'에서의 도는 '사람의 도'이며, 주역의 '일음일양지위도'라는 것은 '하늘의 도'다. 교과 내면화는 성(性)을 마음의 상태로 특징짓는 중(中)이나 성(誠)과 그 의미에 있어서 다르지 않다. 중과 성(誠)은 또한 성인의 경지를 나타낸다.

교육적 인간상은 가공적인 것이 아니다. '교육과정 계획과 운영'에서 출발하여 그것이 가지고 있는 의미를 분석한 결과에 비추어 면밀하게 확인된 인간의 모습이며, 그만큼 그것은 '현실적'인간상이기도 하다. 중(中), 성(誠), 천인합일 등의 개념에 의하여 부각되는 교육받은 인간의 모습은 주로 개인의 마음에 초점이 맞추어져 있다고 할 수 있으므로 이것을 교육적 인간상의 '개인적 차원'이라고 부를 수 있을 것이다. 하지만 사회적 차원도 있다고 보지 않으면 안 된다.

우리가 특별히 교과로 지정하여 학생들에게 가르칠 필요가 있다고 생각하는 지식—예컨대 문학과 수학, 과학과 역사 등의 주지교과—은 그것을 잘 배우면 그것의 이면에 들어 있는 윗층의 마음을 회복할 가능성이 있는 그런 지식이다. 이것을 고쳐 말하자면, 우리는 학생들이 그것을 잘 배우면 그들의 마음이 본래의 마음을 회복하게 되는 그런 지식을 교과로 삼는다고 말할 수 있다. 물론 여기에서 '잘 배운다'는 말은 교과서에 나와 있는 말을 그대로 외운다거나 시험문제에 정답을 제시하는 것을 의미하는 것이 아니라 그 지식을 '자신의 것'으로 만들어야 한다(내면화한다)는 것을 뜻한다. 즉, 지식을 자신의 것으로 만든다는 것은 곧 교과가 교과서에 나와 있는 언어로 기억되는 것이 아니라 언어로 표현되기 이전의 마음(윗층의 마음)으로 들어가서 그 한 부분이 되는 상태를 가리킨다. 이런 뜻에서 교과를 내면화한 사람은 마음이 곧 교과로 된 상태에 있다고 말할 수 있다. 그리고 교과를 오랫동안 열심히 배우고 나면, 아마 하늘의 도움으로 그의 마음이 그대로 윗층의 마음—마음의 기능이 아닌 마음 그 자체—으로 될 수 있을지 모른다.

한편, 교과 내면화에 대해서 주요한 아이디어를 제공받을 수 있는 몇 명의 학자를 중심으로 내면화 문제를 알아보기로 하자. 교과교육의 가장 중핵적인 목표는 교과 지식을 내면화하는 것이다. 교과 내면화는 그간 형식적이고 피상적인 학습을 극복하는 중요한 대안으로 논의되어 왔다. 그러나 그 기제나 구체적인 방안은 소극적으로 논의되어 왔으며, 내면화가 의미하는 것도 매우 다양하게 해석되고 있다. 이 장에서는 교육학의 논의에서 교과 내면화를 가장 집중적으로 살펴볼 수 있는 세 사람의 견해를 강현석(2006: 164-175)의 연구를 중심으로 살펴보기로 하자.

(2) Dewey의 교과와 경험

① Dewey의 교과철학

Dewey의 철학에서 교과교육과 관련하여 말하면, 학습자는 교과를 경험하여 경험을 연속적으로 재구성하는 것, 곧 성장이 교육이 지향해야 하는 바라고 볼 수 있다. Dewey의 철학이 중요한 이유에 대하여 여러 가지 논의가 가능하겠지만, 학습자가 교과를 배운다는 의미에서 보면 배운 것을 소화하여 자기의 것으로 만든다는 것이 무엇이며, 그것이 어떻게 가능한지를 보여 주는 데 있다고 하겠다.

기존의 교과교육은 교과 지식을 배우지만, 그 지식이 학습자의 마음속으로 들어와 학습자의 것이 되지 못하여 피상적이고 형식적인 학습이 되는 형국이었다. 학습자가 새로 배우는 내용이 자신의 마음속에 들어와 이전에 볼 수 없었던 것을 보게 되고, 그로 인하여 더 높은 배움을 열망하고 가르침과 배움의 관계 속에서 자신의 경험이 지속적으로 재구성되는 그러한 형국이 교과를 배우는 진정한 목적이라고 볼 수 있다.

결국 교과 내면화란 교과가 학습자의 삶의 경험과 아무런 관련을 맺지 못할 때에 직면하게 되는 교육적 문제의 심각성을 일깨워 주는 말이다. 이때 발생하는 교육적 문제들 중에서 가장 중요한 문제로서 Dewey는 세 가지를 들고 있다.

첫째, 교육내용의 추상화다. 어떤 내용이 지나치게 추상적이고 상징적인 것이 될 때, 학교에서 배운 것들을 의미 있고 소중한 것으로 보지 못하는 것은 너무나 당연하다. 둘째, 학습동기의 결핍이다. 교육내용이 학습자의 활동과는 아무 관계없이 외부에서 주어질 때, 그 내용을 배우려는 학습자의 동기가 결핍된다. 셋째, 학문적 성격의 상실이다. 교과를 구성하고 있는 교육내용은 학문적인 노력의 결과이며, 학문적 활동의 성격을 지니고 있는 것이다. 하지만 교과의 논리적인 특성만을 지나치게 강조할 때, 실제 가르치는 현장에서는 교과가 원래 가지고 있는 학문적 활동의 성격이 그대로 유지될 수 없다. 교육내용이 외부에서 주어지고 이미 완성된 것으로 제공되는 한, 실제 가르치는 장면에서 교육내용은 불가피하게 수정될 수밖에 없다. 학생들의 이해와 발달 수준이 낮기 때문에, 그리고 가르치고 배우는 학습과정이 갖는 여러 가지 제약 때문에 교사는 가르치는 과정에서 순간순간 여러 가지 어려움에 직면하게 된다. 이러한 어려움을 극복하고 계속해서 주어진 내용을 다루려면 교육내용은 수업 상황에 따라 수정되고 변화되어야 한다(박철홍, 2002: 56-67).

Dewey는 직접적으로 교과 내면화를 말하지는 않았지만, 그가 말하는 교과의 논리와 학습자의 심리에 관한 일련의 주장은 결국 교과, 즉 교과 지식을 자신의 것으로 만들어 경험의 재구성이 가능하도록 하는 것에 관한 주장이라고 볼 수 있다.

② 교과의 점진적 조직

특히 교과 내면화와 관련하여 교과의 점진적(progressive) 조직 혹은 진보적 조직과 관련한 주장을 들여다볼 필요가 있다. Dewey는 학생의 경험 속에서 교과가 세 개의 단계를 거치면서 성장한다고 본다. 첫 번째는 무엇인가를 할 줄 아는 것, 즉 걷고 말하고 쓰고 계산하고 자전거를 타는 것 등과 같은 직접적인 활동의 수행능력으로 존재하는 교과다. 두 번째는 직접적인 활동의 수행능력과 관련을 맺으면서 이를 발전시키는 데에 도움이 되는 다른 사람들의 경험을 수용하여 알게 되는 것, 이른바 정보라는 형태로 존재하는 교과다. 마지막은 전문가나 성인들의 지식, 즉 합리적이고 논리적으로 조직되어 있는 지식체계다. Dewey는 교육의 문제가 교과의 발달단계를 고려하지 않고, 아이들에게 마지막 단계의 교과를 직접 전달하려는 데서 비롯된다고 본다. 반면, 여기서 Dewey가 제안하는 교과내용의 진보적 조직이란 교과의 발달단계를 존중하면서 아이

들의 직접적인 경험에 내재되어 있는 교과의 내용, 즉 무엇인가를 할 줄 아는 것이 점차
적으로 논리적이고 합리적인 지식체계로서의 교과내용으로 발전되도록 하는 것을 의
미한다(엄태동 편, 2001: 107-108).

경험의 재구성과 관련하여 학생들이 이미 잘할 수 있는 것을 좀 더 능숙하고 쉽게 할
수 있도록 도와주기만 하면, 하나의 경험을 그것과는 다른 경험으로 나아가도록 인도
한다는 원리가 충족되는 셈이라고 생각하는 것은 잘못이다. 마찬가지로 학생들에게 새
로운 경험을 제공하기만 하면, 하나의 경험을 그것과는 다른 경험으로 인도한다는 원
리가 충족된다고 보는 것 역시 그릇된 생각이다. 새로운 사물이나 사건들이 이전의 경
험 속에 들어 있는 사물이나 사건들과 반드시 지적인 관련을 맺도록 만들 필요가 있다.
이렇게 해야 사실 및 관념을 분명하게 인식하는 데에 진전이 있을 수 있다.

따라서 이전의 것과는 다른 관찰 방식과 판단능력을 자극함으로써 이후의 경험이 좀
더 넓은 범위에 걸쳐 이루어지도록 해 주는 새로운 문제들을 약속하고 제시할 가능성
이 있는 내용들을 기존의 경험으로부터 선별하는 일은 교사의 책무가 된다. 교사는 경
험을 항상 현존하는 학생들의 관찰능력과 이전의 기억을 지적으로 활용하는 능력에 신
선한 도전이 되는 새로운 영역을 열어 주는 동력이나 도구로 보아야만 한다. 성장에 있
어서 기존의 경험과 새로운 경험 사이의 관련을 구축하는 일, 이것이 언제나 교사가 명
심해야 할 표어가 되어야만 한다(엄태동 편, 2001: 108-109).

③ 교과의 논리와 경험

교과 내면화에서 중요한 것은 경험의 논리적 측면과 심리적 측면을 구분하는 것과
양자 사이의 관계를 검토하는 것이 중요하다. 교과와 관련해서 말한다면 경험의 논리
적 측면은 교과 그 자체를 뜻하는 것이며, 경험의 심리적 측면은 학습자와의 관련 속에
서의 교과를 뜻하는 것이다. 심리적인 입장에서 경험을 진술한다면 경험은 실제적인
성장의 과정을 순서대로 적어 놓은 것이다. 그것은 효율적이었든, 비효율적이었든, 성
공적이었든, 힘든 고통의 과정이었든 간에, 실제로 있었던 경험의 과정과 단계를 그대
로 기록한 것이다.

한편, 논리적인 관점에서 경험의 발달과정을 언급할 때에는 발달이 어느 정도 성취
되었다는 것을 전제로 한다. 따라서 경험의 발달에 대해서 이야기할 때에는 발달과정
은 무시되고 최종 상태가 중시된다. 논리적 관점에서는 경험을 통하여 이룩한 결과와
그 결과를 낳기까지 밟았던 과정들을 분리한다. 그리고 논리적인 관점에서의 경험은

경험의 최종 결과를 요약적으로 보여 주며, 최종 결과의 관점에서 전체를 재구성한다. 심리적인 것과 논리적인 것의 차이는 탐험가의 메모와 완성된 지도의 차이를 통해 보다 쉽게 이해할 수 있을 것이다. 탐험가는 새로운 지방을 탐험할 때, 비록 그 지방의 지도를 가지고 있다 할지라도 나뭇가지를 꺾어 표시를 하고, 여기저기 헤매면서 길을 찾아가며 그 과정을 메모로 남겨 놓는다. 완성된 지도는 탐험가가 하는 것과 같은 경험과정을 통해서 그 지방을 철저히 조사하고 난 후에 만들어진 체계적인 것이다.

　Dewey의 비유에 따르면 완성된 지도와 탐험가의 여행은 서로 관련이 있으며, 서로에게 도움을 준다. 지도는 어떤 경우에도 그 지방을 직접 탐험하는 직접적인 경험을 대신할 수 없다. 즉, 논리적으로 체계화된 교육내용은 직접 경험하는 것을 대신할 수 없다. 지도는 이전의 경험들을 요약한 것이며, 일정한 관점에 따라 질서정연하게 정리해 놓은 것이다. 이 경우 지도는 학교교육에서의 학문 또는 교과에 해당된다. 즉, 교과는 과거 경험의 결과를 앞으로 가장 잘 이용할 수 있는 형태로 정리해 놓은 것이다. 그것은 문제가 있을 때에 이용할 수 있는 가장 좋은 자원이며, 마음의 낭비를 막아 주는 경제적인 것이다. 학문이나 교과는 원래 우연히 발견된 다양한 사실들을 몇 개의 일반적인 원리를 중심으로 분류하고 정리해 놓은 것이기 때문에 기억하기에 용이하다(박철홍, 2002: 56-62).

　그런데 경험에 대하여 논리적 성격을 부여하는 것, 즉 체계화된 지식의 형태를 부여하는 것은 앞으로의 경험이 효율적이고 의미 있으며 유익한 결과를 가져올 수 있도록 하기 위한 것이다. 지식을 논리적으로 체계화하는 과정에서 나타나는 추상화, 일반화, 유형에 따른 분류와 같은 것은 모두가 앞으로의 경험과 관련하여 의미와 가치가 있는 것이다. 그런데 체계화된 지식은 성장과정에서 중요한 위치를 차지하며, 경험이 성장할 수 있는 전기를 마련해 준다. 즉, 과거 경험에 논리성을 부여하고 체계화하는 것 자체가 경험의 발달과정이며 경험의 발달에 중요한 전기가 되므로, 과거 경험이 체계화된 것으로서의 교과가 성장의 과정과 반대되거나 대립되는 것은 아니다. 따라서 교육내용은 원래 직접적인 경험들로부터 추상화된 것이기 때문에 경험으로 되돌아갈 때 올바른 의미를 띠게 된다. 요컨대, 교과에 들어 있는 교육내용들은 심리화(경험화)되어야만 한다. 교육내용은 학습자의 구체적이고 직접적인 경험과의 관련 속에서 해석되고 이해되어야 한다.

　따라서 모든 교과는 두 가지 관점에서 고려될 수 있다. 하나는 학자의 관점이며, 다른 하나는 교사의 관점이다. 흔히 이 두 개의 관점을 서로 대립되는 것으로 이해하는 경향이 있다. 하지만 이 두 입장은 동일한 것은 아니지만 결코 대립되거나 갈등하는 것도 아니다. 학자에게 있어서 교육내용을 구성하고 있는 지식은 새로운 문제를 찾아내고, 구체적으로 연구를 설계하며, 연구를 통하여 검증된 결과를 발견하는 데에 이용할 수 있는 지식의 체계다. 학자들의 입장에서 보면 그가 전공하는 학문의 내용은 그 자체로 독립적인 것이다. 학자들은 자신이 탐구하는 학문을 구성하고 있는 다양한 부분들을 서로서로 비추어 보면서 체계화시키며, 새로운 사실을 알게 되었을 때 이것 역시 학문 내의 다른 부분들과의 관계 속에서 이해한다. 학자는 자신의 학문영역을 넘어서서 여행할 것을 요청받지 않는다. 설령 그런 경우가 있다 하더라도 그것은 단지 자신의 학문에 도움이 되는 사실이나 자료를 얻기 위한 것에 지나지 않는다.

그런데 교사는 전혀 다르다. 교사는 학문 분야에 대한 새로운 사실을 발견하는 데에는 관심이 없다. 교사는 가설을 제안하거나 가설을 검증하는 따위의 일에는 관심을 두지 않는다. 그가 주로 관심을 두는 것은 가르치는 교과의 내용을 학습자의 경험 발달의 특정 단계에 맞게 해석하는 것이다. 교사가 해야 할 중요한 일은 새로운 지식을 찾아내는 것이 아니라, 학습자들로부터 교과에 해당하는 직접적이고 생생한 경험을 이끌어내는 것이다. 그러므로 교사는 교과가 학습자의 경험이 될 수 있는 방법, 즉 아동의 현재 경험 속에 교과와 관련하여 이용할 수 있는 것에는 무엇이 있는지, 그러한 것들을 어떻게 효과적으로 이용할 수 있는지, 교과에 대한 지식을 학습자의 필요나 활동을 이해하고 해석하는 데에 어떻게 활용할 것인지, 올바른 방향으로 그리고 적절하게 성장시키기 위하여 학습자에게 어떤 환경과 자료를 제공해야 하는지 등과 같은 문제에 관심이 있다. 교사는 교과 그 자체에 관심이 있는 것이 아니라, 보다 넓은 전체적인 조망 속에서 경험의 바람직한 성장을 이룩하는 데에 교과가 어떤 역할을 할 수 있는지에 관심이 있다. 그러므로 교과를 보는 교사의 기본적인 입장은 교과를 심리화하는 것이다.

(3) Bruner의 지식의 구조와 내러티브[1]

① 지식구조론과 변화된 입장

Bruner가 1960년대에 강조한 지식구조론의 핵심적 아이디어는 지식의 구조, 나선형 교육과정, 그리고 발견학습으로 요약될 수 있다. Bruner에 따르면 교육내용으로서 상

---

1) 이하 내용은 강현석(2004). 교육과정연구, 22(2), 55-86을 참고한 것임.

정되는 지식은 한마디로 학문이다. 지식의 구조는 학문의 구조와 동일하며, 학문을 이루는 근본원리를 교육내용으로 삼고자 하는 것이 핵심 취지다. 따라서 지식의 구조를 가르친다는 것은 지식을 탐구의 과정으로 상정하고, 개별 지식의 모학문에서 사용되는 탐구언어의 체계를 학생들에게 가르치는 것을 말한다. 지식의 본질적 성격에 맞게 가르친다는 말은 바로 이것을 뜻한다. 지식의 구조는 학습자로 하여금 학습내용을 이해할 수 있도록 해 주고, 기억하기 쉽게 하며, 학습 이외의 사태에 적용할 수 있도록 하고(일반적 전이), 고등지식과 초보지식 사이의 간극을 좁힐 수 있게 한다. 나선형 교육과정은 교육내용을 조직하였을 때 나타나는 특성을 가리키는 추상적인 방법적 개념을 말한다. 즉, 지식의 구조를 교육내용으로 삼는 교육과정 조직의 특성을 형태적으로 표현하면 나선형으로 가능하다고 보는 개념이다. 이것은 각 학문의 근본적인 학습요소인 지식의 구조가 동일성을 유지하면서 학습자의 인지발달단계에 맞추어 상승적인 방향으로 심화, 확장되는 형태로 조직된다. 즉, Bruner는 계열성의 개념을 재해석하여 지식의 구조가 학습자의 경험과 이해의 폭에 따라 점점 더 넓게 확장되고, 인지발달단계에 따라 점점 더 높게 상승되는 형태로 개념화한 것이다. 그리고 지식의 구조를 내면화하고 그것을 문제사태에 확장, 적용하는 학습방법으로 소위 '발견학습'을 제안하였다. 발견학습은 지식의 구조를 학습자들이 스스로 발견하고 다양한 문제사태에 생산적으로 적용하도록 하는 것이다.

이상의 개략적인 지식구조론에 대한 견해를 제시한 후, Bruner는 보다 확장되고 변화된 입장을 지속적으로 제시해 왔다(1983; 1986; 1990; 1996). 그 변화된 입장을 한마디로 '문화 구성주의'라고 부를 수 있다(강현석, 2004). 그의 구성주의에 대한 입장은 매우 포괄적이다. 이 입장에서 가장 핵심이 되는 것은 문화가 인간의 마음을 형성한다는 문화주의(culturalism)의 전제다. 이 전제는 마음에 대한 정보처리 이론적 설명방식에 대한 반성이다. 문화주의에서 마음의 본질은 의미 구성에 있으며, 마음을 형성한다는 것은 의미를 만드는 일이다. 여기에서 의미 구성의 과정은 내러티브(narrative)를 통하여 세계 만들기(world-making)를 수행하는 일이며, 이 일은 세상의 실재를 구성하는 것이다. 그런데 내러티브 사고를 통한 의미 구성은 문화 속에서 이루어지며, 인간의 역사를 반영하는 문화의 도구들을 통해 마음이 구성된다. 결국 문화 속에서 내러티브 사고를 통하여 실재를 구성하며 의미를 만들고, 마음을 구성하는 것이다. 이러한 맥락에 비추어 보면 Bruner의 문화 구성주의의 본질은 의미 구성의 문화심리학, 해석적 구성주의 인식론, 내러티브 사고로 이해될 수 있다(Bruner, 1996: 13-42).

② 교과 내면화의 기제로서의 '구조의 발견': 지식구조론의 비판에 대한 재해석

지식의 구조 성격과 관련한 비판은 구조가 인식 주체와 격리되어 있는 독립적인 객관적 실재라는 점이며, 거기에는 경험주의적 지식관을 전제하고 있다는 점이다. 이러한 비판은 한 단계 더 나아가, 개념이 누구에게나 고정된 의미를 가지며 외부의 객관적인 대상과 대응하는 것처럼 가르치는 것은 특정 수준의 지식의 구조가 유일한 지식의 구조라고 보는 경우에서 비롯된 것이라는 점이다. 개념의 수정적 측면을 고려하지 않으면 구조가 본질적으로 완결되어 있는 개념이라고 보는 생각은 잘못이라는 것이다.

그러나 이상의 객관적 구조, 원자주의적 지식관, 그리고 완결된 개념으로서의 구조에 대한 비판은 논의의 여지가 있다. 지식의 구조는 인식 주체와 독립적인 객관적 실재이기보다는 인식 주체에 의해 발견되고 구성되어 새롭게 진화하는 구안으로 보는 것이 타당하다. Bruner의 구성주의 인식론에 의하면 구조는 객관적 실재가 아니라 구성적 실재다. 그리고 구조가 전제하는 지식관, 즉 교육내용은 그 구성요소로 환원될 수 없는, 그 자체로서 의미가 있는 온전한 지식으로 규정되어야 한다는 전체주의적 접근으로 이해할 경우(이홍우, 1992: 206-207) 원자주의적 지식관에 대한 비판은 다소간 논쟁의 여지를 남긴다.

그리고 완결된 개념으로서의 구조에 대한 비판은 구조의 동적인 측면을 고려하면 다소간 재해석할 수 있는 부분이 존재한다. 구조를 정적인 것으로 파악했을 때, 구조는 완결된 개념과 원리 그 자체를 가리킨다. 오늘날 사람들은 대체로 이 관점에서 구조를 파악하고 있는 경향이 강하다(이홍우, 1985: 25-26). 그러나 구조는 우리가 그것을 발견하고 활용하는 과정에서 동적인 측면을 지니고 있으며, 완결된 개념을 가지고 다른 특수한 현상을 설명하는 데에 적용된다.

동적인 구조의 학습이 Dewey의 문제해결 과정과도 유사하다는 점에서, Taba(1962)는 Bruner의 발견법과 Dewey의 교환적 경험이 모두 능동적 학습을 의미한다고 보았다. 특히 Bruner는 이러한 능동적 학습을 조장하기 위한 방법으로 구조를 통한 직관을 강조하고 있다. 따라서 역동적인 구조는 '변형과 생성'을 허용한다. 그리고 구조는 일반화와 특수화를 가능케 함으로써 세계에 대한 우리의 이해에 도움을 주며, 귀납과 연역의 역동성과 전이(transfer)의 문제를 내포하는 다차원적인 성격을 지니고 있다. 더 나아가 구조는 완결된 개념으로서 내용만을 의미하지 않으며, 내용과 과정을 동시에 통합한다. 이러한 견지에서 Schwab(1964)의 실질적 구조(개념)와 구문적 구조(탐구방법)에 의하면 Schwab이 생각한 탐구학습은 구조의 계속적인 변화를 상정하고 있으며, 따라

서 구조를 완결된 것으로 보는 것이 아니라 계속적으로 변화, 수정, 진화해 나가는 것으로 해석할 수 있다.

우리가 지식을 이해하고 추구하는 궁극적인 목적은 탐구를 통한 새로운 지식의 생성에 있다. 따라서 구조의 학습은 지식의 내적 구조(개념체계)와 외적 구조(탐구구조)를 동시에 고려해야 한다. 구조 발견을 주어져 있는 것의 단순한 발견으로 보는 생각은 지식의 외적 구조, 즉 지식의 탐구구조에 대한 것을 배제하기 때문에 생기는 문제이며, 탐구활동의 역동성을 모르는 처사다. 따라서 지식의 구조는 기존의 지식을 도구적으로 사용함으로써 세계에 대한 새로운 통찰을 부여할 수 있는 개념적 장치이며, 결국 도구적 지식에 통일성을 부여할 수 있는 구성 개념이다. 따라서 구조가 가정하는 지식은 생성적 지식이며, 역동적 지식이다. 구조는 내용이면서 과정이고, 지식이 탐구되는 과정인 동시에 구성 개념이다. 이런 점에서 구조는 고정된 불변의 체계로서 객관적인 실재가 아니며, 주관과 객관의 상호작용 속에서 계속적으로 그 의미가 재구성되는 해석적 체계로 보아야 한다.

이런 점에서 발견학습 의미를 축어적으로 해석하는 것은 문제가 있다. 즉, 발견학습의 이면에는 발견이라는 말이 시사하듯이 실재론적인 관점이 개재되어 있다는 것이다. 발견은 인간 자신에 의해 만들어지는 발명이나 창조와는 달리 사전에 완전히 주어진 형태로 존속하며, 발견되는 것은 이미 거기에 존재하는 것이라는 비판이다.

그러나 지식의 구조의 발견을 '발견'이라는 사전적 의미에 집착하여 외부적 실재의 경험적 발견으로 보아서는 안 된다. 왜냐하면 Bruner가 말하는 발견에는 발명이나 창조의 의미가 들어 있기 때문이다. 발견과 발명, 창조를 서로 다른 것으로 보는 것은 온당치 않다. 발명과 창조는 새로운 과학철학에 의해 가치를 지니지만 발견은 실증주의 유산이라고 보기(손민호, 1995: 33-34) 때문에 제한적 해석이라고 볼 수 있다. 과연 과학철학에서 논의되는 '과학적 발견'의 성격을 가지고 Bruner의 구조의 발견과 탐구학습의 성격을 논의할 수 있는가? 과학철학의 논의가 틀린 것이 아니라 논의의 맥락이 서로 다르다고 보아야 할 것이다. 따라서 과학적 발견과 자연에 대한 발견의 문제를 비교하는 논리를 가지고 지식구조의 발견문제를 단순 비교하는 데에는 무리가 따른다. 아울러 구조를 발견하는 탐구학습이 구성주의 학습의 본질을 제대로 파악하지 못한다는 비판이 있다(박선미, 1999: 40-43). 구성주의에서 말하는 구성의 의미에 비추어 보면 탐구학습에서 탐구의 의미는 제한점을 지니고 있다는 것이다. 구성은 발견 이상의 것을 필요로 한다는 것이다. 이 비판 역시 축어적 의미에만 초점을 두고, 발견의 구성적 속성을 간과하는 약점을 지니고 있다.

그리고 또 다른 비판은 어린 학생들과 학자 간의 구조적 수준 차이 문제를 형식적으로 비판하는 경우다. 이러한 의문은 발견학습을 문자 그대로 해석하여 원래의 의미를 잘못 이해한 경우다. 교육방법은 교육내용과 밀접한 관련을 맺고 있다. 발견학습은 지식의 구조라는 교육내용을 가르치는 방법상의 원리인 것이다. 발견학습은 학생들로 하여금 Newton과 같이 만유인력의 법칙을 발견해 낼 수 있도록 하는 것이 아니라 그러한 법칙을 가르치는 방법상의 원리다. 따라서 탐구와 발견학습에 대한 축어적 해석을 통한 비판은 온당치 못하다. 구조적 수준차에 대한 문제를 Bruner는 보다 적극적으로 인지적 도제 혹은 Vygotsky의 비계설정(scaffolding)으로 해결하고자 한다. 모든 학습이 발견이 될 필요는 없다. 발견은 단지 수업의 기법이 아니며, 그 자체는 중요한 수업의 성과다. 종국적으로 교육은 발견의 과정이다. 발견은 객관적 실재의 파악이 아니라 지속적인 창조의 과정이다.

③ 교과 내면화의 새로운 패러다임으로서의 내러티브 사고

주지하다시피 Bruner는 패러다임적 사고와 대비되는 것으로 내러티브 사고를 제안하면서 학교교육의 일대 변혁을 예고하고 있다. 거시적으로는 교육의 문화 차원에서, 미시적으로는 교실 수업의 실천 문제에서 많은 시사점을 얻을 수 있다. 특히 교실 수업과 관련하여 학생들의 교과 지식의 학습에서도 내러티브는 중요한 역할을 한다.

내러티브 사고는 어의적으로 보면 내러티브를 만드는 마음의 인지적 작용이며, 내러티브는 사고의 산물이다. 그 기본적인 의미는 이야기 혹은 이야기를 만드는 것이다. 내러티브 사고에서는 인간이 자신의 경험을 이야기하려는 보편적 경향을 가정한다. 특히 Bruner는 내러티브가 세계에 대한 우리의 경험과 지식을 조직하거나 서로 간의 의사소통과 학습에 있어서 가장 보편적이면서도 자연스럽고 손쉬우며 강력한 형식 가운데 하나라고 보고 있다. 이런 점에서 본다면 교과 지식의 학습 역시 자연스럽게 내러티브적으로 진행될 수밖에 없으며, 학습은 본질적으로 내러티브적이다. 이러한 점은 교과 내면화에도 시사하는 바가 크다. 내면화는 내러티브의 또 다른 이름이다. 내면화의 기제나 과정, 완성은 모두 내러티브적으로 이루어질 수밖에 없다.

따라서 교수-학습은 내러티브적으로 이루어질 수밖에 없다. 학습은 내러티브를 통해 의미를 만들어가는 과정이다. Bruner가 보기에 우리는 특정 의미가 창조되고 전달되는 맥락 내에서 의미와 의미 구성과정을 해석할 수 있을 것이다. 우리가 구성하는 삶과 우리 자신은 이러한 의미 구성과정의 결과물이다. 인간은 이야기 속에서 살아간다. 세계에 대한 우리의 경험과 지식을 조직하거나 구성하는 가장 자연스러운 방법은 이야기를 만드는 것이다. 이야기를 말한다는 것은 최초의 즉각적인 경험을 그대로 기술하는 것이 아니라 특정한 방식으로 경험의 구조를 만드는 것이다. 결국 어떤 것에 대해 이야기함으로써 경험을 계속적으로 해석하고 재해석하여 우리의 삶이 만들어진다. 그것이 바로 우리의 교육과정이 된다. 이런 점에서 교실 수업의 실제 이야기들의 상호작용과 의미 교섭이 주가 된다. 삶이 해석적으로 구성되고 지식 형성의 과정에서 경험의 구조화 양식으로 기능하는 내러티브는 우리가 만드는 교육과정이 되며, 그렇게 만들어지는 교육과정이 바로 내러티브가 된다.

요컨대, Bruner가 강조하는 지식의 구조는 학습의 온전한 상태가 이루어지는 것을 말한다. 온전한 학습은 이제 내러티브적으로 이루어진다. 사태를 인식하고 경험을 구성하는 틀로서 내러티브는 이제 학습을 구조화하는 기제다. 이상과 같이 우리의 경험을 조직하기 위한 구조로서의 내러티브 혹은 교육의 과정에서 하나의 수단(vehicle)으로서의 내러티브(Bruner, 1996: 119)는 중요한 의미를 지닌다. 왜냐하면 이야기 구조는 학생들의 내적 지식에 이야기의 전형적인 구조를 형성하는 스키마로서 학습에서 이야기를 이해하도록 안내하는 인지적 구조 역할을 하기 때문이다.

내러티브는 상상력과 해석적인 재구성을 통하여 학생의 이해능력과 양식을 다양화하고 학생의 의미 형성 기제로서 중요한 역할을 수행할 수 있다. 교육과정의 구현체로서의 내러티브 수업은 이야기로서의 교수를 토대로 학생들의 교육적 관심과 발달적 측면에 초점을 두면서 이야기 양식을 활용하는 것이 중요하다. 그리고 학습기회의 제공을 의미하는 교육과정은 결국 이야기를 통한 학습의 통합으로 구체화되어야 한다. 보다 근본적으로는 학습 그 자체가 의미 만들기이며, 그것이 결국 내러티브를 의미하고, 그것은 곧 학습이 통합적으로 전개될 수밖에 없다는 점을 의미한다.

(4) Vygotsky의 스캐폴딩

Vygotsky 이론은 '근접발달영역(zone of proximal development)'으로 우리에게 친숙하게 알려진 이론이다. 그러나 이 이론을 교과 내면화 이론으로 해석한 것은 그리 오래되지 않았다. Vygotsky의 관심은 아동의 지적 발달에 있어서 사회적 측면이 지니는 중요성을 강조하는 것으로 Piaget의 solo 중심의 인지 발달과 주의 깊게 비교해 볼 만한 가치를 지닌다. Piaget는 교과 내면화에 일차적인 관심을 가지지는 않았지만, 그의 이론을 유추해 보면 교과 내면화는 아동의 외부에 있는 논리적·객관적인 구조가 아동 내부의 심리적·주관적인 구조(schema)로 전환되는 과정이며, 이 과정에서 동화와 조절에 따라 인지적 평형이 일어나고 더 높은 차원의 발달이 일어나고, 발달 속에서 자신의 체험구조가 변화되는 것을 교과 내면화의 본질로 볼 수 있다.

최근에 교과 내면화에 대한 Vygotsky의 설명에서 핵심이 되는 개념인 근접발달영역을 중심으로 그의 이론을 해석한 논문(김지현, 2000)에 따르면, 지식의 점유과정으로 해석하고 있다. 이 논문을 평한 이홍우(2000, p. 254-255)에 따르면 중추발달지대라는 개념에 의하여 Vygotsky는 우리 마음속에 현실적 발달 수준과 잠재적 발달 수준이라는 두 개의 수준에 의하여 구획되는, 정신활동 핵심부의 발달이 일어나는 지대를 설정한다는 것이다. 지대라는 용어는 점유라는 말이 자아내는 것과 동일한 토지 소유의 비유를 시사한다. 중추발달지대가 정신활동 중추부의 발달이 일어나는 지대를 뜻하는 만큼, 그것이 학습의 준비성을 규정하는 근거로 간주되는 것은 충분히 짐작될 수 있다는 것이다.

Vygotsky에 의하면 교과의 내면화 또는 지식의 점유는 이 지대 안에서 일어난다. 그 일이 어떤 일인가를 설명하기 위하여 Vygotsky는 다시 정신활동이 일어나는 두 개의 국면 또는 평면(plane)을 설정한다. 그것은 (개인)정신 간 국면(intermental plane)과 (개인)정신 내 국면(intramental plane)이다. 아동의 (지적) 발달에서 모든 기능은 두 번 혹은 두 수준에서 나타난다. 첫 번째로 사회적 수준에서 나타나고, 그 다음에 심리적 수준에서 나타난다. 첫 번째 것은 개인 정신 간 국면으로서 인간 사이에서 나타나고, 그 다음의 것은 개인 정신 내 국면으로서 아동 내에서 일어난다. Vygotsky에 의하면 지식의 점유는 개인 정신 간 국면으로부터 개인 내적 차원까지 정신기능이 형성되는 과정(김지현, 2000: 59)으로 규정된다.

이하는 이홍우의 해석을 중심으로 소개해 본다(2000: 254).

위에 인용된 Vygotsky의 말만으로 이해하자면, 정신기능의 정신 간 국면은 사회적 수준에서 또는 성인과 아동(교사와 학생) 사이에서 일어나는 정신활동을 지칭하며, 정신 내 국면은 심리적 수준에서 또는 아동의 내부에서 일어나는 정신활동을 지칭하는 것으로 받아들여질 가능성이 있다(말할 필요조차 없이 명백한 것으로서, Piaget와의 대비에서 Vygotsky의 특이성은 이 정신 간 국면을 인정하였다는 점에 있다.). 그러나 정신 간 국면과 정신 내 국면의 차이는 순전히 두 개의 몸 사이와 하나의 몸 안의 차이에 상응하는 것으로 이해되어서는 안 된다. 정신활동에는 몸 밖과 몸 안이라는 공간적인 경계가 설정될 수 없다. 구태여 공간적인 용어로 말하자면, 정신 간 국면과 정신 내 국면은 모두 아동의 내부에서 일어나는 정신활동이며, 다만 그것들이 일어나는 평면이 다를 뿐이다. 정신 간 국면과 정신 내 국면을 상이한 평면에서 일어나는 동일한 정신활동이라고 말할 수 있는 것은 교사와 학생이 동일한 언어를 사용한다는 점(언어매개) 때문이다. 결국 정신 간 국면으로부터 정신 내 국면으로의 전환이라는 표현에 의하여 Vygotsky는 아동의 바깥에 있는 교사의 정신활동(또는 그것의 언어적 표현인 교과)을 학생 자신의 정신활동의 한 평면으로 끌어들이고, 그것이 마침내 학생 자신의 평면으로 전환된다는 것을 말하고자 한 것이다.

요컨대, 근접발달영역은 지식에 의하여 마음이 형성되는 과정을 설명해 주는 개념이다. 소박하게 우리는 스캐폴딩(scaffolding)을 통하여 학습자가 지식을 완전히 이해하도록 할 수 있다는 생각을 가지고 있다. 학습자 자신보다 상위의 능력을 가진 사람이나 동료 학생과 상호작용을 하면 교과 지식을 보다 내면화할 수 있을 거라는 상식적인 생각이 바로 그것이다. 그러나 여기에는 보다 근본적인 몇 가지의 이론적인 문제가 남는다. 즉, 정신 간 국면과 정신 내 국면의 관계다. 이 양자의 차이와 유사성, 관련성, 그리고 교과 지식을 학습하는 과정의 구체적인 기제를 구체화하는 문제가 구명될 필요가 있다.

교과교육과 관련하여 모든 교육 이론 혹은 교육과정이나 수업이론은 교과 지식을 내면화하는 것과 관련되어 이해될 필요가 있다. 아무리 체계적이고 훌륭한 교육과정 이론이라고 하더라도 학생이 교과 지식을 어떻게 내면화하는가를 제시해 주지 못한다면 그 실효성은 크게 반감될 것이다. 매우 구체적인 수준에서 내면화의 기제를 상세하게 제시하지는 못한다 하더라도 최소한 특정 이론이 교과 내면화를 지향하고 있고, 그 수단이나 방법에 대한 방향이나 지침을 제공할 필요가 있다. 교과 내면화의 문제는 이제 논리 신비주의로부터 벗어나서 보다 인지론적으로 접근할 필요가 있으며, 형이상학적 논의는 이제 좀 더 과학적으로 그리고 좀 더 종합적으로 이해할 필요가 있다. 이러한 방향에 보다 근접한 논의로 인간의 마음과 문화, 지식 간의 관계를 설명하고 있는 Bruner의 논의에 주목할 필요가 있다.

4) 교과별 지식 이론[2]

(1) 의미와 가치

교과별 지식이론에 의한 교과교육학의 가능성은 근본적으로 Bruner의 교육과정 이론에서 출발한다. 학문중심 교육과정에 이론적 기초를 제공하는 Bruner의 입장은 지식의 구조로 대표된다. 특히 지식의 구조와 동의어로 사용되는 교과의 구조(structure of a subject) 혹은 학문의 구조(structure of discipline)는 교과별 지식이론의 핵심적인 근거가 된다. Bruner의 이러한 교과구조론에 의하면 교과를 가르치는 일은 교과의 구조를 확인하고, 그 구조를 학생이 발견하고 내면화할 수 있도록 가르치는 것을 말한다.

이러한 교과구조론에 의해서 교과교육학을 정립하기 위해서는 교과 지식이 어떠한 성격을 지니고 있는지, 교과 지식을 무엇으로 이해해야 하는지가 중요한 문제가 된다. 즉, 교과별로 가정하는 지식에 대한 입장이 교과교육에서 중요한 요인이 된다. 교과별 지식이론은 교과구조론이 교과교육의 측면에서 확장된 이론이며, 개별 교과들이 가정하는 교과의 구조와 그 지식의 성격에 주목하는 입장을 말한다.

교과별 지식이론은 크게 두 가지의 문제를 포함할 수 있다. 하나는 교육 인식론(유한구, 1989; 임병덕, 2000)이고 다른 하나는 학문 분야별 인식론이다. 특히 이홍우(1998)는 종래의 통념에 의하면 교과별 교육과정이, 예컨대 Tyler가 제시한 교육과정의 '일반모형'을 각각의 교과에 거의 기계적으로 적용하는 일로 간주되며, 이로 말미암아 교과별 교육과정은 그 원래의 모습에 맞지 않게 하등의 지적 도전감이나 생동감이 없는 무미건조한 분야로 전락하게 되므로 이에 대한 근본적 조정으로 교과별 지식이론에 의한 교과교육의 문제를 제안한다.

교과별 지식이론은 교과교육이 교과가 기저로 삼고 있는 학문의 구조, 혹은 교과의 구조에 따라 이루어져야 한다는 것이다. 교과마다 주장하는 지식은 다르며, 교과에 영향을 미치는 학문 분야도 역시 그 지식의 성격이 상이하다. 교과의 그 학문적 인식론도 상이하다. 이러한 교과별 지식이론은 교과의 모태가 되는 학문에 초점을 두고 그 해당 학문의 구조를 반영하는 지식체계에 관한 이론적 입장을 말한다. 따라서 교과별 지식이론에서 가장 핵심적인 아이디어는 교과의 구조가 되며, 교과의 구조는 특정 교과의 전반적 교육과정을 규정하게 된다. 즉, 교과를 왜 가르치는가 하는 목적과 목표, 교과

---

2) 이하 내용은 강현석(2006). 교과교육학의 새로운 패러다임, 18-57을 참고한 것임.

에서 무엇을 가르쳐야 하는가 하는 교과내용, 교과를 어떻게 가르쳐야 하는가 하는 교수–학습방법, 무엇을 평가할 것인가 하는 문제에 직접적인 영향을 미친다.

　따라서 교과를 가르치는 데 가장 중요한 것은 교과 지식이며, 보다 구체적으로는 교과에서 강조하는 지식의 성격을 파악하는 것이다. 교과교육에서 교과마다 강조하는 지식은 다르다고 볼 수 있다. 예를 들어, 수학과에서 가르치고자 하는 지식과 과학과에서 가르치고자 하는 지식은 그 성격과 구조, 학문적 배경이 다르다고 볼 수 있다. 더 나아가 특정 교과에서 근거로 삼는 사고방식이나 사고양식도 상이하다고 볼 수 있다. 이것은 교과가 토대로 삼고 있는 학문의 논리가 다르기 때문이다. 학문의 논리는 탐구 목적, 탐구 대상, 탐구 방법, 진위 검증의 판단 논리 등으로 구체화될 수 있다. 교과를 가르치는 모습은 이러한 학문의 논리로부터 자유로울 수가 없다.

　이와 같이 교과마다 강조하는 지식이 다르고, 그 지식 역시 배경으로 삼고 있는 모학문의 구조와 체계에 따라 상이하다는 것이다. 이것은 교과마다 지식을 보는 이해방식이 다르다는 것을 의미한다. 교과별 지식이론은 교과마다 고유한 특유의 지식을 이해하는 방식이 존재하며, 교과 특유의 지식의 구조와 성격을 강조한다. 이런 점에서 이이론은 '교과구조론'과 동일한 것이며, 동시에 '학문구조론'과 같은 성격을 유지한다. 그러므로 교과별 지식이론은 해당 학문의 인식론에 의해서 영향을 받으며, 학문의 구조에 의해서 교과교육의 과정이 개념화될 수 있다.

　결국 교과별 지식이론은 그 학문 분야의 지식의 성격을 밝히는 일에 해당되며, 지식의 성격을 밝히는 일은 단지 지식의 성격을 규명하는 일 그 자체만을 의미하지는 않는다. 지식의 성격을 온전하게 파악하는 일은 그 지식을 가르치는 목적에서부터 시작하여 왜 하필 그러한 방법으로 그것을 가르치지 않으면 안 되는지의 이유, 그리고 거기에 기초하여 지식의 성격과 그 구조에 부합되게 가르치는 방법, 그 구조를 제대로 내면화하였는지를 확인할 수 있는 방법으로 평가가 이루어지지 않으면 안 되는 이유 등 교과를 가르치는 전반적인 과정을 다른 시각으로 조망하는 일을 포함하게 마련이다. 이와 같이 지식의 구조와 성격을 확인하고, 거기에 부합하게 가르치고 평가하는 방식이 교과별 지식이론의 중심이 된다. 그 중심은 동시에 교과의 모 학문의 인식론에 의해 구성된다는 것이다. 따라서 교과교육은 학문 분야별 인식론에 의하여 영향을 받으며, 해당 학문의 사고방식과 논리, 그 논리에 의하여 관련을 맺는 심리적 방법에 의하여 교과를 가르치는 활동이 구체화된다.

(2) 성격과 필요성

교과별 지식이론의 성격에 대해서는 크게 세 가지 차원에서 논의될 수 있다. 첫째로 지식의 구조 차원에서 그 포괄적인 성격을 규명할 수 있으며, 둘째로 학문적 사고방식의 차원에서, 셋째로 학문 분야별 인식론 차원에서 성격이 논의될 수 있다. 교과별 지식이론이 특정 교과가 가르치고자 하는 지식의 구조와 성격에 주목하는 것이라면 교과교육에서 가장 중요한 것은 교과별로 특정 지식이 어떻게 상이하며, 어떠한 구조로 이루어져 있으며, 그것을 가르치는 방법이 어떠한지를 밝히는 것이라고 볼 수 있다. 예를 들어, 수학과에서 가르치고자 하는 지식과 과학과에서 가르치고자 하는 지식이 상이하다면 어떻게 다르며, 그 구조와 성격은 어떻게 다른지를 규명하는 것이 이루어져야 한다. 이러한 작업은 특정 교과가 기저로 삼고 있는 학문의 구조와 성격에 의해 영향을 받을 수밖에 없다. 이러한 점에서 교과별 지식이론은 학문의 체계와 학문의 인식론적 사고방식에 관심을 가지지 않을 수 없다. 이러한 입장은 일찍이 학문중심 교육과정의 이론적 근거로서 작용한 Bruner의 지식의 구조(structure of knowledge) 혹은 교과의 구조(structure of a subjects)와 밀접하게 관련되어 있다.

첫째, 지식의 구조 차원에서 교과별 지식이론은 지식의 구조가 구체적으로 적용되는 장이다. 지식의 구조 혹은 교과의 구조와 관련하여 Bruner는 어떤 교과든지 그 교과를 형성하고 있는 골간으로서의 구조가 있다고 본다. 여기서 교과의 구조란 각 교과가 기반하고 있는 학문 분야의 기본적인 아이디어나 개념 및 원리를 의미한다. 교과의 구조는 기본적이고 일반적인 것일수록 단순하므로 어린 나이에도 학습이 가능하며, 그런 만큼 새로운 문제에 대한 적용 범위가 넓다. 학습을 통해 획득된 교과의 구조는 하나의 현상을 어떤 원리의 특수한 사례로 인지할 수 있게 해 주고, 여러 현상들 사이의 관련성과 질서를 파악할 수 있도록 해 준다. 그러므로 교과의 기본 구조를 이해하는 것은 관련 현상을 파악하는 안목을 획득하는 것일 뿐만 아니라 일반적 전이를 통해 미래의 쓸모에 대응하는 것이기도 하다.

사람의 일생을 놓고 볼 때 학교교육 기간은 제한되어 있으므로 학교는 그 기간 동안에 일생 동안 사고하고 생활하는 데 중요한 것을 가르치기 위해서 자연스럽게 효율성을 추구하게 된다. Bruner는 ① 기본적인 구조를 이해하면 교과내용을 훨씬 쉽게 파악할 수 있다는 점, ② 세세한 사항은 그것이 전체적으로 구조화된 형태 안에 들어 있지 않는 한 곧 잊힌다는 점, ③ 기본적인 원리나 개념의 이해는 훈련의 전이를 가능하게 한다는 점, ④ 구조에 대한 학습은 학문의 최전선에서 학자가 하는 일과 학습자가 하는 일

사이의 간극을 좁혀 준다는 점을 들어 교과의 구조를 강조한다.

그러나 교과의 기본 구조를 중심으로 교육과정을 구성하고자 할 때 수반되는 문제들이 있다. ① 보통의 교사가 여러 가지 학문 분야의 기저에 있는 기본 구조를 명확하게 반영할 수 있도록 교육과정을 구성할 수 있는가이고, ② 기본 구조를 학습하는 데 당연히 따라 오는 것으로 여겨지는 태도학습이 정말 가능한 것인가 하는 문제가 있다. 첫째, 문제는 한 교과의 교육과정은 그 교과의 구조를 나타내는 일반적인 원리를 가장 깊이 이해하고 있는 사람들에 의하여 결정되어야 한다는 것으로 해소될 수 있다. 이는 곧각 학문 영역의 학자들이 교과 교육과정 개발에 적극적으로 참가해야 한다는 것을 의미한다. 이들이 교육과정 개발 작업에 참가하지 않으면 학교 교육내용은 시대에 뒤떨어지고, 기존의 교과 지식은 새롭게 발견된 지식에 밀려 부정확한 것이 되어 버린다. 뛰어난 학자들이 자기 분야의 학교 교육내용을 계획하고, 교과서를 제작하고, 교수방법을 마련하는 일에 참여함으로써 이러한 점은 극복될 수 있다.

그러나 교육과정 개발자나 교사들과의 유기적인 관계 속에서 첨단 학자들이 참가하여 각 교과의 기본 구조를 마련한다고 하더라도 기본 구조의 학습이 의도하는 바를 실현하기 위해서는 해결해야 할 문제가 여전히 남는다. 한 분야의 기본 구조를 이해한다는 것 혹은 그 아이디어에 완전히 통달한다는 것은 기본 구조에 대한 파악뿐만 아니라학습과 탐구, 추측과 가설설정에 대한 태도 및 자신감 등을 포함한다. 이러한 태도학습을 위해서는 학습의 과정이 '발견의 희열'을 느끼는 것으로 꾸며져야 한다. 즉, 학문의기본 구조를 제시하되 학생들로 하여금 스스로 발견할 수 있도록 그 과정을 재미있게구성하여야 한다.

이상에서 살펴본 것처럼 해당 학문 분야의 폭넓은 기본 구조와 관련을 맺지 않은 특수한 사실이나 기술을 가르치는 것은 학습자들이 그렇게 배운 내용을 앞으로 당면할사태에 적용하기가 어렵다는 점에서, 그리고 지적인 희열을 주지 못한다는 점에서 제한적이다. 학습자는 교과내용에 대하여 알 가치가 있다고 느낄 때 흥미를 가지며, 배운것이 학습 이외의 다른 사태에 적용될 때 알 만한 가치가 있다고 느낀다. 또한 얽어매는 구조가 없을 때는 학습에서 획득한 지식을 쉽게 잊어버린다. 이는 원리나 개념을 중심으로 특수한 사실들을 조직하고, 그 원리나 개념에서 다시 특수한 사실들을 추리해내는 것만이 기억의 마모율을 감소시키는 방법이라는 연구 결과에 의해 뒷받침된다.

따라서 학교 교육과정에 대한 Bruner의 생각은 교육내용과 방법이 어떠해야 하는가에 집중되어 있음을 알 수 있다. 그는 학교 교육과정 내용으로 교과의 구조를 내세움으로써 교과중심 교육과정의 전통 위에서 그것의 한계를 극복할 수 있는 대안을 제시하고 있다. 교과중심 교육과정의 주된 비판점으로 부각되어 온 '단편적 사실들'은 교과의 구조를 강조하는 흐름 속에서 구조를 튼튼히 받쳐 주는 요소로 포괄된다. 즉, 같은 속성을 지닌 사실들을 범주화한 개념, 개념 간의 관련성으로 나타나는 원리와 연결되면서 '사실들'은 하나의 구조로 통합되는 것이다. Bruner는 학교 교육과정에서 학문이 갖고 있는 의미나 가치를 정당화하거나 거기에 대한 특별한 언급이 없이, 구조의 중요성을 교과의 '구조'를 중심으로 한 학습의 효율성과 관련지어 논하고 있다. 그리고 구조의 학습을 가능하게 하는 교육방법 혹은 조건을 강조하고 있다. 이는 당시의 상황에서 학문이 교과 교육과정의 내용으로 굳건하게 방향 지워졌다는 사실을 반영한다. 즉, 교육내용으로 당연시되고 있는 학문을 더 이상 강조하는 것이 새삼스러울 뿐 아니라 오히려 학문 중에서도 구체적인 교육내용으로 '기본 구조'를 강조할 필요가 있었던 것이다. 결국 Bruner는 '교과의 구조'라는 용어를 통해 '중요도'라는 기준에서 교육내용을 선정할 수 있는 근거를 제공했다는 점에서 교과교육의 원리에 기여하였다고 볼 수 있다(김경자, 2000: 348-356).

둘째, 교과별 지식이론은 궁극적으로 보면 학문의 틀을 가정하고 있다. 즉, 이상의 지식의 구조에 의한 교과별 지식이론의 필요성은 보다 근본적으로 해당 학문과의 관련 속에서 구체화된다. 학문마다 채택하거나 그 존재 방식으로 작용하는 학문적 사고방식은 상이하다. 특정 학문에서 탐구하고자 하는 진리나 지식을 밝혀 내는 과정, 즉 탐구 과정에서 사용하거나 채택하는 사고방식은 독특하게 존재한다. 역사가 오래되고 독립된 학문으로 확립된 분야일수록 더욱 그렇다고 볼 수 있다. 더 나아가 독립된 분과 학문이 아니더라도 최근에 강조되는 통합학문의 세계에서도 거기에 관련되는 독특한 사고방식은 어느 정도 존재하고 있기 마련이다.

셋째, 이러한 학문적 사고방식은 특정 학문의 학문적 인식론과 관련되며, 그것은 서로 독특하게 구분되는 학문 분야별 인식론에서 구체화된다.

이상과 같이 교과별 지식이론은 크게 세 가지 차원에서 그 성격을 구명할 수가 있다. 이러한 교과별 지식이론의 성격은 이론적 차원에서의 필요성과도 밀접하게 관련된다. 그런데 교과별 지식이론이 필요한 이유는 크게 이론적 차원과 실제적 차원에서 논의가 가능하다고 볼 수 있다.

우선 이론적 차원에서 교과별 지식이론의 이론적 근거로서 교과구조론 혹은 학문 구조론의 필요성에서도 어느 정도 설명이 가능하다. 교과마다, 혹은 교과가 기저로 삼고 있는 학문마다 지식의 구조가 상이하기 때문에 교과교육에서는 그러한 지식의 구조를 정확히 규명하고 그것을 가르치는 방법을 강구해야 한다. 교과교육에서 지식의 구조가 필요한 이유가 교과의 독특한 구조와 탐구방법에 적합한 내용과 방법을 활용하고자 하는 것이므로 교과교육은 우선적으로 독특한 지식의 성격과 구조를 이해하는 일이 중요하다고 볼 수 있다.

그런데 교과별 지식이론이 교과마다 독특한 지식을 강조한다고 해서 특정 교과에서만 강조되는 특수한 내용을 강조하는 것만은 아니라는 점을 유의할 필요가 있다. 특정 교과의 특정 내용만을 강조하는 것은 오히려 교과교육을 더욱 경색되게 할 가능성이 높다. 그것은 오히려 내용중심의 교과교육으로 흐르게 하여 소위 '교과내용학'이 강조되는 기존의 입장을 반복할 가능성이 크기 때문이다. 그러므로 교과별 지식이론은 일반적이고 형식적인 차원에서, 교과에서 강조되는 지식의 성격과 구조에 주목하라는 관점의 전환을 의미하는 것이지 특정 교과에서만 강조되는 특정 내용에 관심을 두라는 의미는 아니라고 보아야 한다. 이러한 맥락에서 보면 교과별 지식이론은 교과교육에서 교과 특수의 내용을 지양하고, 교과에서 가르치고자 하는 지식의 구조에 주목하여 교과의 교육을 재개념화할 것을 강조하고 있는 셈이다.

더욱이 이 이론은 학문 발달의 구조와 학교교육의 연계성을 강화한다는 점에서도 절실히 필요한 것으로서 학교 교육과정은 각 학문의 진보된 지식을 가르칠 필요가 있다. 교과교육이 해당 학문의 발달과 첨단의 지식을 외면하거나 학교에서 가르치는 지식과 학문 지식 간의 간극이 클수록 교과교육은 상식적이며, 피상적이고 비전문적으로 전개될 가능성이 크다. 이와 같이 교과별 지식이론은 교과교육에 대한 타당한 이론적 근거를 제공해 주고, 교과교육의 전문성을 제고하는 데 결정적으로 중요한 역할을 담당할 가능성이 크다고 보겠다.

실제적 측면에서의 필요성도 다양하게 논의될 수 있다. 첫째, 교과교육에서 강조하는 지식, 즉 교육내용으로서의 지식의 성격을 확인할 수 있으므로 그러한 지식을 가르치는 교수활동의 모습을 결정할 수 있다. 기존의 교과교육에서는 교육내용과 가르치는 활동이 별개로 이루어져서 내용의 성격과 교수활동이 적합하게 이루어지지 못하였다. 그러나 교과별 지식이론의 입장에서는 교과에서 가르치려는 지식의 성격에 부합하는 교수활동이 이루어질 수 있게 된다.

둘째, 교과가 강조하는 학문적 사고방식이 어떠한 것인지를 알 수 있으므로 교과를 가르치는 교육의 과정을 분명하게 설정할 수 있다. 학문적 사고방식의 구체화는 교과

교육의 목적, 교육내용의 재구성, 교육방법, 평가의 전 과정에 영향을 미치며, 그 구체적인 지침을 산출하는 데 도움을 줄 수 있다. 교과별로 진행되는 학문적 사고방식의 구체화 작업은 교과의 특성을 분명하게 하는 동시에 지식의 성격과 구조를 구체화하는 작업과 동시에 진행될 수 있어서 교과교육의 구체성에 분명하고도 특징적인 교과의 모습을 반영할 수 있게 된다.

셋째, 교육내용 선정과 조직의 재구성에 있어서도 지식의 구조나 교과의 구조를 중심으로 교과교육이 구성될 수 있다. 이러한 방식은 교과내용을 선정하고 조직하는 데 중요성과 경제성의 측면에서 효율적인 기여를 할 수 있다. 기존의 교과교육에서 지식이 선정되고 조직되는 방식은 점진주의 방식이거나 요소들을 모두 포함시켜 망라하는 방식이었다. 하지만 이 교과별 지식이론의 입장에서는 교과에서 가정하는 지식의 구조나 성격에 부합하는 방식으로 선정되고 조직되기 때문에 그 양상에서 매우 단순하면서도 정교하게 이루어질 수 있다.

넷째, 교과의 특성과 구조에 부합하는 수업방법을 보다 구체화할 수 있다. 학습자의 이해능력을 고려하는 발견학습과 탐구수업을 활성화하고 교과의 구조를 내면화하는 수업방법을 구체화하여 각 교과별로 적용할 수 있다. 탐구학습과 발견식 수업이 매우 자의적으로 혹은 평면적으로 이루어지고 있는 기존의 방식을 탈피하여 교과별 지식 이론이 가정하는 방식에 부합하여 정확하게 이루어질 수 있는 근거를 발견할 수 있다.

다섯째, 교육평가의 방향과 원리를 분명하게 제시할 수 있다. 기존의 기억과 이해 능력 중심의 평가에서 고등 사고능력 중심의 평가로 향상하여 진행할 수가 있으며, 탐구 기능과 사고과정 중심의 평가가 가능해진다. 교과별로 지식의 구조를 발견하기 위한 평가가 어떠해야 하는가 하는 문제를 해결할 수 있으며, 고차적인 지적 능력과 탐구절차나 학문적 사고방식의 내면화를 측정하기 위한 평가가 진행될 수 있게 된다.

3. 교육과정의 다양한 관점

1) 교육과정 사회학

교육과정 사회학은 1970년대 초 영국에서 등장한 '신 교육사회학'에서 비롯된 것이다(김신일, 2000). 그 발생 배경은 교육 불평등이 교육제도에만 기인하는 것이 아니라 학교 내의 교사와 학생 간의 상호작용, 학교에서 가르치는 지식 등 학교의 교육과정과 내적 과정에도 기인한다는 문제 제기에서 비롯된다. 새로 제기된 이러한 문제를 규명할 새로운 사회 이론과 방법이 필요해졌는데, 여기에서 해석적 연구 방법들이 등장하여 내적 문제를 탐구하는 데 초점이 모아지게 되었다.

이 문제를 연구한 영국의 여러 학자들을 살펴보면 대표적으로 M. F. D. Young과 Eggleston이 있다. Young은 교육제도 속에서 선별 처리되는 것은 사람뿐만 아니라 지식도 마찬가지라고 보았다. 그리고 학교가 어떤 지식을 선택하고 가르치며, 이 선택적 지식교육의 과정이 학교 밖의 권력 구조와 어떻게 관련되어 있는가를 밝히려고 하였다. 지식의 '계층화'와 사회적 계층화 사이의 관계를 규명하고자 하였으며, 높은 지위가 부여되는 지식이 학문 중심적 교육과정을 지배하고 여기에서 상류계층 학생들이 높은 성취를 보이고 그 결과 교육과정이 사회계층의 유지에 깊게 관련되어 있다는 것이다. Eggleston은 교육 연구에서 교육기회의 분배와 선발 과정에만 집중하였고 교육과정의 내용은 무시해 왔다고 지적하면서 대중화된 영국 교육이 오히려 현존하는 사회계층 체제를 유지, 정당화하는 역할을 하고 있다고 보았다.

이와 유사하게 미국의 비판적 교육과정론자들은 교육과정에 대한 체계적이고 구체적인 분석을 더욱 활발하게 시도하였으며, 문화, 지식, 교육과정 등에 관한 정치학적 논의를 교육사회학의 중심에 끌어들였다. 특히 전통적인 교육과정 이론인 Tyler의 이론에 대한 비판과 잠재적 교육과정의 성격과 기능에 대한 탐구로 출발하였다. 대표적인 학자들로 Apple은 학교가 불평등한 경제 구조와 관련되어 있는 특정 유형의 문화자본에 정당성을 부여하고 있으며, 학교에서 중요하게 간주되는 기술적 지식은 산업 발달에 직접적으로 기여하는 교과 지식(과학, 공학, 수학 등)이며, 미국의 교육과정의 내용과 조직은 자본주의 경제체제가 요구하는 효율성의 원리에 의해 지배되고 있다고 보았다. Anyon(1991)은 특히 교과서 분석을 통하여 교육내용의 선정이 편파적으로 이루어지고 있어서 특정한 집단에 유리하도록 편파적인 내용을 선정, 진술하고 있다고 비판하고 있다.

이 접근에서는 지식의 상대성 입장에서 교육과정의 지식이 개선되어야 한다는 점을 강조한다. Pinar가 말하는 재개념주의와 맥을 같이하며, 특징 지식의 상대성, 가변성을 강조하면서, 교육과정의 지식은 역사적, 문화적, 사회적 여건을 고려하여 채택되어야 한다고 주장한다.

2) 교육과정 철학

교육과정 철학은 소극적으로 보면 교육과정에 대한 철학적 기초에 해당된다. 여기에는 교육과정에 대한 이념과 방향을 안내하는 교육사조나 철학의 유형, 교육목적론, 교육의 가치나 교과의 가치 문제, 지식이나 지식관의 문제, 교수–학습의 관점 등이 중요한 주제로 취급된다. 대표적으로 Sidney Hook 등(1975)이 편집한 책, *The Philosophy of the Curriculum: The Need for General Education*와 A. Brent (1978)의 『교육과정을 위한 철학적 기초』가 여기에 해당되며 후자는 윤팔중(1989)에 의해 소개된 적이 있다. 전자에서는 일반 교양교육의 도전과 정당화 문제, 인문 교과와 학문, 과학과 과학적 조망의 위치, 사회과학의 문제와 딜레마, 교육과정에 대한 반성 등이 논의되고 있다. 후자에서는 플라톤과 선험적 실재, 현대 교육과정과 플라톤의 망령, Hirst와 언어적 간주관성, 선험적인 교육과정 판단의 가능성, 진리판단 기술의 교수 문제를 포함하고 있다.

보다 적극적으로 보면 교육과정 철학은 교육과정에 대한 하나의 기초로서의 역할이라기보다는 교육과정의 문제를 철학적으로 접근하는 하나의 사유(논의) 방식, 탐구방식을 의미하기도 한다. 철학적인 방법론을 도구로 하여 교육과정의 문제를 논의하는 방식을 말한다. 교과의 가치, 지식, 흥미와 동기, 마음, 교육내용 등을 개념적으로 명료화하는 작업이 여기에 해당된다. 이러한 작업은 논리신비주의라는 비판을 받기도 하였지만 교육과정 문제의 명료한 탐구에 중요한 기여를 하고 있다. 한국의 경우 대표적으로 이홍우의 논의방식을 교육과정 철학의 장르로 분류하기도 한다. 그와 제자들이 집필한 『교육과정 탐구』(1977), 『마음과 교과』(2000), 『교육과정 이론』(2003), 성경재(誠敬齋)와 교육과학사에서 출간하는 교육과정 철학 총서 작업 등이 여기에 해당된다.

3) 교육과정 정치경제학

Apple(1979)은 하나의 역사적 시점에서 살고 있는 인간의 활동을 이해하기 위해서는 그를 둘러싸고 있는 정치적·경제적·사회적·이념적 상황과 갈등을 함께 고려해야 한다고 보고 있다. 따라서 교육의 문제를 해결하기 위해서는 교육과 관련되는 지식의 문제, 이데올로기 문제, 경제체제의 문제, 그리고 권력의 문제 등에 대한 관련 상황을 분석하는 일이 중요하다고 본다. 이러한 분석을 통하여 학교의 교육과정 속에 지배적

이데올로기가 무엇이며, 그것은 우리의 사회적 · 경제적 삶을 어떻게 통제하고 있는지, 그리고 학교를 통하여 어떻게 재생산되고 있는지를 알 수 있다. 그리하여 교육과정의 이론과 실제에 대한 숨은 의미를 사화와의 관련 속에서 파악하게 함으로써 교육문제의 사회적 · 정치적 배경을 이해하는 도구를 제시해 주고, 우리를 지배하는 신화적 믿음들을 비판적으로 통찰하게 하는 것이다. 이것은 결국 불평등한 사회 구조 속에서 정치적 · 경제적 · 사회적으로 구속받고 있는 인간의 삶을 해방시키는 중요한 과제가 되는 것이다.

이 접근에서 Apple은 학교의 문화적 재생산의 기능, 정의롭지 못하고 불공정하게 왜곡된 사회 권력의 배분관계를 그대로 유지 · 계승시키는 학교의 역할, 문화적 자본으로서의 지식을 통해 학교는 형식적인 교육과정을 통해 특정한 지식을 적법화시키는 문제, 잠재적 교육과정의 문제, 교육과 권력의 문제를 제시하고 있다.

4) 지식사회학적 접근

모든 사회는 각기 지식을 정의, 전달, 정당화하고 있을 뿐만 아니라, 또한 분배하고 있다. 일찍이 Mannheim에 의해 체계화된 지식사회학의 관점으로 교육과정을 이해하는 방법이다. Bernstein을 포함한 여러 학자들(Bowles & Gintis, 1976; Giroux, 1982; Young, 1971)은 '지식'이란 사회의 지배집단에 의해 규정되고 조직된다고 보았다. 지식은 사회적으로 구성되며, 기본적으로 주관적이고 상대적이며 정치적이라는 것이다. 예를 들면, Marx는 지식이 사회집단의 한 기능이므로 사회의 다른 집단은 다른 지식의 형태를 갖는다고 주장하였다.

이 접근에 의하면 학교는 지배적인 사회집단을 유지하기 위해 필요한 가치와 태도를 재생산한다. 즉, 학교는 형식적 · 비형식적 교육과정을 통해 가치와 태도를 재생산한다. 지식은 학생에게 공공연하게 부과되거나 '잠재적 교육과정'의 미묘한 상호작용을 통해 은밀히 부과된다. 이런 상황 아래서 학습은 통제와 지배의 한 방식이다.

헤게모니라는 용어는 특정 지식의 영역이 사회에서 합법화되는 방법을 묘사하는 데 유용하다. Giroux(1981)에 따르면 지배계층은 다른 계층을 통제함으로써 선호하는 세계관이 보편적이 되도록 한다. 그러나 이 접근법은 지식의 상대주의 문제, 이데올로기 문제, 증거보다는 수사적 주장에 의존하는 문제를 안고 있다.

5) 현상학적 접근

현상학은 원래 자연과학에 기반을 둔 실증주의에 대항하여 사물이 불변하는 본질을 파악하는 방법으로 독일의 E. Husserl에 의하여 제시된 철학이다. Husserl이 강조하는 생활세계적 현상학에서 생활세계란 일상적·상식적 세계를 말한다. Husserl의 용어에 따르면 자연적 태도에서 체험되는 일상적인 세계, 특히 이것은 자연과학적 사고의 색안경으로 본 세계가 아니라 우리에게 직접 주어지고 느껴지는 자연을 가리킨다. 우리는 진리란 우리의 체험에 있는 것이 아니라 과학의 이론에 있다고 생각한다. 그러나 우리에게 주어지는 자연은 주관적·상대적인 지각적 자연이다.

현상학이 관심을 가지는 것은 자연과학적이고 객관적인 대상, 인간의 의식에 사진이 찍히듯 반영되는 대상으로서의 현상이 아니라 대상과 의식과의 관계, 즉 경험으로서의 현상이다. 현상학적 탐구란 인간 경험의 본질, 불변하는 사고나 의식의 구조를 찾는 것을 말한다. 우리가 익숙해 있거나 당연시 여기는 것들, 편견이나 선입관, 자연과학을 통해 일반화되어 버린 개념을 유보할 때만이 우리가 찾는 경험의 본질이 드러난다는 것이다.

교육과정을 앎의 주체와 앎의 대상과의 관계로 간주하며, 앎의 대상인 생활세계를 가장 잘 드러내 주는 자서전 쓰기를 강조하는 Pinar와 Grumet는 이 접근법을 강조한다.

6) 해석학적 접근

설명을 위주로 하는 자연과학의 방법에 대항하여 독일의 F. Schleiermacher와 W. Dilthey에 의해 이해의 학문으로 성립된 것이 해석학이다. 일반적으로 해석학은 텍스트의 올바른 이해를 중심과제로 삼는 학문이라고 할 수 있다. 이해의 학문인 정신과학의 대상은 인간의 내적 과정에 영향을 줄 때에만 의미 있는, 그러한 사실 또는 현상이다. 정신과학과 자연과학의 대상을 나눌 수 있게 하는 것은 대상 그 자체의 성격이 아니라 대상과 인식 주관의 관계에서의 맥락이다. 정신과학의 영역에서는 자연과학적 방법으로는 다가갈 수 없는 타인의 내적 경험의 이해—이것은 곧 이해 대상이 속해 있는 사회 역사적인 세계에 대한 인식—에 도달할 수 있는데, 그러한 이해가 가능한 것은 나의 정신적 경험과 타인의 정신적 경험의 유사성 때문이다.

Dilthey 이후 글로 쓰인 문학적 텍스트뿐만 아니라 삶의 표현 모두를 텍스트로 간주하게 되어 교실과 학교에서 일어나는 모든 사건과 행위를 해석(hermeneutic)의 대상으로 삼는 것이 가능하게 된다. 해석이란 어떤 의미에서 재창조다. 텍스트의 의미내용이 모든 사람에 의해 똑같이 재현되는 것이 아니라 각각의 해석자가 거기에서 이미 발견한 의미내용에 따라 다르게 재현된다.

해석학은 현상학과 마찬가지로 실증주의를 비판하는데, 특히 텍스트가 절대적이고 고정적인 의미를 지닌다는 생각을 거부하며 텍스트의 의미는 부분과 전체, 과거와 현재, 텍스트와 해석자 사이의 끊임없는 대화와 순환을 거치면서 변화해 간다고 본다. 특히 역사적 이해를 강조하는 Gadamer는 과학적 객관주의에 사로잡힌 전통적 해석학의 편협성을 능가하는 철학적 해석학의 새로운 가능성을 열어 주었다.

7) 미학적 접근

교육과정을 미학적 관점(aesthetic)에서 이해하려는 사람들은 인간의 의미 추구를 중시하며, 그 의미는 주어져 있는 것을 발견하는 것이 아니라 스스로 구성하는 것이며, 의미는 다양한 형식으로 표상되며 각각의 표상 형식은 독특하고 이러한 형식들 안에서 의미의 구성과 자각이 일어나도록 교육과정이 만들어져야 한다는 것이다. 이 접근에 의하면 예술교과가 사고와 정서 발달에 필요한 미학적 문해력뿐만 아니라 지식을 획득하는 방식을 제공한다고 볼 수 있다. 1970년대 후반 과학적이고 양적인 관점의 대안으로 E. Eisner 등에 의하여 주장된 것으로 크게 보면 질적 접근법의 한 종류로 이해할 수 있으며, Vallance에 의해 발전되었다.

이러한 미학적 인식론에 의하면 구체적이고 특수한 사상에 초점을 맞추고 있으며, 일반화할 수 있는 규칙을 규명하는 일에는 관심이 없는 것이 장점이라는 것이다. 따라서 미학적 방법은 교육 현실을 있는 그대로 파악하여 현상을 이해하는 데 중요한 접근법으로서, 그동안 간과되고 무시되어 왔지만 향후 교육과정을 이해하는 데 중요한 접근법으로 자리매김할 필요가 있다.

이 장의 주요 내용

교육과정을 설명하는 이론과 관점은 매우 다양하다. 어떠한 이론과 관점을 견지하느냐에 따라 교육과 교육과정을 보는 눈이 달라지고, 심지어 학교 교실에서의 수업에 임하는 자세도 달라진다. 이러한 교육과정의 이론과 관점은 교육과정 개발 시에 어떠한 교육과정을 개발할 것인가 하는 교육과정 구상과 개발의 관점에 영향을 미친다. 그리고 교육과정을 이해하는 입장이나 교육과정의 지향점과도 관련이 있다.

교육과정 이론을 크게 기초 이론과 핵심 이론으로 구분하여 논의하고 있다. 교육과정의 기초 이론에서는 주로 대표적인 교육과정의 유형에 따라 대표적인 이론을 소개하고 있다. 교과 중심 교육과정에서는 형식도야 이론을, 경험중심 교육과정에서는 Tyler 이론과 Dewey의 경험 교육과정을, 학문중심 교육과정에서는 Bruner의 지식의 구조를, 그리고 최근에 중요하게 등장하고 있는 다양한 교육과정 이론에 결정적으로 영향을 미치고 있는 Pinar의 이론을 소개하고 있다.

형식도야 이론은 능력심리학을 기반으로 하기보다는 고대로부터 인간의 정신과 마음에 대해서 가져오던 상식적인 교육 이론이 능력심리학을 만나서 더욱 강화되었다고 볼 수 있다. 심리학적으로는 인간의 마음을 분리된 능력으로 보는 능력심리학에 의해 강한 영향을 받았다. 형식도야 이론에서 교육의 목적은 심근을 단련시키는 것, 결과는 정신도야, 즉 6가지 능력이고 방법은 능력의 반복적 연습이다. 훈련의 전이가 자동적으로 보장되기 때문에 소수의 능력만을 학습하는 것으로 훌륭한 인간을 길러 낼 수 있다. 교육의 내용은 심근을 발달시키는 데 효과적인 교과로 내용보다는 형식이 중요시된다. 형식도야 이론은 간접적으로 능력심리학의 몰락과 직접적으로 Dewey의 교육 이론 등장에 의해 가치가 상실되었다.

Tyler의 교육과정 개발 모형은 교육목표가 설정되면 이를 토대로 학습경험의 선정과 조직이 이루어지고, 다음에 학습성과에 대한 평가를 실시하며, 평가결과는 다시 교육목표 설정에 송환되어 교육과정을 수정·보완하는 과정으로 진행되어야 한다는 것이다.

Dewey의 경험 교육과정 이론은 매우 광범하고 그 명칭과 성격도 다양하게 논의되고 있다. Dewey는 추상적 관념보다는 구체적인 경험에 가치를 두며, 이원론을 배격하고 계속 일원화의 원리를 주장하며, 가치관 형성이나 진리관에서 변화의 개념을 중요하게 취급한다. Dewey의 이론은 1920년대 진보적 교육의 이름으로 전개된 아동중심 교육과도 연관성이 강하다. 이것은 주지적인 관념적 교육에 대하여 생활을 통해서 학습하는 경험주의·활동주의·행동주의의 교육이었다. 여기에서는 교사의 활동으로 주도되는 타율적 학습이 아니고 아동의 경험이 중심이 되는 자율적인 학습이며, 그것은 지식에만 편중하는 주입적인 외적 강요가 아니고 아동 자신의 학습의 동기와 방법상의 흥미가 중심이 된 것이다. 따라서 교육의 내용도 아동의 요구나 경험이 강조되었다. 진보주의 아동중심 교육사상은 1930~1940년대로 가면서 사회적 생활이나 문화, 그리고 지역사회의 일원으로 타인과의 조화를 위한 민주적인 경험이 중시되었다.

Bruner의 교육과정 이론은『교육의 과정』에 가장 잘 집약되어 나타나고 있다. 그의 이론은 지식의 구조에 대해 집중되어 있다.『교육의 과정』은 교육내용으로서 지식의 구조를 설명한 최초의 저서인 동시에 교육내용을 규정하는 또 하나의 관점을 제시하였으며, 그 핵심적 의미는 '학문'과 논리적으로 관련되어 있다. 이 경우 교육내용은 곧 지식의 구조이면서 동시에 '학문하는 일'―그 해당 분야의 학문의 기저를 이루고 있는 일반적인 원리를 발견하고 그 원리를 써서 사물과 현상을 이해하는 학자들의 학문 탐구활동―로서 규정된다. 이런 점에서 그의 이론을 학문중심 교육과정의 근거로서 보고 있다. 최근에는 내러티브 이론을 중심으로 인간 심리, 교육의 문제를 접근하고 있다.

교육의 과정에서 지식의 구조를 알면 교과의 이해가 용이하고, 교과내용을 오래 기억할 수 있고, 다른 내용의 학습으로 전이가 가능하며, 지식 간의 간극을 극복할 수 있는 이점이 있다. 그의 지식의 구조와 관련되는 것으로 나선형 교육과정과 탐구와 발견학습이 있다.

Pinar는 교육과정을 인간 삶의 해석과 연관지어 보는 중요한 학자다. 교육과정의 의미로서 라틴어 어원인 쿠레레(currere)의 본질적 의미인 교육에 대한 개인적 경험이 갖는 본질적 의미를 제안하고 있다. 경주로가 아니라 경주에서 각각의 말들이 코스를 따라 달리는 개인적인 경험을 지칭하는 것이기도 하다. 따라서 교육과정에서는 학생들이 이수해야 할 교과목이나 교육내용보다는 학생들의 실존적 경험이나 삶의 의미 추구와 해석이 중요해진다. 최근에는 포스트모던 이론의 논의가 강조되고 있다.

교육과정의 핵심 이론에서는 내용 구성 이론, 교과 가치 이론, 교과 내면화 이론, 교과별 지식이론을 소개하고 있다. 내용 구성 이론은 실질적으로 내용을 선정하고 조직하는 구체적인 문제들을 다루고 있으며, 교과 가치·이론은 교과를 우리가 왜 배우는가 하는 가치의 문제와 관련되며, 내면화 이론은 교육과정에서 가장 중핵적인 것으로 지식을 제대로 배운 상태가 어떠한 상태인지, 그리고 어떻게 해야 지식 혹은 내용을 제대로 배울 수 있는지 하는 문제와 관련이 있다. 교과별 지식이론은 새로운 학문적 인식론에 입각한 새로운 교과교육의 문제를 제안하는 것이다.

교육과정을 보는 관점으로 일찍이 Eisner와 McNeil은 인지과정 중심의 입장, 학문적 합리주의, 인본주의 입장, 사회재건주의 입장, 기술공학주의 입장 등을 제안한 바 있다. 이 장에서는 이러한 입장들보다는 보다 포괄적으로 교육과정 사회학, 교육과정 철학, 정치경제학적 입장, 현상학적 접근, 해석학적 접근, 미학적 접근 등을 제시하고 있다. 개념적 세계로서의 교육과정의 본질과 교과의 가치에 주목하는 교육과정 철학이 있다. 그리고 신교육사회학적 입장이라고도 불리는 교육과정 사회학은 정치경제학 입장과 유관하며, 교육과정의 정치경제학적 분석을 통하여 학교의 교육과정 속에 지배적 이데올로기가 무엇이며, 그것은 우리의 사회적·경제적 삶을 어떻게 통제하고 있는지, 그리고 학교를 통하여 어떻게 재생산되고 있는지를 알 수 있다. 현상학적 접근은 자연과학적이고 객관적인 대상으로서의 현상이 아니라 대상과 의식과의 관계, 즉 경험으로서의 현상에 초점을 두고 인간 경험의 본질, 불변하는 사고나 의식의 구조를 찾는 것을 중시한다. 당연시 여기는 선입관과 일반화된 개념을 유보할 때만이 우리가 찾는 경험의 본질이 드러난다는 것이다. 교육과정을 자연과학적인 설명, 논리적 탐구, 경험적 증명보다는 인간 경험의 폭넓은 이해를 강조하는 해석학적 관점은 순환적 해석의 과정을 강조한다. 미학적 접근에서는 인간의 의미 추구를 중시하고 그 의미는 주어져 있는 것을 발견하는 것이 아니라 스스로 구성하는 것이다. 또한 의미는 다양한 형식으로 표상되며 각각의 표상 형식은 독특하고 이러한 형식들 안에서 의미의 구성과 자각이 일어나도록 교육과정이 만들어져야 한다고 강조한다.

주요개념

경험 교육과정	내용구성 이론	지식의 구조 이점
교과 가치 이론	목표모형	청소년 욕구법
교과 내면화 이론	비계설정	쿠레레
교과별 지식이론	사회기능법	학문적 인식론
교육과정 사회학	스캐폴딩	항상적 생활장면분석법
교육과정 철학	재개념주의	형식도야 이론
근접발달영역	지식사회학	활동분석법
내러티브	지식의 구조	

⑦ 탐구문제

1. 교육과정 이론은 다른 이론과 어떻게 다르며, 무엇을 지향해야 하는가?

2. 형식도야 이론의 함정과 매력, 그 특징을 설명해 보시오.

3. Tyler의 목표모형의 등장 배경과 특징, 문제점을 기술해 보시오.

4. Dewey의 이론이 경험 교육과정에 미친 영향을 조사해 보시오.

5. Bruner가 제안하는 지식의 구조는 무엇이며, 그 중요성을 설명해 보고 내러티브와의 관련성을 탐구해 보시오.

6. Pinar의 재개념주의를 설명해 보시오.

7. 포스트모던 교육과정 이후의 특징과 한계를 지적해 보시오.

8. 내용 구성법에 따른 내용 개발 방법을 설명해 보시오.

9. 우리가 교과를 왜 배우는가, 교과의 가치는 어디에 있는가? 그리고 자신이 가르치게 될 교과의 가치를 조사해 보시오.

10. 단편적 지식의 습득과 내면화는 교육과정의 맥락에서 어떻게 다르며, 교육학자들은 교과 내면화에 대하여 어떠한 입장을 보이고 있는가?

11. 교육과정의 다양한 관점들의 차이를 설명해 보시오.

참 고문헌

강현석(2001). 교육과정 연구에서 질적 접근의 반성적 조절. **교육과정연구**, 19(2), 19-52.

강현석(2004). 지식구조론의 재구성을 통한 교육과정 설계원리의 구성. **교육과정연구**, 22(2), 55-85.

강현석(2006). **교과교육학의 새로운 패러다임**. 서울: 아카데미프레스.

강현석 · 이경섭(2003). 미국 교육과정 구성법의 전개와 그 발달사적 특징. **교육과정평가연구**, 6(2), 25-50.

김경자(2000). **학교 교육과정론**. 서울: 교육과학사.

김신일(2000). **교육사회학(제3판)**. 서울: 교육과학사.

김지현(2000). Vygotsky의 지식 점유과정과 언어 매개기능에 관한 교육학적 고찰. 서울대학교 대학원 박사학위논문.

박봉목(2000). 위대한 교육사상가들 Ⅳ. 서울: 교육과학사.

박선미(1999). Bruner의 탐구학습에 대한 비판적 재고찰. 교육과정 평가연구, 2(1), 39-57.

박승배(2001). 교육과정학의 이해: 역사적 접근. 서울: 양서원.

박철홍 역(2002). 아동과 교육과정/경험과 교육. 서울: 문음사.

손민호(1995). Bruner의 탐구학습의 비판적 검토. 서울대학교 대학원 석사학위논문.

엄태동 편(2001). 존듀이의 경험과 교육. 서울: 원미사.

유한구(1989). 교육인식론 서설: Rousseau 교육방법의 인식론적 고찰. 서울대학교 대학원 박사
    학위논문.

윤정일·허형·이성호·이용남·박철홍·박인우(2002). 신교육의 이해. 서울: 학지사.

윤팔중(1989). 교육과정철학. 서울: 양서원

이경섭(1984). 현대교육과정연구. 서울: 교육과학사.

이경섭(1990). 교육과정 유형별 연구. 서울: 교육과학사.

이경섭(1996). 교육과정 내용 조직에 있어서의 주요 쟁점. 교육과정연구, 14(1), 273-298.

이달우(1995). 형식도야 이론의 교육원리. 교육총론 11집. 공주대 교육연구소.

이홍우 역(1985). Bruner 교육의 과정. 서울: 배영사.

이홍우(1992). 교육과정 탐구(증보). 서울: 박영사.

이홍우(1998). 교육과정: 개관. 서울대학교 교육연구소(편). 교육학대백과사전. 서울: 하우동설.

이홍우(2000a). 교과의 내면화. 아시아교육연구, 1(1), 249-271.

이홍우(2000b). 성리학의 교육 이론. 서울: 성경재.

이홍우·이환기·김광민 편(2000). 마음과 교과. 서울: 성경재.

임병덕(2000). 교육인식론과 교과교육학. 한국교원대학교 부설 교과교육 공동연구소. 교과교육공
    동연구소식, 제20호.

허숙·박승배(2004). 교육과정과 목적. 서울: 교육과학사.

홍은숙(1999). 지식과 교육. 서울: 교육과학사.

Aikin, W. M. (1942). *The Story of the Eight-Year Study*. NY: Harper & Brother.

Alberty, H. B., & Alberty, E. L. (1963). *Reorganizing the High School Curriculum*. NY: The
    Macmillan Co.

Apple, M. (1979). *Ideology and Curriculum*. London: RKP.

Beckner, W., & Cornett, J. D. (1972). *The Secondary School Curriculum: Content and
    Structure*. Sacranton: Intext Educational Publishers.

Bobbitt, F. (1924). *How to make a Curriculum*. Boston: Houghton Mifflin.

Bobbitt, F. (1926a). *How to make a Curriculum*. Boston: Houghton Mifflin Co.

Bobbitt, F. (1926b). *The Curriculum Investigation*. Chicago: The University of Chicago.

Bowles, S., & Gintis, H. (1976). *Schooling in Capitalist America*. NY: Basic Books.

Brent, A. (1978). *Philosophical Foundations for the Curriculum*. London: George Allen Unwin.

Broudy, H. S. (1961). *Building a Philosophy of Education* (2nd ed.). Englewood Cliffs, NJ: Prentice Hall, Inc. 이인기·서명원 공역(1963). 교육철학. 서울: 을유문화사.

Bruner, J. S. (1960). *The Process of Education*. *Cambridge*. Mass: Harvard University Press.

Bruner, J. S. (1966a). *On Knowing: Essays for the Left Hand*. Mass: Harvard University Press.

Bruner, J. S. (1966b). *Toward a Theory of Instruction*. NY: W. W. Norton & Co.

Bruner, J. S. (1983). *In Search of Mind*. NY: Harper & Row Publishers.

Bruner, J. S. (1986). *Actual Mind, Possible Worlds*. Cambridge, Mass: Harvard University Press.

Bruner, J. S. (1990). *Acts of Meaning*. Cambridge, Mass: Harvard University Press.

Bruner, J. S. (1996). *The Culture of Education*. Cambridge, Mass: Harvard University Press.

Caswell, H. L., & Campbell, D. S. (1935). *Curriculum Development*. NY: American Book Co.

Cherryholmes, C. H. (1988). *Power and Criticism: Poststructural Investigations in Education*. NY: Teachers College Press.

Cherryholmes, C. H. (1999). *Reading Pragmatism*. NY and London: Teachers College, Columbia University.

Clandinin, D. J., & Connelly, F. M. (2000). *Narrative Inquiry: Experience and Story in Qualitative Research*. San Francisco: Jossey-Bass Publishers.

Dewey, J. (1938). *Experience and Education*. NY: Collier Macmillan.

Doll, W. E. Jr. (1993). *A Post-Modern Perspective on Curriculum*. NY: Teachers College Press.

Eisner, E. W. (1967). Franklin Bobbitt and Science of Curriculum Making. *The School Review*, 75(1), 250-266.

Fraser, D. M. (1961). *The Scholars Look at the Schools*. NEA, Washington, DC.

Frederick, O. I. (1937). Areas of Human Activity. *Journal of Educational Research, 30*(9), 670-683.

Giles, H. H., McCutchen, S. P., & Zechiet, A. N. (1942). *Exploring The Curriculum*. NY: Harper & Brothers.

Giroux, H. A. (1981). *Ideology, Culture, and the Process of Schooling*. Philadelphia: Temple University Press.

Giroux, H. A., & Purple, D. (1982). *The Hidden Curriculum and Moral Education: Illusion or*

Insight. Berkeley: McCutchen.

Goodlad, J. L. (1984). *A Place Called School*. NY: McGraw-Hill Co.

Harap, H. (1935). "The Organization of the Curriculum". In *The Joint Committee on Curriculum, The Changing Curriculum*. NY: D. Appeton-Century Co.

Hirst, P. H. (1974). *Knowledge and the Curriculum*. London: Routledge & Kegan Paul.

Hirst, P. H., & Peters, R. S. (1970). *The Logic of Education*. London: Routledge & Kegan.

Hook, S., Kurtz, P., & Todorovich, M. (1975). *The Philosophy of the Curriculum: The need for General Education*. NY: Prometheus Books.

Hopkins, L. T. (1930). *Curriculum Principles and Practices*. NY: Benj. H. Sanborn & Co.

Hopkins, L. T. (1941). *Interaction: The Democratic Process*. Boston: D.C. Heath and Co.

Judd, C. H. (1933). *Recent social trends in the united states*. NY: MacGraw Hill Book. Co.

Kang, Hyeon-Suk (1998). Another Perspective on Curriculum History as a Field of Study. *The Journal of Curriculum Studies, in Korea, 16*(1), 207-244.

Kliebard, H. M. (1995). *The Struggle for the American Curriculum 1893-1958* (2nd ed.). NY: Routledge.

Klohr, P. (1980). The curriculum theory field. *Curriculum Perspectives, 1*(1), 1-7.

Leonard, J. P. (1949). *Developing Secondary School Curriculum*. NY: Rinehart & Co.

Lurry, L. L., & Alberty, E. J. (1957). *Developing a High School Core Program*. NY: The Macmillan Co.

Meriam, J. L. (1920). *Child Life and the Curriculum*. NY: World Book Co.

Michaelis, J. U., & Others (1967). *New Designs for Elementary Curriculum and Instruction*. NY: McGraw Hill Book Co.

Phenix, P. H. (1964). The Architectonics of Knowledge. Elam, S. (ed.), *Education and Structure of Knowledge*. Chicago: Rand McNally & Co.

Polkinghorne, D. E. (1988). *Narrative Knowing and Human Science*. Albany: SUNY Press.

Popkewitz, T. (1999). *Critical Theories in Education: changing terrains of knowledge and politics*. NY and London: Routledge.

Popkewitz, T., & Brennan, M. (Ed.). (1998). *Foucault's Challenge: Discourse, Knowledge, and Power in Education*. NY and London: Teachers College, Columbia University.

Posner, G. J., & Strike, K. A. (1976). A Categorization Scheme for Principles of Sequencing Content. *Review of Educational Research, 46*(4), 665-690.

Rugg, H. O. (Ed.). (1927). The Foundation of Curriculum Making. *Twenty-Sixth Yearbook of the NSSE, Part* II. Bloomington, IL: Public School Publishing Company, 9-28.

Saylor, J. G., & Alexander, W. M. (1974). *Planning Curriculum for Schools*. NY: Holt, Rinehart and Winston, Inc.

Schwab, J. (1964). *Education and the Structure of Knowledge*. Chicago: Phi Delta Kappa.

Smith, B. O., Stanley, W. O., & Shores, J. H. (1950). *Fundamentals of Curriculum Development*. NY: World Book Co.

Stout, J. E. (1918). *The Development of High School Curriculum in the North Central States from 1890 to 1918*. Chicago: The University of Chicago.

Stratemeyer, F. B., Forkner, H. L., & McKim, M. G. (1957). *Developing a Curriculum for Modern Living, Bureau of Publications*. NY and London: Teachers College, Columbia University.

Taba, H. (1962). *Curriculum Development: Theory and Practice*. NY: Haracout Brace Jovanvich Inc.

Tyler, R. W. (1949). *Basic Principles of Curriculum and Instruction*. Chicago: The University of Chicago Press.

Virginia State Board of Education (1934). *Tentative Course of Study for the Core Curriculum of Virginia Secondary School, VIII*, 18-19.

Young, M. F. D. (1971). "Knowledge and Control". In Michael F. D. Young (Ed.), *Knowledge and Control* (pp. 1-17). London: Collier-Macmillan.

Zais, R. S. (1976). *Curriculum: Principles and Foundations*. NY: Harper & Row.

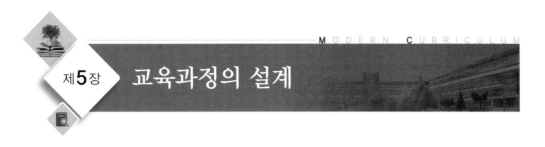

MODERN CURRICULUM

제5장 교육과정의 설계

📋 **이** 장의 주요 목표

▷ 교육과정 개발의 과정에서 설계의 위치와 성격을 이해할 수 있다.

▷ 교육과정 설계의 개념과 설계가 갖추어야 할 구조를 설명할 수 있다.

▷ 대표적인 교육과정 설계 이론을 구분하여 이해할 수 있다.

▷ 다양한 교육과정 설계 유형을 구분하여 기술할 수 있다.

▷ 최신 교육과정 설계 방안들과 학교에서의 적용가능성을 설명할 수 있다.

인간사 모든 일에는 사전 계획과 풍부한 상상력, 매력적인 구상이 필요하다고 한다. 우리는 지금까지 교육과정의 개념과 유형, 교육과정의 이론과 다양한 관점을 살펴보았다. 이러한 것들은 우리가 교육과정을 사전에 계획할 때 중요하게 고려해야 하는 요인들이다. 이 요인들은 교육과정의 구상과 기초에 직접적으로 영향을 미치게 된다. 교육과정의 구상과 기초에 대해서 검토한 후 우리가 해야 할 일은 무엇인가? 교육과정의 구상과 기초가 구체적으로 잘 적용되는지 여부는 교육과정 설계에서 찾아볼 수 있다. 교육과정 개발을 착수할 때 개발자는 보통 교육과정을 어떻게 설계할 것인가에 대하여 마음속으로 어떤 생각을 가지게 된다. 어떤 이는 개발이 시작되기 전에 확고한 생각을 가지기도 하며, 어떤 이는 개발 과정에서 생각을 구체화하게 된다. 가능한 한 개발자가 교육과정 설계의 영역을 파악하고 설계의 내적 일관성과 타당성을 추구하는 것이 중요하다. 그렇게 될 때 보다 매력적이고 효과적인 교육과정이 설계되고 개발된다. 이 장에서는 교육과정 설계의 개념, 설계를 할 때 핵심적으로 고려해야 하는 구조적 요인들, 그리고 대표적으로 활용되고 있는 교육과정 설계 이론과 유형, 교육과정 설계의 최근 동향들을 살펴보기로 한다.

1. 교육과정 설계의 개념

　교육과정 설계란 교육과정의 기본 요소를 배열하는 것을 말한다. 기본 요소에는 목표, 내용, 학습활동 및 평가가 있다. 이와 같은 기본 요소들을 어떻게 서로 관련짓느냐가 설계에서 해야 할 과제다. Zais(1976: 16)는 이러한 기본 요소의 성격과 기본 요소들이 전체 교육과정에서 어떻게 짜이는가와 같은 조직의 유형이 설계를 구성하게 된다고 보았다.

　일반적으로 교육과정 설계는 교육과정을 구성하는 방법에 초점을 맞추고 있다. 특히 교육과정 계획의 여러 부문을 조정하는 것이며, 때로는 교육과정 요소들을 조정한다는 의미에서 교육과정 조직이라고도 불리고 구체적으로는 내용 조직의 형태라는 의미로도 사용된다. 실제로 선택된 설계는 교육과정 접근법과 철학적 지향점에 영향을 받는다.

　교육과정 설계에서 조정되어야 할 요소나 부분은 ① 일반적 목적, 구체적 목적, 목표, ② 교과내용, ③ 학습경험, ④ 평가방법 등인데 Giles 등의 고전 문헌(1942: 2)에 의하면 목표, 교과, 방법과 조직, 평가를 설계의 요소로 [그림 5-1]과 같이 제시하고 있다.

　설계는 이러한 요소들을 적합한 원칙과 원리에 따라 배치하고 조직하는 것을 말한다. 따라서 교육과정 설계는 교육과정의 개념상 문제며 교육과정 요소들 간의 관계를 표현하는 것이다. 보다 구체적으로 교육과정 설계와 관련하여 교육과정 요소들을 확인하고 그 성격을 규명하며 요소들 간의 관계를 진술하는 일은 교육과정의 이해방식과 관련되어 있으며 이것이 그 관계의 구조를 형성하는 틀(framework)을 제공해 준다.

　교육과정 설계의 개념은 역사적으로 이러한 방식으로 형성되어 오면서 주로 내용조직의 문제로 국한되어 협소하게 논의되어 왔다. 이런 연유로 설계의 문제는 주로 내용의 효과적 조직상의 문제와 동일시되었으며 지금까지도 내용 조직의 유형으로 인식되어 오고 있다. 그러나 이런 경향이 설계의 속성상 틀린 것은 아니다. 그러나 설계 문제

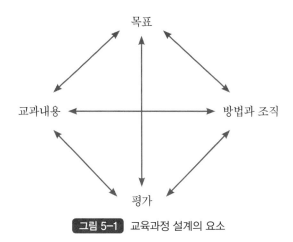

그림 5-1 교육과정 설계의 요소

는 교육과정의 개념과 일차적으로 연관되어 있으며 교육과정 요소들 간 관계 형성의 근거를 확인하는 작업에까지 확장되어야 할 필요가 있다.

특정 교육과정 안(案)이 지니는 독특성과 차별성은 교육과정 설계의 차이에서 기인하는 것이며, 역으로 특정 교육과정 이론의 특성이나 구조는 교육과정 설계를 통해서만이 구체화된다고 볼 수 있다. 그러므로 다양한 교육과정적 관심사들은 최종적으로 하나의 특정 안을 개발할 수 있어야 한다. 교육과정 설계가 이루어져야 하나의 안이 개발되고 이것이 교육의 장면에 투입되어 교육의 과정 속에서 작용하게 되는 것이다. 따라서 교육과정에 대한 상이하고도 다양한 이해방식들은 설계의 문제로 표출되어야 하고 교육과정에 대한 특정 입장과 가치 지향성이 설계의 문제에 적용되어 그 특정 입장이 반영되는 하나의 설계안이 산출되어야 비로소 교육과정이 의미 있게 작용할 수 있는 토대를 마련하게 되는 것이다(강현석, 1996: 1).

교육과정 설계에서 필요한 것은 여러 자원을 고려하는 것이다. 여기에는 사회, 지식, 학습자 등의 문제를 어떻게 볼 것인가 하는 문제가 내포되어 있다. 그리고 설계 자체가 내용 조직과 관련되어 있기 때문에 조직의 두 가지 차원, 즉 종적 차원과 횡적 차원을 고려해야 한다. 종적 조직은 계열과 계속성을 통해, 횡적 조직은 범위와 통합을 통해 내용이 조직된다.

2. 교육과정 설계의 구조

교육과정 설계가 요소와 요소 사이의 관계를 진술하는 것이기 때문에 설계를 고려할 때 교육과정 전문가는 몇 가지 차원, 즉 스코프, 계열, 계속성, 통합성, 연계성, 균형성 등을 고려해야 한다(강현석·이경섭, 1999: 137-165; Ornstein & Hunkins, 2004: 235-270).

1) 스코프

교육과정을 설계할 때 그 내용의 폭과 깊이를 먼저 결정해야 한다. 스코프(Scope)는 다루어야 할 내용의 영역과 범위를 결정하는 것이다. 어디에서 어느 범위까지를 포함시켜야 할지를 결정하는 것으로서 포함관계(coverage)를 결정하는 것이다. 구체적으로 스코프는 학습범위 또는 학습영역을 말한다. Zais(1976: 439-441)는 스코프를 교육과정의 범위와 배열의 문제로 보았다. 이것은 제시되는 내용 영역의 범위와 관련된 폭(breadth)과 각 영역의 취급 정도와 관련된 깊이(depth) 문제를 의미한다. 그러므로 교육과정의 범위와 영역을 어디에 기초하여 설정하는가 하는 문제와, 폭과 깊이의 갈등 문제, 스코프 간의 통합 문제가 주요 관심사가 된다. Saylor와 Alexander(1981: 7)는 범위는 학교프로그램을 통해서 학생이 진보하는 것처럼 학생에게 마련된 교육경험의 폭, 다양성, 형태를 의미하며, 교육과정을 선택하기 위한 횡축으로 보고 있다. 범위에 포함시켜야 할 내용과 활동, 이런 요소의 범위를 조정하는 방법 등이 고려되어야 한다. 교육과정을 의도된 학습성과로 볼 경우 의도된 학습성과를 각 학년 수준에 따라 열거함으로써 시퀀스를 제공하게 되고, 주제나 테마 또는 특정한 차원에 따라 의도된 성과를 묶음으로써 교육과정의 스코프를 제공하게 된다.

2) 계열

계열(sequence)의 문제는 교육과정이 누적적이고 계속적 학습이 이루어지고 교육과정 영역 사이의 종적 관계가 설명될 수 있도록 요소들을 조직해야 한다. Tyler는 계열성을 계속성과 관련이 있지만 계속성 그 이상의 것으로 보면서 동일한 내용을 지속적으로 반복하기보다는 폭과 수준을 달리하는 것이라고 보았다. 중요한 교육과정 내용이 단순히 동일한 수준에서 반복된다면 이해나 기능 그리고 태도는 발전하지 않을 것이다. 그러므로 학습경험이 단계적으로 깊어지고 넓어져서 경험이 계속적으로 축적되는 것을 의미한다. Posner(1976)는 계속성이 반복적인 내용을 수직적으로(근접적으로) 조직하는 것인 데 반해, 계열성은 관련 내용을 수직적으로(비근접) 조직하는 것이라고 보았다.

계열은 학습계열 또는 학습계통을 의미하며 교육과정 내용이 제시되는 순서로서 수직적 조직의 차원에 해당되는 것이다. 즉, 시간의 경과에 따른 내용의 수준별 조직을 뜻한다. 그러나 Tyler에 의하면 계열은 학습경험의 효과적인 조직 준거의 하나로서 학습경험이 단계적으로 깊어지고 넓어져서 경험의 계속적 축적이 이루어지는 경우를 의미한다. 학습경험의 확대·심화를 말한다. 여기에서 내용과 행동 간의 괴리가 존재한다. 그래서 과거의 주된 경향은 내용만의 계열을 강조하여 계속적 학습이 곤란하였다는 것이 타바(Taba, 1962: 413-444)의 진단이다. 그래서 내용 계열과 활동의 계열, 즉 정신 작용의 계열을 동시에 고려하는 이중계열을 권고하고 있다.

계열의 문제에서는 내용과 경험의 계열이 교과의 논리성에 근거하는가 혹은 학습자의 지식 습득 과정에 근거하는가 하는 문제가 결정되어야 한다. 이 문제는 역사적으로 매우 논쟁적인 문제다. 일반적으로 잘 알려진 계열의 원리로는 ① 단순에서 복잡으로, ② 필수적 내용의 학습, ③ 전체에서 부분으로, ④ 연대순에 따른 학습 등이 있으며 보다 체계적으로는 Posner와 Strike(1976: 665-690)가 제안한 내용계열화 원리의 유목이 있다. 여기에는 개념중심, 탐구중심, 학습자중심, 활용중심 방법 등이 있다.

3) 계속성

계속성(continuity)은 교육내용이나 경험을 수직적으로 조직하는 것이며, 요소를 지속적으로 반복하여 제시하는 것이다. 이 경우 반복되는 것은 동일한 요소이며 동일 요소가 동일 수준에서 반복될 수도 있고 학년이 상향되면서 지속적으로 반복될 수도 있다. 이런 점에서 계속성은 조직요소의 반복을 통한 종적인 계열을 이루는 것이라고 볼 수 있다. Tyler는 읽기 능력이 중요한 목적이라면 이런 능력을 개발할 수 있도록 계속 반복할 기회를 주어야 한다고 보고 있다. 이것은 동일한 종류의 능력을 계속 조직해야 함을 의미한다. 따라서 중요한 개념이나 능력이 교육과정에 반복되도록 고려하는 것으로 학생이 전체 교육과정을 통해서 지식의 깊이와 넓이를 더할 수 있도록 해야 한다.

반복되는 교육과정 요소는 주로 개념, 기능 및 능력, 가치 및 태도라는 조직 요소 중 어느 하나를 선택하여 조직할 수 있다. 예를 들어, 과학 교과에서의 목표가 에너지에 대한 개념을 학습하는 것이라면 이 개념이 자주 취급되어야 한다. 그런데 이 개념을 시간이 경과하면서 지속적으로 반복해 주는 문제와 과학 교과의 여러 분야에서 자주 언급하고 서로 통합시켜 줘야 하는 문제가 발생한다. 전자는 계열의 문제에 입각하여 수직적 차원에서 수준이 향상되면서 동일 요소를 반복하는 것이며, 후자는 통합의 문제에 입각하여 동일 요소를 동일 영역의 여러 하위 분야에서 제시하는 경우와 동일 요소를 다양하게 상이한 영역에서 제시하는 문제가 얽혀 있는 것이다. 이처럼 계속성은 계열과 통합의 2가지 차원을 내포하고 있는 셈이다.

4) 통합성

통합성(integration)은 교육과정의 내용을 수평적으로 관련시키는 것으로 조직요소의 횡적인 상호 관련성을 의미한다. 이러한 내용의 조직은 학생들로 하여금 사물을 종합적으로 보게 하고 학습내용과 행동을 통합시키도록 하는 것이다. 예를 들어, 수학의 계산능력을 학습하는 경우에 이 기능이 사회과 공부나 과학과 공부, 그리고 물건을 살 때에 어떻게 활용될 수 있는가를 고려하는 것이다. 그래서 이 기능이 교과 공부로서만 끝나는 것이 아니라 학생의 일상생활에서 활용될 수 있도록 하는 것이다. 마찬가지로 사회과의 개념 학습에서는 이 개념이 다른 분야에서의 일과 어떻게 연관되며 그 결과 학생들의 모습이나 기능 또는 태도에 어떻게 반영되는가를 보는 것이다.

그런데 조직 차원에서 무엇을 통합시키는가 하는 문제는 논쟁적이다. 우선 거시적으로 학습내용을 통합시키느냐, 행동을 통합시키느냐, 아니면 학습내용과 행동을 통합시키느냐 하는 점이다. 그리고 미시적으로는 내용 스코프 차원에서 어느 수준의 지식을 중심으로, 활동 스코프 차원에서 어느 행동영역의 어느 수준을 중심으로 통합시킬 것인가 하는 문제가 대두된다.

앞에서 말한 스코프를 정할 때 중요한 문제는 학생이 특정 수준에서 직면하게 되는 많은 학습들을 어떻게 통합하느냐 하는 것이다. 이상적으로 말한다면 한 학생이 다른 학습과 의미 있는 관계를 갖게 될 때 더욱 효과적일 수 있다. 통합은 여러 가지 내용의 과제나 주제가 유기적·횡적 관계를 갖게 하는 것이다. 학생의 요구에 맞는 학습경험과 활동들이 내적 관계를 갖도록 해야 한다. 여기에서 발전하여 교육과정을 통합한다는 것은 교과를 서로 구분하는 교과선을 없애고 독립된 별개의 교과영역들을 사라지게 하는 교육과정 조직을 의미하기도 한다(강현석 외, 2003).

5) 연계성

연계성(articulation) 혹은 연결은 교육과정의 여러 측면들 간의 상호 관계를 의미한다. 관계는 종적일 수도 있고 횡적일 수도 있다. 이런 점에서 연계성은 상관의 의미를 지닌다. 이것에 대하여 Longstreet 등(1993: 359)은 교육과정의 한 영역에서 내용을 지원하는 학습기회가 다른 영역의 내용을 통해 조직되는 문제로 보았다. 여기에는 종적 (수직적) 연계성과 횡적(수평적) 연계성이 존재하는데, 전자는 계속성의 문제와 동일하다. 전자의 차원에는 계열의 측면에서 학습, 주제, 과정의 관계가 포함되어 있으며, 후자의 차원에는 동시에 다루어지는 요인 간 또는 요인들의 연합이라고 볼 수 있는데, 여기에는 동일 학년의 상이한 교과 사이의 상호 관계가 내포되어 있다. 예를 들어, 설계자가 6학년의 사회과와 국어과 사이의 상호 관계를 고려하는 경우 이것이 바로 횡적 연결이다. 이것은 스코프와 통합의 문제에 연관되어 있다. 이것은 8장의 교육내용 조직에서도 다시 논의된다.

6) 균형성

균형성(balance)은 교육과정의 각 부분이 적절하게 다루어져서 전체적 균형을 유지해야 함을 의미한다. 즉, 설계의 각 측면에 대한 지나친 강조와 무관심으로 인해 왜곡된 문제가 발생하지 않도록 설계 요소들 간에 적절한 비중을 보장하는 문제다. 균형 잡힌 교육과정은 개인적·사회적·지적 목적을 성취하도록 내용을 내면화하는지, 활용할 수 있는 기회와 지식을 성취할 수 있는 기회를 갖게 한다. 교육과정이 여러 가지 관점(교과중심, 탐구중심, 흥미중심, 경험중심, 가치화, 영속적 문제 등)에서 정의되기 때문에 균형이 이루어져야 할 교육과정 요소는 여러 가지 형태나 차원에서 결정될 것이다.

대표적으로 교육과정 설계에서 전통적으로 많은 논쟁을 야기한 문제가 바로 교과 대 학습자의 강조문제다. 이 문제는 직접적으로 내용 대 과정의 강조문제와 연관되어 있다. 교과와 내용은 교과중심 설계에서 지나치게 강조되며 학습자의 활동과 과정은 중핵 설계에서 지나치게 강조된다. 이 문제는 내용과 과정에 대한 타당한 이해에 기초할

경우 다소간 해결될 수 있다. 내용과 과정은 분리되기보다는 통합되어 있으며 Parker
와 Lubin(1966)의 '내용으로서의 과정(process as content)'과 Dewey의 '교과와 학습자의
적절한 통합'은 이러한 균형 문제를 지적하고 있는 것이다.

　이상에서 논의한 여섯 가지 설계의 구성 도구들이 서로 관련을 맺으면서 일정한 설
계의 구조를 띠게 된다. 각각의 교육과정 안이 서로 차이가 있고 특징적인 이유는 이러
한 도구들의 관련 방식에 차이가 있고, 그 결과로 설계 구조가 차이가 나기 때문이다.

3. 대표적 설계 모형[1)]

　이하에서 소개되는 모형(이론)들은 교육과정 설계에서 중심이 되는 초점을 목표로
삼느냐, 내용이나 과정, 활동으로 삼느냐에 따라 구분된다. 목표모형에서는 목표가 가
장 중요하며 목표가 정해져야 내용(혹은 내용 탐구과정)이나 활동이 정해진다고 가정하
며, 내용모형에서는 선(先)내용 후(後)목표 논리다. 활동모형에서는 내용을 소재로 하
여 자신을 변화시키는 교육적 활동을 중시한다. 이하에서는 그 대표적 모형을 강현석
(1999: 133-160)의 연구를 중심으로 살펴본다.

1) 목표모형

　이 모형은 교육목표 중심으로 교육과정 설계를 개념화하는 방식으로 일찍이 Tyler
(1949)에 의해 제시된 '종합적 교육과정 이론'에 의해 체계화되었다. 이 모형에서는 내용
과 행동의 두 가지 차원으로 구성된 목표를 강조하고 그에 기초하여 교육의 전 과정을
체계화하고자 하였다. 교육이 달성하고자 하는 목표를 위해 수업을 하고 난 뒤에 그 결
과를 평가한다는 생각을 기본적인 논리로 삼고 있다. Tyler의 이론 이후에 제시된 다양
한 교육과정 연구들(Bloom et al., 1956; Glaser, 1962; Mager, 1962; Taba, 1962)은 교육과정
에 대해 교육목표를 보다 정교하게 상세화해 놓은 것으로 보려는 시도들이다.

　내용과 행동으로 제시된 교육목표 구성에서 그 중요성의 우위는 내용보다는 행동에
있다. 내용의 상세화와 내용 습득만으로는 교육목표 달성의 증거라고 여겨지지 않는

---

1) 여기에서 소개되는 모형들은 넓게 보면 교육과정 개념화 모형이기도 하다.

다. 내용을 습득한 결과로서의 행동을 세분화하였을 때만이 유의미하며 내용 역시 그 것을 습득한 최종적 증거로서의 도달점 행동과 관련될 경우에 한하여 중요한 것으로 취급된다. 그러므로 목표모형에서는 내용으로서의 교과나 지식을 그 구성요소로 분석 하는 일보다 내용을 습득한 결과로서의 행동을 세분화하는 것에 치중되어 있으며 교육 목표의 이원분류 역시 행동 차원을 중요시하고 있다.

이러한 사실은 Tyler가 제시한 목표 진술방식이나 Bloom 등이 체계화한 교육목표분 류학(1956; 1964)에서도 드러나고 있듯이 그 초점은 특정 교과내용의 상세화가 아니라 학습의 최종 단계에서 나타내어야 할 도착점의 성취행동(performance behavior)에 있다 는 점이다. 그런데 이러한 성취행동은 객관적인 행동적 용어로 기술되어야 하며 명세 적으로 상세화되어야 이후 단계에서 그 습득의 증거로 구체적으로 확인, 평가할 수 있 다는 것이다.

교육목표 달성도의 여부를 명세적으로 확인하기 위하여 교육목표를 사전에 행동적 으로 상세화하는 절차는 수업의 효율적 관리와 결과 위주의 수업진행을 가능하게 하지 만 그 점이 오히려 많은 비판을 받고 있는 실정이다. 수업목표가 분명할수록 원활한 수 업진행과 객관적 평가가 가능하다는 공학주의적 사고방식이 오히려 교육 가치와 본질 을 제대로 파악하는 데 많은 한계점을 드러내고 있다. 학습결과를 행동적 용어로만 기 술하려는 점 때문에 외현적 행동으로 표현될 수 없는 부분들을 경시하는 점, 명세적 교 육목표를 통한 효율적 수업진행을 강조하지만 교육목표의 표현과 의사소통을 둘러싼 교사와 학생 간의 이해 수준에 따라 다양한 해석이 가능할 수 있다는 점을 간과하고 있 는 점, 학습의 최종적 성취의 명세적 진술로 인해 수업 '과정'의 구체적 안내와 지도에 소극적인 점 등 성취행동상의 변화에 대한 탈가치성으로 인해 많은 문제점들을 내포하 고 있다.

이러한 목표모형이 지니는 문제점은 그 모형이 본래 가지고 있는 사고방식에서 기 인할 수밖에 없는 것이기도 하다. 교육과정을 객관적 진술과 평가가 효율적으로 진행 될 수 있도록 체계화하려고 하는 기술공학주의적 사고, 결과 위주의 방식, 효과 위주의 문제해결 방식, 교육내용에 대한 요소론적 관점 등은 교육과정이나 교육을 과학적 언 어로 기술하는 데는 이점이 있으나 이상과 같은 다양한 문제점을 드러냄으로써 교육 과 교육과정에 대한 본질적 가치를 제대로 포착하는 데 실패하고 있다는 비판이 존재 한다.

그리고 교육과정 요소들 간의 관련성에서도 목표 우위의 방식을 강조함으로써 내용과 방법을 수단적으로 정당화하는 기능주의적 사고방식을 드러내고 있다. 내용과 방법의 지위는 그 자체의 내적 가치보다는 목표 달성의 기여도에 따라 정당화된다. 이러한 점 때문에 교사의 교수활동 논리는 목표 달성에 효과적으로 기여하는 방법들은 모두 교육방법의 지위를 획득하게 됨으로써 너무 많은 수업기법과 처치들을 양산하게 되는 결과를 초래하게 된다.

이것은 교육목표가 학생에게서 나타나기를 기대하는 변화의 최종적 결과만이 제시되기 때문에 학생들이 어떠한 과정을 거쳐 최종적인 도달점에서 목표와 일치되는 행동을 보여 주기만 하면 그것은 모두 다 성공적인 목표 달성이 되며 훌륭한 학습이 보장된다는 사실에서 뒷받침된다. 그래서 교사가 가르치는 활동은 목표에서 제시된 최종적 성취행동을 어떻게 보이게 할 것인가에 초점이 주어지며 훌륭한 교수활동의 징표는 목표 달성에 기여하는 활동이나 기법들을 효율적으로 관리하는 데에서 찾을 수 있게 된다.

따라서 이 모형에서 교육과정 설계의 논리는 목표 달성에 관련되는 요소들을 기술공학적으로 관리하는 데 있다. 교과를 가르치는 일은 교과목표를 달성하는 데 기능하는 다양한 절차와 방법들을 효과적으로 관리하는 일이며, 거기에 따라 교수효능성이 결정된다. 훌륭한 교수활동은 사전에 명세적으로 규정된 최종적 성취행동을 학생의 행동으로 나타날 수 있게끔 해 주는 기법과 조치의 마련에 있으며 훌륭한 교사는 이러한 일을 유능하게 처리하는 사람이며 교사교육의 과정은 이러한 논리에 의해 구성되고 개발된다.

2) 내용 및 과정모형

앞에서 논의한 목표모형에 대한 대안의 체계적 근거로서 J. S. Bruner(1960)의 '지식의 구조'라는 개념과 L. Stenhouse(1975)의 과정모형(process model), 이홍우(1974)의 내용모형(content model)을 들 수 있다. 이 입장들의 사고는 교육목표 중심으로 교육과정 설계를 개념화하는 접근방식에 대한 하나의 대안적 성격을 띠고 있으며 교육과정의 요소 중 '목표'보다는 '내용'과 '과정'에 그 중요성을 부여한다. 특히 이 모형에서는 내용을 상세화하는 문제에 더욱 주목함으로써 내용이 오히려 교육의 목표와 방법, 그리고 교육의 전체적인 과정과 성격을 결정하는 데 가장 핵심적인 문제라는 점을 강조한다.

학생의 성취결과로서 '행동'을 강조한 목표모형과는 달리 이 모형에서는 '내용'을 강조한다. 특히 '내용의 성격'을 구명하고 내용의 '탐구과정'에 초점을 둠으로써 내용에 의해서 목표가 해석되고 풍부해질 수 있다는 것이다. 사전에 명세적으로 결정된 목표에 의해서 내용이 수단적으로 가치를 부여받기보다는 내용의 가치와 성격, 그 논리적 구조에 따라 가르치는 목적이 해석되고 방법의 성격이 결정됨으로써 내용중심으로 교육과정을 이해한다. 이러한 교육과정의 이해방식 속에 '무엇을 가르칠 것인가'라는 질문에 Bruner는 교과내용의 성격을 탐구하는 것으로 보고 '지식의 구조'라는 개념을 제안하였던 것이다.

이러한 지식의 구조는 다양한 방식으로 이해될 수 있으나 가장 기본적인 의미는 '해당 학문의 기저를 이루고 있는 기본 개념과 원리'이며 해당 교과의 지식의 구조는 그 교과에 해당하는 학문의 성격을 충실히 반영하고 있는 것으로 보고 있다(Bruner, 1960: 11-16). 이것은 지식의 구조가 기본 개념과 원리가 그 중심이 되고 구조는 학문적 바탕과 맥락에서 파생되어 나오며, 그것은 일반적인 것이 아니라 학문의 기저를 이루고 있는 것이라는 점을 뜻한다. 이러한 구조는 사물이나 현상이 관련되어 있는 방식(1960: 6-7)으로서 교수상황에서는 단편적인 토픽보다는 사고양식(mode of thought)을 가르쳐야 한다는 의미다(Bruner, 1973: 109). 그 결과, 기억과 이해가 용이하고 전이가 보장되며 지식 수준 간의 간격을 좁힐 수 있게 되는 것이다. 교과내용을 지식의 구조로 이해하는 활동 속에는 내용 혹은 지식에 대한 새로운 관점뿐만 아니라 교과를 가르치고 배우는 활동에 대한 아이디어 역시 시사하고 있다. 구조를 이해하고 발견하는 행위는 바로 탐구학습 혹은 발견학습의 기본적 의미다.

특정 교과내용이나 지식의 탐구를 위해 해당 학문의 바탕이나 맥락에 기초하여 사물의 본질을 이해하는 것은 지식의 구조가 제시하는 교수-학습상의 중요한 아이디어다. 보다 구체적으로는 학생의 학습활동이 학자의 학문 탐구활동과 그 수준면에서 차이가 있을 뿐, 그 활동의 본질에서는 동일한 것으로 본다. 따라서 이런 맥락에서 학습의 본질은 학자들의 '학문적 사고방식'과 '학문 탐구활동'의 성격과 본질을 반영하는 것이어야 하며, 이와 같은 학문 탐구방식으로 지식을 가르침으로써 여러 사실이나 토픽들을 덩어리로 암기하는 것이 아니라 진정한 이해에 도달할 수 있는 것이다. 이렇게 함으로써 학생은 그 지식을 내면화하고 그 지식의 가치에 헌신하게 되는 것이다. 이것이 '탐구학습' 혹은 '발견학습'의 기본 정신이다.

여기에서의 교육과정 설계는 이러한 '발견과 탐구'를 조력하기 위하여 학습자 스스로가 문제를 형성하고 그 해결에 도달하는 과정—학문을 탐구해 나가는 것과 같은 과정―을 거칠 수 있도록 안내하고 조장하는 데 그 초점이 있다. 학습자의 학습과정이 그 성격상 학자의 학문 탐구과정과 동일한 것이므로 교사는 학습자가 학습하는 지식의 의미를, 그것을 생성하고 창출한 학자들의 탐구활동의 맥락 속에서 탐구할 수 있도록 도와주어야 한다. 이러한 교육과정 설계의 근거는 교육의 목표와 방법, 그리고 교육의 전반적 성격을 규정하는 교육내용에 존재하게 된다. 학문과의 관련하에서 재해석되는 교육내용으로서 지식의 성격은 교육과정 설계의 관건적 요소가 되기 때문에 목표 달성에 효율적으로 기여한 결과로서 지위를 확보한 다양한 교육방법들은 교과내용의 구조와 성격에 의해서 재규정되어야 한다. 그러므로 내용모형에서는 '내용'을 구체화하고 교과 지식의 구조 혹은 사고방식에 기초하여 교수활동의 성격을 구체화한다.

　Stenhouse(1975)는 지식의 성격과 수업 실제의 측면에서 Tyler의 목표모형을 비판하고 있다. 앞에서 논의한 목표모형에서 교육목표는 구체적으로 '행동목표'를 의미하여 그것은 학습된 최종 상태로서의 결과를 명세적으로 규정한다는 점에서 교육과정을 의도된 학습성과(intended learning outcome: ILO)로 개념화한다. 이 방식은 최종적인 학습성과를 정확하게 예측할 수 있다는 가정을 전제한다. 그러므로 교육내용 혹은 지식은 행동목표로서 의도된 학습성과에 의해 수단적으로 정당화된다. 이 지점에서 Stenhouse(1975: 79-83)는 목표모형이 지식의 성격과 수업 실제에 관해 잘못 이해하고 있다고 비판한다.

　이와 관련하여 Stenhouse는 교육의 결과로 나타나는 학생들의 행동은 정확하게 예측할 수 없는 일이며 지식의 성격상 최종적 결과를 사전에 명세화하여 가르친다는 것은 불가능하기 때문에 목표모형에 입각하여 지식을 가르치는 일은 타당하지 못하다고 하였다. 이 점은 교육의 중심이 지식을 가르치는 일에 놓여 있을 때 더욱 중요한 의미를 지니며 목표모형을 통해 부분적으로 적용할 수 있는, 기술을 훈련시키는 경우나 단순 정보를 습득하게 하는 경우에는 또 다른 문제라는 것을 알 수 있다. 따라서 지식을 가르치는 일을 목표모형으로 규정하려는 것은 지식의 성격과 교육의 본연적 가치를 잘못 이해하고 있다는 것이다.

　수업 실제와 관련하여 목표모형은 목표를 상세화하여 그것들을 여타의 교육과정 요소들과 기능적으로 연관 지어서 수업활동을 규정한다. 사전에 의도된 최종적 학습성과를 명세적으로 진술, 제시해 놓으면 그것이 바로 수업의 과정을 규정하고 교사의 교수활동을 결정한다는 것이다. 더욱이 행동목표를 '학생의 행동'으로 진술하여 이후 평가단계에서 그 도달 여부를 확인하기 위한 의도적 조치로 규정함으로써 수업의 과정을 의도적인 공학적 기법의 구사와 절차로서 보고 있다. 이러한 방식은 교사자신이 전개한 수업활동에 대한 평가를 학생 행동의 결과로써 판단하려는 것이며 교사의 교수행위에 대한 가치 있는 정보—수업 자체가 어떤 점에서 어떻게 잘못되었는가 하는 정보—를 제공하는 데 소극적일 수밖에 없다.

이에 대한 대안으로 Stenhouse(1975: 4)는 교육과정을 의도된 학습성과가 아니라 '수업의 과정'으로 보고 그것을 진술하는 방안을 제시한다. 이 대안은 Tyler가 목표모형에서 비판한 목표 진술방식에 반대되는 방식을 취한다. 교육목표를 학생의 행동으로 진술하는 것이 아니라 교사의 행동을 안내하고 가리키는 수업과정상의 원리(procedural principle)를 상세화할 것으로 보고 있다. 이런 상세화는 교사의 교수활동 과정에서 자신이 따라야 할 원리를 의미한다. 수업과정상의 원리는 내용을 상세화하면 그 내용이 어떻게 취급되어야 할 것인지를 알 수 있기 때문에 지식으로서 내용의 구조와 성격을 이해하는 것이 중요하다. 그것은 바로 지식의 구조를 탐구하고 발견하는 행위와 동일한 것이다. 이러한 점을 그는 인문학 교육과정 프로젝트(Humanities Curriculum Project: HCP)와 MACOS(Bruner, 1965)에서 실증해 보이고 있다.

이와 같이 Stenhouse는 교육과정을 내용의 상세화와 더불어 수업과정상의 원리로 진술하여 제시함으로써 교사의 교수활동을 지식의 구조를 탐구하고 내용이 취급되는 방식에 근거하여 이해하고 있다. 그러므로 사실상 수업과정상의 원리라는 것은 내용이 취급되는 방식을 의미하고 그것이 교수활동의 근간을 이루고 있다. 이와 아울러 내용이 취급되는 방식을 상세화하기 위해서는 지식의 구조와 성격에 기초하지 않으면 불가능하기 때문에 Stenhouse가 얘기하는 '과정' 모형상의 과정은 결국 지식의 구조와 동일한 논리를 지니고 있는 셈이다.

교육과정의 핵심이 이러한 '지식을 가르치는 일'이라면 Parker와 Rubin(1966)의 '내용으로서 과정(process as content)'의 아이디어 역시 교수활동에 중요한 시사점을 던져주고 있다. 최종적 결과로서의 지식만을 중요하게 인식해 오던 방식에서 탈피하여 지식의 생성, 탐구, 발견의 과정에 주목하고 지적조작에 교육목표의 중요한 초점을 둠으로써 지식을 가르치는 일에 대한 과정모형의 아이디어를 구체적으로 확장해 주고 있다.

이 모형에서 교육과정 설계의 논리는 교과내용의 탐구와 그 탐구과정에 충실한 수업과정상의 원리를 내면화하는 데 있다. 교과내용의 탐구는 내용의 구조를 이해하는 일이며 구조의 이해는 논리적으로 구조의 성격에 맞는 수업절차를 함의하고 있다. 따라서 교과를 가르치는 일은 교과의 구조를 탐구하는 과정을 내면화하고 그 구조의 가치에 헌신할 수 있도록 조력해 주는 일이며 그 탐구과정은 구조를 스스로 발견하는 일이다. 훌륭한 교사는 이와 같은 일을 하는 사람이며 교사교육의 체계는 각 교과내용의 구조이해와 탐구과정으로 구성된다.

3) 활동모형

이 모형에서는 교육과정을 '경험의 재구성' 과정을 촉진하여 주는 일련의 '활동'의 조직으로 개념화함으로써 인간의 실제 변화양상에 기초하고 있다. 최성욱(1995)에 따르면 이것은 일찍이 학습자의 성장방식을 '경험의 계속적 재구성'으로 보고 경험의 질적 성장을 교육목적으로 본 Dewey(1963; 1966)의 관점과 그가 제안한 '활동에 의한 학습(learning by doing)'의 사고에 근거를 두고 있다. 따라서 이 모형은 교과내용을 가르치고 배우는 교육활동에 초점을 둔다. 보다 근본적으로 활동모형은 교육행위에 대한 본질과 인간의 성장과 변화에 대한 새로운 이해방식에 기초해 있다. 구체적으로 교육은 목표모형에서처럼 최종 행동적 결과를 산출키 위한 수단이 아니며 내용모형에서처럼 교과내용을 전달하는 수단적 과정이 아니라 오히려 교과내용을 전달하는 활동에 강조를 둔다.

특히 교육과정의 성격을 교육 자체의 목적을 실현하기 위한 활동과 그런 활동에 의한 가치실현의 과정이라는 측면에서 재규정함으로써 목표모형에서 주장하는 '학습자 조형'의 과정을 극복하고 내용모형에서 간과하는 인간 성장발달의 구조적 변화에 주목한다. 목표모형에서는 교육을 의도적인 최종적 학습성과를 획득하기 위한 수단으로 보지만 보다 중요한 것은 행동적 결과 그 자체에 있기보다는 그런 결과를 토대로 성장하고 자신이 질적으로 변화되는 것을 경험하는 데에 있다. 따라서 목표의 위계화를 통한 상세화 논리는 공학적 효율성을 기할 수는 있지만 학생의 학습과 교사의 교수활동에 획일적 통제의 성격을 띨 수 있게 된다. 이런 점에서 교사는 결과를 향해 효율적으로 기능하는 조련사가 아니라 동시에 개방적이고 자유로운 실험과 모험을 통해 학생 자신의 성장과 발달에 구조적 변화를 일으키도록 도와줘야 한다.

내용모형과 관련하여 활동모형은 학습내용의 성격과 구조보다 내용을 이해하고 자신의 성장을 질적으로 변화시킬 수 있는 교육활동에 우선적 가치를 둔다. 결국 교육을 통하여 학습시키려는 내용의 구조와 논리보다는 그러한 내용을 소재로 하여 자신의 존재를 구조적으로 변화시키는 활동이 더욱 소중한 것이다. 그런 점에서 교과내용은 이러한 활동의 소재로 이해되어야 한다.

　교육과정 구성요소와 관련하여 활동모형은 목표와 내용을 '활동'에 종속시킴으로써 의도된 최종적 성과와 내용 그 자체의 가치보다는 그러한 결과(그 결과가 본연의 교육적 가치를 반영하고 있는 것이라면)에 이르는 과정과 내용을 가르치고 배우는 교육활동에 교수행위의 초점이 존재함을 시사한다. 따라서 교과내용은 목표모형에서처럼 행동유목과 결합되는 부차적 요소도 아니고 그 자체가 내재적 가치를 지니는 것도 아니며 단지 그것은 학생이 성장하고 교사 자신이 발달하는 데 소중한 교육적 소재가 된다.

　그러므로 활동모형은 목표모형에서 강조하는 '행동의 결과'보다 그 결과를 낳게 하는 '활동의 과정'에, 내용모형에서 강조하는 '지식의 구조'나 학문의 일반적 아이디어보다 학문적 지식의 생성, 발전, 변화를 가져오는 '경험의 재구성 과정'에 비중을 둠으로써 학습자들의 성장과 발달의 구조에 혁명적 변화를 도모하고 있다. 여기에서 교육 그 자체의 가치를 찾을 수 있으며 그 가치를 실현하는 교육활동의 소재로서 교과 혹은 교육과정이 기능하는 것이다.

　이 지점에 교육과정 설계는 존재한다. 그 존재 가치는 바로 교육활동에서 구할 수 있다. 여기에는 학생의 경험을 재구성하는 점진적인 성장의 원리를 고려하고 존중하는 일이 포함된다. 학생의 성장과 발달을 조력할 수 있는 수단은 교육활동의 소재가 되는 교과내용이나 지식, 기능 그 자체에 들어 있는 성격이나 구조에서 파생되는 것이 아니다. 그것은 교사와 학생 상호 간의 성장을 조력하는 교육활동에서 나오며 특히 교사가 아동의 성장활동을 촉진하기 위하여 심리적 단계의 활동을 적절하게 조직할 필요가 있게 된다.

　따라서 이 모형에서 교육과정 설계의 논리는 학습자의 성장과 발달을 도모할 수 있는 교육활동의 구성에 있다. 이러한 교수활동에는 행동의 결과보다는 결과를 초래하는 활동의 과정을 강조하고 지식의 구조 그 자체보다는 그것을 소재로 경험을 재구성하는 활동을 강조한다. 그러므로 훌륭한 교수활동은 목표를 효율적으로 관리하는 것도 아니며 교과내용의 구조에 능통한 것도 아니며 오히려 그러한 것들을 소재로 하여 학습자의 발달을 가능하게 해 주는 교육활동을 마련하는 일이다. 훌륭한 교사는 목표관리자, 내용 전문가가 아니라 학습자의 성장과 발달에 구조적 변화를 가능하게 해 주는 안내자다. 여기에서 교사교육의 과정은 이러한 성격의 교사를 지향해야 한다.

4. 대표적 교육과정 설계 유형

이하에서 말하는 설계 유형은 3장에서 이미 살펴본 내용 조직상의 유형과 같은 의미를 지닌다. 왜냐하면 설계의 본래적 의미는 내용 조직과 같기 때문이다. 교육과정 구성요소들은 여러 가지 방법으로 조직될 수 있다. Sowell(2000: 57-62)은 설계 유형을 크게 네 가지로 제안하고 있다. ① 교과 설계, ② 사회·문화 중심 설계, ③ 학습자 설계, ④ 기타. 이 기타 유형에는 역량(competency) 중심 설계, 과정 기술(process skill) 설계, 공학(technology) 설계, 학교에서 일터로(school-to work) 설계, 중핵형 설계 등을 포함시키고 있다. 그러나 모든 교육과정 설계는 다음과 같은 세 가지 기본적인 설계 유형의 변형이거나 아니면 통합형이다. ① 교과중심 설계, ② 학습자중심 설계, ③ 문제중심 설계가 그것이다. 각 기본 설계 유형은 몇 개의 하위 형태를 포함하고 있다. 교과중심 설계에는 교과형 설계, 학문형 설계, 광역형 설계, 상관형 설계가 포함되어 있으며, 학습자중심 설계에는 아동중심 설계, 경험중심 설계, 낭만적/급진적 설계, 인간중심 설계가 포함되고 문제중심 설계에는 생활장면 설계, 중핵형 설계, 사회 문제/재건주의자 설계 등이 포함된다(Ornstein & Hunkins, 2004: 235-266).

1) 교과중심 설계

이 유형은 가장 보편적이고 광범하게 사용되어 왔다. 교과를 조직의 중심으로 하여 다양하게 조직하는 형태다. 지식과 내용을 가장 효율적으로 조직하고 학문적 합리주의를 지향하는 데 가장 적합하기 때문이다. 몇 가지의 하위 형태들이 존재한다.

(1) 교과형 설계

독립된 교과를 별개로 조직하는 것으로 분과형이라고 볼 수 있으며, 교과의 논리적 구조와 체계에 따라 교과선을 준수하면서 조직하는 것이다. 중등학교에서는 교과가 학문의 성격을 강하게 반영하므로 교과와 학문을 동일하게 볼 수는 있으나 근본적으로 상이하다. 하나의 학문이 하나의 교과를 구성하는 기초가 되기도 하고, 여러 학문이 모여 하나의 교과를 구성하기도 한다.

(2) 학문형 설계

Bruner의 지식의 구조와 학문적 지식에 의한 학문 탐구형 설계로서 학문의 구조와 탐구과정을 중심으로 조직하는 형태다. 단순히 교과 지식이 아니라 학문을 탐구하는 과정과 결과를 중심으로 조직하는 것이다. 이 경우 해당 학문을 탐구하는 데 필요한 지식·기능·태도 등이 중요한 설계 요소가 된다. 결국 지식의 탐구과정과 탐구결과를 체계화하여 학문적 지식을 습득할 수 있도록 조직하는 방식이다. 이 형태의 주창자인 King과 Brownell(1966)은 학문(discipline)이 다음과 같은 본질적인 성격, 즉 인간 공동체, 인간의 상상력에 관한 표현, 영역, 전통, 탐구양식, 개념적 구조, 전문화된 언어, 학식의 유산, 커뮤니케이션 네트워크, 평가적·정의적 입장, 그리고 교육적인 공동체 등을 갖고 있는 특정 지식이라고 보고 있다.

학문을 조직하는 여러 가지 형태에 따라 다양한 설계방식이 가능하다. 앞에서 살펴본 것처럼 개별 학문 설계, 다학문적 설계, 간학문적 설계 등이 있을 수 있다.

(3) 광역형 설계

지식의 경계를 분명히 한다는 것은 매우 어려운 일이다. 여러 교과를 통합함으로써 학습자는 여러 교과 간의 관계를 알게 되며, 그래서 전체적 지식의 의미를 알게 된다. 교과 설계가 단편화와 구획화의 문제를 야기하므로 이에 대한 개선의 노력으로 생겨났다. 두 개 혹은 그 이상의 관련 교과를 단일의 광역 혹은 융합된 연구 분야로 통합을 하는 방식이다. 지식의 모든 분야를 통합시키는 것으로 교과 간의 상호 관계를 유지할 뿐만 아니라 서로 관련되지 않는 교육과정을 피하게도 한다. 1930년대와 1940년대 교과의 통합운동으로 일어났으며, 이때 사회는 지식의 통합을 필요로 했으며 종합적 지식 모형이 필요했었다.

광역 교육과정의 역사가 긴 데 비해 학교에서 사용한 것은 최근의 일이다. Broudy 등(1964)은 스푸트니크 시대에 광역 교육과정의 하나를 제안한 바 있다. 그의 교육내용 분류는 다음과 같다.

① 정보의 상징: 영어, 외국어, 수학
② 기초과학: 일반과학, 생물학, 화학, 물리학
③ 발달연구: 우주의 발전, 사회기관의 발전, 인류문화의 발전
④ 가치모범(Exemplars): 미술, 음악, 희곡, 문학을 포함한 미적 경험의 양식

⑤ 전형적 사회문제에 초점을 두는 전체적 문제

광역 교육과정도 지식을 너무 광범하게 다루어서 깊이가 부족한 단점을 지니고 있다.

(4) 상관형 설계

분과적 조직이 지식의 고립을 가져오기 때문에 모든 교과나 지식의 지나친 분화가 교과의 선을 경직시키게 된다. 이러한 문제는 지식 간에 상호 협력을 어렵게 만들고 각 학문이 독단에 빠지게 될 가능성이 높다. 이런 문제를 해결하기 위하여 모든 교과를 관련지을 수는 없지만 상호 관계가 깊고 유사한 과목을 상관시킴으로써 지식과 지식, 과목과 과목을 보다 협력적인 관계로 전환시킨다. 교과를 관련시키는 방식에는 사실의 상관, 기술의 상관, 규범의 상관 등 세 가지가 있다.

2) 학습자중심 설계

모든 교육과정 학자들은 학생들에게 가치 있는 교육과정을 만들어 내는 데 관심을 갖고 있다. 학생들이 교육과정이나 프로그램의 중심이 되거나 초점이 되어야 한다고 생각했으며, 주로 진보주의자들이 이 입장을 주장하였다.

(1) 아동중심 설계

학습경험은 아동의 욕구나 흥미에 기초하여 구성되어야 한다. 보통 아동의 흥미중심 교육과정으로 불리기도 한다. 아동중심 교육사상은 루소의 자연주의 교육사상에 기초하는 것이며, Parker와 Dewey에 의해 많은 발전을 보였고 Kilpatrick에 의해 구안법이 만들어지고 이 당시에 설립된 학교들은 활동 교육과정을 만들었는데 여기에는 교과가 없었으며, 교육과정은 관찰, 놀이, 이야기, 만들기로 조직·구성되었다.

(2) 경험중심 설계

이 형태는 Dewey에게 영향을 받아서 크게 번창하였다. 아동중심 설계와 유사하나 아동들의 흥미와 요구를 예상할 수 없고 따라서 교육과정의 틀은 모든 아동들을 위해 계획될 수는 없다는 견해를 가지고 있다는 점에서 차이가 있다. 지식과 학과의 영역이 없으며 생활장면의 구분이 없다. 생활 속에 지식이 분할되어 적용되지는 않는다. 모든 지식은 어떤 의미에서 동시에 조작되는 것으로 보아야 한다. 그래서 경험중심에서는 지식을 위주로 한 교육과정과는 상이한 모습을 띠게 된다.

(3) 낭만적/급진적 설계

진보적 교육개혁의 추구는 19세기 초 10여 년간의 아동중심주의 시대를 열었다. 전통적 교육의 강제적이고 권위적인 방법에 반대하고 아동이 성인의 축소판이라고 생각하는 전통적인 관념을 거부하는 낭만적 진보주의자는 아동의 본성을 중요시하고 자연적 발달사상을 강조하였다. 따라서 아동의 자발성, 욕구 및 활동 등을 우선시하였다. 낭만주의 교육이념은 학교교육의 개혁을 자극하였으며, Neill의 서머힐(Summerhill)이나 홀트(Holt)의 아동학습관 등은 이 형태의 대표적인 반영물이다.

(4) 인간중심 설계

이 형태는 1950~1960년대의 학문과 지식 탐구과정의 지나친 강조로 1960~1970년대에 강조되었다. 이 형태는 정의적 교육(affective education), 개방교육(education), 실존주의적 교육 등과 관련이 있으며, 특히 학생의 자아개념에 초점을 두고 있다. 인본주의 심리학자인 Maslow의 자아실현 개념이나 Rogers의 심리학이 중요한 근거가 된다. 정의적 영역과 인지적 영역을 결합하는 통합교육(confluence)을 강조하였고, Weinstein과 Fantini(1970)의 관심중심 교육과정과도 맥을 같이한다. 이들은 흥미와 관심을 구분하는데, 흥미는 피상적이고 일시적인 감정의 표현이며, 관심은 깊고 지속적인 감정이다. 흥미는 학생들의 변덕과 미성숙으로 인해 교육적으로 가치가 있다고 보기 어려운 반면에, 관심은 학습자의 내적인 요구가 반영된 것이다. 그러나 이 형태의 교육과정 역시 개인을 너무 강조하기 때문에 사회의 요구가 무시되기 쉽다.

3) 문제중심 설계

교육과정은 탐구되고 해결되어야 할 문제영역에 따라 설계되고, 선택된 내용은 이러한 문제해결에 적절해야 한다. 사회문제와 학습자의 능력, 흥미, 욕구에 기초하기 때문에 다양한 변인들이 작용한다. 즉, 영속적 생활장면, 현재 사회문제, 생활영역 등 다양한 것에 강조를 두기도 한다.

(1) 생활장면 설계

항상적 생활장면(persistent life situation)에 의한 교육과정 형태로 직접적인 생활장면에 부합되는 교육내용을 구성하려는 것이다. 1950년대에 Stratemeyer 등이 제안한 것으로서 개인 능력의 신장, 사회적 참여 속에서의 성장, 환경적 제 요인과 잠재력을 다루는 능력으로 구분하여 교육과정을 구성하였다. 이 형태는 교과의 분과주의를 줄이고 관련된 사회생활을 중심으로 교과를 통합하는 것이다. 사회문제와 개인의 관심사를 중심으로 조직하기 때문에 학생의 문제해결 절차를 학습하고 적용하도록 한다.

(2) 중핵형 설계

사회기능 중핵이라고 불리며 중심에는 모든 사람에게 공통이 되는 문제나 활동을 배치하고 주변에는 관련 교과나 활동을 조직하는 것이다. 이 형태는 교과내용이 중심이 되는 교과 중핵과는 달리 문제중심의 중핵이다.

(3) 사회문제중심 설계

현재의 사회문제와 사회활동을 중심으로 설계하는 형태로 학습자 개인보다는 사회문제에 초점을 둔다. 이 형태에서는 사회의 정치적 · 경제적 · 문화적 발전과 개혁, 교육과의 관계에 중요한 관심을 둔다. 교육사조상으로는 Brameld의 재건주의에 기초하고 있다.

5. 최신 설계 동향

1) 다차원적 설계

지식기반사회에서는 직업이나 일상 세계에서 지금보다 훨씬 더 복잡하고 다양한 지식과 기술이 필요한 것으로 예상된다. 따라서 학교교육은 기존에 가르치던 것보다 더 많은 능력들을 가르쳐야 한다. 종래는 교과중심으로 교육과정이 설계되어 왔지만 앞으로는 변화하는 사회 요구에 따라 보다 넓은 범위의 지식을 다양한 방법으로 가르쳐야 할 필요가 있다. 이에 학교에서도 다차원적인 시각에서 교육과정을 설계해야 한다(소경희, 2005: 130-136).

이러한 관점에서 Wragg(1997)는 3차원의 교육과정을 입방체 교육과정(cubic curriculum)이라는 이름으로 제안하고 있다. 교육과정을 학교에서 학생들이 학습하는 모든 것으로 보고 교육과정을 세 가지 차원으로 설계할 것을 제안하고 있다. 첫 번째 차원은 교과(subject matter) 혹은 교과의 하위 주제다. 이것은 학교의 시간표상에서 볼 수 있는 교과로 구성되며 교과나 하위 주제들은 다양한 종류의 지식으로 이루어져 있다. 지식은 우리 삶에서 필요한 것이며, 장치 지식이 증가하여도 여전히 중요하며 앞으로는 전이가 가능한 지식, 지식 습득에서의 융통성이 중요해진다. 장차 첫 번째 차원인 교과가 무엇으로 구성되어야 할 것인가 하는 문제는 항상 검토해야 하는 문제다.

두 번째 차원은 범교과적 주제(cross-curricular themes)다. 여기에는 모든 교과에서 일어날, 교육과정 전반에 걸친 쟁점이 포함된다. 전 교과를 통해 강조되어야 할 주제나 쟁점들이 여기에 해당된다. 장차 지식기반사회에서 필요한 일반적 능력들로는 언어능력, 사고능력, 심미적 감수성 등이 강조된다. 이와 동시에 복잡한 사회에서 필요한 개인적·사회적 특성들, 즉 상상력, 유연성, 시민성 등이 강조된다. 이것들은 기존 분과적인 교과중심 설계에서는 무시되는 경향이 강하며, 여러 교과 간의 연계나 통합을 통한 연계망적 지식이 강조되어야 한다.

세 번째 차원은 교수-학습 전략이다. 이것은 교사들이 가르치고 학생들이 배우는 방식을 말한다. 학생들이 학교를 마친 이후에도 계속 학습하고자 할 경우에 학교에서 습득한 학습방법은 이후 삶에도 영향을 미치므로 중요하다. 어떤 교수-학습 전략을 사용할 것인가 하는 것은 그 전략이 사용될 목적과 맥락, 즉 다른 두 차원인 교과와 범교과적 주제가 제공하는 목적과 맥락에 따라 달라진다.

교육과정의 세 가지 차원은 [그림 5-2]와 같이 입방체의 형태로 제시할 수 있다.

장차 지식기반사회에서의 초·중등 교육과정은 전통적으로 자리를 차지해 온 특정 교과들이 중심이 되어서는 안 된다. 종래 학교에서 가르쳐 오던 지식뿐만 아니라 새로운 지식과 기능, 능력들을 가르쳐야 한다. 새로운 사회 요구와 지식의 변화에 부응하기 위해서는 교과 지식뿐만 아니라 범교과적으로 발달시켜야 할 능력, 그리고 학생들의 후속 학습에 장기적인 영향을 미치는 교수-학습 양식들을 고려해야 한다.

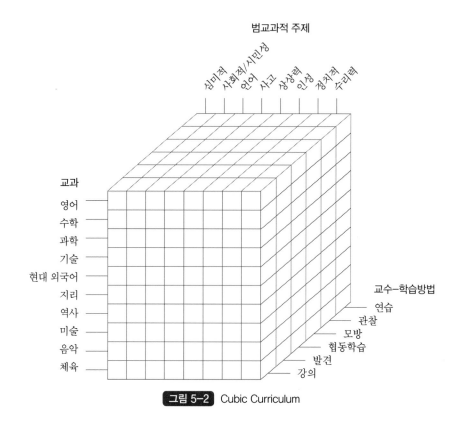

그림 5-2 Cubic Curriculum

2) 초학문적 설계

지식기반사회의 교육과정과 관련하여 기존의 교과영역 중심의 틀에서 벗어나 미래 사회의 문제중심으로 교육과정을 설계하려는 노력이 진행되고 있다. 호주 퀸즐랜드 주 교육부가 시도하는 것인데, 일명 New Basics Project다. 이 사업은 1989년부터 시행된 호주 교육의 문제를 발견하고 1998년에 새로운 프로젝트를 시작한 것이다. 미래지향적인 교육과정은 교육과정, 수업방식(pedagogy), 평가(assessment) 등 세 측면 모두의 변화 없이는 달성될 수 없다고 보고 이들 측면의 유기적이고 통합적인 변화전략에 초점을 맞춘 것이다. 결국 새로운 설계 방식은 이러한 세 가지 축으로 이루어진다. 그것을 그림으로 제시하면 다음과 같다(소경희, 2005: 137-150).

교육과정 측면에서는 New Basics를 규명하기 위한 시도가 이루어지는데, 학생들이 수행해야 할 새로운 시대의 새 핵심 과제(core tasks)를 선정하고 교육과정을 간소화하는 일을 한다. 수업방식 측면에서는 생산적 수업방식을 추구하는데, 교실에서 할 수 있

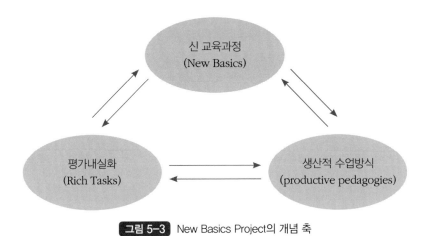

그림 5-3 New Basics Project의 개념 축

는 다양한 수업방식을 의미하며, 차별화된 다양한 결과를 만들어 내기 위한 다양한 수업방식에 대한 것이다. 평가 측면에서는 종래의 표준화된 시험, 고부담 평가에 대한 대안으로 Rich Tasks를 통한 평가를 시도하는데, 참 평가가 이루어지도록 한다.

이러한 세 가지 요소들은 서로를 필요로 한다. 즉, New Basics는 생산적 수업방식을 필요로 하며, 수업방식의 의미 있는 변화 없이는 New Basics가 학생들에게 제대로 전달될 수 없으며, 생산적인 수업방식은 참 평가를 반드시 필요로 하며, 참 평가는 Rich Tasks의 수행을 통해 이루어진다. 이 Rich Tasks는 다시 New Basics로부터 설계되고 구축될 수 있다.

New Basics는 현행의 분과적인 교과 교육과정 설계방식 혹은 학문영역 중심의 방식을 넘어서서 실제 세계 및 실생활 문제에 초점을 둔 설계방법을 보여 주는 것이다. 이것은 기존의 학문을 포기하거나 무시하기보다는 초학문적인(transdisciplinary) 지식의 결합을 요구한다. New Basics의 4가지 범주, 즉 실제 삶의 영역은 ① 삶과 사회적 미래: 나는 누구이며 어디로 가고 있는가, ② 멀티리터러시와 의사소통 수단: 나는 세계를 어떻게 이해하고 그것과 의사소통하는가, ③ 적극적인 시민성: 지역, 사회, 문화, 경제에서 나의 권리와 책임은 무엇인가, ④ 환경과 기술공학: 나는 내 주위의 세계를 어떻게 묘사, 분석, 형성하고 있는가다.

교육과정과 평가의 변화는 교실에서의 교사와 학생 간의 상호작용에 초점을 두지 않는다면 창출될 수 없다. 교육과정은 궁극적으로 교실 내 교사와 학생 간의 상호작용 속에서 재형성되고 재창조되고 평가될 수 있는 것이다. 생산적인 수업방식에서는 고차적 사고, 심오한 이해, 메타 언어, 지식통합, 문화적 지식, 담화(교수 방식이 주로 이야기 형식인가, 아니면 설명 형식인가?), 시민성과 같은 전략들이 강조된다.

Rich Tasks는 학생 성과라는 개념을 재개념화한 것이다. 학생들이 실세계와 명백한 관련을 가지는 초학문적 활동을 수행함으로써 자신들이 그에 대한 이해, 지식, 기능을 가지고 있음을 보여 주도록 되어 있다. 이것은 Dewey의 프로젝트, Vygotsky의 근접발달영역(ZDP), Freire의 문제제기와 문제해결 학습, Sizer의 less is more 학습관에 근거한다. 즉, Rich Tasks는 지식보다는 실생활에서 가치를 지니는 문제에서 출발하여, 과중한 교육과정을 제공하기보다는 학생들이 보여 줄 수 있는 활동중심으로 설계된 것이다. Rich Tasks는 4개의 New Basics 범주들에서 획득할 필요가 있는 기능과 관련된 실천활동의 범주를 규명하고 이러한 활동을 수행하는 데 필요한 다양한 지식 분야로부터 관련 내용을 선정함으로써 구축된다. 본 프로젝트에서는 3년 단위(1~3학년, 4~6학년, 7~9학년)로 나누어 3개의 프로그램으로 계획되어 있다.

이 프로젝트는 기존의 교과에 대한 대안적 개념을 제공해 주고, 교육과정의 간소화와 단순화 및 교과 간의 통합을 강조한다. 그리고 학교교육의 중요한 지점(3, 6, 9학년)에서 학생에게 요구되는 지식, 기술 및 실제 등을 규정하고 있다.

3) 래티스 모형 설계

교육과정 설계에서 가장 중요한 문제는 교육내용의 선정과 조직에서 비롯된다. 특히 내용 조직과 관련하여 다양한 학습이론들이 조직 방법에 많은 시사점을 던져 주고 있다. 최근에 비약적인 발전을 보이는 인지이론과 구성주의는 이 문제에서 타당한 기초를 제공해 주고 있다. 이와 관련하여 인지와 교육과정 문제에 대해 Efland는 기존의 계층적인 학습을 가정하는 나선형 모형을 비판하고 다원적이고 비순차적인 학습을 보장해 주는 래티스(Lattice) 모형을 제안하고 있다(강현석 · 이자현, 2005). 이하에서는 강현석 · 이자현(2005: 105-130)의 연구를 중심으로 세부내용을 살펴보기로 한다.

Efland(1995)는 Bruner가 제안한 나선형 모형의 문제를 극복할 수 있는 방안으로 래티스 모형을 제안하였는데, 그 이론적 근거로 인지적 유연성 이론을 들고 있다. 인지적 유연성 이론(Cognitive Flexibility Theory)은 쉽게 구조화되고 정형화될 수 없는 성격을 지닌 과제를 여러 가지 다른 상황과 시각에서 접근(criss-crossing)하여 상황성이 강하게 베어 있는 지식구조의 연합틀(situation-dependent schema assembly)을 형성하도록 하는 이론이다.

이 이론에서 가장 중요한 것은 '인지적 유연성'이다. Spiro와 Jehng(1990: 165)에 따르면, 인지적 유연성은 "여러 지식의 범주를 넘나들고 연결지으면서, 다양한 방법으로, 그리고 급격하게 변화해 가는 상황적 요구에 대하여 적응력 있게 대처하는 능력"을 말한다. 이런 능력은 그냥 얻어지는 것이 아니고, 끊임없이 그리고 지속적으로, 비정형화된 지식구조를 지닌 지식영역을 다루고, 혹은 복잡하고 비규칙성을 띠는 고급 지식들을 접하게 함으로써 자연적으로 '비순차적'이고 '다원적' 지식구조를 형성할 수 있게 하는 소위 '임의적 접근 수업 혹은 학습(random access instruction)'의 결과라는 것이다(강인애, 1996: 16).

이 이론에서 중요한 교육과정적 의의는 학생이 특정 과제를 학습해 나가는 양태에 있다. 논리적이고 순차적인 학습이 아니라 비순차적이고 종횡으로 학습해 나가는 것이다. 이러한 양태를 '임의적 접근 학습'으로 표현하고 있다. 이 방법은 다른 말로 '십자형 (criss-crossing) 접근'이라는 표현으로도 사용되고 있는데, '십자형 접근'이라는 것은 말 그대로 어떤 특정 과제가 주어졌을 때, 그것을 다양한 맥락과 관점에서 접근하고, 가르치는 순서도 재배치해 보고, 그 특정 과제와 연결하여 가능한 한 많은 예들을 다루어 보는 방법을 일컫는다.

이러한 의미에 근거하여 Efland는 래티스 모형을 제안하였다. '십자형 접근'이라는 것도 결국은 비구조적인 지식에 내재하고 있는 여러 복잡한 의미를 비순차적이고 다차원적 학습전략을 활용하여 학습함으로써 결과적으로 지식의 전이성을 효과적으로 높인다는 것이다(강인애, 1996: 16). 이와 동시에 이런 십자형 접근으로 학습을 하거나 교육과정을 설계해 주면 지식의 구조도 마치 그물망처럼 서로 잘 짜여 있고 연결되어 있는 구조로 형성될 수 있다는 것이다. 따라서 학습자는 복잡하고 비예측적이고 변화무쌍한 어떤 상황과 요구에 접하더라도 융통성 있고 유연적인 인지작용을 통해 문제를 해결해 나갈 수 있다는 것이다.

이러한 인지적 유연성 이론의 가장 기본적인 이론적 전제는 지식의 특성과 지식구조 형성 과정에 관한 것이다. 즉, 지식은 단순한 일차원적 개념으로 표현될 수 있는 것이 아니고 복잡하고 다원적인 개념으로 형성되어 있으며, 이런 복잡하고 다원적인 개념의 지식을 제대로 재현할 수 있도록 하기 위해서는 '상황 의존적인 스키마의 연합체 (situation-dependent schema assembly)'(Spiro & Jehng, 1990: 165)를 형성해야 한다는 것이다. 따라서 전통적 교수-학습 원칙에 의거한 단순화된 지식 습득을 지양하고, 대신 비정형화된 성격의 지식을 습득하여 복잡성과 비규칙성의 특성을 지닌 고등지식 단계에서도 순조로운 학습이 이루어지도록 특정 학문 분야의 가장 초보적 단계에서부터 지식의 '복잡성과 비규칙성'을 포함시킨 과제와 학습환경이 제공되야 한다는 것이다. 이 문제를 해결해 주는 것이 래티스 모형이다.

래티스의 사전적 의미는 격자(格子)나 격자 무늬 혹은 살창 무늬를 말한다. 더 확대해 보면 순차적이고 직선적인 단순한 구조가 아니라, 상하좌우, 종횡으로 연결된 모양을 의미한다. Efland(1995: 146)는 일찍이 Christopher Alexander의 아이디어에서 이 비유어를 차용하고 있다. 알렉산더가 도시 계획에서 도시는 엄격한 '트리(tree)' 구조가 아닌 '세미래티스(semi lattice)' 구조로 계획되어야 한다고 언급한 데에서 이 용어를 사용하고 있다. 그것은 사통팔달의 도로, 십자형 교차로, 종횡의 구조를 띠는 도시 모양을 의미한다.

이러한 의미가 교육과정에 적용되어 학생의 학습양태를 비유(analogy)한 말로서 의미를 지니게 되었다. 보다 엄격하게 말하면 학습과제의 성격에 기초한 학습의 양태가 순차적이고 단순한 구조가 아니라 비순차적이고 다차원적인 탐구과정을 시사하는 것이다. 특히 이러한 의미는 과거 나선형 모형이 가정하는 학습양태가 순차적이고 계층적이고 직선적이라는 점을 전제하는 말이다.

Efland에 의하면 래티스는 교육과정의 표현체로서의 의미를 지닌다. 또한 래티스는 비구조화된 영역에서의 학습에 보다 관련성이 높다는 것이다. 이것은 인지적 유연성 이론과의 연관성을 시사하는 대목이다. 특히 Efland(1995: 148)는 예술이나 인문학 분야의 지식 구조가 트리 구조나 래티스 구조에 보다 가까우며, 이러한 양태로 교육과정이나 학습과정이 설계되어야 한다고 주장한다. 즉, 교육과정 설계는 통합적으로 지식을 구성하는 방향으로 이루어져야 한다는 것이다. 따라서 래티스 모형은 지식과 학습의 구조에 대한 특정 입장을 가정하고 있다고 볼 수 있다.

교육의 이러한 통합적 지식구조의 필요성에 대해, Efland(2002: 82)는 "학습자들이 실제 세계의 상황들에 관련되는 방식으로 그들의 지식을 사용할 수 있도록 하는 정신의 질"을 의미하는 '인지적 유연성 이론'을 토대로 다양한 여러 영역 지식들을 통합 방법에 대해 연구하였다. 학습자들이 인지적으로 유연할 경우, 자신의 학습에서 이전에 습득했던 지식들을 다양한 방식으로 해석하고, 각색하고, 또한 여러 표현 형식들을 복합적으로 사용하면서 다른 상황으로 쉽게 적용할 수 있다고 보았다. 이런 학습능력은 실제 세계의 복잡한 상황 내에서의 지적인 연습을 통해 발전시킬 수 있는데(Lipman, 2003; Parsons, 1992; Smith, 1990), Efland는 특히 지식체계가 복잡한 구조로 되어 있는 시각예술을 통해 효과적으로 육성될 수 있다고 주장했다. 복잡한 영역의 지식체계는 규칙적인 구조로 된 영역의 특성인 포괄적인 규칙들과 광범위한 일반 개념들이 부재하기 때문에 학습은 개별 사례들로부터 얻게 되는 집합적인 지식에 의해 구성된다. 예를 들어, Efland(1995)에 따르면 개인은 고딕양식의 건축 또는 프랑스 인상주의에 대한 파악을 위해, 그 탐구방식 또는 규칙을 형성할 개념들의 집단과 묘사적 특징들을 집합적으로 모으게 된다(백경미, 2005: 110).

이상의 논의를 요약하면, 이러한 유형의 다원지향적인 지식 탐구를 허락하는 학습 모형이 Efland(1995)의 '격자형 교육과정 모형(Lattice curriculum model)'이다. 계층적 학습경로를 묘사하는 나선형 모형과는 달리, 이 모형은 학습 개념들을 다양한 상황들에서 재방문하도록 허락하는 격자 구조의 엇갈린 패턴으로 묘사된 학습 경로를 제시하면서 이 경로를 따라 학습자가 개별 사례들의 불규칙적인 양상들을 다원적인 방향으로 탐구하도록 유도한다. 때문에 이 모형은 학습자들이, 종전의 경우 분리된 단편적 지식들로 남겨지게 되었을 정보들을 상호 연결하면서 그 의미를 구성할 수 있도록 한다. Efland(2002)는 만일 교육의 목적이 학생들 자신의 개인적 그리고 사회적 세계를 이해할 수 있도록 하는 것이라면, 학교 교육과정은 각 학생들 자신의 특별한 질문들을 추구하면서 다양한 주변 정보들을 연결하고 의미들을 재구성하도록 도와주는 지적 여행의 경로들을 제공해야 할 것이라고 강조한다. 그 실현을 위해 예술이 중심적인 역할을 할 수 있다는 것을 그는 또한 강조하고 있다.

이상의 논의를 통해서 볼 때 래티스 교육과정 모형은 교육과정과 인지와의 관련성을 크게 강조하는 것으로서 학습자의 인지적 사고 구조와 학습과제의 관계를 정교하게 조직하는 측면에서 상당한 의미를 지니고 있다. 만약 Efland의 주장이 옳다면, 기존의 계층적인 나선형 모형은 비순차적인 격자 모형으로 전환되어야 하고, 특히 예술과 인문학과 같은 비구조적 학습과제의 성격이 강한 교과에서는 보다 적극적으로 격자 모형을 적용하여 교육과정을 구성할 필요가 있게 된다.

따라서 이러한 맥락에서 교육과정을 구성하고 설계할 때에는 다음의 몇 가지 사항을 고려할 필요가 있다.

첫째, 십자형의 임의적 접근학습을 통해 비순차적이고 다양한 제시를 강조하고 수업에 관련된 깊이 있고 종합적인 이해를 함양시키기 위한 인지적 모형 틀을 구성할 필요가 있다. 다양한 탐구학습의 루트를 마련해 주고, 과제의 인지적 구조와 성격에 부합하는 인지 학습 전략을 구안할 필요가 있다.

둘째, 학습자가 습득하게 될 학습과제의 제시와 관련하여 다양한 상황과 적당한 규모의 학습과제가 설계되어 제시될 필요가 있다. 즉, 학습과제가 다양한 상황에서 제시되면서 동시에 학생들이 감당할 수 있는 작은 규모의 과제를 설계할 필요가 있다.

셋째, 엄격하게 미리 세분화된 상태의 학습환경과 완전히 비구조적인 학습환경과의 중간 정도의 학습환경을 설정할 필요가 있다. 이것은 미술 교과내용의 성격과 구조에 부합하는 학습환경의 독특성을 말한다. 미술 교과의 내용과 학습과제의 인지적 구조는 여타의 내용이나 과제와는 다른 구조를 지니고 있기 때문에 여기에 인지적으로 부합하는 학습환경의 구안이 요청된다.

넷째, 학습자의 필요에 따라 유동적으로 학습내용을 구조적으로 재편집할 수 있는 가능성이 있어야 한다. 학습내용의 체계화 정도가 획일적이고 학습자의 접근 가능성이 용이하지 못한 학습내용은 가급적 수정되어 제시될 필요가 있다. 학습자의 인지 능력이 유연성과 융통성을 발휘할 수 있도록 해 주는 방향으로 학습내용의 구조가 탄력적으로 재구성될 수 있어야 한다.

다섯째, 교과서적인 인위적 과제 대신에 개념별, 주제별로 상황성이 깃들어 있는 실제적인 과제를 제공할 필요가 있다. 구성주의적 학습 설계에서 가장 중시되는 것으로서 학습자의 수행능력이 구현되는 장면과 상황의 맥락이 반영되는, 그야말로 참된 의미의 과제가 제공되어야 한다. 이것은 미술 교과의 내용 분석과 교재 연구를 통하여 가능하며, 특히 학습의 전이 문제를 고려할 필요가 있다.

4) 의도된 학습성과(ILOs) 중심 설계

이 방식은 Posner와 Rudnitsky(2006)가 제안한 코스 설계 방식에 기초를 두고 있다. 그에 따르면 교육과정 설계는 의도된 학습성과(Intended Learning Outcomes: ILOs)의 유형에 근거하여 이루어져야 한다는 것이다. 코스 설계가 타당하게 이루어지기 위해서는 ILOs가 잘 정의되고 구분되어야 한다.

이 방식에서 ILOs는 행동목표와 차이가 있다. ILOs는 반드시 관찰 가능한 행동으로 진술되어야 할 필요는 없으며, 그렇게 해서도 안 된다. 왜냐하면 상당수의 ILOs들이 이해 영역이고 관찰이 불가능한 기능 영역이기 때문이다. ILOs는 행동 지표를 개발하기 위하여 사용된다. ILOs는 관찰 가능하거나 관찰 불가능하기도 하지만, 행동 지표는 반드시 관찰 가능해야만 한다. 그래서 행동목표는 교육과정에서 서로 다른 두 가지 개념,

즉 ILOs 혹은 학습목표(우리가 학생들이 학습할 수 있었으면 하는)와 행동증거(바라던 학습이 일어났는지 아닌지 알려주는)를 구분 없이 총괄하는 용어다.

이 방식은 기존의 교육목표 유형을 지식, 기능, 태도로 단순하게 구분하던 방식을 넘어서서 보다 정교하게 목표 유형을 다양하게 설정하여 ILOs를 중심으로 코스를 설계할 수 있는 방식이다. 특히 이 방식은 단원을 ILOs의 유형에 따라 구성하는 데 유익하다.

이 방식의 설계는 우선 ① 코스의 합리적 근거를 설정하고, 그 다음으로는 ② ILOs를 정련하고, ③ 코스의 단원을 설정한 다음에 ④ 코스의 단원을 여러 수준으로 조직한다. 그리고 ⑤ 교수 전략을 마련하고 ⑥ 평가 절차를 밟는다.

이 설계 방식에서 가장 중요한 것은 ILOs를 정렬하는 일이다. 여기에는 ILOs를 분석하고 ILOs의 진술 및 표현, ILOs를 유목화하기, ILOs를 명료화하기, ILOs의 우선순위를 정하고 균형을 잡는 일이 포함된다.

우선 ILOs는 크게 기능(skills)과 이해(understandings)로 구분된다. 기능에는 심동적-지각적 기능(psychomotor-perceptual skills), 인지 기능(cognitive skills), 정의적 기능(affective skills)이 포함되며, 이해에는 정의적 이해와 인지(cognitions)로 이루어져 있다. 정의적 기능과 정의적 이해는 다시 정의(affects)로 종합된다. 이것을 그림으로 나타내 보면 [그림 5-4]와 같다.

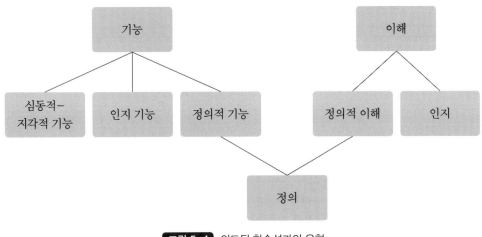

그림 5-4 의도된 학습성과의 유형

이상의 ILOs 유형의 특징은 우선 과거 ILOs의 구분에서 기능(심동적-지각적 기능, 인지 기능)과 비기능(인지와 정의)으로 구분하였었는데, 최근에는 비기능이라는 용어 대신에 '이해'를 강조하고 있다는 점이다. 둘째, 정의(affects)를 기능과 이해로 구분하고 있으며, ③ 정의를 비기능만이 아니라 정의적 기능으로 확장하고 있다는 점이다.

이러한 분류 방식을 기존의 전형적인 방식과 비교해 보자. 첫째, 지식의 경우, 기존 지식은 현행 인지와 비교해 보면 인지가 보다 넓은 것이다. 둘째, 기능의 경우, 이 부분에서 기능은 과거 기능이 수행과 실천의 성격을 지니는 것인데 비해 최근 기능에는 인지 기능과 심동적-지각적 기능을 고려해야 한다. 셋째, 태도의 경우, 기존에는 가치관이나 신념, 정서를 주로 의미하였는데, 이 분류 방식으로 보면 정의와 가장 밀접하다. 통념적으로 보면 태도는 정의적 기능과 유사하지만 최근에는 정의적 이해가 새롭게 등장하고 있다.

설계의 실제에서는 기능의 경우에 흐름도(flowchart)를, 이해의 경우에 개념지도(concept map)를 활용하여 코스를 설계한다.

5) 내용 적정화 설계

최근 각국의 교육 선진국에서는 교육과정 설계에서 학습의 깊이를 강조하고 학습자들에게 적절한 교육내용을 학습하도록 하는 문제에 많은 노력을 경주하고 있다. 특히 학습자들에게 교육내용을 적정화하여 학습부담을 줄이고 최적의 학습을 보장하는 문제가 중요한 과제로 등장하고 있다. 이러한 문제를 교육과정 설계에서는 정합성(coherence)의 차원에서 '내용 적정화'라고 부를 수 있다.

그러나 내용 적정화에 대한 동향은 나라마다 사정이 다르고 어떤 경우에는 교육적인 차원보다는 정치적인 차원에서 결정되는 경향이 있다. 따라서 이하에서는 내용 적정화에 대한 최근 동향보다는 일반적인 문제에 주목하여 관련 내용을 소개하기로 한다.

교육내용의 적합성을 분석하는 일은 어떤 교육내용이 어디에 알맞게 들어맞는가를 평가하는 작업이다. 이와 같은 일은 대개 '적합성(relevance)' 또는 '적정화(optimization)'라는 용어를 사용하는데, '적합성'은 보다 질적인 개념으로, '적정화'는 양적 기준과 질적 기준을 모두 포괄하는 용어로 사용되는 경향이 있다.

이돈희(2004)는 양과 수준을 조정하는 양적 기준과, 학습경험과 관련된 질적 조정모두를 '적정화'의 개념으로 정의하고 있으며, 황규호(2004) 역시 양적 기준과 질적 기준을 포괄하는 의미로서 '적정화'의 용어를 사용하고 있다. 교육과정평가원(2004)의 각 교과별 교육내용 적정화 연구에서는 적합성이 있는 내용의 양과 수준을 고려하는 것을 최적화(optimization)로 정의하고 있어서, 양적 기준과 질적 기준을 포괄하는 용어로 '최적화' 또는 '적정화'를 정의하고 있음을 알 수 있다. 이에 비해 '적합성(relevance)'의 개념은 교육내용의 질적인 측면만 대상으로 하고 있는데, 이경섭(1999)이 제시하고 있는 질적 개념으로서의 '적합성'의 구성요소들이나 이돈희(2004)의 학습경험과 관련된 질적 경험, 교육과정평가원 연구보고서(2004)의 '교육내용 적합성' 개념이 모두 질적인 기준으로서의 '적합성' 개념을 정의하고 있다.

그러나 교과 교육과정의 내용을 적정화할 경우에는 그 의미 및 준거를 명료하게 할 필요가 있다. 따라서 적정화는 양적 기준과 질적 조정을 통합하는 방향으로 설정되어야 한다. 즉, 내용 난이도와 적합성을 통합적으로 고려해야 한다. 그리고 내용 적정화의 영역을 기존처럼 내용 선정에만 국한하지 말고 내용의 조직과 표현, 전개 문제도 고려해야 한다.

그 영역별 기준을 제시해 보면 〈표 5-1〉과 같다. 이하 기준은 교육과정평가원 연구(민용성, 2009)를 재구성한 것이다.

이상의 준거를 고려하여 내용 적정화 문제를 접근하도록 해야 한다. 최근에 개정된 2009년 개정 교육과정과 관련지어 보면 9학년에서 공통 교육과정 기간이 종료되므로 '공통 교육과정'으로서의 적정화 의미가 부여되어야 한다. 즉, 공통 교육과정 기간이 단축됨에 따라 교육내용의 정선과 영역 정비가 이루어져야 한다. 그리고 공통 교육과정의 종료 시 도달해야 할 성취 목표와 기준을 설정하여 학습내용 조직의 적절성을 확보해야 한다. 그리고 학년(군) 및 학교급 내, 학교급 간 교육내용의 중복 또는 비약을 조정해야 한다.

이와 아울러 적정화 문제와 관련이 되는 것 중에 내용 연계성의 문제가 있다. 왜냐하면 교육과정 설계에서 내용의 폭과 깊이의 적정화 문제는 내용 연계성과도 관련이 있기 때문이다. 2장에서 살펴본 2009년 개정과 관련지어 보면 교과(군) 및 학년 군 간, 학교급 간 교육과정의 연계가 확보되어야 한다. 그리고 초등학교의 학년 군 간 교육과정의 연계성, 학교급 간 교육과정의 연계성, 유관 교과(군) 간 연계성이 강화되어야 한다.

이상에서 설명한 적정화 문제는 다음의 이유로 교육과정 설계 시 고려되어야 한다.

첫째, 심층적 '이해'를 위해서 내용을 적정화해야 한다. 이를 위해서는 지식의 구조화, 핵심 개념 중심의 적정화를 해야 한다. 그리고 개념중심 주제 통합학습을 지향하면

표 5-1 영역별 교육내용 적합성 기준

영역	내용	기준
내용의 선정	교육목적 및 목표 부합성	초·중등학교 교육과정에서 추구하는 인간상과 교육목적을 구현하는 데 적합한가?
		각급 학교 교육목표 및 교과 교육목표(또는 단원 목표)에 부합하는가?
	개인적·사회적 요구 반영도	학습자의 흥미·요구·관심사를 반영하고 있는가?
		국가·사회·시대적 요구 및 변화를 충실하게 반영하고 있는가?
	학문적 특성 반영도	설정된 내용 영역(요소)은 해당 교과의 학문적 특성에 비추어 볼 때 타당한가?
		해당 학문의 핵심 지식·기능·가치 등을 담고 있는가?
		해당 학문의 탐구방법을 올바르게 반영하고 있는가?
내용의 조직과 표현	양의 적정성	내용 영역(요소) 간의 배정 비율은 적절한가?
		내용 영역(요소) 전체의 양은 시간배당 기준에 비추어 볼 때 적절한 분량인가?
	수준의 적절성	설정된 내용 영역(요소)은 해당 학년(군) 학습자의 발달 수준에 적합한가?
		학년(군) 및 학교급 간 내용의 난이도는 적절하게 유지되고 있는가?
		동일 학년(군) 및 학교급 내 내용 영역(요소) 간 수준의 동질성이 유지되고 있는가?
	조직의 충실성	학년(군) 및 학교급 간 핵심 지식·기능·가치 등의 계속성이 유지되고 있는가?
		학년(군) 및 학교급 간 내용의 계열성이 유지되고 있는가?
		동일 교과(군) 내 타 교과(내용 영역)와의 내용 중복성을 배제하고 있는가?
		동일 학교급 및 학년(군)에서 타 교과(군) 내용과의 통합성이 유지되고 있는가?
	내용의 명료성	내용 영역(요소)과 관련된 성취기준 또는 주제, 제재, 활동이 명료하게 제시되어 있는가?
		내용 영역(요소)의 진술방식이 일관성을 유지하고 있는가?
내용의 전개	교수-학습 가능성	내용 영역(요소)은 해당 학년(군) 학습자의 교수-학습 자료(교재)로 구현하는 데 적합한가?
		내용 영역(요소)은 학교와 학습자의 교수-학습 상황에 비추어 볼 때 실천 가능한 것인가?
	평가 가능성	설정된 내용 영역(요소)의 지식·기능·가치 등을 실제로 평가할 수 있는가?
		설정된 내용 영역(요소)에 대한 구체적이고 타당한 평가 기준을 마련할 수 있는가?

서 심층적인 수업이 가능하도록 해야 한다. 그러기 위해서는 교과의 성격이나 목표에 비추어 핵심적인 내용이 아닌 주변적인 내용을 과감하게 삭제할 필요가 있다. 특히 교과별 '최소 필수(minimum essential)' 학습의 내용과 요소를 설정하여 학습을 슬림화할 필요가 있다. 이와 동시에 반드시 가르쳐야 할 '필수 학습 요소'를 중심으로 교육내용을 최소한으로 구성하여 학습의 양을 적정화해야 한다.

둘째, 기준 중심의 적정화를 해야 한다. 적정화라는 것이 그저 단순히 내용의 양을 줄이는 것이 아니라 반드시 학습이 필요한 부분을 심층적으로 학습하기 위한 것이므로 학습 성취기준에 근거하여 적정화를 해야 한다. 즉, 현행의 내용 중심 적정화에서 기준 중심 적정화로 가야 한다. 그러기 위해서는 각 교과별 내용 기준, 수행 기준, 벤치마크 중심으로 적정화를 도모해야 한다. 그리고 적정화 작업도 성취기준 제시 방식과 연계하여 이루어질 필요가 있다.

셋째, 교육과정 대강화(大綱化)를 고려해야 한다. 교육과정 대강화란 거시적으로는 국가 교육과정에 대한 통제력을 완화하고 세부적인 지침이나 규정에 의해 교육과정을 결정하기보다는 일반적이고 대강의 원칙이나 지침에 의해 교육과정을 결정하여 학교나 현장에 자율성을 부여하는 것을 말하며, 미시적으로는 교육과정 내용의 양을 줄이고 질적인 조정을 하는 것을 말한다. 이러한 대강화는 내용을 대강화하는 것뿐만 아니라 교육과정 기준을 명료하게 대강화하는 것도 포함한다. 이러한 대강화는 성취기준을 통하여 책무성과 적절성을 제고하고 교사의 자율성을 강화하는 방안으로 최근에 강조되고 있다.

넷째, 교육과정-수업-평가의 일치도(alignment)를 고려해야 한다. 교육과정을 아무리 성공적으로 적정화하였더라도 그것이 수업에서 제대로 구현되지 못하고 평가 방식에서 변화가 없다면 소기의 효과를 거두기가 어렵다. 즉, 수업과 평가와 무관한 적정화는 한계가 있으므로 수업과 평가와 조율되는 교육과정 적정화를 기해야 한다.

다섯째, 교과 교육과정 기준의 기능을 개선하여 보다 효과적인 적정화를 기해야 한다. 이제 교과교육의 기준은 교과 교육과정 기준으로서의 소양을 갖추고, 학력 관리를 위한 성취기준 및 평가기준으로 기능할 수 있도록 해야 한다. 이와 더불어 교수-학습 자료(교과서 포함)의 질 관리 역할도 동시에 수행해야 한다. 따라서 이러한 기준은 교육과정 기준의 가독성과 소통을 원활히 하기 위하여 명료하게 제시되어야 한다. 그리고 교육과정 내용 제시 방식에서의 학교급 간 일관성이 확보되고, 교과 교육과정 체제 및 문서 형식의 개선에도 활용되어야 한다.

6) Foshay의 교육과정 매트릭스 모형

Foshay(2000)는 교육과정 설계를 목적, 교과, 실제라는 세 가지 측면으로 이루어진 매트릭스 모형으로 제안하였다. 우선 그는 교육과정 설계가 교육과정의 목적에 따라 다르게 이루어져야 한다고 주장하였다. 따라서 설계에서 지향해야 할 목적이 무엇이냐에 따라 상이하게 진행되어야 한다는 것이다.

첫 번째 차원은 목적(purpose)이다. 교육의 일반적 목적은 자신의 자아에 대한 충분한 의미를 자각하고 깨달아 자아실현을 하는 것이라고 본다. 이러한 일반적인 목적은 6개 측면으로 분석되는데 이 6개의 자아 측면이 여기에 따르는 교육과정 목적이 된다. 6개 자아는 초월적 자아, 심미적 자아, 신체적 자아, 사회적 자아, 정서적 자아, 지적 자아다.

두 번째 차원은 교과 실체(substance)다. 여기에는 10개 측면이 있다. 이것은 구조화되지 않은 학교 경험에 비추어 보면 다소 분명한 의미를 지니는 용어다. 이것은 이른바

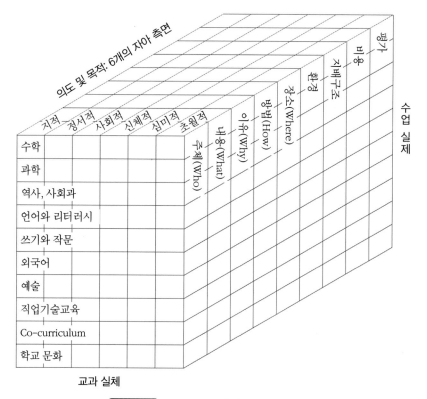

그림 5-5 Foshay의 교육과정 매트릭스 모형

내용을 의미한다. 내용의 단순한 암기나 지식 숙달은 바람직하지 않다. 학교에서 가르치는 교과목 이름은 동일하더라도 그 교과목이나 그것을 어떻게 가르치느냐는 문화에 따라 상이하다. 학교에서 교수되는 것, 즉 제공되는 경험은 문화의 기능이다. 상이한 문화는 상이한 경험의 유형을 제공한다. 따라서 학교 교과목은 문화마다 상이하다.

세 번째 차원은 실제(practice)다. 이것은 교수 상황의 일부분이며 항상 수업 상황과 관련된다. 여기에는 9개 측면들이 있다. 학생들이 누구인가, 학생들이 해야 하는 경험은 어떤 것인가, 왜 경험해야 하는가, 어떻게 경험되는가, 언제 제공되어야 하는가, 어떤 환경에서(어디에서 어떤 자료를 가지고), 어떤 구조에서, 어느 정도 비용으로, 누구에 의해 어떻게 평가되는가 등이다.

이상의 교육과정 매트릭스 모형을 그림으로 제시해 보면 [그림 5-5]와 같다.

이상의 매트릭스에서 모든 요소들은 그 자체로 매우 복잡하고 모든 부분들과 하위 부분들은 독립적으로 상호작용한다. 예를 들어, 학생의 신체적 자아는 교실 실제의 모든 부분들과 상호작용한다. 미학적 자아는 수학을 포함하여 학교의 모든 교과목들과 상호작용하며 학생의 사회적 행동과도 상호작용한다.

교육활동과 연구에 종사하는 사람들은 이상에서 제시된 다양한 설계 동향의 의미와 특징을 충분히 숙지하여 학교 교육과정 개발과 교육과정 설계 이론 확립에 많은 노력을 기울일 필요가 있다.

이 장의 주요 내용

교육과정 설계란 교육과정의 기본 요소를 배열하는 것을 말한다. 기본 요소에는 목표, 내용, 학습활동 및 평가가 있다. 이와 같은 기본 요소들을 어떻게 서로 관련짓느냐에 따라 교육과정 설계가 달라진다. 즉, 교육과정 기본 요소의 성격과 기본 요소들이 전체 교육과정에서 짜여지는 방식이 설계의 중요한 속성이 된다는 점에서 흔히 조직의 유형이 설계를 구성한다고 볼 수 있다. 따라서 교육과정 계획의 여러 부문을 조정하는 것이며, 때로는 교육과정 요소들을 조정한다는 의미에서 교육과정 조직이라고도 불리고 구체적으로는 내용 조직의 형태라는 의미로도 사용된다. 실제로 선택된 설계는 교육과정 접근법과 철학적 지향점에 영향을 받는다.

교육과정 설계에서 조정되어야 할 요소나 부분은 ① 일반적 목적, 구체적 목적, 목표, ② 교과내용, ③ 학습경험, ④ 평가방법 등이며, 이러한 요소들을 적합한 원칙과 원리에 따라 배치하고 조직하는 것을 교육과정 설계라고 말한다. 따라서 교육과정 설계는 교육과정의 개념상의 문제며 교육과정 요소들 간의 관계를 표현하는 것이다.

이러한 교육과정 설계를 구조화해 주는 요인들이 있는데 그것을 설계의 구조라고 부른다. 설계의 구조로 인해 교육내용이나 학습경험들이 일정하게 조직되는 것이다. 따라서 설계의 구조는 조직의 구성 도구들이라고 볼 수 있다. 여기에는 스코프, 계열, 계속성, 통합성, 연계성, 균형성 등이 있다.

스코프는 교육과정을 설계할 때 그 내용의 폭과 깊이를 결정하는 것으로서 다루어야 할 내용의 영역과 범위를 결정하는 것이다. 어디에서 어느 범위까지를 포함시켜야 할지를 결정하는 것으로서 포함관계를 결정하는 것이며 구체적으로 학습범위 또는 학습영역을 말한다. 교육과정을 의도된 학습성과로 볼 경우 의도된 학습성과를 각 학년 수준에 따라 열거함으로써 시퀀스를 제공하게 되고, 주제나 테마 또는 특정한 차원에 따라 의도된 성과를 묶음으로써 교육과정의 스코프를 제공하게 된다.

시퀀스는 학습계열 또는 학습계통을 의미하며 교육과정 내용이 제시되는 순서로서 수직적 조직의 차원에 해당되는 것이다. 즉, 시간의 경과에 따른 내용의 수준별 조직을 뜻한다. 그러나 Tyler에 의하면 계열은 학습경험의 효과적인 조직 준거의 하나로서 학습경험이 단계적으로 깊어지고 넓어져서 경험의 계속적 축적이 이루어지는 경우를 의미한다. 학습경험의 확대·심화를 말한다. 계열의 문제에서는 내용과 경험의 계열이 교과의 논리성에 근거하는가 혹은 학습자의 지식 습득 과정에 근거하는가 하는 문제가 결정되어야 한다. 이 문제는 역사적으로 매우 논쟁적인 문제다. 일반적으로 잘 알려진 계열의 원리로는 ① 단순에서 복잡으로, ② 필수적 내용의 학습, ③ 전체에서 부분으로, ④ 연대순에 따른 학습 등이 있다.

계속성은 교육내용이나 경험을 수직적으로 조직하는 것으로 요소를 지속적으로 반복하여 제시하는 것이다. 이 경우 반복되는 것은 동일한 요소며 동일 요소가 동일 수준에서 반복될 수도 있고 수준이 상향되면서 지속적으로 반복될 수도 있다. 이런 점에서 계속성은 조직 요소의 반복을 통한 종적인 계열을 이루는 것이라고 볼 수 있다.

통합성은 교육과정의 내용을 수평적으로 관련시키는 것으로 조직 요소의 횡적인 상호 관련성을 의미한다. 이러한 내용의 조직은 학생들로 하여금 사물을 종합적으로 보게 하고 학습내용과 행동을 통합시키도록 하는 것이다. 통합은 여러 가지 내용의 과제나 주제가 유기적·횡적 관계를 갖게 하는 것이다. 학생의 요구에 맞는 학습경험과 활동들이 내적 관계를 갖도록 해야 한다. 여기에서 발전하여 교육과정을 통합한다는 것은 교과를 서로 구분하는 교과선을 없애고 독립된 별개의 교과영역들을 사라지게 하는 교육과정 조직을 의미하기도 한다.

연계성 혹은 연결은 교육과정의 여러 측면들 간의 상호 관계를 의미한다. 관계는 종적일 수도 있고 횡적일 수도 있다. 이런 점에서 연계성은 상관의 의미를 지닌다. 여기에는 종적(수직적) 차원의 연계성과 횡적(수평적) 연계성이 존재하는데 전자는 계속성의 문제와 동일하다. 전자의 차원에서는 계열의 측면에서 학습, 주제, 과정의 관계가 포함되어 있으며, 후자의 차원에서는 동시에 다루어지는 요인 간 또는 요인들의 연합이라고 볼 수 있다.

균형성은 교육과정의 각 부분이 적절하게 다루어져서 전체적 균형을 유지하는 것을 말한다. 설계의 각 측면에 대한 지나친 강조와 무관심으로 인해 왜곡된 문제가 발생하지 않도록 설계 요소들 간에 적절한 비중을 보장하는 문제다. 균형 잡힌 교육과정은 개인적·사회적·지적 목적을 성취하도록 내용을 내면화하든지, 활용할 수 있는 기회와 지식을 성취할 수 있는 기회를 갖게 한다. 대표적으로 교육과정 설계에서 전통적으로 많은 논쟁을 야기한 문제가 바로 교과 대 학습자의 강조 문제다.

교육과정을 설계하는 이론에는 여러 가지가 존재할 수 있는데, 우선 교육과정을 이해하는 방식에 따라서 설계이론이 구성되기도 하며, 일반적인 설계이론을 적용하는 경우도 있고, 조직 형태를 설계이론으로 보는 방식도 존재한다. 이 장에서는 매우 일반적인 수준에서 세 가지 모형, 즉 목표모형, 내용 및 과정모형, 활동모형으로 구분하여 제시하고 있다.

교육과정 구성요소들을 조직하는 방법은 다양하다. 일반적으로 교육과정 설계는 다음과 같은 세 가지 기본적인 설계 유형을 기초로 하고 이 세 가지 유형을 약간씩 변형하거나 아니면 통합하는 경우가 있다. 세 가지 기본 유형에는 ① 교과중심 설계, ② 학습자중심 설계, ③ 문제중심 설계가 있다. 각 기본 설계 유형은 몇 개의 하위 형태를 포함하고 있다. 교과중심 설계에는 교과형 설계, 학문형 설계, 광역형 설계, 상관형 설계를 포함되어 있으며, 학습자중심 설계에는 아동중심 설계, 경험중심 설계, 낭만적/급진적 설계, 인간중심 설계, 그리고 문제중심 설계에는 생활장면 설계, 중핵형 설계, 사회 문제/재건주의자 설계 등이 포함된다.

교육과정 설계는 시대가 변하면서 다양하게 제안되고 있다. 최근에 중요하게 등장하고 있는 동향으로는 다차원적인 설계, 초학문적 설계, 래티스 모형 설계, 의도된 학습성과 중심 설계, 내용 적정화 설계, Forshay의 교육과정 매트릭스 모형 등이 거론될 수 있다.

주요개념

계속성	내용중심 설계	연계성
계열	다차원적 설계	영역과 범위
과정중심 설계	래티스 모형 설계	의도된 학습성과 중심 설계
광역형 설계	매트릭스 모형 설계	중핵형 설계
교과선	목표중심 설계	초학문적 설계
교과형 설계	문제중심 설계	통합성
교육과정 설계	상관 교육과정	학문형 설계
균형성	생활장면 설계	활동중심 설계
내용 적정화 설계	스코프	
내용으로서 과정	시퀀스	

탐구문제

1. 교육과정 설계의 개념을 정의해 보시오.

2. 교육과정 설계 시에 고려해야 할 요인들을 설명해 보시오.

3. 목표중심 교육과정 설계와 내용중심 설계를 비교, 설명해 보시오.

4. 세 가지 모형의 교육과정 설계 이론과 교육과정의 이해방식을 관련지어 설명해 보시오.

5. 교육과정 설계 유형들을 각각 구분해 보고 그 특징들을 제시해 보시오.

6. 2015 개정에서 강조하는 역량중심 교육과정, 이해중심 교육과정 설계와의 관련성을 설명해 보시오.

7. 교육과정 설계의 최근 동향들의 특징을 설명해 보고, 현재 우리나라 학교의 교육과정 운영방식에 가장 큰 기여를 할 수 있는 동향은 어느 것인지 설명해 보시오.

8. 향후 학교교육의 목적과 역할의 변화에 비추어서 바람직하고 매력적인 설계 방안을 제시해 보시오.

9. 교육과정 자율화, 고교 다양화와 특성화 정책에 부합하는 교육과정 설계의 방안을 제안해 보시오.

참고문헌

강인애(1996). 구성주의 모델들의 특징과 차이점: 인지적 도제 이론 상황적 학습이론: 인지적 유연성을 중심으로. 교육공학연구, 12(1), 3-23.

강현석(1996). 학문중심 교육과정설계의 준거 개발. 경북대학교 대학원 박사학위논문.

강현석(1998). 지식구조론 이후 Bruner의 교육과정이론 탐구. 교육과정연구, 16(2), 105-128.

강현석(1999). 교육과정 모형에 내축된 교수 활동 탐구. 한국교원교육연구, 16(1), 133-160.

강현석 · 박영무 · 조영남 · 허영식 · 이종원 공역(2003). 통합 교육과정의 이론과 실제. 서울: 양서원.

강현석 · 이경섭(1999). 교육과정 설계상의 주요 쟁점 분석. 교육과정연구, 17(1), 137-165.

강현석 · 이자현(2005). Efland의 Lattice 모형이 교육과정 설계에 주는 시사점 탐구. 미술교육논총, 19(3), 105-130.

민용성 외(2009). 학교 교육과정 평가도구의 타당화 및 평가실행 체제연구. 한국교육과정평가원 연구보고 RRC 2009-6.

박철홍(1995). 듀이의 "하나의 경험"에 비추어 본 교육적 경험의 성격. 한국교육철학회. 교육철학, 제13집, 81-109.

백경미(2005). 인지적 다원론과 시각예술교육. 미술과 교육, 6(1), 99-117.

소경희(2005). 교육과정 개발. 서울: 교육과학사.

이경섭(1999). 교육과정유형별 연구. 서울: 교육과학사.

이돈희(2004). 교육내용의 적정화: 왜, 무엇을, 어떻게?. 한국교육과정평가원 · 한국교육과정학회. 교육내용의 적정화 방안 탐색. 2004년도 학술세미나 자료집, pp.10-17.

이원희 · 강현석(1996). 교사교육연구의 이해방식. 대구교육대학교. 학생생활연구, 제22집, 141-167

이홍우(1974). 교육과정의 고전모형과 그 대안. 교육과정연구의 과제. 교육과정연구회, 11-34.

이홍우(1977). 교육과정 탐구. 서울: 박영사.

최성욱(1995). 교육과정 개념화의 대안적 접근. 교육학연구, 33(5), 193-216.

황규호(2004). 교육내용 적정화 기준 탐색. 교육과정연구, 23(3), 9-18.

한국교육과정평가원(2004). 교과별 교육내용 적정성 분석 및 평가 연구보고.

Bloom, B. S. et al. (1956, 1964). Taxonomy of Educational Objectives, Ⅰ. Cognitive Domain, Ⅱ. *Affective Domain*. NY: David Mckay.

Broudy, H. S. (1961). *Building a Philosophy of Education* (2nd ed.). Englewood Cliffs, NJ: Prentice Hall, 이인기 · 서명원 공역(1963). 교육철학. 서울: 을유문화사.

Broudy, H. S., Smith, B. O., & Burnett, J. R. (1964). *Democracy and Excellence in American Secondary Education*. Chicago: Rand McNally.

Bruner, J. S. (1960). *The Process of Education*. Cambridge, Mass: Harvard Univ. Press.

Bruner, J. S. (1965). Man: A Course of Study. The Social Studies Curriculum Program. *Occasional Paper No. 3*, ED178390.

Bruner, J. S. (1973). *The Relevance of Education*. NY: The Norton Library.

Bruner, J. S. (1996). *The Culture of Education*. Cambridge, Mass: Harvard University. Press.

Cohen, B. (1982). *Means and Ends in Education*. London: George Allen & Unwin, 이지헌 역 (1993). 교육방법의 철학. 서울: 도서출판 성원사.

Dewey, J. (1963). *Experience and Education*. NY: Collier Macmillan.

Dewey, J. (1966). *Democracy and Education*. NY: Free Press.

Efland, A. D. (1995). The Spiral and The Lattice: Changes in Cognitive Learning Theory with Implications for Art Education. *Studies in Art Education, 36*(3), 134-154.

Efland, A. D. (2002). *Art and Cognition: Integrating the Visual Arts in the Curriculum*. NY: Teachers College Columbia University.

Fenstermacher, G. D., & Sotis, J. F. (1986). *Approaches to Teaching*. NY and London: Teachers College, Columbia University.

Foshay, A. W. (2000). *The Curriculum: Purpose, Substance, Practice*. NY: Teachers College, Columbia University.

Gagn? R. M. (1970). *The Conditions of Learning* (2nd ed.). NY: Holt, Rinehart and Winston.

Giles, H. H., McCutcheon, S. P., & Zechiet, A. N. (1942). *Exploring the Curriculum*. NY: Harper & Brothers.

Glaser, R. (1962). *Training Research and Education*. NY: John Wiley.

Hirst, P. H. (1978). *The Philosophy of Education*. Oxford: Oxford University Press.

King, A. R. Jr., & Brownell, J. A. (1966). *Curriculum and the Discipline of Knowledge*. NY: John Wlley & Sons Inc.

Kohlberg, L. (1981). *The Philosophy of Moral Development*. 김봉소 · 김민남 공역(1984). 도덕 발달의 철학. 서울: 교육과학사.

Lipman, M. (2003). *Thinking in education* (2nd ed.). NY: Cambridge University Press.

Longstreet, W. S., & Shane, H. G. (1993). *Curriculum for a New Millennium*. London: Allyn and Bacon.

Mager, R. F. (1962). *Preparing Instructional Objectives*. San Francisco: Fearon.

Ornstein, A. C., & Hunkins, F. P. (2004). *Curriculum: Foundation, Principles, and Issues*. NY: Allyn & Bacon.

Parker, J. C., & Rubin, L. J. (1966). *Process as Content: Curriculum Design and the Application of Knowledge*. Chicago: Rand McNally & Company.

Parsons, M. J. (1992). Cognition as interpretation in art education. In B. Reimer & R. Smith (Eds.), *The arts, education, and aesthetic knowing: Ninety-first yearbook of the NSSE* (Part II , pp. 70-91). Chicago: The University of Chicago Press.

Peters, R. S. (1970). *The Concept of Education*. London: RKP.

Posner, G. J., & Rudnitsky, A. N. (2006). *Course Design* (7th ed.). NY: Pearson.

Posner, G. J., & Strike, K. A. (1976). A Categorization Scheme for Principles of Sequencing Content. *Review of Educational Research, 46*(4), 665-690.

Saylor, J. G., & Alexander, W. M. (1981). *Curriculum Planning for Better Teaching and Learning*. NY: Holt Linehart and Winston.

Scheffler, I. (1965). Philosophical Models of Teaching. *Harvard Educational Review*(35).

Skinner, B. F. (1968). *The Technology of Teaching*. New Jersey: Prentice-Hall, Inc.

Smith, F. (1990). *To think*. NY: Teachers College Press.

Sowell, E. J. (2000). *Curriculum-An Integrative Introduction* (2nd ed.). Merrill Prentice Hall.

Spiro, J., & Jehng, C. (1990). Cognitive flexibility and hypertext: Theory and technology for the nonlinear and multidimensional transfer of complex subject matter. In D. Nix & R. Spiro (Eds.), *Cognition, education, and multimedia. Exploring ideas in high technology* (pp. 163-205). Hillsdale, NJ: Lawrence Erlabaum Associates.

Stenhouse, L. (1975). *An Introduction to Curriculum Research and Development*. London: Heienman.

Stratemeyer, F. B., Forkner, H. L., & McKim, M. G. (1957). *Developing a Curriculum for Modern Living, Bureau of Publications*. Teachers College, Columbia University.

Taba, H. (1962). *Curriculum Development: Theory and Practice*. NY: Harcourt, Brace & World.

Tyler, R. (1949). *Basic Principles of Curriculum and Instruction*. Chicago: University of Chicago Press.

Weinstein, G., & Fantini, M. D. (1970). *Toward Humanistic Education: A Curriculum of Affect*. NY: Praeger.

Wragg, E. C. (1997). *The Cubic Curriculum*. London and NY: Routledge.

Zais, R. S. (1976). *Curriculum: Principles and Foundations*. NY: Harper & Row.

MODERN CURRICULUM

제6장 교육과정 개발 모형과 입장

🛈 이 장의 주요 목표

▷ 교육과정 개발의 개념과 기초 지식을 이해할 수 있다.

▷ 교육과정 개발에 대한 다양한 모형들의 특징과 문제를 설명할 수 있다.

▷ 교육과정 개발의 합리적 모형과 실제적 모형을 비교, 설명할 수 있다.

▷ 교육과정 개발의 절충적 모형을 설명할 수 있다.

▷ 교육과정 개발 과정에 대한 다양한 입장들을 구분하고 각각의 장단점을 설명할 수 있다.

학교에서 학생들에게 무엇을 가르칠 것인가를 결정하는 일은 매우 중요하면서도 복잡한 과정을 거친다. 교육과정을 무엇으로 보든, 교육과정에 대한 관점을 어떻게 취하든, 그것은 현장에서 구체적으로 실천에 옮겨져야 한다. 아무리 이상적인 교육이론이라도 그것이 구체화되지 못한다면 그 가치는 반감될 것이다. 따라서 학생에게 어떠한 교육을 실시할 것인지에 대한 구체적인 작업이 이루어져야 하며, 그 작업이 체계적이고 타당하게 진행되어야 한다는 것은 당연한 일이다.

교육과정 개발은 이러한 점에서 중요한 의의를 지닌다. 학생에 대한 교육의 방향과 제 가치를 구체화하는 작업이라고 볼 수 있다. 즉, 학생을 어떻게 교육시키고 어떠한 목적을 달성하기 위하여 일련의 계획을 수립하는 것이다. 그리고 구체적으로는 교육계획을 문서의 형태로 만들고 교실 수업에서 의도한 목적대로 실천에 옮길 수 있도록 여러 가지 요인들을 고려하는 활동이라고 볼 수 있다.

이러한 교육과정을 개발하는 데에는 여러 다양한 모형과 개발 과정에 대한 다양한 입장들이 상존한다. 개발자는 개발의 상황에서 가장 적합한 모형과 입장을 선택하여 교육목표가 달성될 수 있도록 최선을 다해야 한다.

1. 교육과정 개발의 개념과 기초

교육과정 개발은 포괄적으로 본다면 학생들에게 가르칠 일련의 교육계획을 수립하는 것이다. 그러나 엄격한 의미에서 본다면 교과의 성격을 규명하고, 교육목적을 설정하고, 교육내용의 체계를 편성하고, 그리고 이를 효과적으로 전달하기 위해 교육방법, 교육평가, 교육운영 등에 대한 종합적인 계획을 수립하는 활동을 가리킨다. 그러나 근본적으로는 교육과정을 무엇으로 보는가에 따라 상이할 수 있다. 즉, 교육과정을 어떤 방식으로 생각하는가에 따라서 특정한 교과들의 목록이 담긴 문서, 학습경험의 계획에 관한 문서, 의도된 학습성과들의 목록을 적은 문서를 만드는 활동들도 교육과정 개발 활동으로 불린다. 그런데 보통 교육과정을 편성·조직하고 효율적으로 운영·실행하는 전반적인 활동을 말한다. 여기에는 많은 활동들이 포함된다. 우선 교육목표를 수립하고 목표를 달성하는 데 필요한 내용과 학습경험을 잘 선정하여 체계적으로 조작하고, 효율적으로 실행·평가하는 전반적인 과정을 의미한다.

교육과정 개발은 여러 수준에서 이루어지는데, 가장 광범위한 수준에 적용되는 교육과정 문서에서부터 특정한 학교에 적용되는 문서에 이르기까지 다양하다. 예를 들어, 전체 중·고등학교에 적용되는 교육과정에서부터 특정 중·고등학교에만 적용되는 문서에까지 적용 범위가 다양한 문서들이 개발된다.

그런데 교육과정을 개발하는 일에는 여러 사람이 참여하는데 일반적으로 다음과 같은 사람들이 참여한다.

- 교사
- 교장
- 학습자와 학부모
- 지역사회 인사

- 교육과정 전문가
- 관련 위원회나 단체
- 교육부와 교육청의 교육과정 장학사
- 교과전문가나 학자

그런데 이상의 참여자들이 교육과정 개발에 참여하여 각종 과제를 해결해 나갈 때 어떠한 생각과 신념을 가지느냐에 따라서 개발 활동은 다양하게 전개된다. 참여자들의 사고와 신념에 가장 큰 영향을 미치는 것들을 간략하게 제시해 보면 다음과 같은 것들이 있다.

① 교육철학이나 사조: 일반적으로 교육철학에는 비판철학, 분석철학, 구성주의 철학 등이 있으며, 현대 교육사조에는 항존주의(恒存主義), 본질주의, 진보주의, 재건주의가 있다.
② 학습이론: 행동주의, 인지이론, 정보처리이론, 신경망회로이론, 뇌학습이론, 인본주의 이론 등이 있다.
③ 사회에 대한 문제의식: 기능주의적 사고, 갈등론적 사고, 미시적·해석학적 사고 등이 있으며, 이러한 사고들이 교육과정에 영향을 미친다.

그리고 이상의 기초들은 교육과정 개발 참여자들의 지식, 신념 및 사고에 간접적으로 영향을 미치며 보다 현실적으로는 사회 문화적 측면과 법규적 측면이 많이 작용한다. 교육과정에 관련되는 법령들은 여러 수준이 있다. 우선 교육이념이나 목적을 제시한 교육법, 각급 학교별 교육목적을 제시하고 있는 초·중등교육법, 학기나 수업일수 등을 제시하고 있는 교육법 시행령, 지방교육자치에 관한 법률 등이 있다.

이처럼 국가 수준의 교육과정 개발에서 정치적·경제적 상황이나 교육관련 법령에 의해 제약되는 경우가 있다. 따라서 교육과정 개발에는 다양한 세력들(forces)이 영향을 미치기 때문에 교육과정 개발의 과정을 한마디로 단순화하기는 힘들다.

2. 교육과정 개발 모형

교육과정 활동에 참여하는 사람들은 자신이 선택한 교육과정의 관점에 따라 교육과정을 개발하고(plan system) 운영하며(do system) 평가하게(see system) 된다. 성공적인 교육활동은 이들 세 활동의 유기적인 결합을 통해서 이루어지며 교육과정 개발 영역은 운영과 평가 활동의 기초를 제공한다는 점에서 매우 중요하다.

교육과정 개발 모형은 다양하고도 상이하다. 일반적으로 모형이란 어떤 사물이나 현상의 일부 또는 전체의 구조나 기능 및 특성을 단순화시켜 쉽게 이해시키기 위한 표현이다. 따라서 교육과정 모형은 다양한 교육과정 개발의 과정이나 활동들을 비교적 간명하게 제시하는 것을 의미한다. 모형이 필요한 이유는 교육과정 개발 과정에 게재하는 요인들이 많고 다양하며 요인들의 관계도 복잡하다는 점 때문에 관련 요인이나 변인들을 간명하게 처리하기 위함이다.

이하에서는 다양하게 제시되는 개발 모형 중에서 대표적인 모형을 중심으로 그 특징들을 제시해 본다.

1) 합리적 목표모형

우선 이 모형에는 Tyler의 모형과 목표모형의 변형인 순환적 모형이 포함된다. 합리적 모형은 종종 목표모형, 고전적 모형, 수단-목적 모형으로 불리는데 이 모형의 가장 핵심적인 특징은 목표로부터 시작하여 내용, 방법, 평가에 이르기까지 하나의 직선적인 절차나 계열에 따라 개발 활동이 진행된다는 것이다. 그리고 목표모형은 목표에서 직선적인 계열에 따라 교육과정 개발 활동이 일어나지만 순환적 모형에서는 교육과정 개발 요소들이 상호 순환적 관계를 맺고 있다. 즉, 개발 요소들이 서로 이전 단계에서 피드백을 받고 항상 수정하고 개발 과정이 순환적으로 이루어진다. 따라서 이 모형에서는 교육과정 개발 과정을 새로운 정보나 실제에 따라 항상 변화하는 하나의 지속적인 활동이라고 보고 있다. 기본적으로 이 두 모형은 성질상 유사하다. 이 모형들을 개발요소들을 중심으로 하여 그림으로 제시해 보면 [그림 6-1]과 같다.

합리적 모형의 대표적 학자로는 R. Tyler와 H. Taba가 있고, 순환적 모형에는 Wheeler와 Nicholls 등이 있다.

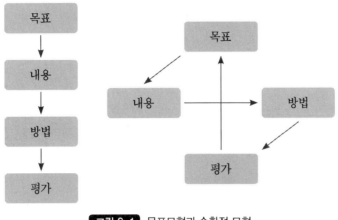

그림 6-1 목표모형과 순환적 모형

(1) Tyler의 목표모형

Tyler(1949)는 『교육과정과 수업의 기본 원리』라는 저서에서 교육과정과 수업을 계획할 때 반드시 고려해야 할 네 가지의 문제를 다음의 질문과 같이 표현하였다.

- 학교는 어떤 교육목적을 달성하도록 노력해야 하는가?(교육목표의 설정)
- 이 목표를 달성하는 데 유용한 학습경험을 어떻게 선정할 수 있는가?(학습경험의 선정)
- 이러한 교육적 경험들을 어떻게 조직할 수 있는가?(학습경험의 조직)
- 이 교육목적의 달성 여부를 어떻게 결정할 수 있는가?(사정과 평가)

이상의 각 물음들은 다른 내용으로도 진술되는데 그것은 다음과 같다.

- 학교가 달성해야 할 교육목표는 무엇인가?
- 목표를 달성하기 위하여 어떤 학습경험을 제공해야 하는가?
- 효과적 수업을 위하여 어떻게 학습경험을 조직할 수 있는가?
- 학습경험의 효과성을 어떻게 평가할 수 있는가?

이상의 내용을 요약하면 교육목표의 설정, 학습경험의 선정, 학습경험의 조직, 학습성과의 평가로 요약할 수 있는데, 이는 Tyler가 말하는 교육과정의 네 가지 기본 요소를

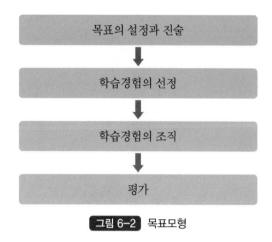

그림 6-2 목표모형

가리킨다. Tyler가 제시한 교육과정의 네 가지 구성요소와 그들 간의 관계를 나타내면 [그림 6-2]와 같다.

이 그림에서 알 수 있듯이 Tyler의 교육과정 개발 모형은 교육목표가 설정되면 이를 토대로 학습경험의 선정과 조직이 이루어지고, 다음에 학습성과에 대한 평가를 실시하며, 평가결과는 다시 교육목표 설정에 피드백이 되어 교육과정을 수정·보완하는 과정으로 진행되어야 한다는 것이다.

Tyler의 모형은 몇 가지 특징을 지니고 있다.

첫째, 교육과정 요소 중에서 목표를 가장 강조한다는 점에서 목표 우위 모형이다.

둘째, 목표 그 자체가 나중에 평가의 준거가 된다는 점에서 평가중심의 모형이라고 볼 수 있다.

셋째, 목표에서 평가로 진행하는 일정 방향을 가진다는 점에서 직선적 모형으로 간주될 수 있다.

넷째, 교육의 문제에 관심을 가지는 모든 사람들이 타당하게 활용할 수 있다는 점에서 합리적 모형이다.

다섯째, 교육과정 개발자들이 당위적으로 따라야 할 절차를 제시한다는 점에서 처방적 모형이다.

여섯째, 전체 교과에서 단원의 개발로 향하는 연역적 모형이다.

(2) Taba의 확장된 목표모형

Taba(1962)는 『교육과정 개발: 이론과 실제』라는 저서에서 교육과정 개발 절차를 제

표 6-1 Taba의 교육과정 개발 모형

1. 학년 또는 교과의 특성을 나타내는 시험적인 단원 개발
　　1.1 요구 진단
　　1.2 목표 설정
　　1.3 내용 선정
　　1.4 내용 조직
　　1.5 학습경험 선정
　　1.6 학습활동 조직
　　1.7 평가 도구 및 준거 결정
　　1.8 균형성, 계열성 평가
2. 시험적인 단원의 실행
3. 시험적인 단원의 수정과 보완
4. 스코프(scope)와 시퀀스(sequence)에 따라 단원 배열
5. 새 단원의 보급

시하고 있다. 그녀는 교육과정이 교사에 의해 개발되어야 함을 강조함으로써 개발이 교수-학습 단원을 만듦으로써 시작되어야 한다고 하였다. Taba는 〈표 6-1〉과 같이 5단계로 이루어진 교육과정 모형을 제시하였다.

　Taba의 교육과정 개발 모형 역시 Tyler의 모형의 특징과 매우 유사하다. 개발자들이 따라야 할 절차를 제시한다는 점에서 처방적 모형이지만 단원 개발에서 출발하여 교과 구성으로 진행된다는 점에서 귀납적 모형이다.

(3) Wheeler의 순환적 모형

　교육과정의 각 요소들이 상호 관련되어 있고 상호 의존적이며, 개발 요소들 간에 순환적 형태를 띠고 있으므로 개발자들은 순환적 개발 과정을 사용해야 한다. 이 모형에서 Wheeler는 Tyler와 Taba의 모형보다는 발전적 형태로 개발 모형을 제시하고 있으며, 그 핵심 요소들은 동일하지만 요소들 간의 관계 양상은 상이하다. 그래서 교육과정 개발 과정의 순환적 성질과 개발 요소들 간의 상호 의존적 성질을 강조하였다. 그가 제시한 모형을 나타내 보면 [그림 6-3]과 같다.

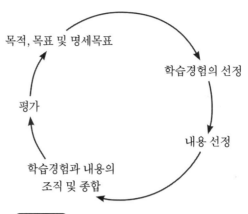

그림 6-3 Wheeler의 교육과정 개발 과정 모형

출처: Wheeler, D. K. (1967).

(4) Nicholls의 순환적 모형

이 모형은 앞의 세 가지 모형보다는 더욱 발전된 형태를 이루고 있으며 특히 개발 과정의 첫 단계로 상황분석을 강조하고 있다. 상황분석이란 개발되는 교육과정과 관련하여 학습자의 요구, 사회적·문화적 환경이나 현실 여건, 관련 인사의 요구 및 제 영향인의 검토 등이 이루어지는 예비적 단계를 말한다. 이 모형에서도 핵심적으로 포함되는 요소들은 유사하다. 그것을 그림으로 제시해 보면 [그림 6-4]와 같다.

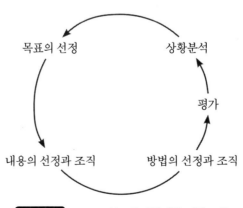

그림 6-4 Nicholls의 교육과정 개발 과정 모형

출처: Nicholls, A., & Nicholls, A. H. (1978).

2) 실제적 개발 모형: Schwab의 절충적 모형과 Walker의 숙의모형

이 모형은 교육과정 개발 과정에 대해 매우 중요한 관점을 제시하고 있다. 이 모형은 앞에서 제시한 목표모형과 순환적 모형이 교육과정 개발의 실제를 제대로 반영하는 데 실패하고 있다고 본다. 교육과정 개발 과정은 앞의 모형에서 보는 것처럼 직선적이지도 순환적이지도 않으며, 교사와 개발자들의 행동을 있는 그대로 잘 관찰·기술하여 그것을 개발 과정에 반영해야 한다고 보고 있다. 이런 점에서 실제적 모형은 기술적(descriptive) 성격을 띠고 있다. 절충적 모형은 복잡한 교육과정 개발 과정에서의 실제적·절충적 성격을 강조하고, 상호작용 모형은 교육과정 개발의 절차보다는 교육과정 구성요소들의 상호작용을 강조한다. 교육과정 개발의 절차는 정해져 있지 않다. 상호작용 모형은 개발자의 선호에 따라 교육과정의 네 가지 요소 중 어디서든 개발을 시작할 수 있으며, 개발 과정에서도 순서를 바꿀 수 있다.

특히 역동적 상호작용 모형은 개발의 절차를 선택할 수 있다는 점에서 개발자에게 심리적 안정감을 주고 변동하는 상황에 적절히 대응할 수 있다는 이점이 있다. 실제로 학교에서 교육과정이 개발되는 과정은 직선형보다는 상호작용 모형을 따라 이루어진다는 연구 결과들도 있다. Brady(1992)는 교육과정 개발이 목표 → 내용 → 방법 → 평가보다는 내용 → 목표 → 방법 → 평가 혹은 내용 → 방법 → 목표 → 평가 등의 순으로 이루어지는 사례가 많다는 것을 지적하였다. 여기에는 대표적으로 Schwab의 절충식 모형과 Walker의 숙의모형이 있다.

(1) Schwab의 실제적·절충적 개발 모형

Schwab은 교육과정 전문가들이 이론적 문제에만 몰두하는 것을 비판하면서 교육과정 문제는 특정 상황에서 일어나는 실제적인 문제이지 이론적인 문제가 아니라고 지적하고 있다. 이론은 실제의 일부분만을 보여 주는 한계를 지니고 있으므로 실제 상황에 밀착된 연구와 개발이 진행되어야 상황적 요구를 효율적으로 충족할 수 있다는 것이다. '교육과정이 무엇이어야 하는가'라는 이론적 탐구보다는 특정한 상황에서 '무엇을 할 것인가'라는 문제에 더 관심을 기울여야 한다는 것이다.

앞에서도 언급하였듯이 교육과정 개발에서 절충(eclectic)의 능력이 중요한데, 여기에는 3가지 방법이 있다. 첫째, 문제에 이론적 관점을 그대로 대응시키는 방법이다. 이 방법은 대응시킨 이론과 문제가 잘 어울리지 못하는 한계를 지니고 있다. 둘째, 이론적 관점을 상황에 적합하게 짜 맞추는 방법이 사용된다. 이 역시 복잡한 상황적 문제와 직접적으로 대응되는 경우가 드물기 때문에 상황에 맞게 새로운 해결책을 만들어 내는 세 번째의 절충 방법이 요구된다. 즉, 교육과정 문제는 일반적인 법칙이나 이론만이 아니라 그것이 발생하는 특수한 상황과 관련되어 있는 사실이나 지식에 기초하여 해석되고 해결이 모색되어야 한다는 것이다. 이렇게 이루어지는 절충은 숙의의 과정을 통해 가능해진다.

Schwab은 교육과정을 교실의 전체적인 문화로 보고 그 교육과정이 사용될 특수한 상황에 초점을 맞추어 교육과정이 개발되어야 한다고 보았다. 이 경우 전체적인 교실 문화에서 발생하는 것, 학생에게 영향을 줄 수 있는 교육과정의 공통적인 구성요소들 간의 상호작용을 고려해야 한다는 것이다. 공통 요인들(commonplaces)은 교사, 학습자, 교과, 환경이다. 이 요소들 간의 상호작용이 교육과정 개발에서 중요하게 고려되어야 한다. 그림으로 나타내면 [그림 6-5]와 같다.

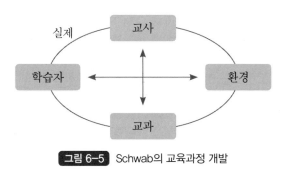

그림 6-5 Schwab의 교육과정 개발

Schwab은 교육과정을 이들 4가지 구성요소들 간의 끊임없는 상호작용으로 보았다. 이들 요소는 동등한 비중으로 다루어져야 교육과정 개발이 질 높게 이루어지며 또한 교육과정의 질은 교육과정 개발에 참여하는 사람들이 각 구성요소에 대해서 갖고 있는 전문적인 지식과 경험에 따라 달라질 수 있다는 것이다. 따라서 구성요소들 간의 상호작용에 대해서 유의해야 하고 학급 내의 교사와 학생들에게 초점을 맞출 필요가 있다.

(2) Walker의 숙의모형

Schwab의 견해를 계승한 Walker(1971)는 교육과정 개발 과정에 대한 자신의 관찰과 거기에 직접 참가한 사람들의 활동 및 교육과정 개발 자료에 대한 분석을 통해서 학교 교육과정 개발의 과정을 다음과 같이 제시하였다.

2. 교육과정 개발 모형 **247**

첫째, 공통기반을 모색하는 강령(platform) 마련의 단계, 둘째, 각 대안으로부터 야기되는 결과들을 추적하여 대안들의 대가나 결과를 비교함으로써 궁극적으로 올바른 대안, 혹은 최고의 대안(그것은 불가능하므로)은 아니나 최선의 대안을 선택해 가는 숙의(deliberation)의 단계, 셋째, 선택한 대안을 실제로 실행할 수 있도록 구체화하는 설계(design)의 단계를 거친다고 보았다. 이러한 개발 과정은 인위적으로 처방되어서는 안 된다. 그리고 이상의 과정은 현실적으로 이루어지고 있는 교육과정 개발의 일반적인 모습이며, 실제로 학교 현장에서 이루어지는 자연스러운 모습이라는 점에서 자연주의적 모형(naturalistic model)이라고 부른다.

구체적으로 살펴보면 교육과정 개발 과정의 개발자들은 처방적 모형을 따르지 않으며, 실제로는 자연스럽게 3단계의 과정으로 진행된다는 것이다. 첫째, 출발점이라고 볼 수 있는 강령 단계로서 교육과정 개발이 교육과정에 관하여 개발자들이 품고 있는 신념과 가치 체계에서 시작한다는 것이다. 둘째, 숙의의 단계는 교육과정에 대한 공통적인 그림을 찾기 위하여 개발자들이 상호작용하는 단계다. 이 개발자들은 아이디어를 제시하고 협의한다. 셋째, 설계의 단계는 개발자들이 논의를 통하여 교육과정의 구성요소들을 결정하는 단계다.

보다 상세히 살펴보면 첫 번째 단계에서 개발자들은 강령에 의존한다. 강령은 교육과정 개발자들이 교육과정을 개발할 때 품고 있는 아이디어, 선호도, 관점, 신념, 가치, 개념 등으로 이루어진 개발자의 선행경향성을 나타내며, 이것이 개발의 기초 혹은 강령이 된다. 따라서 강령에 도움을 받아 개발자는 의사결정과 판단을 내리게 된다.

개발자들 간의 상호작용이 시작되면서 두 번째 단계인 숙의 단계로 들어간다. 이 단계에서 각 개발자들은 자신의 강령을 방어하고 아이디어를 제안하며, 자신의 아이디어를 명료히 하고 합의를 이끌어 낸다. 다소 혼란스럽고 무질서한 것처럼 보이는 이 단계가 지나면 상당히 명료한 합의를 이끌어 낸다.

그런데 숙의에서는 다양한 집단의 견해와 대안이 논의되어야 하는데 그렇지 못한 경우가 발생하기도 한다(Walker, 1990: 211-212). 바람직하지 못한 숙의의 사례로는 다음과 같은 것들이 있다. ① 파당적(partisan) 숙의다. 이것은 갈등 상황에서 어느 한 집단의 견해만을 반영하거나 모든 관점을 포함하려고 하지 않는 것이다. ② 제한적(limited) 숙의다. 이것은 몇몇 소수 요인만 고려되거나 혹은 배제되는 경우다. ③ 한정적(defined) 숙의다. 이것은 숙의의 대상이 되는 문제에 대하여 재검토나 재규정이 불가능한 것이다. ④ 유사(quasi) 숙의다. 이것은 구체적인 실천 계획이 없이 목적이나 이상, 기본 원칙, 장기계획, 철학만을 나열하는 수준에 그치는 것이다. ⑤ 공청회 (hearings) 수준이다. 이것은 숙의와 결정에 앞서 거친 수준에서 정보나 의견을 교환하는 것이다.

타당한 의미에서의 숙의는 ① 주어진 교육과정 문제를 가장 설득력 있고 타당한 방법으로 논의하며, ② 가장 유망한 교육과정 실천 대안을 검토하는 것이며, ③ 대안을 내세우면서 거론한 관련 지식들을 고려하고 그 지식이 토대하고 있는 바를 검토하기 위하여 적절한 논쟁을 벌임으로써 각 대안들이 지닌 장점들을 낱낱이 따져 보고, ④ 작은 결정 하나에도 관련된 모든 집단의 입장과 가치를 탐색해 보고, ⑤ 공정하고 균형 잡힌 시각과 판단에 이르도록 하는 것이다.

세 번째 단계로 설계 단계다. 여기에서는 개발 과정의 구성요소들에 관하여 최종 결정을 내리며, 구체적인 교육 프로그램을 만드는 것이다. 교육과정 설계는 일련의 의사결정을 통해 구체화되며, 의사결정 과정에서의 선택을 통해 이루어진다. 이 단계에서는 숙의를 계속하면서 교육내용과 방법 등에 관한 최종 검토와 결정이 주로 이루어진다.

이상의 단계를 그림으로 제시해 보면 [그림 6-6]과 같다.

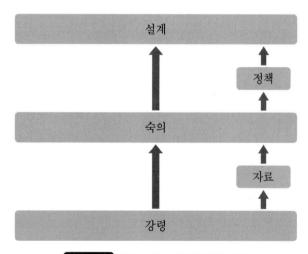

그림 6-6 Walker의 교육과정 개발 과정

3) 지식의 구조론적 개발 모형: Bruner

Bruner의 개발 모형은 1960년대 미국에서 성행한 학문중심 교육과정의 관점에서 이루어진 것을 특징적으로 가리키는 말이다. 이 모형의 가장 큰 특징은 학문적 지식을 학

교 교육과정에 반영하려는 것으로 지식의 구조를 중심으로 교육과정을 개혁하는 데 있다. 이 당시 학교 현장의 교육과정은 학문의 최신 이론과 발달을 반영하지 못하고 많은 격차를 드러내고 있어서 교육적 문제뿐만 아니라 국가적 위기의식과 맞물려 있었다.

이하에서는 Bruner(1960)가 집필한 대표작 『교육의 과정(*The Process of Education*)』에서 제시하고 있는 견해를 중심으로 개발 모형을 제시해 본다.

Bruner는 각 교과의 구조를 교육내용으로 하고, 교육방법의 측면에서 학습의 준비성, 사고의 형식(직관적 사고와 분석적 사고), 학습동기, 교구 등을 신중하게 고려하여 교육과정을 개발할 것을 제시하고 있다. Bruner가 그림으로 제시하지는 않았지만 그의 의도를 살려 그림으로 제시해 보면 [그림 6-7]과 같다(김경자, 2000: 348).

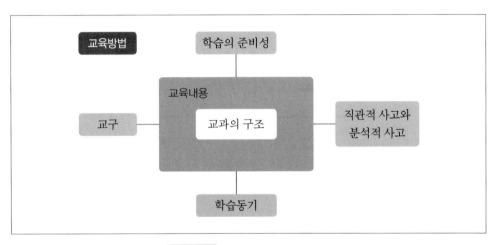

그림 6-7 Bruner의 교육과정 개발

이상의 그림에서 제시된 각각의 문제들을 논의해 보면 다음과 같다.

(1) 교육내용: 지식의 구조의 중요성

어떤 교과든지 그 교과를 특징적으로 그 교과답게 해 주는 골간으로서 구조가 있다. 교과의 구조란 각 교과가 모태로 삼고 있는 학문 분야의 기본적인 아이디어나 개념 및 원리를 의미한다. 이러한 구조는 기본적이고 일반적이므로 단순하고, 어린 나이에도 학습이 가능하며 따라서 새로운 문제에 대한 적용 범위도 넓다. 학습을 통해 획득된 교과의 구조는 한 현상을 어떤 원리의 특수한 사례로 인지할 수 있게 해 주고, 여러 현상들 사이의 관련성과 질서를 파악할 수 있도록 해 준다. 그러므로 교과의 기본 구조를 이해한다는 것은 관련 현상을 파악하는 안목을 획득하는 것일 뿐만 아니라 일반적 전이를 통해 장차의 활용에도 유익하다.

이러한 기본 구조는 여러 가지 이점을 가져다주는데 우선 ① 기본 구조를 이해하게 되면 교과내용을 훨씬 쉽게 파악할 수 있으며, ② 세세한 사항은 그것이 전체적으로 구조화된 형태 안에서 체계화되지 않으면 쉽게 망각되며, ③ 훈련의 전이를 가능하게 해 주며, ④ 학문의 최전선에서 학자가 하는 일과 학습자가 하는 일 사이의 간극을 좁혀 주는 이점이 있다.

따라서 한 교과의 교육과정은 이러한 이점을 지니는 교과의 구조를 나타내는 일반적인 원리를 가장 깊이 이해하고 있는 사람들에 의해 결정되어야 한다. 그리고 해당 학문 분야의 폭넓은 기본 구조와 관련을 맺지 않은 특수한 사실이나 기술을 가르치는 것은 비경제적이다. 왜냐하면 ① 이미 학습한 것을 앞으로의 당면 사태에 적용하기 힘들고 ② 일반적인 원리를 이해하지 않는 학습은 지적 희열의 관점에서 아무것도 주는 바가 없으며, 교과에 대한 흥미를 일으키는 가장 좋은 방법은 알 가치가 있는 것임을 느끼도록 하는 것이며 다른 사태에 써먹을 수 있도록 하는 것이기 때문이다. ③ 학습에서 얻은 지식을 서로 얽어매는 구조가 없을 경우 쉽게 망각되는데 원리나 개념을 중심으로 특수한 사실들을 조직하고 그 원리나 개념에서 특수 사실을 추려 내는 것만이 기억 마모율을 줄이는 법이다.

한 학문 분야의 기본 구조를 반영할 수 있도록 교육과정을 설계하는 데는 그 분야를 속속들이 이해할 필요가 있으며, 따라서 교육과정 개발에는 그 분야의 유능한 학자가 참여해야 한다. 그러나 개발자가 교사들과 학자들과 협력하여 각 교과의 기본 구조를 마련한다고 하더라도 기본 구조의 학습이 의도하는 바를 실현하기 위하여 해결해야 할 문제가 있다. 한 분야의 기본 구조를 이해하거나 그 아이디어에 통달한다는 것은 기본 구조에 대한 파악뿐만 아니라 학습과 탐구, 추측과 가설 설정에 대한 태도 및 자신감 등을 포함하므로 태도 학습을 위해서는 학습의 과정이 발견의 희열을 느끼도록 구성되어야 한다. 학문의 기본 구조를 제시하되 학생들로 하여금 스스로 발견할 수 있도록 그 과정을 개발해야 한다.

(2) 교육방법

Bruner는 교과의 구조를 가르치고자 할 때 고려해야 할 측면들을 학습의 준비성, 직관적 사고와 분석적 사고, 학습동기, 교구 등으로 제시하고 있다.

① 학습의 준비성

Bruner가 제시한 대담한 가설(bold hypothesis) — 어떤 교과든지 지적으로 올바른 형식으로 표현하면 어떤 발달단계에 있는 어떤 아동에게도 효과적으로 가르칠 수 있다 — 은 교육방법과 관련하여 많은 의미를 담고 있다.

아동의 지적 발달과정　　아동의 발달단계를 피아제의 이론에서 설명하며, 발달단계를 이해하는 것은 교과의 기본 구조를 각 단계의 아동들이 갖고 있는 이해방식에 부합하게 표현할 수 있도록 해 준다.

학습과정(episode)　　학습자가 교과를 학습할 때는 세 가지 과정이 동시에 일어나는데 사실을 아는 지식의 획득과정, 획득한 사실을 새로운 문제 사태에 맞게 조직하는 변환과정, 그리고 지식을 다루는 방법이 그 문제 사태에 비추어 적절한가를 점검하는 평가과정이다. 학습자는 자신이 공부하는 교과의 기본 구조를 잘 파악할수록 지식의 획득, 변환, 평가과정을 거치고 자신의 지적능력을 발휘하면서 탐구의 세계로 들어가게 된다.

나선형 교육과정　　각 교과의 중요한 기본 구조는 조기에 가르칠 수 있고 학년이 올라감에 따라 지적으로 올바르고 계속적으로 계열성 있게 학습이 된다면 학습의 정도는 깊이와 폭이 점점 깊고 넓어져 간다. 나선형 교육과정은 학습자들로 하여금 기본적인 아이디어에 통달하게 하고 그 아이디어를 점점 더 복잡한 형식으로 다룰 수 있도록 하고 교육내용에 대한 이해를 깊게 하여 교육과정을 조직하는 방식이다.

② 직관적 사고와 분석적 사고

학습자의 사고과정에는 이 두 유형의 사고가 있는데 교과의 기본 구조를 가르칠 때에 교사는 이 사고과정을 잘 이해하고 그것을 교육적으로 활용해야 한다. 이 두 유형의 사고는 서로 이질적인 것 같지만 직관적 사고를 통하여 분석적 사고가 해결할 수 없는 것을 해결할 수 있을 만큼 상보적이다. 직관적 방법으로 얻은 해답은 하나의 가설로서 존중되어야 하나 가능하다면 분석적 방법으로 다시 점검되어야 한다.

직관적 사고를 잘하는 사람은 분석적 사고를 하는 사람의 힘으로 불가능한 일, 즉 문제를 발명하고 발견하는(invent or discover) 일을 할 수 있으며, 발명되고 발견된 문제에 알맞은 형식(proper formalism)을 부여하는 것은 분석적 사고를 하는 사람들이다. 그런데 학교학습은 형식을 갖춘 내용을 다룬다는 사실 때문에 직관의 중요성이 과소평가되는 결과를 초래한다. 학생들에게 전통적인 연역법과 증명방법을 가르치기에 앞서 급선무가 교육내용을 직관적으로 이해하도록 가르치는 것이다.

③ 학습동기

학습활동에 이상적인 최적의 동기수준은 학교공부에 대한 무관심과 지나친 광분 사이 어디엔가 존재한다. 일상 학급 사태에서 부딪히는 중요한 문제는 수동적 학습 태도다. 수동적인 관객의 문화권 안에서 능동적이고 자발적인 태도를 기르는 첫 단계는 학교에서 학생들의 학습동기를 일으키는 방법에 있다. 학생들이 공부하려는 동기에는 여러 가지가 섞여 있는데 흥미가 생기는 것과 동시에 세계의 문이 열리는 것이다. 학교의 복잡한 현실 속에서 어떻게 아동의 지식에 대한 동경을 일깨울 수 있을 것인가?

학습내용에 대한 내재적 흥미를 북돋우는 것은 발견의 희열을 느끼도록 하는 것이다. 그것은 가르치려는 내용을 아동의 사고방식에 알맞도록 번역하는 것이며, 이러한 것들은 모두 학습내용에 대한 아동의 흥미를 개발하기 위한 것인 동시에 지적 활동 일반에 대한 올바른 태도와 가치관을 개발하기 위한 것이다.

④ 교구

교구에는 ① 학생들에게 실지 사물이나 사건에 관한 간접적 경험을 주기 위한 도구(간접적 경험을 위한 교구, devices for vicarious experience), ② 모형교구(model devices)—학생들로 하여금 현상의 이면에 숨어 있는 구조를 파악하도록 도와주는 교구와 사물의 개념구조를 느끼도록 하는 데 사용되는 방법, ③ 학생들로 하여금 현상이나 아이디어와 긴밀한 일체감을 느끼도록 하는 데에 극적인 효과를 가지고 있는 극화교구(dramatizing devices), ④ 자동화 교구(automatizing devices)/교수기계(teaching machine)가 있는데 가장 좋은 교구는 교사 자신의 인성으로 연출해 내는 극적인 수업이다. 이러한 교구들은 ① 학생들의 경험 범위를 확장하고, ② 학생들의 학습내용에 내재해 있는 구조를 이해하도록 도와주고, ③ 학습내용의 중요성을 극적으로 강조하는 기능, ④ 그리고 교사의 부담을 덜어 주는 기능을 지니고 있다. 그런데 정작 중요한 것은 이러한 교구들을 하나의 체계 속에서 서로 조화 있게 사용하는 방법이다.

지식의 전달자로서, 학문의 모범으로서, 동일시 대상으로서 교사의 과업은 경험의 폭을 넓히고, 그 경험을 명료화하여 그 경험에 개인적인 의미를 부여하는 여러 가지 교구를 잘 활용함으로써 훨씬 효과적으로 완수될 수 있다. 교사와 교구 사이에 갈등이 있을 필요가 없으며, 교육의 목적과 필요한 조건을 고려하여 교구를 개발한다면 갈등이 있을 이유가 없다. 오직 순간적인 호기심을 자극하는 수단으로서의 영화와 텔레비전, 아무런 내용도 품위도 없는 TV프로그램, 전연 배울 가치가 없는 내용을 생생하게 그려 내는 그림은 교사에게나 학생에게 아무런 도움을 주지 못한다. 교육과정의 질은 어떤 수업 기자재를 구입한다고 해결되는 것이 아니며, 돈과 자료를 얼마나 효과 있게 활용하는가 하는 것은 수업매체 전문가나 제작자의 기술과 유능한 교사의 지혜를 얼마나 잘 통합하느냐에 달려 있다.

4) 예술적 개발 모형: Eisner

Eisner는 교육적 상상력(Educational Imagination)을 통해 교육과정 개발에 대한 새로운 관점을 제시하고 있다. 그는 행동주의 목표를 중심으로 개발되는 교육과정 절차의 과학성을 인정하고는 있으나, 학교 교육과정에서 의도하는 교육적 결과는 그보다는 훨씬 복잡하기 때문에 교육적 의도에 맞게 교육적 상상력을 동원하여 최선의 프로그램을 개발해야 한다는 것이다. 그래서 개발 과정은 교육적 상상력을 발휘하는 과정이며 예술적 성격을 띠고 있다(이하 내용은 김경자, 2000: 368-394; Marsh & Willis, 1995: 23-29에서 참조).

(1) 교육목표
목적(aims)과 목표(goals), 학습목표(objectives)를 구분한다. 목적은 한 지역사회나 집단이 갖고 있는 가치관과 방향이며, 목표는 과목이나 학교 프로그램을 개설한 의도를, 학습목표는 교육을 받은 후에 학생이 갖게 되는 능력을 겨냥한 것으로 진술된다. 교육목표는 결정자가 교육에 대하여 갖고 있는 가치관이 반영된 이상과 현실이 절충되면서 설정되며, 이것을 잘 조화시키고 운영의 묘를 살려 교육과정 개발을 진행해 나가야 한다.

(2) 교육과정 내용과 조직
목표 진술 자체에는 이 목표를 달성하기 위한 구체적인 학습내용이나 학습지도방법이 지시되어 있지 않으므로 내용 선정의 기준(예를 들어, 목적 달성에의 유용성, 학생에 대한 의미성 등)에 따라 선정해야 한다. 내용 영역의 조직에서는 교과나 학문 영역처럼 분과형보다는 복잡한 문제를 다루는 데 필요한, 다양한 지식과 다양한 학문 영역에 걸쳐 있는 판단력을 활용하여 조직할 필요가 있다.

(3) 학습기회의 유형과 조직

교육내용을 경험할 기회를 설정하는 문제는 궁극적으로 교육내용의 성격에 달려 있지만, 동일한 내용이라도 다른 형태의 학습기회로 나타날 수 있다. 거기에는 학습기회를 설정하는 사람들의 관점이나 선호도가 반영된다. 과정을 중시할 수도 있고, 결과를 중시할 수도 있다. 다양한 학습기회를 구상하는 데 참조할 수 있는 것은 Guilford의 지적 사고과정 모형이다. 그는 인간 사고의 진행과정을 정보 습득, 이해, 적용, 분석, 종합, 평가의 6가지로 제시하고 있다.

이러한 학습기회를 조직할 때에는 계단식 모형과 거미집 모형이 있다. 전자는 학생들이 이수해야 할 코스가 미리 선형적으로 정해져 있고 학습속도가 개인차를 결정하며, 후자는 교육과정 설계자가 여러 종류의 과제나 교재 또는 학습활동을 제공하고 교사는 이것들을 활용하여 다양한 학습결과를 획득할 수 있도록 조직하는 것으로, 학생마다의 고유한 특성이나 흥미, 개성 등을 개인차로 본다.

(4) 제시 양식과 반응 양식

학생들이 배운 것을 표현하는 방법과 학생들이 사물을 대하는 양식은 다양할 수 있다. 즉, 학생들이 배운 지식이나 이해가 표현되고 머리에 축적되는 형태는 다양할 수 있다. 교육과정에서 학생들에게 기대하는 사물에 대한 이해는 다양한 경로를 통해 습득된다. 그러므로 학생들이 어떤 상황을 이해하기 위해서는 그 상황을 설명하는 다양한 형태의 표현방식에 접할 기회를 가져야 하고, 학생들이 알고 있는 것을 표현하는 방식 또한 하나로 제한되어서는 안 된다. 그러나 요즘 학교 문화는 쓰인 글이나 말이 너무 강조되고 있다.

(5) 평가

평가란 검사나 측정이 제공할 수 있는 것보다 훨씬 풍부한 정보를 제공한다. 평가행위는 교육비평으로 볼 수 있으며, 이것은 공적 평가과정인 비평과 개인적 평가과정인 교육적 감식안으로 이루어진다.

5) 해방적 개발 모형과 생성적 개발 모형: Freire와 Pinar

이 모형에서 교육과정 개발은 일정한 절차나 객관적인 공식에 의해 진행되는 활동이기보다는, 교사와 학습자가 상호 협력하여 새롭게 구성해 나가는 과정으로 본다. 그리고 이러한 과정을 통하여 자신들의 삶을 새롭게 만들어 가는 진화적 과정으로 이해하기 때문에 개인에게 영향을 미치는 모든 요인들을 적극적으로 해석하고 부정적인 요인들을 극복해 나갈 수 있다고 보고 있다.

Freire는 기존의 교육을 은행예금식이라고 비판하며 문제 제기식 교육을 제안한다. 문제 제기식 교육에서는 해방을 지향한다. 피억압자가 자신의 삶을 보다 인간답게 만들어 가는 것이 교육의 과제이고, 대화를 통해 과제를 수행하며 피억압자들의 삶과 관련된 문제를 제기해 주는 것이 중요하다는 것이다. 이를 위한 교육과정 개발 방법으로 해방적 방법을 제안하고 있다.

Pinar는 교육과정의 재개념주의자로서 유명하다. 그는 기존의 기술공학적이고 처방적인 경향에 반대하여 개인의 실존적 삶의 의미 회복에 초점을 두고 있다. 따라서 교육과정을 실존적 주체로서 개인이 학교 교육과정에서 경험하는 내용에 주목한다. 그에 의하면 교육과정은 달려야 할 경주로가 아니라 경험하는 과정을 강조한다. 이를 위한 교육과정 개발 방법으로 자서전적 방법을 제안하고 있다.

(1) Freire의 해방적 교육과정 개발

피억압자들이 지배당하고 가난하고 힘없고 무지한 상태로 있는 것은 억압자들의 논리가 교육과정을 통해 사회적으로 강요됨으로써 내면화된 결과다. 따라서 교육과정 개발의 중요한 목적은 비판적 의식(critical consciousness)을 길러 주는 일이다. 피억압자들이 자신과 사회의 역사적 주체가 되기 위하여 피억압자들에게 비판적 사회의식을 길러 줄 수 있는 교육과정 개발 단계를 다음과 같이 제시하고 있다.

1단계: 생성어나 생성적 주제 찾기　　교육자들은 우선 한 지역의 주민들과 함께 그들의 생활 속에 내재된 현실 인식들을 다시금 돌이켜 생각해 볼 수 있는 생성적 주제 (generative themes)들을 찾아내야 한다.

2단계: 평가회 개최 및 기호화   지역주민의 생활 조사 결과는 교육자들과 지역사회 인사들로 구성되는 평가회에 제출된다. 평가회는 현실 상황에 대한 타인의 분석을 통하여 자신의 분석을 재고할 수 있는 기회가 된다. 각 해석자가 분석한 현실 상황은 수차례의 평가 및 반성회를 통하여 그 지역사회와 주민들이 직면한 근본적인 모순과 부차적인 모순들을 가려내는 자료로 사용된다. 개발자들은 하나의 팀이 되어 평가회에서 제기된 모순들 가운데 일부를 선택하여 주제탐구에 사용될 수 있도록 기호화한다. 기호란 그림이나 사진들을 일컫는 것으로 교사와 학생이 행하는 비판적 분석을 중재하는 매체로서 그 지역의 모순구조를 이루고 있는 다른 여타의 문제점들을 포괄하는 것이어야 한다.

3단계: '주제연구 서클'을 통한 해석   조사결과로부터 구명된 모순의 문제들을 주제로 설정하고, 그 주제와 관련된 구체적인 자료들을 지역사회나 주민들로부터 구하게 되면, 교육자들은 다시 지역사회로 가서 교육을 받게 될 주민들과 함께 주제탐구활동 (thematic investigation circle) 모임을 시작한다. 개발자들은 해석을 위한 대화를 진행시키기 위해 해당 지역으로 되돌아가 기호를 해독하는 사람들의 중요한 반응을 관찰해서 기록하며, 해독과정에서 회합의 참가자들의 이야기를 경청하고 기호화된 실존적 상황과 참가자들 자신의 답변들을 문제로 제시함으로써 참가자들이 갖고 있는 의식에 도전한다.

4단계: 협업적 연구   주제탐구활동이 끝나게 되면 여러 분야의 학자들과 자원봉사자들이 함께 모여 실제적인 수업에서 교육과정으로 사용될 생성적 주제들을 분간해 내게 된다. 그리고 그 각각의 주제에 맞는 도서나 시청각 자료들을 마련하여 소위 문화활동이라 불리는 단계가 진행된다. 주제들에 대한 분류와 정리가 완료되고, 각 주제와 그 주제를 제시하기 위해 마지막으로 기호화를 함으로써 교육과정 개발이 완료된다.

　지금까지 살펴본 Freire의 교육과정론은 단순히 절차적이고 방법적인 것이 아니다. Tyler의 논리와는 달리 Freire의 경우는 의식의 고양이라는 분명한 교육목적을 표방하고 있다. 따라서 그가 말하는 교육과정 구성의 절차를 다른 목적, 예컨대 기존 사회 가치의 전달과 유지라고 하는 목적을 위해 이용한다면, 그는 이에 찬성하지 않을 것이다. 그러나 Freire의 교육과정 개발 모형도 교육과정의 내용을 미리 구체화하지 않는다는 점에서는 Tyler와 유사하다. 그의 모형도 주어진 상황과 조건에 따라, 적절한 교육과정의 목표와 내용을 결정하도록 하는 일련의 절차를 우리에게 제시해 주고 있는 것이다. 이러한 점에서 볼 때 Freire의 교육과정 구성에 대한 아이디어는 절차적인 측면과 가치결정적인 측면을 함께 포함하고 있는 것으로 볼 수 있다(허숙 · 박승배, 2004: 120-121).

(2) Pinar의 자서전적 모형: 쿠레레 모형

Pinar에게 있어서 교육과정 개발은 개인의 실존적 해방을 목표로 하고 있다. 그는 실존주의, 정신분석학, 현상학, 해석학, 문학이론, 그리고 비판적 교육이론 등을 바탕으로 개인의 실존적 자아성찰을 통한 인간의 해방을 교육과정 개발의 목표로 삼고 있다. Pinar는 지식이 Kierkegaard의 입장을 따라 인식 주체와 인식 대상 간의 관계 속에 있다고 보았다. 진리는 기본적으로 인식 주체와 인식 대상 간의 변증법적 관계다. 따라서 교육과정이 단순히 교육내용을 설계하고 개발하고 전달하며 그 결과를 평가하는 과정이 되어서는 안 된다고 주장한다. 교육과정은 교육 속에서 개인들이 갖는 경험의 의미와 성질을 탐구하는 일이며, 나아가 교육에 대한 보다 철저한 이해를 통하여 자신의 실존적 자유를 확대하는 일이어야 한다고 보았다. 그는 이를 위하여 쿠레레 방법을 제안하고 있다.

Pinar가 제안한 쿠레레 방법은 인간의 내면세계에 보다 가까이 다가가기 위해 학생자신의 전기적 상황에 주목해야 한다고 본다. 교육적 경험을 분석하기 위하여 학생 개인의 전기적 상황을 분석의 자료로 삼아 자서전적 방법을 통하여 그 상황을 밝히는 방법이 교육과정 개발이라고 보았다. 자서전적 방법을 통하여 자신의 경험 속에 내재되어 있던 무의식적 가정들을 밝혀 자신의 교육적 경험에 영향을 준 요인들을 분석해 냄으로써 진정한 자아의 모습을 되찾을 수 있다고 보았다. Grumet 역시 쿠레레 방법을 우리의 교육적 경험에 대한 이야기들을 말함으로써 우리의 존재를 회복하는 일이라고 보았다. 요컨대, 쿠레레 방법은 자서전적 방법에 의한 개인의 전기적 탐구를 통하여 인간의 생각과 행동에 내재되어 있는 무의식적 가정들을 밝혀 냄으로써 교육적 경험의 본질과 그 의미를 이해하는 일이다.

이러한 방법은 교수–학습 과정에도 적용할 수가 있다(정성아, 2006). 쿠레레 방법에서 교수는 지식을 가르치거나 전달하는 활동보다는 학생들이 자신의 교육적 경험을 이해하고 해석하는 학습활동을 안내하고 학생들이 이러한 학습활동에 적극적으로 임할 수 있도록 조력해 주는 과정이라고 볼 수 있다. 학습은 지식을 습득하는 과정이 아니라 지식을 구성하는 과정이다. 그가 제안한 교수−학습 과정은 회귀(regressive)−전진 (progressive)−분석(analysis)−종합(synthesis)이다.

회귀 단계에서는 현재의 자신으로부터 멀어져서 과거로 이동한다. 과거로 돌아가서 그때의 경험을 기록한다. 경험이 가지는 현재의 의미를 보다 선명하게 드러내기 위하여 과거로 돌아갈 것을 강조하고 있다. 즉, 현재 속에서 과거를, 미래 속에서 현재를 봄으로써 현재의 의미가 더욱 선명하게 드러나기 때문이다. 현상학에서 강조하는 시간성의 문제다. 현재의 의미가 과거와 미래의 연결선상에서 재해석될 수 있다는 것이다.

전진은 회귀 단계와 비교해 보면 보다 밝고 즐거운 측면이 강하다. 미래에 있을 일에 대해 예측하고 바라는 것이 무엇인지에 대해 심사숙고하는 과정이다. 그러나 여기에는 저항이 있다. 미래의 부정이다. 과거에 대한 기록과 그것으로부터의 해방, 미래에 대한 기록과 그것으로부터의 두려움 등은 자신의 정체성을 느슨하게 해 준다.

분석의 단계에서는 앞의 두 단계를 통해서 자유연상적으로 회상한 것에 대해 비평적으로 반성하는 것이다. 자신의 비평적 능력과 해석을 통하여 자기이해를 깊이 있게 하고 내면의 세계를 밝혀 자신의 교육적 경험에 대한 풍부한 이해를 이루게 된다. 이 과정에서 과거의 복귀와 미래의 구상에 있어서의 경험이 충실하게 보존되어야 한다. 분석 단계는 현상학적 괄호치기와 유사하다. 자서전적 글쓰기는 자신의 경험을 드러내고 이에 대한 의미를 밝힌다는 점에서 현상학적 글쓰기와 유사하며, 1·2단계에서 자신이 직접 쓴 글쓰기를 현상학적 태도를 통해 분석하는 과정으로서 학생 스스로 현상학적 태도를 견지하도록 하고 있다. 이 점에서 자기학습의 의미를 지닌다.

종합은 과거의 명확한 표현과 그것으로부터 해방이 일어난다. 상상된 미래에 초점을 둘 때 사람은 자기를 구속한 것들로부터 해방된다. 사람은 과거를 기억하고 미래를 상상하는 동안에 들추어내었던 것들을 분석할 때 지적, 정서적, 신체적인 것을 이해하게 되며, 이때 자기반성과 함께 자유를 얻게 된다. 이 단계에서 이러한 결과가 나오지 않더라도 과거와 미래를 이해하면서 형성된 렌즈를 통해 통합을 이루려고 노력해야 할 것이다.

이와 같이 교육과정 개발은 자아를 붕괴시키는 교육과정이 아니라 자아의 구성을 위한 자료(material) 만들기로서의 교육과정을 주장하면서 자아는 자서전으로서의 스토리텔링에 의해 계획되고 만들어질 수 있다고 본다. 이를 위해서 자서전적 글쓰기, 집단토의, 현상학적 질문하기, 해석학적 읽기, 개별화 교수전략들이 활용된다.

6) 절충적 개발 모형

지금까지 여러 모형을 살펴보았다. 필자는 여기에서 교육과정 개발에 대한 절충적 모형을 제안하고자 한다. 거시적으로는 3개의 국면을, 미시적으로는 역동적 상호작용의 개발 절차를 따른다.

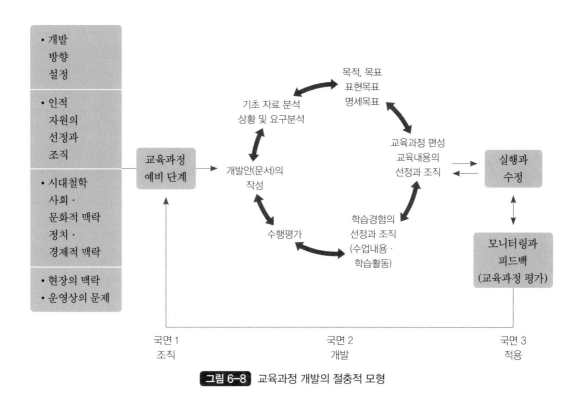

그림 6-8 교육과정 개발의 절충적 모형

이상의 모형에 의하면 교육과정 개발은 크게 세 가지 국면으로 진행된다. 제1국면은 조직 국면(organization phase)이다. 이 국면은 교육과정 개발의 예비 단계(presage)로서의 성격을 지닌다. 이 예비 단계에서는 여러 가지 일들이 이루어진다.

첫째, 교육과정 개발의 방향을 설정한다. 모든 개발 작업에는 지향하는 입장이나 방향이 전제되어 있다. 이것은 교육과정 개발을 통하여 어떠한 인간을 길러 내야 하는지에 대한 철학적 입장을 의미한다. 흔히 국가 수준에서는 교육과정 개정의 이유나 취지, 배경에서 개발의 방향을 제시하기도 한다. 그리고 개발의 방향은 학문적, 정치적, 사회 문화적 맥락 등에서 다양하고도 종합적으로 설정된다.

둘째, 개발 작업에 참여해야 하는 사람들을 선정하여 위원회를 조직해야 한다. 교육과정 개발에 누가 참여하며, 개발자들이 교육과정이나 개발 과정에 대하여 어떠한 입장들을 대표하고 있는지 하는 문제가 검토된다. 최근에는 개발의 정치적 성격이 부각되면서 개발 주체의 문제가 중요하게 취급되고 있다.

셋째, 교육과정 개발과 관련한 맥락과 요인들을 고려해야 한다. 교육과정 개발은 기술적인(technical) 문제인 동시에 중요한 정치적 의사결정 과정이기도 하다. 따라서 교육과정 개발과 관련된 다양한 요인들, 철학적, 사회 문화적, 정치경제학적, 법률적 요인 등에 대한 고려가 이루어져야 한다.

넷째, 교육과정이 실행되고 적용될 장면에 대한 여러 가지 문제들을 사전에 충분히 검토해야 한다. 교육과정 개발은 종국에는 적용될 장면에 대한 여러 요인들을 충분하게 검토해야 한다. 예를 들어, 학교 현장의 운영상의 문제, 예산, 교실 환경, 교사 수급, 학교 문화, 행정적 · 재정적 문제, 각종 법규나 시행령의 문제, 학교 현장의 관행이나 제도, 절차나 규칙 등에 대한 문제들이 검토되어야 한다.

제2국면은 개발 국면이다. 이 국면에서 보다 본격적인 교육과정 개발 작업이 전개된다. 개발 국면은 크게 6단계로 이루어진다고 볼 수 있다. 우선 개발에 대한 기초 자료의 분석, 상황분석과 요구조사가 이루어져야 한다.

둘째, 교육과정 목적과 목표, 명세목표, 표현목표의 설정과 진술 단계다. 개발하고자 하는 교육과정이 달성해야 할 목적과 목표가 설정되고 진술된다.

셋째, 교육내용의 선정과 조직 단계다.

넷째, 학습경험의 선정과 조직 단계다.

다섯째, 수행평가가 이루어지는 단계다.

여섯째, 교육과정 개발 안의 작성 단계다. 여기에서는 최종 개발된 교육과정 문서가 만들어진다.

제3국면은 적용 국면으로서 교육과정 실행과 수정이 이루어지면, 교육과정 평가를 통하여 모니터링과 피드백이 이루어진다. 교육과정 실행과 수정은 11장과 12장에서, 교육과정 평가는 13장에서 다루어진다.

3. 교육과정 개발의 입장

교육과정 개발에 대한 입장은 다양하다. 여러 학자들은 교육과정 개발 과정에 대하여 상이한 생각들을 제안하고 있다. 예를 들어, McNeil(1985; 1996)은 학문적 합리주의 입장, 인본주의 입장, 사회재건주의 입장, 체제적인 기술공학주의 입장을 제안하였다. Schiro는 네 가지 입장, 즉 학문중심 이데올로기, 사회기능주의 이데올로기, 학습자중심, 사회재건주의 이데올로기로 구분하여 제시하였다. Ornstein과 Hunkins (1988)는 기술적−과학적 입장(행동적−합리적인 것, 체제적−운영적인 것, 지적−학문적인 것)과 비기술적−비과학적 입장(인본적−심미적인 것, 재개념적인 것)으로 분류하였다. Goodlad는 주요 주제 중심 개발, 지배적인 학문 중심 개발, 학생 흥미 중심 개발, 사회 이슈 중심 개발, 혼성적 조직 개발 등을 제시하고 있다. Posner(1995)는 전통적 관점, 경험형 관점, 학문구조형 관점, 행동주의 관점, 인지주의 관점으로 구분하고 있다. Eisner(1994)는 다섯 가지 입장, 즉 인지개발의 과정, 학문중심주의, 개인적 적합성, 사회재건주의, 기술공학주의 입장을 제시한 바 있다.

이하에서는 Eisner의 기본 입장을 살펴보기로 한다. 첫째, 인지과정 개발의 입장이다. 여기에서 교육과정이란 학교교육에서의 암기력, 창의력, 비판적 사고력 등 사고의 양식이나 정신과정을 개발해야 하며, 학습자의 인지적 조작을 세련되게 할 수 있는 능력을 개발하는 것을 목표로 한다. 근본적으로 과정중심의 이 입장은 특정한 내용에 관계없이 적합한 지적 도구를 제공해 주면 어떤 학습자든지 어떤 내용도 충분히 이해할 수 있고 또한 인지능력을 잘 발달시킬 수 있는 가능성을 가지고 있다고 본다. 따라서 개발자가 해야 할 일은 학습이 이루어지는 가장 효율적인 인지과정이 어떤 것인가를 확인하여 그 개발을 위한 장과 구조를 제공해 주는 것이다. 인지능력에 초점을 두는 Carl Bereiter, 심리학적인 기초가 튼튼한 J. S. Bruner와 R. M. Gagné가 이 입장에 속한다.

둘째, 학문적 합리주의 입장이다. 이 입장에서는 학습자로 하여금 지적 성장을 도모하는 것이 교육과정 개발의 주요 목표이며, 전통적 지식의 불변성을 강조한다. 그리고 교육과정을 통하여 지금까지 인간의 지혜로 이룩해 온 불변의 진리를 학습자들이 깨닫도록 해야 한다고 본다. 이 입장에서 교육받은 사람은 문화유산인 학문적 업적이나 고전을 읽을 수 있고 이해할 수 있는 사람을 의미한다. R. M. Hutchins에 의하면 교육과정의 내용은 사고의 간결성, 일반성 및 능력을 가져오는 데에 필요한 규범을 제시한다. 실제적 경험을 담은 교육과정은 교육의 질을 저하시킴은 물론 학생들에게 인간의 의미 추구 활동이 되는 교과학습의 기회를 박탈하게 되는 것이라고 경고한다. 그래서 이 입장에서는 학교의 교육과정이 인간의 이성을 개발하는 데에 앞장서야 한다고 주장한다.

셋째, 개인적 적합성의 입장이다. 이 입장에서는 개인적 의미의 중요성을 강조하고, 학교는 개인적 의미가 충족될 수 있도록 교육과정을 개발하는 것에 책임진다. 교육과정 개발은 개인의 목적 내지 개인의 통합을 위한 요구에 관심을 두기 때문에 교육과정이란 개개 학습자에게 개인적으로 만족할 만한 완성 경험을 제공하는 것으로 이해된다. 따라서 이 입장은 아동중심적이며 성장도모적인 성격을 띠며, 교육을 개인과 자유 신장, 발달을 위한 수단을 제공하는 과정으로 본다. 여기에서 교육과정은 통합된 경험을 제공하여 개인의 잠재능력이 최대한 발휘되도록 하는 것이므로 자아발견을 위한 내용과 도구가 제공되어야 한다. M. Green과 A. Maslow 등이 이 입장에 속한다. 여기에서 교육이란 개인의 통합된 성장 요구에 맞는 전체적 경험이다. 이런 점에서 교육과정 개발은 개인의 성장과 발달을 강조함으로써 완성적이며 통합적인 경험을 제공하는 것이지만, 사회적 관계를 중시하는 입장으로부터 비판을 받기도 한다.

넷째, 사회재건주의 입장이다. 여기에서는 학교가 봉사하려는 사회를 분석하여 교육과정의 목표와 내용을 도출하고자 한다. 즉, 교육과정 개발에서 사회의 요구를 규명하고 확인된 요구를 해결하는 데에 적절한 프로그램을 제공하는 것을 주요 과제로 삼는다. 교육과정 개발을 통하여 사회개혁을 주도하고 사회문제에 능동적으로 대처하며 인간 사회와 삶을 개선하는 데 중요한 역할을 해야 한다. 이 입장에는 Illich, Freire, Shane 등이 있다.

다섯째, 기술공학주의 입장이다. 여기에서 교육과정 개발은 목적이 설정되고 나면 목적 달성에 수단을 적절하게 관련시키는 문제로 인식한다. 즉, 공학적 절차로서 교육과정 개발을 본다. 교육과정에 대한 수단–목적의 모형을 전제로 교육계획을 체계화시키며, 목표를 설정하여 계획의 효율성과 능률을 평가하는 기준을 중시한다. 그래서 교육과정이란 사전에 규정된 목적을 달성하기 위한 수단이 된다. 이 입장은 긴 역사를 갖고 있는데, Bloom, Bobbitt, Tyler 등이 이 입장을 주장하였다.

이 장의 주요 내용

교육과정 개발은 교과의 성격을 규명하고, 교육목적을 설정하고, 교육내용의 체계를 편성하고, 그리고 이를 효과적으로 전달하기 위한 교육방법, 교육평가, 교육운영 등에 대한 종합적인 계획을 수립하는 활동을 가리킨다. 여기에는 많은 활동들이 포함된다. 우선 교육목표를 수립하고 목표를 달성하는 데 필요한 내용과 학습경험을 잘 선정하여 체계적으로 조직하고, 효율적으로 실행 · 평가하는 전반적인 과정을 의미한다. 교육과정 개발은 여러 수준에서 이루어지는데, 가장 광범위한 수준에 적용되는 교육과정 문서에서부터 특정한 학교에 적용되는 문서에 이르기까지 다양하다. 예를 들어, 전체 중 · 고등학교에 적용되는 교육과정에서부터 특정 중 · 고등학교에만 적용되는 문서에까지 적용 범위가 다양한 문서들이 개발된다.

교육과정 개발에는 다양한 사람들이 참여하며, 개발 활동은 참여자들이 가지는 생각과 신념에 따라 많은 영향을 받으며 사회적 · 제도적 · 법률적 요인 등을 고려해야 한다. 따라서 개발 활동은 여러 요인들에 의해 다양하게 전개된다. 개발 활동에 참여하는 사람들은 자신이 선택한 교육과정의 관점에 따라 교육과정을 개발하고, 운영하며, 평가하게 된다. 성공적인 교육활동은 이들 세 활동의 유기적인 결합을 통해서 이루어지며 교육과정 개발 영역은 운영과 평가 활동의 기초를 제공한다는 점에서 매우 중요하다.

교육과정 개발 모형은 다양한 교육과정 개발의 과정이나 활동들을 비교적 간명하게 제시하는 것을 의미한다. 모형이 필요한 것은 교육과정 개발 과정에 관련되는 요인들이 다양하며, 그 요인들의 관계도 복잡하다는 점 때문에 관련 요인이나 변인들을 간명하게 처리하기 위함이다. 개발 모형에는 여러 가지가 있지만 대표적 모형으로는 Tyler의 합리적 목표모형, Schwab의 절충적 모형과 Walker의 숙의모형으로 대표되는 실제적 개발 모형, 지식의 구조로 대표되는 Bruner의 개발 모형, Eisner의 예술적 개발 모형, Freire와 Pinar의 해방적 개발 모형과 생성적 개발 모형 등이 있다. 마지막으로 이 책이 종합하는 절충적 모형이 제시되고 있다.

교육과정 개발 과정에 대해서도 다양한 입장들이 존재한다. 여기에는 인지능력 개발 입장, 학문적 합리주의 입장, 개인적 적합성 입장, 사회재건주의 입장, 공학주의 입장 등이 거론되고 있다.

주요개념

Freire 개발 모형	나선형	절충적 모형
Schwab의 공통 요인	숙의	지식구조론 모형
Taba 모형	숙의모형	쿠레레 모형
강령	순환적 모형	합리적 목표모형
개발 참여자	역동적 상호작용 모형	
교육과정 개발	예술적 개발 모형	

탐구문제

1. 교육과정 개발의 개념을 설명해 보시오.

2. 교육과정 개발에 참여하는 사람들의 종류와 그들의 다양한 입장, 신념에 대해 설명해 보시오.

3. 다양한 교육과정 개발모형과 개발의 입장들을 비교해 보시오.

4. Tyler의 목표모형의 문제점을 지적하고, 그 해결방안을 제시해 보시오.

5. 합리적 목표모형과 실제적 개발모형을 비교, 설명해 보시오.

6. Bruner의 개발모형의 특징과 문제점 개선 방안을 설명해 보시오.

7. Pinar의 모형이 지니는 의의와 한계를 제시해 보시오.

8. 교육과정 개발의 절충적 모형을 설명해 보시오.

9. 교육과정 개발의 다양한 입장들의 장단점을 설명해 보시오.

참고문헌

김경자(2000). 학교 교육과정론. 서울: 교육과학사.

정성아(2006). 쿠레레 방법의 도덕과 수업 적용에 관한 연구. 부산대학교 대학원 박사학위논문.

허숙 · 박승배(2004). 교육과정과 목적. 서울: 교육과학사.

Brady, L. (1992). *Curriculum Development in Australia* (4th ed.). Sydney: Prentice- Hall.

Bruner, J. S. (1960). *The Process of Education*. Cambridge, Mass: Hard University Press.

Eisner, E. W. (1994). *The Educational Imagination*. NY: Macmillan.

Freire, P. (1973). *Pedagogy of the Oppressed*. NY: Seabury Press.

Marsh, C., & Willis, G. (1995). *Curriculum: An Alternative Approaches, Ongoing Issues*. Columbus, OH: Merrill.

McNeil, J. D. (1985). *Curriculum: A Comprehensive Introduction* (3rd ed.). Boston: Little.

McNeil, J. D. (1996). *Curriculum: A Comprehensive Introduction* (5th ed.). Boston: Harper Collins College Publishers.

Nicholls, A., & Nicholls, A. H. (1978). *Developing a Curriculum: A Practical Guide* (2nd ed.). London: George Allen & Unwin.

Ornstein, A. C., & Hunkins, F. P. (1988). *Curriculum: Foundation, Principles, and Issues*. Englewood Cliffs, NJ: Prentice Hall.

Pinar, W. (1975a). Curriculum Theorizing: *The Reconceptualists*. Berkeley, CA: McCutchan.

Pinar, W. (1975b). The Method of Currere. In W. *Pinar Autobiography, politics and sexuality: Essays in curriculum theory 1972-1992*. NY: Peter Lang. 19-27.

Posner, G. J. (1995). *Analyzing the Curriculum*. NY: McGraw-Hill.

Schwab, J. (1964). *Education and the Structure of Knowledge*. Chicago: Phi Delta Kappa.

Schwab, J. J. (1969). The practical: A Language for Curriculum. *School Review, 78*, 1-23.

Schwab, J. J. (1971). The Practical: Arts of Ecletic. *School Review, 79*, 493-542.

Schwab, J. J. (1973). The Practical 3: Translation into Curriculum. *School Review, 81*, 501-522.

Schwab, J. J. (1983). The Practical 4: Something for Curriculum Professor to do. *Curriculum Inquiry, 13*(3), 239-265.

Taba, H. (1962). *Curriculum Development: Theory into Practice*. NY: Harcourt, Brace & World.

Tyler, R. W. (1949). *Basic Principles of Curriculum and Instruction*. Chicago: The University of Chicago Press.

Walker, D. F. (1971). A Naturalistic Model for Curriculum Development. *School Review, 80*(1), 51-69.

Walker, D. F. (1990). *Fundamentals of Curriculum*. San Diego: Harcourt Brace Jovannovich, Publishers.

Wheeler, D. K. (1967). *Curriculum Process*. London: University of London Press.

MODERN CURRICULUM

제7장 요구조사 및 교육목표의 설정

7 이 장의 주요 목표

▷ 교육과정 개발의 제1절차로서 요구조사나 상황분석의 절차를 이해할 수 있다.

▷ 교육목표의 다양한 수준과 설정 과정을 이해할 수 있다.

▷ 다양한 수준의 교육목표를 합리적으로 진술할 수 있다.

▷ 행동목표 진술의 특징과 그 문제점을 개선할 수 있는 대안적 목표 진술방식을 이해할 수 있다.

▷ 새롭게 개정된 신 교육목표분류학을 설명할 수 있다.

교육과정 개발은 여러 단계를 거쳐서 이루어진다. 먼저 참여 기관과 인사가 선정되고, 그들에 의해 프로그램에 담기는 주요 항목들이 결정된다. 대개 그들은 기초 자료의 수집과 분석 및 요구 조사, 교육목적의 설정, 교육내용의 선정과 조직, 학습경험의 선정과 조직, 교육평가의 내용과 방법 등에 관한 주요 항목들을 결정하게 된다. 이러한 결정들은 문서 형태로 출판·보급된다.

일반적으로 교육과정 개발 단계 중에서 가장 먼저 진행되는 것 중의 하나가 요구조사와 교육목표 설정 작업이다. 요구조사는 교육과정 개발의 필요성과 구체적인 요구, 필요를 분명하게 하는 작업이다. 왜냐하면 새로운 교육과정 개발을 위해서는 종합적인 조사와 객관적인 근거하에서 개발이 이루어져야 하기 때문이다. 교육목표는 비교적 합리적으로 설정, 진술되어야 하며, 교과의 성격, 학습자의 특성, 수업 상황 등 여러 요인에 비추어 탄력적으로 설정, 진술되어야 한다.

1. 요구조사 및 상황분석[1]

새로운 교육과정 개발을 위해서는 종합적인 조사와 객관적인 근거하에서 개발 작업이 이루어져야 한다. 우선 개발을 위한 기초 자료가 체계적으로 수집되고 잘 분석되어야 한다. 기초 자료에는 이전 교육과정의 문제나 실행상의 문제, 실태나 각종 정보들이 수집, 분석되어야 한다. 이 활동과는 독립적이라고 보기에 어렵지만 상황분석에서도 마찬가지로 여러 상황과 요인들에 대한 분석이 이루어져야 한다.

상황분석은 교육과정이 개발되는 맥락을 검토하는 과정이고, 그 분석을 교육과정 계획에 적용하는 것으로 정의될 수 있다. 여러 학교, 지역 혹은 체제 수준이라 하더라도 상황분석은 그 맥락과 관련된 여러 요인들을 상세하게 분석해야 한다. 이러한 분석은 그런 후 교육과정의 목적, 교육과정의 내용, 학습활동과 평가를 위한 후속 계획과 개발 내에서 통합된다. Nicholls와 Nicholls는 상황분석의 과정을 다음과 같이 진술하고 있다.

> …… 상황은 학생, 학생의 가정과 환경, 학교, 학교의 풍토, 교직원, 시설과 설비와 같은 수많은 요인들로 이루어져 있다. 교육과정 계획과 관련된 이들 요인들의 영향력에 대한 연구를 하기에 앞서서, 자체 분석과 함께 이들 제 요인들을 분석하는 것은 앞 장에서 언급한 교육과정의 합리적 접근을 향한 하나의 단계를 구성하게 된다(1978: 22).

상황분석 실행의 필요성은 효과적인 교육과정 개발의 기본적인 법칙이나 규칙과도 같다고 볼 수 있다. 교육과정 개발자들은 자신들의 과업을 시작하면서 다음과 같은 중요한 질문들을 던져 보아야 한다. '이 교육과정의 맥락—학생, 교사, 학교 환경—에 관하여 우리가 무엇을 알아야 하고 왜 그것이 필요한가? 이것은 교육과정 개발자들에게 심지어 더 근본적인 질문을 갖게 하기 위한 기반이 되는 정보를 제공한다. 우리의 학습자들은 무엇을 필요로 하는가?'

---

1) 이하 내용은 Print(1993)와 이성호(2009)의 입장을 반영한 것임.

1) 요구조사

상황분석과 관련하여 하나의 기법으로 요구조사(혹은 요구사정)를 활용할 수 있다. 교육과정 개발의 맥락에서 요구란 현재의 상태나 수준, 바라고 원하는 이상적인 소망 상태나 수준 간의 차이(discrepancy)를 지칭한다. 이상적인 소망 상태는 목적(goals)이란 말로 표현되기도 한다. 이러한 목적과 현재 상태를, 또는 이상과 실제 간의 차이를 조사, 구명하고 비교하여 우선순위를 결정하는 것을 요구사정(needs assessment)이라고 한다. 이하에서는 요구사정에 초점을 두고 요구조사의 문제를 개관하기로 한다.

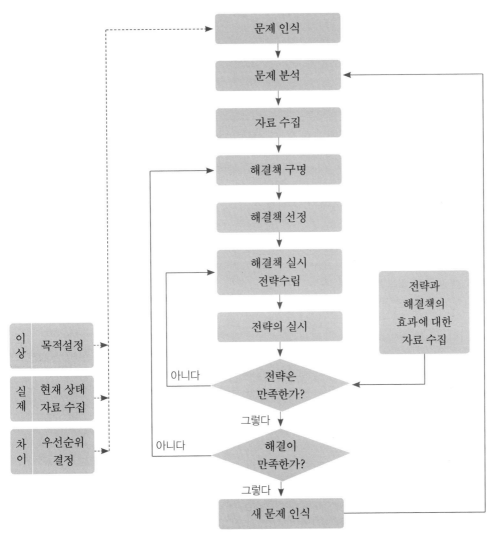

그림 7-1 요구사정 단계와 체제적 계획과정

이러한 요구사정은 실증적 자료를 바탕으로 합리적인 의사결정에 터하여 이루어져야 한다. 따라서 요구사정은 체계적인 계획과정과 상호작용적으로 이루어질 필요가 있다. 이성호(2009: 212-214)는 이 관계를 [그림 7-1]과 같이 제시하고 있다.

[그림 7-1]에 의하면 요구사정은 체계적으로 진행되며, 지속적인 의사결정 과정이라는 것을 알 수 있다.

이하에서는 Print(1987)가 제안하는 요구분석에 따른 절차를 제시하여 그 과정을 이해해 보기로 한다.

요구사정은 교육적 요구들을 결정하고 그 교육적 요구들의 우선순위를 결정하기 위해 교육과정 개발자들에 의해 사용될 수 있다. 요구사정은 상황분석을 촉진하는 데 유용하며, 그리고 효과적인 일련의 교육과정 목적, 목표, 명세목표들에 대한 기초를 수립하기 위해서 매우 유용하다.

(1) 요구사정을 실행하기

교육과정 개발자들이 요구사정을 수행하는 데 가용한 수많은 방법들이 있으나, 다음에 제시되는 절차들은 간단하고도 유용하다. 알고리즘은 요구를 결정하기 위해서 격차 개념을 채택하여 5가지 단계의 접근을 사용할 것을 제안한다. 요구사정이 비록 지역과 체제 수준과 같은 다른 수준에서 행해질 수 있다 하더라도, 요구사정 활동은 학교 수준에서 행해지고 있다고 가정한다.

단계 1: 목표 진술을 형식화한다

요구사정을 실행하는 데 있어 관련된 사람들(교사, 그리고 아마도 학부모와 학생)은 바람직하고 그러나 선호되는 학생의 행동을 진술한다. 이 목표 진술은 아마도 읽고 쓰기 능력 단계, 계산 능력, 개인적 기능, 내용에 관한 지식, 교과에 대한 기능, 자아개념, 신체 발달 등과 관련된다. 간략히 진술하자면, 목표 진술은 교육과정 결정자들이 믿는 것이 학생들에게 가치 있다는 입장을 나타낸다. 예를 들면 다음과 같다.

1. 학생들은 바람직한 수준으로 영어를 읽고 쓸 수 있어야 한다.
2. 학생들은 긍정적인 자아개념을 개발시켜야 한다.
3. 학생들은 호주 정부의 성격을 이해해야 한다.
4. 학생들은 과학의 실용성을 이해해야 한다.

단계 2: 진술된 목표의 등급을 매겨서 점수화한다

1단계에서 개발된 목표 진술들은 1단계와 관련된 집단 혹은 보다 폭넓은 교사, 부모, 학생들의 집단에 의해서 우선순위가 할당된다. 목표들은 개인에 의해서 일정한 척도(1에서 5까지)에 따라 등급화되어 점수가 매겨지고 따라서 그 관련 집단들이 부여한 점수들의 평균을 산출한다. 예를 들면 다음과 같다.

목표 진술 1 = 4.51

목표 진술 2 = 3.27

목표 진술 3 = 3.77

목표 진술 4 = 4.21

단계 3: 목표 진술을 서열화한다

따라서 선호된 목적을 위한 중요성의 우선순위를 결정하기 위해서 평균 점수를 서열화한다. 서열화된 목록이 지금 선호된 학습목표가 된다. 위의 목표를 서열화한 결과는 다음과 같다.

목표 진술 1 - 1

목표 진술 2 - 4

목표 진술 3 - 3

목표 진술 4 - 2

단계 4: 목표 진술을 결정한다

그 체제 내에서 발생하는 것에 관하여 각각의 목표 진술을 주관적 혹은 객관적으로 검토함으로써, 현실의 학습 상태와 선호된 바람직한 학습 상태 간의 차이를 나타내는 격차 요인이 결정되기도 한다.

주관적으로 교사가 판단자로서 행동하고 따라서 실제로 일어난 것에 의해 목표를 점수화함으로써 이것이 성취될 수도 있다. 객관적으로 자료는 학습자의 숙달 단계와 주어진 점수를 결정하기 위해(시험, 검사, 기타 등등을 통해) 수집될 수도 있다.

선호된 것(서열화된 목표)과 실제하는 것(관찰된 학습 상태) 간에 격차가 존재하는 데에서 요구가 나타난다. 가장 높게 서열화된 목표가 가장 큰 요구를 산출하지 않을 수도 있다. 비록 이것이 명백하게 관찰된 학습 상태와 선호된 학습 상태 간의 명백한 격차의 수준에 의존한다 하더라도 말이다. 그러나 가장 높게 서열화된 목표는 간단히 보면 중요한 것으로 판단되기 때문에, 대개 높은 격차 요인들을 갖고 있는 경향이 있다. 위에서 우리가 상이한 수준의 격차를 낸 사례들을 확장시켜 봄으로써 다음과 같은 결과를 산출하였다.

목표 1 = 적당한 격차
목표 2 = 높은 격차
목표 3 = 무시할 만한 사소한 격차
목표 4 = 높은 격차

단계 5: 행동 계획을 개발한다

높은 격차 요인과 높은 우선순위에 기인하는 목표 진술들은 즉각적인 주의를 요구한다. 그래서 변화의 토대로서 그 격차를 사용하는 교육과정 개발자들은 지각된 문제를 해결해 줄 교육과정을 만들거나 조정하려고 한다. 새로운 교육과정 목표가 요구될 것이고, 그 목표로부터 이어지는 교육과정 요인들이 개발되거나 변경될 것이다.

이 기법에 관한 한 예가 어떤 한 학교에서 정기적으로 교육과정의 적합성을 검토하기 위하여 의사를 결정하는 경우가 여기에 해당될 수도 있다. 그 학교가 새로운 교육과정을 개발하기 전에, 교직원은 현재 상황을 반성할 필요가 있다. 직관적으로 반응하기보다는, 요구사정이 권고되고 소그룹의 부모들과 함께 소그룹의 교직원이 그 학교 학생들의 선호된 행동에 관하여 목표 진술 목록을 만든다. 우선순위를 결정하기 위해서 대규모의 교직원과 부모에 의해 이들 목표 진술들이 점수화되고 서열화된다. 학생의 수행에 관해 수집된 자료로, 실제적인 학습자 상태와 선호된 학습자 상태 간의 격차가 결정될 수 있다. 일단 가장 큰 격차 분야—아마도 학생의 읽고 쓰기 기능과 학생의 자신감—가 확인되었으면, 교육과정상의 조치가 취해질 수 있다. 교육과정 개발자들은 학생의 자아개념에 관한 구체적 프로그램뿐만 아니라 읽고 쓰는 능력을 고양하기 위한 통합된 접근을 개발시킬 수도 있다. 이 방법에서 교육과정 개발자들은 지각된 요구의 분야에 체계적으로 반응한다.

다소 서로 다른 방법에서 Wiles와 Bondi는 좀 더 본질적인 성격의 요구사정을 주장한다. 그들은 요구사정이 모든 교육과정 개발에 기초가 되고, 학교 체제 수준에서 교육적 운영에 대하여 포괄적인 조사를 구체적으로 명시해야 한다고 주장한다.

2) 상황분석

(1) 상황분석의 실행

상황분석에 대한 요구가 대부분의 교육과정 문헌에서는 논쟁의 여지가 없이 고려되는 반면, 상황분석을 어렵고 시간 소모적인 과업으로 지각하고 있는 경험 없는 초보적인 교육과정 개발자들에 의해 저항을 받고 있다. 몇몇 교육과정 개발자들은 그들의 교육과정 맥락을 이해하기 위해 상황분석이 필요하지 않다고 주장하기도 한다. 결국 그들은 학생들의 요구와 그 요구들에 부응하는 데 필요한 교육과정에 대해 직관적인 이해를 한다. 그러나 우리는 교육과정 개발자들이 보이는 이러한 직관적인 반응이 어디서부터 도출되며 그것이 얼마나 타당한지에 관해 질문해 보아야 한다.

다른 것들 가운데에서, 상황분석은 체계적으로 고안된 기초 자료뿐만 아니라 교육과정 맥락에 관한 더 분명한 비전을 제공한다. 이 기초 자료나 분명한 비전들은 후속되는 교육과정 결정을 위해 보다 신뢰할 만하고 타당한 원인을 제공한다. 이는 직관적인 이해라는 접근보다 교육과정 개발을 개념화하고 실행하는 방법에 대해 더 체계적인 방법일 뿐만 아니라, 교육과정 개발 과정에서 다른 참여자들로부터 근본적으로 보다 많은 지지를 획득할 것이다. 하지만 교육과정 맥락으로부터 멀리 떨어져 있어서 격리되어 있고, 고안된 교육과정을 사용자들에게 부여하는 교육과정 개발자들의 접근은 없어진지 오래되었다.

따라서 어떻게 상황분석을 실행해야 하는가? 일련의 절차 중 몇몇 절차들은 이용할 수 있고 다소 부담되며 만만치 않아 보일 수도 있다. 그럼에도 불구하고, 효과적인 상황분석을 실행하는 데 소요된 시간과 노력은 교육과정 개발의 다음 단계에서 그리고 교육과정 개발 과업의 전체적인 효과성에서 충분히 보상받을 것이다.

Skilbeck(1984)은 널리 주장된 그의 SBCD 모형을 통해 상황분석 접근을 고안하고 확산하는 데 있어서 중요한 도움을 제공해 주고 있다. 그는 학습 상황에 대한 '비판적 평가'는 중요한 시발점이었고, 이 상황으로부터 학교에 대한 교육과정이 출현할 것이라고 고려하였다. 이러한 비판적 평가를 실행하기 위해서 Skilbeck은 그 상황을 구성하는 학교의 내적이고 외적인 요인들의 재검토를 제안하였다(〈표 7-1〉 참조).

표 7-1 상황분석 요인

학교의 외적 요인

1. 문화적 · 사회적 변화와 기대

실업문제, 사회적 가치, 경제적 성장과 가족관계와 같은 주된 사회적 변화를 포함한다. 학교에 대한 부모, 고용주, 지역사회의 기대가 포함된다(예: 개선된 읽고 쓰기 능력과 계산능력에 대한 요구).

2. 교육 체제상의 요건과 도전

정책요건, 연구보고서, 외부 시험, 주요 교육과정 프로젝트와 중요한 교육연구를 포함한다. McGowan, Beazley, McGaw, Blackburn과 같은 주된 연구는 체제 수준에서 매우 중요한 영향력을 미쳤다.

3. 내용의 성격 변화

학교에서 가르치는 교과는 외부 세계에서의 발달에 맞게 향상되기 위해 끊임없는 개선을 요구한다. 예를 들면, 새롭게 습득된 지식, 기술적 발달, 새로운 문헌을 포함한다.

4. 교사 지원 체제

다양한 외부 체제가 교수/학습 체제, 내용 개선, 평가기법, 시청각 자료, 다른 자원들을 향상시키도록 할 수 있다. 지역사회 기관, 교육연구소(ACER, CDC), 지역교사 센터, 교육과정자문관, 상담교사, 현직연수 코스, 교과연구협의회 등으로부터 지원이 나올 수 있다.

5. 자원

교육과정 개발자들은 자원들의 이용 가능성과 학교로의 유입 가능성을 지각할 필요가 있다. 이러한 각종 자원들은 단체 자원, 주 교육부, 지역사회와 실업 기관으로부터 나올 수 있다.

학교의 외적 요인

1. 학생

학생에 관해 수집된 중요한 자료는 능력, 신체적 및 심리적 발달, 적성, 정서적 및 사회적 발달, 교육적 요구를 포함한다. 학생의 성격에 대한 정확한 이해는 효과적인 교육과정 계획을 가능케 한다.

2. 교사

학교 교직원의 기능, 경험, 교수 스타일, 가치, 특별한 장단점은 무엇인가? 교직원의 특별한 장점은 교육과정 개설을 넓힐 수 있고, 교육과정을 풍성하고 확장되게 할 수도 있다.

3. 학교 풍토

학교의 풍토와 환경은 교육과정에 영향을 미치는 중요한 요인이고, 학교장의 참여, 권력 분배, 사회적 결속력, 운영 절차, 직원의 단결력을 포함한다.

4. 자료 자원

미래의 구입을 위한 재정적 자원뿐만 아니라 건물, 장비, 자원, 토지, 차량에 관해 학교가 정확하게 무엇을 소지하고 있나? 시설에 대한 지식은 교육과정 계획을 촉진한다.

5. 지각된 문제들

교육과정 변화들을 위한 주요 자극들은 요구나 문제들의 지각으로부터 나온다. 교육과정 계획자들은 부모, 교사, 학생, 지역사회로부터 이들을 확인한다. 요구사정 기법이 사용될 수도 있다.

　　상황분석을 수행하는 다소 상이한 접근은 Soliman 등에 의해 그들의 SBCD 모형에서 고안되었다. 그들은 사회적 기대, 자원, 교육적 체제 요건, 내용, 지식의 형식, 내적 요인, 학습과정과 같은 요인들을 통합하면서 정교한 상황분석 점검목록(SAC)을 개발하였다. 따라서 SAC는 상황분석 기법(SAT)들 가운데 하나를 사용하여 수집된 지각된 문제와 자료에 적용될 수 있다. 그들이 제안한 다소 정교한 절차에도 불구하고, 그들은 근본적으로 상황분석을 수행하는 절차에 관해서 Skilbeck과 동일한 절차를 제안하고 있다.

(2) 상황분석 절차

　　상황분석을 실행하기 위해 제안된 접근은 4단계로 ① 상황이나 맥락에서 문제 확인, ② 적합한 요인 선정, ③ 자료수집 및 분석, ④ 권고안 작성을 포함한다.

　　3장에서 개관한 교육과정 모형의 발달단계를 시작한 교육과정 개발자들은 상황분석에 상당한 시간과 노력을 투자해야 한다. 이것은 다른 교육과정 요인의 개발에 상당한 보상으로 돌아갈 것이다. [그림 7-2]는 어떻게 상황분석 절차가 계열화되어야 하는가를 설명하고 있다.

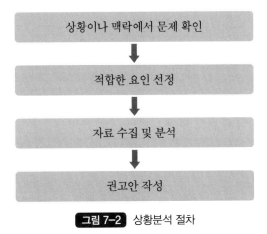

그림 7-2 상황분석 절차

① 문제 확인

　　상황분석을 시행하는 데 있어서 문제는 구체적(중등학교 상급학년의 코스 준비), 일반적(초등학교의 읽고 쓰기 능력 개선), 혹은 기본적(신설학교의 교육과정 만들기)이다. 만일 이러한 문제점들이 무시되었을 때 그 학교는 심각한 어려움에 부딪히기 때문에 이러한

문제들을 언급해야 할 필요가 절실하다고 볼 수 있다. 이러한 점에서 11학년과 12학년
의 증가하는 수가 여기에 해당되는 한 사례다. 학교가 이 학생들에게 계속해서 전통적
인 교육과정을 제공한다면, 엄청난 문제들이 계속해서 일어날 것이다. 학생의 요구와
기대에 대한 철저한 분석은 후속되는 교육과정 개발에 대한 예비 단계로서 요구된다.
실제로 이것은 Finn Report(1991)의 개요에, Mayer(1992)의 토론 논문에, 직업훈련 자
격증에 대한 Carmichael(1992)의 권고안에 있다(Print, 1987에서 재인용).

　　교사들은 문제들을 잘 인식하지 못할 수도 있으며, 학생이나 부모들의 요구를 느끼
지 못할 수도 있다. 이 태도에 대한 정규적인 조사는 교육과정을 적절하고 가치 있게
유지하기 위해서 교사들에 의해 행해져야 하는 유용한 활동이다. 요구사정 기법은 이
장 앞에서도 보았듯이 여기에서 유용하게 활용될 수 있다. 많은 예들에서 알 수 있듯
이, 학생과 부모들에게 피드백을 주는 것 역시 유익한 공적 관계의 기능을 제공할 것이
다. Nicholls와 Nicholls(1978)가 하였듯이, Skilbeck과 Soliman은 상황분석에서 사용할
다양한 요인들을 제안하였다. 개별 학교 수준에서 상황분석을 실행하는 대부분의 경우
에서, Nicholls가 제안한 요인들은 교육과정 문제의 본질과 관련된 자료를 수집하는 데
적절하다. 이 접근은 학생의 능력과 환경, 교사의 장점과 단점, 학교 환경, 학교 자원,
학교 풍토(Nicholls & Nicholls, 1978)와 같은 분석을 요구한다.

② 적합한 요인 선정

　　교육과정 개발자들은 요구와 문제를 결정할 때 Skilbeck에 의해 제안된 적절한 요인
들과 관련시켜야 한다. 그 문제들이 너무나 분명해서 자료 수집으로 곧장 나아갈 수도
있으나 종종 그렇지 않은 경우도 있다. Skilbeck의 요인들을 주의 깊게 고려해 보면 관
련된 문제의 본질을 조명할 수 있다. 그러나 교육과정 개발자는 Skilbeck에 의해 개관
된 모든 요인들로부터 자료를 수집하고 분석하도록 기대되는 것이 아니라, 오히려 문
제·요구와 관련된 것으로부터 자료를 수집하고 분석하도록 기대된다. 그 요구가 극
도로 일반적이라면, 모든 요인들에 관한 자료를 수집하는 것이 적절할 수 있을 것이다.
그러나 대부분의 경우에서 몇몇 요인들을 선정하는 것은 민감한 문제다.

③ 자료 수집 및 분석

　　분석되고 선정된 요인들에 영향을 끼칠 자료들이 어떻게 수집될 것인가? 많은 교사
들은 그 상황을 설명하기 위해서 그들의 경험과 직관에 의지한 직관적 접근을 채택할

것이다. 다른 교사들은 이 단계를 단순히 무시할 수도 있다. 그러나 자료 수집에 관한 더 체계적인 접근은 직관적 이해와 흔히 상충하는 유용한 정보를 제공한다.

〈표 7-2〉는 자료 수집에 유용한 몇몇 기법과 획득될 수도 있는 자료 유형을 제안한다. 따라서 교육과정 개발자들은 구체적 상황의 맥락에서 그들의 중요성을 결정하기 위한 이 자료들을 분석한다. 〈표 7-2〉에서 언급된 자료 수집 기법에 관한 분석을 제공하는 것은 가능하지 않다. 그럼에도 불구하고, 교육과정 개발자들이 자료 수집의 형식들에 관한 지식을 갖고 있다는 것은 중요하다.

위의 기법을 사용하는 것은 상황분석의 본질이 수행되는 데에 있어 다양할 것이다. 소규모의 체육 교육 프로그램은 학생들과의 비형식적 면담과 부모 태도에 관한 간단한 조사를 요구할 수 있다. 더 실제적인 예는 학생의 계산능력에 관한 분석에서 전체 교직원을 포함할 수 있다. 이러한 분석은 학생의 특별한 능력에 대한 검사들—학생의 자기보고 척도, 부모들에 대한 질문지, 학교 수학 자료 목록, 가르치는 장점과 흥미를 유도하기 위해 교직원과의 면담뿐만 아니라 학교 기록물과 외부 시험 결과 분석—을 요구할 것이다. 비록 명백하게 수집된 자료는 적절한 교육과정을 개발하기 위한 근본적인

표 7-2　자료 수집 기법

요인	기법	수집된 자료
학생	면담 학교기록 체계적인 관찰 질문지 외부 시험 심리적 · 사회적 환경 자기 보고 척도	학생 정보와 태도 배경과 성취 자료 학생 행동패턴 학생 태도(대규모 척도) 학생 수행 성적의 비교 학생의 학급 풍토 자각 학생 태도
교사	일화기록 교직원 프로파일 질문지	교사의 행동과 태도에 관한 정보 교사의 기능 및 능력에 관한 기록 교사 태도
학교 풍토	체계적 관찰 심리적 · 사회적 환경 면접	학교 풍토에 관한 인상 누적된 학급 풍토 학생, 교사, 학부모의 태도
자원	목록 체크리스트 체계적 관찰	학교 자원일람표 학교의 제 자원들에 대한 인상

토대를 제공하더라도, 불필요한 자료 수집은 분명히 시간 소모적인 과업이다.

또 다른 예는 일반적으로 학교와 학교교육에 관한 학생들의 태도에 관한 문제와 관련될 수 있다. 학교 풍토에 관한 조사가 권유되고 몇몇 형식의 자료가 수집될 수 있다. 교육과정 개발자들이 교실의 심리적 · 사회적 환경을 측정하기 위해 도구들을 사용할 때(Fraser & Fisher, 1983), 그들은 그 상황에 관한 학생들의 지각 상태를 확인할 수 있다. 학생들의 실제적 교실 환경과 선호된 교실 환경과의 차이를 이러한 도구들이 여러 가지 차원에 따라서 근본적으로 결정한다. 교육과정 개발자들이 이러한 정보를 가지게 될 때, 그들은 적극적인 활동을 할 수 있는 위치에 서 있게 된다.

일단 자료가 수집되면, 일관성 있는 경향과 영역을 결정하기 위해 분석되어야 한다. 이는 보통 세련된 통계적 처리를 요구하는 것이 아니라, 오히려 어떠한 패턴이 드러나는가를 결정하기 위해서 체계적인 분석과 수집된 자료의 종합을 요구한다. 이러한 패턴으로부터 개발자들은 행동을 위한 방향을 권고할 수 있게 된다.

④ 권고안 작성

상황분석 절차 모형([그림 7-2])에서 마지막 단계는 분석된 자료에 기초하여 권고안을 작성할 것을 요구한다. 이는 전형적으로 이전의 목표 진술에 기초한 권고된 행동 목록을 구성할 것이다. 권고안의 예를 들면 다음과 같다.

1. 학생들은 안정된 영어 의사소통 기술을 확립하기 위해서 기본적인 읽고 쓰기 능력 개발을 요구한다.
2. 일본 문화의 상급 과정은 상급 학교 학생들에게 일본 언어 과정을 지원하기 위해 필요하다.
3. 교직원은 항공학, 해상 생물학, 요트 타기의 도입 단원을 가르치기 위해서는 전문적인 지식을 갖고 있다.
4. 학교와 교직원은 능력 있는 학생들의 요구를 진술하기 위해 적절한 자원을 갖고 있다.

상황분석을 수행하는 가치는 그 결과들을 권고안이나 행동 계획으로 전환하지 않으면 상당히 감소된다. 그 결과로 마련된 권고안은 교육과정 팀에게 목표와 명세목표, 내용, 학습활동, 평가 전략을 안내하는 데 도움이 될 것이다.

⑤ 상황분석과 연계

상황분석으로부터 가치 있는 자료를 가진 개발자들은 교육과정 개발에 관한 효과적인 준비를 계속해서 할 수 있다. 예를 들어, 개발자들이 상황분석 자료를 활용할 때, 그들은 중요한 교육과정을 고안하는 데 문제가 있는 과업을 더 잘 진술할 수 있다. 개발자들이 학습자를 위한 교육과정 의도를 고려할 때, 그들은 맥락적 요인, 교수 자원, 학습자 본성, 학교 시설, 학교 기풍, 기타의 것에 대해 알 수 있을 것이다. 다음 장에서 보게 되겠지만, 이 정보는 그들이 수행하게 될 미래의 논의에 근본적이고 튼튼한 기초를 제공할 것이다.

이와 유사하게, 견실하게 실행된 상황분석은 적당한 교육과정 내용, 적절한 학습 활동, 유용한 형식의 학습자 사정, 심지어 교육과정 자료의 효과적 실행을 촉진할 방법에 관한 숙고를 제공함으로써 교육과정 개발자를 보다 용이하게 할 것이다.

2. 교육목표의 설정과 진술

교육과정을 개발함에 있어서 교육목표를 정하는 것이 가장 중요하면서 최우선적으로 진행된다. 교육목표는 교육과정 개발에서 이루어지는 여러 활동들, 즉 교육내용과 학습경험의 선택과 조직, 교육평가의 방법과 도구의 결정 등의 방향을 잡아 주고 구체화하는 데 도움을 주기 때문이다. 이하에서는 교육목표의 개념, 설정과정, 진술방식 등을 차례로 소개한다.

1) 교육목표의 개념과 수준

(1) 목적, 목표, 구체적 명세목표

교육목적이나 목표와 관련하여 매우 다양한 용어들이 사용되고 있다. 즉, 교육목적이나 목표를 가리키는 말로 교육이념, 교육목적, 교육목표, 교육의 일반적 목표, 교육의 구체적 목표, 단원목표, 수업목표, 행동목표 등이 있으며, 사용자에 따라 용어들의 수준과 의미에 차이가 있다. 그 위계를 보면 이념(ideals)−목적(aims)−목표(goals)−명세목표(objectives) 등이다. 보통 이념과 목적은 교육철학의 영역에서, 목표는 교육과정의 영역에서, 명세목표는 수업의 영역에서 상대적으로 비중 있게 다루어진다. 이념은 교육기본법 제2조에 제시되어 있고, 목적에 해당되는 것은 교육기본법상에 제시된 초·중등 교육목적이 있다. 그리고 목표에는 교육과정 문서상에 제시된 각급 학교별 교육목표, 교과목표, 학년목표가 있으며, 구체적 목표에는 단원목표, 수업목표가 있다. 구체적 목표를 명세적인 도달점 목표라고도 부른다.

이상의 것들을 교육적 의도와 관련지어 보면 다음과 같이 볼 수도 있다. 목적은 교육적 의도를 폭넓게 진술한 것이다. 목적에서는 교육과정에서 성취하리라 기대하는 것을 진술한다. 일반적 수준이나 사회적 수준에서 설정되기 때문에 의도적으로 모호하게 진술한다.

목표는 교육과정 의도를 더욱 구체적이고 명세적으로 진술한 것이며, 목적으로부터 도출된다. 이것은 일상 비전문적인 용어로 진술되고, 학생들의 성취수행을 내용과 기능을 강조하는 쪽으로 지향한다.

구체적 명세목표는 교육과정 의도의 명세적인 진술, 즉 학생들이 교육과정과의 상호작용을 통하여 학습해야 할 것을 나타낸다. 변화된 학습자 행동의 입장에서 표현된다. 목적과 목표를 분석해서 도출하였으므로 전문적 용어를 사용하고 행동적인 용어로 정확하게 진술한다. 보통 명세목표에는 단원목표, 수업목표, 행동목표 등이 있다. 이상의 구분들은 교육목적을 나타내는 용어들을 적용 범위의 포괄성, 적용 기간의 길이, 수단의 구체화 등에 따라 분류한 것이다. 교육의 목적, 교육의 일반적 목표, 교육의 구체적 목표들의 관계를 그림으로 나타내면 [그림 7-3]과 같다.

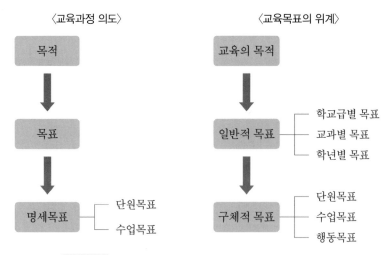

그림 7-3 교육의 목적, 일반적 목표, 구체적 명세목표의 관계

(2) 교육의 이념과 목적

교육의 이념과 목적은 일반적으로 교육에 대한 국가나 사회 일반의 요구를 담고 있으며, 장기간의 교육을 통해 개발되는 인간의 다양한 특성들로 진술된다. 우리나라 교육의 이념과 목적은 교육기본법으로 규정하고 있는데, 교육기본법 제2조는 우리나라 교육 전반에 걸쳐 추구해야 할 교육의 이념과 목적을 제시한 것으로, 유치원, 초등학교, 중학교, 고등학교의 교육과정을 구성하는 기저 역할을 한다. 또한 초·중등교육법 상에 제시된 초·중등 교육목적과 각급 학교(유치원, 초등학교, 중학교, 고등학교)의 국가 수준 교육과정 문서 서두에 제시된 교육적 인간상도 교육의 목적을 나타낸다.

> 제2조: 교육은 홍익인간의 이념 아래 모든 국민으로 하여금 인격을 도야하고, 자주적 생활능력과 민주시민으로서 필요한 자질을 갖추게 하여 인간다운 삶을 영위하게 하고 민주국가의 발전과 인류공영의 이상을 실현하는 데 이바지하게 함을 목적으로 한다.

초·중등교육법상의 중학교 교육목적 및 목표는 다음과 같다.

> 제41조: 중학교는 초등학교에서 받은 교육의 기초 위에 중등 보통교육을 하는 것을 목적으로 한다.

그런데 기존의 '교육법'은 최근에 '교육3법'(교육기본법, 초·중등교육법, 고등교육법)으로 분리, 개정되었으며, 우리나라의 교육목적은 '교육기본법' 제2조에 위의 내용과 동일하게 규정되어 있다. 그리고 각급 학교의 교육목적은 '초·중등교육법'과 '고등교육법'에 규정되어 있는데, 초등학교 교육목적은 '초·중등교육법' 제38조에, 중학교 교육목적은 동법 41조에, 고등학교 교육목적은 동법 45조에, 특수학교 교육목적은 동법 55조에 각각 명시되어 있다. 물론 그 내용도 약간씩 달라졌다.

교육의 역사를 통해서 볼 때 교육의 목적은 지적 능력의 개발, 사회의 유지와 개선, 개인의 성장과 행복 등으로 규정되어 왔다. 이들 세 가지 교육목적은 각각 교육의 한 측면에 대한 진실을 포함하고 있으므로, 좋은 교육의 목적은 어느 한 입장을 택하고 다른 것은 버리는 것이 아니라, 이 목적들 모두를 포함하는 것이다.

그러나 교육의 목적은 공개 선언문과 마찬가지로 구체적인 행동 방침까지 제시하지

표 7-3   **국가 수준 교육과정의 구성 방침**

이 교육과정이 추구하는 인간상을 구현하기 위한 구성 방침은 다음과 같다.

가. 사회적 변화의 흐름을 주도할 수 있는 기본 능력을 길러 줄 수 있도록 교육과정을 구성한다.

나. 국민공통 기본 교육과정과 선택중심 교육과정 체제를 도입한다.

다. 교육내용의 양과 수준을 적정화하고, 심도 있는 학습이 이루어지도록 수준별 교육과정을 도입한다.

라. 학생의 능력, 적성, 진로를 고려하여 교육내용과 방법을 다양화한다.

마. 교육과정 편성과 운영에 있어서 현장의 자율성을 확대한다.

바. 교육과정 평가체제를 확립하여 교육에 대한 질 관리를 강화한다.

는 않는다. 위에 제시한 목적들도 이를 달성하는 데 어떤 내용과 활동이 필요한지를 알려 주지 않는다. 예를 들어, 지력의 개발, 민주적 태도의 형성, 자아실현 등의 목적은 교육과정 문서에 어떤 교육내용과 활동을 담아야 달성되는지를 제시하지 않는다. 하지만 교육 목적의 이러한 특성이 교육의 목적이 필요 없다는 쪽으로 비약되어서는 곤란하다. 마치 3·1 독립선언문이 활동의 구체적인 방향은 제시하지 않지만 우리 민족에게 독립의 필요성과 정당성을 일깨워 주고 독립을 위해 분발을 촉구하는 메시지를 전하듯이, 교육의 목적은 국가와 사회가 지닌 교육적 의도를 알려 주고 교육 활동의 일반적인 방향을 표현해 주는 구실을 한다(김대현·김석우, 1999: 85-86).

(3) 교육목표

교육목표는 교육의 목적으로부터 도출되며, 교육의 목적에 비해 덜 포괄적이고, 적용 기간이 짧다. 대개 교육목표에 해당하는 것으로 교육과정 문서상의 학교급별 교육목표, 교과별 목표, 학년별 목표를 들 수 있다. 보다 최근의 것은 [부록]을 참고하기 바란다.

① 학교급별 목표

학교급별 목표는 국가 수준에서 결정하는 유치원, 초등학교, 중학교, 고등학교 등의 교육목표를 가리킨다. 학교급별 목표는 학생들의 발달적 특성과 사회적 요구가 어우러진 학교의 단계별 특성을 염두에 두고 결정되며 각급 학교의 학생들에게만 적용된다는 점에서 교육의 목적에 비하여 덜 포괄적이고 적용 기간이 짧다. 또한 항상 그런 것은 아니지만 많은 경우 이러한 교육목표를 달성하기 위한 수단을 일반적인 수준에서나마

표 7-4 중학교 교육목표

중학교의 교육은 초등학교 교육의 성과를 바탕으로, 학생의 학습과 일상생활에 필요한 기본 능력과 민주시민으로서의 자질을 함양하는 데 중점을 둔다.

가. 심신의 조화로운 발달을 추구하고, 자기 발견의 기회를 가진다.
나. 학습과 생활에 필요한 기본 능력과 문제해결력을 기르고, 자신의 생각과 느낌을 창의적으로 표현하는 경험을 가진다.
다. 다양한 분야의 지식과 기능을 익혀 적극적으로 진로를 탐색하는 경험을 가진다.
라. 우리의 전통과 문화에 대한 자긍심을 지니고, 이를 발전시키려는 태도를 가진다.
마. 자유민주주의의 기본적 가치와 원리를 이해하고, 민주적인 생활방식을 익힌다.

제시한다는 점에서 교육의 목적과 구별된다.

예컨대, 교육과정 문서에 제시된 중학교의 교육목표는 〈표 7-4〉와 같다.

② 교과별 교육목표와 학년별 교육목표

교과별 교육목표는 교육과정 문서에 제시된다. 그것은 교과의 성격에 바탕을 두고 설정된다. 각급 학교와 각개 교육청과 개별 학교의 교육목표는 대개의 경우 교과의 목표들을 달성함으로써 실현된다. 국가 수준의 교육과정 문서에는 교과별 교육목표가 일반적인 수준으로 제시되어 있으며, 각개 교육청과 개별 학교의 교육과정 문서에는 각 기관의 특수성을 감안한 교과별 교육목표가 제시된다.

교과별 교육목표는 특정 영역에 한정된 목표라는 점과 이를 달성하기 위한 수단을 비교적 구체적으로 제시한다는 점에서 상기한 교육의 목적이나 교육목표들과 구별된

표 7-5 과학과 목표

자연 현상과 사물에 대하여 흥미와 호기심을 가지고, 과학의 지식체계를 이해하며, 탐구 방법을 습득하여 올바른 자연관을 가진다.

가. 자연의 탐구를 통하여 과학의 기본 개념을 이해하고, 실생활에 이를 적용한다.
나. 자연을 과학적으로 탐구하는 능력을 기르고, 실생활에 이를 활용한다.
다. 자연 현상과 과학 학습에 흥미와 호기심을 가지고, 실생활의 문제를 과학적으로 해결하려는 태도를 기른다.
라. 과학이 기술의 발달과 사회의 발전에 미치는 영향을 바르게 인식한다.

다. 그리고 종전에는 교과별 교육목표를 학년별로 나누어 제시하였지만 제6차 교육과정에서는 학생들의 능력차를 고려하여 학년목표를 삭제하였다. 다음의 〈표 7-5〉는 교과별 교육목표의 사례로서 과학과의 목표다(교육인적자원부, 1997).

(4) 구체적 명세목표

구체적 교육목표는 비교적 단기간의 수업을 통하여 학생들이 성취해야 하는 것들을 상세하게 진술한 것으로서, 이를 달성하기 위한 수단(학습내용과 활동 등)들을 구체적으로 제시하고 있다. 교육의 구체적 목표는 교과의 학년별 내용을 분석하여 찾아내며, 수일이나 수주에 걸치는 단원목표나 단시 또는 하루의 수업목표로 구분할 수 있다.

단원목표는 교육과정의 일부분이나 하나의 단원을 준비하기 위한 지침으로 진술된다. 단원목표는 교사용 지도서에 구체적으로 명시되어 제시되기도 하며, 교과서에 간접적으로 제시되는 경우도 있다. 단원목표는 교과의 내용을 분석하여 설정되며, 수업목표를 설정하는 기반이 되고, 수업목표에 의하여 실현된다. 교과과정 문서와 교사용

표 7-6 단원목표

〈지식 · 이해〉
(1) 그리스 도시 국가의 형성배경과 그 특징을 이해한다.
(2) 그리스 문화의 성격과, 그것이 유럽문화에 끼친 영향을 이해한다.
(3) 로마가 공화정에서 제정으로 변천된 과정을 영토의 팽창과 연관하여 이해한다.
(4) 프랑크 왕국의 발전 원인과 카롤루스 대제가 끼친 영향을 이해한다.
(5) 비잔틴 제국의 역사적 의의와 비잔틴 문화의 요소를 파악한다.
(6) 중세 봉건사회의 특성을 파악하고 중세농민의 생활상을 이해한다.

〈기능〉
(1) 아테네와 스파르타의 정치체계의 차이점을 비교할 수 있다.
(2) 고대와 현대 민주정치의 공통점과 차이점을 비교하여 말할 수 있다.
(3) 그리스 문화와 로마 문화의 차이점을 비교하여 말할 수 있다.
(4) 서양의 중세 농노와 고대 노예의 차이점을 열거한다.

〈가치 · 태도〉
(1) 고대 여러 나라의 흥망성쇠를 이해하여 애국 애족의 정신을 기른다.
(2) 중세에서 근대로의 이행을 종합적으로 이해하여 역사를 계기적 발전과정으로 보려는 태도를 가진다.

지도서에는 단원별로 이와 같은 단원목표들을 제시하고 있다. 예를 들어, 현행 교육과정 중학교 2학년 '사회'의 '유럽 세계의 형성' 대단원의 목표가 〈표 7-6〉과 같이 제시되어 있다. 최근에는 성취기준으로 제시되고 있다.

만일 교사들이 단시수업이나 1일의 교수활동을 위한 명세목표를 준비하고 있다면 그 교사는 수업목표를 작성하고 있다고 말할 수 있다. 이러한 명세목표는 교육적 의도를 명확하게 진술하는 것이며, 관리 가능한 적은 분량의 시간과 관련되어 있다. 그리고 단원목표로부터 추출되며, 단원목표를 구체적인 학급의 학습활동에 적용시키려는 교사의 시도를 나타낸다. 따라서 수업목표는 매일의 수업활동에서 적절하게 활용된다. 수업목표는 단시수업이나 1일의 교수활동을 위한 목표다. 수업목표는 교사용 지도서에 차시별로 제시된다. 행동목표는 의도된 학습성과를 명세적으로 진술한 것으로 학습자의 관찰 가능한 행동을 중심으로 학생들의 변화를 기술하는 것이다. 즉, 수업의 성과는 학생의 행동으로 나타내야 한다. 행동목표를 진술하기 위해서는 Mager가 주장한 3가지 준거가 필요하다(1962).

- 학생의 관찰 가능한 도착점 행동의 기술(관찰 가능한 행동)
- 행동이 일어나는 중요한 조건의 진술(조건)
- 수락할 수 있는 성취수행 기준의 규정(기준)

대부분의 교사들은 교육의 목적이나 교육의 일반적 목표 설정과는 관계가 없다. 제6차 교육과정 개정 이후에 학교별 교육목표 설정이 강조되고 있지만, 현재로서는 활성화되지 못하고 있으며, 국가나 지역 교육청 수준에서 이루어지는 교육목적이나 교육목표의 설정에 참여하는 교사의 수도 크게 늘어나지 않을 것으로 예상된다. 따라서 교사와 가장 가까운 것은 교육의 구체적 목표라고 할 수 있다.

(5) 교육과정 성과

최근에 교육과정 성과(curriculum outcomes), 교육적 성과, 성과 진술이라는 용어들이 교육과정 문서에서 사용되는 빈도가 증가되고 있다. 이것은 학생이 수행할 학습을 미리 결정하고 교육과정이 완성되기 전에 달성해야 할 것을 진술하는 것으로 수행기반 운동과 수월성 교육운동을 반영하는 것이다(Print, 1993).

교육과정 성과 진술은 교육과정 문서에서 식별이 가능한 교수-학습 과정의 계획된 결과이며, 일련의 광범위하고 포괄적이고 평가 가능하며 관찰할 수 있는 학생 성취의 지표로 표현될 수 있다. 이것은 구체적인 행동 결과의 목록을 제공하는 것이 아니기 때문에 일반적인 용어로 진술된다.

예를 들어 보자. 역사 · 사회과의 교육과정 일반적 목표가 다음과 같다.

• 목표: 일차 자원 연구의 실체적인 기능 개발하기

이 일반적 목표는 다음과 같은 교육과정 성과 진술의 용어로 표현될 수 있다.
• 도서관에서 일차 자원이 있는 곳을 발견한다.
• 문서를 명확하고 정확하게 분석한다.
• 사건 사이의 정확한 관계를 구성한다.
• 장비를 목적에 맞게 효과적으로 사용한다.
• 발견한 것을 분명히 이해 가능한 방법으로 제시한다.

이러한 교육과정 성과 진술은 교육과정 목표를 보다 정확하게 정의하고 학생의 향상 정도를 더욱 정밀한 방법으로 명료화하며, 학교가 학생과 향상 정도를 효과적으로 소통하면서 교사가 학생의 수행을 평가하도록 초점을 제공하는 데에 도움을 주기 때문에 필요한 것으로 인식되고 있다.

2) 교육목표의 설정과정

교육적으로 가치 있는 목적과 목표를 설정하는 것은 매우 어려운 과제다. 이하에서는 매우 일반적인 수준에서 제시할 수 있는 설정과정, 설정자원, 설정원칙 등을 살펴본다.

(1) 설정과정
교육의 이념과 목적은 교육목표를 도출하는 근거가 되고, 교육목표는 구체적 명세목표의 바탕이 된다는 점에서, 교육목적의 설정과정을 [그림 7-4]와 같이 도식화하여 정리할 수 있다.

교육목적과 목표들 간의 관계는 다소 복잡하다. 우리나라와 같이 국가수준의 교육과정에서 학교급별 교육목표와 교과별 교육목표를 명시하고 있는 경우에는 각 교육청이

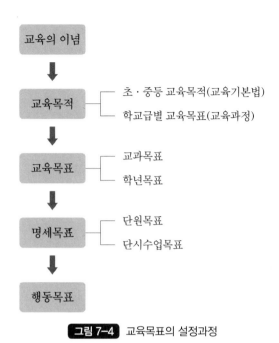

그림 7-4 교육목표의 설정과정

나 단위학교가 이들 교육목표들을 토대로 기관별 교육목표를 결정하게 된다.

(2) 설정자원

　교육적으로 가치 있는 목적은 최종적으로 바르고 균형 잡힌 판단에 의하여 결정되어야 하지만, 이보다 먼저 생각해야 할 것은 교육목적의 후보자들을 어디서 발견해 낼 것인가 하는 문제다. 일찍이 교육목적을 도출해 내는 원천으로 Tyler(1949)가 생각한 학습자, 사회, 교과의 세 가지 자원은 교육과정의 역사를 통해서 여전히 강조되고 있지만, 교육목적의 수준에 따라 교육목적 설정의 자원은 달라지게 된다.

　먼저 교육의 목적을 결정하는 교육자들에게는 교육에 대한 학생들의 요구와 사회의 요구조사 결과가 주요한 자원이 된다. 경험적으로 수집된 이들 자료는 교육의 목적을 설정하는 데 필요한 정보를 제시해 준다. 그리고 교육문헌 속에 제시된 기존의 각종 교육의 목적들은 교육자들이 교육목적을 설정할 때 흔히 이용하는 자원들이다.

　다음으로 교육자들이 교육의 일반적 목표나 구체적 목표를 결정할 때도 학생과 사회의 교육적 요구는 주요한 자원이 된다. 그리고 교육의 일반적 목표와 구체적 목표는 교과라는 매개물을 통해 실현되기 때문에, 교과 전문가들이 학회, 기관지, 협의회 등을 통하여 제시하는 견해들도 중요한 자원이 된다. 또한 교과별 수업목표 체계를 잘 정리해 놓은 각종 보고서와 저서는 교육의 구체적 목표를 세우는 데 매우 유용한 참고 자원으로 활용된다.

(3) 설정원칙

교육목표의 설정자원이 마련되면 목표설정이라는 구체적인 작업이 뒤따르는데, 이때 설정원칙이 필요하다. 교육적으로 가치 있는 목적을 설정하기 위하여 자원의 확인이 필요하지만 그것만으로 교육목적이 결정되는 것은 아니다. 자원에도 도출된 교육의 많은 후보들 중에서 어떤 것들이 교육적으로 타당하고 바람직한 목적인지를 결정하는 데는 객관적이고 합리적인 자원의 조사와 올바른 정치적 결단이 필요하다. 교육목적의 설정원칙이란 교육목적의 설정에 참여하는 집단이 준수해야 하는 행동의 지침을 가리킨다(김대현 · 김석우, 1999: 93-100).

객관적이고 합리적인 방식의 조사가 필요하며, 목적 결정의 정치적 가능성도 이해해야 한다. 교육목적은 사회적으로 적절하고 개인적으로 의미가 있어야 한다. 만일 학교 기관이 사회의 변화와 그에 따른 교육적 요구를 제대로 반영하지 못한다면 기관 자체의 존립이 위태로울 것이며, 학습자들의 학습과 발달적 특징에 따른 요구를 제대로 파악하지 못하고 있다면 효과적인 교육을 하기는 어려울 것이다. 따라서 교육에 대한 사회의 요구를 정확하게 진단하고 학습자의 요구를 정확하게 파악하는 것은 교육목적 설정에 있어서 필수적인 활동으로 간주된다. 문제는 이들 요구들을 어떻게 확인하며, 어떤 요구들이 교육목적의 자격을 갖는가를 결정하는 방법이다. 요구사정은 이러한 문제를 해결하기 위하여 사용되는 실증적인 방법이다.

교육과정 분야에서, 요구란 현재의 수준과 기대 수준 간의 간격을 말하며, 요구사정이란 이러한 요구를 찾아내고 우선순위를 결정하는 과정이다. 요구사정 기법은 모든 수준의 교육목적을 결정하는 데 활용될 수 있다. 요구사정 기법은 위계적인 절차와 사실적인 조사 방식을 통하여 교육목적을 설정하고 그 우선순위를 밝히는 데 흔히 사용되고 있다. 하지만 요구사정 기법에 대한 비판도 만만하지 않다. 여러 가지 문제점이 지적되고 있지만, 요구사정에 대한 가장 큰 비난은 사실의 세계와 가치의 세계를 구별하지 못한다는 점이다. 그리고 만일 요구사정의 각 단계가 이를 주도하는 집단의 이해관계에 의하여 조종된다면, 교육목적의 설정은 서로 대립적인 관점들을 합리적이고 과학적인 절차에 따라 조정하기보다는 다수의 힘이라고 하는 권력의 형태를 통하여 문제를 해결하고자 하는 문제도 생길 수 있다.

다양한 집단의 참여를 고려해야 하지만 교육적 입장을 존중해야 한다.   교육목적의 설정에는 종전에는 참여가 제한되었거나 참여한다고 하더라도 폭이나 깊이 면에서 미미했던 일반 시민, 학부모, 학생, 출판업자 등 여러 집단들의 목소리가 점점 높아지고 있다. 우리나라의 교육목적은 수준에 따라 이를 결정하는 데에 참여하는 집단이 다르며, 여러 집단들이 각기 연구, 협의 자문 등의 방식을 통하여 참여하는 것을 보장하고 있다.

어떤 수준의 교육목적이 어떤 기관에서 확정되어야 하며 어떤 집단들이 어떤 방식으로 참여해야 가치 있는 교육목적을 설정할 수 있는지는 시대와 사회에 따라 차이가 있을 것이므로 이상적인 모습을 제시하기는 어렵다. 그러나 반드시 참여해야 할 집단과 그들의 올바른 참여 형태가 제한된다면 문제가 될 수 있고, 참여과정에서 민주적이고 합리적인 의사소통이 이루어지지 않거나, 참여자들이 참여하는 데 필요한 지식 · 기능 · 태도 · 여건 등을 갖추고 있지 않으면 가치 있는 교육목적을 설정하기 어렵다. 이런 점에서 교육목적 결정과정에 참여하는 집단들이 대표성을 가져야 하고, 참여가 최대한 보장되어야 하며, 합리적인 의사소통이 이루어지고, 참여할 수 있는 여건이 조성되어야 한다.

이와 같은 조건은 교육의 목적뿐만 아니라 교육의 일반적 목표나 구체적 목표를 결정하는 데도 필요하다. 다만, 목표의 성격에 따라 주도하는 집단과 그들의 역할에 약간씩 차이가 있을 뿐이다. 그러나 항상 교육적 입장에서 교육목적의 타당성을 고려해야 한다.

포괄성, 균형성, 체계성, 달성 가능성을 갖춘 교육목적을 설정해야 한다.   교육목적의 포괄성은 교육을 통해 달성하고자 하는 것을 모두 교육목적으로 포함시켜야 한다는 것이다. 대체로 교육의 목적과 학교급별 · 기관별 교육목표는 포괄성을 만족시켜야 한다. 1918년 미국교육연합회의 위임으로 중등교육재조직위원회가 제시한 건강, 기초적인 의사소통 능력, 바람직한 가족관계, 직업훈련, 시민의식, 여가선용, 도덕적 품성 등의 7가지 원리는 중등학교의 교육목표를 포괄적으로 제시한 사례로 볼 수 있다.

이러한 의미의 포괄성은 직업교육, 탐색교육, 보충교육보다는 공통 교육의 경우에 적용된다. 예를 들어, 우리나라의 유치원, 초등학교, 중학교, 일반계 고등학교는 공통교육을 주로 하며, 실업계 고등학교는 공통교육과 함께 직업훈련 교육을 하는 곳으로,

이 학교의 교육목표는 포괄성을 가진 목표뿐만 아니라 직업훈련을 위한 특수 목표를 동시에 갖는다.

교과별 교육목표와 구체적 교육목표는 이러한 의미의 포괄성을 가질 필요가 없다. 교과별 교육목표는 교과의 성격에 바탕을 두고 결정되므로 포괄성의 원리를 만족시킬 필요가 없다. 이 점은 단원목표나 수업목표로 대별되는 구체적 목표에도 마찬가지로 적용된다. 한 단원이나 한 시간 수업의 목표가 여러 가지 영역의 개발을 모두 포함해야 하는 것은 아니다. 하지만 교사는 한 시간, 한 단원, 한 교과의 수업이 궁극적으로는 교육의 다양한 목적들을 달성하기 위해서 하는 일이라는 사실을 의식하고 있어야 한다.

교육목적의 균형성은 교육을 통해 달성하고자 하는 모든 것들이 동등한 자격으로 존중되어야 한다는 것이다. 동등한 자격이란 산술적 의미의 평균이 아니라 교육목적 속에 포함되는 것들이 나름대로 타당한 근거 속에서 모두 존중되어야 한다는 것을 말한다. 교육의 목적과 학교급별·기관별 교육목표는 균형성을 갖추어야 한다. 예를 들어, 미국의 중등교육재조직위원회가 제시한 상기 7가지 목표들 중 일부 목표의 달성에 교육활동이 치중되어 다른 목표들이 무시되지 않도록 모두 강조되어야 한다는 것이다.

그러나 교과별 교육목표나 구체적 교육목표의 작성에도 균형성이 요구되는 것은 아니다. 특정 교과, 단원, 단시수업에서 제 영역의 목표들이 모두 다루어지거나 동일하게 존중될 수는 없는 것이다.

교육목적이 체계적이라는 말은 목적들 간에, 그리고 상위 목적과 하위 목적들 간에 모순이 없어야 하며, 상위 목적 속에 진술된 내용들이 하위 목적의 진술 속에 반영되어야 한다는 것이다. 먼저 교육의 목적, 교육목표, 구체적 목표 간에 논리적 일관성이 있어야 한다. 또한 교육의 목적들 간, 일반적 교육목표들 간, 구체적 목표들 간에도 논리적 일관성이 있어야 한다.

다음으로 교육의 목적에 제시된 사항들은 교육목표들 속에 반영되며, 교육목표들의 내용은 구체적 교육목표들 속에 다시 반영되어야 한다. 예를 들어, 개인의 성장과 행복이라는 주요한 교육의 목적이 교육목표들 속에 제대로 반영되지 않았다면 그와 같은 목적이 달성될 수 없을 것이다. 마찬가지로, 교과의 탐구방식이라는 주요한 교육목표가 구체적 목표들로 번역되지 않는다면 그와 같은 목표를 성취하기는 어렵다.

교육목적은 달성 가능해야 한다. 교육목적이나 교육목표의 달성 가능성을 직접적으로 사정하기는 어렵다. 교육목적, 교육목표, 구체적 목표가 체계적으로 설정되었다면 교육목적·교육목표의 달성은 구체적 교육목표의 달성 정도로도 평가할 수 있을 것이다.

구체적 목표의 달성에 영향을 주는 주요한 요인은 교사, 학생, 학습내용, 학습자료, 시간, 공간 등 여러 가지가 있다. 이들 제반 요인들에 대한 주의 깊은 분석을 통하여 구체적 목표의 실현 가능성을 점칠 수 있다. 구체적 목표를 설정할 때는 이들 요인들을 종합적으로 고려해야 하며, 설정된 구체적 목표 역시 이들 요인들의 분석을 통하여 계속적인 가감·수정 등이 필요할 것이다.

3) 교육목표의 진술

교육목표를 진술할 때에는 다음의 몇 가지 사항을 기준으로 유의할 필요가 있다.

(1) 진술 기준
－내용과 행동이 이원적으로 진술되어야 한다.
－간결하고 구체적으로 간단명료해야 한다.
－대상과 동사가 위계화되는 점을 고려해야 한다(이원희, 1987).
－행동의 특징을 명시해야 한다.
－사회, 개인, 지식 간의 균형성을 고려해야 한다.
－인지적, 정의적, 심동적 영역을 구분한다.
－학습자의 도달 가능성을 고려해야 한다.
－학습결과의 평가 준거의 역할을 해야 한다.
－일관적으로 진술해야 한다.

(2) 진술방식

① 교육목표분류학
교육목표는 교육을 통해 기대되는 성과를 의미하는 것으로서, 교육활동의 기준과 방향을 제시한다. 따라서 교육목표는 구체적일수록 교육활동의 내용과 이를 통해 달성해야 할 것들을 분명히 밝혀 준다고 할 수 있다. 그래서 많은 학자들은 교육목표를 구체화 혹은 상세화할 수 있는 방안을 제시하여 왔다. 특히 Bloom 등(1956)은 행동을 인지적(cognitive), 정의적(affective), 심동적(psychomotor) 영역으로 나눈 다음 영역마다 각각 교육목표에 진술되어 있는 행동을 분류하는 준거(인지적 영역: 복잡성의 원칙, 정의적

영역: 내면화의 수준, 심동적 영역: 복잡성의 원칙)를 제시했다. 최근에는 Bloom의 분류학이 수정·제시되고 있다(강현석 외, 2005a; 2005b; 김인식 외, 2004). 교육목표분류학의 구체적인 내용은 다음과 같다.

인지적 영역의 학습

1.00 지식: 이미 배운 내용, 즉 사실, 개념, 원리, 방법, 유형, 구조 등에 대한 기억으로한 교과영역 속에 담겨져 있는 특정 요소의 상기나 재생 또는 재인(再認)을 의미한다(찾아내다, 명명하다, 정의하다, 설명하다, 열거하다, 연결하다, 선택하다, 약술하다).

    1.10 특수 사항에 관한 지식

    1.20 특수 사항을 다루는 방법과 수단에 관한 지식

    1.30 보편적 및 추상적 사상에 관한 지식

2.00 이해: 이미 배운 내용에 관한 의미를 파악하는 능력을 뜻하며, 단순히 자료를 기억하는 수준을 넘어 자료의 내용이 다소 치환되어도 그 의미를 파악하고 해석하며 또는 추론하는 능력을 말한다(분류하다, 설명하다, 종합하다, 전환하다, 예측하다, 구별하다).

    2.10 변환

    2.20 해석

    2.30 추론

3.00 적용: 이미 배운 내용, 즉 개념, 규칙, 원리, 이론, 기술, 방법 등을 구체적인 또는 새로운 장면에서 응용하는 능력을 말한다(변환하다, 계산하다, 풀다, 수정하다, 재배열하다, 조직하다, 관계 짓다).

4.00 분석: 조직, 구조 및 구성요소의 상호관계를 이해하기 위하여 주어진 자료의 구성 및 내용을 분석하는 능력을 의미한다(변별하다, 도식화하다, 추정하다, 구분하다, 추론하다, 구성하다, 세분하다).

    4.10 요소의 분석력

    4.20 관계의 분석력

    4.30 조직원리의 분석력

5.00 종합: 비교적 새롭고 독창적인 형태, 원리, 관계, 구조 등을 만들어 내기 위하여 주어진 자료의 내용 및 요소를 정리하고 조직하는 능력을 뜻한다(종합하다, 창안하다, 고안하다, 설계하다, 합성하다, 구조화하다, 재배열하다, 개정하다).

　　5.10 독특한 의사소통의 개발

　　5.20 계획 및 실행절차의 고안

　　5.30 추상적 관계의 도출

6.00 평가: 어떤 특정한 목적과 의도를 근거로 하여 주어진 자료 또는 방법이 갖고 있는 가치를 판단하는 능력을 말한다(판단하다, 비판하다, 비교하다, 정당화하다, 결론짓다, 판별하다, 지지하다).

　　6.10 내적 준거에 의한 판단

　　6.20 외적 준거에 의한 판단

정의적 영역의 학습

Krathwohl 등(1964)은 어떤 사상에 대한 주의, 흥미, 동기, 태도, 가치, 신념 등의 형성과 변화에 관계되는 정의적 영역의 행동을 수용, 반응, 가치화, 조직화, 인격화라는 5가지의 유목으로 분류하였다. 이러한 행동의 목표들을 흥미, 태도, 감상, 가치, 정서적 반응경향 또는 편견 등으로 표현하고 있다. Krathwohl 등(1964)이 규정한 정의와 아울러 Gronlund(1981)가 소개한 정의적 학습성과를 측정하기 위한 대표적인 동사를 (　) 속에 제시하고자 한다.

1.0 수용: 어떤 자극이나 활동을 기꺼이 수용하고 자발적으로 주의를 기울이게 되는 것과 같은 민감성을 의미한다(묻다, 가려잡다, 찾아내다, 이름짓다, 지적하다, 선택하다, 대답하다, 사용하다).

　　1.1 감지

　　1.2 자진 감수

　　1.3 선택적 주의집중

2.0 반응: 어떤 자극 또는 활동에 적극적으로 참여하고 자발적으로 반응하며 그러한 참여와 반응에서 만족감을 얻게 되는 행동을 말한다(확인하다, 인사하다, 돕다, 실행하다,

제시하다, 암송하다, 보고하다, 선택하다, 말하다, 쓰다).
    2.1 묵종반응
    2.2 자진반응
    2.3 반응에서의 만족

   3.0 가치화: 특정한 대상, 활동 또는 행동에 대하여 의의와 가치를 직접 추구하고 행동으로 나타내는 정도를 가리킨다(완성하다, 기술하다, 구분하다, 초대하다, 참가하다, 입증하다, 제안하다, 분담하다, 공부하다, 일하다, 논쟁하다, 항변하다).
    3.1 가치의 수용
    3.2 가치의 선호
    3.3 가치의 확신

   4.0 조직화: 일관성 있는 가치체계를 내면화시키는 전초 단계로서 서로 다른 수준의 가치를 비교하고 연관시켜 통합하는 것을 뜻한다(주장하다, 정리하다, 결합하다, 비교하다, 완성하다, 변호하다, 일반화하다, 조직하다, 수정하다).
    4.1 가치의 개념화
    4.2 가치체계의 조직

   5.0 인격화: 개인의 행동 및 생활의 기준이 되며 가치관이 지속적이고 일관성 있고 또 그것이 그의 행동을 예측할 수 있을 정도로 확고하게 그의 인격의 일부로 내면화된 정도를 의미한다(활동하다, 변별하다, 경청하다, 실천하다, 제안하다, 봉사하다, 해결하다, 개정하다, 사용하다, 증명하다, 실행하다).
    5.1 일반화된 행동태세
    5.2 인격화

심동적 영역의 학습

   심동적 영역은 근육이나 운동기능을 강조하는 것으로서 자료나 대상의 조작, 신경근육적 조정 등이 요구되는 행동들이 여기에 속한다. Simpson(1966)과 Harrow(1972) 등은 Bloom의 목표분류 체계에 입각하여 심동적 영역의 목표분류를 복잡성의 원칙에 따라 체계화하였다. 여기에서는 Harrow(1972)의 분류방식을 따라 그 요인들을 제시한다.

1.0 반사적 운동: 반사적 운동은 파악 및 무릎반사와 같이 개인의 의지와는 관계없이 나타나는 단순한 반사운동을 말한다. 이러한 반사적 운동은 훈련이나 교육에 의해서 발달하는 것이 아니므로 교수목표로 설정될 수 없는 행동이지만 보다 높은 운동기능의 발달에 기초가 된다.

　1.1 소 분절적 반사

　1.2 중 분절적 반사

　1.3 초 분절적 반사

2.0 초보적 기초동작: 초보적 기초동작은 잡기, 서기, 걷기와 같이 여러 가지 또는 몇 개의 반사적 운동이 함께 발달되고 통합됨으로써 이루어지는 동작을 뜻한다.

　2.1 이동동작

　2.2 입상동작

　2.3 조작운동

3.0 운동지각 능력: 운동지각 능력은 감각기관을 통하여 자극을 지각하고 해석하며 그 것을 토대로 환경에 대처하고 적응하는 기능을 말한다.

　3.1 근육감각을 통한 변별

　3.2 시각을 통한 변별

　3.3 청각을 통한 변별

　3.4 촉각을 통한 변별

　3.5 협응운동 능력

4.0 신체적 기능: 신체적 기능은 숙달된 운동기능의 발달에 반드시 필요한 부분이며 민첩하고도 유연하게 일련의 숙달된 운동을 연속시켜 가는 데 필요한 기초 기능을 가리킨다.

　4.1 지구력

　4.2 체력

　4.3 유연성

　4.4 민첩성

5.0 **숙련된 운동기능**: 타자(打者) 및 기계체조와 같이 비교적 복잡하고 숙련된 기능을 요구하는 운동을 할 때 동작의 능률성, 숙달도, 통합성을 요구하는 운동기능을 뜻한다.

5.1 단순 적용 기능

5.2 혼성적 기능

5.3 복합적응 기능

6.0 **동작적 의사소통**: 동작적 의사소통은 간단한 안면표정을 비롯해서 무용과 같이 신체적 운동 및 동작을 통하여 감정, 흥미, 의사 욕구 등을 표현하고 그 표현 자체를 창작하는 운동기능을 의미한다.

6.1 표현동작

6.2 해석동작

② **교육목표 이원분류표**

Tyler는 교육목표를 진술할 경우 학습경험의 선정이나 교수방법의 선정에 도움이 되는 방식으로 목표를 진술해야 한다고 주장하면서 다음의 몇 가지를 제시하고 있다 (1949: 43-50).

첫째, 교사의 수업내용으로 진술되어서는 안 된다. 교육목표는 교사의 수업계획을 설명하는 것이 아니며, 교육의 진정한 목적은 교사가 어떤 역할을 수행하도록 하는 데에 있지 않고 학생들의 행동에 어떤 변화를 가져오도록 하는 데에 있기 때문이다. 그러므로 중요한 것은 목표의 진술이 학생들의 행동에 어떤 변화를 가져오도록 할 것인가를 중심으로 이루어져야 한다.

둘째, 수업시간에 다루게 될 제목, 개념, 이론 등의 교과목 내용을 열거해서는 안 된다. 교과내용을 나열하는 식의 목표 진술의 경우 학생들의 행동에 어떤 변화를 의도하는 것인지가 분명하지 않다. 목표 진술의 목적은 학생들의 바람직한 행동 변화가 어떤 방향으로 이루어질 것인가를 시사하는 것이고, 거기에 따라서 학습활동이 구상되고 수업이 진행되는 것이다.

셋째, 행동목표를 일반화시켜서 서술해서는 안 된다. 목표의 일반적 진술방식은 그 행동을 응용할 수 있는 구체적 영역이나 내용이 무엇인지를 밝히지 못하는 결점이 있기 때문이다. 필요한 것은 행동의 변화를 가져오기 위해서 배워야 할 내용이나 그러한 학습의 결과를 활용할 수 있는 실생활의 영역들을 구체적으로 명시하는 것이다.

넷째, 가장 효과적인 목표 진술방식은 학생들에게 가르치려는 행동이 무엇이며, 이 행동이 활용될 수 있는 실제 영역이나 내용이 어떤 것인가를 밝히는 것이다. 추구하는 행동과 내용이 모두 포함되도록 진술되어야 한다. 이를 위해서는 이원분류표가 활용될 수 있다.

이와 같이 교육의 구체적 목표를 진술할 때는 Tyler가 제안한 이원분류표를 참고할 수 있다. 그는 교육목표를 내용과 행동의 2차원 형식으로 진술하는 것이 좋다고 제안하고, 이와 같은 방식으로 진술된 교육목표를 간단명료하게 정리하기 위해서 내용과 행동의 두 차원으로 이루어진 교육목표 이원분류표를 제시하고 있다. 〈표 7-7〉은 그가 예시로 제시한 교육목표 이원분류표다(Tyler, 1949: 50).

〈표 7-7〉에 제시된 모든 교육목표들은 내용과 행동이라는 이차원의 구조를 가지고 있다. 즉, '영양에 관한 중요한 사실이나 원리의 이해'라는 교육목표는 '영양'이라는 내

표 7-7 Tyler의 교육목표 이원분류표의 예

행동 내용	목표의 행동적 측면						
	1. 중요한 사실이나 원리의 이해	2. 믿을 만한 정보원에 대해 알기	3. 자료 해석 능력	4. 원리 적용의 능력	5. 연구 결과 탐구 및 보고 능력	6. 폭넓고 성숙한 흥미	7. 사회성 함양
A. 인체의 기능 1. 영양	×	×	×	×	×	×	×
2. 소화	×		×	×	×	×	
3. 순환	×		×	×	×	×	
4. 호흡	×		×	×	×	×	
5. 생식	×	×	×	×	×	×	×
B. 동식물 자원의 이용 1. 에너지 관계	×		×	×	×	×	×
2. 동식물의 성장에 영향을 미치는 환경요인	×	×	×	×	×	×	×
3. 유전요인	×	×	×	×	×	×	×
4. 토지의 이용	×	×	×	×	×	×	×
C. 진화와 발달	×	×	×	×	×	×	×

용과 '중요한 사실이나 원리의 이해'라는 행동으로 구성된다. 마찬가지로 '진화와 발달에 관한 연구를 하고 보고서 작성하기'는 '진화의 발달'이라는 내용과 '연구하고 보고서 작성하기'라는 행동으로 꾸며진다.

이와 같이 교육목표들을 이원분류표상에 나타내면 학습경험을 선정하고 조직하거나 평가 계획을 세우는 데 도움이 된다. 하지만 Tyler는 이 과정에서 내용과 행동을 지나치게 일반적으로 진술하거나 극도로 세분화하는 것은 교육적으로 도움이 되지 못한다고 하였다. 예를 들어, 수학과의 학습목표를 학습자의 사고 계발이라고 말하는 것은 학습경험의 선정에 아무런 안내가 되지 못하며, Thorndike처럼 수학과 학습목표를 3,000여 개나 제시한 것은 단기적 측면의 직무 수행을 위한 훈련과 장기적인 효과를 생각해야 하는 교육을 구별하지 못한 것이다. 여하튼 교육목표 이원분류표는 교육의 구체적 목표를 찾고 진술하는 데 유용한 도구가 된다.

4) 행동목표 진술과 그 대안적 목표 진술

(1) 행동목표 진술

교육의 주체적 목표 중에서 수업목표는 행동적 용어로 진술해야 한다는 주장이 한때 큰 설득력을 얻었다. 교사가 수업을 시작하기 전에 칠판의 왼쪽 상단에 행동적 수업목표를 제시할 것을 강요받기도 하였고 자발적으로 이에 동참하기도 하였다. 수업목표의 명료성을 높인다는 것이 그 이유였다.

Mager는 이러한 행동목표 진술을 주장한 대표적인 인물로, 학생들이 목표를 달성했다는 증거로 나타내 보일 수 있는 관찰 가능한 행동, 이러한 행동이 일어나는 환경으로서의 조건, 이들 행동의 도달 수준 등을 수업목표 진술의 필수적 요인으로 제시했다. 예를 들면, '100m를 보조 기구 없이(조건) 14초 이내(도달 수준)에 달릴 수 있다(관찰 가능한 행동)'는 이들 요인들을 모두 포함하고 있는 가치 있는 행동목표가 된다.

일반적으로 교육과정 자료에서 행동목표 진술방식이 필요한 것은 교사가 가르칠 내용, 방법, 학습자료를 선택하는 데 도움을 주고, 수업의 질과 학생 평가의 방향을 쉽게 알 수 있으며, 부모와 학생들이 학교에서 하는 일을 쉽게 알 수 있고 그들의 의견도 수렴할 수 있기 때문이다.

(2) 행동목표의 대안

이와 달리 Eisner(1967; 1994)는 행동목표의 기능을 다음과 같이 네 가지로 비판하였다.

첫째, 수업은 아주 복잡하고 역동적인 과정을 거치면서 진행되는 것이므로 이 수업이 끝난 후에 학생들에게 나타날 수 있는 모든 것을 수업 시작 전에 미리 행동목표의 형태로 구체화하여 진술하는 것은 불가능하다.

둘째, 행동목표 진술은 과목의 특성을 전혀 고려하지 않고 있다. 수학, 언어, 과학 등의 과목은 학생들이 수업 후에 나타내 보여야 할 행동이나 조작을 아주 상세하게 구체화하는 것이 가능할지 모르나 예술 영역에서는 행동 구체화가 가능하지도 않으며 바람직하지도 않다. 수학이나 언어 영역에서는 학생들의 반응이 서로 유사한 것이 바람직할지 모르나 창의성을 중시하는 예술 교과에서는 학생들이 독창적인 반응을 나타내도록 격려한다.

셋째, 행동목표를 주장하는 사람들은 행동목표가 학생들의 성취도를 측정할 때 필요한 측정 기준으로 사용될 수 있다고 말하고 있지만 이는 '기준을 적용하는 일'과 '판단하는 일'을 구분하지 못한 소치다. 학교에서 학생들이 가장 강조하는 것은 호기심, 창조성, 독창성 등의 계발인데, 이러한 특성들이 학생들에게 길러졌는지 아닌지는 어떤 '기준을 적용하여' 측정할 수 있는 것이 아니고 교사들의 '질적인 눈으로' 판단할 수밖에 없는 것이다.

넷째, 행동목표를 중요시하는 학자들은 교육목표를 세분화할 것과 이 교육목표가 교육내용을 선정하기 전에 확정되어야만 할 것을 강조하는데 이는 옳지 않다. 얼핏 생각하기에는 교육과정을 구성하기 전에 목표가 설정되어야, 그것도 아주 상세하게 설정되어야 어디로 나아가야 할지 그 방향을 알 수 있는 것 아니냐고 말할 수 있다. 논리적으로는 그럴듯한 말이다. 그러나 교사들은 교육적으로 유익하리라고 생각되는 활동을 선정하여 학생들에게 적용해 보고, 그 결과를 토대로 하여 그 활동의 목표나 결과를 확인할 수도 있는 것이다. 실제로 많은 수의 교사들은 이런 식으로 수업하고 있다. 따라서 교육목표는 교육내용을 선정하고 조직하기 전에 명시되어야 한다는 것은 자연스럽지 않은 것, 즉 심리적으로 옳지 않은 것이다. 우리는 학교에서 무엇을 배울 때 행동목표를 정해 놓고 질서정연하게 순서에 따라 배우는 것만은 아니다. 분명한 목적을 항상 가지고 있는 것도 아니다. 실제 우리는 목적이 무엇인지도 모르고 무엇인가를 학습하고 있으며 또 그럴 필요도 있는 것이다.

요약하자면 학습의 모든 결과를 명시하기는 불가능하며, 의도하지 않은 결과는 제외되고, 수학 · 과학 등 몇 개 과목에는 유용하지만 문학이나 예술 등의 과목에는 도움이 되지 않는다는 비판이다.

Eisner(1994)는 이러한 점에서 전통적인 행동목표 외에도 두 가지 형태의 목표가 더 존재할 수 있다고 보고 있다. 즉, 교육의 구체적 목표를 세 가지로 구분하여 제시하였다. 기능의 학습을 위해서는 ① 행동목표가 필요하지만 그 외의 학습에는 ② 문제해결목표와 ③ 표현 행위에 따른 표현 결과가 중요하다는 것이다. 행동목표는 어떤 내용을 가지고 어떤 학습활동이 일어나는지를 구체적으로 지시한다. 예를 들어, '두 자릿수 더하기 두 자릿수의 문제 10개를 계산기 없이 풀어 7문제의 답을 맞출 수 있다.'는 행동목표는 학생들이 어떤 내용을 가지고 어떤 행동을 해야 할 것인지를 명시적으로 지시하고 있다.

'문제해결 목표'란 어떤 문제와 그 문제를 해결할 때에 지켜야 할 조건이 주어지면, 그 조건을 충족하면서 문제를 해결해야 하는 경우를 말한다. 하지만 학생들에게 필요한 모든 것을 예측하여 준비시킬 수 없기 때문에 수업의 목표로서 학생들이 해결해야 할 문제를 제시할 뿐이며 문제해결에 이르기 위해 어떤 내용을 어떤 방식으로 다루어 나가야 하는지를 알려 주지 않는다. 학생들은 문제를 해결하는 과정에서 여러 가지 가치 있는 것을 배우게 된다.

앞의 두 가지 목표는 목표설정 이후에 내용과 활동의 계획이 수반되는 반면에, 표현 결과(혹은 표현목표)는 표현 행위 뒤에 오는 산물이라는 점에서 구별된다. 우리가 영화를 볼 때 어떤 목표를 세우고 관람하는 것이 아니라, 영화를 보는 과정이나 본 후에 어떤 유익한 결과를 얻게 되는 것처럼, 교육활동에 있어서도 동물원 방문이나 주말 캠핑과 같은 활동 이후에 그 결과를 통해 얻어지는 것을 표현 결과라고 한다. 교육자는 이와 같은 표현 결과를 예측하여 학생들에게 교육적으로 바람직하게 보이는 활동에 참여하도록 한다.

Eisner에 따르면, 교육의 구체적 목표는 교육과정관, 교과의 성격, 교사와 학생의 요구, 학교의 실정 등에 따라 행동목표, 문제해결 목표, 표현 결과 목표가 차지하는 비율이 달라야 하겠지만, 이들 목표들 중 어느 것도 무시되어서는 안 된다고 하였다.

5) 개정된 신 교육목표분류학

1956년에 Bloom 등이 제시한 교육목표분류학이 여러 측면에서 비판을 받고 있다.

학습의 과정과 성격에 대한 왜곡, 상-하위 유목들 간의 위계, 분류학의 설정과정에 많은 문제점을 드러내고 있다는 것이다. 그래서 여러 학자들이 이에 대한 대안적 교육목표분류학들을 제안하고 있다. 그중에서도 대표적인 학자의 분류방식을 제시한다. 향후 수업목표 진술이나 학습과제 분석, 수업활동과 평가 방식 등에 상당한 변화를 초래할 것으로 예상되는 매우 중요한 변화라고 볼 수 있다.

(1) Hauenstein 분류방식

Hauenstein(1998)의 분류방식은 일차적으로 5가지 행동영역에 비추어 3가지 영역을 분류한 것이 특징이다. 각 영역마다 5가지 상위 유목과 그 밑에 하위 유목들이 제시되고 있으며, 동시에 활용 동사들이 제시되고 있다. 그것을 살펴보면 〈표 7-8〉과 같다.

표 7-8 Hauenstein의 교육목표분류학

구분	행동영역	인지적 영역	정의적 영역	심동적 영역	
1.0	1.0 습득 1.1 수용 1.2 지각 1.3 개념화	1.0 개념화 1.1 확인 1.2 정의 1.3 일반화	1.0 감수 1.1 감지 1.2 자진감수 1.3 주의집중	1.0 지각 1.1 감각 1.2 인식 1.3 관찰 1.4 선행경향성	단기적 목표
2.0	2.0 동화 2.1 반응 2.2 이해 2.3 시뮬레이션	2.0 이해 2.1 번역 2.2 해석 2.3 추론(외삽)	2.0 반응 2.1 묵종반응 2.2 자진반응 2.3 평가	2.0 시뮬레이션 2.1 활성화 2.2 모방 2.3 조정	
3.0	3.0 적응 3.1 가치화 3.2 적용 3.3 적합화	3.0 적용 3.1 명료화 3.2 해결	3.0 가치화 3.1 가치수용 3.2 가치채택 3.3 확정	3.0 적합화 3.1 통합 3.2 표준화	
4.0	4.0 수행 4.1 신념화 4.2 평가 4.3 산출	4.0 평가 4.1 분석 4.2 적격판정	4.0 신념화 4.1 신뢰하기 4.2 헌신하기	4.0 산출 4.1 유지 4.2 조절	장기적 목표
5.0	5.0 포부 5.1 행동화 5.2 종합 5.3 숙달	5.0 종합 5.1 가설 5.2 결정	5.0 행동화 5.1 시연하기 5.2 행동수정하기	5.0 숙달 5.1 창안 5.2 완성	

(2) Marzano 분류방식

다음으로 Marzano(2001)의 분류방식을 보면 [그림 7–5]와 같다. [그림 7–5]에서 알수 있는 것은 수준 1인 인출 목표에서부터 수준 6인 자기 시스템(self-system) 사고에이르기까지 모두 3가지 지식 차원을 포함하고 있다. 특히 지식 차원에서 각 차원들은 하위 차원을 지니고 있는데 정보 차원은 다시 구체적인 것(details)과 조직 아이디어(organizing idea)로 구분되고, 정신적 절차와 심동적 절차는 각각 기능과 과정으로 구분된다.

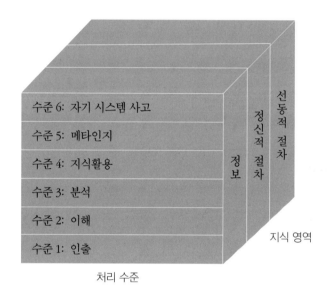

그림 7–5 Marzano의 목표분류학의 2차원 모형

(3) Anderson 분류방식

Anderson 등(2001)의 분류방식은 지식 차원과 인지과정 차원으로 분류되는데, Bloom의 분류방식과 다른 점은 인지적 영역에서 '지식' 유목을 명사적 측면과 동사적측면으로 구분히여 전자는 독립된 지식 차원에 후자는 기억(remember)이라는 가장 하위의 인지과정 차원에 포함된다. 또한 이해(comprehension)가 이해(understand)로, 종합이 창안(create)으로 바뀌고 그 위계도 종합과 평가가 뒤바뀐다. 이상의 내용을 표로제시해 보면 〈표 7–9〉와 같다.

표 7-9 2차원 교육목표분류표

구분	인지과정 차원					
지식 차원	1. 기억하다	2. 이해하다	3. 적용하다	4. 분석하다	5. 평가하다	6. 창안하다
A. 사실적 지식						
B. 개념적 지식						
C. 절차적 지식						
D. 메타인지적 지식						

　이상에서 제시된 새로운 교육목표분류학들은 과거 Bloom 등의 분류방식보다는 진일보한 것이다. 향후 교육과정 목표 개발이나 교수–학습 방식, 수업목표 진술, 평가 방식에 상당한 변화를 초래할 것이며, 학교 현장에서도 이에 대한 대비가 필요하다고 보겠다.

이 장의 주요 내용

　교육과정 개발은 여러 단계를 거쳐서 이루어진다. 먼저 참여 기관과 인사가 선정되고, 그들에 의해 프로그램에 담기는 주요 항목들이 결정된다. 대개 그들은 교육목적의 설정, 교육내용의 선정과 조직, 학습경험의 선정과 조직, 교육평가의 내용과 방법 등에 관한 주요 항목들을 결정하게 된다. 이러한 결정들은 문서 형태로 출판 · 보급된다.

　교육과정 개발 과정은 여러 단계를 거친다. 첫째, 요구조사와 상황분석이 진행된다. 요구조사 혹은 요구사정은 교육적 요구들을 결정하고 그 교육적 요구들의 우선순위를 결정하기 위하여 개발자들에 의해 사용될 수 있다. 요구사정은 상황분석을 촉진하는 데 유효하며, 효과적인 교육과정 목적, 목표들에 대한 기초를 수립하는 데 매우 유용하다. 그 방법으로는 여러 가지가 시행되고 있다. 상황분석의 한 방법으로 요구사정이 사용되고 있다.

　다음으로 교육목표의 설정과 진술 작업이 이루어진다. 우선 교육과정을 개발함에 있어서 교육목표를 정하는 것이 가장 중요하면서 최우선적으로 진행된다. 교육목표는 교육과정 개발에서 이루어지는 여러 활동들, 즉 교육내용과 학습경험의 선정과 조직, 교육평가의 방법과 도구의 결정 등의 방향을 잡아 주고 구체화하는 데 도움을 준다. 여기에서는 목표의 여러 수준을 고려하고, 다양한 설정자원, 설정원칙, 목표 진술의 기준을 종합적으로 고려하여 타당하고도 합리적으로 목표를 설정해야 한다. 교육목표를 진술하는 데에는 명세목표가 권장되고 있으나 항상 명세목표가 바람직한 것은 아니며, 대안적인 목표 진술방식도 잘 이해할 필요가 있다. 그리고 개정된 신 교육목표분류학이 여러 학자들에 의해 제시되고 있으므로 Bloom의 교육목표분류학의 변화에 대해서도 잘 숙지할 필요가 있다.

주요개념

개정된 분류학	상황분석	요구
교육과정 성과	상황분석 요인	요구사정
교육목표분류학	상황분석 절차	인지적 영역의 교육목표
교육목표의 위계와 수준	심동적 영역의 교육목표	정의적 영역의 교육목표
명세목표	이원분류표	표현목표
문제해결 목표		

탐구문제

1. 교육목표 설정의 중요성을 설명해 보시오.

2. 요구조사의 의미와 그 절차를 설명해 보시오.

3. 상황분석 절차를 진술하고, 실제 상황분석을 수행해 보시오.

4. 교육목표의 다양한 위계를 설명해 보시오.

5. Bloom의 교육목표분류학을 설명해 보시오.

6. 행동목표의 특징과 문제점, 그 개선 방안을 제시해 보시오.

7. 행동목표의 대안적 목표를 설명하고, 그 사례를 제시해 보시오.

8. 새롭게 등장하고 있는 개정된 교육목표분류학을 비교, 설명해 보시오.

9. 개정된 신 교육목표분류학을 적용하여 단원목표, 수업목표를 진술해 보시오.

참고문헌

강현석 · 강이철 · 권대훈 · 박영무 · 이원희 · 조영남 · 주동범 · 최호성 공역(2005a). 교육과정 · 수업 · 평가를 위한 새로운 분류학. 서울: 아카데미프레스.

강현석 · 강이철 · 권대훈 · 박영무 · 이원희 · 조영남 · 주동범 · 최호성 공역(2005b). 신 교육목표 분류학의 설계. 서울: 아카데미프레스.

강현석 · 권대훈 · 박영무 · 이원희 · 조영남 · 주동범 · 최호성 · 이지은 공역(2012). 새로운 교육 목표분류학. 서울: 원미사.

강현석 · 박영무 · 박창언 · 손충기 · 이원희 · 최호성 공역(2006). 교육과정 개발과 설계. 서울: 교육과학사.

강현석 · 박철홍 · 이원희 공역(2000). 학교 교육과정 개발. 서울: 지선사.

교육인적자원부(1997). 국민 공통 기본 교육과정.

김대현 · 김석우(1999). 교육과정 및 교육평가. 서울: 학지사.

김인식 · 박영무 · 이원희 · 최호성 · 강현석 · 박창언 · 박찬혁 공역(2004). 신 교육목표분류학. 서울: 교육과학사.

이성호(2009). 교육과정론. 경기: 양서원.

이원희(1987). 교육목표 설정에 있어서의 대상과 동사의 위계화. 경북대학교 대학원 박사학위논문.

Anderson, L. W., & Krathwohl, D. R. (Eds.) (2001). *A Taxonomy for Learning, Teaching and assessing: A Revision of Bloom's Taxonomy of Educational Objectives*. NY: Longman.

Eisner, E. W. (1967). Educational objectives: Help or hinderance. *School Review, 75*, 250–260. NY: Macmillan.

Eisner, E. W. (1994). *The Educational Imagination*. NY: Macmillan.

Fraser, B., & Fisher, D. (1983). *Assessment of Classroom Psychosocial Environment*. Perth: WAIT.

Gronlund, N. E. (1981). *Measurement and Evaluation in Teaching*. NY: The cmillan Publishing Co.

Harrow, A. (1972). *A Taxonomy of the psychomotor domain: A guide for developing behavioral objectives*. NY: David McKay.

Hauenstein, A. D. (1998). *Conceptual Framework for Educational Objectives: A Holistic Approach to Traditional Taxonomies*. Lanham, MD: University Press of America.

Krathwohl, D. R., Bloom, B. S., & Masia, B. B. (1964). *Taxonomy of Educational Objectives, Handbook II: Affective Domain*. NY: David Mckay.

Mager, R. (1962). *Preparing Instructional Objectives*. Palo Alto, CA: Fearon.

Marzano, R. J. (2001). *Designing A New Taxonomy of Educational Objectives*. Thousand Oaks California: Corwin Press.

Marzano, R. J., & Kendall, J. S. (2007). *The New Taxonomy of Educational Objectives*. CA: Corwin Press.

McNeil, J. D. (1985). *Curriculum: A Comprehensive Introduction* (3rd ed.). Boston: Little.

Nicholls, A., & Nicholls, A. H. (1978). *Developing a Curriculum: A Practical Guide* (2nd ed.). London: George Allen & Unwin.

Print, M. (1987). *Curriculum: Design and Development*. Sydney: Allen & Unwin.

Print, M. (1993). *Curriculum: Design and Development* (2nd ed.). Sydney: Allen & Unwin.

Simpson, B. J. (1966). The classification of educational objectives: Psychomotor domain. Illinois. *Journal of Home Econonomocs, 10*(4), 110–114.

Skilbeck, M. (1984). *School-Based Curriculum Development*. London: Harper & Low.

Tyler, R. W. (1949). *Basic Principles of Curriculum and Instruction*. Chicago: The University of Chicago Press.

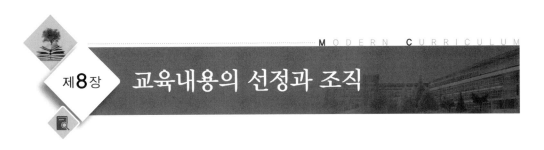

MODERN CURRICULUM

제**8**장 교육내용의 선정과 조직

📓 **이** 장의 주요 목표

▷ 교육내용의 다양한 의미를 설명할 수 있다.

▷ 교육내용과 지식의 차이점을 말할 수 있다.

▷ 교육내용의 스코프와 시퀀스 문제를 설명할 수 있다.

▷ 교육내용의 선정 원리를 설명할 수 있다.

▷ 교육내용의 조직 원리를 설명할 수 있다.

교육목표가 설정되어 진술되고 나면 교육목표 달성에 필요한 교육내용을 선정하고 조직해야 한다. 내용을 잘 선정하고 조직하려면 교육내용에 대한 의미를 잘 파악할 필요가 있다. 교육내용에 대한 의미는 다양하며 지식과도 차이를 보인다. 그리고 내용을 선정하고 조직하기 위해서 사전에 내용에 대한 스코프와 시퀀스 문제를 체계적으로 검토할 필요가 있다. 그다음으로 내용을 선정하고 조직하기 위한 구체적인 기준이나 준거들을 잘 이해할 필요가 있다.

1. 교육내용과 지식

교육내용은 교육목표의 영향을 받는다. 따라서 교육목표와 일관된 내용이 선정되어야 하며, 교육목표를 설정할 때에 고려된 요인들이 내용 선정에서도 마찬가지로 고려되어야 한다. 교사들이 가장 관심을 가지는 것은 당연히 내용이다. 내용을 가르친다는 것이 학교교육의 일상적인 일이기 때문이다. 내용이란 교육과정 목표를 달성하기 위해 학교에서 가르치고 배우는 대상을 가리킨다. 그리고 선정된 교육내용을 체계적으로 조직하는 일은 효율적인 학습을 보장하는 데 필수적인 활동이다.

1) 교육내용의 의미

교육내용의 의미는 여러 가지로 논의될 수 있다. 첫 번째는 지식과 동의어로 보는 입장이 있다. 우리는 흔히 대표적인 교육내용을 지식으로 보고 있다. 지식을 무엇으로 규정하느냐에 따라 달라지겠지만 일반적인 지식에 대한 상식적 관점에 기초하면 지식만이 교육내용이 될 수는 없다.

두 번째는 지식 이외에도 기능(skill)이나 정의적 측면 역시 중요한 교육내용이 된다. 따라서 교육내용은 지식과 기능 및 정의적 측면을 모두 고려하는 것으로 볼 수 있다. 이러한 입장은 Hyman(1973)이 제시한 것으로서 그는 교육내용을 지식, 기능, 가치 등으로 정의하고 있다. 그의 정의에 따르면, 교육내용은 지식 영역(사실, 설명, 원리, 정의 등), 기능 및 과정 영역(읽기, 쓰기, 셈하기, 비판적으로 생각하기, 의사결정하기, 의사소통하기 등), 가치 영역(선악, 참과 거짓, 아름다움과 추함) 등으로 구성된다.

세 번째는 교과와 교과 속에 담긴 단원이나 과의 이름처럼 어떤 특정 요소를 담고 있는 형식 혹은 그릇으로 보는 관점이다. 일반적으로 교육내용이라 하면 교과를 연상하게 되는데, 교과는 인류가 오랜 역사를 통해 쌓아 올린 경험 가운데 가치 있는 것을 체계적으로 조직해 놓은 지식체계다. 교과는 지식, 기능, 가치 등과 같은 요소를 담고 있는 그릇과 같은 의미로 생각된다.

교과는 수업과 학습의 목적으로 교육내용을 구분하여 조직한 기본 단위라고 볼 수 있다. 보통 교과의 내용은 해당 학문에서 이룩해 놓은 지식들로 구성된다. 학문적 지식들은 여러 수준이 있는데 사실적 정보, 개념, 원리나 법칙, 이론 수준의 지식들이 있다. 따

표 8-1 7학년 사회과 교과의 내용

(가) 법의 지배와 정의

　① 법치주의의 의미와 중요성을 역사적 사례분석을 통해 이해함으로써 실질적 법치주의를 지향하는 태도를 가진다.(지식, 기능, 태도 및 가치)

　② 법 규범의 필요성과 이념에 대한 이해를 토대로 현실적인 법적 갈등 사태의 해결방안을 탐색한다.(지식, 기능)

〔심화과정〕

① 실질적 법치주의의 실현을 저해하는 요인들을 사례를 통해 분석한다.(지식, 기능)

라서 학문을 사실적 정보, 개념, 원리나 법칙, 이론들의 체계적 조직이라고 정의한다. 모든 학문마다 고유하고 특징적인 핵심 개념과 개념들 간의 관계, 탐구방법 및 검증 방법, 정의적 태도 등이 존재한다. 학문을 통해서 학생들에게 이러한 지식을 가르쳐야 한다는 주장이 있을 수 있다. 학문중심 교육과정은 이러한 학문을 학생들이 배우도록 의도하는 데 초점을 두고 있다. 지식은 학문과 교과를 구성하는 기초적 요소다. 일반적으로 지식은 명제적 지식(knowing that)과 방법적 지식(knowing how)으로 구분되며(Ryle, 1949), 명제적 지식은 다시 논리적 지식, 경험적 지식, 윤리적 지식으로 나눌 수 있다. 학문이나 교과들 중에는 이러한 지식의 유형과 관련성이 서로 다른 것이 있을 수 있다.

　네 번째는 형식적인 차원에서 보는 것으로 교육과정 문서에 제시된 공식적인 교육내용과 실제 운영의 장면에서 교사가 선정하는 도구적 수업내용으로 구분하여 생각하는 것이다. 교육과정 문서를 보면 교육내용은 교과별로 조직되어 있으며, 지식, 기능, 가치 등으로 구성되어 있다. 예를 들어, 사회과 7학년 '(7) 사회생활과 법 규범'에서 교육내용은 〈표 8-1〉과 같다(교육부, 1997a: 180).

　그러나 교실 수업에서 교사에게는 이러한 공식적인 문서에 제시된 교육내용을 잘 전달하고 학습을 위해서 학생들에게 제공하는 내용이 있다. 그것을 수업내용이라고 볼 수 있다. 이 경우 교사가 교과서 내용을 잘 가르치기 위하여 활용하는 지식이 있는데 그것을 내용교수지식(PCK: Pedagogical Content Knowledge) 혹은 교수학적 내용 지식이라고 부른다. 교과서 내용을 PCK로 전환하는 데에는 교사의 다양한 노력이 필요한데, 여기에서 중요한 것이 교사의 내러티브가 된다. 최근에는 교사들이 얼마나 다양한 PCK를 개발하느냐가 교사의 전문성을 평가하는 기준이 되고 있다. 따라서 교사는 자신이 가르치는 교육내용을 학생들의 마음에 잘 내면화시키게 하는 PCK를 개발하는 데 많은 노력을 기울여야 한다.

결국 교육내용은 교사가 학생들의 학습을 돕기 위하여 제공하는 수업내용이다. 수업내용에는 교과서에 제시된 내용과 교과서에 실리지 않았지만 학생들에게 전달하는 내용이 있다. 따라서 교과서 내용과 수업내용은 교육내용의 중요한 요인이다. 그렇지만 교과서의 내용과 교사가 선택하고 조직하는 수업내용은 교과내용을 구현하기 위하여 전달하는 매체로 보는 것이 타당할 수 있다.

이상에서 살펴본 교육내용을 쉽게 그림으로 표현해 보면 [그림 8-1]과 같다.

위의 그림은 형식적인 차원에서 교육내용의 다양한 층위를 서로 다르게 표현해 본 것이다. 교사의 입장에서 보면 교육내용은 여러 층위에 걸쳐져 있다. [그림 8-1]의 (a)에 의하면 교사에게 있어서 교육내용은 최종적으로 수업내용으로 수렴된다. 수업내용은 위로는 교육과정 문서에 제시된 내용을 근간으로 하여 그것이 반영되고 표현된 교과서 내용과도 연계되어 있다. 양적으로 보면 교육과정 문서 내용 → 교과서 내용 → 수업내용의 순으로 교육내용을 이해하게 된다. 즉, 수업내용이란 일차적으로 교육과정 문서에 의해 결정되고, 이차적으로는 교과서 내용에 의해 결정된다고 보는 방식이다.

[그림 8-1]의 (b)에 의하면 교사에게 있어서 교육내용은 수업내용 차원에서 가장 풍부하게 확장되어 구성된다. 수업내용의 토대는 교과서와 국가 교육과정 문서이지만 문서 내용과 교과서 내용을 재구성하면서 수업내용을 풍부하게 구성하는 것을 의미한다. (a) 모형은 교육과정 문서와 교과서 내용이 수업내용을 규정하는 강제적 입장에 있지만, (b) 모형에서는 교육과정 문서와 교과서 내용이 수업내용을 재구성하는 데 하나의 중요한 자료가 되며, 점차 확대되면서 수업내용이 풍부해진다.

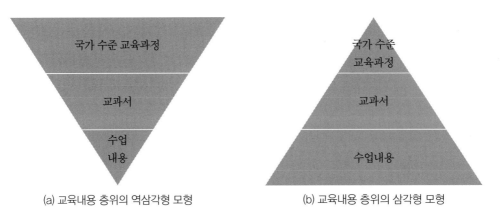

(a) 교육내용 층위의 역삼각형 모형   (b) 교육내용 층위의 삼각형 모형

그림 8-1 형식적인 차원에서 교육내용의 다양한 층위

2) 내용과 지식의 차이

앞에서도 간략하게 살펴본 것처럼 내용과 지식은 흔히 우리가 알고 있는 것처럼 동일한 것이 아니다. Hyman의 입장은 내용이 보다 큰 범위다. 즉, 지식은 내용을 구성하는 한 부분일 뿐이다. 내용과 지식을 구분하려는 학자들로는 J. Dewey, W. Kenneth Richmond가 있다. 내용은 일반적으로 인간 유기체와는 독립해 있을 수 있는 지식의 기록, 예컨대 기호, 도식, 기록된 음성이며, 지식은 인간 개인이 내용과 상호 교섭한 결과 의미가 생기고 심화되는 것이다. 지식이라는 것은 저 멀리 있는 것도 아니고 이미 마련되어 있는 것도 아니면서 내 것이 되도록 조우하는 것이다.

따라서 교육과정 개발자는 내용이 지식으로 번역된 기초 위에서 교육과정 속에 포함할 내용을 선정해야 한다. 다시 말하면 내용은 그 자체로서 선정되는 것이 아니라 항상 지식으로 전환하여 선정되는 것이다. 반대로 지식으로 그 내용의 의미가 번역될 수 없는 것은 교육과정 내용으로 선정될 수 없는 것이다. 이 점을 어기고 교육을 했을 때에는 암기위주의 교육, 언어주의 교육의 폐해를 당하게 된다.

내용은 다음의 두 가지 조건이 충족될 때, 교육목표를 위해 학습되어야 할 정보 이상의 것이 된다. 첫째로 내용은 학습자에게 적절한 수준으로 학습자의 관심과 문제에 관련이 있어야 하고, 둘째로 내용의 효과를 증진하거나 그 의미를 심화하기 위해서는 학습자가 갖고 있는 기존의 지식에 더욱 적합해야 한다. 결국 교육과정 개발에서 중요한 것은 내용을 학습자에게 의미 있는 지식으로 바꾸어 주는 것이다.

3) 교육내용으로서 지식

교육내용을 지식으로 보는 일단의 학자들이 있다. 여기에서 지식에 대한 의미는 우리가 흔히 알고 있는 상식적인 입장을 넘어서는 매우 심각하고도 중요한 의미를 담고 있다. 즉, 지식 자체에 정보나 개념, 원리와 사상, 탐구과정과 사물을 보는 안목, 사고체계 등이 들어 있다는 것이다. 이런 점에서 지식은 매우 중요하며 이 점을 잘 인식하여 지식을 제대로 가르쳐야 한다는 것이다. 사실, 오늘날의 학교교육은 지식을 많이 가르치는 게 문제가 아니라 지식을 지식답게 제대로 가르치지 않는 게 심각한 문제라는 것이다. 지식 속에 담겨 있는 지혜나 안목을 제대로 학습하지 못하므로 학습자가 배우는 지식으로부터 소외당하고 그 지식이 자기의 지식으로 내면화되지 못하는 일이 발생하고 있다. 이러한 입장은 지식을 사실적인 정보나 조각난 지식으로 보는 생각에 매우 비판적이며, 지식을 제대로 이해할 것을 요청하고 있다.

(1) Bruner의 지식의 구조

Bruner에 의하면 교육내용은 지식의 구조로 볼 수 있다. 지식의 구조는 다양하게 설명될 수 있다. 첫째, 학문의 일반적 원리 혹은 기본 개념이다. 구체적으로는 '학문의 기저를 이루고 있는 일반적인 아이디어, 기본 개념, 일반적인 원리' 등과 동의어로 사용하고 있다. 즉, 지식의 구조란 교과에 들어 있는 일반적인 원리를 의미하는 것으로 여러 가지 현상을 설명하는 데에 일반적으로 적용될 수 있는 것이다.

둘째, 사물이나 현상의 관련을 파악하게 하는 틀로서의 의미가 있다. Bruner는 지식의 구조를 학습한다는 것은 사물이나 현상이 어떻게 관련되어 있는가를 학습하는 것이라고 보고 있다. 이런 점에서 교육내용은 사물이나 현상의 관련을 파악하게 해 주는 틀로서 개념화할 수 있다.

셋째, 사물을 보는 안목으로서의 의미가 있다. 사물을 보는 안목은 곧 탐구방법을 의미하며, 이런 점에서 지식의 구조는 사물에 관한 정보와 지식을 처리하는 장치라고 볼 수 있다.

(2) Peters와 Hirst의 지식의 형식

R. S. Peters와 P. H. Hirst는 교육이 실현하고자 하는 가치가 교육의 개념 속에 이미 들어 있다고 본다. 그래서 이들은 교과를 실용적인 가치로 설명하려는 현대의 경향을 비판하고, 교과의 내재적 가치를 강조하는 대표적인 학자다. 그들은 교육 속에 들어 있는 내재적으로 가치 있는 인간다운 삶의 형식을 가리키며 교육의 목표는 그 삶의 형식으로 입문시키는 데 있다는 것이다. 이러한 그들의 입장은 『윤리학과 교육(*Ethics and Education*)』에 잘 나타나 있으며, 이것은 고대 그리스 이후 서양의 중요한 교육 전통으로 계승되어 온 '자유교육(liberal education)'의 정신을 회복하는 중요한 의의가 있다.

지식의 형식은 교육개념의 인지적 조건으로 제시한 것으로 '지식과 이해' '지적인 안목'이 내면화되고 상세화된 것을 의미한다. 이것은 인간의 경험(인간다운 삶의 형식)을 일반적으로 인정되는 방식으로 분류한 것이다. 지식의 형식은 우리가 사용하고 있는 '공적(公的) 언어에 담긴 공적 전통'으로 우리에게 전수되고 있으며, 교육은 이 전통에 이미 '입문된' 사람들이 아직 입문되지 않은 사람들을 거기에 유도하는 '성년식'과 같은 것이다. 이러한 지식의 형식들은 독특한 개념, 개념들의 논리적 구조, 검증방법을 기준으로 하여 분류될 수 있으며, 여기에는 형식논리학과 수학, 자연과학, 자기 자신과 다른 사람의 감정에 관한 이해, 도덕적 판단, 심미적 경험, 종교적 주장, 철학적 이해 등으로 나눌 수 있다.

이상의 지식의 형식은 지적인 안목을 통해 현상을 파악할 수 있도록 해 준다. 지식의 형식에는 지적인 안목을 가지게 하는 개념체계가 있어 이를 전수 받은 인간은 여러 학문으로 분화된 개념체계를 써서 현상을 파악할 수 있게 된다. 그리고 인간다운 삶의 형식을 가능하게 해 준다. 지식의 형식은 인간이 세상을 합리적으로 이해하고 파악하게 해 주는 인간의 경험이 담겨 있는 것이므로 인간다운 삶을 가능하게 해 준다. 또한 삶의 질 향상에도 공헌하게 해 준다. 특정 현상의 파악은 사람들로 하여금 이전과는 전혀 다른 세상에 살도록 함으로써 삶의 질을 높이는 데 공헌한다.

(3) Phenix의 의미의 영역

P. H. Phenix(1964)는 교육내용을 의미의 영역으로 분류하였다. 의미(meaning)는 인간이 반성적 사고를 통해 얻은 경험내용을 논리적 원칙에 맞게 조직하여, 각 학문에 적합한 상징적 형식으로 표현한 것이다. 그러므로 의미는 인간의 이성이 만들어 낸 모든 것을 뜻한다고 볼 수 있다. 이러한 의미는 반성적 사고, 논리적 사고, 선택적 정련, 표현이라는 특징을 지니고 있다.

인간은 본성적으로 의미를 창조·발견하고 표현하는 동물이다. 그러므로 의미가 있어야 인간은 본성을 실현할 수 있게 된다. 그러므로 의미는 인간에게 인간다운 삶을 가능하게 해 준다. Phenix는 의미를 학문의 논리적 구조가 비슷한 것끼리 분류하여 6가지의 의미 영역을 제시하였다.

- 상징적 의미(Symbolics): 언어, 수학, 표정, 관습, 의식
- 경험적 의미(Empirics): 자연과학, 사회과학
- 심미적 의미(Esthetics): 음악, 시각예술, 신체적 율동, 문학
- 실존적 의미(Synnoetics): 철학, 심리학, 문학, 종교
- 윤리적 의미(Ethics): 윤리학, 사회도덕
- 총괄적 의미(Synoptics): 역사, 종교, 철학

2. 내용의 선정과 조직의 제 문제

1) 교육내용의 선정

(1) 내용 선정의 중요성

학교교육 기간 동안에 학생들에게 가르쳐야 할 내용은 무수히 많다. 이들 중에서 어느 것을 골라 한정된 기간 동안에 가르치는가 하는 문제는 어려운 일이다. 따라서 교육목표 달성을 위해 필요한 내용을 선정하는 일은 매우 중요하며, 어떠한 내용이 가장 가치가 있으며 중요한 것인지를 결정하는 일은 여러 요인들이 관련되어 있기 때문에 복잡하게 진행된다. 그리고 교과의 특성에 따라 달라지기도 한다. 구체적으로는 교육과정의 내용을 선정할 때 개발자는 선호하는 교육과정의 관점에 다소 영향을 받는다.

(2) 내용 선정의 준거

일찍이 Zais(1976: 343-348)는 내용 선정의 준거로 중요성, 유용성, 흥미, 인간발달을 제시하였다. 이하에서는 모든 교과나 교육과정의 관점에서 공통적으로 고려해야 하는 준거들을 제시해 본다(김인식 · 최호성, 1990: 154-159).

① 중요성

이 준거는 내용이 학문 또는 주제에 필수적이며 기본적인 것을 선정해야 한다는 것을 의미한다. 내용이 교과영역에서 가치 있는 것이라고 간주되면 그것은 중요한 것이며, 교육과정에 포함시킬 가치가 있다. 대개의 교육과정 개발자들은 이 준거를 사용하여 개념, 아이디어, 사실들 간의 적절한 균형을 취한다. 이와 관련하여 Nicholls와 Nicholls(1978: 52)는 다음과 같이 언급하고 있다.

> 만약 어떤 교과가 면밀히 선정한 원리, 개념 혹은 아이디어로 구성된다면 사실들은 원리, 개념, 아이디어 학습의 구체적인 예에 불과하며, 사실은 원리, 개념 등의 이해를 돕는 한에서 내용으로 포함될 것이다. 그렇게 된다면 중등학교 수준의 많은 교과목, 마치 도깨비처럼 보이는 많은 양의 지식을 학습해야만 하는 문제를 감소시켜 줄 것이다.

중요성 준거는 교육과정에 포함시키려고 하는 모든 내용에 적용할 수 있다. 이 준거는 초등학교에서처럼 내용이 주제, 문제, 활동에 토대를 둔 경우나 또는 가장 흔한 형태인 교과나 학문의 형태에 근거를 둔 경우에도 적용될 수 있다. 물론 이 준거는 내용이 논리적 구조로서 지각되며, 그 학문 분야의 전문가와 학자들이 교육과정 개발에 참여할 때 가장 넓게 적용된다(Zais, 1976: 344).

흔히 학문을 토대로 교과(교육내용의 외적 표현)를 구성할 때는 학문을 구성하는 가장 본질적인 것들로 교육내용을 삼아야 한다. 학문을 구성하는 가장 본질적인 부분을 나타내는 것으로 사실, 개념, 원리, 이론들을 가리키는 학문의 구조와 탐구방법이 있으므로, 교육내용은 학문의 구조를 확인하고 그 학문에 특유한 탐구의 방법을 포함해야 한다.

② 타당성

이 준거는 내용이 믿을 수 있거나 진실일 때 타당한 것으로 간주되며, 대체로 내용의 정확성 여부를 의미하는 것이다. 정확하고 진실한 정보라야 말하고자 하는 정보를 제대로 전하게 된다. 예컨대, 어떤 지역의 지리를 다루려는 내용은, 정확히 그것을 다루어야 하지 다른 지역의 지리나 그 지역의 경제를 다루어서는 안 된다.

내용의 타당도를 검증하는 중요한 방법 중의 하나는 그 영속성을 살펴보는 것이다. 이렇게 급변하는 세계에서 교육과정 개발자와 교육과정 운영자는 내용의 영속성 문제에 끊임없이 직면하게 된다. 수학, 과학, 사회과와 같은 학교의 일부 과목들은 거의 항상 변화하는 상태에 있는 것처럼 보인다. 최근에 그 국호와 도시명을 바꾸고 있는 아프리카와 오세아니아의 많은 국가들은 사회과 교육과정 개발자들에게는 하나의 악몽과 같은 존재들이다.

내용의 타당성 준거는 내용과 목표 간의 관련성에서 측정될 수도 있다. 타당한 내용이 되기 위해서는 내용은 진술된 목표를 반영해야만 한다. 목표에서 진술한 내용과 가르치기 위해 교육과정에서 선정한 내용이 서로 다르다면, 그 내용은 타당하지 않은 것으로 간주된다. 예컨대, 만약 목표가 학생들로 하여금 정치적 구조를 이해하도록 하는 것이고 그에 수반된 내용은 단지 하나의 정당만을 다룬다면, 그 내용은 타당하지 못한 것이 될 것이다.

③ 사회적 적절성

이 준거는 내용이 개인이 속해 있는 사회의 발달에 적절한가 하는 문제와 관련이 있다. 그래서 도덕적 가치, 이상, 사회적 문제, 논쟁적인 문제 등과 관련이 있다. 그러나 이러한 근거에서 어떤 내용을 포함할 수 있겠는가? 생각건대 현 사회에서 교육과정 개발자는 다음과 같은 내용을 반영할 수도 있다.

- 민주주의의 원리와 가치
- 문화집단의 이해
- 사회적 인식과 비판
- 사회변화의 촉진

그러나 어떤 개발자 집단이 교조적이며 편파적이고, 그 집단의 이익을 조장하는 내용을 처방하는 것도 가능하다. 이러한 잠재적인 문제는 1, 3장에서 살펴본 것처럼, 모든 교육과정 구성활동에서 교육과정 개발자의 선정의 중요함을 다시 한번 지적해 주는 것이다.

④ 유용성

이 준거는 중요성과 사회적 적절성의 준거와 유사한 것처럼 보이지만, 실제로 이 용어는 다소 특수한 방식으로 정의된다. 유용성 준거는 학생이 성인생활을 준비하는 데 대한 유용성 여부로서 적용된다. 하나의 준거로서 유용성은 교육과정에서 실세계의 적절성을 유지하는 데 수단이 되기 때문에 극히 가치 있는 것으로 보일 것이다. 각급 학교 및 다른 교육기관에서 실세계에서 분리될 가능성은 항상 존재한다. 내용 선정과정에 유용성의 준거를 적용함으로써 개발자는 교육과정이 더 적절하고 실제 생활에 더 가치 있는 것이 될 수 있도록 기대할 수 있는 것이다. 그러나 극단적인 입장에서 엄격히 유용성 준거를 적용할 때 현재의 상태를 영속화시키거나, 가용한 내용만을 한정시켜 내용으로 제공할 수도 있다. 이 접근은 성인생활에 대한 공리적 요구로 말미암아 가정생활, 직업교육, 대인관계 기술, 개인의 건강, 개인적 경제 사정 등을 교육과정에 포함시켜야 한다고 하면, 중등학교와 같은 곳에서는 곤란을 겪을지도 모른다. 그러나 그러한 토픽은 주제지향 또는 문제지향적이기 때문에 중등학교에서 발견할 수 있는 전통적인 과목 또는 교과분과에 포함될 수 있다.

유용성 준거의 최근 주장에 의하면, 내용은 학생의 현재 욕구를 충족할 수 있도록 선정되어야만 한다. 학생들은 마약교육, 개인적인 문제해결, 복수문화에 대한 이해, 경제적인 각성 등의 내용을 다루도록 요구할 수도 있다. 유용성 준거에 대한 이러한 접근이 교육과정 개발자들 간에 약간의 의견 차이를 야기하겠지만, 이 준거 자체는 내용 선정 시 유용하다. 이 준거는 특히 비진학 학생들을 위해 고안된 교육과정에 적절하다.

⑤ 학습가능성

학생들이 학습할 수 있는 내용을 선정한다는 것은 당연한 것처럼 들리지만 과거에는 이 준거가 항상 적용된 것은 아니다. 학습가능성 준거는 특히 많은 수의 학생들의 욕구를 충족해야만 하는 교육과정에 필요하다. 그러한 상황에서는 종종 개인차를 고려하는 것이 어렵고, 그래서 일부 학습자들은 내용의 어떤 측면들을 학습하는 것이 불가능하다. 이러한 문제를 감소시키고 모든 학습자 수준에 적합하도록 하게 하려면 공통분모의 최소 수준까지 내용을 감소시켜야 할 것이다. 그러나 이것은 또다시 많은 학생들에게 공허하고 무의미한 교육과정을 창출하고 말 것이다. 단일 교육과정 내에서 여러 과정으로 구성되는 교육과정을 구성함으로써 이 문제를 부분적으로나마 해결할 수 있을 것이다.

⑥ 흥미

학습자의 흥미는 일반적으로 내용 선정 시 중요한 준거로서 간주된다. 그러나 이 준거는 실제에서보다는 이론에서 더 중시된 준거의 하나인 것 같다. 분명히 교육과정 개발자들은 실제에서 이 준거에 가장 낮은 우선순위를 부여해 왔다. 학생의 흥미 준거와 관련된 문제는 이 흥미 준거가 얼마만큼 중요한 역할을 하는가를 결정할 때 야기되는 딜레마다. 한쪽 극단의 입장에 있는 교육과정 개발자들은 선정 준거로서의 학생의 흥미를 무시할 수 있다. 그들은 학생이 어떤 내용을 학습해야 하는지를 안다고 주장할 것이며, 그렇게 말하는 것이 정당할 수도 있다. 그러나 이 극단적인 입장은 학생의 강력한 동기유발력이라는 점을 상실하여 비생산적이 될 수도 있다.

반대로, 주로 학습자의 흥미 준거에 근거를 두고 선정한 교육과정 내용은 변덕, 발달 미숙이나 개인적 주장 때문에 운영상 곤란을 겪을 것이다. 학생들의 흥미 범위가 한계가 없어 보일 수도 있고 또 흔히 흥미는 일시적인 성격을 띠기도 한다. 분명히 교육과정을 구성할 때는 양쪽 주장에 대한 조정이 이루어져야만 한다. 오늘날 초 · 중등학교에서 발생하는 학생 혼란의 중대한 원인 중의 하나는, 학교 교육과정의 적절성이 부족하다는 학생들의 믿음이다. 교육과정 개발자들은 학생들의 흥미와 필요를 좀 더 이해할 필요가 있다. 교육과정 개발자들은 중재자의 역할을 유지하면서도 학생들의 흥미를 좀 더 인식해야만 한다. 근년에 뚜렷하게 성공적이었던 하나의 발전사항은 고등학교에 다니는 비진학 학생들을 위해 개발된 코스들이다. 대학에 진학하지 않는 학생들의 숫자가 증가함에 따라, 교사들은 현존하는 진학위주의 코스들이 학생들의 요구와 흥미에 부적절함을 발견했다. 논의의 여지가 있긴 하지만 이러한 학생들을 위해 적절한 교육과정이 개발되었고 지금도 개발되고 있다.

이상의 준거들—중요성, 타당성, 사회적 적절성, 유용성, 학습가능성, 흥미—은 교육과정 개발자들이 교육과정의 내용 선정 시 적용해야만 한다. 비록 중요성, 타당성과 유용성의 준거에 우선순위가 더 주어져야 하는 것처럼 보이지만 가능하다면 모든 준거를 고려해야만 한다.

흔히 학문을 토대로 교과(교육내용의 외적 표현)를 구성할 때는 학문을 구성하는 가장 본질적인 것들로 교육내용을 삼아야 한다. 학문을 구성하는 가장 본질적인 부분을 나타내는 것으로 사실, 개념, 원리, 이론들을 가리키는 학문의 구조와 탐구방법이 있으므로, 교육내용은 학문의 구조를 확인하고 그 학문에 특유한 탐구방법을 포함해야 한다.

2) 교육내용의 조직

(1) 내용 조직의 중요성

일단 내용이 선정되면 다음에 해야 할 일은 무엇인가? 선정된 내용은 전체 교육과정의 어디에 배치되는가? 왜 그곳에 배치하는가? 가용한 내용의 방대함과 혼란스러운 배열 때문에 교육과정 개발자들은 학습자들에게 적합한 내용을 배열하는 데 도움이 되는 여러 준거를 사용한다. 교육내용의 조직은 교육목표의 달성을 위하여 교육내용 구성요소들을 효과적으로 배치하는 것을 말한다. 즉, 내용 조직은 학습을 목적으로 내용을 체계적으로 조직하는 데 관계되는 제 원리라고 정의할 수 있다(Phenix, 1964: 44; Zais, 1976: 328).

(2) 내용 조직의 두 가지 측면

그러면 내용 조직의 중요한 두 가지 측면인 스코프와 시퀀스에 대해 살펴보자.

① 교육과정 내용의 스코프

스코프(scope)라는 용어는 교육과정에서 특정 시점에 학습될 내용의 폭과 깊이를 말한다. 즉, 특정한 시간에(보통은 한 학기 또는 1년) 포함되어야 할 내용의 깊이의 정도와 내용이 어떻게 배열될 것인가 하는 문제다. 결국 특정한 시점에서 학생들이 배우게 될 내용의 폭과 깊이를 가리킨다. 따라서 스코프는 어떤 시점에서, 학생들이 배워야 할 내용이 무엇이고 그것들을 얼마나 깊이 있게 배워야 하는가를 결정한다. 여기서 배워야 할 내용은 학교급, 학년, 교과, 과목에 따라 달라지고, 깊이는 대체로 배울 내용에 할당된 시간 수로서 간접적으로 표현된다.

따라서 스코프는 다양한 수준으로 구체화되는데, 우선 학교급 수준 · 학년 수준 · 교과목의 수준에서, 교과목 내의 단원 수준에서, 단원 내의 주제 수준에서 내용들이 제시된다. 학교급이나 학년 수준, 교과목 수준에서 보면 스코프는 국가 수준 교육과정 문서에 제시된 교과편제를 보면 자세히 알 수 있다. 그리고 학년별 한 교과나 과목의 스코프는 그것을 구성하는 단원들이나 대주제들 속에 포함된 내용으로 구성되며, 여기에 할당된 시간 수로 표시된다. 그리고 일반적으로 스코프는 한 학기 이상의 기간에 배울 내용의 폭과 깊이를 가리키지만, 각 단원이나 대주제 속에 포함되는 내용들의 폭과 깊이는 교육적인 의미가 매우 크다는 점에서 스코프의 개념을 확대 적용하면, 각 단원이나 대주제의 스코프를 생각할 수 있다.

Zais는 스코프라는 용어를 제시된 내용 영역의 범위뿐만 아니라, 각 영역이 다루어져야만 하는 깊이의 정도까지를 포함하는 것으로 보았다(1976: 338). 수평적 조직 또는 통합적 조직을 다소 다르게 사용하겠지만, 가끔은 스코프가 수평적 조직 또는 통합적 조직으로 보일 수도 있다.

학교 상황에서 내용의 스코프 문제는 다음과 같다.

- 특정 시기에 학생들은 각 내용 영역을 얼마만큼 공부해야만 하는가? 즉, 수학, 과학, 영어, 사회, 체육, 음악 등에 할당해야 할 시간의 비율은 어떻게 정해야 하는가?
- 모든 학생들이 알아야만 하는 공통의 내용이 있는가? 모든 학생들은 일련의 공통된 학습내용을 학습한 후 졸업해야 하는가?
- 만약 우리가 내용을 필수와 선택으로 구분하여 설정한다면 선택교과의 내용은 어떤 역할을 하는가?
- 그리고 오늘날 교육과정 개발자들에게 점점 더 관련된 문제로서 어떤 내용이 교육

과정에서 제외되어야만 하는가? 한정된 학교 교육과정 내에서 더 많은 학습내용을 첨가하려는 압력을 받을 때, 어떤 내용을 제외해야만 하는가?

그런데 교육과정 내용의 스코프에 관한 의사결정을 할 때 지침이 될 수 있는 교육적인 원리는 거의 없다. 그래서 간혹 학교에서 시간배당 시 정치적 측면이 발생하는 경우도 있다. 학교의 수업시간은 모든 과목을 다루기에는 충분하지 않다. 시간을 어떻게 배당하며, 과목들을 언제 가르치며, 어떤 교실을 이용할 것인가에 관한 것들은 종종 정치적으로 결정된다. 다음의 개념들은 교육과정에 포함시킬 내용의 스코프를 결정하는 데 도움이 되는 것들이다.

- 시간은 내용의 스코프를 결정하는 데 있어서 중요한 제약조건이다. 내용의 폭은 항상 깊이를 희생시켜 확보되는 것이며, 그 역도 가능하다. 특정 교과 주제에 대해 더 많은 시간을 소비해야 한다는 것을 의미하고 폭이 넓다는 것은 특정 기간에 가르쳐야 할 교과가 많다는 것을 나타낸다. 폭과 깊이 간의 균형은 학교 내의 '정치적' 세력이나 체제 수준의 교육과정의 수뇌부에 있는 교육과정 세력들에 의해 이루어질 것이다.
- 중핵 또는 공통내용의 개념은 교육자와 사회가 받아들일 것으로 보인다. 중핵 개념은 모든 학생들이 학교학습의 결과로서 습득해야만 하는 내용이 있다는 것을 시사한다. 중핵이 얼마만큼의 비율을 차지해야 하는지, 중핵적 내용에 어떠한 것들이 포함되어야 하는지 논란이 될 수 있다. 일반적으로 중핵은 최소한 전체 내용의 50%로 구성되며, 다음과 같은 내용들, 즉 읽기, 쓰기, 영어, 수학, 과학, 사회의 이해, 신체건강으로 구성된다.
- 학교가 아동과 청소년의 특수한 요구를 충족하여야 한다. 학생의 흥미와 사회적 상황에 따라 선택과목의 문제가 발생하고, 학습자의 학습능력과 개인차의 문제로 인해 특별 과정이 고안될 수도 있다.
- 학습자들에게 어떤 현실감을 제공하기 위하여 내용의 통합이 권장된다. 분리된 과목의 조직과 운영보다는 내용 통합이 권장되며, 궁극적으로 내용 통합은 학습자가 하는 것이다.
- 사회적 요청이나 요구를 어느 정도 수용해야 하는가?

국가나 지방 교육청 또는 학교가 스코프를 어떻게 결정하였는가와 상관없이 대부분의 교사들은 학생들이 배울 내용의 스코프를 어느 정도 통제하고 있다. 교사들은 한 교과 내에서 어떤 단원을 특히 강조하여 가르치기도 하며, 한 단원 내에서도 그 속에 들어 있는 내용을 수정·삭제하거나 완전히 새로운 내용을 추가하여 수업하기도 한다. 학교에서 무엇을 배우며 얼마나 깊이 있게 배우는가 하는 스코프의 결정은 교육적으로 매우 중대한 일이라는 것을 알 수 있다. 더욱이 학생들이 학교에서 받는 총 수업 시간 수는 정해져 있기 때문에, 교육내용의 후보들 중에서 무엇인가를 선택하고 거기에 얼마 만큼의 시간을 배당한다는 것은 피할 수 없는 일이다.

② 교육과정 내용의 시퀀스

시퀀스(sequence)는 일정 기간에 걸쳐 학습자들에게 내용이 제시되는 순서를 의미한다. 즉, 내용을 여러 가지 배열 또는 순서로 일정 기간에 걸쳐 학습자에게 제시될 수 있는 형태로 분할하는 것이다. 즉, 그러한 부분들이 학습자에게 제시될 수 있게끔 순서 짓는 것을 계열화라고 한다. 따라서 시퀀스는 한마디로 교육내용을 배우는 순서를 말한다. 즉, 학습자가 어떤 내용을 먼저 배우고 어떤 내용을 뒤에 배우는가를 결정하는 것이다. 여기서 배워야 할 내용의 순서는 학교급, 학년, 학기, 월, 주, 차시별로 결정된다. 즉, 초등학교, 중학교, 고등학교에서 어떤 내용(교과)을 먼저 배우며, 어떤 내용(교과)을 나중에 배우는가? 한 교과를 한 학기, 한 학년 또는 초등학교부터 고등학교 3학년까지 연속해서 배운다면, 어떤 단원이나 주제를 어떤 시기(학교급, 학년, 학기, 월, 주, 일, 차시)에 배울 것인가를 결정하는 문제와 관련 있다.

일반적으로 시퀀스는 교과별로 논의되는 일이 많다. 만일 수학과 같이 하나의 교과가 초등학교에서 고등학교까지 연속적으로 가르쳐질 때, 계열성이 어떻게 설정되는지를 생각해 볼 수 있다. 또한 계열성을 정하는 것은 교과 내 단원이나 대주제를 가르치는 순서나 과나 소주제를 배열하는 순서를 결정하는 것과도 관련 있다.

학습자를 위해 내용은 어떻게 배열되어야만 하는가? 이 질문에 답하기 위해서는 R. Zais(1976: 340)가 제안한 것처럼 몇 가지 관련된 중요한 질문들이 제기될 필요가 있다.

- 어떤 준거로 내용의 순서를 결정해야만 하는가?
- 어떤 내용 뒤에 와야 할 내용은 무엇인가? 왜 그런가?
- 언제 학습자는 특정 내용을 습득해야만 하는가?

(3) 내용 계열화 원리

전통적으로, 과목들은 논리적 준거에 따라 계열화되었다. 그러나 지난 20년간 몇 가지 원리가 내용의 계열화를 위한 준거로서 각광을 받기 시작하였다.

① 전통적 원리

단순에서 복잡으로   내용 조직에 대한 이 접근은 전통적으로 과학, 수학, 문법, 음악, 외국어 및 기타 많은 과목에서 발견된다. 이 경우 시퀀스는 단순하고, 하위 구성요소로부터 복잡한 구조로 진행된다. 예컨대, 우리는 나눗셈을 풀기 위해서는 최소한 곱셈과 뺄셈, 그리고 덧셈을 이해할 필요가 있다. 곱셈을 하려면 최소한 우리는 덧셈을 알아야 한다.

주제별 방법   이 방법은 내용을 여러 단원들로 묶지만, 단원들이 상호 독립적이어서 학습자가 새로운 단원을 학습하기 전에 이전 단원에서 배운 정보를 활용할 필요가 없을 때 사용된다. 예를 들어, 중학교 1학년(7학년) 과학 교과에서 '생물의 구성' 단원과 '지구의 구조' 단원은 서로 관련이 없기 때문에 어떤 것을 먼저 배치해도 상관없다.

선행요건적 학습요소   이 원리는 물리학이나 문법, 기하학과 같이 대개 법칙과 원리들로 구성된 과목들에서 사용된다. 법칙과 원리들을 이해하기 위해서는 선행요건적 학습요소들을 습득해야만 한다. 위계적 학습에 대한 Gagné와 Briggs(1979)의 접근과 일치된다.

연대기   이 원리는 내용을 사건들의 연대나 순서에 따라 기록하는 것을 말한다. 특히 우리가 사건 간의 인과관계를 규명하고 어떤 사건을 이해하기 위해서는 그에 선행한 사건을 이해할 필요가 있을 때 중요하다. 역사, 음악, 문학에서 이 접근이 활용되며 과학사와 같이 그 자체의 역사를 검토하는 과목에서 이를 활용한다.

전체에서 부분으로   이 원리에 대한 이론적 근거는 전체에 대한 이해가 부분 또는 구성요소 현상의 이해를 가능케 한다는 데 있다. 문학에서는 소설의 구성 부분들을 분석하기 전에 전체를 공부하는 것이 필요하다. 지리에서 흔히 이용되는 이 원리는 우리가 먼저 지구를 살펴보고 난 후 관련된 지구의 개념들을(시간, 계절), 그다음에는 기후와 같은 상세한 주제를 검토할 것을 제안한다. 좀 더 최근에 이러한 지침이 되는 원리들이 확장되어 계열화에 대해 두 가지 접근을 더 포함하게 되었다.

추상성의 증가　　학습자들은 자신에게 가까이 있거나 의미가 있는 것을 가장 효과적으로 학습한다는 아이디어에 따라 내용이 계열화될 수 있다. 그래서 우리는 내용 조직을 우리 자신의 경험과 가까운 것에서부터 시작해서 좀 더 멀리 떨어져 있는 것으로 진행해 나갈 수 있다. 예컨대, 자기 자신의 가족 단위를 공부하고, 유사한 문화구조들을 공부하고, 상이한 문화권의 사회 구조들을 공부하는 순서로 내용을 조직할 수 있다. 이 원리는 종종 초등학교에서 내용을 계열화하는 데 적용된다. 유사한 방식으로, 내용을 구체적인 것에서 추상적인 것으로 계열화할 수 있다. 즉, 추상적이고 관념적이고 이론적인 개념들로 진행되기 전에 구체적인 개념들을 이해하는 것이다. 예컨대, 지리 과목에서 척도나 전문적인 제도를 공부하기 전에 지상에서 거리에 대해 공부를 하는 것이다.

학생들의 발달에 의한 방법　　학생들은 인지, 정서, 신체 등에서 일정한 단계를 거쳐 발달한다고 생각하고 이 단계에 맞추어 교육내용을 배열한다. 예를 들어, Piaget의 인지발달이론, Erickson의 성격발달이론, Havighurst의 발달과업이론 등은 교육내용을 배열하는 데 도움을 준다.

나선형적 계열화　　이 용어는 전체 교육과정 조직과 관련되어 Bruner(1966)에 의해서 기술되었는데, 전체 개념 또는 많은 학습요소가 습득될 때까지 학습자들에게 내용의 기본적인 아이디어를 반복적으로 제시하는 것이다.

② 최신 원리

보다 체계적으로 내용 계열화 원리를 제시하고 있는 학자로는 G. J. Posner와 K. Strike(1976: 665-690)를 들 수 있다. 이들은 자신의 지식관, 학습관, 내용이 사용되는 방식을 토대로 내용 계열화를 할 때 참고가 되는 계열화 원리들을 분류하여 제시하고 있다.

학습자는 학습과정을 통해(탐구과정: 교과학습을 통해 세계의 현상에 대해 세계에 대한 지식(개념체계)을 가짐) 학습성과를 내고 학습성과를 활용하여 생활목적에 이른다.

Posner와 Strike(1976)는 여러 상이한 계열화 원리들이 지식관, 학습자관, 내용이 사용되는 방식에 대한 견해들과 어떻게 관계되는지를 나타내기 위한 하나의 도식(categorization scheme)을 고안해 냈다. 내용을 조직할 때에 크게 다섯 가지의 기초 혹은 질문에 근거해야 한다는 것이다. 또한 바로 그 질문 속에는 계열화 원리의 하위 유목들이 들어 있다.

단원 조직의 다섯 가지 주된 기초 혹은 질문은 다음과 같이 요약할 수 있다. 각 질문 속에는 계열화 원리의 한 유목이 나타나 있다.

- 세계의 현상들(인간, 물건, 사건) 간에 경험적으로 검증할 수 있는 관련성이 존재하는가? 그리고 단원들 간의 계열성이 세계와 일관성을 유지할 수 있도록 계열화하는 방법은? 이 유목에는 공간, 시간, 물리적 속성에 기초한 관련성 등의 하위 유목이 있다.
- 가르칠 지식의 개념적 속성은 무엇이며, 단원의 계열성이 개념들의 조직과 논리적으로 일관성을 유지할 수 있도록 계열화할 수 있는 방식은 무엇인가? 하위 유목으로는 부류관계, 명제관계, 정교화 수준, 논리적 선행요건성에 기초한 관련성 등이 포함되어 있다
- 명제와 개념이 어떻게 하여 생겨났으며, 단원의 계열성이 탐구의 과정과 일관성을 유지할 수 있도록 계열화할 수 있는 방법은 무엇인가? 하위 유목에는 탐구의 논리성과 경험성에 기초한 관련성이 포함되어 있다.
- 학생들은 어떤 방식으로 학습하며, 단원의 계열성이 학습과정과 일관성을 유지할 수 있도록 계열화하는 방법은 무엇인가? 하위 유목에는 경험적 선행요건성, 친숙성, 곤란성, 흥미, 내면화, 발달에 기초한 관련성이 포함된다.
- 학생들이 이미 학습한 지식이나 기능을 어떻게 사용하고 있으며, 단원의 계열성이 활용과정과 일관성을 유지할 수 있도록 계열화하는 방법은 무엇인가? 하위 유목에는 절차상의 순서, 예상 활용 빈도에 기초한 관련성이 포함되어 있다.

이상의 계열화 원리들을 표로 제시해 보면 〈표 8-2〉와 같다.

표 8-2 내용 계열화 원리와 사례

계열화 원리	하위유형	보기
1. 세계−세계의 현상들 간에 경험적으로 검증할 수 있는 관련성이 존재하는가? 그리고 단원들 간의 계열성이 세계와 일관성을 유지할 수 있도록 계열화하는 방법은?	공간	식물을 뿌리에서 줄기, 잎, 꽃의 순서로 가르침
	시간	러시아 혁명의 성격에 관하여 가르치기 전에 마르크스의 중심 사상을 가르침
	물리적 속성	양서류의 해부도를 가르치고, 상어를 가르치며, 그다음에 고양이를 가르침
2. 개념−가르칠 지식의 개념적 속성은 무엇이며, 단원의 계열성이 개념들의 조직과 논리적으로 일관성을 유지할 수 있도록 계열화하는 방식은?	부류관계	파동을 가르치기 전에 빛과 소리를 비교함
	명제관계	생물유기체를 가르치기 전에 화학적 합성에 관하여 가르침
	정교화 수준	수학에서 허수를 가르치기 전에 집합의 개념을 가르침
	논리적 선행요건	숫자의 개념을 가르치기 전에 집합의 개념을 가르침
3. 탐구−명제와 개념이 어떻게 생겨났으며, 단원의 계열성이 탐구의 과정과 일관성을 유지할 수 있도록 계열화하는 방식은?	탐구의 논리성	전지를 가지고 전구를 켜는 방법을 발견하고 나서 일반적인 규칙을 만듦
	탐구의 경험론	자료 수집의 방법을 가르치기 전에 연구계획서 작성방법을 가르침
4. 학습−학생들은 어떤 방식으로 학습하며, 단원의 계열성이 학습과정과 일관성을 유지할 수 있도록 계열화하는 방식은?	경험적 선행요건	영어 교과에서 사전 찾기 기능을 가르치기 전에 철자법을 먼저 가르침
	친숙성	스웨덴의 학교에 관하여 가르치기 전에 미국의 학교를 가르침
	곤란성	긴 단어의 철자를 가르치기 전에 짧은 단어의 철자를 가르침
	흥미	학생들에게 고고학을 가르치기 전에 지하로 땅 파는 것을 가르침
	내면화	학생들로 하여금 타인의 특정 행동을 이해하도록 하고, 자신의 행동을 이해하도록 가르침
	발달	도덕성의 개념을 가르칠 때 권위-수락된 법−개인적 양심의 원리 순서로 가르침
5. 활용−학생들이 이미 학습한 지식이나 기능을 어떻게 사용하고 있으며, 단원의 계열성이 활용과정과 일관성을 유지할 수 있도록 계열화하는 방식은?	절차상 순서	정원 만들 때 장소분석-건축재료 선택-생활공간 설계 순으로 가르침
	예상 활용빈도	주식거래를 가르치기 전에 복리를 먼저 가르침

(4) 수직적 연계성

본래 연계성(articulation) 혹은 연결은 교육과정의 여러 측면들 간의 상호 관계를 의미한다. 관계는 종적일 수도 있고 횡적일 수도 있다. 이런 점에서 연계성은 상관의 의미를 지닌다. Longstreet과 Shane(1993: 359)은 이것을 교육과정의 한 영역에서 내용을 지원하는 학습기회가 다른 영역의 내용을 통해 조직되는 문제로 보았다. 여기에는 종적(수직적) 차원의 연계성과 횡적(수평적) 연계성이 존재하는데, 전자는 계속성의 문제와 동일하다. 전자의 차원에서는 계열의 측면에서 학습, 주제, 과정의 관계가 포함되어 있으며, 후자의 차원에서는 동시에 다루어지는 요인 간 또는 요인들의 연합이라고 볼 수 있는데, 동일 학년의 상이한 교과 사이의 상호 관계가 내포되어 있다. 예를 들어, 설계자가 6학년의 사회과와 국어과 사이의 상호 관계를 고려하는 경우 이것이 바로 횡적 연결이다. 이것은 스코프와 통합의 문제에 연관되어 있다.

수직적 연계성(vertical articulation)은 이전에 배운 내용과 앞으로 배울 내용의 관계에 초점을 둔 것으로, 특정한 학습의 종결점이 다음 학습의 출발점과 잘 맞물리도록 교육내용을 조직하는 것을 말한다. 수직적 연계성은 여러 수준에서 확보되어야 한다(김대현·김석우, 1999: 137-139).

먼저 수직적 연계성은 학교급 간의 교육내용을 연결하는 데 중요한 역할을 한다. 예를 들어, 초등학교 교육과정은 중학교 교육과정과, 중학교 교육과정은 고등학교 교육과정과 자연스럽게 이어지도록 조직되어야 한다. 만일 중학교 다닐 때 수학 교과를 제대로 이수한 많은 학생들이 별다른 이유 없이 고등학교 수학 수업을 따라가지 못한다면 수학 교과의 수직적 연계성에 문제가 있을 가능성을 생각할 수 있다.

또한 수직적 연계성은 학년이나 단원의 교육내용을 연결하는 데도 중요한 구실을 한다. 만일 초등학교 3학년까지 전 과목에서 성취도가 90% 이상이던 많은 학생들이 4학년에 들어 와서 여러 과목에서 학습 성취도가 급격하게 떨어진다면 그 과목들의 수직적 연계성 상태를 점검할 필요가 있다. 또한 단원의 내용 간에도 수직적 연계성이 이루어지지 않으면 학습자는 학습에 어려움을 느끼게 된다. 영어 학습에서 현재형 시제를 처음 접한 학습자에게 곧바로 아주 복잡한 가정법 동사형을 공부할 것을 요구한다면 수직적 연계성의 견지에서는 실패한 것이 된다.

다음으로 수직적 연계성은 교육과정 개발의 여러 단계에서 강조된다. 먼저 국가 수준의 교육과정에서는 학교급, 학년, 학기, 단원 간에 수직적 연계성이 유지되도록 노력하고 있다. 이와 같은 점은 각 교과별 교육과정 해설서에서 강조되고 있다. 그리고 대부분의 교사는 국가, 지방 교육청, 학교가 계속성을 어떻게 결정하였는가와 상관없이, 학생들이 배울 내용을 이전 단원이나 또는 같은 단원의 앞에 제시된 내용과 연계하고자 한다는 점에서 수직적 연계성을 결정한다.

이 장의 주요 내용

　교육목표가 설정되고 진술되고 나면 다음으로는 교육내용의 선정과 조직이 진행된다. 교육내용은 교육목표의 영향을 받는다. 따라서 교육목표와 일관된 내용이 선정되어야 하며, 교육목표 설정 시 고려된 요인들이 내용 선정에서도 마찬가지로 고려되어야 한다. 내용이란 교육과정 목표를 달성하기 위해 학교에서 가르치고 배우는 대상을 가리킨다. 그러나 교육내용을 보는 입장은 다양한데 우선 ① 교육내용을 지식과 동일하게 보는 입장, ② 지식 외에도 기능적·정의적 측면을 고려하는 입장, ③ 교과나 과의 이름처럼 내용을 담는 그릇으로 보는 입장, ④ 공식적인 문서상의 내용과 그것을 실현하는 도구적 수업내용으로 구분하여 보는 형식적 입장 등이 있다. 특히 교육내용으로서 지식을 보는 입장이 개발활동에 많은 영향을 끼치고 있는데, 여기에는 Bruner, Peters와 Hirst, Phenix 등의 입장이 있다.

　교육내용을 선정하는 기준에는 중요성, 타당성, 사회적 적절성, 유용성, 학습가능성, 흥미 등이 있다. 내용 선정 작업 이후에는 내용을 일정하게 배열하고 배치해야 한다. 내용 조직은 학습을 목적으로 내용을 체계적으로 조직하는 데 관계되는 제 원리다. 여기에는 스코프와 시퀀스가 중요한 요인이다. 스코프는 다양한 수준으로 구체화되는데, 우선 학교급 수준, 학년 수준, 교과목의 수준에서, 교과목 내의 단원 수준에서, 단원 내의 주제 수준에서 내용들이 제시된다. 시퀀스는 교육내용을 배우는 순서로서 학습자가 어떤 내용을 먼저 배우고 어떤 내용을 뒤에 배우는가를 결정하는 것이다. 여기서 배워야 할 내용의 순서는 학교급, 학년, 학기, 월, 주, 차시별로 결정된다. 즉, 초·중·고등학교에서 어떤 내용(교과)을 먼저 배우며 어떤 내용(교과)을 나중에 배우는가 하는 문제, 한 교과를 한 학기, 한 학년 또는 초등학교부터 고등학교 3학년까지 연속해서 배운다면 어떤 단원이나 주제를 어떤 시기(학교급, 학년, 학기, 월, 주, 일, 차시)에 배울 것인가를 결정하는 문제와 관련이 있다.

　전통적으로 과거부터 많은 계열화 원리들이 사용되어 왔으나 최근에는 과학적이고 체계적인 원리들이 등장하고 있다. 그리고 수직적 연계성이 중요하게 고려되어야 하는데, 이것은 이전에 배운 내용과 앞으로 배울 내용의 관계에 초점을 둔 것으로, 특정한 학습의 종결점이 다음 학습의 출발점과 잘 맞물리도록 교육내용을 조직하는 것을 말한다. 수직적 연계성은 여러 수준에서 확보되어야 한다.

주요개념

계열화 원리	명제적 지식	지식
교육내용	방법적 지식	지식의 구조
교육내용의 다양한 층위	수직적 연계성	지식의 형식
기능	스코프	학문
내용 선정 준거	시퀀스	의미 영역
내용 조직		

탐구문제

1. 교육내용의 다양한 의미를 설명해 보시오.

2. 교육내용과 지식의 차이점을 기술해 보시오.

3. 교육내용으로서 지식을 강조하는 학자들의 입장을 비교, 설명해 보시오.

4. 교육내용의 스코프와 시퀀스 문제를 설명해 보시오.

5. 전통적인 내용 계열화 원리를 설명해 보시오.

6. Posner와 Strike의 내용 계열화 원리를 설명해 보시오.

7. 교육내용의 선정 원리를 설명해 보시오.

8. 교육내용의 조직 원리를 설명해 보시오.

참고문헌

교육부(1997a). 초 · 중등학교 교육과정.

교육부(1997b). 교육과정 개요 자료.

김대현 · 김석우(1999). 교육과정 및 교육평가. 서울: 학지사.

김인식 · 최호성(1990). 교육과정 및 평가. 서울: 교육과학사.

Bruner, J. S. (1966). *Toward a Theory of Instruction*. NY: W. W. Norton.

Gagn? R. M., & Briggs, L. J. (1979). *Principles of Instructional Design*. NY: Holt, Rinehart and Winston.

Hyman, R. (1973). *Approaches in Curriculum*. Englewood Cliffs, New Jersey: Prentice-Hall.

Johnson, M. (1967). Definitions and Models in Curriculum Theory. *Educational Theory, 17*(2), 127-139.

Longstreet, W. S., & Shane, H. G. (1993). *Curriculum for a New Millennium*. London: Allyn and Bacon.

McNeil, J. D. (2006). *Curriculum: A Comprehensive Introduction* (6th ed.). Boston: Harper Collins College Publishers

Nicholls, A., & Nicholls, A. H. (1978). *Developing a Curriculum: A Practical Guide* (2nd ed.). London: George Allen & Unwin.

Phenix, P. H. (1964). *Realms of Meaning*. NY: McGraw-Hill.

Posner, G. J., & Strike, K. A. (1976). A Categorization Scheme for Principles of Sequencing Content. *Review of Educational Research, 46*(4), 665-690.

Ryle, G. (1949). *The Concept of Mind*. London: Hutchinson.

Tyler, R. W. (1949). *Basic Principles of Curriculum and Instruction*. Chicago: The University of Chicago Press.

Zais, R. S. (1976). *Curriculum: Principles and Foundation*. NY: Harper & Row.

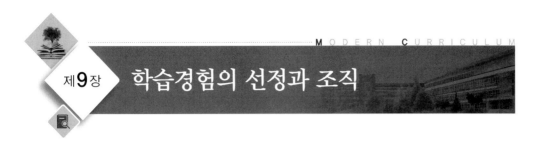

제9장 학습경험의 선정과 조직

MODERN CURRICULUM

📖 이 장의 주요 목표

▷ 학습경험의 중요성을 말할 수 있다.

▷ 학습경험의 의미와 교육내용과의 차이점을 설명할 수 있다.

▷ 학습경험 선정과 관련된 문제들을 인식할 수 있다.

▷ 학습경험 선정의 일반적 원리를 설명할 수 있다.

▷ 여러 유형의 목표 달성에 유용한 학습경험을 선정할 수 있다.

▷ 학습경험의 조직 준거를 설명할 수 있다.

▷ 단원의 구성 방안을 구안할 수 있다.

아무리 훌륭한 교육내용이 선정되고 조직되었다 하더라도 학습자의 경험으로 내면화되지 못하면 소기의 교육목표 달성은 어렵게 된다. 따라서 교육과정 개발에서 학습경험을 훌륭하게 선정하고 조직할 필요가 있다. 학습경험도 수업내용과 학습활동으로 구분하여 생각해 볼 경우 각각의 선정 원리들이 존재한다. 그리고 학습경험 선정 시에는 여러 문제들을 고려하고 여러 유형의 목표 달성에 유용하도록 학습경험을 체계적으로 선정해야 한다. 다음으로는 학습경험이 일정한 준거에 의해서 체계적으로 조직되어야 하며, 개발의 종국에는 단원이 적합하게 개발되어야 한다. 교사들이 교실 수업에서 마주하는 교육과정 구조는 단원에 의해 구현되므로 교사들은 단원 구성에 관련된 문제들을 충분히 숙지해야 한다.

일반적으로 교육과정 분야를 '교육목표와 내용의 체계'에만 관심을 가지는 것으로 국한한다면 학습경험의 선정과 조직 문제는 부차적인 문제로 볼 수가 있다. 그러나 교육에서 가장 중요한 것이 학생의 학습이라고 본다면, 목표 달성에 필요한 교육내용을 아무리 잘 선정하고 효과적으로 조직하였다고 하더라도 그것이 학생의 학습으로 연결되지 못하면 의의가 없다.

따라서 목표 달성과 직결되고 교육내용과 적절하게 부합되는 학습경험을 선정하고 조직하는 일은 매우 중요한 일이다. 왜냐하면 교육목표 달성 여부가 최종적으로 학생의 학습경험에서 결정되기 때문이다. 그래서 잘 선정되고 조직된 내용을 어떻게 학습자들이 학습할 수 있도록 해 주는가 하는 문제가 중요해진다. Tyler는 이 문제를 교육목표를 달성하는 데 유용한 학습경험을 어떻게 선정할 수 있는가(학습경험의 선정), 혹은 이러한 교육적 경험들을 어떻게 조직할 수 있는가(학습경험의 조직) 하는 문제로 보고 있다. 이하에서는 주로 Tyler(1949)의 견해를 중심으로 살펴본다.

1. 학습경험의 의미

1) 학습경험의 의미와 중요성

학습경험이라는 말은 매우 개인적인 것이어서 사전에 계획하고 조직하는 것이 불가능하므로 이 용어를 사용하지 말아야 한다고 보는 사람들도 있다. 하지만 교육목표가 학생의 학습경험을 통해서 이루어지기 때문에 중요하게 취급되어야 한다.

학습경험이라는 용어는 한 과목에서 다루게 되는 교과내용이나 교사의 교수활동과 동일한 것이 아니다. 학습경험은 학습자와 학습자가 처한 외적 환경과의 상호작용이라고 볼 수 있다. 학습은 학습자의 활동을 통해서 이루어진다. 즉, 학습자는 그가 행한 행위를 통해서 학습을 하지 교사의 교수활동을 통해서 학습을 하지 않는다는 것이다. 두 학생이 동일한 수업을 받았다 하더라도 그들이 경험한 것은 서로 다를 수 있다. 그러므로 교육에 있어 가장 중요한 것은 학생들이 무엇을 경험했는가 하는 것이지 학생들에게 무엇이 제공되었는지의 문제는 아니다.

'경험'이라는 말을 교육에 가장 체계적으로 적용하여 논의한 사람은 미국 실용주의 철학자 John Dewey다. 그가 생각하는 '경험'은 우리가 일상적으로 사용하는 체험이나 경험이라는 말의 의미와 다르다. 그는 경험이 일어나기 위해서는 첫째로 행위자의 능동적인 행위(trying), 둘째로 행위를 겪은 결과(undergoing), 셋째로 능동적인 행위와 그 결과의 관계를 파악하는 사고작용(thinking)이 진행되어야 한다는 것이다. 예를 들어, 어린아이가 불이 뜨겁다는 것을 제대로 알기 위해서는 불 가까이에 손을 대 보고 (trying), 뜨겁다는 것을 느끼면서(undergoing), 불에 손을 대면 뜨겁기 때문에 앞으로는 조심해야 한다는 것을 생각(thinking)할 줄 알아야 한다. 이러한 점에서 경험을 통한 교육이란 교사가 지식을 조직화하여 학생들에게 체계적으로 전달하는 것이 아니라, 학생들에게 문제나 과제를 제공하고 그 과제 수행으로 인한 결과를 겪게 하며, 자신이 한 일과 그 결과를 연관지을 수 있도록 사고할 기회를 주는 것이 된다.

따라서 Tyler(1949)는 이러한 Dewey의 경험 개념을 수용하여, 학습경험을 학생과 환경과의 상호작용이라고 보았다. 이것은 학생들이 능동적인 참여자이므로 그의 환경 중의 어떤 부분이 그의 관심을 끌게 되면 그것에 반응을 보이게 된다는 것을 암시하는 것이다. 이러한 그의 생각은 행동주의 심리학의 관점을 수용하는 것으로 볼 수 있다. 따라서 교사는 학생들의 반응을 유도할 수 있는 학습조건이나 환경을 구성함으로써 학생들에게 적절한 경험을 제공할 수 있게 된다. 즉, 교사가 학습경험을 조절하는 방법은 우리가 원하는 학습이 이루어지도록 조건을 형성함으로써 환경을 조성하는 것이다. 여기서 유의해야 할 것은 외적인 학습환경이 동일하더라도 학생들이 각기 다른 학습경험을 하게 되리라는 것이다. 이것은 교사에게 막중한 책임을 부과시키는 것이다. 즉, 교사는 모든 학생들이 흥미를 느낄 수 있는 다양한 환경을 만들든지, 아니면 교사가 학생들 하나하나에게 의미가 있을 수 있도록 경험을 변화시키는 것이다. 그렇다면 학습경험의 선정 문제는 정해진 교육목표를 달성하기 위한 학습경험을 결정하는 일과 학생들의 학습경험을 유도할 수 있는 외적 조건을 형성하는 일이다.

이러한 맥락에서 학습경험의 계획자는 학생의 능동적 경향을 파악하고 학생에게 작용하는 환경 조건을 계획·조직하여 학생들로 하여금 원하는 경험을 적시에 할 수 있도록 도와주는 역할을 해야 한다고 하였다. 교육자들이 이와 같은 일을 하는 데는 가능한 모든 조건을 살펴야 할 것이지만, 학생들에게 수업내용을 제공하는 일과 내용과 관련된 학습활동을 하도록 하는 일이 우선시될 것이다.

일반적으로 교육학 문헌에서는 학습경험과 관련하여 다양한 용어들이 사용된다. 학습기회, 학습활동, 교수-학습 전략, 행동 등이 그것이다. 어떤 학자들은 학습기회를 수업내용과 학습활동을 포함하는 것으로, 교수-학습 전략을 교육방법이나 수업의 문제로 보고 있다. 행동은 특정 내용을 특정 학습활동을 통하여 최종적으로 학생이 획득하는 정신상태라고 볼 수 있다. 그러나 교육과정 개발자는 학생의 학습경험을 직접적으로 만들 수는 없다. 원하는 학습경험이 일어날 수 있도록 적절한 내용 요소와 효과적인 학습활동의 계획을 할 수 있을 뿐이다.

그런데 학습경험의 계획을 수업내용과 활동의 계획이라고 본 것은 학습경험이 내용 요소와 활동 요소로 구성된다고 본 Johnson(1967)의 견해와 일치한다. 물론 Tyler 역시 교육목표를 내용과 행동 차원으로 보고 있다. 수업내용 요소와 활동 요소는 완전히 분리되어 존재하는 것이 아니며, '교과서의 3쪽(내용 요소)을 읽는다(활동 요소).', '삼각형(내용 요소)을 그린다(활동 요소).'와 같이 학습경험이 일어나기 위해서는 내용 요소와 활동 요소 모두가 필요하다(김대현·김석우, 1999: 156). 그러나 학습경험의 계획에서 내용 요소는 동일하지만 활동 요소가 다를 수 있으며, 수업내용과 학습활동의 계획이 원하는 경험으로 직결되는 것이 아니다. 수업내용과 활동의 계획은 '의도' 차원이며, 학습경험은 '결과' 차원이라는 점을 유의할 필요가 있다.

이상의 관점에 따르면 학습경험은 수업내용과 학습활동을 포함하는 것으로 볼 수 있기 때문에 학습경험의 선정 작업 역시 수업내용과 학습활동으로 각각 구분하여 논의해야 한다. 이러한 입장을 따른다면 수업내용의 선정에서는 교육내용과는 다른 수업내용, 즉 교과서, 참고자료, 교과서나 참고자료에 없으나 학생에게 전달되는 내용 등을 중심으로 제시해야 한다. 그리고 학습활동에서는 보다 총체적이고 효과적인 학습경험을 위해서 교사의 수업계획까지를 고려하여 선정 및 조직 작업이 이루어져야 한다. 하지만 여기에서는 수업내용과 학습활동을 구분하여 각각 제시하기보다는 일반적인 차원에서 논의한다.

2. 학습경험의 선정

1) 학습경험 선정의 제 문제

학습경험을 수업내용과 학습활동의 측면으로 구분하여 볼 경우 학습경험의 선정 문제는 수업내용의 선정과 학습활동 선정 요인을 고려해야 할 것이다.

(1) 수업내용의 선정 원리

이하에서 제시되는 수업내용의 선정 원리는 수업내용의 선정에만 독특하게 적용되는 원리이기보다는 교육내용이나 학습활동의 선정에도 적용 가능한 매우 일반적인 원리다.

John(1993: 44)은 교사가 수업을 전개해 나갈 때 내용을 선정하고 조직하는 데 지침이 될 수 있는 몇 가지 준거를 다음과 같이 제시하고 있다.

첫째, 타당성(validity)이다. 수업내용이 국가 수준 교육과정으로부터 선정되어야 하고, 검증 가능한 것이어야 하며, 허위의 내용이어서는 안 된다.

둘째, 중요성(significance)이다. 교과수업에서 다루어야 할 내용 영역들은 사소한 지식이나 내용들을 다루어서는 안 된다.

셋째, 균형성(balance)이다. 학습자들에게 폭과 깊이가 보장되고, 미시적이고 거시적인 측면의 지식들을 골고루 학습할 수 있도록 해 주어야 한다.

넷째, 흥미(interest)다. 학습자들의 성공적인 학습을 촉진하고 지원할 수 있도록 흥미 있는 내용들이 채택되고 배열되어야 한다.

다섯째, 유용성(utility)이다. 교실에서나 학교 밖의 생활세계에서도 도움이 되도록 미래학습을 위한 실용성의 측면에서 내용을 선정해야 한다.

여섯째, 접근가능성(accessibility)이다. 교실 수업의 경우 학습자의 능력 범위 내에서 내용의 선정과 조직이 이루어져야 한다.

일곱째, 실행가능성(feasibility)이다. 국가 교육과정이나 학교 교육과정의 요구와 기준, 그 외의 여타 조건에 비추어 실천이 가능한 것들이어야 한다.

이상의 준거들에 기초하여 보다 상세한 원리들을 살펴보자.

타당성의 원리   타당성의 원리는 수업내용이 교육내용을 반영해야 한다는 것이다. 이 말이 수업내용과 교육내용이 같아야 한다고 의미하는 것은 아니다. 단지 수업내용은 교육내용을 구성하는 지식, 기능, 가치를 잘 전달할 수 있는 최적의 수단이어야 한다는 것이다. 만일 수업내용이 삼각형의 합을 계산하는 데 필요한 지식이라면 수업내용은 이에 관한 적절한 사례들을 담고 있어야 할 것이다.

확실성의 원리   확실성의 원리는 수업내용이 믿을 수 있는 것이어야 한다는 것을 의미한다. 어제의 진리가 오늘의 허위로 밝혀질 수 있으므로, 수업내용의 선정자가 학문의 지속적인 발전에 끊임없는 관심을 가져야 하는 이유도 여기에 있다.

명확성의 원리   명확성의 원리는 수업내용이 전달하는 의미가 분명해야 한다는 것이다. 수업 자료는 맞춤법에 맞는 단어, 문법에 맞는 문장, 분명한 메시지가 담긴 그림과 삽화 등을 담아야 한다. 그리고 단락의 구성은 사실들의 단순한 나열보다는 비교-대비, 원인-결과, 문제-해답, 결과-증거 등의 방식으로 기술하는 것이 학생들의 이해를 도울 것이다.

가능성의 원리   가능성의 원리는 수업내용이 학습자의 능력 수준에 알맞게 기술되어야 한다는 것이다. 학습자의 능력 수준에 맞는 어휘 선정, 문장 길이, 단락 구분이 필요하다. 그리고 교육내용을 줄이고 교과서를 포함한 수업 자료의 분량은 늘려서 교과서를 읽고 교육내용을 이해할 수 있도록 해야 한다. 예를 들어, 수업 자료에 실린 어휘가 흔히 사용하지 않는 어려운 한자어이거나 수업 자료의 면수에 비해 지나치게 교육내용이 많을 경우 학생들이 이해하기 어렵다.

균형성의 원리   균형성의 원리는 특정 집단의 이익에 도움을 주는 내용을 담아서는 안 된다는 것이다. 수업내용이 학생들에게 성별, 직업, 계층, 지역 등에 관한 편견을 심어 주는 것이어서는 안 된다. 예를 들어, 수업 자료의 삽화가 남성을 여성에 비하여 우월한 존재로 묘사한다든지, 수업 자료의 내용이 도시 지역을 농촌에 비하여 살기 좋은 곳으로 묘사한다든지 하는 내용은 피하는 것이 좋다.

흥미의 원리   흥미의 원리는 수업 자료의 내용이 학생들의 흥미를 유발할 수 있어야 한다는 것이다. 교육내용을 전달하기 위하여 선택할 수 있는 수업 자료의 내용은 매우 다양할 것이다. 예를 들어, 여러 가지 도형이라는 교육내용을 전달하기 위해서는 평면 그림, 입체 그림, 사진 등 다양한 수단이 동원될 수 있으나, 이들 중에서 학생들의 흥미를 가장 크게 유발하는 수단이 수업내용이 될 자격을 얻을 것이다.

연계성의 원리   연계성의 원리는 수업내용들이 서로 관련되고 일관성을 가져야 한다는 것이다. 같은 교과의 학년별 수업 자료(교과서 포함)에 실린 내용들 간에 모순이 있거나 같은 내용을 다른 용어로 표현하는 것은 피해야 한다. 같은 학년에 사용되는 수업 자료(교과서)의 내용들도 서로 연관지어 기술하고, 같은 현상을 다르게 표현하는 용어나 진술들은 서로 간의 관련성을 밝혀 두어야 한다(김대현·김석우, 1999: 158-159).

(2) 학습활동 선정의 고려 요인

보통 학습경험과 관련하여 학습활동을 자주 언급하는 경우가 있다. 여기에서는 학습활동의 차원에서 학습경험을 선정할 때 고려할 수 있는 학습원리를 Wheeler가 제안하고 있는 것으로 제시해 본다.

- 학습은 반드시 학습자가 참여해야 하는 하나의 능동적인 과업이다.
- 학습은 학습자의 능동적인 참여와 함께 자신이 무엇을 배우고 있는가를 이해할 때 더 효과적이다.
- 학습은 개인의 목표, 가치, 동기에 의해 상당한 영향을 받는다.
- 기능을 학습하는 경우 일련의 사태에 대한 반응을 자주 반복해야만 한다.
- 즉각적인 강화는 학습을 촉진한다. 시간의 경과가 짧을 경우 인지적 피드백이 가장 효과적이다.
- 학습자에게 제시된 경험의 범위가 광범위할수록 일반화와 변별이 더 잘 일어난다.
- 행동은 학습자의 지각에 따른 함수로 볼 수 있다.
- 유사한 상황이라도 학습자에 따라 다른 반응을 유발시킬 수 있다.
- 전이가 일어나기는 하지만 흔히 생각하는 것보다는 훨씬 적다. 그리고 전이는 관련 과제들 사이에 존재하는 유사성 때문일지도 모른다. 상황 간의 유사성과 전이 가능성은 특별히 극복해야 한다.
- 집단 풍토가 학습결과 및 그에 수반되는 만족감에 영향을 준다.
- 개인차는 학습에 영향을 준다. 그 차이는 유전적 특성을 띨 수도 있고, 사회문화적 특성을 띨 수도 있다.
- 모든 학습은 복합적이다. 학습의 초점을 특정 성과에 맞출 수도 있으나 여타 학습성과들도 동시에 생겨난다.

이상의 원리들을 염두에 두면서 적절한 학습활동을 선정하는 데 유용한 절차가 무엇인지를 살펴보기로 하자. [그림 9-1]에는 가장 효과적인 교수-학습 전략을 선정해 내려는 교사들에게 특별히 도움을 줄 수 있는 하나의 '여과적' 절차를 제시하고 있다.

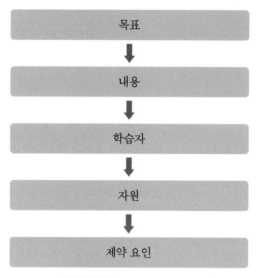

목표

↓

내용

↓

학습자

↓

자원

↓

제약 요인

그림 9-1   학습활동의 선정

[그림 9-1]의 모형은 가장 적절한 학습활동을 선정할 때까지 하나의 검출작용을 할 수 있는 4가지 준거들을 제시하고 있다. 이 준거에는 목표, 내용, 학습자에 대한 적절성, 이용 가능한 자원, 제약요인이 포함된다.

① 목표

학습활동을 선정할 때 통과해야 할 첫 번째 관문은 그 활동이 진술된 목표(objectives)를 달성할 수 있는지 먼저 결정해야 한다. 교육과정 개발자나 교사가 활용할 수 있는 학습활동은 아주 많겠지만 교육과정 목표를 촉진하기에 적절한 방법은 그리 많지가 않다.

예를 들어, 버너 조작 방법의 이해가 학습목표일 경우에는 탐구 전략보다도 상호작용 전략이나 설명 전략이 적절하다. 그러나 학습목표가 '버너를 올바르고 안전하게 조작할 수 있다.'일 경우에는 상호작용 전략, 소집단 전략, 개별화 전략을 적용할 수가 있다. 마찬가지로 목표가 문학 작품의 문화적 감정 이입을 강조한다면 설명적 방법이나 상호작용 전략보다는 탐구 전략이나 실제를 반영한 모형이 더 적절할 것이다. 결국 가장 적절한 학습활동을 결정할 때에는 달성해야 할 목표를 정확하게 결정해 내는 일이 무엇보다 중요하다.

② 내용

학습경험을 선정할 때에는 우선 이미 선정, 조직된 교육내용이 어떠한가를 살펴보아야 하며 처음에 설정된 교육목표가 어떠한 교육내용을 매개로 하여 달성되는 것이 가장 효과적이고 교육적인가를 고려해야 한다. 그리고 내용의 성격이나 수준, 내용 체계, 내용들 간의 관련성 등이 중요하게 고려되어야 한다. 학습경험이나 학습활동은 논리적으로 교육내용에 의해 상당 부분 규정되거나 영향을 받게 된다.

③ 학습자에 대한 적절성

목표의 요구조건을 충족하여 줄 수 있는 잠정적인 방법들의 범위를 결정하고 나면 다음 단계는 그 방법들 가운데에서 어느 것이 학생들의 특성, 즉 학생들의 흥미, 능력, 발달 수준에 일치하는가를 살펴보아야 한다. 어떤 의미에서는 목표가 결정되었을 때 이내 이런 준거들이 고려되었다고 볼 수 있다. 세심한 교육과정 개발자는 목표를 설정할 때 그 도달 가능성의 준거를 적용하면서, 동시에 대상 학생 집단에 알맞은 목표를 결정할 때 학습자의 연령, 일반능력, 지적 발달단계 등의 특성을 고려할 것이다. 또한 학습활동을 Piaget의 발달 개념과 연관 지어 볼 수도 있다. 여기서 어떤 활동은 그 어느 활동보다도 특정 발달 수준의 학습자에게 더 적절할 수도 있다. 그 예로서 형식적 조작 단계의 아동들에게는 설명 방법이나 조사 방법이 더 적절할 것이다. 더 어린 아동들에게는 개별화 소집단 수업이 적절하며, 또한 훈련이나 반복연습도 적절하다.

④ 자원

교육과정 개발자와 교사들은 목표와 학습자의 특성을 고려한 후, 자원의 이용 가능성이라는 준거를 살펴보아야 한다. 어떤 방법들은 하드웨어(영사기, 컴퓨터 녹음기)나 소프트웨어(영화, 컴퓨터 프로그램 테이프)를 이용해야 한다. 그런데 이런 차원들이 그 기관에 준비되어 있으며, 필요한 시간에 이용할 수 있는가? 내륙지방에서는, 학생들이 실제로 파도의 움직임을 관찰하도록 요구하기란 불가능하다. 그러므로 필요한 자원의 이용가능성은 방법 선정에 있어서 매우 중요한 준거다. 이 준거에 비추어 방법을 평가하게 되면 실행 가능한 방법의 수는 더욱 줄어들 것이다.

⑤ 제약 요인

가장 중요한 제약 요인은 수업시간일 것이다. 학생들이 경험할 학습경험들을 선정할 때 수업에 배당된 한정된 시간으로 인해 활용 가능한 학습활동이나 방법들이 선택되거나 배제되기도 한다.

2) 학습경험 선정의 일반적 원리

목표 달성에 필요한 구체적 학습경험은 목표가 무엇이냐에 따라 다르지만 추구하는 목표가 무엇이든지 간에 공통적으로 적용할 수 있는 일반적인 원리들이 있다(Tyler, 1949).

(1) 기회의 원리

어떤 목적을 달성하기 위하여 학생들이 목표달성에 필요한 경험을 할 수 있는 기회가 제공되어야 한다는 것이다. 즉, 문제해결력을 계발하는 것이 목적이라면 학생들에게 문제를 해결해 볼 수 있는 충분한 기회가 주어지지 않고는 불가능하다. 또 독서에 흥미를 갖도록 하는 것이 목적이라면 독서를 많이 해 보지 않고는 이 목적을 달성할 수 없다. 이것은 어느 경우나 마찬가지다. 기본적으로 학생들이 목표를 달성하는 데 필요한 경험을 할 수 있도록 충분한 학습경험이 제공되어야 한다.

완전한 목표의 진술이란 행동에 관한 진술뿐만 아니라 그 행동과 관련된 내용도 포함하는 것이기 때문에, 학습경험은 그 속에 목표와 관련되는 내용도 다루어 볼 수 있는 충분한 기회가 학생들에게 주어지는 것이라야 한다. 그러므로 만약에 학습목표가 건강 문제의 해결 능력을 개발하는 것이라면 학습경험 속에는 문제해결의 기회뿐만 아니라 건강 문제에 관한 구체적인 작업을 해 보는 기회가 제공되어야 한다. 또한 목표가 많은 소설을 읽어서 흥미를 느끼도록 하는 데 있다면, 학습경험 속에는 독서의 기회뿐만 아니라 여러 종류의 소설을 읽어 볼 수 있는 기회가 제공되는 것이 필요하다. 이것은 어떤 종류의 목표와 관련되는 학습경험을 설정하든지 일반적으로 적용시킬 수 있는 원칙이다. McNeil(2006: 118)은 이 원리를 적절한 연습(appropriate practice)의 원리로 해석하였다.

(2) 만족의 원리

학생들이 목표와 관련된 학습을 함에 있어서 만족을 느끼는 경험이 되어야 한다는 것이다. 예를 들어, 건강 문제를 해결하는 능력을 개발하는 학습경험의 경우에 중요한 것은 이 경험을 통하여 학생들이 건강 문제를 해결할 수 있는 기회를 얻음과 동시에 이 문제를 해결하는 과정에서 만족할 만한 경험을 했다는 사실이다. 만약 그 경험이 만족스럽지 못한 것이거나 불쾌한 것이었다면, 학습은 이루어질 수 없는 것이다. 잘못하면 애초의 목표와는 다른 결과를 얻게 될지도 모르는 것이다. 독서에 대한 흥미를 개발하는 학습경험의 결정에서도 마찬가지의 논리를 적용할 수 있다. 많은 독서를 할 수 있는 충분한 경험이 제공되어야 하고 아울러 이러한 경험이 만족할 만한 것이어야 효과적인 학습이 이루어졌다고 볼 수 있는 것이다. 그렇게 되기 위해서는 교사들이 학생들의 흥미나 학생들의 수준 그리고 이러한 경험이 학생들에게 만족을 주는 것인가 아닌가를 판별할 수 있는 충분한 정보를 갖고 있어야 한다.

(3) 가능성의 원리

학생들의 현재 수준에서 경험이 가능한 것이어야 한다는 것이다. 즉, 학습경험이 달성 가능한 것, 학생들의 성장에 맞는 것 등등이다. 이것은 "교사는 학생들의 수준에서부터 수업을 시작해야 한다."라는 옛날 말을 확인시켜 주는 것이다. 만약 학습경험이 학생들이 현재로는 할 수 없는 것이라면, 그것은 당연히 이루어질 수 없는 수업이 될 것이다. 그러므로 교사는 학생들의 현재 목표, 배경 그리고 현재의 수준 등을 정확히 파악하고 있어야 한다. McNeil(2006: 119-120)은 이 원리를 성공(success)의 원리로 해석하였다.

(4) 다경험의 원리

교육목표를 달성하는 데 여러 가지 다른 학습경험이 활용될 수 있는 것이다. 교육 경험이 효과적인 학습의 기준에 타당한 것이라면 그것은 목표 달성에 유용하게 활용될 수 있는 것이다. 어떤 구체적 목표를 달성하는 데는 여러 가지 학습경험이 고려될 수 있다. 그것은 어떤 구체적 학습경험을 설계하는 데 있어서 교사에게 충분한 재량권이 부여될 수 있다는 것을 의미하는 것이다. 이것은 또한 한 학교가 교육경험을 설정함에 있어서 하나의 교육목표를 염두에 두고 있지만 학생들이나 교사의 성격을 고려하여 선택의 폭을 넓힐 수도 있다는 것을 의미하는 것이다. 교육과정이 어떤 목표를 달성하는 데 필요한 학습경험을 일정하게 제한할 필요는 없는 것이다. McNeil(2006: 120)은 이 원리를 다양한 접근(multiple approach)의 원리로 해석하였다.

(5) 다성과의 원리

동일한 학습경험을 했더라도 교육의 결과는 달라질 수 있다는 것이다. 예를 들어, 건강에 관한 문제를 해결하는 동안에 건강에 관한 정보를 학습할 수 있는 것이다. 또한 공중보건 절차의 중요성에 대한 어떤 태도가 학습될 수도 있는 것이다. 건강 분야에 관한 일에 대해서 흥미를 느끼기도 하고 흥미를 잃어버리기도 할 것이다. 모든 학습경험은 하나 이상의 학습결과를 얻게 된다. 긍정적으로 보면 이것에는 시간을 벌 수 있는 결정적인 이득이 있다. 학습경험이 잘 짜여 있다면 다양한 교육목표를 달성할 수 있기 때문이다. 그러나 부정적인 측면에서 보면 교사는 학습을 통해서 의도하지 않았던 어떤 결과가 나타나지 않나 항상 경계를 해야 하기도 한다. McNeil(2006: 120)은 이 원리를 다성과(multiple outcomes)의 원리로 해석하였다.

3) 목표 달성에 유용한 학습경험의 예

교육목표가 다양하기 때문에 모든 목표의 달성에 유용한 학습경험이 어떤 것인지를 전부 진술하기는 불가능하다. 그러므로 몇 개의 일반적인 교육목표를 제시하고 그 목표를 달성하는 데 필요한 학습경험이 어떤 것이어야 하는가를 살펴보려고 한다(이해명, 1987: 63-74; Tyler, 1949).

(1) 사고능력을 개발하는 데 필요한 학습경험

'사고'라는 용어는 다양한 의미로 사용되고 있다. 그러나 대개 사고라는 용어가 시사하고 있는 것은 두 개 이상의 개념을 단순히 기억하거나 반복하는 것이 아니고 그것들을 서로 연관시켜서 생각할 수 있는 것을 의미한다. 귀납적 사고란 구체적인 여러 자료를 통해서 일반적인 어떤 원리나 원칙을 유도해 내는 것을 의미한다. 그리고 연역적 사고란 어떤 원리를 구체적인 경우에 적용시키는 것을 의미한다. 논리적 사고란 가설을 사용하여 논리적인 결론에 도달하는 조직적인 논리의 전개를 의미한다. 구체적인 현실에서는 여러 종류의 사고가 복합적으로 요구되기 때문에 교사가 어느 한 가지 종류의 사고만을 강조해야 할 필요는 없다. 학습경험이란 학생들에게 이러한 사고를 할 수 있는 기회를 충분히 제공하는 것이기 때문에, 학습 조건이 이러한 사고를 자극시키도록 하는 것이 중요하다. 이 분야에 관한 연구에서 밝혀진 것은 학생들이 곧바로 대답할 수 없는 문제에 부딪히게 되는 이상, 여러 가지의 사고를 할 수 있도록 유도하는 것이 바람직하다는 것이다. 이것은 사고를 계발시키는 학습경험을 하도록 하기 위해서 여러 가지 문제에 부딪혀 보아야 한다는 것이다. 또한 학생들의 즉각적인 반응을 유도할 수 있게 문제가 학생들에게 직접 이해관계를 갖는 것이어야 한다는 것이다. 더구나 그 문제들은 학생들이 교과서나 다른 참고서를 보면 곧 해답을 찾을 수 있는 그런 문제가 되어서는 안 된다는 것이다. 해답을 얻기 위해서는 여러 종류의 이론이나 정보를 연관시키는 것이어야 한다. 또 수업시간에 경험하게 되는 문제는 일상생활에서도 부딪히는 문제이어야 한다는 것이 바람직하다. 이렇게 되면 학생은 이러한 문제를 풀어 볼 만한 가치가 있는 것으로 인정하게 된다.

그리고 학생들이 문제해결을 최초로 경험하는 것이기 때문에, 사고가 어떤 절차로 진행되는지를 이해할 수 있도록 학습 조건을 설정하는 것이 필요하다. 사고의 절차는 다음과 같이 이루어진다. ① 현재로서는 대답할 수 없는 문제이거나 문제가 무엇인지를 인지하는 단계, ② 분석을 통하여 그 문제를 보다 분명하게 밝히는 단계, ③ 필요한 자료를 수집하는 단계, ④ 가능한 가설을 설정하는 단계, 즉 그 문제를 해결하기 위한 가능한 해답이나 대안을 찾는 단계, ⑤ 적절한 수단을 동원하여 가설을 검증하는 단계, ⑥ 결론 단계. 가설을 설정하는 단계에서 학생들은 그들이 이미 알고 있는 원리나 이론을 기초로 할 수도 있는데, 이 경우는 가설을 검증함 없이도 문제를 곧 해결할 수 있다. 경우에 따라서 이러한 문제해결의 단계는 달라질 수도 있으며 어떤 단계는 필요하지 않은 경우도 있다. 그러나 일반적으로는 학습경험을 통해서 이러한 기본적인 단계를 모두 거쳐 보아야 하며, 한 단계 한 단계를 수행하는 데 필요한 기술이 어떤 것인가를 이해하고 있어야 한다.

물론 분명한 것은 학생들이 문제를 스스로 해결해 봄으로써 사고력을 키우는 것이다. 교사가 문제를 해결하고 학생들은 단지 그것을 관찰만 한다면 목표는 달성되지 못할 것이다. 또 하나 분명한 것은 어떤 연령에서 어떤 사고 단계가 개발되어야 하는지가 분명해져야 한다는 것이다. 예를 들어, 문제를 해결하기 위해서 기초가 되는 자료 수집의 단계는 초등학교나 중학교의 초기 단계에서 훈련되어야 한다. 불행하게도, 수학의 경우에는 학생들에게 필요한 모든 자료가 이미 주어지기 때문에 학생들이 하는 일은 겨우 계산뿐이다. 나중에 필요한 자료를 스스로 수집해야 할 때에 그는 어디서 어떤 자료를 구해야 할지 혼란을 일으키게 된다. 실험 결과가 나타내듯이, 필요한 자료가 어떤 것이고 그것을 어디서 구해야 할지를 훈련을 통해서 익힌 사람들은 문제해결 능력이 상당히 높다는 것이다. 그 반대로, 학생들이 이미 중·고등학교에서 자료 수집 방법을 연습했다면 대학교에서 이것을 다시 강조할 필요는 없는 것이다.

　"문제 분석을 일정한 형식에 따라서 하도록 가르치는 것이 문제 분석에 도움을 주는가?"라는 문제에 대한 해답을 얻기 위한 몇 가지 실험연구가 이루어졌다. 한 연구는 9학년 아동을 대상으로 하였다. 그 연구 결과, 아동들은 문제해결에 여러 가지 방법을 사용한다는 것이 밝혀졌다. 어떤 아동들은 문제를 미리 내다보고 문제해결의 중간 단계를 생략한다는 것이다. 또 어떤 아동은 문제해결에 필요한 모든 단계를 하나하나 밟아 나간다는 것이다. 모든 학생들에게 어느 한 가지 분석 방법을 가르쳤을 때 학습능력이 낮은 학생에게는 효과가 있었지만, 우수한 학생들에게는 아무런 효과가 없었다는 것이다. 그러므로 어떤 학생들에게는 문제해결에 필요한 모든 단계를 하나하나 다 가르쳐야 하지만, 또 어떤 학생들은 이해가 빠르기 때문에 모든 것을 다 가르쳐야 할 필요가 없게 되는 것이다.

　또 하나 학생들에게 있어서 어려운 점은 가능한 대답이나 설명을 제시하는 것이다. 대부분의 학생들은 아주 특출하지 않은 이상 하나 또는 둘 이상의 대답이나 설명을 할 수가 없다. 이 부분의 학습에 어떤 도움을 줄 수 있다면 그것은 문제해결에 커다란 도움이 되는 것이다. 학생들에게는 가능한 여러 가지 해결방안이나 고려할 만한 사실이나 조건들을 제시하는 것이 도움이 된다. 또한 문제를 풀면서 여러 가지 가능한 제안을 해 보는 것도 도움이 된다.

　문제해결에 있어서 또 하나 문제가 되는 것은 학생들에게 문제를 분석하고 그 과정에서 관련이 되는 여러 가지 요소들을 처리하는 데 기준이 되는 개념이 부족하다는 것이다. 학생들에게 사고를 가르친다는 것은 그들에게 기본 개념을 활용해서 사고의 대상이 되는 구체적 상황을 고찰할 수 있는 사고의 틀을 갖게 함으로써 문제를 분석하고 처리할 수 있도록 하는 것을 내포하는 것이다. 이것은 어떤 분야에서는 기초적인 가설이나 이론이 담당하는 기능이다. 이러한 개념을 가지고 학생들은 문제를 고찰하기도 하고 그 문제에 내포된 여러 가지 요소를 서로 연관시켜 보기도 한다. 흔히 그러한 개념의 활용을 통하여 얻어진 구체적 경험이 효과적인 문제해결에 기초가 되기도 한다.

(2) 정보습득에 도움이 되는 학습경험

　이러한 유형의 학습경험에 포함되는 목표는 구체적 사실의 이해, 여러 종류의 지적 축적 등과 같은 것이다. 흔히 습득되는 정보에는 원칙, 법, 이론, 이념, 사실 그리고 용어 같은 것들이 포함된다. 그러한 정보는 그것이 문제해결에 어떤 도움을 주는 기능을 가질 때이거나 또는 실제 문제의 처리에 어떤 도움을 줄 때에만 중요한 의미를 가질 수 있다는 것을 가정하고 있다. 정보 그 자체로서 어떤 의미를 갖는다는 것은 아니라는 말이다.

현재의 학습경험이 학생들에게 어떤 정보를 습득하게 하는 데는 적절하지 않다는 연구 결과를 살펴보도록 하자. 정보의 학습에는 대체로 다섯 가지 결함이 있다는 것이 밝혀졌다.

첫 번째는 학생들이 그 의미를 파악하려고 하거나 또는 그가 학습한 내용을 응용할 수 있는 능력을 얻으려고 하기보다는 기계적으로 암기하려고만 한다는 것이다. 예를 들어서, John Dewey는 지구의 생성에 대해서 공부하고 있는 시카고 지역의 학교를 방문하고 그 방문결과를 다음과 같이 보고하고 있다.

Dewey는 학생들에게 지구의 중심 부분까지 깊이 파 본다면 그 부분이 뜨거울지 차가울지를 물어보았다. 그랬더니 아무도 대답을 하지 못하였다. 그때 교사가 Dewey에게 "질문을 잘못 하셨습니다."라고 말하더니 학생들에게 다음과 같이 물었다. "얘들아, 지구의 중심부분은 어떤 상태냐?" 그랬더니, 학생들이 합창하듯이 "화성암이 용해된 상태요."라고 대답하더라는 것이다. 이렇게 이해를 시킴 없이 단지 기억만을 시키는 것이 현재 우리가 정보를 학습시키는 데 사용하는 일반적인 교육 방법이다.

정보 학습에 나타나는 두 번째 결점은 학생들이 학습한 내용을 곧 잊어버린다는 것이다. 사실상 구체적인 정보를 망각하는 상태를 굽은선으로 그린다면 지난 세기에 Meumann이 보고한 무의미한 음절의 망각을 나타내는 굽은선과 비슷하다. 보통 학생들은 한 과목을 이수한 다음 1년 이내에 배운 내용의 50%를 잊어버리고, 2년 이후에 75%를 망각한다.

세 번째 결점은 정보를 적절하게 조직하지 못한다는 것이다. 대부분의 학생들은 정보를 단편적으로 기억하고 있고, 정보를 조직적으로 연관시켜서 기억하고 있지 못한다. 네 번째 결점은 학생들이 기억하고 있는 정보는 막연하거나 정확하지 않다는 것이다. 마지막으로 학생들은 정확한 최신 정보에 대해서 무지하다는 것이다. 현대 생활에 관련되는 정보는 될 수 있으면 최신의 것이어야 하기 때문에 학생들이 정확한 최신의 정보원을 갖고 있어야 한다는 것이 중요하다. 그러나 최근의 연구 결과에 의하면 겨우 20% 미만의 학생만이 최신의 정보원을 갖고 있다고 한다.

정보 습득 과정에서 이러한 결점을 극복하기 위한 몇 가지 제안이 제기되고 있다. 우선 정보 습득을 문제해결과 병행해서 시도한다는 것이다. 그러므로 정보 습득을 위해서 독립적인 학습경험을 하도록 하는 것이 아니고 정보 습득은 문제해결의 과정에서 이루어지게 함으로써 시간을 절약한다는 이점이 있다는 것이다. 그리고 정보 습득이 문제해결의 과정에서 이루어지게 되면, 정보의 활용과 정보 습득 이유는 자명해지는 것이다. 이것은 기계적인 암기로는 이루어질 수 없는 학습결과다.

두 번째 제안은 가장 중요한 정보만 선정하여 기억할 가치가 있는 것만 학습내용에 포함시키라는 것이다. 흔히 과학 시간의 경우처럼 수천 개의 기계적인 용어를 학습해야 하는 대신에 몇 개의 중요하고 빈번히 사용되는 용어만을 선정함으로써 학생들이 이 용어를 정확하고 세세하게 학습하게 된다. 자주 쓰이는 용어는 잊어버리지 않는다.

세 번째는 정보에 대해서 강렬하고 다양한 인상을 받게 하면 기억을 쉽게 할 수 있을 것이라는 것이다. 이것은 기억할 만한 가치가 있는 중요한 정보는 다양하고 강력하게 가르치라는 것이다.

네 번째는 이렇게 중요한 정보는 자주 그리고 다양한 상황에서 활용하도록 하라는 것이다. 정보를 자주 활용하게 되면 그 정보를 기억할 수 있는 확률이 높아지며, 정보를 다양한 상황에서 사용해 보면 연상이 쉽게 되고 우리가 취급하는 정보의 의미를 분명히 이해하게 된다.

학생들이 배운 정보를 적절하게 조직하도록 도와주기 위해서는 정보를 단 하나의 기준으로 조직할 수 있다고 생각하지 않도록 하는 것이 중요하다. 기준에 따라서 같은 정보를 두세 가지의 다른 방법으로 조직할 수도 있다. 이것은 정보의 활용 조건에 따라서 정보의 재구성이 다양한 방도로 이루어질 수 있다는 것을 시사하는 것이다.

자료 처리 능력에 대해서 생각해 보면, 학생들이 필요한 정보를 어떻게 어디서 구하느냐 하는 것을 배우는 것이 중요하다. 이것은 문제해결과 연관되는 학습경험을 통하여 쉽게 이루어질 수 있다. 필요한 정보를 얻기 위해서는 교과서나 몇 개의 참고서를 뒤지는 것보다는 다양한 정보원을 추적하는 것이 필요하다. 분명한 것은 정보의 습득이 학습경험을 통하여 이루어져야 하고 정보 습득만을 위한 별도의 학습경험을 따로 선정하는 것은 바람직하지 못하다는 것이다.

(3) 사회성 함양에 도움이 되는 학습경험

사회성 함양으로 생각해 볼 수 있는 것에는 사회, 문학, 예술, 체육, 특별활동 등에서 강조되는 내용들이 포함되어 있다. 태도라는 것은 행위로 나타나지 않더라도 그런 경향을 보이면 그것을 태도라고 규정할 수 있는 것이다. 모든 사람들은 무엇인가를 해 보고 싶은 욕구, 겉으로 나타나기 이전의 마음속 욕구를 경험한다. 어떤 경우는 그런 욕구가 억제되어서 실제로 어떤 구체적 행위로 나타나지 않는 경우도 있다. 그러므로 동료에 대해서 거부감을 느끼지만, 말이나 행동으로 표현하지는 않는 경우도 있다. 태도가 중요한 것은 태도가 행위에 강한 영향을 미치게 되고 개인의 가치관이나 만족도에 깊은 영향을 미치게 되기 때문이다.

태도 발달에 관한 연구에서 밝혀진 것은 태도 개발의 방법에는 네 가지가 있다는 것이다. 가장 흔히 쓰이는 방법은 환경을 통한 동화(assimilation)의 방법이고, 두 번째 방법은 어떤 것을 경험하고 얻게 되는 느낌의 결과다. 세 번째 가장 흔한 태도 학습의 방법은 깊은 정신적 상처를 주는 것을 경험하는 것이다. 즉, 개에게 한번 물려 본 경험이 있는 아동은 개를 무서워하는 태도가 학습될 것이다. 마지막으로, 네 번째의 태도 개발의 방법은 직접적인 지적 과정을 통해서다. 우리가 어떤 행위를 관찰하거나 또는 어떤 사물을 분석해서 그 본질을 알게 되는 경우에, 우리는 이러한 지적인 분석을 통하여 얻은 지식을 가지고 그것을 좋아하거나 싫어하게 된다. 불행하게도 지적인 분석을 통하여 습득한 태도는 다른 방법으로 습득한 태도만큼 흔하지가 않다. 위에서의 네 가지 방법 중에서 세 번째 방법은 학교교육 방법으로는 적절하지 않은 것 같다. 심한 감정의 반응을 통한 태도 학습방법은 학교에서 조직적으로 활용하기가 불가능하다. 그러므로 학교는 환경을 통한 느낌의 개발, 그리고 지적인 과정을 통하는 방법밖에는 없다.

(4) 흥미를 개발하는 데 필요한 학습경험

흥미는 교육에 있어서 목표와 수단으로서 동시에 중요하다. 즉, 목표와 목표를 달성하는 데 필요한 학습경험을 흥미롭게 하는 수단으로서 중요한 의미를 갖는다는 말이다. 그러나 여기서는 흥미를 하나의 목표로서 취급하여야 한다. 흥미는 흔히 중요한 하나의 목적으로서 강조된다. 왜냐하면 흥미는 우리의 관심 영역과 우리의 행동을 결정하기 때문이다. 그러므로 흥미는 우리의 행동 방향을 결정하고 우리가 어떤 사람이 될 것인가에 지대한 영향을 미치고 있다.

흥미를 개발하는 데 필요한 학습경험을 설계하는 데 있어서 기본적인 요건은 학생의 흥미를 개발해야 할 영역에서 학생이 실제로 만족을 얻도록 하는 일이다. 그러므로 흥미를 개발할 수 있는 학습경험은 흥미를 개발해야 할 영역에 대한 탐구를 할 수 있는 기회를 제공하고, 이 탐구에서 만족감을 얻을 수 있는 것이어야 한다. 만족을 얻는 것은 여러 가지 이유에 의해서 가능하다. 소위 모든 인간에게 기본적인 것, 즉 사회적인 인정, 음식이나 휴식 등의 신체적인 만족, 성공을 통한 만족 등이 그 하나다. 그러므로 가능하다면 학생들에게 이러한 기본적인 만족감을 누릴 수 있는 기회를 제공하는 학습경험은 이러한 행위에 대한 흥미를 개발하도록 하는 것이어야 한다.

만족할 만한 행위가 될 수 있는 두 번째 근거는 만족을 주는 다른 행위와 지금의 행위를 연계시키는 것이다. 그 자체로는 아무런 만족을 주지 못하는 행위를 만족을 느끼게 하는 다른 행위와 연결시킴으로써 만족감을 이 일에까지 확대시키도록 하는 것이다. 그러므로 독서에서 흥미를 느끼지 못하는 학생들로 하여금 독서를 다른 흥미 있는 행위와 연결시킴으로써 독서를 좋아하게 만드는 것이다.

건강한 아동들에게 있어서는 운동을 하는 이유가 여러 가지 운동을 함으로써 기쁨을 얻고자 하는 데 있다. 아동들의 흥미가 축소되고 제한되기 이전에는 여러 가지 자유로운 활동이나 감각을 통하여 만족을 느꼈다. 호기심 자체가 아동에게는 만족을 느끼게 하는 것이다. 그러므로 아동들에게 있어서는 순수한 탐구 자체가 만족감을 촉진할 수 있어야 한다. 그리고 탐구가 아동들에게 실패감이나 조소를 받게 하는 경험이 되도록 하여서는 안 된다.

학습경험을 구상함에 있어서 가장 어려운 문제는 학생들에게 따분하고 흥미 없어 보이는 것을 흥미롭게 만드는 것이다. 어떤 활동을 단순히 여러 번 반복한다고 해서 흥미가 생기는 것은 아니다. 흥미를 얻도록 하기 위해서는 새로운 접근법이 필요하다. 새로운 방법이란 전혀 새로운 내용으로 수업을 하거나 아동에게 흥미를 줄 수 있는 전혀 새로운 환경에서 학습활동을 시도하는 것이다.

4가지 분석을 통하여 교육목표 달성에 필요한 학습경험이 어떤 것인가를 살펴보았다. 교육과정을 개발할 때는 각 목표에 대한 이러한 유형의 분석이 이루어져야 한다. 이러한 분석은 행동목표의 개념을 보다 명확히 하고, 학습목표 선정에 도움을 준다.

하나의 목표를 달성하는 데 여러 가지 학습경험이 활용될 수 있고, 같은 종류의 학습경험이 다양한 목표 달성에 활용될 수 있다는 것은 학습경험의 개발 과정이 기계적으로 하나의 목표에 맞는 학습경험을 나열하는 식이 아니라는 것을 의미하는 것이다. 오히려 그 과정은 창의성을 필요로 하는 것이다. 교사가 목표를 설정하고 그 목표 달성에 필요한 학습경험을 구상할 때, 그는 그가 행할 수 있는 행동, 이용할 수 있는 자료 등을 모두 상정해 보는 것이다. 어느 정도의 윤곽이 정해지면, 가능한 학습경험이 어떤 것이 될 것인가를 기록하는 것이다. 윤곽이 설정되면 더욱 자세한 내용이 기술될 것이다. 그렇게 대강의 학습경험이 설계되면 목표에 기준해서 검사를 해야 한다.

첫째, 선정된 학습경험이 학생들에게 목표에서 제시된 행위를 수행할 수 있도록 할 수 있는가, 그리고 목표가 제시된 내용을 학습경험에 내포시키고 있는가가 확인되어야 할 것이다.

둘째, 선정된 학습경험의 효과를 따져 보아야 할 것이다. 그 학습경험은 학생들에게 만족을 줄 것인가? 만약 만족감을 주지 못한다면 기대했던 학습의 성과는 나타나지 않을 것이다.

셋째, 선정된 학습경험이 학생들의 수준에 맞는가가 확인되어야 할 것이다. 학생들의 수준에서 풀 수 없는 내용은 아닌지, 학생들의 가치관이나 견해에 상충되는 것은 아닌지 확인되어야 한다.

넷째, 경제성을 따져 보아야 할 것이다. 그 학습경험은 여러 목표를 달성하는 데 활용되는 것인지 아니면 하나의 목표 달성에 활용되는 것인지를 확인해야 한다. 이렇게 일반적인 기준에 의거해서 학습경험의 타당성을 평가해 본 후에 구체적인 학습경험에 대해서 평가해 보는 것이 좋다.

시험적으로 선정한 학습경험이 이러한 조건에 충족된다면 그 계획은 성공적인 것으로 볼 수 있다. 몇 가지 기준이 충족되지 않는다면 학습경험이 보다 효과적인 것이 되도록 수정할 필요가 있을 것이다. 학습경험이 이 기준에 비추어 봐서 적절치 않다면 임시로 계획된 학습경험을 버리고 다른 계획을 세워야 할 것이다. 이러한 방법으로 학습경험의 선정과정을 통하여 새로운 안이 나올 수 있도록 하여야 한다. 그러므로 수업계획이 확정되기 이전에 충분한 평가와 분석의 기회가 있어야 한다.

3. 학습경험의 조직

1) 학습경험 조직의 주요 문제

우리는 이제까지 여러 가지 목표의 달성에 유용한 학습경험의 선정에 대하여 살펴보았다. 그런데 학습경험의 선정에 대한 논의는 있었지만 조직을 어떻게 할 것인가에 대한 논의는 없었다. 효과적인 학습계획을 세우기 위해서는 학습경험을 통합시켜야 하는데 그러기 위해서는 학습경험을 단원별, 과목별, 그리고 프로그램별로 어떻게 조직해야 할 것인가를 고려해 보는 것이 필요하다.

(1) 조직의 의미

인간의 행위는 하루아침에 변화되지 않는다. 어떤 학습경험이든지 그것 하나만으로는 학습자에게 깊은 영향을 주지 못한다. 사고, 행동, 태도, 흥미 등에 대한 변화는 서서히 진행된다. 교육목표가 구체적인 성과를 나타내는 것을 보게 되기까지는 수 개월 또는 수년이 걸린다. 어떤 면에서 교육의 효과가 나타나는 것은 물방울이 바위를 녹이는 것과 같다. 하루나 이틀 또는 여러 주가 지나도 바위가 변하지는 않지만 수년이 지나면 흔적이 나타난다. 따라서 오랫동안의 교육경험이 축적되어야 비로소 학습자에게 변화가 나타난다.

교육경험이 효과를 나타내게 되기 위해서는 경험이 축적되어서 상승효과를 나타낼 수 있도록 조직되어야 한다. 그러므로 조직이란 교육과정의 개발에 있어서 아주 중요한 문제다. 왜냐하면 그것은 수업의 효과를 높여 주고 학생들에게 커다란 변화를 일으키게 할 수 있기 때문이다.

학습경험의 조직에 있어서 우리는 시간적인 관계와 공간적인 관계를 고려한다. 이러한 두 종류의 관계를 우리는 수평적 또는 수직적 관계라고 부른다. 우리가 5학년과 6학년의 지리 학습내용의 관계를 고려한다면 그것은 수직적인 관계를 보는 것이고, 5학년의 지리와 역사 과목의 관계를 살펴본다면 그것은 수평적인 관계를 고려하는 것이다. 이 두 관계는 교육경험의 누가적인 효과를 나타내는 데 있어서 중요하다. 5학년에서 배운 지리 과목의 내용과 6학년에서 배운 지리 과목의 내용이 잘 연관되어 있다면 지리의 개념이나 기술 등의 학습이 깊이와 넓이를 더할 수 있을 것이다. 5학년의 지리 교과내용과 역사 교과내용이 서로 연결되어 서로의 지식을 강화시켜 준다면 시야가 통일되고 안목이 넓어져서 훌륭한 교육의 성과를 얻을 수 있을 것이다. 그 반대로, 경험하는 것이 서로 상충되는 것이라면 서로가 그 효과를 상쇄하게 될 것이다. 또 과목 간에 연계성이 없다면 생활 속에서 다루게 되는 일상적인 문제해결과는 관계없이 동떨어진 공부를 하게 될 것이다.

(2) 조직 준거

학습경험을 효과적으로 조직하는 준거는 다음과 같이 세 가지가 있다. 즉, 계속성(continuity), 계열성(sequence), 그리고 통합성(integration)이다.

계속성　중요한 교육과정 요소를 수직적으로 반복 강조하는 것이다. 만약 사회과의 공부에서 사회과에 관한 자료를 읽는 기술을 개발하는 것이 중요한 목적이라면, 이러한 기술을 연습하고 개발할 수 있는 기회가 계속해서 주어져야 한다. 이것은 동일한 기능이 계속적으로 반복되어야 함을 의미하는 것이다. 따라서 '반복성' 혹은 '연속성'이라고도 한다. 또한 만약 과학 교과에서의 목표가 에너지에 대한 개념을 학습하는 것이라면 과학 교과의 여러 분야에서 이 개념이 자주 취급되어야 한다. 그러므로 계속성이란 수직적인 조직에 있어서 가장 중요한 요소다.

계열성 계속성과 관련이 있지만 계속성 그 이상이다. 중요한 교육과정의 내용이 단순히 같은 수준에서 반복된다면 이해나 기능 그리고 태도는 발전하지 않을 것이다. 그러므로 계열성이란 학습경험이 단계적으로 깊어지고 넓어져서 경험이 계속적으로 축적되는 것을 의미한다. 예를 들어, 사회과 독서 기술 개발을 위한 계열성에는 보다 복잡한 사회과 관계 자료를 제공하고, 이러한 자료를 읽는 데 필요한 기술을 확대시키고 분석을 깊이 하도록 해서, 6학년의 사회과 공부에서는 5학년 사회과 공부에서 학습했던 내용을 되풀이하는 것이 아니라 그것을 보다 확대 및 심화시키도록 하여야 한다. 따라서 자연과학에서 에너지의 개념을 연결시키기 위해서는 매 학년에서 다루는 에너지에 관한 내용이 학생들로 하여금 에너지라는 단어가 갖는 부수적인 의미를 보다 폭넓게 이해하도록 시키는 것이 필요하다. 계열성은 반복이 아니라 학습경험을 단계적으로 넓히고 깊게 하는 것이다. Taba(1962: 296)는 계열성을 '누적적 학습'이라고 표현하였다.

통합성 교육과정의 내용을 수평적으로 연관시키는 것이다. 이러한 내용의 조직은 학생들로 하여금 사물을 종합적으로 보게 하고 학습내용과 행동을 통합시키도록 하는 것이다. 예를 들어서, 수학의 계산능력을 학습하는 경우에 이 기능이 사회과 공부나 과학과 공부, 그리고 물건을 살 때 등의 경우에 어떻게 활용될 수 있는가를 고려하는 것이다. 그래서 이 기능이 교과공부로서만 끝나는 것이 아니라 일상생활에서 활용할 수 있는 기능이 되도록 하는 것이다. 마찬가지로, 사회과의 개념 학습에서는 이 개념이 다른 분야의 일과 어떻게 연관되며 그리해서 학생들의 모습이나 기능 또는 태도에 어떻게 반영되는가를 보는 것이다.

(3) 조직 요소

교육과정의 조직을 개발하는 데 있어서 필요한 것은 교육과정 조직의 근간이 되는 요소를 찾아내는 일이다. 예를 들어서, 수학에서는 기본이 되는 요소가 개념이나 기능이었다. 사회과에서는 개념, 가치, 기능이 강조된다. 따라서 교육내용을 구성하는 요소가 지식, 기능, 가치들이라는 것은 이미 말한 바 있다. 이러한 교육내용의 구성요소들이 바로 교육내용을 조직하는 요소가 된다. McNeil(1990)은 교육의 조직 요소를 지식, 기능, 가치로 보지 않고, 개념, 일반화, 기능, 가치의 네 가지로 보았는데, 이것은 지식을 개념과 일반화(원리나 법칙)로 나누었기 때문이다.

조직 요소는 교육의 일반 목표와 구체적 목표에 비추어 선정된다. 교육의 일반 목표가 직업 교육에 있다면 조직 요소는 기능이 강조되며, 예절 교육에 있다면 가치가 조직 요소로 선택된다. 또 교육의 구체적 목표가 일차 방정식의 풀이에 있다면 조직 요소로 지식이 선호될 것이고, 지도제작(mapping)에 있다면 기능이 강조될 것이다.

이와 같이 조직 요소들은 교육과정의 구조를 형성하는 기본 요소로서 천을 짤 때의 씨줄과 날줄에 비유된다. 국가 수준 교육과정의 문서에는 조직 요소들이 학년별 내용이라는 이름으로 교과별로 잘 정리되어 있다.

조직 요소와 관련하여 이러한 요소들을 하나로 묶게 해 주는 수단을 조직중심(organizing center) 혹은 조직센터라고 한다. 여러 가지의 구슬들(조직 요소들)을 하나의 실로 꿰매 주는 것을 말한다. 예를 들어, 고려시대의 서민 생활을 이해하기 위해서 '개념'이나 당시의 사회상과 관련된 자료를 조사, 분석하는 '기능'이나 당시의 서민 생활에 대한 관심을 가지고 역사를 사랑하는 '태도'와 '가치'를 형성시키기 위해서 가장 중요한 수단으로 박물관 기행을 설정하였다면, 박물관 기행이 조직중심이 되는 것이다.

McNeil(1985)은 이러한 조직 중심을 교육과정의 스코프로 보고 있다. 그의 견해에 따르면 교육과정 설계는 목적, 내용, 학습기회와 조직구조들을 서로서로 관련짓는 활동을 의미한다. 여기에서 학습기회는 조직 중심과 조직 요소라고 하는 두 가지 종류의 장치에 의해 조직될 수 있다는 것이다. 조직 중심은 학생들을 동기화하고, 선택 초점을 추구하는 데 필요한 기능, 개념, 태도 등을 개발하는 데 가치 있는 토픽, 문제, 질문, 그리고 프로젝트 등으로 구성될 수 있다고 보았다. 반면에 조직 요소들은 한 코스나 프로그램 전반에 걸쳐서 폭과 깊이가 확대되어 가는 지식, 일반 통칙, 그리고 기능들의 연결체로 보고 있다.

우리나라 교육과정에서 조직중심은 교육과정을 운영하기 위해 개발된 학생용 교과서를 통하여 알 수 있다. 조직중심은 단원이나 대주제, 그리고 과목이나 소주제의 이름으로 나타난다. 이와 같은 점에 미루어, 조직중심은 교육과정보다는 수업의 계획과 더욱 깊은 관련성을 가진다고 할 수 있다.

(4) 조직 원리

학습경험이 계속성, 계열성, 통합성을 성취하도록 조직되어야 하고 이러한 학습경험을 조직하는 씨줄과 날줄의 역할을 하는 중요한 요소가 무엇인지, 그리고 줄을 엮는 원칙이 무엇인지를 인지하는 것이 중요하다.

① 논리적 조직

교과의 논리란 교과를 구성하는 요소들 간의 논리적 관계를 가리킨다. Bruner(1960)는 교과의 논리를 교과의 구조라는 이름으로 제시하였다. 교과를 구성하는 사실, 개념, 원리(법칙)들이 논리적으로 연관되어 있고, 사실들은 개념들을 형성하는 바탕이 되며, 개념들은 원리(법칙)를 형성하는 기초가 된다는 것이다.

Hirst(1974)는 교과를 구성하는 기본 요소로서 지식 형식을 제시하고 지식 형식의 논리적 구조를 상세화하였지만, 교과의 조직 방식이 반드시 지식 형식의 논리적 구조를 따라야 하는 것은 아니라고 하였다. 즉, 학생들이 배워야 할 것은 지식 형식의 논리적 구조이지만, 이들을 배우는 순서는 논리적 구조와 다를 수 있다는 것이다. 예를 들어, 피타고라스의 정리는 유클리드 기하학에 바탕을 두지만, 반드시 유클리드 기하학을 배우고 난 뒤에 피타고라스 정리를 배워야 하는 것은 아니라는 것이다. 그는 이와 같은 점을 조각그림 맞추기에 비유하였다. 즉, 조각그림 맞출 때 반드시 따라야 할 어떤 순서가 있는 것은 아니듯이, 교육내용을 조직하는 순서가 지식 형식의 논리적 구조를 반드시 따라야 하는 것은 아니라는 것이다(김대현·김석우, 1999: 127).

② 심리적 조직

학습자의 심리란 교육내용을 조직할 때 고려해야 할 학습자의 흥미, 관심, 지적 능력 등을 가리킨다. 교육이 학습자의 경험을 통해 완성된다는 점에서 교육내용이 학습자의 수준에 맞추어 조직되어야 한다는 것은 설명이 필요 없는 말이다. 학습자가 흥미나 관심을 갖지 않는 내용을 전달하려는 시도는 실패하기 쉬우며, 학습자의 능력에 맞지 않는 내용을 가르치려고 하는 것이 무모하다는 것은 삼척동자라도 알 수 있는 일이다.

그러나 학습자의 심리란 교육내용을 조직할 때 고려해야 할 요소이기는 하지만, 그것으로 교육내용 조직이 완성되는 것은 아니다. 학습자의 흥미와 관심에 영합하여 교육내용을 조직하는 것은 교육적으로 중요한 교육내용을 계속 뒤로 미루게 하며, 학습자의 능력에 맞추어 교육내용을 조직하는 것은 학습자들이 성숙할 때까지 기다려야 하는 부담을 안게 된다.

Dewey(1916)는 전통적인 교육은 교육내용을 조직할 때 교과의 논리만을 강조하는 잘못을 범했으며, 진보주의 교육은 학생들의 심리적 상태만을 고집하는 어리석음을 저질렀다고 지적하면서, 교육내용의 조직은 학생의 심리에서 교과의 논리로 나아가야 한다고 하였다. 예를 들어, 물리학자는 'F=ma'라는 식을 쉽게 이해하지만, 학생들은 그 의미를 일상적인 삶과 연결 짓기 전에는 알기 어려운데, 전통주의 교육은 이와 같이 학자들이 만든 주요한 개념, 법칙 등을 학생들의 경험과 관련지어 가르치지 못했으며, 진보주의 교육자들은 학습자의 흥미에 부합하지 않는다는 이유로 교과의 주요한 논리를 가르치지 못했다는 것이다. 따라서 Dewey는 교육내용의 조직이 학생들의 심리에서 출발하여 교과의 논리로 나아감으로써 전통적인 교육과 진보주의 교육의 잘못을 극복해야 한다는 점을 거듭 강조하였다. 이것을 점진적(progressive) 조직의 원리라고 한다.

그러나 이상의 두 가지 원리는 상충적인 것이다. 이 두 가지 원리의 갈등을 잘 통합하려고 노력한 사람으로 Bruner(1960)를 들 수 있으며 그의 유명한 나선형 교육과정에서 이 원리들을 모두 강조하였다. 교육내용을 조직할 때는 교과의 논리적 원칙과 학습자의 심리적 원칙을 모두 존중해야 한다는 것이 여러 학자들의 공통된 의견이다.

③ 연대기적 원리

이 원리는 시간의 순서나 어떤 일의 발생 순서에 따라 연대별로 조직하는 것이다. 예를 들어, 역사 과목에서는 학생들이 역사의 발전을 연대순으로 파악하게 하는 것이다. 이것은 문학, 예술, 사회 등의 과목에서도 적용시킬 수 있는 쉬운 조직 원리이기는 하지만 이것이 과연 학생들의 내용 파악을 넓고 깊게 확대시킬 수 있는 심리적 조직 원리에 합당한가를 조심스럽게 따져 보아야 한다.

이상의 원리 이외에도 흔히 사용되는 다른 조직 원리에는 다음과 같은 것들이 있다.

- 응용의 범위를 확대시키기
- 활동의 범위를 넓혀 주기

- 분석 결과를 기술하기
- 기본 원칙을 토대로 구체적 사실을 예를 들어서 설명하기
- 구체적인 부분을 통해서 세상을 통일적인 시각으로 보기

이외에도 수많은 조직 원리가 있을 수 있기 때문에 어떤 구체적인 교육과정을 개발할 때에는 가능한 조직의 원리를 검토하고 이 원리가 계속성이나 계열성 또는 통합성을 실제로 만족시킬 수 있는 것인가를 따져 보아야 할 것이다.

(5) 조직구조

이어서 Tyler는 교육과정을 조직하는 기본적인 틀을 의미하는 조직구조(organizing structure)를 상층구조(the largest level), 중층구조(the intermediate level), 하층구조(the lowest level)로 나누어 설명하고 있다.

① 상층구조

상층구조란 교육과정의 전체적인 테두리를 결정하는 문제로서, 이는 그 묶는 방법에 따라 교과구조, 광역구조, 중핵구조, 활동구조 등으로 구분된다.

- 분과구조(분과형)란 가장 보편적으로 사용되어 온 교육과정의 조직 형태로서, 국어·수학·영어 등 구체적인 교과목으로 교육과정을 묶는 구조를 말한다.
- 광역구조(광역형)란 교과를 세분하지 않고 보다 폭넓게 묶어서 그 속에 포함된 여러 분야의 내용을 통합시키고자 하는 교육과정 조직 형태로서, 인문·사회·자연·예체능 등으로 교과 영역을 구조화하는 방식이 여기에 해당한다.
- 중핵구조(중핵형)란 학생들에게 의미 있는 공통 문제를 중심으로 교육과정을 구조화하는 것으로서, 환경보호라는 중요한 사회적 관심사를 중심으로 여러 교과를 통합하여 교육과정을 조직하는 것이 그 예라 할 수 있다.
- 활동구조(활동형)란 교과의 구별을 완전히 없애고, 학생들의 흥미나 활동을 중심으로 학습경험을 조직하는 미분화 교육과정을 말한다. 즉, 전 프로그램을 하나의 단위로 취급하는 완전히 분화되지 않는 구조인데, 예를 들면 보이스카웃이나 오락 단체에서의 비정규적인 교육기관의 교육과정에서 볼 수 있는 것들이 있다.

② 중층구조

중층구조는 교육과정의 큰 테두리가 정해진 다음에, 각 하위 영역의 조직을 결정하는 문제로서, 이것도 계열구조와 비계열구조 등으로 나눌 수 있다. 계열구조란 어느 한 학문 영역의 교육내용을 전반적으로 훑어 본 다음, 거기에서 계열적이고 통합적인 조직 요소를 찾아내어 교육과정을 계열성 있게 배열하는 구조를 말한다. 가령, 물리, 화학, 생물을 각각 별개의 교과로 조직하지 않고, 이들을 자연과학 I, 자연과학 II, 자연과학 III과 같이 조직하는 것이 계열구조의 한 예다.

비계열구조란 장기간을 내다보는 계열적·통합적 계획 없이 학기나 학년과 같은 일정 기간에 맞추어 교과목을 비연속적으로 배열하는 구조다. 예를 들면, 수학 교육과정을 중학교 1학년에서는 대수, 2학년에서는 기하 등과 같이 분할하여 배열시키는 방식이 여기에 해당한다.

③ 하층구조

하층구조는 학습내용을 가장 작은 단위로 조직하는 문제와 관련된 것으로서, 일반적으로 과(lesson), 토픽(topic), 단원(unit) 등을 의미한다. '과'란 1시간 또는 하루, 이틀의 짤막한 단위로 학습내용을 구획해 놓은 교육과정의 최하층구조를 말하고, '토픽'이란 어떤 특정한 문제에 관한 여러 가지 학습경험들을 한 단위로 통합하여 묶는 조직구조로서 앞의 '과'보다 비교적 길게 구성된다. 끝으로 '단원이란 어떤 토픽을 중심으로 통합성 있게 조직된 일련의 학습내용과 학습활동을 뜻하는 것'으로서 토픽보다 넓은 개념이다.

2) 조직 단위의 계획 과정

조직 방법에는 여러 가지가 있는데 대체로 다음과 같은 단계를 거친다.

- 조직의 일반적인 체계에 대한 합의, 즉 과목별, 광역 교과별, 또는 중핵 교육과정의 조직 방법 중에서 어느 것이 필요한지를 결정하는 것이다.
- 각 분야에 적용될 일반적인 조직의 원리에 대한 합의가 이루어져야 한다. 예를 들어, 수학과의 일반적인 조직의 원리가 처음에는 산수, 다음에는 대수, 마지막으로 기하의 순으로 따로 처리하는 것이 아니라 산수, 대수, 기하의 세 과목을 통합하고

축소시켜 가는 것을 의미한다. 또한 사회과의 문제를 우선 지역사회의 문제에서 부터 시작하여 세계적인 문제로 넓혀 감으로써 조직의 원리를 순전히 연대적인 순서로만 결정하지 않는 것을 의미한다.

- 하루하루의 수업을 단위로 할 것인지, 주제에 따라서 수업을 할 것인지 교수 단위에 따라서 수업을 할 것인지를 결정하는 최소의 조직 단위에 대해서 합의해야 한다.
- 교사가 수업을 하는 가운데 자유롭게 활용할 수 있는 탄력성 있는 계획을 세워야 한다.
- 수업계획을 함에 있어서 교사-학생이 공동으로 작업을 하도록 해야 한다.

이러한 일반적 원칙은 여러 사람들이 이용하고 있다. 탄력성이 있는 계획을 세우는 것은 교사가 어떤 학생을 대상으로 수업을 할 때 자유롭게 활용할 수 있는 많은 재료를 제공하려는 데 목적이 있다. 이 계획은 학생들의 요구, 능력, 흥미 등에 비추어서 자유롭게 교사가 수정을 할 수 있도록 하는 것이다. 또한 이 계획은 많은 경험을 포괄함으로써 교사가 그중에서 학생들에게 가장 적합한 경험을 선정할 수 있도록 포괄적이어야 한다. 여기에는 계획된 학습을 통해서 성취할 수 있는 중요한 목표가 서술되어 있어야 하고 아울러 이러한 목표를 달성하는 데 필요한 여러 가지 학습경험이 서술되어 있어야 한다. 또한 결국 이러한 자료를 통해서 얻은 것을 종합하고 조직해서 얻을 수 있는 학습이 어떠한 것인지를 자세하게 서술해야 한다. 이 계획을 효과적으로 운용하기 위해서는 필요한 자료를 자세하게 기록해야 한다. 즉, 책이나 참고자료, 슬라이드, 라디오 프로그램, 그림, 레코드 등이 포함되어야 한다. 이것은 한편으로는 반복하는 것을 방지하기 위해서 필요하고, 또 한편으로는 학생들의 수준에 맞지 않는 너무 거창한 목표를 설정하는 것을 피하도록 하기 위해서 필요하다.

학습경험을 계획함에 있어서 필요한 것은 단원 조직의 원리와 본질적인 관련이 있는 학습경험이 무엇인가를 고려하는 일과 이 학년의 학생들의 요구와 필요가 무엇인가를 살피는 일이며, 또 하나 필요한 것은 학생들이 지루하지 않도록 다양한 자극과 관심을 기울여야 한다는 것이다. 학습자료는 여러 가지 다양한 종류를 고려해야 한다. 즉, 언어적인 것뿐만 아니라 비언어적인 것도 고려해야 하며, 아울러 학교에서뿐만 아니라 가정이나 사회에서 사용할 수 있는 자료도 고려하여야 한다. 그리고 각 단원의 내용들을 하나로 묶을 수 있는 종합적인 내용의 의미를 고려하여야 한다. 이렇게 하여야 학생들이 자신의 지식, 태도 그리고 행동을 종합할 수 있게 된다.

자료를 조직하는 어떤 체계를 제시하기는 어렵다. 어떤 자료는 중요한 이념을 중심으로 조직되는데, 주로 과학이나 사회 과목에서는 문제중심으로 조직된다. 예술 분야에서는 수업이 주제중심으로 조직된다. 예를 들어, 어떤 경우는 어떤 이념이나 문제가아닌 감상 시간으로 조직되는 경우도 있다. 아직도 학교 교육과정의 여러 분야에서 학습자료를 구상하는 여러 가지 방법이 새롭게 탐구되어야 한다.

자료의 준비는 수업 전에 구상되는 것이지만, 수업 중에 계획을 해야 한다. 아동들은각기 그들의 배경, 흥미, 욕구가 다르다. 수업계획에 아동을 참여시키는 것은 아동들로하여금 학습에 대한 이해를 깊이 있게 하고 학습에 대한 흥미를 높이는 것이 된다. 교사와 학생의 공동계획에서 이미 제시된 수업 자료 중에서 수업내용이 선정되어야 하지만 계획 속에서 미처 고려하지 못했던 내용을 새롭게 첨가할 수도 있다. 그러므로 실제로 교사와 학생의 공동 작업으로 완성된 수업계획은 원래의 계획과 다를 수도 있다.

교육과정 경험을 조직하고 계획에 참여함에 있어서는 사전 계획도 필요하고 수업을진행하면서 계획을 세워 보는 것도 필요하지만, 여러 가지의 학습경험에서 누가적인효과를 얻을 수 있는 방법은 이것이 최선이다.

3) 단원의 구성

(1) 단원의 개념 및 유형

단원은 교육과정 구성과 개발에서 학습내용과 경험의 조직구조의 최후 종착점이라고 볼 수 있다. 내용이나 학습경험을 조직할 때 전체 구조-중간 구조-최저 단위 구조의 순으로 조직의 틀이 결정되는데, 예를 들어 가장 낮은 단계에서 나타나는 조직구조는 lesson-topic-unit를 들 수 있다. lesson은 하루 단위로 학습내용을 구성하는 것이고, topic은 며칠 또는 몇 주 동안 다룰 수 있도록 조직하는 것이며, unit는 보통 몇 주동안의 수업을 포함하고 문제별로 또는 학생들의 목표별로 조직된다(Tyler, 1949: 98-100). 따라서 Tyler에 의하면 단원이란 어떤 주제를 중심으로 통합성이 있게 조직된 일련의 학습내용과 학습활동을 뜻하며 topic(주제)보다 넓은 개념으로 볼 수 있다. 그리고 일반적으로 과목-주제-단원 등으로 조직할 수 있으며, 큰 수준으로 보아 course-unit-lesson으로 볼 수도 있다.

단원(unit)이라는 말은 Herbart의 학습단계 이론까지 거슬러 간다. Herbart가 "교수단계는 교재의 일소군(一小群)에 적용된다."라고 한 언급에서 소위 '교재의 일소군'에서 유래한다. Herbart는 학습과정을 명료-연합-계통-방법으로 제시하였고, 그 후에 그의 제자 Ziller(1817~1882)가 분석-종합-연합-계통-방법으로, Rein이 5단계 교수법 (예비-제시-연상(비교)-종합(총괄)-응용)을 제시하고, 이 5단계 교수법이 적용되는 교재의 한 분절을 방법적 단원(Methodische Einheit)이라고 불렀다. 이 말이 미국에 와서 unit으로 번역되었다. 그리고 Kilpatrick(1918)의 구안법이 생겨 단원관에 변화가 생기게 된다. 이 경우 이 단원을 구안단원이라고 하였다. 본격적으로는 1926년 Morrison이 사용하기 시작하였으며, Morrison식 단원 교수법(탐구-제시-동화-조직-반복)을 제안하였다. 이 당시 이러한 단원법에 의해 학습되는 것을 학습단원이라고 하였다.

이러한 단원이 현대적으로 구성된 것은 사회기능법에서 작업단원을 만든 것으로부터 시작되었다고 볼 수 있는데, 작업단원법에서는 스코프와 시퀀스의 교차점에서 구성된 것이다. 이 단원은 결정된 스코프와 시퀀스의 범위 내에서 핵심적인 학습내용을 중심으로 관계되는 부수적 내용, 학습경험, 작업 등을 중심으로 구성되었다.

우리는 학습자의 내적 학습과정과 가장 적합하게 상관이 있는 학습내용과 경험을 묶어 주는 어떤 외적 조직에 대한 필요성을 느끼게 되는데 이 조직이 바로 단원이라고 보면 된다. 즉, 단원이란 학습내용과 경험을 일정한 학습집단에서 주어진 시간에 학습할 수 있도록 조직한 학습단위를 말한다. 그래서 이러한 단원의 의미에는 ① 전체성, 통일성, 단일성을 보장해야 하며, ② 어떤 자료를 중심으로 하며, ③ 학습경험의 하나의 조직이라는 뜻이 내포되어 있다. 결국 단원은 통일된 어떤 자료를 중심으로 한 학습경험의 하나의 조직으로서 전체와의 유기적 관련 속에서 성립되는 통일적이며 단일적인 전체 학습경험의 분절 단위라고 볼 수 있다.

그리고 단원에도 종류가 있는데, 일반적으로 계열의 성격과 작성 주체에 따라 구분된다. 계열의 성격으로 보면 교재단원과 경험단원이 있다. 교재단원은 지식을 논리적인 체계로 나누어 구성한 단원으로서, 일정한 지식의 분량 또는 단편적인 지식의 토막을 의미한다. 여기에서는 교재 계열의 한 단위가 하나의 단원이 되는 것이다. 이와 반면에 경험단원은 학생이 활동하고, 경험하고, 실천하는 생활경험의 일련의 관계로 조직된다. 여기에서는 동적인 전체로서의 경험의 한 단위 또는 일정한 목표 밑에 전개되는 종합적이고 관련성 있는 일련의 활동들로 조직된다.

그리고 작성자가 누구냐에 따라 자료단원과 교수/학습단원으로 구분된다. 자료단원은 교사가 교수/학습단원을 계획하고 전개시키고 평가함에 있어서 도움이 될 여러 가지 자료를 체계적이고 종합적으로 조사·분석하여 조직한 것을 말한다. 그런 점에서 학습자료의 저장고라고 볼 수 있다. 그리고 이것을 토대로 학습단원을 구성한다. 교수/학습단원은 한 교사가 담당하고 있는 어느 특정한 학습집단을 위해서 조직한 단원으로서 교과단원 혹은 경험단원의 성격을 띨 수도 있다. 그리고 학습단원을 정리하여 사전에 지면에 적어 놓은 것이 단원전개안이라고 볼 수 있다. 보통 단원전개는 도입, 계획, 전개, 정리, 평가 단계로 이루어지며, 학습지도안에는 단원명, 단원설정의 이유, 단원의 학습목표, 지도내용과 학습계획, 지도상의 유의점, 본시의 학습계획(도입-계획-전개-정리-평가), 평가계획 등이 포함된다.

(2) 단원 구성 방법

교육과정 개발에서 교사들에게 가장 밀접하게 관련되는 수준은 단원이라고 볼 수 있다. 교사는 항상 단원으로 구성된 교과서를 가지고 수업을 하기 때문에 단원이 어떻게 구성되는지, 단원을 어떻게 재구성하여 보다 효과적인 수업을 도모해야 할 것인지를 고민해야 한다.

단원을 구성하는 방법에는 여러 가지 방식이 있을 수 있다. 우선 내용 항목이나 주제, 제재 중심의 단원 구성 방법이 있다. 이 전통적인 방식 외에도 수업 초점 중심의 단원 구성 방법, ILOs(의도된 학습성과) 중심의 단원 구성 방법이 있다.

① 주제 중심 단원 구성

우선 내용, 주제, 항목 중심의 단원 구성 방법이다. 이 방식은 전통적인 방식으로 학생들에게 가르칠 내용 중에서 핵심적인 내용을 단원의 제목이나 주제로 정하여 주제와 관련된 내용들을 일정한 기준에 의해 분류하여 배열, 조직하는 방법이다. 이 과정에서 내용만을 배열하거나 학습활동 중심으로 단원을 구성하기도 한다. 그리고 단원의 크기에 따라 대단원, 중단원, 소단원으로 분류하여 각 단원의 주제나 제제들 간의 연계성에 관심을 기울이기도 한다.

② ILOs 중심의 단원 구성

두 번째는 ILOs 중심의 단원 구성 방법이다. 이 방법은 ILOs의 유목을 중심으로 단원을 군집화하는(clustering) 방식이다. 즉, 세계 관련, 개념 관련, 탐구 관련, 학습 관련, 활용 관련 원칙을 포함하는 조직의 기본 원칙에 따라, ILOs 군집화에 따라 단원을 조직하는 것이다. ILOs 유목은 5장에서 소개한 것처럼 기능(심동적-지각적 기능, 인지 기능, 정의적 기능)과 이해(정의적 이해, 인지)로 이루어져 있다. 우선 단원에서 달성해야 할 ILOs를 정련화하는 일이 우선이다. 그리고 ILOs의 우선순위를 정하고 전체 ILOs들 간의 균형을 고려해야 한다. 이 과정에서 단원목표와 단원의 핵심 질문, 개념지도와 흐름도에 비추어 ILOs를 살펴보는 일이 필요하다.

구체적으로 보면, 단원의 크기는 '5~10가지의 ILOs 사이'와 같이 일정한 지침은 없으나, 단원을 구성하는 ILOs들은 조화되어 상호 연관되어야 하며, 관련되고 일관성 있는 학습성과들로 파악할 수 있을 만큼 그 범위가 적당해야 한다. 그리고 간혹 하나의 유목에서 도출된 ILOs만으로 단원이 구성될 수도 있으나 여러 유목의 ILOs를 한 단원 속으로 혼합하는 것이 의미가 있다. 그리고 우선순위가 매우 높은 ILOs는 여러 단원에 포함될 수 있다. 단원의 수는 모든 ILOs를 취급하고 포함시킬 수 있어야 하며, 강조해야 할 필요성이 큰 ILOs는 반복될 수 있을 만큼 충분히 많아야 한다.

다음은 세계와 관련된 기본 원칙에 따라 ILOs를 묶은 두 가지 사례다.

단원: 연못(위치)

연못에 서식하는 곤충을 확인한다.

연못에 사는 물고기를 확인한다.

연못에 흔한 식물의 유형을 비교한다.

연못에 사는 여러 가지 생물들이 생태계의 균형에 미치는 영향을 생각한다.

단원: 썰물(연대순)

달이 조수에 미치는 효과를 이해한다.

썰물 때 물고기가 어떻게 그물에 걸리는지를 이해한다.

썰물 때에 관찰할 수 있는 동식물의 이름을 기억한다.

코스를 구성하고 있는 ILOs를 몇 가지 단원으로 묶는다. 만약에 ILOs를 군집화하기가 코스 단원 구성에 적절하지 못한 접근방식처럼 여겨진다면 수업 초점으로 단원 수정을 시도할 수도 있다. 그런데 대부분의 ILOs가 여러 단원에 응용되는 경우 ILOs를 단원으로 군집화하게 되면 심각한 문제점이 생긴다. 이럴 경우 ILOs가 아닌 새로운 초점을 설계해야 한다.

③ 수업 초점 중심의 단원 구성

세 번째 방식으로는 수업 초점 중심의 단원 구성 방법이다. 이 방법은 학생들이 학습할 주제나 문제를 중심으로 단원을 구성하는 것이다. 즉, 프로젝트나 논쟁, 현장 답사, 신문이나 실험과 같은 활동을 중심으로 사례연구, 관찰 및 사진촬영을 중심으로, 혹은 책이나 시와 같이 우리가 알고 느끼는 바를 전달하기 위한 수단을 중심으로 구성하는 것이다. 이 방법에서 활용되는 주제, 문제, 활동, 자극 및 수단 등을 수업 초점(instructional foci)이라고 한다. 이것은 학습 초점의 역할을 하며, ILOs에 일관성을 가져다준다.

Goodlad(1963)는 수업 초점을 학습 초점으로 보며 조직센터(organizing center) 혹은 조직중심이라는 용어를 사용한다. 이것은 교육과정이라는 뼈대에 수업이라는 살을 붙이는 것이다. 수업 초점은 성격상 목적이나 목표와는 다른 것으로 수단적인 성격을 띤다. 좋은 수업 초점이 되기 위해서는 학생으로 하여금 바라는 행동 유형을 연습해 보도록 권장하고, 여러 가지 현상을 동시에 학습할 수 있도록 조정하는 기능을 가지고 있어야 한다. 그리고 서로 다른 수업 영역의 학습성과를 지원해 주고 보충해 줄 수 있어야 한다.

코스에 사용할 수 있는 수업초점의 한 가지 예로서 지역의 역사박물관 견학을 들 수 있다. 이 수업 초점은 다음과 같은 ILOs를 성취하기 위해서 선정되었다. 첫째, 학생은 그 지역사회에 관한 역사의식을 지닌다. 둘째, 학생은 기술공학적 변화에 수반되는 생활양식의 변화를 인식한다. 셋째, 학생은 유물을 보고 미국 혁명기의 특징을 인식한다.

동일한 ILOs일지라도 여러 가지 다른 수업 사상, 즉 책이나 필름 등에 모두 적절할 수도 있다. 코스에는 여러 가지 ILOs가 포함되어 있으며, 모든 ILOs가 지역 역사박물관과 연관이 있거나, 그것을 통해서 성취되는 것도 아니다.

(3) 단원의 선정과 입안

① 단원의 선정

단원 차원에서 가장 먼저 해결해야 할 것은 어떻게 해서 선정 · 조직된 학습의 내용 및 경험 전체를 더욱 구체적인 묶음들, 즉 단원들로 구분, 구성하느냐 하는 문제다. 이 문제가 곧 단원의 선정 문제다. 선정 · 조직된 학습의 내용 및 경험의 전부를 개관하고 선정된 각 단원이 내용상으로 볼 때 타 단원과 중복되지 않아야 한다. 이와 동시에 선정 · 조직된 학습의 내용과 경험의 어떤 부분이 선정된 단원들에서 취급되지 않도록 주의해야 한다.

② 단원의 입안

선정된 단원들을 어떻게 입안해야 하는가? 하나의 단원이 완전히 구성되려면 사전 계획, 입안, 적용, 평가의 과정을 거쳐야 한다. 여기에서는 Taba가 제시한 절차를 중심 으로 단원 입안 단계를 제시해 본다.

첫째, 단원명을 결정한다. 단원의 명칭은 토픽, 문제, 주제 등으로 주된 학습 분야를 서술하는 것이다. 토픽 선정이 단원 개발의 첫 과업이다. 학습내용의 초점을 나타내면 서 탐구 의욕을 고취시킬 수 있고 다차원적인 학습을 유발할 수 있게 단원의 이름을 붙 이는 것이 중요하다.

둘째, 단원의 목표를 진술한다. 목표의 위계상 단원목표의 위치는 위로는 교과와 학 년목표가 있고 아래로는 수업목표가 있다. 따라서 교육과정 구성상에서 볼 때 가장 하 위에 있는 목표이면서 수업목표의 전제가 되는 목표다. 구성할 단원의 기본 내용을 몇 개로 선정하고 선정된 내용 각각을 학습자들이 가장 잘 습득할 학습경험이나 행동으로 지적, 정의적, 운동기능적 영역에서 선정·결부시켜서 진술해야 한다.

셋째, 내용을 선정한다. 학습내용의 수준에는 보통 ① 사실적 수준의 지식, ② 개념, ③ 원리 및 법칙, ④ 주제, ⑤ 사상 등이 있다. 단원의 내용은 주제 수준에서 단원명이 선정되고 각급 학년 수준에 따라서 ② 또는 ③ 수준에서 주로 선정될 수 있다.

넷째, 내용을 조직한다. 선정된 내용은 다양한 방법으로 조직된다.

다섯째, 학습경험을 선정하고 조직한다. 학습경험이 이루어지는 학습활동을 어떻게 선정해서 효과적으로 조직하느냐 하는 문제는 단원 학습에서 가장 중요하다.

(4) 교육과정 유형별 단원 구성

여기에서는 교육과정 유형별로 단원의 구성을 살펴본다. 주로 구성의 절차를 중심으 로 살펴본다(이경섭, 1990).

① 교과중심의 단원 구성

첫째, 교과중심의 단원, 즉 교재단원의 성격을 밝혀야 한다.

둘째, 해당과목의 내용을 가능한 한 모두 포함할 수 있는 단원을 선정해야 하는데 이 를 위해 조직중심과 단원의 유형을 결정해야 한다. 조직중심이란 관련 있는 내용들이 결집하도록 하는 중심점으로서 유관성을 띤 내용들을 묶을 수 있게 하는 핵심이다. 흩 어져 있는 구슬들을 꿰맬 수 있도록 해 주는 실과 같은 것이다. 따라서 단원을 선정할 때에는 과목의 전체 내용을 개관해 보고 내용들을 크게 몇 개의 군으로 묶을 수 있는 큰 조직중심을 결정해 두어야 한다. 그다음으로 어떤 유형의 단원으로 구성하는 것이 효과적인지를 결정해야 한다. 단원의 유형에는 크게 제목(topic) 단원, 문제(problem) 단원, 주제(theme) 또는 통칙(generalization) 단원, 조사(survey) 단원이 있다.

셋째, 단원목표를 설정한다.

넷째, 단원내용을 해당과목의 내용에서 선정한다.

다섯째, 조직중심망을 중심으로 선정한 내용을 조직한다. 조직중심망은 단원내용들을 조직하는 틀이다. 조직중심의 망이 하나의 나무라면 내용들은 이 망에 붙어 있는 열매라고 볼 수 있다. 조직중심이 어떤 망을 형성하느냐에 따라 이에 포섭되는 내용들은 다양한 형태를 취하게 된다. 즉, 나열식, 연쇄식, 상관형, 집중형, 통합형 등이 가능하다.

② 경험중심의 단원 구성

첫째, 단원의 성격을 밝혀야 한다.

둘째, 교사와 학생이 공동으로 단원을 성안하는 데 필요한 기초 자료를 마련해야 한다.

셋째, 교사와 학생이 협동하여 단원을 선정한다. 단원의 선정이란 단원을 구성하는 문제의 결정을 말한다. 문제 선정의 유형, 문제 선정의 절차, 문제의 범위와 계열에 대해서 잘 알고 있어야 한다.

넷째, 자료 단원을 준비해야 한다. 자료 단원을 참조해서 학습자의 문제나 요구에 맞도록 교수 단원을 작성해야 한다.

다섯째, 단원을 입안한다. 입안 과정에는 보통 단원목표의 설정, 단원 요지의 진술, 단원 접근법의 계획, 작업 단계의 계획 및 전개, 평가기법, 자료 및 참고자료 등이 포함된다.

③ 학문중심의 단원 구성

교과중심의 단원 구성과 큰 차이가 없으나 근본적으로 개념, 과정, 탐구방법 등으로 구성된다. 대표적인 예로 SCIS, SAPA, ESS, BSCS, MACOS 등이 있다. 특히 이 유형의 단원 구성은 교과나 각 학문의 탐구방법이 반영되며 지식의 구조를 중심으로 구성되는 특징을 보인다. 각 교과나 과목은 각 학문처럼 고유한 개념, 독특한 전통, 특이한 탐구 방법으로 각자 독특한 목표를 달성하려고 하기 때문에 단원 구성이 교과마다 상이하다.

이 장의 주요 내용

　교육내용이 선정되고 조직되고 나면 학습경험의 선정과 조직 작업이 진행된다고 볼 수 있다. 목표달성과 직결되고 교육내용과 적절하게 부합되는 학습경험을 선정하고 조직하는 일은 매우 중요한 일이다. 왜냐하면 교육목표 달성 여부는 최종적으로 학생의 학습경험에서 결정되기 때문이다. 학습경험이라는 용어는 한 과목에서 다루게 되는 교과내용이나 교사의 교수활동과 동일한 것이 아니다. 학습경험은 학습자와 학습자가 처한 외적 환경과의 상호작용이라고 볼 수 있다. 학습은 학습자의 활동을 통해서 이루어진다. 학습경험은 다양한 의미로 논의되고 있으나 수업내용과 학습활동을 포함하는 것으로 볼 수 있기 때문에 학습경험의 선정 작업 역시 수업내용과 학습활동으로 각각 구분하여 이루어져야 한다. 따라서 수업내용의 선정에서는 교육내용과는 다른 수업내용, 즉 교과서, 참고자료, 교과서나 참고자료에 없으나 학생에게 전달되는 내용 등을 중심으로 제시해야 한다. 그리고 학습활동에서는 보다 총체적이고 효과적인 학습경험을 위해서 교사의 수업계획까지 고려하여 선정 및 조직 작업이 이루어져야 한다.

　학습경험 중 수업내용의 선정은 타당성, 확실성, 명확성, 가능성, 균형성, 흥미, 연계성의 원리에 의해서 이루어지고 목표, 내용, 학습자, 자원 등을 고려하여 수업내용을 선정해야 한다. Tyler에 의하면 학습경험은 기회의 원리, 만족의 원리, 가능성의 원리, 다경험의 원리, 다성과의 원리에의해서 이루어진다. 사고능력의 함양, 정보 습득, 사회성 함양, 태도 개발이라는 다양한 목표를 달성하기 위하여 적합한 학습경험이 선정되어야 한다. 학습경험을 효과적으로 조직하기 위해서는 조직 준거(계속성, 계열성, 통합성), 조직 요소(지식, 기능 가치 등), 조직 원리(논리적 조직, 심리적 조직, 연대기적 원리), 조직구조(상층, 중층, 하층 구조) 등을 고려해야 한다. 교육과정 개발의 종착점은 단원 개발이라고 볼 수 있다. 단원의 구성 방법에는 전통적으로 내용, 주제, 항목 중심의 단원 구성 방법, 수업 초점 중심의 단원 구성 방법, ILOs 중심의 단원 구성 방법 등이 존재한다. 그리고 단원 개발 역시 교육과정 유형에 따라 상이하게 진행될 수 있다.

주요개념

가능성의 원리	단원	조직 요소
경험	단원 구성 방법	조직원리
계속성	만족의 원리	통합성
계열성	반성적 사고 학습경험	
기회의 원리	수업내용 학습활동	
다경험의 원리	수업 초점	
다과성의 원리	조직구조	

탐구문제

1. 학습경험의 중요성을 진술해 보시오.

2. 학습경험을 수업내용과 학습활동으로 구분하여 각각의 선정 원리들을 제시해 보시오.

3. 학습경험의 의미와 교육내용과의 차이점을 설명해 보시오.

4. 학습경험 선정과 관련된 문제들을 구분하여 제시해 보시오.

5. 학습경험 선정의 일반적 원리를 설명해 보시오.

6. 여러 유형의 목표 달성에 유용한 학습경험을 선정해 보시오.

7. 학습경험의 조직 준거를 비교, 설명해 보시오.

8. 조직 요소, 조직원리, 조직구조를 설명해 보시오.

9. 단원의 의미와 단원을 구성하는 방법을 설명해 보시오.

참 고문헌

김대현 · 김석우(1999). 교육과정 및 교육평가. 서울: 학지사.

이경섭(1990). 교육과정 유형별 연구. 서울: 교육과학사.

이해명(1987). 교육과정과 학습지도의 기본 원리. 서울: 교육과학사.

Bruner, J. S. (1960). *The Process of Education*. Cambridge, Mass: Harvard University Press.

Dewey, J. D. (1916). *Democracy and Education*. NY: Macmillan.

Goodlad, J. I. (1963). *Planning and Organizing for Teaching*. Washington, DC: NEA.

Hirst, P. H. (1974). *Knowledge and the Curriculum*. London: Routledge & Kegan Paul.

John, P. (1993). *Lesson Planning for Teachers*. NY: Cassell Educational Limited.

Johnson, M. (1967). Definitions and Models in Curriculum Theory. *Educational Theory, 17*(2), 127–139.

Kilpatrick, W. H. (1918). The project method. Teachers College *Record, 19*(4), 319–335.

McNeil, J. D. (1985). *Curriculum: A Comprehensive Introduction* (3rd ed.). Boston: Little Brown.

McNeil, J. D. (1990). *Curriculum: A Comprehensive Introduction* (4th ed.). Boston: Little Brown.

McNeil, J. D. (2006). *Curriculum: A Comprehensive Introduction* (6th ed.). Boston: Harper Collins College Publishers.

Taba, H. (1962). *Curriculum Development: Theory into Practice*. NY: Harcourt, Brace & World.

Tyler, R. W. (1949). *Basic Principles of Curriculum and Instruction*. Chicago: The University of Chicago Press.

제10장 교육과정 개발의 실제:
개발 수준과 학교 교육과정 개발

🔋 이 장의 주요 목표

▷ 교육과정 개발의 다양한 수준을 비교, 설명할 수 있다.

▷ 국가 수준 교육과정의 필요성을 설명할 수 있다.

▷ 교실 수준 교육과정의 중요성을 인식할 수 있다.

▷ 학교 교육과정 개발의 개념을 설명할 수 있다.

▷ 학교 교육과정 개발의 절차를 진술할 수 있다.

교육과정 개발은 다양한 수준에서 진행된다. 우선 가장 상위의 수준인 국가 수준에서부터 시작하여 지역 수준에서 학교 수준, 그리고 가장 하위의 교사수준에 이르기까지 다양하다고 볼 수 있다. 또한 최근에는 단위학교에서 교육과정을 개발하는 일이 매우 중요한 과제로 등장하고 있다. 예비 교사로서 학교 교육과정 자율화가 강조되는 추세에서 단위학교에서의 교육과정 개발 방안을 잘 숙지할 필요가 있다. 장차 교사의 교육과정 전문성이 강화되고 학교교육의 중핵으로서 교육과정 편성과 운영에 대한 지식이 중요시되기 때문이다.

1. 교육과정 개발의 수준

교육과정 개발의 수준은 다양하게 제시될 수 있으나 여기에서는 개발 주체를 중심으로 국가 수준, 지역 수준, 학교, 교사의 수준으로 구분한다. 이들 각 개발 주체들은 상이한 역할을 분담하여 맡고 있다. 상이한 역할 분담체제는 〈표 10-1〉과 같다.

표 10-1 상이한 역할 분담체제

- 교육부-국가 수준의 교육과정 기준 고시
- 시·도 교육청-지역 수준의 교육과정 편성·운영 지침 작성 제시
- 지역 교육청-학교 교육과정 편성·운영 장학 자료 작성 제시(신설)
- 학교-학교 교육과정 편성·운영

이상의 역할 분담체제는 이전 교육과정과 상이한 특징을 보이는 것이다. 그리고 이전 교육과정이 교과서 중심의 체제였다면, 제7차에 와서는 교육과정 중심의 학교교육을 지향하고 있다. 그 변화의 특징을 그림으로 제시해 보면 [그림 10-1]과 같다(교육부, 2000: 8).

1) 국가 수준 교육과정

국가 수준 교육과정은 기준 교육과정의 성격을 지니고 있다. 이하에서는 국가 수준 교육과정의 성격과 개발과정, 교과서 문제, 교육인적자원부의 역할을 살펴보기로 하자.

(1) 국가 수준 교육과정의 성격
국가 수준 교육과정의 성격을 제시해 보면 〈표 10-2〉와 같다.

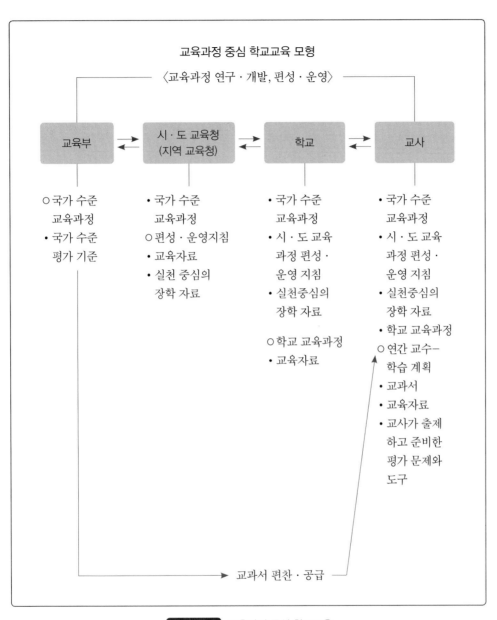

그림 10-1 교육과정 중심 학교교육

표 10-2 국가수준 교육과정의 성격

- 초·중등학교의 교육목적과 교육목표를 달성하기 위해서 초·중등교육법 제23조 제2항에 의거하여 교육부 장관이 문서로 결정·고시한 교육내용에 관한 전국 공통의 일반적인 기준을 말함.
- 이 기준에는 초·중등학교에서 편성·운영하여야 할 학교 교육과정의 목표, 내용, 방법과 운영, 평가에 관한 국가 수준의 기준 및 기본 지침이 제시되어 있음

가. 국가 수준의 공통성과 지역, 학교, 개인 수준의 다양성을 동시에 추구하는 교육과정

나. 학습자의 자율성과 창의성을 신장하기 위한 학생중심의 교육과정

다. 교육청과 학교, 교원·학생·학부모가 함께 실현해 가는 교육과정

라. 학교 교육체제를 교육과정 중심으로 개선하기 위한 교육과정

마. 교육의 과정과 결과의 질적 수준을 유지, 관리하기 위한 교육과정

이러한 성격을 지니는 교육과정의 법적 근거는 〈표 10-3〉과 같다. 그러나 최근에는 바뀌고 있다.

표 10-3 교육과정의 법적 근거

- 초·중등교육법 제23조(교육과정)
  ① 학교는 교육과정을 운영하여야 한다.
  ② 국가교육위원회는 제1항의 규정에 의한 교육과정의 기준과 내용에 관한 기본적인 사항을 정하며, 교육감은 국가교육위원회가 정한 교육과정의 범위 안에서 지역의 실정에 적합한 기준과 내용을 정할 수 있다.
  ③ 학교의 교과는 대통령령으로 정한다

그런데 국가 수준에서는 교육과정의 기준을 설정해야 하는데 그 필요성은 다음과 같다.

- 공통적, 일반적, 표준적 교육내용 기준 설정의 국가 책임
- 동일한 질과 수준의 교육기회 균등 실현
- 교육내용의 학교급별 체계성, 일관성 유지
- 국민 교육의 일정 수준 유지, 관리
- 학교교육의 정치적, 종교적 중립성 확보
- 교육목표 달성의 역할 분담과 책임 체제 확립

(2) 교육과정 개발의 절차

이하에서는 국가 수준 교육과정의 개정의 경과(개발 과정)를 중심으로 개발 체제를 살펴보기로 한다. 이하 내용은 제7차 교육과정 개정과 관련된 것이지만, 현재에도 이

와 비슷한 절차를 밟으면서 진행되고 있다. 그 개정의 경과는 〈표 10-4〉와 같다(교육부, 1997b: 7).

다음 표는 7차의 것이지만 개정의 경과를 상세히 보여 준다는 점에서 오늘날에도 유효하다고 볼 수 있다. 다만, 2015개정이나 최근 2022 개정에서는 교육 전문가들 외에도 학생, 학부모, 다양한 참여 인사들의 의견을 수렴하는 공론화 과정이 활발하게 이루어지는 편이다. 특히 2015 개정 과정에서는 교과별 내용 중복 해소, 교과 간의 이해관계 조정 등을 위해 각계 인사와 교육과정 전문가, 현장교원 등이 참여하는 '국가교육과정 각론조정위원회'를 구성·운영('15. 3~) 하였다. 인문·사회, 과학기술, 체육·예술 등 3개 분과 22명으로 구성하였다. 또한 교육현장과 소통하는 교육과정 개발을 위해 연구

표 10-4 제7차 교육과정 개정의 경과

추진 내용	시기	담당	비고
○신교육체제 수립을 위한 교육개혁 방안 –교육과정 특별위원회 설치, 운영 –초·중등학교 교육과정 개혁 방안	'95. 5. 31. '95. 8.~'96. 2. '96. 2. 9.	교육개혁 위원회	• 신교육과정 골격 마련
○교육과정 개정 기본 계획 수립 –개정안 연구 개발 위탁	'96. 3. 19.	교육부	• 위탁기관: 한국교육개발원 • 위탁과제: 8과제
○기초연구 및 총론 연구 개발 –교육과정 개정을 위한 기초 연구 –총론 개정 시안의 연구 개발	'96. 3.~'96. 12.	연구 기관	• 연구진 및 연구위원: 146명 • 의견조사: 2,460명 • 운영협의: 7회, 408명 • 검토 및 수정보완: 12회, 444명
○합동협의회, 세미나 및 공청회 –현장교원, 관련학회 등과의 합동협의회 –수준별 교육과정 개발 방향 탐색 세미나 –총론 시안에 대한 공청회 ○총론시안 검토·수정 –총론 개정안의 심의 –시·도 교육청, 학교의 현장 검토 –교원양성대학, 연구기관 및 관련학회의 검토 –수정·보완 집중 작업	'96. 6.~'96. 8. '96. 6. '96. 7. '96. 8. '96. 11.~'97. 2.	교육부, 연구 기관 교육부	• 참여인원: 106명 • 참여인원: 300명 • 참여인원: 600명 • 교육과정심의회: 12위원회 • 심의회 개최: 24회 • 심의위원: 260명 • 15개 시·도 • 연구학교: 22개교 • 대학, 연구기관: 41개 기관 • 관련학회: 11개 학회 • 2회

단계	시기	주관	내용
○총론 개정안 확정	'97. 2. 28.	교육부	• 협의, 검토: 총 80회 • 총론개정 참여인원: 연 4,598명
○교육과정 각론 연구 개발 계획 수립 　－각론 연구 개발 위탁 　－각론 개발 지침 작성	'96. 12. '96. 12. '97. 1.	교육부	• 위탁기관: 14개 기관 • 위탁과제: 39과제
○각론 연구 개발 　－교과별 기초연구 및 각론 연구 개발 　－교과별 협의회 운영 　－각론 조정 워크숍 　－교과별 세미나(공청회)	'97.1.~'97. 10. '97. 5. '97. 7.~8.	연구 기관	• 연구진: 총 530명 • 총 124회(교과 평균 3회) • 참여인원: 150명 • 30교과, 약 5,000명 참여
○각론 시안 검토 · 수정 　－각론 개정 시안의 심의 　－시 · 도 교육청, 학교의 현장 검토 　－시 · 도 교육과정 담당 장학관 협의	'97. 8.~'97. 12. '97. 8.~9. '97. 10.~11. '97. 11.	교육부	• 교과별심의회: 115소위원회 • 심의위원: 1,526명 • 심의회 개최: 각 교과 2회 • 현장검토 위원: 160명 • 참여인원: 32명
○종합심의 및 정리 작업 　－개정안 작성 집중 작업 　－교육과정심의회 　－전문가 검토 · 협의	'97. 11.~12. '97. 11.~12. '97. 12. '97. 10.~12.	교육부	• 2회, 260명 참여 • 4회, 심의위원 205명 • 4회, 자문교수 5명
○개정안 보고	'97. 12.	교육부	
○제7차 초 · 중등학교 교육과정 고시	'97. 12. 30.	교육부	

진에 현장교원을 40% 이상 참여하도록 하였으며, 현장교원 및 학계 중심의 '교육과정 포럼'을 개최(14회)하고, 시 · 도전문직 · 핵심교원을 대상으로 지속적인 의견수렴을 추진('14년 1,200여 명, '15년 1,200여 명)하였다. 개정 교육과정 발표에 앞서 두 차례에 걸쳐 진행된 공청회(1차 '15. 7. 30.~8. 12./2차 '15. 8. 31.~9. 4.)에서는 2015 개정 교육과정이 추구하는 인간상인 창의융합형 인재 양성을 위한 교실수업 개선 등 이번 개정의 근본 취지에 대해 전반적으로 공감대가 형성되었으며, 그간의 여러 차례 의견수렴 결과를 토대로 2015 개정 교육과정의 기본 방향에 대해 다시 한번 점검하고 몇 가지 중점 개정 사항에 대한 심층적인 의견 수렴과 토론이 이루어졌다.

　일반적으로 국가 수준에서 교육과정을 개발할 때에는 다음과 같은 과정을 거치게 된다. 그 단계를 상세히 제시하면 [그림 10-2]와 같다.

단계	업무추진내용	소요 기간
(1) 교육과정 개정 기본 계획 수립	• 개정 기본 방향 설정 • 관계 전문가와의 협의 및 종합 검토 • 실무 작업반 구성 · 운영 • 기본 계획 수립, 결재	1개월
(2) 기초연구 및 체제 · 구조 개선 연구의 위탁	• 연구 개발 위탁 협의 및 기관 선정 • 연구 개발 세부 계획서 및 국고 보조금 신청서 제출 • 연구 개발 책임자 협의회 • 연구진, 협의진 등 실무 추진팀 구성 • 연구 개발비 국고 보조	2개월
(3) 교육과정 개정 기초 연구	• 위탁 과제별 기초 연구 • 현행 교육과정의 분석, 평가 • 교육과정 국제 비교, 연구 • 학생 · 교원 · 학부모의 요구 및 의견 조사 • 국가 · 사회적인 요구 및 학교교육의 전망 조사 연구 • 교육과정 운영 실태 조사 • 추진 상황 검토 협의회 • 위탁 과제별 협의회 • 위탁 과제별 기초 연구 결과 답신 보고서 제출 • 국고 보조금 집행 정산서 제출	6개월
(4) 교육과정 총론 개정 시안의 개발	• 교육과정 체제 · 구조 개선 연구 • 추진 상황 검토 협의회 • 종합 세미나, 공청회 • 시안 작성 및 검토 협의회 • 수정 · 보완 1차 집중 작업 • 수정안 작성 및 검토 협의회 • 수정 · 보완 2차 집중 작업 • 심의 자료 제출 • 제1차 심의 • 총론 개정 시안 작성 • 총론 개정 시안 개발 답신 보고서 제출 • 국고 보조금 집행 정산서 제출	6개월

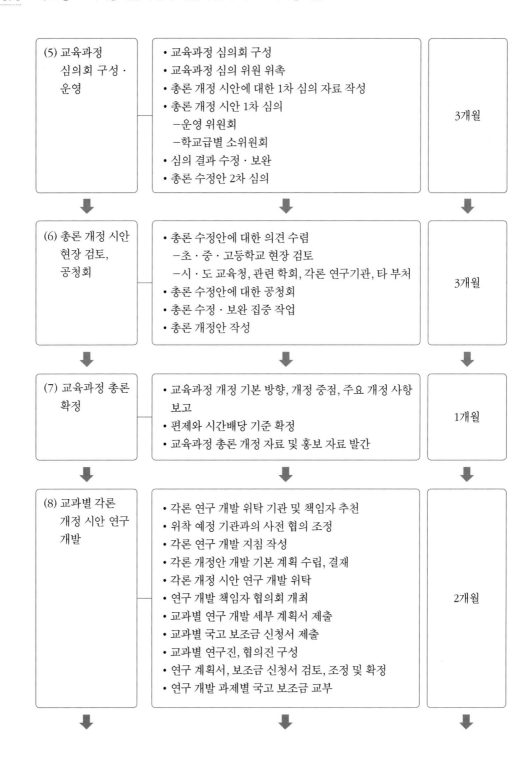

| (5) 교육과정
　심의회 구성 ·
　운영 | • 교육과정 심의회 구성
• 교육과정 심의 위원 위촉
• 총론 개정 시안에 대한 1차 심의 자료 작성
• 총론 개정 시안 1차 심의
　－운영 위원회
　－학교급별 소위원회
• 심의 결과 수정 · 보완
• 총론 수정안 2차 심의 | 3개월 |

| (6) 총론 개정 시안
　현장 검토,
　공청회 | • 총론 수정안에 대한 의견 수렴
　－초 · 중 · 고등학교 현장 검토
　－시 · 도 교육청, 관련 학회, 각론 연구기관, 타 부처
• 총론 수정안에 대한 공청회
• 총론 수정 · 보완 집중 작업
• 총론 개정안 작성 | 3개월 |

| (7) 교육과정 총론
　확정 | • 교육과정 개정 기본 방향, 개정 중점, 주요 개정 사항
　보고
• 편제와 시간배당 기준 확정
• 교육과정 총론 개정 자료 및 홍보 자료 발간 | 1개월 |

| (8) 교과별 각론
　개정 시안 연구
　개발 | • 각론 연구 개발 위탁 기관 및 책임자 추천
• 위착 예정 기관과의 사전 협의 조정
• 각론 연구 개발 지침 작성
• 각론 개정안 개발 기본 계획 수립, 결재
• 각론 개정 시안 연구 개발 위탁
• 연구 개발 책임자 협의회 개최
• 교과별 연구 개발 세부 계획서 제출
• 교과별 국고 보조금 신청서 제출
• 교과별 연구진, 협의진 구성
• 연구 계획서, 보조금 신청서 검토, 조정 및 확정
• 연구 개발 과제별 국고 보조금 교부 | 2개월 |

(9) 교과별 각론 개정 시안 연구 개발	• 연구진, 협의진 공동 협의 • 교과별 연구 개발 계획의 상세화 • 교과별 각론 개발 기본 방향 설정 • 현행 교과별 교육과정 분석, 평가 • 교과별 교육과정 국제 비교 분석 • 학생, 교원, 학부모 및 관계 전문가의 요구, 의견 조사 · 교과별 교육과정 운영 현장 실태 조사 • 교과별 세미나, 협의회 • 추진 상황 검토 협의회 • 총론 및 각론 개발 조정 협의회 • 교과별 각론 개정 시안 작성 • 교과별 수정 · 보완 집중 작업 • 교과별 각론 개정 시안 답신 보고서 제출 • 국고 보조금 집행 정산서 제출	8개월
(10) 교육과정 각론 현장 검토, 공청회	• 각론 수정안에 대한 의견 수렴 　－초 · 중 · 고등학교 현장 검토 　－시 · 도 교육청 관련 학회, 타 부처 등 • 각론 수정안에 대한 공청회 • 각론 수정 · 보완 집중 작업 • 교과별 각론 개정안 작성	3개월
(11) 교육과정 개정 시 (총론, 각론) 작성	• 교육과정 운영 위원회 최종 심의 • 학교급별 소위원회 최종 심의 • 종합 세미나 개최 • 교육과정 개정 시안 종합 수정 · 보완 • 개정안 작성 최종 정리 작업	2개월
(12) 교육과정 개정안 확정, 고시	• 교육과정 개정 시안 보고, 확정 • 새 교육과정 고시 • 교육과정 고시 책자 발간, 보급	2개월

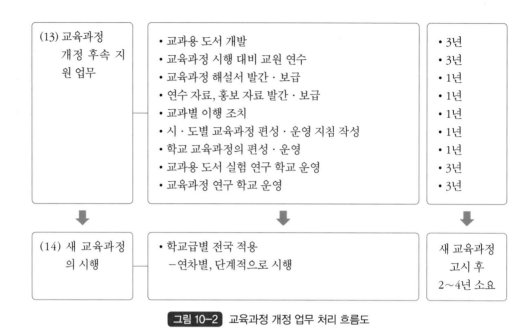

(13) 교육과정 개정 후속 지원 업무	• 교과용 도서 개발 • 교육과정 시행 대비 교원 연수 • 교육과정 해설서 발간 · 보급 • 연수 자료, 홍보 자료 발간 · 보급 • 교과별 이행 조치 • 시 · 도별 교육과정 편성 · 운영 지침 작성 • 학교 교육과정의 편성 · 운영 • 교과용 도서 실험 연구 학교 운영 • 교육과정 연구 학교 운영	• 3년 • 3년 • 1년 • 1년 • 1년 • 1년 • 1년 • 3년 • 3년
(14) 새 교육과정의 시행	• 학교급별 전국 적용 －연차별, 단계적으로 시행	새 교육과정 고시 후 2~4년 소요

그림 10-2 교육과정 개정 업무 처리 흐름도

(3) 교과용 도서의 연구 개발

교육과정이 고시되면 이에 따라 교사 연수의 준비, 교과용 도서의 개발 계획이 뒤따른다. 현재는 고시된 교육과정을 구현할 교육과정 자료(학생용 교과서, 교사용 지도서, 보완 교재, 교과관련 영상자료, 멀티미디어 자료, 녹음 자료 등을 포함)의 종류 형태(체제), 개발 주체에 대한 공개적인 결정 절차가 마련되어 있지 않다. 대체로 교과용 도서의 편찬 과정은 계획위탁 단계, 연구집필 단계, 심의수정 단계, 생산공급 단계를 거치게 되어 있다.

학생용 교과서와 교사용 지도서를 중심으로 하는 교과용 도서는 대체로 연구 개발진에 의해 수개월에서 1년간 연구, 집필, 검토, 심의를 거쳐, 실험본이 완성되고 이를 학교 현장에서 예비적으로 실험 · 검토하게 한다. 이때 초등학교는 특정 교과를 중점적으로 실험 · 적용해 보는 연구 실험 학교를 정해 학교에서 1년간 직접 가르치며 연구하고 수정 · 보완하며, 중등학교의 경우 교과별로 연구 실험 교사를 정해 부분적으로 수업에 적용하거나 교사들이 경험에 비추어 이를 면밀히 검토하게 된다. 교과용 도서의 질에 대한 시비가 잦은 점을 고려한다면 교육과정 고시에서 교과용 도서 개발 과정, 특히 실험본이 나올 때까지 집필과정과 실험본이 학교에서 검토 · 수정되는 과정에 대한 면밀한 재검토와 개선이 요구된다. 실험 검토된 교과용 도서는 다시 여러 차례의 수정, 보완, 윤문을 거쳐 최종본을 만들고 심의한 최종본은 정본이 되어 이를 인쇄, 각급 학교에 배포한다. 즉, 교과용 도서를 연구·개발하여 학교에서 사용까지는 약 3년의 기한을 필요로 한다.

(4) 교육인적자원부(교육과학기술부)의 역할: 향후 국가교육위원회로 변경

교육행정의 개념을 교육목표를 설정하고 이의 달성을 위하여 필요한 조건을 정비하는 조성활동으로 규정할 경우에, 조건 정비란 내적 사항과 외적 사항으로 구분할 수 있다. 내적 사항은 교육목적, 목표 그 자체에 관한 것이고 외적 사항은 교육목적을 달성하는 데 필요한 외적 여건을 말한다(함수곤, 2000). 그는 교육행정에 있어서 조건 정비 활동 중 내적 사항을 담당하는 것이 바로 교육내용 행정이라고 규정하고 있다.

교육과정의 편성과 운영에 대한 교육행정기관의 역할은 분담되어 있다. 향후 국교위에서는 국가 수준 교육과정 기준을 고시하는 역할을 담당하고 있다. 이에 대한 법적 근거로 초·중등교육법 제23조 2항에서 교육과정의 기준과 내용에 관한 기본 사항을 결정하도록 규정하고 있다. 시·도 교육청은 지역 수준 교육과정 편성·운영 지침을 작성하여 제시하는 임무를 지니고 있다. 이에 대한 법적 근거로 초·중등교육법 제23조 2항에서 지역의 실정에 적합한 기준과 내용을 작성하도록 규정하고 있다. 시·군·구 교육청에서는 학교 교육과정 편성·운영 장학 자료를 작성하여 제시하는 임무를 갖고 있고, 단위학교에서는 학교 교육과정을 편성하여 운영할 책무를 가지고 있다. 학교 교육과정에 대한 법적 근거는 초·중등교육법 제23조 1항의 학교 교육과정의 운영에 관한 조항에서 찾을 수 있다.

2) 지역 수준 교육과정: 시·도 교육감 권한 강화

지역 수준의 교육과정은 국가 수준의 교육과정을 시·도 단위 혹은 시·군·구 단위에서 지역의 특성과 실정, 필요, 요구 등을 반영하여 지침의 형태로 구체화한 것을 말한다. 각 시·도나 시·군·구에서 학교에 제시하는 각급 학교 교육과정 편성·운영 지침이나 실천 중심의 장학 자료가 이에 해당한다. 일반적으로 시·도 교육청에서는 각급 학교 교육과정 편성·운영 지침을 작성하여, 이를 관내의 지역 교육청과 각급 학교에 제시하게 되며, 시·군·구의 지역 교육청은 학교 교육과정 편성·운영에 관한 실천 중심의 장학 자료를 작성하여 학교에 제시하게 된다. 이러한 지침이나 자료는 학교 수준에서 교육과정을 개발할 때 유용한 지침이 된다.

학교에서 배우는 내용 혹은 활동으로서 교육과정은 기본적으로 중앙집중적 성격보다는 지방분권적인 속성을 지니고 있다. 그것은 교육과정을 이루는 각 교과지식의 성격과 교육과정을 현장에서 실현하는 주체의 성격이 기본적으로 지방분권적 속성을 보이기 때문이다. 즉, 교육과정 내용의 지역화와 교육과정 의사결정의 분권화는 학교에서 가르칠 교과의 성격과 교과를 학생들에게 가르치는 교사들의 성격에 의해 이루어진다. 박도순과 홍후조(1999: 218-219)는 지역 수준 교육과정의 필요성을 다음과 같이 제시하고 있다.

첫째, 발달된 지역 수준 교육과정은 중앙집중화된 국가 교육과정의 폐단을 감소시키며, 지역의 실정에 적합한 교육과정을 편성 · 운영할 수 있으며, 지역 인재를 길러냄으로써 지방자치를 성숙시키고 국가 발전에 기여한다. 국가 교육과정은 국가적 통일성을 기하기에 유용하고 전문가를 동원하여 일시에 전면적, 권위적으로 교육과정을 개정하는 데에는 편리한 측면이 있으나, 시 · 도 교육청, 시 · 군 교육청, 학교, 학년, 학급, 교사, 학생의 특수하고 독특한 측면을 고려하는 데에는 한계가 있다. 과도한 중앙집중화의 지양, 관료적 통제의 완화, 교육행정의 전문화는 교육의 내용을 채우는 교육과정에서 더욱 절실히 요구된다.

둘째, 발달된 지역 교육과정은 지역 발전과 국가 발전 및 세계화 시대에 필요한 인재 양성의 기반을 형성하는 데 긴요하다. 제한된 자율권 속에서도 자치 단체들은 통상적으로 학교를 통해 지역 인재를 양성하고 학교교육의 개선을 통해 지역 주민의 지역 행정의 만족도를 높이고 지역 주민의 정주성을 높이고 싶어한다. 교육과정의 지역화는 단순히 내용, 방법, 자원의 지역화만을 의미하지 않는다. 지역의 교육이 산다는 것은 곧 지역의 인재가 자란다는 것이다. 교육에서 가장 중요한 것은 내용도 방법도 목표도 평가도 아닌 자라는 학생들이다. 도시적 배경과 분위기에서 자란 아이들뿐만 아니라 농 · 어 · 산촌 지역의 문화, 풍토 산물에 바탕한 아이들이 어우러질 때 다양한 인재들이 길러질 수 있다. 교육의 지방자치는 지역의 인재를 키우고 지역 주민의 정주성을 높이고, 그 자녀들이 학교에 다니는 지역에 뿌리박은 지역사회 학교를 가꾸어 가는 기반이 된다. 더구나 질 높은 지역 교육은 세계화 시대의 국가 생존 전략이다. 교통과 통신의 발달에 힘입어 상품 서비스, 금융, 투자, 정보, 인력의 흐름이 전 세계적으로 더욱 확대되어 가고 있고 기술과 인력의 세계화가 요구되고 있다.

(1) 시 · 도 교육청 지침 교육과정

지역 수준의 교육과정으로서 현재는 시 · 도 교육청 수준에서 고시하는 교육과정 편성 · 운영 지침을 말한다. 이 교육과정은 지역의 특성, 실태, 요구를 고려한 편성 · 운영 지침으로서 지방 교육자치에 관한 법률 제27조 6호에 근거하여 만들어지는 것이다. 따라서 지역별로 교육과정이 상이하다고 볼 수 있다. 이러한 교육과정은 교육에 대한 지역의 의도를 담은 문서 내용이며, 국가 수준과 단위학교 수준의 중간에 위치하여 양 수준의 교량적 역할을 하게 된다.

그런데 지역의 특성과 실정, 필요, 요구 등의 제 요인을 조사, 분석하여 국가 공통의 일반적 기준 교육과정을 보완 · 조정함으로써 학교 교육과정을 편성하는 데 지침을 제공해 주어야 하는데, 시간이나 인력, 경제적 비용 때문에 교육과정의 질이 저하되고 지역 간 격차로 인해 오히려 문제가 생기는 역기능도 동시에 존재한다.

교육과정을 비롯한 보통 교육에 관한 사항은 기본적으로 시 · 도 교육청의 관장 사항이나, 오랫동안 중앙집권형 교육과정을 유지해 오면서 교과의 편제, 시간배당, 교육목표, 내용, 방법, 평가의 기준을 비롯한 교육과정의 체제 · 구조 및 운영 지침 등을 모두 교육부에서 작성하고 결정하여 왔다. 그러던 것이 제6차 교육과정을 계기로 시 · 도 교육청의 교육과정에 관한 결정권이 보다 확장되었다.

시 · 도 교육청의 교육과정에 관한 역할은 초 · 중등교육법 제23조에 연결되는 지방 교육자치에 관한 법률 제22조에 나타난 교육감의 교육 · 학예에 관한 관장 사무 중 제6호 '교육과정의 운영에 관한 사항'에 근거한다. 제6호는 매우 포괄적인 규정이어서 교육과정의 구체적인 틀을 짜는 개정 시마다 교육과정 문서에서 이를 구체화해야 한다.

학교 교육과정 편성 · 운영 지침 작성은 시 · 도 교육청의 주된 과업 중 하나다. 교육청이 작성한 지침은 일반적, 요강적, 거시적, 추상적 수준의 국가 교육과정 기준과 보다 구체적, 미시적 실천 수준의 학교 교육과정을 연결시키는 실무적, 매개적 지침으로 시 · 군 교육청과 학교에 제시된다. 이 지침은 교육부의 교육과정 기준을 근거로 하여 당해 시 · 도 지역의 특수성과 시 · 군 지역의 특수성 및 학생과 주민의 요구가 학교 수준의 교육과정으로 구체화될 수 있는 지침이 되어야 한다.

교육과정 편성과 운영에 대한 시 · 도 교육청의 역할은 교육부 교육과정 문서에 자세히 제시되어 있다(교육부, 1997a: 14-17).

(2) 지역 교육청(교육지원청) 장학 자료

이 교육과정은 제6차에서는 없었으나 제7차에 와서 학교 교육과정을 편성하는 데 보다 효율적이고 실질적인 자료를 시 · 군 · 구 교육청에서 학교에 제공해 줄 필요가 있어서 새롭게 신설된 것이다. 교육청에서는 장학 자료를 개발하여 학교 교육과정을 안내하고 통제한다. 따라서 단위학교에서는 이 교육과정에 기초하여 내실 있는 학교 교육과정을 편성해야 한다.

교육과정 편성과 운영에 대한 시 · 군 교육청의 역할은 교육부 교육과정 문서에 자세히 제시되어 있다(교육부, 1997a: 17-18).

3) 학교 수준 교육과정: 자율선택과목 강조

이 교육과정은 교육기본법 제23조 1항에 근거하여 학교 실정, 학생 실태를 고려한 구체적인 교육과정을 말하는 것이다. 단위학교에서는 이상의 상위 수준의 교육과정(국가, 시 · 도 교육청, 지역 교육청)을 참고로 하여 학교의 특성에 부합하는 특색 있는 교육과정을 편성 · 운영해야 한다. 이 과정에서 흔히 학부모와 학생, 교사의 특성이나 실태 등을 반영하여 학교 차원의 교육계획서를 작성한다. 따라서 일반적으로 단위학교에서는 학교교육계획서 안에 교육과정의 편성, 운영, 평가 부문을 포함하여 학교 교육과정을 제시하고 있다.

그런데 엄격한 의미에서 학교 교육과정에는 교과별, 학년별, 학급별(초등의 경우 활성화되어 있음) 교육과정이 상세하게 제시되어야 하며, 학교 현장의 문제가 많이 반영되어야 한다. 이러한 학교 교육과정은 학교중심 교육과정이라고도 불리는데, 외국의 경우 현장중심(Site-Based)의 정신이 반영되는 경우다.

학교중심 교육과정은 보다 본격적으로는 다양한 의미로 사용되는데, 학교 외부에서 개발한 교육과정을 학교가 채택하여 사용한 것에서부터 학교 자체에서 개발한 교육과정에 이르기까지 다양할 수 있다(강현석 외, 2000: 39-54).

4) 교실 수준 교육과정

교실(혹은 교사) 수준 교육과정은 개념적으로는 가능하나 현실적으로는 학교 교육과정의 체제 안에서 작용하는 것이므로 학교 교육과정 체제와 동일한 것으로 간주하여

도 무방하다. 그러나 엄격하게 구분해 보면 교실 수준의 교육과정은 상위의 교육과정을 근간으로 하여 교실 수업에서 이루어지는 일련의 교육과정 체제를 말한다. 그것은 학생들에게 가르쳐진 교육과정인 동시에 교실 수준의 교육과정을 말하며, 교사 자신이 맡고 있는 교과, 학년, 학급(초등의 경우) 교육과정을 의미한다.

따라서 교실 수준의 교육과정 개발은 대부분 수업계획과 중첩되며, 교육과정 자료의 개발과 유사한 성격을 지닌다. 이 수준의 교육과정 자료 개발에는 교과서나 교재의 재구성, 자료의 수정과 적용, 수업지도안의 개발 등이 포함된다. 대표적으로는 교사에 의한 교육과정 재구성이 해당된다.

2. 학교 교육과정 개발의 실제

1) 학교 교육과정 개발의 개념

학교 교육과정은 국가 수준이나 지역 수준에 의거하여 지역의 특성과 학교의 실정, 학생의 실태에 맞게 편성한 단위학교의 구체적인 교육과정을 말한다. 학교 교육과정 개발은 학교중심 교육과정 개발(School-Based Curriculum Development: SBCD)을 의미하며, 학교중심이라는 말은 여러 가지 방식으로 해석된다. 이러한 이유 때문에 Connelly(1972)는 '학교중심'이라는 표현 대신에 '사용자 개발자'라는 말로 바꾸어 사용하고 있다. 이 두 가지 표현은 가끔 같은 의미를 나타내며 동시에 동일한 사람(즉, 수업하는 교사)을 지칭하기도 하지만 항상 그러한 것은 아니다. 즉, '사용자 개발자'는 반드시 학교에서만 있는 것은 아니며 학교에서의 교육과정 개발 역시 반드시 사용자가 개발한다는 것을 의미하지는 않는다. '사용자 개발자'라는 표현은 상업적으로 전파 보급되는 일련의 수업 자료를 학생들의 요구에 적합하도록 수정하기 위해 외부의 교육과정 전문가의 자문과 지도하에 작업하는 여러 학교의 교사들로 구성된 팀을 지칭하는 것이다.

교사가 이러한 팀에 참가하게 되는 것은 대학에서 개설하고 있는 현직 연수 프로그램에 관여함으로써 가능해지는 것이 보통이다(이 경우 거기에 등록을 하는 것은 교사의 자율적인 결정에 의한 것이며, 처음에는 개인으로서 참여하게 된다). 연수 프로그램에 참여하는 교사는 그 팀이 개발한 수업 자료를 사용함으로써 사용 개발자가 되는데, 교사가 사용하는 프로그램은 학교의 상황을 참작하여 만들어진 것이기는 하지만 학교에서 개발된 프로그램은 아니다. 그 프로그램은 학교가 주도하여 만든 것도 아니며 옆 교실에서 동일한 교과를 가르치는 다른 동료 교사가 채택하지 않는 경우도 얼마든지 있을 수 있다.

한편으로 학교가 그 학교에 있는 교사들로 팀을 만들어서 참여한 교사들이 직접 개정한 프로그램을 채택할 경우에 이 프로그램은 학교에서 개발된 교육과정이 된다. 하지만 그 프로그램 개발에 참여하지 않는 교사들은 사용자 개발자에 해당되지는 않는다.

그렇다면 학교중심 프로그램의 개발에 참여하는 사람은 과연 누구인가? 특정 교과를 가르치는 모든 교사들인가 아니면 그 교사들 중의 단지 일부인가? 만약에 외부 당국이나 학교 당국에서 선택할 수 있는 범위를 정해 놓고 있기는 하지만 그 범위 내에서 교사가 무엇을 가르칠 것이며 어떤 자료를 수업에 사용할 것인지를 비교적 자율적으로 결정할 수 있게 해 준다면, 이 경우는 학교중심 교육과정 개발이라고 할 수 있는가?

이와 관련하여 Sabar(1989: 202)는 다음과 같이 지적하고 있다.

> "학교중심 교육과정 개발은 모든 단계에서 교사가 중요한 역할을 수행하는 교사중심 교육과정 개발로 축소되어서는 안 되며 사실 그렇게 될 수도 없다. 그것은 교육에 관여하는 모든 사람들과 함께 결정을 내리는 참여적 형태이어야 한다."

아울러 Sabar는 학교중심 교육과정 개발에서 적합하다고 생각되는 교육과정 개발의 파트너들로서 학부모, 학습자, 그리고 사회의 여타 기관들을 지목하고 있다. 흔히 교육 실제에서는 지방 당국이나 지방교육 당국의 대표가 교육과정 결정에 참여하는데, 특히 교회, 노동조합, 대학, 다른 고등교육기관 같은 다양한 이익집단들이 학교 교육과정에 대해 요구의 목소리를 내기도 한다. 지방행정 당국은 보통 자신들의 관할 지역권 내에 있는 모든 학교에 대해 학교가 운영해야 할 프로그램에 영향력을 행사하려고 한다. 그러한 교육 프로그램의 개발은 분명히 학교중심 교육과정 개발이 아니다. 이런 점에서 보면 교육과정에 대한 결정권을 중앙에서 지방으로 이양하는 것과 학교중심 교육과정 개발은 별개의 문제다.

교육과정 문헌을 살펴보면 교육과정 문제에서의 권한 이양과 학교중심 교육과정 개발이라는 이 두 가지 주제는 실제로 상이한 현상이지만 흔히 하나의 제목에서 취급되고 있는 것을 볼 수 있다. 권한 이양은 학교중심 교육과정 개발의 전제 조건일 뿐이다.

그것은 학교중심 교육과정 개발을 촉진하는 필요조건이지 충분조건은 아니다. 권한 이양, 사용자 개발자, 학교중심 교육과정 개발이라는 개념들 간의 차이점을 충분히 파악하지 않고서는 교육과정 개발에 관한 정확한 의미를 포착하는 것은 불가능할 것이다.

그렇다면 학교중심 교육과정 개발의 범위를 어떻게 이해할 것인가? 학교중심 교육과정 개발을 가장 넓게 정의한다면 그것은 학교가 완전히 자율적으로 가르쳐야 할 내용을 결정하는 것은 물론 이미 만들어진 교재에는 최소한으로 의존하면서 가르쳐야 할 수업 자료를 스스로 준비하는 것까지를 포함한다. 학교중심 교육과정 개발의 의미를 아주 좁게 정의하면 그것은 학교에서 운영하는 교육 프로그램 중에 극히 제한된 부분에 대해서만 결정할 수 있는 권한을 지방 교육청이나 학교에 위임하여 명문화하는 것을 의미한다.

실제에 있어서는 넓은 의미의 학교중심 교육과정 개발의 아이디어에 따라 교육과정을 개발하고 운영한다는 것은 불가능하다. 그리고 그러한 원리에 따라 운영되는 학교도 없다. 그러므로 현실적으로 가능한 방법은 협의의 정의에 입각하여 주어진 자율권을 최대한 활용하여 SBCD 접근법의 어떤 요소들을 통합하여 학교중심 교육과정을 개발하는 데에 최선을 다하는 것이다.

2) 학교 교육과정 개발의 절차와 실제

(1) 학교 교육과정의 편성 절차

학교 교육과정을 편성하는 것은 현실적으로 학교에서 학생들에게 1년 동안 제공할 교과와 프로그램을 운영할 계획을 수립하는 것으로 나타난다. 학교 수준의 교육과정 계획은 궁극적으로 그 학교 학생들의 공부할 기회를 어떤 식으로 마련할 것인지 계획하는 것이다. 그 절차를 여러 학자들(김재복 외, 1996; 박도순·홍후조, 1999; 소경희, 2000; 함수곤, 2000)이 약간씩 상이하게 제시하고 있는데 구체적인 내용은 대동소이한 것으로 판단된다. 그 방법과 절차는 대략 [그림 10-3]과 같다(교육부, 2001: 42-44).

① 학교 교육과정 위원회 조직 및 편성계획 수립
- 조직, 업무, 역할의 구체화
- 작업 일정, 작업 내용의 초안 작성

② 국가, 사회의 요구분석 및 시사점 추출
- 국가 고시 교육과정, 시 · 도 교육과정 편성 · 운영 지침 분석
- 관계법령(교육기본법, 초 · 중등교육법, 초 · 중등교육법시행령 등) 분석
- 시 · 도 교육청 교육지표, 주요 시책, 중점 과제 분석(목표, 내용, 방법, 평가의 시사점 추출)

③ 기초 조사, 조사 내용 분석 및 시사점 추출
- 교사, 학생, 학부모, 지역 주민의 실태 분석 및 요구조사
- 학교 여건 분석
- 교과, 창체의 운영 실태 분석

④ 학교 교육과정 편성 · 운영의 기본 방향 설정
- 학교장 경영방침 설정
- 학교 교육목표 및 노력 중점 과제, 특색 사업 설정
- 학교 교육과정 구성 방침 및 체제 결정
- 영역별, 교과별 교육과정 적성 방향 및 구성 체제 결정
- 학교 중장기 교육발전계획 수립
- 교과, 영역, 학년별 지도 중점 설정

⑤ 학교 교육과정 시안 작성
- 학교 교육과정의 기저
- 학교 교육과정 편성 · 운영의 방향
  학교 교육목표 및 경영 방침　　　　　노력 중점 및 특색 사업
  편제 및 단위 배당　　　　　　　　　학교 교육과정 편성 · 운영의 기본 방침
- 교과, 창체 운영
  수준별 교육과정 운영　　　　　　　선택중심 교육과정 운영
  창체의 운영
- 학교 교육과정의 평가
- 기타 운영 사항
  생활지도　　　　　　　　　　　　　지원 관리

⑥ **학교 교육과정 편성 · 운영 지원 계획 수립**
- 각 부장 교사 관장 업무별 추진 계획
- 교육시책 관련 업무 추진 계획
- 교육과정 중심의 교원 조직
- 학교 규칙 제 개정
- 학교 예산 운영 계획
- 학교 시설 관리 계획
- 교직원 복무 규정

⑦ **학교 교육과정 시안 및 지원 계획 심의 확정**
- 시안 및 지원 계획 심의, 검토, 분석
- 추출된 문제점 반영, 시안 수정 보완
- 학교 교육과정위원회 심의 후 학교 교육과정 확정

⑧ **학교 교육과정 운영**
- 지속적인 연수와 교내 자율 장학의 활성화
- 운영과정의 문제점에 대한 탄력적 대응
- 장학 협의를 통한 교육과정 수정 및 보완 운영
- 학교 교육과정의 융통성 있는 운영
  (시간 운영, 장소 활용, 교사 조직, 학습내용 조정, 집단 편성 등)

⑨ **학교 교육과정 평가와** 개선
- 교과, 창체 시간 편성 · 운영 수시 평가 및 자료 수집
- 평가 기준에 따른 교육과정 평가
- 학교 교육과정 편성 · 운영, 평가결과 보고서 작성
- 개선점 추출, 다음 해의 편성 · 운영에 대한 반영(환류)

그림 10-3 학교 교육과정 개발 절차

① 학교 교육과정 편성위원회 조직

　학교 교육과정을 편성 · 개발하기 위해서는 우선 '학교 교육과정위원회'를 구성하여
야 한다. 위원회는 학교의 사정에 따라 다양한 형식으로 구성될 수 있다. 예시적으로
기획 조정 분과, 편성 · 운영 분과, 교과활동 분과, 창체 분과, 자료개발 분과, 평가 분석
분과 등을 위원회의 하부 조직으로 구성할 수 있다. 학교 교육과정 편성위원회의 조직
을 제시하면 [그림 10-4]와 같다.

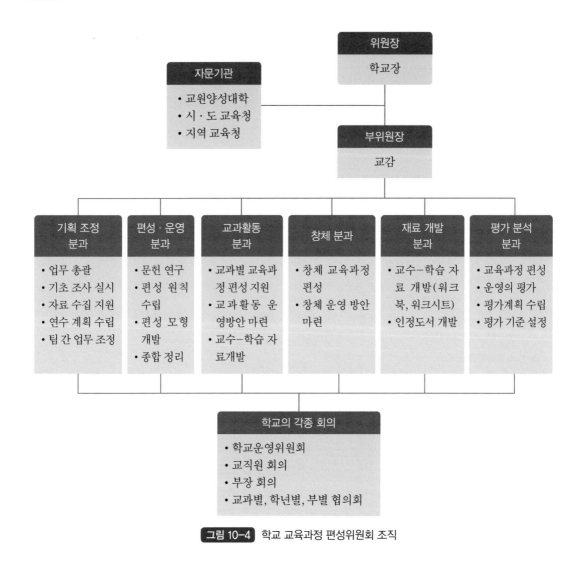

그림 10-4 학교 교육과정 편성위원회 조직

② 국가 및 지역 교육과정의 분석

전술한 바와 같이 학교 교육과정은 국가 교육과정과 시·도 교육과정 편성·운영 지침의 틀 안에서 편성된다. 따라서 학교에서 우선적으로 이들 상위 기관의 교육과정 지침 내용들을 명확하게 이해하여야 하며, 그렇게 하기 위한 검토 작업을 철저하게 실시해야 한다.

③ 실태 조사

국가 교육과정과 시·도 교육청 수준의 교육과정 지침 내용을 파악한 후에는 학교 교육과정을 작성하는 데 요구되는 각종 기초 정보 자료를 수집해야 한다. 질 높은 학교 교육과정을 편성하기 위해서는 여러 종류의 기초 자료들이 요구되기 때문이다. 그러나 수집되어야 할 기초 자료들의 종류가 무엇이며, 그러한 자료들이 학교 교육과정의 편성 과정에 어떻게 반영되어야 할 것인가에 대한 명확한 인식을 갖추는 일은 쉬운 일은 아니다. 지역의 일반적 특성 및 지역의 사회문제를 비롯하여 학교 및 학급의 규모, 과목별 교사 수 및 특기보유 현황, 학생 실태, 과목의 중요도 및 선호도, 교수-학습 자료 및 시설 설비 현황, 학교 주변의 교육문화 시설의 종류, 학교운영위원회 등에 대한 자료가 수집되어야 한다.

④ 학교 교육과정 시안 작성

위의 여러 사항에 대한 정보가 수집·분석되면 학교 교육과정을 편성하기 위한 기초 자료는 마련된 셈이다. 수집된 기초 자료의 내용과 학교에서 특별히 강조하고 있는 교육 이념이나 철학이 있다면 그러한 내용을 바탕으로 학교 교육과정의 다음과 같은 세부안을 작성하도록 한다.

먼저 교과 편제 및 시간표를 작성한다. 그리고 교과별 교육과정 구성 및 교수-학습 자료를 재구성한다. 여기에는 교과별 목표의 조정, 재구성(기준 목표의 상향, 하향, 추가, 축소, 통합, 보완, 상세화), 교과별 교육내용의 조정, 재구성(추가, 보완, 축소, 통합, 내용 수준의 상향, 하향, 특정 내용의 강조, 상세화), 교육내용의 지도 순서(계절, 행사에 다른 지도 순서 고려, 교과별 학습 진도 고려), 교과별 지도 시간(시간량의 증배, 감축), 교과별 지도 방법의 상세화(교과별 교과의 내용 영역별, 목표별 지도 방법의 상세화 및 지도 중심의 명시) 작업이 포함된다.

학교 교육과정의 구성 체제를 제시하면 〈표 10-5〉와 같다.

이와는 별도로 교과별로도 교육과정이 작성되는데, 교과별 교육과정의 구성 체제를 제시하면 〈표 10-6〉과 같다.

표 10-5 학교 교육과정의 구성 체제(예시)

I. 학교 교육과정의 기저

1. 상위 교육목표의 분석
2. ○○지역 교육의 지표와 기본 방향
3. ○○지역 교육의 강조점
4. 학교장 경영관
5. 전 학년도 학교 운영 실태 분석

II. 학교 교육목표 및 노력 중점, 특색 사업

1. 교육목표
2. 노력 중점
3. 특색 사업

III. 학교 교육과정의 편성 및 단위 배당

1. 학교 교육과정의 편성
2. 이수 과정 및 단위 배당

IV. 학교 교육과정 운영

1. 연간 교육과정 운영 계획 및 수업 운영
2. 교과 운영
   가. 수준별 수업 운영
   나. 선택중심 교육과정 운영
3. 창체의 운영
4. 학업성취도 평가계획

V. 생활지도 및 지원 관리

1. 생활지도
2. 학교 행사
3. 지원 관리(자체 연수, 자율 장학 등)

VI. 학교 교육과정 운영 평가

1. 교육과정 평가계획
2. 교육과정 평가기준

부록

◆ 연혁 · 지역 실태   ◆ 학생 및 교직원 현황
◆ 학교 운영 조직   ◆ 중 · 장기 발전 계획

표 10-6	교과별 교육과정의 구성 체제(예시): 최근에는 교과역량 강조

1. 실태 분석 및 시사점

  가. 실태 분석

    (1) 학생의 특성   (2) 학부모의 요구

    (3) 지역사회의 특성   (4) 학교의 여건

  나. 실태 분석에 따른 교과별 학교 교육과정 편성의 시사점

    (1) 교육목표면   (2) 교육내용면

    (3) 교육방법면   (4) 교육평가면

2. 교과목표: 교과역량

3. 교과내용

  가. 국가 수준 교육과정 내용체계

  나. 학교 교육과정 내용체계

  다. 교육과정 내용의 단원별 구성

  라. 교수-학습목표의 상세화

4. 주요 활동 과제

5. 지도상의 유의점

  가. 내용 지도상의 유의점   나. 수업 방법상의 유의점

6. 평가상의 유의점

  가. 평가의 원칙   나. 평가의 실제

⑤ 학교 교육과정 시안의 심의와 확정

편성된 학교 교육과정 시안은 평가과정을 통하여 수정·보완되어야 한다. 이러한 평가 작업은 개발하여 확정된 학교 교육과정이 실제 현장에서 실천되는 과정에서 그 실행 가능성을 검토하는 가운데 이루어질 수 있다. 그리고 다른 학교의 학교 교육과정과의 상호 비교를 통해서 이루어질 수도 있다. 학교 교육과정에 대한 평가 기준으로는 학교 교육과정 편제의 적합성을 비롯하여 학교 교육과정 각론의 적합성, 교수-학습 자료의 타당성, 평가의 타당성, 선택교과 운영의 충실성, 창체 시간 운영의 충실성 등을 들 수 있다.

(2) 단위학교의 역할: 학교 교육과정 편성·운영

다음은 2015 개정 교육과정에서 강조하는 단위학교에서의 교육과정 편성과 운영에 대한 것이다.

학교 교육과정 편성·운영

1. 기본 사항

가. 학교는 이 교육과정을 바탕으로 학교 실정에 알맞은 학교 교육과정을 편성·운영한다.

나. 학교는 학교 교육과정 편성·운영 계획을 바탕으로 학년(군)별 교육과정 및 교과(목)별 교육과정을 편성할 수 있다.

다. 학교 교육과정은 모든 교원이 전문성을 발휘하여 참여하는 민주적인 절차와 과정을 거쳐 편성한다.

라. 교육과정의 합리적 편성과 효율적 운영을 위해 교원, 교육과정 전문가, 학부모 등이 참여하는 학교 교육과정 위원회를 구성하여 운영하며, 이 위원회는 학교장의 교육과정 운영 및 의사 결정에 관한 자문의 역할을 담당한다. 단, 특성화 고등학교와 산업수요 맞춤형 고등학교의 경우에는 산업계 인사가 참여할 수 있고, 통합교육이 이루어지는 학교의 경우에는 특수교사가 참여할 것을 권장한다.

마. 학교 교육과정을 편성·운영할 때에는 교원의 조직, 학생의 실태, 학부모의 요구, 지역사회의 실정 및 교육 시설·설비 등 교육 여건과 환경을 충분히 반영하도록 노력한다.

바. 교과와 창의적 체험활동의 내용 배열은 반드시 학습의 순서를 의미하는 것은 아니므로, 지역의 특수성, 계절 및 학교의 실정과 학생의 요구, 교사의 필요에 따라 각 교과목의 학년군별 목표 달성을 위한 지도 내용의 순서와 비중, 방법 등을 조정하여 운영할 수 있다.

사. 학교는 교과와 창의적 체험활동의 효율적인 운영을 위하여 지역사회의 인적, 물적 자원을 계획적으로 활용한다.

아. 학교는 학생의 요구, 학교의 실정 및 특색 등을 종합적으로 고려하여 창의적 체험활동의 영역, 활동, 시간 등을 자율적으로 편성·운영할 수 있다.

자. 학교는 창의적 체험활동이 실질적 체험학습이 되도록 지역사회의 유관 기관과 연계·협력하여 프로그램을 운영할 수 있다.

차. 학교는 학생과 학부모의 요구를 바탕으로 방과후학교 또는 방학 중 프로그램을 개설할 수 있으며, 학생들의 자발적인 참여를 원칙으로 한다.

카. 학교는 가정 및 지역과 연계하여 학생이 건전한 생활 태도와 행동 양식을 가지고 학습에 임할 수 있도록 지도한다.

타. 학교는 동학년 모임, 교과별 모임, 현장 연구, 자체 연수 등을 통해서 교사들의 교육 활동 개선이 이루어지도록 한다.

파. 학교는 학교 교육과정 편성·운영의 적절성과 효과성 등을 자체 평가하여 문제점과 개선점을 추출하고, 다음 학년도의 교육과정 편성·운영에 그 결과를 반영한다.

하. 학교는 교과별 성취기준 및 학습자의 온라인 학습 상황 등을 종합적으로 고려하여 원격수업 방법, 시간 등을 계획하여 운영한다. 〈신설 2020. 12. 31.〉

이 장의 주요 내용

현행 우리나라의 교육과정 개발은 다양한 수준에서 진행되고 있다. 즉, 교육과정 개발은 국가 수준, 지역 수준, 학교 수준, 학생 수준으로 다양하게 나타난다. 최근에는 단위학교에서 개발해야 하는 학교 교육과정 개발이 중요시되고 있다.

국가 수준에서는 전국 공통의 보편적 기준을 충족하고 교육의 기회 균등과 교육의 질적 수월성을 보장해야 하므로 기준 교육과정이 필요하다. 그리고 교육이 내실 있게 되려면 국가의 전국 기준 충족도 중요하며, 지역의 실정과 여건을 반영하는 방안도 중요하다. 이런 점에서 지역 차원의 교육과정이 필요하다고 볼 수 있다. 최근에는 지방자치와 교육자치의 정신에 따라 단위학교 교육과정 개발이 중요해지고 있다. 교사들은 학교 교육과정 개발과 교실 수준의 교육과정 내실에 최선을 다해야 한다.

주요개념

교과용 도서	장학 자료	학교 교육과정 개발(SBCD)
교실 수준 교육과정	지역 수준 교육과정	학교 교육과정 구성 체제
기준 교육과정	편성·운영 지침	학교 수준 교육과정

☑ 탐구문제

1. 교육과정 개발의 다양한 수준을 비교, 설명해 보시오.

2. 국가와 지역 수준 교육과정의 필요성을 설명해 보시오.

3. 교실 수준 혹은 교사 수준 교육과정의 중요성을 평가해 보시오.

4. 학교 교육과정 개발의 개념을 설명해 보시오.

5. 단위학교 교육과정 개발에 대한 외국의 사례를 조사해 보시오.

6. 학교 교육과정 개발의 절차를 진술해 보시오.

7. 어느 단위학교를 선정하여 그 학교의 교육과정 편성과 운영 실태를 조사해 보시오.

8. 단위학교를 방문하여 교육과정 개발의 애로사항과 개선 방안에 대해 면담하여 그 결과를 보고하시오.

참 고문헌

강현석 · 박철홍 · 이원희 공역(2000). 학교 교육과정 개발. 서울: 지선사.

교육부(1997a). 초 · 중등학교 교육과정.

교육부(1997b). 교육과정 개요 자료.

교육부(2000). 고등학교 교육과정 해설(총론).

교육부(2001). 학교 교육과정 편성 · 운영의 실제.

김재복 외(1996). 학교 교육과정 편성 · 운영 실태 및 개선 방안 연구. 인천교육대학교.

박도순 · 홍후조(1999). 교육과정과 교육평가. 서울: 문음사.

함수곤(2000). 교육과정과 교과서. 서울: 대한교과서주식회사.

함수곤 · 김종식 외(2003). 교육과정 개발의 이론과 실제. 서울: 교육과학사.

Connelly, F. M. (1972). The Functions of curriculum development. *Interchange, 3*(2-3), 161-177.

Sabar, N. (1989). "Curriculum development, school-based," In T. Husen & T. N. Postlethwaite (Eds.). *International Encyclopedia of Education, Supplement No. 1.*

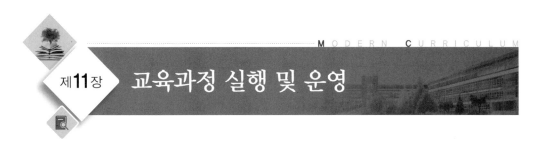

제11장 교육과정 실행 및 운영

MODERN CURRICULUM

▷ 교육과정 실행에 영향을 미치는 요인들에 대하여 설명할 수 있다.

▷ 교육과정 실행의 관점을 구분하여 조사, 설명할 수 있다.

▷ 실행의 차원에서 세 가지 교수모형을 구분하여 설명할 수 있다.

▷ 교육과정 실행과 운영에서 교사의 바람직한 역할을 제안할 수 있다.

▷ 학교 교육과정 컨설팅의 중요성과 절차를 설명할 수 있다.

앞 장에서 살펴본 것처럼 교육과정 개발은 복잡한 과정을 거쳐서 하나의 문서 형태로 개발되어 표현된다. 이렇게 개발된 교육과정은 교육계획에 대한 '의도'를 가장 구체화한 것이다. 물론 잘 개발된 교육과정은 현장에 적용되는 요인들을 고려하고 예상되는 '결과'를 종합적으로 고려하면서 이루어진 것이라고 볼 수 있다. 그러나 의도와 결과가 항상 일치하지는 않는다. 단적으로 말하면 교육과정 개발은 어떠한 교육과정을 통해 어떠한 교육을 할 것인가에 대한 계획과 의도의 차원이 강하다. 물론 개발이라는 활동은 이상적으로 보면 예비적으로 실천, 적용해 보고 난 후 그 결과를 반영하여 최종적으로 결과물을 산출하는 것이다. 그러나 여기에서 취급하는 개발은 학교 현장에 적용하기 전까지의 단계를 다루고 있기 때문에 그 이후의 현장 적용의 문제를 남겨 놓고 있는 셈이다.

아무리 잘 개발된 교육과정이라도 그것이 제대로 학교 현장에서 적용되지 못하면 아무 소용이 없게 된다. 학교 현장의 여러 상황과 조건들을 고려하여 본래의 목표가 제대로 달성될 수 있도록 교육과정이 실천에 정상적으로 옮겨져야 한다. 교육과정이 현장에서 실천으로 옮겨지고 적용되는 데에는 여러 가지 요인들이 영향을 미치지만 그 요인들 중에서 가장 중요한 것은 교사라고 볼 수 있다. 왜냐하면 교육과정은 교사의 손에 의해서 실행되며 교사의 문제에 따라 교육과정의 가치가 결정되기 때문이다. 따라서 교사가 교실에서 수업을 실천에 옮길 때 지니는 사고방식은 매우 중요하다. 실행의 방식으로서 교수모형은 이런 점에서 충분히 고려해 볼 필요가 있다. 결국 교육과정 실행에서 교사는 핵심 요인이 되며 교육과정이 교실 수업으로 전환되어 구체화되는 과정이므로 학교와 교실 수업 환경이 중요하게 영향을 미치게 된다. 최근에는 교사의 개인적·실천적 지식(PPK)과 교사의 관심 수준에 따른 운영 수준, 학교 교육과정 컨설팅이 주목을 받고 있다. 이 장에서는 교육과정 실행과 운영의 의미를 살펴보고 여기에 관련된 요인과 교사의 역할을 살펴본다. 교육과정 실행과 운영에서 교사는 적극적인 역할을 해야 하며 이 과정에서 영향을 미치는 다양한 요인들을 제대로 이해하고 분석하여 자신의 교육적 역할을 다해야 한다.

1. 교육과정 실행

교육과정 실행은 무엇을 의미하는가? 교육과정의 실행을 어떻게 바라보아야 하는가? 효과적인 교육과정 실행에 영향을 미치는 요인들은 무엇들인가?

1) 교육과정 실행의 개념

교육과정은 하나의 계획으로 시작된다. 교육과정의 실체는 교사가 그것을 실제 교실에서 실제 학생에게 시행할 때 드러난다. 교육과정을 신중하게 계획하고 개발하는 것은 분명 중요하지만, 교사가 그것을 인식하고 학급에서 교육과정을 시행하는 데 필요한 지식과 기술을 구비하지 않는다면 무의미하다.

실행(implementation)이란 용어는 교육과정 혹은 실라버스의 실제적 사용 또는 교육과정이 실지로 이루어지는 것을 말한다(Fullan & Pompret, 1977). 실행은 교육과정 계획과 교수활동의 순환과정에서 중요한 단계다. 교육과정을 채택하는 것은 교육과정을 사용하려는 어떤 사람(교사일수도 혹은 상급관청의 관리자일 수도 있다)의 의도에 달려 있다. 그러나 그 의도가 교육과정이 시행되는지의 여부를 나타내지는 않는다.

Zais에 의하면 교육과정 실행은 교육과정 구성 및 개발 과정에서 만들어진 교육과정을 효과적으로 전개하는 것을 의미한다(1976: 18). 여기서 한 가지 짚고 넘어가야 할 점은 교육과정 자체가 이미 평가의 요소를 포함하고 있기 때문에 실행 활동은 교육과정의 효과에 대한 평가를 위한 준비 과정을 포함한다는 것이다. 따라서 교육과정 실행은 교육과정 구성 및 개발 과정에 대해 평가적 피드백을 제공해 주며 그 자료는 교육과정 수정 및 개선을 위해 유용하게 활용될 수 있다. 교육과정 구성 및 개발은 대개 특정 교육과정 영역에서 시작되어 현재의 교육과정 실천행위에 대한 대안적 기초로서 시행되는 것이다. 따라서 평가 자료는 계속되는 교육과정 구성 및 개발 활동에 방향을 제시해 주거나 이미 실행된 교육과정의 부분을 수정하기 위하여 구성 개발 단계에서 활용된다.

교육과정 실행이 개발된 교육과정을 사용하는 것이라면 개발자와 사용자가 일치할 수도 있고, 일치하지 않을 수도 있다. 즉, 학교 외부에서 개발된 것을 학교 현장에서 실천에 옮기는 것과, 학교 안에서 자체적으로 개발하여 실천하는 것으로 나눌 수 있다. 그런데 교육과정의 실행은 일반적으로 교육과정 전문가들이 개발한 교육과정을 학교와 교실에서 교사들이 실천에 옮기는 것이므로 적용으로도 불린다. 이것은 실천자가 직접 참여하여 개발한 교육과정을 실천에 옮기는 것이 아니므로, 개발자와 실천자가 서로 다르다. 이때 교육과정 실행은 교육과정 개발과는 분리된 별개의 과정이 된다. 계획된 교육과정이 마치 연극의 대본이라면 이행되는 교육과정은 연극의 실연과 같다(Marsh & Willis, 1995). 이러한 구분에 기초하여 홍후조(2002)는 교육과정 운영을 이행과 실행으로 구분하고 있는데—전자를 이행(implementation)으로, 후자를 실행(enactment)으로 보고 있다—이것은 운영을 실행의 상위 범주로 보는 구분이다.

2) 교육과정 실행의 성격

그런데 교육과정 실행은 원본에 어느 정도 '충실(fidelity)'해야겠지만, 연출자와 배우가 실제로 연극을 공연할 때는 텍스트를 해석하여 행위로 표출하기 때문에 어느 정도 '조정(adaptaion)'이 필요하다. 우리나라에서는 학교 교육과정의 대부분이 외부 전문가들에 의해 국가 수준에서 개발된 것을 학교에서 원안 곧이곧대로 적용하거나 수정 혹은 재구성하여 적용하는 형편이어서 교육과정의 적용 측면이 많은 비중을 차지한다. 국가 교육과정 기준을 지역과 학교, 교원과 학생의 실태에 맞추어 운영하는 것은 필요하고도 바람직한 것이다.

이에 반해 실행의 후자의 측면은 개발한 사람이 실천에 옮기는 것이어서 개발자와 실천자가 일치한다. 즉, 제7차 교육과정에서 창의적 재량활동이나 특별활동 혹은 학교 특성화 프로그램과 같이 교육과정을 실천자 자신이 직접 참여하여 개발한 것을 실행하는 것이다. 이것은 교육과정 개발자와 실천자가 일치한다는 점에서 교육과정 실행이 교육과정 개발의 연속선상에 있는 활동이 된다. 교육과정 실행에는 실천가들의 집단적 · 자발적 · 창의적 · 전문적 능력이 요구된다. 교육과정 실행은 전통 있는 사립학교, 자율학교, 대안학교와 지방자치에 따른 지역과 학교 중심의 교육과정을 운영해 온 영국, 미국, 캐나다 등에서 쉽게 찾아볼 수 있다.

교육과정 실행은 외부에서 개발한 것을 단순 적용(adoptation)하는 데서, 수정하거나 재구성하는 응용(application)과 실행자들이 직접 창안(creation)하여 실행하는 것에 이르기까지 그 수준도 다양하다. 교육과정 실행이 중요하게 다루어지는 것은 이전에 해오던 대로 관행적으로 실행하는 것을 다루기보다, 이전부터 잘해 오던 것을 유지하고 잘못되어 온 실행을 고쳐 잘 실행하기 위한 것이므로, 그 실행은 이전과는 다르게 변화된 것을 말한다. 교육과정 실행은 다른 말로 표현하면 교육과정의 변화를 실천하는 것이다. 그러므로 실행에는 실행을 해야 하는 당사자(보통 교사)들로부터 일정한 저항이 따르게 된다. 어떤 것이 좋은 교육과정 실행이냐는 상황에 따라 다르겠지만 일반적으로 이상적인 것은 충실한 교육과정 계획과 준비하에 교사와 학생이 교육경험의 질이 이전보다 나아지는 상태라고 할 수 있다(홍후조, 2002: 372-373 참조).

한편, 실행은 교육과정의 실제적 적용을 의미하지만 또한 여기에는 하나의 중요한 태도 요소가 있다. 교사와 교장이 경쟁적인 교육과정 패키지 가운데 하나를 선택하도록 되어 있는 상황에서 태도나 성향의 문제는 분명 중요하다고 볼 수 있다. 예를 들면, 만약 사용하고 있는 현 교육과정이 어떤 영역에서 결핍되었다는 사실을 교사가 알게 된다면, 그때 이 문제를 극복할 수 있는 대안을 찾게 될 것이다. Leithwood(1981)는 교사가 교육과정의 역기능을 인식할 때 비로소 새 교육과정 실행에 관여될 것이라고 주장한다. 교사는 특별한 교과의 교수와 관련해서 현 실제와 선호된 실제 간의 간극을 줄이려는 욕구를 갖는다.

그러나 많은 교과에 있어, 개정된 혹은 새 교육과정은 교육청 내에 있는 모든 학교의 교사가 사용하도록 되어 있다. 그래서 사실상 선택의 여지는 없다. 교사가 대안들을 고려해 볼 기회가 없다. 그러므로 교사의 과업은 새 교육과정을 가능한 한 효과적으로 사용하는 방법을 발견하는 것이다. 이런 상황에서 교사가 실행과 관련하여 할 수 있는 질문은 다음과 같다.

① 그것을 어떻게 하는가?
② 누구에게 도움을 청할 것인가?
③ 실제에서 요구되는 것을 하고 있는가?
④ 학습자에게 미치는 효과는 무엇인가?

새 교육과정을 어떻게 사용할 것인가에 대한 이러한 강조는 교사들에게 중요한 관심사다. 왜냐하면 전문가로서 교사들은 학생과 함께 특별한 접근과 자료를 성공적으로 사용하는 것에서 많은 내적 만족을 얻기 때문이다. 그러나 어떤 새 교육과정이 실행되려면 교사가 새 교육과정을 사용할 능력과 자신을 가질 수 있는 상당한 시간이 요구된다. 학교에서 교사가 새 교육과정을 완전히 받아들이고 그것과 관련된 활동이 일상사의 문제가 될 때 제도화의 단계에 들어섰다고 말할 수 있다.

3) 교육과정 실행의 입장

가끔 실제적으로는 거의 일어나지 않는 그러한 실행에 대해서 두 가지의 극단적인 입장이 있다. 그 하나는 무엇을 교실에서 실행할 것인지의 여부를 결정하는 데 있어 교사가 절대적인 권한을 갖는 것이다. 그러나 실제적으로 어떤 한 교사가 그런 광범위한 권한을 갖는 것은 불가능하다. 이 입장은 교사를 다음과 같이 가정하기 때문에 부적절한 것으로 판단된다.

- 교사는 체제, 학부모 혹은 지역사회로부터 제한을 받지 않고 언제든지 새로운 코스 혹은 주제를 소개할 권한을 갖는다.
- 교사는 특별한 주제 혹은 단원과 연관된 지식, 기술, 가치의 충분한 범위에 대해 알고 그것에 접근한다.

• 교사는 학생을 위한 자료를 준비하는 데 필요한 시간을 충분히 가질 수 있는 위치에 있다.

다른 하나의 극단적인 입장은 권위 있는 외부에서 교사 개개인이 교실에서 하는 일에 대해 완전한 처방을 내리는 것이다. 그것은 교사가 구체화된 방식으로 특별한 주제 혹은 단원을 선택하고 사용하도록 지시한다. 이 체제는 중앙에서 계획된 것으로 고정되고 독재적 · 권위적 · 전통적인 것으로 특징지어진다. 어떤 저자는 그런 체제에 대해 반대 입장을 개진하였고, 공식적인 교육과정이 의도된 대로 가르쳐지고 있는지를 확인하기 위해 학교를 방문하는, 참견 잘하는 감독관에게 주목한다. 그들은 모든 학교에서 같은 시간에 같은 교육과정이 가르쳐지는 획일성을 추구하는 관료주의적 억압을 비판한다.

따라서 현실적으로 교육과정 실행에 대한 입장은 이 두 극단 사이에 놓인다. 학교에서 어떤 교과는 중요한 핵심 영역으로 간주되어 실라버스에서 자세히 취급된다. 이 교과에서 교사는 특정 내용을 다루기 위해 어떤 수업 계열을 따르도록 기대된다. 처방된 세목대로 따르는 것은 사용의 충실성(fidelity of use)이란 말로 표현된다. 그러나 한편으로 교사가 그들의 창조적 육감을 발휘하고 교육과정에 대해 개인적인 해석을 할 수 있는 다른 교과들이 있을 수 있다. 이것은 적응이나 각색(adaptation) 혹은 과정 지향(process orientation)으로 불린다.

4) 교육과정 실행에 영향을 미치는 요인

1980년대 초기에 Fullan(1982)은 문헌에서 자주 인용되는 실행에 영향을 미치는 요인들의 목록(〈표 11-1〉 참조)을 만들었다. 이 요인들은 혁신 혹은 변화의 특성, 교육구(교육청)의 특성, 한 단위로서의 학교의 특성 그리고 지역 학교체제의 외적 특성들을 말한다. 〈표 11-2〉에는 프로젝트 개발자의 경험에 근거한 넓은 범위의 요인들의 목록을 제시하였다(Parsons, 1987).

5) 교육과정 실행의 관점과 접근방법

교육과정 실행의 관점이란 교육과정의 전개 과정을 어떠한 시각으로 보는가 하는 문

표 11-1　실행에 영향을 미치는 요인

A. 변화의 특성

　1. 변화의 요구와 정당성

　2. 분명함

　3. 복잡함

　4. 프로그램(자료 등)의 질과 실천 가능성

B. 교육구 수준의 특성

　5. 혁신적 시도의 역사

　6. 채택과정

　7. 중앙 행정 지원과 관여

　8. 교직원 개발(현직)과 참여

　9. 시기 문제와 정보체제(평가)

　10. 위원회와 지역사회 특성

C. 학교 수준의 특성

　11. 교장

　12. 교사 간의 관계

　13. 교사 특성과 정향

D. 지역 체제의 외적 특성

　14. 정부의 역할

　15. 외적 지원(Fullan, 1982: 56)

제를 의미한다. 이 문제에 대하여 여러 학자들이 다양하게 그 관점들을 소개하고 있다. 일찍이 House(1974)는 공학적 · 정치적 · 문화적 관점으로, Loucks와 Lieberman(1983) 도 동일하게 공학적 · 정치적 · 문화적 관점으로, LaRocque(1986)는 전통적 공학 모형, 정치적 모형, 문화적 · 형성적 모형 등으로, Posner(1995)의 5가지 이론적 관점(전통적 관점, 경험형 관점, 학문구조형 관점, 행동주의 관점, 인지주의 관점), Snyder 등(1992)은 교육과정 실행의 관점을 충실성 관점, 상호 적응 관점, 교육과정 형성 관점을 제시하였다 (장원조, 1994: 5; Jackson, 1992: 402-434).

　이상의 관점들 중에서 가장 대표적인 유형을 중심으로 정리해 보면 다음과 같다.

<table>
<tr><td colspan="2">표 11-2 성공적인 실행을 촉진하는 데 중요한 몇 가지 요인</td></tr>
</table>

1. 시간의 필요-실험하기 위한, 변화시키려는 태도를 위한 시간
2. 변화를 위한 기술공학-행동의 단계화된 계획이 요구
3. 학교 문화 인식-상황적 조건의 인식
4. 자극과 보상의 제공-시간, 자원, 자료
5. 작업장 부담 공유-협동하고 공유하기 위한 것
6. 혁신을 위한 에너지 방출-올바른 조건 창조
7. 협동적 틀-지역적 · 협동적 집단의 가치
8. 지도력-조정하고 이끌 인사
9. 체제 수준의 문화 인식-전체적인 정책의 인식
10. 정치적 시각을 위한 필요-이익집단과의 만남 유지
11. 협력자를 얻을 필요성-지역과 학교에서 합법성과 지지 획득
12. 개인의 역할 인식-헌신과 카리스마가 본질적인 자질(Parsons, 1987: 220-224)

(1) 교육목표 충실성 관점

이 관점의 특징은 특정 개혁 프로그램이 계획된 대로 잘 시행되었는지를 파악하고 그러한 시행을 촉진하거나 방해하는 요소를 밝혀 내는 것이다. 특정 교육과정을 통하여 원하는 결과가 나왔다는 것은 원래의 계획에 충실하였다는 의미다. 즉, 학교 교육과정에서 제공된 지식이 교사에 의하여 의도한 바대로 잘 시행될 경우에 교육과정의 변화는 올바르게 이루어진 것으로 평가할 수 있다는 것이다. 충실성의 개념은 Fullan과 Pompret(1977)에 의해 제안된 것이다. 가장 핵심적인 것은 시행된 교육과정과 의도했던 목표 간의 유사성 정도에 따라 평가된다는 것이다.

이 관점을 지지하는 사람들은 혁신 자체의 중요성을 강조하고, 본보기가 되고 효과적인 것으로 보이는 산물, 즉 혁신이 학교에서 교사에 의해 기꺼이 받아들여질 것이라고 가정한다. Roitman과 Mayer(1982)에 의하면, 충실성 관점을 찬성하는 사람들은 정당성이 입증된 모형에 일치되게 혁신이 시행되어야 한다고 주장한다. 그렇지 않으면 희석되는 결과가 생기고, 그에 따라 결과의 효과가 감소되게 된다.

충실성 관점에서는 구조화된 접근이 권고된다. 이에 따라 교사들에게 단원 혹은 코스를 어떻게 가르칠 것인가에 대한 명백한 지침이 주어진다. 교사에게 주어지는 지침은 구체화되고 미리 만들어진 것이다. 물론 여기에서 제공되는 어떤 것도 단원이 사용될 다양한 학교 맥락을 고려하여 만들어진 것은 아니다. 이 시각의 기본 가정은 다음과 같다.

① 중앙에서 만들어지는 계획과 정의는 지역 사용자들이 혁신을 정의함으로써 생길 수 있는 비효율성을 없애는 데 필요하다.

② 실행자들이 분명하게 느끼고, 권한을 적게 가질수록 그들은 더 충실성을 가지게 된다.

③ 평가는 실행이 프로그램 실행 계획과 얼마나 일치하는지를 알아보기 위해 수행된다.

　실행에 대한 이러한 방향은 교사가 새 프로그램 혹은 단원을 사용하기 위해 철저히 훈련되어야 한다는 것을 함의하고 있다. 새로운 교육과정 패키지를 사용하기 위해 교사는 훈련받아야 하고, 일단 이 훈련을 받은 뒤에는 높은 수준의 기술을 숙달하여 그것을 가르치는, 주로 수동적 수령인의 역할을 한다.

　확실히 어떤 교육과정 패키지는 중앙에서 계획하는 것이 효과적이다. 특히 그 내용이 숙달하기에 복잡하고 어려워 신중한 계열을 요구하는 것에서나 교사가 필요한 지식이나 기술을 가지고 있지 못한 교과에서, 그리고 적절한 진단검사, 성취검사가 포함될 수 있는 교과 혹은 단원은 중앙에서 계획되는 것이 더 적합하다. 1960년과 70년대에 국가 수준에서 만들어진 프로젝트 중 많은 것이 이 범주에 들어간다. 예를 들면, BSCS에서 교사의 역할은 철저히 프로그램화되어 있다.

(2) 상호 적응 관점

　실행에 있어 두 번째 관점은 적응, 과정 그리고 '상호 적응(mutual adaptation)' 등으로 다양하게 불린다. 이 관점은 교육과정 개발자나 이들의 연구 결과를 학교 수업 상황에서 실제로 사용하는 사람들의 활동에서 나타나는 양상으로 여기서는 교육과정 설계자와 이를 사용하는 사람 간의 상호 교섭과 유연성 있는 관계가 전제된다. 변화란 상당히 복잡하기 때문에 어떤 하나의 요인으로 쉽게 측정하기 어려운 과정이라는 것이다. 따라서 이 접근의 지지자는 다른 조직적 맥락과 교사의 요구로 인하여 혁신이 현장에 적합하도록 수정될 것이라고 본다(Berman & McLaughlin, 1977; Lighthall & Allan, 1989). 그들은 모든 혁신은 시행되는 동안 수정되고, 만약 사용자가 혁신의 바람직한 결과를 얻고자 한다면 수정은 필수적이라고 제안한다.

　상호 적응이라는 용어는 혁신과 제도적 상황이 조절되는 과정을 기술하기 위해 Dalin과 McLaughlin(1975)에 의해 처음으로 사용되었다. 이 용어는 특히 1970년대 미국에서 강조됨으로써 유행하였다.

상호 적응은 개발자와 사용자 간에 이루어지는 바람직하고 합리적인 수정으로서, 그리고 성공적 실행을 보장하는 가장 효과적인 방식으로서 구체화되었다. 예를 들면, MacDonald와 Walker(1976)는 실행이란 실제로 '타협'을 포함한다는 것과 교육과정 개발자와 교사 간에 의미의 교환이 있다는 것을 주장한다. Farrar 등(1979)과 Rudduck과 Kelley(1976)는 교육과정이 교실에서 시행될 때 일어나는 일들을 문화적으로 해석한다. 예를 들면, Farrar 등은 교육과정 패키지가 잘 정의된 청사진으로 나타남에도 불구하고 수정되고 바뀔 수 있는 실체로서 교사에 의해 인식되는 과정을 특징짓기 위해 진화라는 용어를 사용한다.

(3) 형성 관점

이 관점은 생성 관점으로도 불린다. 형성 관점(enactment perspectives)에서 볼 때 교육과정은 교사와 학생에 의해 공동으로 만들어지는 교육경험이라고 할 수 있다. 충실성이나 상호 적응 관점의 핵심이라고 할 수 있는 외부에서 만들어진 교육과정 자료나 프로그램 수업전략 등은 도구로서의 의미만을 지니고 있다. 이러한 입장에서 주로 제기하고 있는 문제는 ① 어떤 것이 형성된 교육과정이며, 교사와 학생은 이를 어떻게 만들어 내는가, ② 외적인 요소(교육과정 자료, 정책 등)들은 교육과정의 형성에 어떤 영향을 끼치는가, ③ 학생에게 미치는 영향은 어떤 것인가 등이라고 할 수 있다. 이러한 관점에서 교육과정 지식은 개인적 · 외적 표준을 개별적으로 구성한 지식을 의미하며, 변화는 관찰 가능한 행동의 변화라기보다는 개인적인 발전 과정을 의미하고, 이에 따른 교사의 역할은 긍정적인 교육경험을 가능하게 하는 능력을 길러 주는 교육과정 개발자의 역할이라고 할 수 있다(조승제, 2002: 195).

이러한 형성 관점에 대한 연구로 Newlon(1923)에 의한 덴버 교육과정 프로젝트가 있다. 이 연구에는 현직 교사가 대거 참여하였으며, 초 · 중등학교의 교과영역에 대한 교수요목을 재구성하고자 하였다. Newlon에게 있어서 교사의 개인적인 성장과 사기는 교육과정을 시행하면서 발생하는 어떤 구체적인 결과보다 중요한 것이었다. 따라서 교육과정 개발은 교실 현장에서 시행되면서 형성되는 교육과정을 의미한다. 또한 새로운 교육정책이 실시되는 과정에서 제기되는 문제점은, 교사에게 있어서 문제해결을 위한 좋은 기회로 작용할 수 있다. 그러므로 교사는 새로운 정책에 대해 항상 생각하는 자세를 가지고 있어야 하는 것이다.

이 관점에서 볼 때 교사와 학생은 학습의 특성과 과정을 결정짓는 핵심적인 위치에 있는 것이다. 이에 따른 중요한 교육적 변화는 교사의 사고나 감정, 입장들의 변화와 함께 발생한다. 그러므로 교육과정 변화에 관한 연구는 교사를 올바르게 이해하는 것이 전제되어야 한다. 따라서 교육과정 전개 과정은 이 과정에 참여하는 개인과 조직들이 상당히 복잡하면서도 갈등적인 역사적 · 개인적 · 이념적 맥락을 형성하면서 이루어지는 것으로 보고 있다.

이상의 관점과는 다르게 Posner(1995)가 말하는 5가지 관점(전통적 관점, 경험형, 학문구조형, 행동주의, 인지주의) 중에서 '행동주의 관점'과 '경험형의 관점'에 초점을 맞추어 교육과정 실행의 두 가지 접근방식을 살펴보자(김인식 외, 1995: 328-349).

(1) 연구 · 개발 및 보급 모형

이 접근은 행동주의 가정을 띠고 있다. 연구는 교수-학습의 원리를 발견하는 것이며, 개발은 새로운 교육과정을 구현해 줄 수 있는 자료를 만들어 내는 데 연구 결과들을 응용하는 것이고, 보급은 새로운 자료와 교육과정을 실제로 이용자인 교사들에게 체계적으로 확산시켜 가는 과정이다. 추가적으로 채택은 교사들이 실제로 그 자료를 이용하고 학교 교육과정에 새로운 과목을 통합시켜 넣는 과정을 가리킨다. 이 교육과정 변화 모형을 Guba-Clark 모형이라고 부른다.

이 모형(RD&D model)은 교실이나 학교에서의 교수활동이 지니는 본질보다는 공학 그 자체에 초점을 맞추고 있다. 이 방식은 교사를 교육과정 개발자, 즉 전문가가 지니는 목적과 비슷한 목적을 지닐 수밖에 없는 비교적 수동적인 소비자로 간주하고 있어서 일단 전문가들이 교사들에게 그 교육과정의 장점에 관한 경험적인 증거를 제시하게 되면 교사들이 그들과 함께 협력할 것이라고 믿는다. 이 모형은 산업계의 생산 모형과 유사한 것으로 연구 및 개발 노력을 통하여 새로운 상품이 생산되면, 그 상품은 소비자 대중에게 판매, 보급된다는 식이다.

이 접근방식을 활용하고 있는 교육과정은 다음과 같은 특징을 띠고 있다. ① 그 교육과정을 실행하는 데 필요한 기능은 세목화될 수 있을 뿐만 아니라 학습될 수도 있다고 가정한다. ② 개발 노력은 생산과정에서의 전문가 참여, 현장검증, 평가, 자료의 개정이라는 일련의 과정을 통하여 그 자료를 완벽하게 만들어 가는 데 초점을 맞추고 있다. ③ 목표는 마치 개발자, 교사, 학생이 모두 합의한 것처럼 진술되어 있다. ④ 교육과정의 가치를 증명하기 위하여 활용하는 방법은 성취도 검사나 태도 검사와 같은 심리측정학적인 접근들이다. ⑤ 실행의 평가는 미리 개발자가 정해 둔 준거에 교수 실제가 어느 정도 일치하는가, 즉 충실도를 확인하는 일이다. 이 방식의 사례로는 Glaser를 중심으로 진행되었던 피츠버그 대학의 IPI(개별처방식 수업) 프로그램과 Bruner(1960)가 중심이 되어 만든 초등 사회과 프로그램인 MACOS(Man: A Course of Study, 인간을 주제로 한 교수요목)다.

(2) 공동연구 모형

이 접근은 경험형의 가정을 띠고 있다. 이 접근은 협업적인(collaborative model) 성격을 띠며, RD&D 접근방식을 비판하면서 교사들을 지역의 요구를 해결할 수 있는 방향으로 교육과정을 변화시켜 가는 능동적인 주체로 재인식하게 되었다. 교육과정 개혁은 연구자와 개발자로부터 교사에 이르는 직선적인 계열로 진행되는 것이 아니라 학교 및 교실 상황에 영향을 주면서 동시에 그것들로부터 영향을 받게 되는 것이다. 이것을 상호 적응 관점으로 묘사하기도 한다.

교사들과 교육과정 개발자들이 서로 화음을 못 맞추는 이유는 당초의 기대와는 달리 개발자들에 의해 설정된 목표를 교사들이 그대로 따르지 않았기 때문이다. 이중언어교육, 특수교육, 직업교육과 같은 영역에서 교육과정 개혁은 점점 더 정치화된 영역이 되어 버렸다. 그만큼 협상과 조정이 교육과정 변화의 중요한 요인이 되었다. 교사와 개발자 집단 간의 갈등을 조정하고 상호 비방과 불신을 조정할 필요가 있다. 따라서 이 방식에서는 교사와 개발자 집단 간에 이러한 부정적인 측면들을 피하려고 노력한다.

이 접근방식을 통한 교육과정 개발 노력은 다음과 같은 특징들을 지니고 있다. ① 교육과정 실행에 필요한 특정 기능들은 세목화될 수도 있고 학습될 수도 있지만, 훌륭한 교수활동을 위해 필요한 대부분의 기능과 지식은 쉽게 객관화하기 어려운 교수기예에 속하며, 외부 전문가들이 가르쳐 주는 것보다 교사협의회와 같은 단체 모임을 통해서 다른 동료 교사들과 함께 활동하면서 가장 잘 학습된다는 관점을 강조한다. ② 교육과정 개발에서 교사들이 전문서적을 읽고 교수활동을 관찰하며 교육적인 아이디어를 토론하면서 전문인으로 성장해 갈 수 있도록 도와주는 과정이 중요하다. ③ 사전에 세목화된 목표에 의해서 교육과정 변화의 방향이 결정되기보다는 교사 및 교수행위, 학습자 및 학습, 교재와 그 의미, 학교교육과 사회 및 정치적 세력 간의 관계 등에 관한 일련의 신념에 의해 그 방향이 결정된다고 믿는다. ④ 표준화, 체계화, 공식화된 평가방법보다는 교실관찰, 수업시간의 학생활동에 대한 비평 등을 통하여 평가한다. 학급의 실제를 보다 집중적이면서 자연스럽게 기술해 줄 수 있는 민속지학적인 방법들이 많이 활용된다. ⑤ 교육과정 실행을 교사들의 다원적 해석의 과정으로 파악하고 있다. 이 방식과 관련되는 현장실천연구(Corey, 1952), 교육과정 교사협의회는 협업적 연구 및 협력적 개발의 초기 형태로 간주되고 있다.

　　요약하면, 어느 접근방식이든 장단점을 함께 지니고 있다. RD&D 방식은 계획, 실행, 그리고 각 RD&D 단계의 감독에 있어서 체계성과 의도성을 유지할 수가 있다. 그 반면, 협업적 방식은 교사들에게 주인의식을 갖게 하며, 개인적 성장을 도와준다. RD&D 방식을 통하여 체계성, 조직성을 얻을 수는 있지만, 근본적이고 지속적인 변화를 이루기는 어렵다. 협업적 접근을 통하여 교사들의 협동심과 열정을 얻을 수 있을지 모르지만 행정적인 통제가 어려울지 모른다.

2. 교수모형

　　교육과정 실행에서 가장 핵심적인 측면은 교육과정을 실천에 옮기는 교수행동이다. 교육내용은 교육방법을 통하여 학생들에게 전달되므로 수업이나 교수행동은 교육과정 실행에서 중심이 되는 것이다. 교육방법은 교육내용을 가르치는 방법을 의미하는데, 교수모형이라는 말은 교육내용을 조직하고 제시하는 데에 있어서 교사의 교수행동을 이끌기 위한 방침을 가리킨다. 이런 의미에서 교수모형은 교육방법의 여러 가지 의미 중에서 핵심적인 위치를 차지한다(이홍우, 2010: 264). Joyce와 Weil에게 있어서 교수모형이라는 말은 교육과정 또는 단원을 구성하고 교수 자료를 선정하고 교사의 가르치는 행위를 이끄는 데에 사용되는 기본 형태 또는 계획을 의미한다. 이런 뜻에서 교수모형은 교육과정의 가장 구체적인 표현이다. 한 교사가 어떤 특정한 내용을 가르치는 방법을 보면, 우리는 대체로 그 교사가 교육이라는 일을 어떤 종류의 일이라고 생각하고 있으며 자신이 가르치는 내용을 어떻게 해석하고 있는가를 알 수 있다. 따라서 교수모형은 교육과정이 구체적으로 실천되는 장이며, 실행의 문제를 알아보는 데 반드시 필요한 부분이다.

　　이하에서는 5장에서 살펴본 대표적 교육과정 설계 이론(목표모형과 내용모형)과 관련이 있는 교수모형을 살펴보기로 한다(이홍우, 2010).

1) 기술공학적 관점

이 관점에 대표적인 교수모형은 Glaser의 교수모형이다. 그에게 있어서 교수는 하나의 체제를 이루고 있으며 그 체제는 네 가지 구성요소로 되어 있다. 즉, 그것은 ① 교수목표의 설정과 진술, ② 출발점 행동의 진단과 확인, ③ 교수 절차, ④ 성취도 평가다. 이 모형에서 교수활동은 교수목표에서 시작하여 성취도 평가로 끝나며, 체제 접근의 논리대로 투입(출발점 행동), 산출(교수목표), 그리고 내적 조종(교수 절차)과 체제 평가(성취도 평가)의 네 요소를 교수체제에 적용한 것이다.

이 모형은 Tyler나 Taba의 교육과정 모형을 수용하고 있다. 교수목표는 하나의 교수과정이 종료되었을 때에 학생들이 할 수 있는 행동, 즉 성취도 평가 단계에서 평가되는 행동을 말한다. 이 교수목표가 이후 교수활동의 단계를 확실하게 이끌 수 있기 위해서는 목표를 명확하고 상세하게 행동적 목표로 규정해야 한다. 출발점 행동은 Bloom이나 Gagné의 분류학이나 위계의 아이디어에 기초하여 성립하는 개념이다. Gagné는 언어적 정보, 지적기능, 인지적 전략, 운동기능, 태도 등 5가지 종류의 교수목표를 달성하는 데 어떤 교수 절차가 필요한지를 설명하였다. 교수 절차는 학생들의 출발점 행동을 교수목표(도착점 행동)로 이끄는 일이다. 이 말은 학습위계를 밟아 올라가는 외적 조건을 마련해 주는 일이다.

이 모형에서 교육내용은 '교수목표', 즉 도착점 행동으로서의 교수목표 속에 들어 있다. 즉, 교육내용은 Bloom 등의 분류학에 나오는 항목들 속에, Mager가 말한 바깥에 드러나는 행동 속에 들어 있다. 그리고 Gagné가 말한 바에 의하면 교육내용은 국어, 수학 등 '큰 범주의 교과'로서 존재하는 것이 아니라 낯선 물체를 정확하게 기술하는 능력 등과 같이 학습위계의 요소들이 나타내는 능력들 속에 들어 있다. Glaser 모형에 의하면 교수목표는 교육내용을 '행동'으로 표현한 것이다. 따라서 교육내용은 행동으로 표현되는 한에서만 의미를 가진다. 이렇듯이 목표모형에서는 교육내용에 대한 관심이 별로 없다.

이 모형에 의하면 교육내용은 교수목표를 달성하기만 하면 이미 가르쳐진 셈이다. 교육내용을 가르치는 일은 바로 교수목표를 달성하는 일을 의미한다. 교수목표는 교수체제의 목표로서 이미 주어져 있으며, 교수체제가 할 일은 주로 그 목표를 효율적으로 달성하는 일이다.

2) 인지과정

앞의 교수모형이 목표모형을 따르는 것이라면 인지과정 모형은 내용모형을 따르는 입장이다. 내용모형에 입각하여 보면, 교수모형은 교육내용으로서의 지식의 구조를 반영하는 것이어야 한다. 즉, 교수모형은 해당 교과의 '지식의 구조'를 충실히 반영해야 한다. 지식의 구조라는 것은 그 지식에 관한 사고의 과정, 즉 이해의 과정이나 탐구과정을 말하는 것이므로, 내용모형에서 교수모형은 교육내용에 관한 사고의 과정(그 지식을 탐구하는 방법이나 과정)을 교수의 목적을 위하여 체계화한 것이라고 볼 수 있다. 실지 수업장면에서 교사가 하는 일은 교육내용을 가르치는 일, 또는 교육내용과 관련된 학생들의 사고과정을 이끄는 일이며, 따라서 사고과정의 체계로서의 교수모형은 교사가 교육내용을 조직하고 제시하는 데에 구체적인 지침이 될 수 있을 것이다.

교수모형은 교육내용의 종류(예컨대, '지식의 형식'의 종류)가 다양한 것만큼 다양할 수 있으며, 또한 동일한 종류의 지식을 가르치는 데에도 여러 가지 교수모형이 있을 수 있다. 여기에는 Massialas(1966)의 사회과 탐구학습 모형, Bayles(1950)의 반성적 사고모형, 소크라테스식 방법 등이 가능하다. 내용모형에서의 교수모형은 교사가 특정한 내용에 관한 지적 이해를 위하여 가르칠 때에는 반드시 따르고 있다고 보지 않으면 안 된다. 이런 점에서 교수모형은 곧 교육내용에 관한 교사 자신의 해석을 반영한다고 볼 수 있다. 만약 교사가 아무런 교수모형도 따르고 있지 않다면 그는 정의상 아무런 사고도 하고 있지 않은 것이며, 따라서 학생들에게 아무것도 이해시키는 바가 없다.

이런 점에서 인지과정은 Glaser의 교수모형과는 근본적으로 다르다. 내용모형에서의 교수모형은 교육내용에 관한 교사 자신의 사고(그리고 학생들이 따라야 할 사고)를 나타내고 있으며, 거기서 가르치는 내용이 중요한가 아닌가 하는 것은 교수모형에 나타난 사고가 올바른 사고인가, 가치 있는 사고인가를 문제 삼음으로써 직접 논의의 대상이 될 수 있다. 교사 자신은 적어도 자신이 가르치는 교육내용이 중요하고 가치 있는 내용이라는 것을 부단히 확인하여야 한다.

3) 교수행동의 관찰 및 기술

이 입장은 교사의 교수행동을 기술적(記述的)으로 파악하기 위하여 사용하는 모형이다. 이 모형은 교사 자질 연구에 대한 반작용으로 대두되었다. 교사 자질 연구는 너무 많은 자질이 확인되었고, 교사가 가르치는 상황이 복잡하다는 점과 자질은 상황에 따라 다르게 나타난다는 점 때문에 그 연구의 의도가 충분히 실현되지 못하였다. 이 대안으로 교사의 교수행동을 교수 현장에서의 관찰을 통하여 파악하는 방법이다. 이러한 연구에는 Flandaz의 수업형태분석법, 교실의 사회적 구조를 분석한 Biddle과 Adams(1967)의 연구, 한 학기 동안의 교실생활의 흐름을 문화기술적 방법으로 파악한 Smith와 Geoffrey(1968) 연구 등이 있다.

교수행동을 기술적으로 파악하기 위한 연구에서는 관찰된 교수행동의 결과를 양화 또는 지수화하는 경향이 있다. 수업의 정의적 분위기를 기술하거나 교실의 좌석 배치가 학업성취에 어떠한 영향을 주는지 알아보거나 하는 방식에서도 이러한 경향은 존재한다.

그러나 그동안 교수행동의 기술적 연구에서 도외시된 영역이 있다. 그것은 교사가 특정한 교재 내용을 어떻게 해석하고 있으며 그것을 어떻게 조직, 제시하고 있는가를 기술하는 것이다. 교사의 교재 해석 방식에 대한 결과를 질적으로 제시하는 일이 강조될 필요가 있다. 즉, 앞으로 교육과정을 실천에 옮기는 일을 살펴보는 일은 교사의 교재 해석 방식에 대하여 관심을 기울이는 일에서 시작되어야 한다는 점이다.

3. 교육과정의 운영

1) 운영의 의미

교육과정의 운영(management)은 포괄적으로 보면 교육과정 개발과 조직의 전체적 과정을 지칭하는데, 즉 최초 교육과정 개념화에서 결정 및 채택, 갱신에 이르기까지 전 과정을 포함한다(Pratt & Short, 1994: 1320). 보다 정확하게 말하면 교육과정을 학교와 교실에서 사용하고 실천하는 과정에서 교육과정 실행을 지원하고 촉진하는 일련의 과정을 총칭한다. 따라서 운영의 문제는 효율적이고 체계적인 교육과정 실행과 관련되는 제 문제를 포함한다. 즉, 개발된 교육과정을 학교 현장에 잘 안착시켜 적용이 원활하게 이루어지도록 지원하고 촉진하는 제 여건들(자료, 인사, 조직, 행·재정, 시설, 연수 및 훈련 등)을 정비하고 관리하는 측면을 의미한다. 따라서 앞에서 설명한 교육과정 실행은 개발과 활용의 측면을 의미하고, 운영은 관리의 측면을 의미한다.

그러므로 교육과정 운영은 교육과정 관리의 성격을 지니고 있다. 교육과정 관리는 학교에서 교육목표 달성을 위한 교육과정을 효과적으로 편성·운영하기 위하여 제 조건을 정비하고 조정하는 일을 말한다. 학교가 교육지도를 효과적으로 하기 위해서는 학교 교육과정의 편성, 운영, 평가의 일련의 과정을 효과적이고 효율적으로 작동하도록 지원해 주는 것이 필요하다. 이러한 과정을 효율적으로 지원하고 정비하는 일을 교육과정 관리라고 볼 수 있다. 학교장의 교육과정 관리의 주요 내용은 주로 학교 교육과정의 편성 조직과 편성 지도, 교직원 조직, 학교 예산의 교육과정 운영 지원 중점 편성과 집행, 시설·설비, 교육자료 등의 정비, 교육과정 이수 시간의 확인과 관리, 수업 준비와 교재 연구, 교육평가 관리, 지역사회, 학부모 등의 학교교육에 대한 요구, 건의 관리 등이라고 할 수 있다(함수곤 외, 2003: 438).

대부분 교육과정은 새로 개발·개정된 것이며, 전면 개정된 것이거나 부분 수정된 것이다. 교육과정이 구현되는 과정을 크게 연구 개발, 실행 및 운영, 평가와 개선으로 나눈다면, 실행 및 운영은 연구 개발된 교육과정을 실행에 옮기는 과정이며, 동시에 실행의 지원체제이고, 넓은 의미의 교육과정 운영은 교육활동 그 자체이지만 좁은 의미의 교육과정 운영은 교실의 수업 운영이 된다.

2) 교육과정 운영과 교사

교사는 교육과정이다. 즉, 교사의 수업지도와 학생생활지도 등 온갖 교육행위 그 자체가 학생들이 경험하는 교육과정이 된다. 교육과정은 교사다. 즉, 교육과정이 원안보다 질 높게 혹은 낮게 실현되는 것은 전적으로 운영하는 교사들에게 달려 있다. 그러므로 교육의 질은 교사의 질이다. 교육과정의 주인이라는 인식을 가지고 임하는 교사와 단순한 전달자라는 인식을 가진 교사는 교육과정 운영에서 차이를 보인다.

교사의 발달단계나 정도에 따라 교육과정 운영의 방법과 효과는 다르다. 예비 교사, 초임 교사, 중견 교사, 원로 교사 등으로 교직 경력이 많아지면서 교사들은 변화한다. 교사 변화의 방향은 전문성과 자율성이 향상되는 방향일 수도 있고, 역으로 저하되는 방향일 수도 있다. 교과나 학급 담임에서, 학년 혹은 특정 부서의 부장교사, 교육전문직책, 교감, 교장으로 변화하면서도 교사의 시야는 달라진다. 넓게는 인생관과 교육관, 교직관, 학생관, 수업방법, 교재 사용, 평가, 학생생활지도, 학부모 응대 등에서 교사들은 변화를 보인다.

교사에게 있어 가르치는 분야에 대한 지식과 이해 정도, 전달 방식의 숙련 정도, 교실 장악 능력, 개인의 건강과 가족 및 동료 교사와 학생과의 관계 등에 따라 교육과정 운영은 달라지게 된다. 서투른 초임 교사와 원숙한 경력 교사, 교사의 인간적 성숙 정도, 남교사와 여교사, 전공교사와 부전공교사, 초등교사와 중등교사, 교육에 대한 철학과 열정이 있어 자신의 혼과 성을 다하는 전문 교사와 생계수단으로 형식적으로 타성에 젖어 교직을 수행하는 교사, 학생에 대한 직접적인 학습지도나 생활지도보다 공문이나 잡무 처리를 통해 개인의 이익을 얻으려는 교사, 승진에 관심이 많은 교사와 승진에 별 관심이 없거나 아예 포기한 교사의 교육과정 운영은 서로 다르다.

현재와 같이 학생에 대한 수업지도와 생활지도를 소홀히 하고 교실에서 멀리 벗어날수록 승진하는 교원 평가 구조도 교육과정 운영을 저해하는 원인이 된다. 교원의 잦은 전보 이동으로 누구도 교육과정 운영 결과에 대한 책임을 지지 않고 또한 책임을 부과할 수도 없는 주인 없는 학교에서는 질 높은 교육과정 운영을 기대하기 어렵다.

학교 교육과정 운영에는 많은 인사들이 관여한다. 교장, 비공식적 지도자, 변화 촉진자들이 교육과정의 운영에 영향을 미친다. 특히 교장은 학교 교육과정 운영의 질을 결정하는 데 주요한 역할을 한다. 교장은 강력한 영향력을 가지고 있어서 많은 교사들이 그의 견해에 영향을 받는다. 만일 교장이 교사들의 협동 작업을 지지하는 사람이라면 학교에서 통합교육과정을 개발하기가 쉽다. 반대로 교장의 통치가 엄격하여 교사들이 실패를 두려워하여 도전감을 갖기 어려운 분위기라면 새로운 교육과정의 효과적인 운영은 기대하기 어렵다(홍후조, 2002: 389-390).

3) 교육과정 운영의 지원 모형

교육과정 운영을 지원하는 방법에는 여러 가지가 있을 수 있다. 교사의 연수나, 연구 지원을 통하여 전문성을 신장시켜 준다든지, 물적 조건을 정비해 주는 일, 조직의 문화 풍토를 형성하는 일, 교사의 관심에 부응하는 조치를 취하는 일, 행정적 관리나 통제를 강화하는 일 등이 그것이다.

지금까지 확인된 대표적인 모형으로는 관심확인 채택 모형, 조직개발 모형, 현장연구 모형 등이 있다(김대현·김석우, 2005: 265-267). Marsh와 Willis(1999)에 따르면, 전자는 실행의 충실도 관점과, 후자의 두 개 모형은 상호 작용적 관점과 관련이 있다.

첫째, 관심확인 채택모형(Concern-Based Adoption Model: CBAM)이다. 이 모형은 교

육과정 실행에 대한 교사의 관심과 수준, 형태를 진단하고 그 결과에 따라 지원책을 개발하여 교사 및 교육과정 변화를 촉진하는 데에 목적이 있다. 이를 위하여 교사의 관심 단계, 이행 수준, 이행 형태라는 3가지 도구를 활용한다. 특히 교사들이 교육과정을 실행하면서 가지는 느낌이나 관심은 자신이나 업무, 결과에 따라 상이하며, 그 관심 단계를 7단계로 나누어 관심 수준을 진단한다. 7단계는 지각(새 교육과정에 관심이 없음)−정보−개인관심−운영(새 교육과정의 운영과 관리에 관심이 있음)−결과−협동−강화 단계로 나뉜다. 이러한 관심 단계에 맞게 교사에게 그에 필요한 정보를 제공해 주어야 교육과정 운영의 효율성을 높일 수 있게 된다. 교사들 중에는 새로 적용되는 교육과정을 창의적으로 실천하는 교사가 있는 반면에, 행정 절차나 지침, 규제에 따르는 교사도 있다. 즉, 교사의 이행 수준은 각자 다를 수가 있다. 이러한 이행 수준은 총 8개 수준(비실행−초보적 입문−준비−기계적 실행−일상화−정교화−통합화−개선)으로 구분된다. 그런데 이 모형은 교사의 개인적인 변인, 즉 관심이나 태도, 행동을 너무 강조한 반면, 학교의 조직적 특성과 맥락을 경시한 문제를 안고 있다.

둘째, 조직개발(Organizational Development: OD) 모형이다. 여기에서는 교사가 조직개발을 통하여 지원을 받으면 교육과정을 잘 실행할 것이라고 가정한다. 학교라는 조직사회에서 개방적인 소통과 협력, 조직 개선을 위한 다양한 방법을 강조한다. 그러나 모든 조직에는 협력 체제도 작용하지만 갈등도 존재하는데 이 모형에서는 조직 내의 갈등적인 요소가 무시되기도 한다.

셋째, 현장연구(Action Research) 모형이다. 여기에서는 교육과정 실행자로서의 교사에게 현장의 문제 분석 및 해결 능력이 강조된다. 교육과정이 실행되는 데 영향을 미치는 장으로서 주로 학교 현장으로부터 발생되는 문제들을 인식하고 그 문제로부터 가설을 설정하여 자료를 수집, 검증하고 문제를 지속적으로 검검, 검토하는 과정을 강조한다. 특정 이론에 지배되는 연구가 아니라 현장의 문제에서 생성되고 자율적으로 진행되는 연구가 요청된다.

마지막으로 넷째는 교육과정 정렬 혹은 일치도(curriculum alignment) 모형이다. 교육과정 운영이 효율적이 되기 위해서는 교육과정, 수업, 평가가 잘 조정되면서 일관성 있게 실천되어야 한다. 이들 간의 간극이 클수록 파행적 운영이 불가피해진다.

4. 교사의 역할과 운영 수준

1) 실행의 관점에 따른 역할

앞에서 살펴본 교육과정 실행의 관점에 따라 교사의 역할을 다양하게 설명할 수 있다. 첫째, 충실성의 관점에서 교사의 역할은 교육과정의 지시내용을 따르거나 초기에 계획된 바대로 교육과정을 실행하는 것이다. 이에 따라 교육과정을 성공적으로 실행하기 위한 교사의 역할은 결정적인 것이다.

둘째, 상호 적응의 관점에서는 지역사회와 학교의 맥락에서 요구하는 바에 부응하기 위하여 교사는 교육과정 형성에 적극적으로 참여할 것을 요구받고 있으며, 교사의 역할이 교육과정 형성에 있어서 중심적인 것으로 보고 있다.

셋째, 형성의 관점에서는 교사와 학생이 없는 상황의 교육과정은 존재할 수 없다고 보기 때문에 교사의 역할은 교육과정 실행과정에 있어서 전부인 셈이다.

그리고 새 교육과정이 완전히 시행되기 위해서는 교사에게 요구되는 네 가지의 핵심적인 변화가 있다. 즉, 교실 분반과 조직, 자료, 실천과 행동, 그리고 믿음과 이해의 변화다(Fullan et al., 1989: 8). 최근에는 교육과정 실행과 관련하여 교사의 역할을 보다 적극적인 개념으로 제시하는 경우도 있다. C. L. Paris(1993: 16-17)는 교실 수업 수준에서

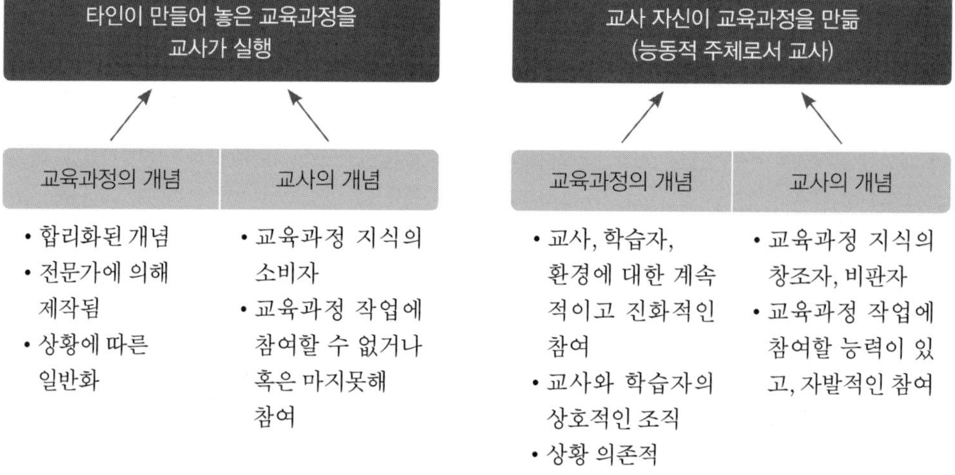

타인이 만들어 놓은 교육과정을 교사가 실행		교사 자신이 교육과정을 만듦 (능동적 주체로서 교사)	
교육과정의 개념	교사의 개념	교육과정의 개념	교사의 개념
• 합리화된 개념 • 전문가에 의해 제작됨 • 상황에 따른 일반화	• 교육과정 지식의 소비자 • 교육과정 작업에 참여할 수 없거나 혹은 마지못해 참여	• 교사, 학습자, 환경에 대한 계속적이고 진화적인 참여 • 교사와 학습자의 상호적인 조직 • 상황 의존적	• 교육과정 지식의 창조자, 비판자 • 교육과정 작업에 참여할 능력이 있고, 자발적인 참여

그림 11-1 교육과정의 개념과 교사의 개념 간의 관계들

교육과정을 구성하고 실행하는데, 교사 행위자(teacher agency) 개념을 [그림 11-1]과 같이 설명한다.

[그림 11-1]의 그림을 통해 알 수 있는 것은 교사 행위자 개념이 교육과정을 어떻게 이해하고 거기에 적합한 교사의 역할 또한 연계한다는 것을 시사한다는 것이다. 따라서 능동적인 역할을 견지하기 위해서는 교육과정 지식의 소비자에서 창조자로의 전환이 필요하며, 자발적인 참여가 요구된다는 것이다.

2) 교사의 관심 수준에 따른 교육과정 운영 수준

교육과정 운영은 외부에서 개발한 것을 단순 적용(adoption)하는 데서부터, 수정하거나 재구성하는 응용(application)과 실행자들이 직접 창출(creation)하여 실행하는 것에 이르기까지 그 수준도 다양하다. 또한 교사들의 교육과정 운영 수준은 일반적으로 모방유지 수준, 중간 변형 수준, 창의적 개발 수준의 세 수준으로 나눌 수 있다(Tanner & Tanner, 1980: 636-650).

한편, Loucks, Newlove와 Hall(1975)은 관심중심 적용모형, 즉 CBAM(Concern-Based Adoption Model)과 같은 맥락에서 새 교육과정을 활용하는 혁신의 수준을 7개로 세분화한다. 교육과정 운영 수준을 구분해 보는 것이 중요한 이유는 이를 통해 새 교육과정을 운영하는 교사들의 방식에 차이가 드러나고 거기에 따라 적절한 지원조치 및 연수 프로그램을 적용함으로써 교사들의 운영 수준을 높일 수 있기 때문이다. 각 수준은 교사 행동의 영역을 포괄해 주는 것이지만 다음 수준으로 이행하고 있음을 표시해 주는 변환점(decision point) 행동에 의해 그 수준의 한계가 결정된다. 예를 들어, 어떤 사람이 교육과정 혁신에 대해 알고자 하여 행동을 취하게 될 때, 그는 변환점 A에 도달하게 되고 실행 수준 0에서 I로 이동하게 된다(김경자 역, 1993).

① 수준 0-실행 않는(Non-Use) 단계

교육과정 혁신에 대해 거의 혹은 전혀 알지 못하고 실행도 하지 않으며, 그것의 실행을 위한 어떠한 조치도 취하고 있지 않다.

변환점 A-교육과정 혁신에 대해 보다 자세한 정보를 얻기 위해 행동을 취한다.

② 수준 I-초보적 입문(Orientation) 단계

교육과정 혁신에 대해 알고 있거나, 정보를 얻고 있으며, 교육과정 혁신이 지향하는 바와 실행에 필요한 조건들을 탐색하고 있다.

변환점 B-교육과정 혁신을 시작할 시점을 계획함으로써 교육과정 혁신의 실행을 결정한다.

③ 수준 II-준비(Preparation) 단계

교육과정 혁신을 실행하려고 준비하고 있다.

변환점 C-교육과정 혁신을 실행하기 시작한다.

④ 수준 III-기계적 실행(Mechanical use) 단계

자신의 교육과정 실행을 되돌아볼 여유도 없이 하루하루의 단기적 교육과정 실행에 모든 노력을 기울인다. 실행은 학생들의 필요보다는 실행자인 교사의 필요에 의해 변화된다. 실행자인 교사는 무엇보다도 교육과정 혁신의 실행에 요구되는 업무들을 익히는 데 노력을 기울인다. 실행은 대체로 체계적이지 못하고 피상적인 것이 된다.

변환점 D-1-한 가지 실행의 형태가 일상화된다.

⑤ 수준 IV A-일상화(Routine) 단계

교육과정 혁신의 실행이 안정된다. 그렇지만 계속적인 실행 중에서도 변화는 거의 일어나지 않는다. 교육과정 혁신의 실행이나 그 결과를 개선하기 위한 준비나 숙고는 찾아보기 힘들다.

변환점 D-2-학생의 학습결과를 향상하기 위해 공식적 혹은 비공식적 평가에 근거하여 교육과정의 실행을 수정한다.

⑥ 수준 IV B-정교화(Refinement) 단계

교육과정 혁신의 대상자(학생)에 대한 효과를 높이기 위해 실행을 변형한다. 이때 실행의 변형은 학생에게 미치는 단기적이고 장기적인 결과들에 대한 정보에 근거한 것이다.

변환점 E-동료들과 협력하여 학생들에게 맞도록 교육과정 혁신의 실행을 변화시켜 나간다.

⑦ 수준 V-통합화(Integration) 단계

가능한 영역에서 학생들에게 영향력을 미치기 위하여 교육과정 혁신과 관련 있는 동료 교사들의 활동을 자신의 교육과정의 실행에 결합시킨다.

변환점 F-현재 실행하고 있는 교육과정 혁신의 대안을 찾거나 대폭적인 수정을 시도하고자 한다.

⑧ 수준 VI-개선(Renewal) 단계

교육과정 혁신 실행의 질에 대한 재평가를 하고, 학생들에 대한 영향력을 높이려고 현재의 교육과정 혁신에 대한 대안이나 대폭적인 수정안을 찾고 있으며, 새롭게 개발된 형태들을 검토하고 자신과 학교 조직을 위해 새로운 목표를 탐색한다.

한 조사에 따르면 교사들의 80% 이상이 일상화 단계의 실천을 할 뿐 교육과정을 세련되게 만들거나 개선하는 이들은 많지 않다. 그다음으로 기계적 실천을 하는 교사들이 8% 정도, 정교화 단계의 실천을 하는 교사들은 6% 정도에 지나지 않는다(Marsh & Willis, 1995: 233; 홍후조, 2002: 406-489 재인용).

3) 교사의 개인적·실천적 지식: 내러티브

교육과정의 실행과 운영에서는 교사의 신념과 사고 체계, 지식이 중요한 역할을 한다. 이하에서는 강현석·이자현(2006: 153-180)과 강현석(2006)의 연구 내용을 참고하여 관련 내용을 제시해 본다.

Elbaz(1983)는 사례연구를 통해 교사들은 자신들이 가르치는 일의 모습을 결정하고 방향을 짓기 위해 적극적으로 사용하는 복잡하고 실제적으로 지향된 일련의 이해 체계를 가지고 있음을 발견하였다. 그는 이 지식을 '실천적 지식'이라고 명명하고, 다음과 같이 성격을 규정하였다(김자영·김정효, 2003: 81).

> 실천적 지식은 우선적으로 학습자의 학습방식, 흥미, 요구, 장점과 어려움 그리고 수업 기술의 측정과 교실 운영 기술의 경험을 포함한다. 교사는 생존과 성공을 위하여 학교와 사회 구조가 무엇을 요구하는지를 안다. 교사는 학교가 한 부분으로 속해 있는 지역사회에 대해 알고, 그 지역사회가 용인하는 것과 그렇지 않은 것에 대한 감각을 갖고 있다. 이러한 경험적 지식은 교과, 아동발달, 학습, 그리고 사회 이론과 같은 영역에 대

해 교사가 갖고 있는 이론적 지식에 의해 영향을 받는다(Elbaz, 1983: 5).

이러한 교사의 지식은 여러 학자들에 의해서 다양하게 연구되어 왔다. 그중에서도 Clandinin(1985)의 교사의 지식에 대한 정의는 이 지식을 교사의 실제 교수행동에 근거가 되는 지식, 개인이 가진 신념이나 가치관이 관여되어 형성된 지식으로 보았다는 점에서 Elbaz와 상당 부분 일치한다(김자영·김정효, 2003: 82). Clandinin(1985)에 의하면 교사의 지식은 교수와 학습, 그리고 교육과정의 이론이라는 점에서 볼 때 완전히 이론적이지 못하며, 아동을 안다는 점에서 볼 때도 부모가 자녀에 대해서 아는 것과 같지 않기 때문에 완전히 실제적이지 못하다. 그는 이러한 점에서 교사의 지식을 특별한 지식이라고 하였다. 그는 교사의 특별한 지식이 개인의 모든 의식적, 무의식적 경험에 영향을 받아 형성되고, 행동으로 표현되는 신념체라는 점에서 이 지식을 '개인적·실천적 지식'으로 명명하였다. 교사 지식의 형성에는 개인적, 맥락적, 역사적, 정치적, 사회적, 경험적 차원 등 다양한 요인이 영향을 미치는데 Clandinin은 그중에서도 특히, 한 개인이 가지는 경험의 역사를 강조하였다(Cole & Knowles, 2000; 김자영·김정효, 2003: 82에서 재인용).

첫째, 교사의 개인적 지식은 교사로서의 경험에 토대를 두고 있다라는 점이다. 따라서 교사의 개인적 지식의 의미는 교사 경험을 중심으로 이해되어야 하며, 교사라는 전문직으로서의 개인적 지식이 된다. 둘째, 교사의 개인적 지식은 정서적 신념 체계에 가깝기 때문에 영향력이 높다는 점이다. Clandinin(1985)에 의하면 개인적·실천적 지식에서 '지식'은 경험으로부터 나온, 그리고 개인의 행동을 통해서 표현된 의식적이거나 무의식적인 신념 체계를 의미한다. 또한 개인적·실천적 지식은 개인의 존재를 구성하고 있는 모든 경험들로 채워진 지식이고 그 내용은 전문적이고도 사적인 한 개인의 경험에서부터 나오기 때문에 정서적 신념 체계에 보다 가까워서 영향력이 매우 크다. 셋째, 교사의 개인적 지식은 능동적인 구성을 강조한다. 물론 개인적 지식 구성의 자극이 외부로부터 올 수 있으며 외부의 자극이 영향을 줄 수도 있다. 그러나 외부로부터의 자극을 토대로 삼아 자신의 개인적 지식화를 하는 것은 전적으로 개인에게 달려 있다. 언제나 인간 내부에 있는 일종의 동인이 외부의 자극을 의식적·무의식적으로 통제하며 개인의 내외적 자극에 대한 경험을 토대로 개인적 지식이 구성된다고 볼 수 있다.

실천적 지식은 학자에 따라 다양하게 이해되고 있지만 다음과 같은 공통점을 가진다(김자영·김정효, 2003: 83). 첫째, 교사는 다양한 상황에 적절하게 활용할 수 있는 지식을 가지고 있다는 것이다. 둘째, 이러한 지식은 교사가 강의나 책을 통해 배운 이론이나 지식, 자신의 가치관과 현장 경험 등의 요인이 통합되어 형성된 지식이라는 것이다. 셋째, 이러한 지식은 현장에서 일어나는 교사의 모든 행동과 판단의 근거로서 사용된다는 것이다. 이와 같은 점에서 교사의 지식은 공통된 의미를 가지고 있다고 볼 수 있다. 요컨대, Elbaz에 의하면 실천적 지식이란 교사 개개인이 그가 가지고 있는 이론적 지식을 그가 관계하는 실제 상황에 맞도록 그 자신의 가치관이나 신념을 바탕으로 종합하고 재구성한 지식으로, 그의 교수행동에 근거가 된다.

이상의 논의를 통해서 보면 Schön의 반성을 통한 실천적 지식과 Elbaz(1983)의 실천적 지식, 그리고 Clandinin(1985)의 개인적 · 실천적 지식에 들어 있는 공통점은 개인이 자신의 지식 체계나 틀을 가지고 세계를 구성하는 것이 중요하다는 점이라는 것을 알 수 있다. 이러한 세계의 구성에서 가장 중요하게 작용하는 것이 내러티브이며, 이러한 점에 기초하여 교사 전문성이 새롭게 재개념화될 필요가 있다. 왜냐하면 내러티브에서 지식은 사람들이 다른 사람과 자신들의 아이디어와 이야기를 공유하는 상황에서 개인적 · 사회적으로 구성되고 재구성되기 때문이다. 우리의 내러티브는 우리가 행하는 특정 경험들로부터 말해지기 때문에 그것은 개인적 · 실천적 지식의 표현이라고 할 수 있다. 이러한 지식은 사회 문화적, 역사적 맥락 내에서 구체화된다. 결국 개인적 · 실천적 지식은 다른 사람들과의 상호작용 속에서 형성되는 것이며, 그것이 우리의 내러티브를 구성하는 것이 된다. 전문성의 핵심은 바로 여기에 있다.

5. 교육과정과 수업

1) 교육과정과 수업의 관계

우리는 흔히 교육과정과 수업[1]을 서로 별개의 것으로 생각하는 경향이 강하다. 물론 이 문제를 철학적으로 하나의 '활동'으로 볼 것인가, 아니면 '현상'으로 볼 것인가 하는 등 별도의 깊은 논의가 필요한 부분이지만 학교교육(schooling)의 중요한 부분을 차지하는 관심사의 수준에서 언급하고자 한다.

소위 "아무리 좋은 교육과정을 만들어 놓아도 학교교육의 질이 좋지 않으면 아무 소

---

1) 이하 내용은 강현석(2002). 교육연구, 22(4) 내용을 재구성한 것임.

용도 없다."라는 식의 넋두리를 듣는다. 이 말은 교육과정의 개념을 '일어난 경험의 총체'라는 관점에서 넓게 사용하는 사람의 대화 속에서도 발견하는 경우가 많다. 교육과정과 수업을 분리하려는 사고가 그 말 속에 내재되어 있다고 할 수 있다. 전통적으로 교육과정과 수업을 이원적으로 보는 견해가 주류를 이루는 것 같다.

그러나 교육과정 분야에서 고전이라 할 수 있는 Ralph W. Tyler의『교육과정과 수업의 기본 원리(*Basic Principles of Curriculum and Instruction*)』에서는 그 서명 자체에서 시사 받듯이 교육과정과 수업을 구분하지 않은 채 교육과정의 개발 절차를 논의하고 있다. Tyler의 교육과정관을 Hosford의 분류체계[2]에 따라 억지로 분류한다면 '목표와 방법의 계획'을 교육과정이라 보는 제3군에 속할 것이다.

반면, Tanner 부부는 극단적인 표현을 사용하면서까지 교육과정과 수업의 이원론의 공허성을 주장하고 있다. 즉, 교육과정과 수업을 이원화해서 사고하는 것은 복잡한 상호작용 현상을 단순하게 분석하여 개념화함으로써 대학 연구실의 이론과 연구의 촉진에는 공헌할지 모르지만, 학교와 교실이라는 교육의 실제적 장의 측면에서 보면 인위적이고 기계적인 것에 지나지 않는다고 말한다.

교육과정과 수업을 이원적으로 보는 대표적인 학자가 Johnson인데 그는 교육과정이란 교육과정 개발체제의 산물인 동시에 수업체제에 대해서는 투입의 역할을 하는 것으로 개념화하고 있다. 교육과정은 개념적 수준에서는 수업과 구별되지만 수업을 특징짓는 중요한 투입 요인으로 이해하고 있다. 그 관계를 그림으로 제시해 보면 [그림 11-2]와 같다(김순택, 1982).

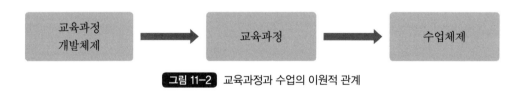

그림 11-2 교육과정과 수업의 이원적 관계

이와 유사하게 MacDonald(1965)는 수업이론의 개발을 위한 작업에서 교육과정과 수업뿐만 아니라 교수와 학습의 4개 요소 간의 관계를 [그림 11-3]처럼 제시하고 있다.

---

2) Hosford(1973)는 교육과정 정의를 네 가지 유목으로 분류하였는데 그것은 다음과 같다. 제1군 학교에서 일어난 경험의 총체, 제2군 학교에서 제공된 경험의 총체, 제3군 목표와 방법의 계획, 제4군 계획된 목표 또는 내용이다.

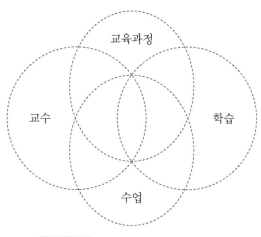

그림 11-3 교육과정 관련 요인의 흐름도

　교수(teaching)는 교사의 행동으로, 학습(learning)은 학습자의 행동 변화로, 수업 (instruction)은 학습자와 교사 간의 상호작용이 일어나는 상황으로, 그리고 교육과정은 수업 이전에 일어나는 계획적인 제반의 노력으로 정의되고 있다. 다른 방식으로 정의 하면 학습은 기대되는 반응이며, 교수는 체계적으로 자극 또는 단서를 제시하는 행위 이며, 수업은 체계적인 자극과 기대되는 반응이 일어나는 전체적 자극 장면이며, 교육 과정은 수업의 장면에서 체계적으로 활용될 자극의 주요 자원이다. 생산적으로 구조화 한 상태에서 적절한 자원이 사용되고 또한 효과적으로 제시된다면, 기대된 반응은 예 상대로 일어날 것이고 4개의 요소가 중복되는 부분이 생기게 될 것이다.

　[그림 11-3]에서 보듯이 MacDonald가 교육과정, 수업, 교수, 학습의 4요소가 중복되 는 부분이라고 하는 것이 계획적 교육에서 기대하는 핵심 부분이고, 그 부분이 좋은 교 육의 이상이요, 좋은 수업의 기대하는 바라 할 것이다.

　이상의 사고방식들은 교육과정과 관련된 요인들을 분리하여 행동주의적 사고방식 으로 바라보는 관점들의 표현이다. 교육체제는 관련 요인들을 요소론적으로 총합하여 볼 수 있는 문제이기보다는 통합적인 관점에서 전체적으로 조망해야 할 것으로 보인 다. 교육의 문제는 소위 객관적인 자연현상과는 상이한 성질의 것이기 때문이다. 따라 서 교육과정과 관련한 문제도 관련 요인들을 구분하고 분리하여 분석하고 그것을 다시 재차 총합하기보다는 교육과정의 큰 맥락 속에서 이해해야 할 것이다.

2) 교육과정과 수업의 관계에 대한 오해

교육과정과 수업의 관계에 대해 매우 상식적이면서 통념적인 방식으로 생각하는 몇 가지 경우를 들 수 있는데, 그것들은 대부분 오해에서 비롯된다고 볼 수 있다. 교육과 정을 좁게 보면 교육내용의 측면만을 의미하는 것 같지만 논리적으로나 사실적으로 교 육과정은 교육목표를 설정하는 일로부터 시작하여 교육내용과 학습경험의 선정과 조 직, 교수-학습 방법, 목표 달성도의 확인에 이르는 전 과정으로 보는 것이 타당하다. 그래서 일찍이 Tyler는 그의 주저에서 이 네 가지 문제를 포괄적으로 언급하고 있다. 물론 교육(학)의 연구나 탐구 대상으로서 한 부분(영역)을 선정할 수는 있겠지만 그것은 어디까지나 탐구 목적상의 문제라고 볼 수 있다.

수업은 교육과정의 측면에서는 교육과정의 전개나 시행을 의미한다. 교육과정의 결 정 수준의 입장에서 보면 공약된 목표로서 의도된 교육과정을 교실 수업에서 전개하는 것을 의미하며, 그것은 결국 학생에게 실현되어 나타나는 것이다. 특정한 학문적 이기 주의나 세부 전공의 이해관계 때문에 이 둘의 관계는 더욱더 확연한 것처럼 보이고 있 는 실정이다.

교육의 궁극적인 목적을 교육적으로 이해한다면 교육과정과 수업의 관계는 동일한 활동이나 현상을 서로 다른 언어로 지칭하는 데 불과하다는 것을 알 수 있다. 이 둘의 관계를 오해하지 말고 제대로 이해해야 한다. 대부분 아래의 오해들이 교육문제 해결 에 어려움을 초래하고 있다.

① 교육과정과 수업은 독자적 영역을 갖는 별개의 것이다.

교육과정과 수업은 별도의 영역을 가지고 있으며 탐구 문제나 관심사가 서로 달라 문제해결 방식도 상이해야 한다고 본다. 대학에서 전문적인 연구 집단들이 임의적으로 구획하여 세력 확장을 위하여 영역 간의 경계를 짓고 전문적인 언어들로 위장하여 자 기만의 언어로 연구하는 것은 반성적으로 숙고해 볼 일이다. 교육의 지향점과 그 근간 을 제대로 이해하고 교육과정의 맥락 속에서 수업을 이해할 수 있는 눈을 지녀야 할 것 이다. 결국 교육은 교과를 '제대로' 가르치는 활동으로부터 시작되기 때문이며, 수업활 동 역시 교과의 성격과 구조를 모르고서는 유행하는 기법과 천박한 사조에 쉽게 물들 기 때문이다.

② 교육과정은 국가가 정하고 교사는 그대로 수업만 하면 되며, 수업에서 교육과정과
　　관련하여 교사의 자율성은 거의 없다.

　교육과정은 국가가 제도적으로 법률로 정하기 때문에 교사는 국가가 정한 대로 교실
에서 수업을 하기만 하면 된다는 것이다. 현실적으로 맞는 말이다. 보다 정확하게 말하
면 현행 우리나라 교육과정 체제는 전국적인 공통 기준은 국가가 정하고, 지역별로 교
육과정 편성·운영 지침을 마련하고, 단위학교에서 학교 교육과정을 마련하도록 되어
있다. 이러한 교육과정 구조 속에서 교사는 단위학교 교육과정 편성과 운영에서 주체
적인 역할을 다 해야 자신이 속한 학교의 교육과정이 효과적으로 편성되고 운영된다.
과거보다 더욱더 교사의 자발적이고 능동적인 자세를 요구하고 있으며 교육과정 재구
성과 관련하여 그 자율성이 더욱 확장된 셈이다. 다만, 교사의 노력과 짐이 현실적으로
다소 늘어난 점은 존재한다.

③ 다양한 수업방법일수록 효과가 크다.

　우리는 막연하게 수업방법의 사용에서 수업의 효과를 올리기 위해 이러저러한 매우
기발하고 다양한 방법들을 총동원하는 경우가 있다. 그러나 수업에서 진실로 중요한
것은 학습자의 요구를 그대로 들어주는 것이 아니라 그 요구를 '교육적으로 잘 해석하
는 것'이며 거기에 기초하여 교육내용에 적합한 수업방법을 처방하는 것이다.

④ 수업방법에 따라 교육과정을 재구성할 수 있다.

　교육과정의 재구성은 수업의 결과에 기초해야 하기 때문에 수업의 결과에 따라 교육
내용이 재구성되어야 한다는 것이다. 일면 타당한 말이기도 하다. 그러나 보다 엄밀하
게 말하면 교육내용에 따라 수업의 방법이 처방되는 것이지 그 역이 아니다. 다만, 교
육과정 재구성의 단서는 수업 후의 결과를 고려한다는 것이다. 따라서 교육과정이 수
업방법을 처방하고 그 수업의 결과에 기초하여 교육과정이 재구성되는 순환적 과정이
지속적으로 이어진다는 점을 알아야 할 것이다.

⑤ 교육에서는 교육과정보다 수업이 교사에게 직접적이므로 더 중요하다.

　학교교육에서 보다 직접적인 것은 교사가 교실에서 교과를 가르치는 수업활동이므
로 교육과정보다는 교실 수업이 교사가 보다 신경 쓸 점이라는 것이다. 그러나 교실 수
업은 교육과정을 분석하는 일에 기초하여 일어나야 한다. 교육과정을 도외시한 수업

활동은 지식기반이 없는 무의미한 활동이 되기 쉽다. 가르치는 활동은 가르치는 내용의 성격과 논리에 영향을 받기 마련이다. 보다 효과적이고 타당한 수업이 이루어지기 위해서는 우선 교육내용에 대한 이해가 선행되고 그 내용에 내재되어 있는 수업방법을 이해할 필요가 있다. 따라서 수업이 교육과정을 포괄한다든지 수업의 결과에 따라 교육과정을 변화시켜야 한다는 생각을 잘 탐색해 보고 교육과정과 수업 간의 긴밀한 관계성을 바로 볼 수 있어야 한다.

6. 학교 교육과정 컨설팅[3]

1) 학교 교육과정 컨설팅의 개념

교육과정 컨설팅 장학은 논리적으로 보면 컨설팅의 대상으로 교육과정을 인식하며, 컨설팅의 논리로 교육과정의 문제를 해결하려는 시도를 말한다. 학교 교육과정 컨설팅은 기존 접근과는 달리 학교 교육과정 컨설팅 담당자와 교사 간의 수평적 관계 속에서 이루어지고 교사의 자발성을 최대한 보장하는 방식의 학교 교육과정 컨설팅으로(교육과학기술부 외, 2009), "교원의 자발적 의뢰를 바탕으로 교수-학습과 관련된 전문성을 개발하기 위해 교내외의 전문성을 갖춘 사람들이 제공하는 조언 활동"이라고 정의할 수 있다. 즉, 학교 교육과정 컨설팅은 전문성을 갖춘 교육과정 컨설팅 요원들이 교원의 의뢰에 따라 그들이 직무 수행상 필요로 하는 문제와 능력에 관해 진단하고, 그것의 해결과 개발을 위한 대안을 마련하며, 대안을 실행하는 과정을 지원 또는 조언하는 활동이다(진동섭 · 김도기, 2005).

2) 학교 교육과정 컨설팅의 구성요소

학교 교육과정 컨설팅이 학교 컨설팅의 한 유형이 되기 위해서는 학교 컨설팅으로서의 최소한 성립 요건을 갖추어야 한다. 이를 필수 구성요소라고 한다면, 학교 교육과정 컨설팅의 목적, 대상(영역), 주체, 과업, 원리, 과정 그리고 방법 등을 명료화해야 할 필

---

3) 이 내용은 김분순 · 강현석(2010). 수산해양교육연구, 22(4), 537-552를 참고한 것임.

요가 있다(김도기, 2005; 김정원 외, 2004; 박상완, 2008; 박효정, 2009; 홍창남, 2002). 이하에
서는 이들 요소들을 살펴본다.

첫째, 학교 교육과정 컨설팅의 목적이다. 학교 교육과정 컨설팅의 목적은 교원의 전
문성 개발을 통해 학교교육의 질을 높이는 데 있다. 교원에는 교장, 교감도 포함되지만
여기서는 주로 교사를 의미한다. 일반적으로 교사들에게는 교육학 전반에 걸친 통합적
안목과 생활지도, 교과교육, 수업기술에 관한 전문성 등 다양한 전문성이 요구된다. 이
러한 전문성은 결국 교수−학습에 직간접적으로 관련된 전문성이다. 그러므로 학교 교
육과정 컨설팅은 교사들의 교수−학습과 관련된 전문성 개발에 일차적인 목적이 있으
며, 이를 통해 학교교육의 질을 개선하는 데에 궁극적인 목적이 있다.

둘째, 학교 교육과정 컨설팅의 대상이다. 학교 교육과정 컨설팅의 대상은 학교 교육과
정 컨설팅의 개념을 어떻게 정의하느냐에 따라 달라질 수 있다. 본 연구에서는 학교 교육
과정 컨설팅을 교원의 전문성 개발을 위해 교원들의 요청과 의뢰에 의해 전문성을 갖춘
교내외의 사람들이 제공하는 조언 활동으로 규정한다. 따라서 이와 직간접적으로 관련
된 문제나 과제가 학교 교육과정 컨설팅의 대상이 된다. 즉, 교사의 교수−학습에 직접
적으로 관련된 문제 혹은 과제와 교수−학습에 간접적으로 관련된 문제, 예를 들면 교과
지도, 생활지도, 학급경영, 특별활동지도 등이 학교 교육과정 컨설팅의 대상이 된다.

셋째, 학교 교육과정 컨설팅의 과업이다. 학교 교육과정 컨설팅의 가장 중요한 과업
은 교원이 필요로 하는 전문적 도움을 통해 그들의 전문적 성장과 발달을 돕는 것이다.
교원의 성장과 발달을 돕기 위한 구체적인 과업으로, ① 의뢰 교사의 문제에 대한 정확
한 진단, ② 의뢰 교사의 문제를 해결할 수 있는 방안의 구안과 실행에 필요한 직간접적
인 지원, ③ 의뢰 교사를 대상으로 한 교육이나 훈련 실시, ④ 학교 교육과정 컨설팅 우
수 사례의 발굴 및 비슷한 어려움에 처한 교사들에 대한 문제 해결 사례와 정보 제공 등
이 있다.

넷째, 학교 교육과정 컨설팅의 의뢰인과 학교 교육과정 컨설팅 요원의 문제다. 학교
교육과정 컨설팅의 개념에 따르면, 학교 교육과정 컨설팅의 의뢰인은 교원으로, 주로
교사가 된다. 교사들은 그들의 교수−학습에 직간접적인 영향을 미치는 모든 문제나
과제에 대해 도움을 요청할 수 있다. 학교 교육과정 컨설팅을 보는 관점에는 역할(role)
로 보는 관점과 과정(process)으로 보는 관점이 있다(이윤식, 1999). 학교 교육과정 컨설
팅은 이러한 관점 중에서 과정으로서의 관점을 취한다. 따라서 학교 교육과정 컨설팅
에서는 원칙적으로 의뢰인의 문제를 해결하는 데 전문적인 지원을 할 수 있다면 누구

라도 학교 교육과정 컨설팅 요원이 될 수 있다.

그러나 학교 교육과정 컨설팅에서는 학교 교육과정 컨설팅 요원과 의뢰인 사이의 편안하고 수평적인 관계가 매우 중요하다. 그런 점에서 원활한 수평적 의사소통이 가능하고, 교사들이 가장 선호하는 동료 교사가 유력한 학교 교육과정 컨설팅 요원 후보다(진동섭, 2003; 진동섭·김도기, 2005). 초등학교에서는 동 학년 교사, 중등학교에서는 동 교과 교사가 유력한 학교 교육과정 컨설팅 요원 후보다.

다섯째, 학교 교육과정 컨설팅 팀(관리자)의 문제다. 학교 교육과정 컨설팅에서는 도움을 받고 싶은 교사와 도움을 줄 수 있는 전문성을 갖춘 교사들을 연결시켜 주는 고리가 필요하다. 이 연결 고리의 역할을 하는 사람 혹은 팀을 학교 교육과정 컨설팅 관리자라고 한다. 이것은 학교 교육과정 컨설팅의 마지막 구성요소다. 학교 교육과정 컨설팅 팀은 새로 조직하거나 교내 자율장학위원회, 장학협의회 등의 기존 조직을 전환하여 활용할 수도 있다.

3) 학교 교육과정 컨설팅의 절차와 유형

우선 학교 교육과정 컨설팅의 절차에 대한 문제다. 학교 교육과정 컨설팅은 상황에 따라 달라지기는 하지만 어느 정도 정형화된 절차에 의해 수행된다. 컨설팅 수행 절차로 Lewin(1947)은 해빙 → 이동 → 재동결의 세 단계를, Kolb와 Frohman(1977)은 조사 → 착수 → 진단 → 계획 → 행동 → 평가 → 종료의 일곱 단계를, 그리고 한국능률협회(1977)는 프로젝트 팀 구축 및 작업 계획 → 현상 분석 → 가설 설정 및 검증 → 해결 방안 강구 및 구조화 → 실행 계획 수립 → 실행의 여섯 단계를 제시하였다(조민호·설공중, 1999에서 재인용). 최근에는 착수 → 진단 → 실행 계획 수립 → 구현 → 종료 등의 다섯 단계를 제시한 밀란(ILO) 모델이 일반적인 학교 교육과정 컨설팅 수행 절차로 받아들여지고 있다(조민호·설공중, 1999: 49). 여기에서는 학교 교육과정 컨설팅 절차를 다음의 [그림 11-4]와 같이 제시한다.

문제의 진단과 확인 — 상호작용을 통한 문제 해결의 구안 — 문제 해결의 적용 — 결과의 검토 및 피드백 — 반성과 평가

그림 11-4 학교 교육과정 컨설팅의 수행 절차

다음으로는 학교 교육과정 컨설팅의 유형에 대한 문제다. 학교 교육과정 컨설팅은 학교 교육과정 컨설팅 관리자(혹은 관리 팀)를 어디에 두느냐에 따라 교내 교육과정 컨설팅, 소 지구(현재 자율장학에서의 지구의 개념) 교육과정 컨설팅, 대 지구(지역 교육청 이상) 교육과정 컨설팅 등으로 유형화될 수 있다.

이 장의 주요 내용

　교육과정 실행은 여러 용어, 즉 시행, 이행, 운영, 전개 등으로 표현되어 사용되고 있다. 그러나 기본적 의미는 교육과정 구성 및 개발 과정에 의해 만들어진 교육과정을 효과적으로 전개하는 것을 의미한다. 특히 학교 현실의 입장에서 보면 교실 수업과 교수 문제와 관련이 깊다.

　교육과정 실행을 교육과정의 사용이나 활용의 측면에서 본다면 개발자와 사용자가 일치할 수도 있고, 일치하지 않을 수도 있다. 즉, 학교 외부에서 개발된 것을 학교 현장에서 실천에 옮기는 것과, 학교 안에서 자체적으로 개발하여 실천하는 것으로 나눌 수 있다. 따라서 교육과정의 실행은 일반적으로 교육과정 전문가들이 개발한 교육과정을 학교와 교실에서 교사들이 실천에 옮기는 것이므로 적용으로도 불린다. 교육과정 실행은 외부에서 개발한 것을 단순 '적용'하는 데서, 수정하거나 재구성하는 '응용'과 실행자들이 직접 '창출'하여 실행하는 것에 이르기까지 그 수준도 다양하다. 그리고 교육과정을 성공적으로 실행하기 위해서는 다양한 요인들을 고려할 필요가 있다.

　교육과정 실행의 활동에는 교육과정을 어떻게 보느냐 하는 생각이 영향을 미친다. 교육과정 실행의 관점이란 교육과정의 전개 과정을 어떠한 시각으로 보는가 하는 문제를 의미한다. 여기에는 시행된 교육과정과 의도했던 목표 간의 유사성 정도에 따라 평가되는 교육목표 충실도 관점, 교육과정 개발자와 학교 수업 상황에서 실제로 사용하는 사람들 간의 상호 교섭과 유연성을 강조하는 상호 적응 관점, 교육과정을 교사와 학생에 의해 공동으로 만들어 가는 교육경험이라 전제하는 형성 관점 등이 있다. 이러한 관점에 따라 실행의 접근방법도 다양하다. 그리고 실행의 문제로서 교수모형을 주목할 필요가 있다. 여기에는 기술공학적 모형, 인지과정 모형, 교수행동의 관찰 및 기술 모형이 논의되고 있다.

　교육과정 운영은 교육과정을 학교와 교실에서 사용하고 실천하는 과정에서 교육과정 실행을 지원하고 촉진하는 일련의 과정을 총칭한다. 따라서 운영의 문제는 효율적이고 체계적인 교육과정 실행과 관련되는 제 문제를 포함한다. 교육과정 운영에서는 교사의 역할이 매우 중요하며, 교사가 교육과정의 주인이라는 인식을 가지고 임하는 교사와 단순한 전달자라는 인식을 가진 교사는 교육과정 운영에서 차이를 보인다. 그리고 교사의 발달 단계나 정도에 따라 교육과정 운영의 방법과 효과는 다르다. 예비 교사, 초임 교사, 중견 교사, 원로 교사 등으로 교직 경력이 많아지면서 교사들은 변화한다. 한편으로 교육과정 운영에는 많은 인사들이 참여하는데, 운영의 질을 높이기 위해서는 여러 요인들을 고려할 필요가 있다. 그리고 교육과정의 운영 수준은 교육과정 실행의 관점과 교사의 관심 수준에 따라 많이 달라진다. 그리고 최근에는 교사의 개인적·실천적 지식으로서 내러티브와 학교 교육과정 컨설팅이 중시되고 있다. 이들은 학교문화를 변화시키는 중요한 방안으로 평가받고 있다.

교육과정 실행과 운영의 영역에서 수업은 거의 교육과정과 동일하게 인식된다. 수업은 곧 교육과정의 실행이기 때문이다. 그러나 교육과정과 수업의 관계를 오해함으로써 실행과 운영의 질을 저하시키는 일은 가급적 지양해야 한다.

주요개념

CBAM 모형	교육과정 운영	인지과정 모형
OD 모형	교육과정과 수업의 관계	학교 교육과정 컨설팅
RD & D 모형	기술공학적 교수모형	현장연구 모형
개인적·실천적 지식	상호 적응 관점	형성 관점
공동연구 모형	실행의 관점	교육과정 일치도
교육과정 실행	운영 수준	

탐구문제

1. 교육과정 실행의 개념과 실행에 영향을 미치는 요인을 설명해 보시오.

2. 실행의 3가지 관점과 접근방법을 비교해 보시오.

3. 실행의 문제로서 세 가지 교수모형을 비교하여 설명해 보시오.

4. 교육과정 운영의 지원 모형을 구분, 설명해 보시오.

5. 교육과정 운영에서 교사의 바람직한 역할을 제시해 보시오.

6. CBAM 모형을 설명해 보시오.

7. 교육과정 실행과 운영에서 교사의 개인적 · 실천적 지식의 중요성을 설명해 보시오.

8. 현행 교육과정 운영상의 문제를 지적해 보고 그 해결방안을 제시해 보시오.

9. 교육과정과 수업의 올바른 관계에 대해서 논의해 보시오.

10. 학교 교육과정 컨설팅의 의의와 절차를 설명해 보시오.

11. 어느 한 학교를 선정하여 교육과정 운영과 관련하여 교사들의 애로사항과 해결방안을 조사해 보시오.

참고문헌

강현석(2002). 학습의욕과 주의집중. 교육연구, 22(4), 48-57.

강현석(2006). 교과교육학의 새로운 패러다임. 서울: 아카데미프레스.

강현석 · 이자현(2006). 내러티브를 통한 교육과정 개발자로서의 교사 전문성의 재개념화. 교육과정연구, 24(1), 153-180.

교육과학기술부 · 충청남도 교육청(2009). 2009 교육과정 컨설팅 지원단 제2차 워크숍 자료.

김경자 역(1993). 교육과정 혁신: 관심에 기초한 교육과정 실행 모형(CBAM). 서울: 교육과학사.

김대현 · 김석우(2005). (개정)교육과정 및 교육평가. 서울: 학지사.

김도기(2005). 컨설팅 장학에 관한 질적 실행 연구. 서울대학교 대학원 박사학위논문.

김분순 · 강현석(2010). 학교교육과정 컨설팅 모형의 시론적 개발. 수산해양교육연구, 22(4), 537-552.

김인식 · 박영무 · 최호성 공역(1995). 교육과정 이론과 분석. 서울: 교육과학사.

김자영 · 김정효(2003). 교사의 실천적 지식에 대한 이론적 탐색. 한국교원교육연구, 20(2), 77-96.

김정원 · 손연아 · 최금진 · 안세근(2004). 학교컨설팅 가능성 탐색. 서울: 한국교육개발원.

박상완(2008). 학교 컨설턴트의 전문성 확보를 위한 과제. 한국교육행정학회, 26(2), 343-362.

박효정(2009). 학교 컨설팅 체제 구축을 위한 기초 연구. 연구보고 RR 2009-32. 서울: 한국교육개발원.

이경섭 · 이홍우 · 김순택(1982). 교육과정 이론: 이론, 개발, 관리. 서울: 교육과학사.

이윤식(1999). 장학론. 서울: 교육과학사.

이홍우(2010). (증보)교육과정 탐구. 서울: 박영사.

장원조(1994). 교육과정 실행 방략의 모색. 경북대학교 대학원 박사학위논문.

조민호 · 설공중(1999). 컨설팅 프로세스. 서울: 도서출판 새로운 제안.

조승제(2002). 교육과정과 평가. 서울: 교육과학사.

진동섭(2003). 학교 컨설팅. 서울: 학지사.

진동섭 · 김도기(2005). 컨설팅 장학의 개념 탐색. 한국교육행정학회, 23(1), 1-25.

함수곤 외(2003). 교육과정 개발의 이론과 실제. 서울: 교육과학사.

홍창남(2002). 학교경영컨설팅의 개념 모형 탐색. 서울대학교 대학원 석사학위논문.

홍후조(2002). 교육과정의 이해와 개발. 서울: 문음사.

Berman, P., & McLaughlin, M. W. (1977). *Federal Programs Supporting Educational Change*. US Office of Education, Santa Monica: Rand Corporation.

Bruner, J. S. (1960). *The Process of Education*. Cambridge, Mass: Hard University Press.

Clandinin, D. J. (1985). Personal practical knowledge: A study of teacher's classroom image. *Curriculum Inquiry, 15*(4), 361-385.

Corey, D. (1952). *Action research to improve school practices*. NY: Teachers College Press.

Dalin, P., & McLaughlin, M. W. (1975). *Strategies for innovation in higher education*. Stockholm: ERSSRD in Higher education.

Elbaz, F. (1983). *Teacher thinking: A study of practical knowledge*. NY: Nichols.

Farrar, E., Desanctis, J. E., & Cohen, D. K. (1979). *Views from below: Implementation research in education*. Cambridge, MA: Huron Institute.

Fullan, M. (1982). *The meaning of educational change*. NY: Teachers College Press.

Fullan, M. G., Bennett, B., & Rolheiser-Bennett, C. (1989). Linking classroom and school improvement. *AERA Paper*. San Francisco.

Fullan, M., & Pompret, A. (1977). Research of Curriculum and Instruction Implementation. *Review of Educational Research, 47*(2).

Hosford, P. L. (1973). *An Instructional Theory*. NJ: Prentice-Hall.

Jackson, P. W. (1992). *Handbook of Research on Curriculum*. AERA, NY: Macmillan Publishing Company.

Leithwood, K. A. (1981). Managing the Implementation of Curriculum Innovation. *Knowledge, Creation, Diffusion, Utilization, 2*(3).

MacDonald, B., & Walker, R. (1976). *Changing the curriculum*. London: Open Books.

MacDonald, J. B. (1965). "Educational Models for Instruction". In James B. Macdonald & R. Leeper (Eds.), *Theories of Instruction*. Washington, DC: ASCD.

Marsh, C., & Willis, G. (1995). *Curriculum: An Alternative Approaches, Ongoing Issues*. Columbus, OH: Merrill.

Parsons, P. F. (1987). *Inside America's Christian Schools*. Macon, GA: Mercer University Press.

Paris, C. L. (1993). *Teacher Agency and Curriculum Making in Classroom*. NY: Teachers College, Columbia University.

Pratt, D., & Short, E. C. (1994). Curriculum Management. In T. Husen & T. N. Postleth waite (Eds.), *The International Encyclopedia of Education* (2nd ed., pp. 1320-1325). NY: Pergamon.

Roitman, D. G., & Mayer, J. P. (1982). *Fidelity and reinvention in the implementation of innovations*. APA Conference Paper.

Rudduck, J., & Kelley, P. (1976). *The dissemination of curriculum development*. Windsor, UK: National Foundation for Educational Research.

Tanner, D., & Tanner, L. N. (1980). *Curriculum Development: Theory into Practice*. NY: Macmillan.

Tyler, R. W. (1949). *Basic Principles of Curriculum and Instruction*. Chicago: The University of Chicago Press.

Zais, R. S. (1976). *Curriculum: Principles and Foundation*. NY: Harper & Row.

제**12**장 교과서 및 교육과정 재구성

MODERN CURRICULUM

> **이** 장의 주요 목표

▷ 현행 교과서 제도와 편찬 기준을 기술할 수 있다.

▷ 교육과정 및 교과서 재구성을 해야 하는 이유를 설명할 수 있다.

▷ 교사들이 활용하는 교육과정 재구성 유형을 구분하여 설명할 수 있다.

▷ 교육과정 재구성에서 내러티브를 활용할 수 있는 가능성을 설명할 수 있다.

▷ 교과 수업을 재구성하는 전략으로서 내용교수지식의 의미와 가능성을 제안할 수 있다.

▷ 현행 학교 사정에 비추어서 교육과정 재구성을 저해하는 요인을 설명할 수 있다.

현재 우리나라는 다양한 교과서 제도를 운영하고 있다. 교사는 교과서를 통해 교육과정을 실행한다. 따라서 교과서 제도와 교과서가 편찬되는 내용들을 잘 이해할 필요가 있다. 교과서를 잘 알아야 내용을 재구성하고 교육과정에 부합되게 수업을 할 수가 있다.

국가 수준, 시 · 도 교육청 수준, 학교 수준에서 개발되는 교육과정은 교실 수준에서 교사에 의해 제공되고 학습자에 의해 경험된다. 이때 교사는 적극적으로 공식적 교육과정을 '학습자에게 적합하게' 해석하고 재구성한다. 이를 흔히 교사 수준의 교육과정 혹은 '교사에 의한 교육과정 재구성'이라고 한다. 교사의 교육과정 진도표, 월별 · 주별 · 일별 학습계획안 등이 여기에 포함된다.

교사는 교육과정의 사용자이면서 동시에 개발자의 역할을 수행한다. 따라서 교사는 국가 수준에서 개발되는 교육과정과 다양하게 제시되는 교육 프로그램들과 교사 수준에서 고안되는 학습계획안 등을 비판적으로 이해하고 평가할 수 있는 능력을 갖고 있어야 한다. 교사의 교육과정에 대한 안목이 중요한 이유는 학습자에게 적합한 교육과정을 구성하고 개발하는 직접적 책임이 교사에게 있기 때문이다.

1. 교과서

1) 교과서 제도

현재 우리나라의 교과서 제도는 다음과 같이 국정제, 검정제, 인정제, 자유발행제가 운영되고 있다(송인발, 2010: 5; 홍후조, 2011: 299).

교과용 도서를 편찬할 경우, 그 기본 방향으로는 다음과 같은 것들에 주의해야 한다.

첫째, 교육과정을 충실히 반영해야 한다. 여기에서는 추구하는 인간상을 제대로 반영해야 한다.

표 12-1 우리나라의 교과서 제도

도서구분	국정도서	검정도서	인정도서
정의	교육과학기술부 장관이 저작권을 가진 도서	민간에서 저작하여 교육과학기술부 장관의 검정을 받은 도서	국·검정도서가 없거나 보충할 필요가 있는 경우에 사용하기 위하여 교육과학기술부 장관의 인정을 받은 도서
심의권자	장관(심의위원 위촉)	장관(한국교육과정평가원장에게 위탁)	장관(시·도 교육감에 위탁)
절차	편찬 심의	판찬 심의 선정	편찬 선정 심의
저작권자	교육과학기술부 장관	저작자	저작자
과목	유치원, 초등, 특수학교	중등, 고등, 보통 교과 대부분	신설 및 교양과목, 고교 전문교과
장점	소수 선택과목 교과서의 질 유지 가능	교사, 학생의 교과서 선택권 보장	현장 교원의 교과서 개발 참여 유도 용이
단점	내용의 획일성	검정 심사 비용 부담	질 관리 체제 부족 교과서 인정 업무 중복 예상

- 전인적 성장의 기반 위에 개성을 추구하는 사람
- 기초능력을 토대로 창의적인 능력을 추구하는 사람
- 폭넓은 교양을 바탕으로 진로를 개척하는 사람
- 우리 문화에 대한 이해의 토대 위에 새로운 가치를 창조하는 사람
- 민주시민 의식을 기초로 공동체의 발전에 공헌하는 사람

그리고 교과 교육과정을 반영해야 한다. 즉, 교과의 성격과 목표에 충실한 내용을 선정하고 교수–학습 방법을 제시하며, '방법' '평가'를 종합적으로 고려한 내용으로 구성해야 한다. 동시에 학생의 발달 단계를 고려한 내용의 수준과 학습량을 적정화하며, 교과 교육과정 내용을 바탕으로 심화·보충이 가능한 학습자료를 제공해야 한다.

둘째, 교육과정 중심의 학교교육 체제에 적합한 교과용 도서를 편찬해야 한다. 즉, 교육과정을 구현하기 위한 주된 교육자료로서의 교과용 도서를 편찬하기 위해서는 국가 수준 교육과정을 상세화하고, 구체화 자료로서의 적합성을 제고해야 한다. 그리고 교육과정의 목표 구현을 위한 주된 자료의 성격을 지녀야 하며, 학교 교육과정의 편성·운영에 도움을 줄 수 있는 풍부한 자료를 제시하고, 지역이나 학교의 실정, 교과의 특성에 따라 융통성 있는 운영이 가능하도록 구성해야 한다.

그리고 교수–학습 과정 중심의 교과용 도서를 편찬해야 한다. 즉, 구체적 학습지도 계획 작성은 용이한 자료 성격을 지녀야 하고, 단원 전개 과정에서 학습방법을 충분하게 시사하며, 교수–학습 과정의 개선에 기여할 수 있는 내용과 정보기술, 교육용 소프트웨어 등 다양한 교육매체 활용이 가능한 내용을 구성해야 한다. 또한 교원이 직접 참여하는 현장 친화적인 교과용 도서를 편찬해야 한다. 즉, 연구·집필·협의진에 다수의 현장 교사가 직접 참여하여 개발하고, '집필자 실명제'를 통해 책임 있는 집필을 해야 한다.

셋째, 학습자 중심의 다양하고 질 높은 교과용 도서를 편찬해야 한다. 이를 위해서 창의력과 사고력, 탐구력을 기를 수 있는 내용을 구성해야 한다. 즉, 학생의 개인차와 발달단계를 반영하고, 학습의 과정, 탐구과정, 통합적인 사고력 신장을 중시하며, 학습과정 중심의 단원 전개 및 체제의 창의적 구안을 도모하고, 실생활에 응용 가능하도록 실용성, 유용성을 중시해야 한다. 그리고 이해하기 쉽고, 재미있으며 활용하기에 편

리하도록 편찬해야 한다. 즉, 학생의 생활경험을 반영한 흥미와 동기 유발이 가능하고, 자기주도적 학습에 도움을 줄 수 있는 내용으로 구성하고, 다양한 편집, 디자인 기법을 도입하여 가독성을 높이고, 개별학습, 소집단학습 등 직접적인 체험을 중시하는 내용으로 구성해야 한다.

2) 교과서 편찬 기준

일반적으로 제시되는 교과서 편찬기준을 살펴보면 다음과 같다(교육과학기술부, 2008).

첫째, 관계 법령을 준수해야 한다. 헌법, 교육기본법, 초·중등교육법 및 동법 시행령, 교과용 도서에 관한 규정 등 관련 법령을 준수하여야 한다.

둘째, 교육과정을 구현해야 한다. 교육과정에 제시된 인간상, 구성 방침, 교육목표를 충실히 구현하여야 한다.

셋째, 교육의 중립성을 유지해야 한다. 교육의 정치적, 종교적, 사회 문화적인 중립을 유지할 수 있도록 교육내용을 공정하고 교육적으로 다루어야 한다. 그리고 특정 정당, 종파, 인물, 인종, 상품, 기관 등을 선전하거나 비방해서는 아니되며, 남녀의 역할에 대한 편견이 없도록 하여야 한다.

넷째, 내용의 수준과 범위를 고려한다. 교육과정을 바탕으로 학습내용을 정선하여 수준과 양을 적정화한다. 교육내용은 해당교과의 교육과정 시간배당 기준에 배정된 기준 시수에 맞추어 분량을 선정한다.

다섯째, 내용의 선정에 유의한다. 해당교과의 성격, 목표, 내용, 방법, 평가 등에 제시된 사항을 충실히 반영하는 교육내용을 선정하여야 한다. 주요 개념은 관련학계에서 정설로 인정하는 최신의 것으로서 보편화된 것이라야 한다. 핵심 개념, 아이디어, 지식, 원리, 기능, 가치 규범, 주제, 제재, 소재 등을 교과의 특성에 알맞게 선정하여야 한다. 삽화, 도표, 통계 등의 자료는 최신의 것으로서 교과내용에 적절한 것을 선정하고, 출처를 명확히 제시한다. 상·하위 목표와 내용, 학습활동과 방법을 학년 간, 학기 간의 계열성과 교과 간의 관련성을 고려하여 구성하되, 지나친 학습내용의 중복이나 비약이 없도록 유의한다. 학생의 개인차에 따라 효율적인 학습이 가능하도록 구성한다.

여섯째, 학습자 중심의 목표를 진술한다. 해당 교과학습을 통하여 학생이 궁극적으로 달성하여야 할 학습목표를 학습자 중심으로 진술하여야 한다. 구체적인 하위목표는 학년, 교과 또는 내용 영역에 따라 특히 중점을 두어야 할 목표를 중심으로 제시하되,

학생이 학습 후 갖추어야 할 성취능력 중심으로 진술하여야 한다.

일곱째, 통합 교과의 교과용 도서를 개발한다. 통합 교과는 통합의 기본 정신이 구현되도록 구성하여야 한다.

여덟째, 표기와 인용이 정확해야 한다. 교과용 도서의 표기·표현은 최신 어문규정 및 『표준국어대사전』(국립국어원)에 따른다. 계량단위 등은 국가 표준 기본법 등 관련 법규에 따른다. 인명, 지명, 각종 용어, 통계, 도표, 지도와 기타 모든 자료는 교육과학 기술부 발행 최신 편수 자료를 활용한다. 의미의 정확한 전달을 위하여 부득이한 경우 괄호 안에 한자나 외국 문자를 병기할 수 있다. 인용한 모든 자료는 출처를 밝힌다.

아홉째, 교과서의 구성 체제에 유의한다. 교과서의 단원은 교수-학습 과정을 고려하여 교과의 특성과 단원의 성격에 적합하게 창의적으로 구성한다. 교과서의 각 단원은 학생들의 자기주도적 학습이 가능하도록 용어해설, 탐구과제, 선택학습활동 등을 다양하게 포함시켜 구성한다. 집필진과의 대화 통로를 마련할 수 있도록 집필자 실명제를 시행하고, 집필자 명단을 단원별로 제시하는 것을 원칙으로 한다. 교과서의 쪽수는 책별로 제시된 기준 쪽수를 준수하되, 기준 쪽수의 20%를 가감할 수 있다. 판형, 지질, 색도 등 외형 체제는 교과별 특성을 고려하여 교육과학기술부가 정한 기준을 따르되, 교과내용과 부합되는 양질의 사진·삽화를 사용하고 다양한 편집 디자인 기법을 활용하여 학습동기를 유발하고 흥미를 높이도록 한다.

열째, 지적재산권 관련 법령을 준수한다. 저작권, 특허권 등 지적재산권과 관련하여 최신의 관련 법규를 따른다.

열한째, 범교과 학습내용을 반영한다. 범교과 학습내용에는 앞에서도 제시한 것처럼 민주시민 교육, 인성 교육, 환경 교육, 경제 교육, 에너지 교육, 근로 정신 함양 교육, 보건 교육, 안전 교육, 성 교육, 소비자 교육, 진로 교육, 통일 교육, 한국 문화 정체성 교육, 국제 이해 교육, 해양 교육, 정보화 및 정보 윤리 교육, 청렴·반부패 교육, 물 보호 교육, 지속 가능 발전 교육, 양성 평등 교육, 장애인 이해 교육, 인권 교육, 안전·재해 대비 교육, 저출산·고령 사회 대비 교육, 여가 활용 교육, 호국·보훈 교육, 효도·경로·전통 윤리 교육, 아동·청소년 보호 교육, 다문화 교육, 문화 예술 교육, 농업·농촌 이해 교육, 지적재산권 교육, 미디어 교육, 의사소통·토론 중심 교육, 논술 교육 등이 관련 교과목의 내용에 포함되도록 한다.

마지막으로 멀티미디어, 인터넷 웹 주소 등을 활용할 경우 관련 법규를 준수하여 다양하게 활용하되, 공공 기관이나 단체에서 개설한 웹 사이트 등을 활용한다.

2. 교육과정 재구성

흔히 교사들은 자신들의 교육활동을 교과서 내용을 가르치는 것과 동일시한다. 물론 가장 일반적인 교육활동의 모습은 자신의 교과목 교과서를 가르치는 것이다. 교과서를 가르침으로써 자신이 해야 할 일을 하고 있으며, 그것으로 전부라고 생각하는 경향이 강하다. 교과서만을 가르치고 교과서 내용을 금과옥조로 여기면서 기계적이고 충실하게 가르치려고 한다.

그러나 교사는 교과서를 가르칠 것이 아니라 교육과정을 가르쳐야 한다. 앞에서도 지적하였듯이 교과서는 교육과정의 목표를 달성하는 데 하나의 수단일 뿐이다. 따라서 교사는 학생들에게 가르쳐야 할 것이 교육과정이라는 점을 분명하게 인식해야 하며, 교육과정 총론의 내용과 자신의 교과별 교육과정을 충분히 숙지해야 한다. 교과를 가르치는 과정에서 항상 기준이 되어야 하는 것은 교육과정이지 교과서가 아니기 때문이다. 이런 점에서 교과서에 제시된 내용을 있는 그대로 기계적이고 평면적으로 가르칠 것이 아니라 독창적으로 내용과 방법을 동원하여 가르칠 필요가 있다. 왜냐하면 교수-학습 환경이 다르고 학습자들의 수준, 내용의 수준과 성격 등이 상이하기 때문이다. 이하에서는 남유리(2004), 전현정(2006), 강현석(2006)의 연구를 참고하여 관련 내용을 제시해 본다.

1) 교육과정 재구성의 의의와 근거

교육과정 재구성을 어디까지 해야 하는가 하는 문제는 매우 복잡한 문제다. 학습자에게 적합하게 재구성한다는 것에는 개인차 문제가 내재되어 있기 때문이다. 따라서 교육과정 재구성의 문제는 교육과정과 개인차 문제의 성격을 지닌다. 지금까지 교육과정의 학습자에 대한 적합성을 부여하려는 노력은 다양하게 진행되어 왔다. 교육과정 재구성은 단순한 기술적 문제라기보다는 '학습의 적절성'이라는 교육과정의 중요한 의미를 내포하고 있는 문제다.

그것은 결국 교육과정 차별화(curriculum differentiation)의 의의가 있다. 즉, 능력, 적성, 관심, 장래 계획이 각기 다른 학습자에게 교육과정을 적합하게 제공하려는 접근을 교육과정 차별화라고 볼 때, 이러한 정신이 교육과정 재구성에 스며들어 있다. 또 다른 의미에서 보면, 재구성은 교육과정을 학습자에게 적합하게 하기 위한 수준별 접근이다. 이와 같이 학교 교육과정을 학습자에게 적합하고 의미 있게 하기 위한 노력은 국가 수준에서 교육과정 지침을 개발하는 단계에서뿐만 아니라 교사가 매일 의식적으로 수업을 계획하는 수준에서도 다양한 방식으로 이루어진다.

교육과정 문서에서도 학교 교육과정 편성 · 운영에서 다음의 사항을 강조하고 있다. 다음으로 최근 2015와 2022 개정에서도 마찬가지이다.

> 교과와 특별활동의 내용 배열은 반드시 학습 순서를 의미하는 것이 아닌 예시적인 성격을 지니고 있으므로 필요한 경우에 지역의 특수성, 계절 및 학교의 실정과 학생의 요구, 교사의 필요에 따라 각 교과목의 학년별 목표에 대한 지도 내용의 순서와 비중, 방법 등을 조정하여 운영할 수 있다(교육과학기술부, 2007).

이상의 사항을 통해서도 알 수 있듯이 교사는 교육과정에 제시된 것을 기계적으로 수용하기보다는 다양한 요인들에 주목하면서 교육과정 재구성에 항상 유의할 필요가 있다. 교사의 창의적인 노력과 학습자에 대한 고려가 교육과정 목표 달성에 중요하기 때문이다.

요컨대, 교육과정 재구성은 교육과정 적합성 논의와 맥을 같이한다. Spencer 이후 교육과정의 흐름은 다양한 방식으로 범주화되고 구분될 수 있겠지만, 교육과정을 구성 · 개발할 때 어떻게 하면 모든 학습자가 교과를 잘 혹은 적절히 학습하게 할 수 있을 것인가라는 학습자에 대한 교육과정의 적절성을 추구하는 데 집중되었다고 볼 수 있다.

> 교육과정의 핵심적 위치와 교실 수업에서 교육과정을 실현하는 데 교사들이 수행해야 할 중요한 역할을 감안할 때, 교사들은 교육과정에 대한 관심사를 교사들의 전문성의 중심에 두어야 한다. 그러나 현실을 들여다보면 사실 교사들의 핵심 관심사에 교육과정이 좀처럼 자리하지 않는다. 대부분의 교사들은 자신들의 관심을 학생들과 작업하는 데 바칠 수 있도록 그들이 사용할, 단순하게 쓰인 교육과정의 좋은 지침 체제를 원할 뿐이다. 여전히 대부분의 교사들은 그들 자신의 철학이나 가치와 일치되는 교육과정을 원하며, 교육과정에 대한 그들 자신의 의사결정을 할 수 있는 자율성을 원하기도 한다. 그러므로 많은 교사들은 교육과정에 대해 상당히 깊은 양가감정을 가지고 있다고 볼

수 있다. 그들은 교육과정을 사랑하기도 하고 싫어하기도 하며, 교육과정의 도움을 원하기도 하고 교육과정의 통제로부터 자유롭기를 원한다(Walker, 1990: 229-230).

이러한 의의를 지니는 교육과정 재구성은 다음과 같이 몇 가지의 근거를 지니고 있다. 첫째, 교육과정의 학습자에 대한 적합성 추구이며, 둘째, 교육과정 구성과 개발에 대한 교사의 자율성 추구, 셋째, 교실 수업의 효과와 효율성을 제고하기 위한 것이라고 볼 수 있다.

교육과정 재구성과 관련하여 시사점을 주는 몇 가지 아이디어를 살펴보면 Walker (1990: 249)의 상호 적응(mutual adaptation)의 입장, Connelly(1972)가 제안하는, 하향식(top-down) 교육과정 개발 접근법을 비판하면서 개발 과정을 두 가지 국면(phase)으로 이해하는 것, 즉 외부 개발자(external developer)에 의한 교육과정 자료의 준비와 사용자로서 개발자에 의한 교실 수업의 계획이다. 특히 교육과정 적응(curriculum adaptation)은 두 가지 수준이 존재한다. 하나는 거시적인 정책 결정의 수준이고 다른 하나는 실행 행동의 미시적 수준이며, 여기에서 교실에서의 교육과정 적응이 재구성과 직접적으로 관련된다(Husen & Postlethwaite, 1994: 1253).

그런데 교육과정 재구성 시에는 교사에게 주어진 구체적인 상황이 충분히 반영되어야 한다. 주어진 상황이 반영되지 않는 재구성은 허구라고 볼 수 있다. 교육과정 해설서나 전문 서적에 있는 내용의 요약은 재구성이라 할 수 없다. 보다 형식적으로 재구성을 말해 보면 다음과 같다(황윤한, 1998).

첫째, 국가에서 제시한 교육과정을 참고로 하여(교과의 성격과 특성),

둘째, 주어진 상황을 잘 분석하고(진단),

셋째, 그 상황에 맞는 목표를 설정하고(목표),

넷째, 목표를 성취할 수 있는 내용이면서 교사가 확보할 수 있는 내용을 선정하고 (내용),

다섯째, 내용을 잘 전달할 수 있는 교사 자신의 방법을 모색하며(방법),

여섯째, 목표 도달을 어떻게 실질적으로 평가할 것인가(평가)를 교사 자신이 구성하는 것이다.

그런데 현장에서는 재구성이 잘 이루어지지 못하고 있다. 이와 관련하여 서경혜

(2009)는 재구성의 쟁점을 내용과 방법의 문제, 시험과 교과서의 문제, 협력과 자율의 문제를 들고 있다. 즉, 내용은 두고 방법만 바꾸는 재구성이 이루어지고 있으며, 그 이유로 시험을 들고 있다. 재구성 시 국가 교육과정 개발자의 의도와 달리, 목표는 암묵적으로 고려되고 내용은 교과서에 정해져 있고 평가는 교과서와 밀접한 관련을 맺고 있는 상황에서, 교사가 재구성권을 발휘할 수 있는 영역은 방법으로 제한될 수밖에 없다. 그리고 재구성 시에 자신의 자율성을 지키면서 타 교사와 타협적 협력을 하고 있다.

　　그러나 재구성은 목표, 내용, 방법, 평가 사이의 관계가 일관성을 유지하여야 한다. 요컨대, 재구성의 순서는 위와 같이 교과의 성격, 진단, 목표, 내용, 방법, 평가의 순서로 하는 것이 편리할 뿐만 아니라 상호 연관성을 유지할 수 있다. 그리고 어떤 개념을 남에게 설명하려고 하지 말고, 자신이 그 개념을 응용하여 자기 자신의 새로운 아이디어로 창출하여야 한다. 즉, 재구성의 주체인 교사가 자기 것으로 내면화해야 한다. 일찍이 Tanner 부부(1980)가 재구성이나 활용의 수준이 단순모방 수준 → 매개적 수준 → 창안적 수준으로 발전해야 한다고 보면서 단순한 재구성이 아니라 창의적이고 독창적인 수준으로 재구성이 이루어질 필요가 있다. 이러한 방안에는 황미정(2005)의 개념 기반의 주제중심 단원 설계 방식을 활용할 수 있으며, 특히 학교 현장에서 주제중심의 단원 설계를 강조할 필요가 있다.

2) 교육과정 재구성의 전략: 교육과정 해석

　　김평국(2005)은 중등학교 교사들의 교과내용 재구성 실태와 그 활성화 방안에 대한 연구에서 교사들의 재구성 유형을 6가지(전개 순서의 변경, 내용 생략, 내용 추가, 내용 축약, 내용 대체, 타 교과와의 통합)로 구분하였는데, 그 유형을 살펴보면 다음과 같다.

　　이상의 재구성 유형은 미시적이고 매우 기술적인 차원으로서 교육과정 내용의 양과 질의 변경에 초점이 있다. 그러나 교육과정 재구성은 보다 거시적이고 포괄적으로 접근되어야 한다. 왜냐하면 재구성과 관련하여 교사의 교육과정 전문성이 발현되는 영역은 매우 넓기 때문이다. 따라서 교사는 장차 위의 재구성 유형 외에도 교육과정의 폭넓은 측면, 예를 들어 교육과정 자료의 가치, 교사의 지식 활용 문제, 전문성 신장을 위한 연구의 측면을 포함하여 재구성을 이해하고자 한다.

　　이러한 의도를 구현하는 데 유익한 것으로 교육과정 해석을 들 수 있다. 교육과정 해석(interpretation)은 교육과정 자료들이 가진 잠재력을 드러내는 하나의 방법으로 제안

표 12-2 교육과정 재구성의 유형과 방법

교육과정 재구성 유형	교육과정 재구성 방법
전개 순서의 변경	교사들이 여러 교과의 수업에서 계절이나 절기 등을 고려하여 단원의 순서를 바꾸거나 한 단원 내에서 전개 순서를 바꾸어 재구성한다.
내용 생략	교사들이 학생의 수준에 맞추기 위하여 혹은 시간이 부족하여 혹은 교과 전문 지식이나 기능이 부족하여 단원이나 단원 내의 일부 내용을 생략한다.
내용 추가	교사들은 단원 내용의 특성에 따라 내용을 추가한다.
내용 축약	교사들은 아동의 수준에 맞추기 위하여 교과서 내용을 축약한다.
내용 대체	교사들은 학생의 수준이나 흥미, 실생활과의 연계성 등을 고려하여 단원 내용의 일부를 이외의 내용으로 대체한다.
타 교과와의 통합	일부 교사들은 단원 내용의 특성을 고려하여 다른 교과의 학습내용과 통합하여 지도한다.

되었다. 여기에서 말하는 교육과정 잠재력(potential)이란 교사들이 다양한 교육과정 자료들을 사용하는 데 적극적이고 의도적으로 열중할 때에 교사와 자료의 상호작용에 의해 나타나는 것으로 교육과정의 매우 긍정적인 측면으로 인식된다. 즉, 그것은 자료가 시작점을 제시하고, 교사는 자신들의 통찰력, 교육학적 지식, 기존 자료에 기초하여 교사 자신의 교육과정적 발상들을 개발할 수 있는 전문적 창작력을 이용한다. 교재 안에 구체화된 교육과정의 스코프, 다양성, 풍부함은 그것들이 지니는 내용 가치, 구조의 유연성, 또는 견고함에 의하여 결정된다. 이러한 자료를 바라보는 다양한 관점에서의 해석을 통해 교사들이 교육과정 잠재력을 키우는 방법을 모색하고자 하는 것이다.

Ben-Peretz(1990)는 교육과정 해석에 관한 몇 가지 특성들을 제시하고 있다. 교육과정 해석의 양식과 그것에 따른 분석의 틀들은 교육과정 해석을 위한 도구의 기초가 된다. Ben-Peretz가 제안한 교육과정 해석의 틀을 재구성하여 제시해 보면 〈표 12-3〉과 같다.

〈표 12-3〉에 의하면 교사는 다양한 양식으로 교육과정 해석을 할 수 있다. 특히 주관적 해석에서 교사는 개인적 구인이나 개인적·실천적 지식에 근거하여 교육과정의 가치를 해석한다는 것이다. 이러한 점은 교육과정 잠재력에 대한 교사의 독해능력이 교과 전문 지식, 과거 교수 경험, 교실 현실의 느낌, 해석능력 등에 따라 다양하고 상이하게 구성된다는 점을 뒷받침해 준다. 따라서 교사들은 보다 구체적으로 교육과정 해석을 위한 도구와 절차들을 사용할 필요가 있는데, 이것을 표로 재구성하여 제시해 보

면 〈표 12-4〉와 같다(남유리, 2004: 52; Ben-Peretz, 1990: 87-107). 교육과정 해석의 전략에 대한 자세한 내용은 남유리(2004)의 연구를 참조 바란다.

표 12-3 교육과정 해석의 틀

양식	근거	개념적 틀	내용
주관적 양식	해석자의 개인적 지식과 경험	• Kelly의 개인적 구인 이론 (personal construct theory: PCT)	• 교육과정 자료의 해석을 위한 교사 자신의 척도를 탐구할 수 있는 개념적 구조
		• Connelly와 Clandinin의 개인적 · 실천적 지식(PPK)	• 교육과정에 대한 교사의 실천적 지식
객관적 양식	사전에 결정된 분석 범주	• 내적 분석의 틀	• 개발자의 합리적 근거(의도와 목적)에 바탕을 둔 해석
		• 외적 분석의 틀	• 이론적 관점 활용 • 교육과정 공통 요인(common places, Schwab)에 근거를 둔 외적 분석 계획

표 12-4 교육과정 해석의 전략

전략	이론적 근거	특징	해석 양식
CIR (교육과정 항목 분석표)	Ben-Peretz et al. (1982)	교사들이 교육과정 자료를 해석하는 데 사용하는 개인적 구인을 증명하는 데 사용함	주관적 양식
SSA (교수요목과 교사 지침서 분석 도식)	Silberstein & Ben-Peretz (1983)	교수요목과 교사용 지침서를 해석하기 위한 것으로 교사의 내적 조망을 기초로 함	객관적-내적인 참조 틀
SACM (교육과정 자료의 분석 도구)	Ben-Peretz (1983)	객관적 양식의 외적 틀로서 외적 조망을 반영하며, 교육과정 자료의 분석을 위해 공통 요인-교과, 학생, 교사, 환경-을 기초로 함	객관적-외적인 참조 틀
Matching Wheel	Ben-Peretz & Lifmann (1978)	내적 · 외적인 객관적 양식 모두에서 교육과정 해석을 할 수 있도록 만들어짐	객관적-내적 · 외적인 참조 틀

3. 내러티브를 활용한 교육과정 재구성 방안

최근에는 교육과정 재구성 방안으로 내러티브 활용법이 활발하게 논의되고 있다. 이하에서는 강현석(2005; 2006) 연구를 중심으로 내용을 제시해 본다.

1) 내러티브와 교과 수업의 관계

인간의 경험에서 사건의 흐름을 좌우하는 내러티브는 교과를 가르치는 수업활동에서 여러 가지 형태로 관계되어 있으면서 다양한 모습으로 나타난다. 이하에서는 수업의 소재, 수업내용, 내용의 전달 수단, 인식 도구의 측면에서 그 관련성을 논의한다.

첫째, 수업 소재로서의 내러티브가 지니는 관련성이다. 이것은 내러티브가 특히 역사, 사회, 정치와 같은 교과 수업에서 풍부한 소재로서 많이 활용될 수 있다는 점을 말한다. 예를 들어, 역사 수업에서 다루는 내러티브의 소재는 수업에 나오는 사실이나 인물과 관련된 이야기인 경우가 많다. 신화나 전설, 설화들이 역사 수업에서 가장 많이 활용되는 내러티브 소재라고 볼 수 있다. 이야기를 통해 학습자들의 흥미나 호기심을 자극하여 수업에 끌어들일 수 있을 것이다. 역사 자체가 시간의 흐름을 통한 이야기이므로 학습자들의 흥미나 호기심을 자극하면서 지적인 지식 또한 함께 획득할 수 있게 된다. 물론 여기에서 제시된 교과목 이외에도 여러 교과에서 수업의 소재로서 다양하게 활용될 수 있다.

둘째, 수업내용으로서의 내러티브다. 이것은 수업 소재로서 교사가 가지고 있는 수업 소재에 관한 내용 지식이 변형의 과정을 거쳐서 만들어지는 것이다. 따라서 수업내용으로서 내러티브는 내용교수지식의 성격을 가지고 있다. Grossman, Wilson과 Shulman(1989)은 내용 지식을 내용교수지식으로 만드는 구성요소로 네 가지 영역을 제시하고, 이를 다시 크게 교과내용 지식의 영역과 교과내용에 대한 믿음이라는 두 가지 영역으로 구분하고 있다. 이러한 네 가지 구성요소 중 수업내용으로서의 내러티브에 가장 커다란 영향을 주는 것은 가르치기 위한 교과내용 지식 중의 내용 지식과, 교과내용에 대한 믿음이다. 자세한 내용 지식을 가지고 있는 것이 곧 수업내용으로 바뀌는 것이라고 할 수 있다. 여기에는 수업 소재로서의 내러티브에 대한 교사 자신의 해석이 포함된다(강현석, 2005: 103).

3. 내러티브를 활용한 교육과정 재구성 방안

셋째, 내용의 전달 수단이나 방식으로서의 내러티브는 모든 교과에서 가장 일반적으로 흔하게 쓰이고 있다. 교사가 알고 있는 이야기의 내용은 내러티브를 통해 수업내용으로 바뀌는 경우가 많다. 교사는 흔히 수업내용을 전달하는 방식으로 내러티브라는 형식을 사용한다. 여기에서 내러티브는 교사가 알고 있는 이야기나 사건을 수업내용으로 바꾸는 변형 도구(transformative instrument)의 기능을 한다. Gudmundsdottir(1995: 27-29)에 의하면 교사가 알고 있는 이야기들은 내러티브를 통해 내용교수지식(pedagogical content knowledge)으로 변형된다. 즉, 교사의 담론으로서 내러티브는 이야기의 내용을 토대로 하여 교사의 해석, 수업관 내지는 학생관, 또 이야기를 전달하는 교사의 기법 등이 혼합되어서 나타나는 산물이다. 그러므로 내러티브를 통해 나타난 이야기들은 교사에 의해 선택되거나 혹은 배제되고 변형되면서 새로운 의미가 부여된 이야기들로서, 학생들은 변형의 과정에 포함된 내러티브의 형식에 따라 이야기를 기억하거나 재미를 느끼기도 하고 그것의 의미를 해석하게 된다(김한종, 1999; Gudmundsdottir, 1995).

교과 수업에서 이러한 형태의 내러티브는 보통 담론의 형태를 띠게 된다. 내러티브는 이야기의 시작에서부터 끝까지 하나의 통합적인 줄거리를 가지고 있다. 하지만 이야기의 방향이나 줄거리가 흘러가는 리듬은 교사가 이야기를 어떻게 변형시키느냐에 따라서 달라진다고 볼 수 있다. 각각의 이야기는 하나의 별개의 내러티브를 구성하고 있다. 시작에서 갈등이나 절정을 거친 뒤 끝이 나는 내러티브적 구조의 관점에서 보면 교사가 알고 있는 원래의 이야기는 형식상으로 불완전한 경우가 많다. 이것이 내러티브에 의한 전달의 과정을 거치면 완전하거나 강력한 이야기로 변형되는 것이다. 교사는 내러티브의 과정을 통해 이야기의 방향을 정하고, 목적과 초점을 명확히 한다.

넷째로, 인식 도구로서의 내러티브다. 내러티브는 그 속에 담겨 있는 어떤 일련의 사건이나 현상들의 연속적인 상호 관계를 이해할 수 있게 해 주는 형식으로, 내러티브가 어떤 현상의 기본적인 인지 도구가 될 수 있는 것은 경험의 흐름을 이해할 수 있게 해 주기 때문이다. 내러티브 자체가 사건이나 현상들을 관계 짓는 다양한 방식을 내포하고 있다. 이러한 다양한 방식의 내적 관계의 총체를 하나의 단일한 전체로 나타내는 것이 곧 내러티브인 것이다.

이와 같이 위에서 제시한 내러티브는 다양한 형태로 교과 수업과 밀접하게 관계되어 있다. 학습자를 흥미와 호기심으로 교과지식에 접근시킬 수 있으며, 어떤 현상의 흐름을 이야기 형식으로 접근함으로써 해당 교과에 대한 이해력과 기억력을 높일 수도 있다. 이것은 실제 수업 현장과의 관련성과도 관계되어 있다. 학습자들이 교과를 이해하는 데 어려움을 느끼고 있는 것은 교과에서 표준적으로 나타내는 연구나 교과 지식이 친숙하지 않거나 너무 구조화되어 있기에, 결과를 해석하는 데 문제가 있는 것이다(김한종, 1999). 따라서 학습자들에게 익숙한 내러티브를 활용한다면 보다 쉽게 이해시킬 수 있는 것이다.

따라서 학습자들이 교과를 학습하는 데 있어 능동적으로 참여하기 위해서는 일단 학습내용의 전달에서 교과지식을 좀 더 쉽게 분명하게 이해할 수 있도록 그 의미 전달에 응집성을 가져야 한다. 한 교과내용의 수업을 마치고 난 다음에 학습자에게 어떤 주어진 소단원의 내용을 직접 서술해 보게 함으로써 교과내용이 전부인 양 받아들이는 자세에서 벗어나, 자기의 주관적 입장에서 교과의 서술 내용을 재구성해 볼 수 있다는 자세를 가지게 될 것이다(안정애, 2003). 또한 학습자가 교과지식을 얻는 데 있어 무조건 받아들이는 수용자가 아니라 능동적인 참여자가 될 수 있는 많은 기회를 제공해 줌으로써, 교과의 한 단원에서의 학습목표가 어느 정도 달성되었는지를 측정하여 학습자 스스로가 연구자의 태도를 배울 수 있게 한다.

교과교육에서 교육과정 편성과 운영상의 관점의 변화는 내러티브가 학생의 교과 이해를 촉진할 수 있는가 하는 문제로 이어지게 된다. 이러한 경향의 연구들은 내러티브가 가지고 있는 인지 수단으로서의 기능 혹은 사고양식상의 특성을 발판으로 하여 교과에서 내러티브의 활용방안을 모색하고 그 효과를 검토하고 있다(양호환, 1998). 앞에서도 살펴본 것처럼 내러티브 사고양식은 인간의 의도와 행동 그리고 그 과정을 묘사하며 주로 이야기, 드라마, 역사 서술에 적용되는 것으로 행위의 맥락 속에서 인간의 의도를 서술한다. 따라서 맥락에 민감하게 작용하는 내러티브 사고양식은 하나의 기초적인 정신작용으로서 인간 의도의 경험과 내용을 조직한다. 이러한 내러티브를 독특한 사고양식으로 구체화시키고 교과교육에 적용시키는 것은 장차 중요한 과제가 된다. 이러한 방식은 특정 교과학습에서 인지방식에 대한 새로운 접근의 가능성을 개척한다는 의의를 가지게 된다.

특히 역사교육에서 내러티브의 논의를 구체화하고 있는 Levstik(1992)은 다양한 종류의 내러티브가 역사를 형성하거나 다른 역사가들의 이해방식을 제시하는 데 중요한 역할을 하기 때문에, 역사 이해의 발달을 고려하는 데에 내러티브가 중요한 수단을 제공한다고 주장하고 있다. 그녀의 다양한 연구 결과들로부터 내러티브 중심 교과교육이 시사하는 것을 살펴보면 다음과 같이 네 가지 정도로 요약해 볼 수 있다(양호환, 1998: 30).

첫째, 내러티브는 학습자에게 친숙한 장르로 다가갈 수 있으며, 이를 통해 교과내용에 쉽게 접근할 수 있게 될 것이다. 둘째, 내러티브는 다른 시대, 장소, 사건들에 대한 이해를 가능하게 할 것이다. 셋째, 내러티브는 경험을 이해하게 하는 해석의 한 형식으로서 구체적인 인간의 행위와 의도, 그리고 그 결과를 다룬다. 내러티브는 일반적인 것이 아닌 특수한 것을 취급하며 사실의 수집이나 사건의 연속만이 아닌 서술과 해석을 포함한다. 이것은 특정 교과내용의 지식이 나오게 된 배경에서부터 접근할 수 있어 높은 이해력을 얻을 수 있는 근거가 된다. 마지막으로 학습자들은 내러티브의 시간상 전후 관계를 통해 일련의 사건이나 과정의 인과관계를 인식할 수 있게 된다는 점이 있다.

이상에서 논의한 것처럼 내러티브와 교과 수업의 관계는 다양한 차원에서 그 관련성을 논의할 수 있으며, 중요한 문제는 무엇을 근거로 하여 그 관계를 보다 구체화하느냐 하는 점이다. 이하에서는 이런 점에 착안하여, 앞에서 논의한 내러티브 교육과정의 관점에서 교과교육론의 구성 방향을 개괄적으로 제시해 보고자 한다.

2) 내러티브 활용을 통한 교과 재구성의 방향

여기에서는 앞에서 논의된 내용을 기초로 하여 내러티브 교육과정의 관점에서 교과 재구성의 구성 방향을 크게 목적, 교재 구성, 교수-학습 방법, 평가의 문제에 국한하여 살펴보기로 한다(강현석, 2005; 2006).

(1) 교육과정 목적

내러티브 교육과정에서 달성해야 할 교육목표의 설정과 진술방식은 다양하게 이루어질 수 있다는 점을 고려할 필요가 있다. 기존의 방식을 활용하거나 보다 급진적으로 변경시키는 방안이 가능하다. 이 경우 달성해야 할 목표의 내용 그 자체보다는 목표를 달성하는 방식과 그 달성 여부의 판단양식이 문제다. 우선 달성해야 할 목표로서 구조의 발견은 생성적 차원을 동시에 고려해야 하며, 학생 스스로 형성해 가는 발견의 감각을 길러 줄 필요가 있다. 그리고 교과지식에 대한 내러티브적 해석 능력을 고려하여 목표를 설정할 필요가 있다. 이것은 교육목표 설정 시에 지식의 구조가 지니는 새로운 인식론적 성격과 그것이 내러티브적으로 해석될 수 있는 가능성을 충분히 고려해야 한다는 점을 의미한다.

내러티브 차원에서 보면 달성해야 할 내용으로 고려될 수 있는 것들로는 내러티브를 통한 자아 정체성의 형성과 자아 발견, 사건을 이야기로 만드는 능력, 의미형성 능력의 배양, 학습자의 내러티브 지식을 생성하는 것, 내러티브적 앎의 방식과 내러티브 사고능력 배양, 내러티브적 상상력의 개발 등이 설정될 수 있다. 이혼정(2004: 157-160) 은 내러티브를 활용한 교육과정 목적에 다음과 같은 내용을 보다 구체적으로 제시하고 있다.

① 내러티브 사고를 활용한 교육과정을 통하여 자아를 발견할 수 있다.
② 내러티브 사고를 활용한 교육을 통해서 이해력을 높일 수 있는 수단의 하나로서 의미 형성에 도움을 줄 수 있다.
③ 내러티브 사고를 통한 교육은 기억력을 증진할 수 있다.
④ 내러티브 사고를 통한 교육은 한 사건에 대한 다양한 의미 부여로서 상상력을 높여 줄 수 있다.
⑤ 개인 내와 개인 간의 사건 이야기로 전개되는 내러티브 교과교육을 통해 학습 공동체가 형성될 수 있다.

이러한 목적들은 내러티브 중심의 교과교육론에서 지향하고 강조되어야 할 내용들이지만, 이것들이 과연 내러티브 사고를 강조하는 경향에서만 도출되는 것인가 하는 문제는 별도의 논의가 이루어질 필요가 있다. 다만, 이러한 목적들이 내러티브 중심 교과교육론을 통하여 달성될 가능성이 높으며, 대응적인 사고양식과의 상호 보완성도 고려할 필요가 있다.

(2) 교재 구성과 단원 재구성

내러티브 원리에서 보면 내러티브 사고와 관련되는 내용들이 선정되어 논리적인 지식과 보완될 필요가 있다. 교육내용은 실재를 내러티브적으로 구성하는 원리에 맞게 조직될 필요가 있다(Bruner, 1996). 우선 내용이 기계적이고 규칙적으로 전개되고 조직되는 방식이 아닌 인간적으로 적절한 시간(Ricoeur, 1984)에 맞게 조직되고, 의미가 서로 교섭되는 방식으로, 그리고 전체 이야기 구조 속에서 풍부하게 해석적으로 재구성되는 방식으로 조직될 필요가 있다. 이것은 하나의 중심 주제를 둘러싸고 일정한 구성 형식, 즉 시작-전개-반전-결말을 갖는 일련의 이야기를 의미한다(강현석, 2005: 100).

교재 구성의 문제를 해결하기 위해서는 Bruner가 제안한 문화주의의 미시적 측면, 즉 의미 만들기, 구성주의, 상호작용, 자아 정체감 등을 활용할 수 있다(1996: 11-12). 이

4가지 기제는 교재 구성에서 교재 내용의 해석 문제, 지식관의 문제, 교수의 문제, 교재 활용의 문제에 구체적 실마리를 제공할 수 있다. 첫째, 특유의 개인 역사가 반영되는 의미 해석과 문화의 표준적 방식이 나타나는 실재 구성방식은 교재 구성과 관련하여 해석의 문제를 나타낸다. 국가 수준에서 제시하고 있는 교재 내용의 기준을 어떻게 처리하고 내용 학습에서 학습자의 이해 양상을 어느 수준, 어떤 방향으로 유도하는가 하는 점은 인간 사고의 해석적 의미 만들기 측면에서 단서를 얻을 수 있다. 둘째, 교재 내용에 대한 지식관 문제는 교과 성격, 교과목표, 교과지식의 성격과 한계에 비추어 지식 구성의 폭을 조절할 필요가 있다. 셋째, 교재는 교사와 학생의 교육과정을 매개하는 요소 중의 하나로서, 교수-학습의 관계와 그 과정은 교재 구성의 중요한 변인이 될 수 있다. 이런 점에서 간주관성을 토대로 의미 교섭을 통해 상호 공동체를 형성해야 하는 교수 상황은 교재 구성의 또 다른 측면이다. 넷째, 교재 학습을 통한 문화적 동질성과 자아 정체감 형성은 교재의 활용 측면에 그 구성 원리로서 관련된다. 객체화된 지식의 나열과 탈문화적 내용 기준(content knowledge)의 제시는 오히려 자아 구성에 긍정적인 영향을 미치는 데에 한계가 있을 수 있다.

위의 문제와 관련하여 Bruner(1996: 126-128)는 R. Karplus의 과학 교육과정 개혁의 관점에 비추어 교재 구성에 중요한 단서를 제시하고 있다.

특히 교재 구성의 지식관과 교수에 관한 측면에서 교재에 제시되는 완결의 지식과 '정답'보다는 해당 교과의 문제를 해결하는 과정에 강조를 두는 교실 수업을 강조하고 있다. 그리고 여기에는 도전적 질문을 제기하는 기예(art)와 그런 질문을 풍부하게 하는 기술, 훌륭한 질문을 생기 있게 유지하는 기술 등이 포함된다. 현 교과서의 자료들은 대부분 본문 서술과 같은 설명 텍스트이거나 본문 서술과의 유기적인 연관을 가지지 못하고 있는 것이다. 특히 단원 재구성과 수업지도안의 수준에서는 Lauritzen과 Jaeger (1997)의 내러티브 모형, 즉 상황적 맥락 파악-질문 구성-목표 점검-탐색-정리 단계와, 이것을 응용한 이흔정(2003)의 모형, 즉 얼개 짜기-풀어 내기-되풀기-나누기-새로 맺기 단계를 활용하여 단원과 수업지도안을 새롭게 작성할 수 있을 것이다.

(3) 구체적인 교수-학습 방법과 교사의 역할

교수-학습 방안으로서 이야기하기는 인간이 의사소통 수단으로 언어에 의존하는 한 가장 자연스럽고도 보편적인 방법이라고 할 수 있다. 교육활동은 교재를 매개로 하여 교사와 학생들 사이의 이야기 활동이 상호 복합적으로 일어나는 현상이기 때문이다. 교수-학습 방안으로서 이야기하기는 실제적으로 다양한 방식으로 실시되고 있다.

내러티브식 수업의 구성 방안은 일반적으로 내러티브의 구조적 특징과 그것을 받아들이는 학습자에 대한 고려에 따라 달라진다. 따라서 내러티브의 구조를 결정하는 데 우선 문제가 되는 것은 어떤 이야기나 사건을 수업내용의 소재로 삼을 것인가 하는 점이다. 교사들은 자기 나름의 기준에 의해 내러티브 구성에서 어떤 사건을 포함시킬 것인가를 결정한다. 고려해야 할 것은 내러티브의 구조나 거기에 내재되어 있는 의미에 대해 학생들이 이해할 수 있는 능력이다. 다음으로 수업의 전개 과정 중에 학생들이 수업내용을 얼마나, 그리고 어떻게 인식하는가에 따라 교사는 전달방식을 달리한다. 내러티브의 종류나 학생들의 발달단계에 따라 내러티브식 수업을 진행하는 방식에 관해서 Egan(1990)은 8세까지의 아동에게는 이야기 형식 모델(story form framework)을, 8~15세에는 낭만적 모델(romantic model)을 제안하고 있다. 그 외 여러 연구에서 다양한 방안들을 제안하고 있는 바, 도홍찬(1999; 2002)은 도덕과 지도방법으로서 내러티브 기법과 활용—도덕 경험 발표하기, 일지 쓰기, 구두 편지, 극적인 모험하기—등을 제안하고 있으며, 최인자(2001: 314-330)는 학습자의 서사 지식 생성을 위한 문제중심의 교수-학습 방법론을 제시하고 있다. 이에 의해 실제적(authentic) 문제를 제시하고, 모순적 자료를 논쟁적으로 제시하며, 학습자의 서사 지식 생성을 제안하고 있다. 그리고 보다 미시적인 수준에서는 플롯 중심의 교수요목 구성, 스토리를 통한 수업지도안의 구성(Doyle & Holm, 1998) 등이 요청된다.

이와 같은 내러티브 교수-학습 방법을 구체적인 수업기법으로 활용할 수 있는 사례를 도홍찬(2002)이 제시한 도덕과의 경우를 재구성하여 제시해 보면 다음과 같다.

첫째, 경험 이야기하기다. 이야기하기는 서로 맞물려 있는 일련의 의미들을 명확하게 말로 나타내는 행위다. 학생들이 교과와 관련하여 일상생활 속에서 부딪치는 문제들이나 경험들을 다른 학생들 앞에서 이야기하게 하는 것이다. 이 방법은 주로 수업의 도입 부분에 시작하는 것이 좋다. 학생들에게 미리 과제를 내주어 평소에 준비를 해서 자기 순서 때 이야기할 수 있도록 한다. 이야기 내용이나 시간을 가급적 지키도록 미리 환기시키는 것이 좋다.

둘째, 일지 혹은 글쓰기다. 일지 쓰기를 통해 우리 자신의 이야기를 듣는 것은 우리가 자신의 삶과 경험을 밝혀 주는 것과 동시에 우리 자신을 키워 나가는 한 방법이다. 글을 통해서 작자는 타인을 느끼기 위해서 자신을 돌볼 수 있다.

셋째, 구두 편지다. 이것은 다른 사람들에게 하고 싶은 말을 녹음테이프나 비디오테이프에 녹음해 전달함으로써 자신의 개인적 느낌이나 경험을 감동적이고 효과적으로 전할 수 있을 뿐만 아니라, 그들이 자기와 어느 정도 공감할 수 있는지를 알 수 있게 해 준다. 녹음테이프나 비디오테이프에 녹음해 전달하는 메시지는 인쇄매체에 의한 편지가 전할 수 없는 더 강한 감동을 상대방에게 전할 수도 있다(서울시 교육연구원, 1998). 이 방법에서는 특히 교사의 정성과 시간 투자가 필요하다.

넷째, 이야기식 설교다. 이것은 교사가 미리 교과 주제와 관련된 이야기를 가져와서 수업의 시작 부분에서 학생들의 흥미와 호기심 유도를 위한 방법으로 사용할 수 있다. 설교방법에는 스토리의 진행(runnung), 스토리 보류(delaying), 스토리 유예(suspending), 스토리 전환(altering) 등 네 가지 유형이 있다.

이러한 교수–학습 방법을 활용하여 내러티브 중심의 수업을 할 경우에 수행하여야 할 교사의 역할을 간략하게 제시해 보면 다음과 같다(이흔정, 2004: 157-160).

첫째, 내러티브 사고를 활용한 교육과정을 통하여 자아를 발견할 수 있도록 한다. 인간은 이야기를 만들어 가는 존재다. 사건을 전개하고 형상화를 반복하는 과정에서 인간 삶의 의미는 내러티브적으로 드러난다. 자아가 정체성을 형성해 가는 구체적인 과정은 자아와 타인의 관계 속에서 이루어진다. 학습자들에게 텍스트를 주어진 대로 읽게 하는 것이 아니라, 재구성하면서 해석할 수 있게 하여 자아를 발견할 수 있도록 해야 할 것이다. 이러한 이해와 재해석의 과정을 통하여 새로운 의미를 만들어 내는 것이다. 이러한 자아 정체성을 갖기 위한 방법에는 신화와 역사, 민담 등의 읽기 방법과 소설 읽기 등이 있다(Bruner, 1996).

둘째, 의미 형성을 위한 도움을 제공함으로써 이해력을 높일 수 있도록 해야 한다. 이야기는 무질서한 사건들의 질서를 잡아 주는 기능을 한다. 이야기는 다양한 요소들을 어떻게 의미 있는 경험으로 묶어야 할지에 대한 구분을 가능하게 함으로써 혼란스러운 사건들을 선택하고 조직화시켜 준다(이흔정, 2004). 잘 만들어진 이야기 속에 들어 있는 개념 조직자들은 교과목 속에 들어 있는 핵심 개념들을 구성하는 데 도움을 준다. 이야기는 내용을 의미 있게 만들어 주는 가장 효과적인 도구다. 특히 해석적 재구성과 이야기 구조의 파악을 통해 학습경험을 효과적으로 조직해 줄 필요가 있다.

셋째, 기억력을 증진시킬 수 있도록 해야 한다. 인간이 이야기를 듣는 것은 이야기를 들으면서 이미 갖고 있는 기존 정보나 정신구조와 새로 들어온 정보, 논리체계가 활발하게 상호작용하는 과정이다. 따라서 이야기 속에 포함된 개념이나 지식들이 이야기 구조에 잘 녹아들어 있을 때에 이해나 기억이 용이하게 된다. 이처럼 인간이 이야기를 듣고 그것의 내용이나 순서, 인과관계 등을 이해하고 다시 표현해 내는 과정은 단순한 기억의 회상이 아니다. 그것은 그가 이미 전에 갖고 있던 인지구조 속에 새로운 이야기를 결합시켜 표현해 내는 것이다(이흔정, 2004). 이렇게 내러티브 사고를 통해 기억력을 증진시키기 위해서는, 내러티브를 이용한 내용 조직이 해석적 구성이거나 순환적 회귀의 이야기 구조로 짜여질 필요가 있다.

넷째, 한 사건에 대해 다양한 의미를 부여함으로써 상상력을 높여 주는 역할을 해야 한다. 상상력은 인간의 경험, 지각, 촉각, 창조, 이해 등 모든 측면에서 중심 역할을 하는 역동적인 능력으로서 일종의 구조화 작용이라고 볼 수 있다. 교과교육에서 학생들이 자신의 경험에서 의미를 추출하는 능력이 중시된다면, 교육과정을 결정할 때 어떤 표상 형식을 강조할 것인가 하는 문제는 매우 중요한 문제가 된다. 따라서 논리 · 과학적인 패러다임적 사고를 통한 인지능력의 확장과 동시에 내러티브 사고를 통한 의미의 재창조와 상상력의 향상도 교사는 중요하게 인식하고 있어야 한다.

다섯째, 학습공동체를 형성할 수 있도록 다양한 노력을 해야 한다. 내러티브는 이야기를 말하는 사람으로부터 만들어지는 것이 아니라, 이야기를 하는 사람과 듣는 사람 사이에서 만들어지는 것이다. 따라서 상호 소통이 중요하며, 공동의 학습이 긴요하다. 이야기를 구성하는 능력 중 가장 중요한 것은 이야기를 듣는 사람이 무엇을 요구하는가를 파악하고, 이를 근거로 이야기를 구성하는 능력이다. 학습을 상호작용적이고 간주관적인 관점으로 이해함으로써 의미 교섭이 가능한 학습공동체를 만들 수 있다. 이러한 학습공동체 속에서 교사의 역할도 지식의 전수자가 아닌 학습의 조력자로, 또한 공동체 학습자의 일원으로 새로운 관점에서 학생을 인식할 수 있어야 한다.

(4) 평가

내러티브는 지식의 구조를 발견하는 데 도움을 줄 수 있다. 왜냐하면 우리가 사전에 습득한 정보나 사실들을 초월하는 보다 일반적이고 포괄적인 것을 이해할 수 있게 한다. 흔히 한 분야의 지식의 구조는 학습의 구조와 일치한다고 보고 있다. 한 교과목이 전문가가 사고하는 체계적인 지식의 구조로 조직되었을 때는 그렇지 않았을 경우보다 훨씬 학습에 능률을 주고 전이효과도 크다는 것은 논의의 여지가 없다. 교육 평가활동은 이 두 구조 사이의 관계가 유기적으로 관련되어 있는지, 혹은 두 구조가 기대하는 행동 변화를 초래할 가능성을 향하여 서로 수렴되고 있는지에 관한 증거를 우리에게 제공해 줄 수 있다.

인간의 사고양식은 다양하다. 직관적 사고와 분석적 사고의 상보성은 중시되어야 하며, 패러다임적 사고와 내러티브 사고는 서로를 이해할 수 있는 수단으로서 가치를 지닌다. 또한 학생들이 배운 것을 표현하는 방법과 학생들이 사물을 대하는 양식은 다양할 수 있다. 즉, 학생들이 배운 지식이나 이해가 표현되고 머리에 축적되는 형태는 다양할 수 있다는 것이다. 교육과정에서 학생들에게 기대하는 사물에 대한 이해는 다양한 경로를 통해 습득된다. 그러므로 학생들이 어떤 상황을 이해하기 위해서는 그 상황을 설명하는 다양한 형태의 표현 방식에 접할 기회를 가져야 하고, 학생들이 알고 있는 것을 표현하는 방식 또한 하나로 제한되어서는 안 된다(강현석, 2005). 그러나 요즘 학교 문화는 쓰인 글이나 말이 너무 강조되고 있다. 교육 평가 활동으로는 이러한 제한적인 문제를 파악하고 다양한 표상 형식과 인지능력에 기초한 이야기 전개 능력의 평가가 권장될 만하다.

앞으로 내러티브를 활용한 교육과정이 교과별로 그리고 메타 교과교육학의 수준에서 보다 다양하게 연구되기를 기대한다. 21세기의 교육과정은 정해진 목적과 도달점에 이르는 경주로라는 의미도 있지만, 이와 동시에 의미 있는 성장의 경험을 지속적으로 재구성해 나가는 과정의 의미도 존재한다. 새로운 환경으로의 변화에서 내러티브 교육과정은 새로운 대안이 될 수 있으며, 구체적으로 교과교육의 텍스트에서 정교화될 필요가 있다.

4. 교과 수업 재구성 전략으로서 PCK의 이해[1)]

1) 교과 수업에서 PCK 등장 배경과 개념

1970년대 중반까지 미국에서의 교사 자질에 대한 연구는 주로 CBTE(Competency-based Teacher Education)에 기초하여 이루어졌다. 이러한 교사 자질에 대한 CBTE적 접근은 교육목표 달성을 위해 요구되는 교사의 자질을 매우 구체적으로 제시하였다는 데 의의를 두고 있으나, 그 자체가 실제 수업 현장에서 적용되기 위해서는 또 다른 자질(교과교육학적 지식)이 요구된다는 비판을 받게 되었다. 즉, CBTE적 접근은 현장과 거

---

1)이 내용은 강현석, 서지민(2009). 초등교육연구, 22(3), 217-243을 참고한 것임.

리가 있는 교사 양성기관의 연구 맥락에서 주로 이루어졌으므로 수업 현장에서 필요한 자질에 대한 심층적인 논의는 결여되어 있었다. 이러한 한계를 극복하기 위한 시도로 Shulman은 교과교육학적 지식을 강조하게 되었다(이종일, 2003).

Shulman에 의해 이루어진 PCK 초기 연구는 교사라는 직업에 대한 전문성을 알리고 전문가로서의 교사들이 무엇을 알아야 하고 수행해야 하는지에 대한 사항을 홍보하는 데 공헌하였다. 또한 교사들은 무엇을 가르쳐야 하는가뿐만 아니라 그 내용을 좀 더 효율적으로 가르칠 수 있는 방법에 대한 지식도 갖추어야 한다고 주장했다. 이를 통해 많은 교사 교육 프로그램들이 미래 교사의 질적 성장을 도모할 수 있는 자신의 교육과정 프로그램을 스스로 개선할 수 있는 기회를 제공하게 되었다. 이러한 교사의 전문성 신장을 위해서는 교사가 교수 내용을 학생들에게 잘 가르침으로써 학생들의 이해를 촉진할 수 있는 교수방법에 대한 지식을 필요로 한다. 교사는 수업 장면에서 교과서와 교사용 지도서에 제시된 교과지식만을 가르치는 것이 아니라, 다양한 교과지식 가운데 보다 더 중요하고, 덜 중요한 것이 무엇인가를 가려내고 또한 이를 어떤 방법으로 가르칠 것인지를 결정하게 된다. 이러한 이유로 실천적 지식을 강조하는 내용교수지식(혹은 교과교육학적 지식)의 중요성을 인식하게 되었다.

이러한 교과교육학적 지식은 Shulman이 1985년 AERA의 연설에서 처음 사용한 용어로 교사의 수업 전문성의 핵심인 교과내용을 지도하는 데 있어 적절한 방법적 지식을 의미한다(곽영순 외, 2006). 이후로 PCK는 수업의 실제적 측면에 있어 교사의 자질 및 전문성을 논하는 데 가장 핵심적인 개념이 되었다. PCK란 "특정 내용을 특정 학생들의 이해를 촉진할 수 있도록 가르치는 방법에 대한 교사의 지식"을 의미하는 것으로 (Shulman, 1986; 곽영순, 2007 재인용) PCK의 범주에 속하는 내용으로는 크게 교과내용 지식, 교과별 교육과정에 대한 지식, 학생들의 교과 이해에 대한 지식, 교과별 교수방법에 대한 지식 등이 해당된다.

이런 점에서 PCK는 기본적으로 교과내용 지식, 교수방법에 대한 지식, 학생을 포함한 상황에 대한 지식과 상호작용하게 된다. 학생들의 이해를 위한 학습과 교수를 지향하는 PCK의 발달은 수업 상황이라는 실천적 장면에서 이루어지는데, 학생들의 이해를 촉진하며 잘못된 이해를 방지하고자 하는 경우 잘 발달된 PCK를 갖출 필요가 있다. 그러나 특정 주제에 대해 교사가 아직 그 주제를 다루어 보지 않았거나 해당 내용 영역에 대해 무지할 경우 PCK 확보는 어려워진다. 따라서 PCK는 본질적으로 교과내용에 따라 달라지므로 교과내용에 고유한 교수법(content-specific pedagogy)이라고도 불린다(곽영순, 2007). 선행연구의 분석에 의하면 이러한 PCK를 구성하는 요소는 연구자들에 따라 약간의 차이를 보이고 있으나 용어 및 세분화 정도에 따른 차이가 있을 뿐, 본질적인 요소는 공통의 측면을 지니고 있다. 선행연구를 분석하여 그 결과를 제시해 보면 〈표 12-5〉와 같다.

〈표 12-5〉에서 알 수 있는 것처럼 각 연구자들마다 구성요소로 제시하는 용어로는 교과내용, 교수법, 교육과정, 학생, 환경 등이 있다. 특정한 내용을 특정 학생에게 보다 이해하기 쉽게 가르치기 위해 필요한 지식이 PCK이므로, PCK를 구성하는 가장 중요한 요소로 교과내용, 학습자, 교수방법을 설정하고 있다고 풀이된다. 또한 이러한 교과내용 전달에 있어 일반적인 경우가 아니라 특정한 상황에서 그 맥락에 맞게끔 가르치는 일이 중요하므로 환경(상황, 맥락)도 중요한 요소로 설정하고 있다. 따라서 여기에서는 이러한 점을 종합하여 PCK를 구성하는 가장 중요한 요소를 교과내용 지식, 교수방법, 학습자, 환경(상황, 맥락)의 네 가지로 볼 필요가 있다.

한편, PCK에 대한 연구자의 관점에 따라 PCK의 개념 또는 구성요소는 다르게 표

표 12-5 선행 연구에서 PCK 구성요소

연구자	PCK 구성요소
Shulman(1987)	교과내용 지식, 일반적인 교수법 지식, 교육과정에 대한 지식, 교과교육학적 지식, 학습자와 학습자의 특성에 관한 지식, 교육적 상황에 관한 지식, 교육 목적(교육철학 및 역사)에 대한 지식
Grossman(1990)	교수목표에 대한 인식, 학생의 이해에 대한 지식, 교육과정 지식, 교수 설계에 대한 지식
Marks(1990)	교과내용 지식, 일반 교육학 지식
Cochran, DeReuiter, & King(1993)	교육학, 교과내용, 학생의 특징, 학습 환경적인 맥락
Magnusson, Krajcik, & Borko(1999)	과학 교수에 대한 지향, 과학 교육과정에 대한 지식과 신념, 구체적인 과학 주제에 대한 학생의 이해에 대한 지식과 신념, 과학에서 평가에 대한 지식과 신념, 과학 교수전략에 대한 지식과 신념
박성혜(2003)	교수법에 관한 지식, 내용 표현의 지식, 내용에 관한 지식, 평가에 관한 지식, 학생에 관한 지식, 교육과정에 관한 지식, 환경 상황에 관한 지식
Loughran et al. (2004)	학습과 교수에 대한 견해, 내용 이해, 학생들의 과학 대안 개념에 대한 지식과 실제, 시간, 맥락, 학생들에 대한 이해, 과학 지식에 대한 견해, 교수학적 실제, 의사결정, 반성, 실제, 믿음, 내용에 관한 명시적이고 암묵적인 요소들

현된다. 곽영순(2007)에 의하면 PCK 초기의 연구들은 여러 분야에 걸쳐 서로 다른 주제를 가르칠 때 나타나는 교사들의 PCK를 파악하기 위해 사례연구들로 수행하였고 (Marks, 1990), 대부분의 초기 PCK 연구들은 Shulman(1986)의 개념과 특성을 활용하였다고 말하고 있다. 이 연구들은 비판을 받기에 이르렀는데, 그것은 대부분의 학자들이 PCK를 단지 수업 맥락이 고려되지 않는 내용 표상화의 한 가지 방식으로 이해하려는 좁은 시각으로 바라보고 있었기 때문이다(유정애, 2007: 46).

따라서 후속 연구들은 PCK의 정의에서 분명히 그 의미를 규명하고 재개념화하는 데 적극적인 노력을 기울여 왔으며, 그 결과 후속 연구들 중에서 2가지 대표적인 연구(Barnett & Hodson, 2001; Cochran, DeRuiter, & King, 1993)가 특징적이다. Cochran 등(1993)은 Shulman의 PCK 개념을 수정하여 PCKg(Pedagogical Content Knowing, 교수 내용 알기)을 제안하고, PCKg를 교육학, 교과내용, 학생 특성, 학습 환경 맥락 등의 네 가지 요소에 대한 교사의 통합적 이해로 정의하였다. 이와 반면에 Barnett와 Hodson(2001)은 PCK를 PCxK(Pedagogical Context Knowledge)라고 불렀는데, 이것은 PCK에서 교실 맥락의 중요성을 인정한 셈이다. 즉, 교사도 학습자와 마찬가지로 다양한 사회적 맥락 속에서 자신들의 이해를 통합해야 한다는 것이다. 교사 개개인은 특정한 교육과정의 특정 학생 집단, 특정 지역의 학교와 상호작용하므로, 학습자의 이해에 대한 지식, 특정 내용에 효율적인 교수-학습 전략에 대한 지식, 교과내용에 대한 표상의 방식과 교육과정의 특징에 대한 지식은 모두 특정 맥락적인 것이라고 주장한다.

요약하면, PCK는 다양한 교사 지식이 통합되어 새롭게 형성된 지식으로 볼 수 있다. 그러나 여전히 대부분의 사람들은 PCK에 대한 개념을 특정 교사가 지니고 있는 지식의 단 한 가지 요소로 인식하는 경향이 많다. 물론 특정 주제 및 교과의 내용 지식을 전달함에 있어 좀 더 학습자의 이해를 도모하기 위한 대표적인 방법적 측면을 고려할 수 있으나 거기에는 통합적이고 포괄적인 의미를 내포하고 있다. 한편, 지금까지 이루어진 PCK에 대한 일반적인 연구들은 앞에서도 지적하였듯이 대체로 PCK에 대한 소개, Shulman의 연구와 유사 연구들의 정리, 교과교육에의 적용 등에서 이루어지고 있다. 이러한 경향은 PCK의 본질이나 그 심층적인 성격에 대한 피상적인 논의가 이루어져 왔음을 반증하는 것이다.

2) PCK의 특징

PCK는 내용 지식이 교수 상황에 의해 고려된 전환적인 지식이다. 내용 지식이 PCK로 전환되는 것은 실천적 추론을 통해서이며, 교육내용을 가르치는 동안 발휘되는 교사의 실천적 추론은 교과의 이해, 변형, 수업, 평가, 그리고 반성의 과정을 거쳐 순환되는 것으로 보인다(박현주, 1996: 237). 결국 교과 지식이 PCK로 전환되기 위해서는 '해석의 과정'을 거쳐야 하며, 내용은 그것의 구조와 중요성의 측면에서 조사되어 학습자에게 전달하는 과정에서 변형되는 것이다. 이러한 해석의 과정은 교사의 내러티브에 의존한다.

이런 점에서 볼 때 PCK에서 가장 핵심적인 특징은 교수학적인 맥락으로 변형하는 것이며, 다른 하나는 교과를 학습자의 심리 구조에 맞게 하는 점이다. 전자의 '변형'은 Shulman이 강조하는 것이며, 후자는 Dewey가 '교과의 심리화'로 강조하는 것이다.

부가적으로 수업 현장에서 실천적 지식을 갖추고자 하는 교사에 주목해 보면 PCK가 지니는 특징을 몇 가지 선행연구(곽영순, 2007; 박성혜, 2003; 안양옥, 1995; 유정애, 2007; 이연숙, 2006; 임청환, 2003; 조희형 외, 2006)에 기초해 보면 다음과 같이 제시할 수 있다(곽영순, 2007: 31-39).

첫째, PCK는 교사 자신의 개인적인 지식 영역으로 교사만의 고유한 전문성이라고 말할 수 있다. PCK는 특정 내용에 대한 특정 학생들의 이해를 촉진할 수 있도록 가르치는 것에 대한 실천적 지식으로 교사 자신의 오랜 경험을 통해 축적되어 온 것이다. 따라서 주어진 교과의 내용, 맥락, 교사의 경험 등에 따라 달라진다.

둘째, PCK의 구성요소로는 학자들마다 용어 및 범주를 약간씩 달리하나, 넓은 범위에서 봤을 때 교과내용 지식, 교수방법적 지식, 학생 변인, 환경(상황, 맥락) 변인 등 다양한 영역의 지식과 변인들이 통합적으로 영향을 미치게 된다. PCK는 그 본성상 내용 지식과 교수법이 다양한 상황 속에서, 다양한 경험을 통하여, 고유한 특징과 성질을 지닌 다양하고 복잡한 화합물로 만들어져 있다.

셋째, PCK는 교실 수업 경험을 통하여 얻어지는 경험적, 실천적 지식이다(임청환, 2003; Baxer & Lederman, 1999; Gess-Newsome, 1999; Grossman, 1990; Magnusson et al., 1999). PCK는 교사의 실천 속에 내재된 암시적인 것이며 오랜 기간을 통하여 서서히 개발된다(Loughran et al., 2004). 이는 특히 경험에 기초한 지식이다.

넷째, PCK는 고정된 지식이 아니라 실제 교실 수업에서의 반성과 적용 등 다양한 과정을 통해 점진적으로 발달된다. 교사의 PCK와 교사의 실제 교실 수업은 상호 보완적이다. 교사의 PCK는 수업 준비 및 수업과 관련된 결정에 영향을 미치고, 교사의 수업 활동은 그들의 PCK에 다시 영향을 미친다고 한다. 즉, 교사의 반성적 수업 실천을 통하여 PCK는 향상될 수 있다고 한다(Osborne, 1998).

다섯째, PCK는 주제별로 달라진다(조희형 외, 2006; Van Driel et al., 2001). 조희형 외(2006)는 연구자들마다 다양한 PCK 변형체들(varianis)을 제안하지만, PCK의 공통점은 가르치는 내용과 상황에 따라 달라지며, 그에 따라 실제 적용 과정에서 한계를 드러낼 수밖에 없음을 암시한다고 지적하였다. PCK는 지속적인 발전 과정에 있는 것으로 완성형을 지향하지 않는다. 특정 내용에 적합한 교수법은 하나일 수 없으며, 적게는 내용교수법에 영향을 미치는 요인들의 수만큼, 많게는 그 주제를 가르치는 교과 교실의 수만큼이나 다양할 수 있다. 따라서 PCK는 사례들이 축적되면서 이론과 실제가 모두 풍부해지기 때문에 무한한 발전 가능성을 지니고 있다고 볼 수 있다.

여섯째, 교사만이 가지고 있는 고유한 전문성의 한 형태인 PCK는 교과별 교사 전문성의 요체로 간주되므로, 경쟁력 있고 전문성을 갖춘 교과 교사를 정의하는 핵심적인 구안이다(임청환, 2003; Magnussoon et al., 1999; Shulman, 1987). 교과내용 지식을 아는 것과 가르치기 위해 교과내용 지식을 활용하는 것은 차이가 있으며 '가르치기 위한 교과내용 지식(subject matter knowledge for teaching)'을 지닌 교사만이 예측할 수 없는 다양한 상황에 융통성 있게 대처할 수 있게 된다(Ball & Bass, 2000; Dijk & Kattmann, 2006).

일곱째, 교사 전문 지식을 구성하는 하나의 요소인 PCK를 주관적인 표상으로 정의할 경우, 이러한 개인적이고 사적인 지식인 PCK를 포착하고 표상하여 공적인 지식으로 변환하는 것이 가능하다(Hashweh, 2005).

PCK에서는 대상 모두에게 동일하게 적용되는 것이 아니라 특수성이 일반화의 토대가 된다. 교과내용의 특수성, 학생 수준과 요구의 특수성, 교실 상황의 특수성이 내용교수법을 이루는 중요한 구성요소들이 된다. 그리고 이러한 특수성들을 기초로 표출되는 고유의 내용 교수법이 주어진 주제에 대한 하나의 내용 교수법의 전형을 이루게 된다.

이 장의 주요 내용

　교사는 학교에서 교육과정을 가르친다. 그러나 흔히 교육과정이 아닌 교과서를 가르친다고 잘못 생각하는 경우가 있다. 표면적으로 보면 교과서를 가르치는 것 같지만, 엄밀하게 말하면 교사는 교육과정을 가르쳐야 한다. 더 정확하게 보면 교육과정을 가르치기 위하여 교육과정에 근거하여 만들어진 교과서를 통하여 가르치는 것이다. 현행 우리나라는 교과서 제도를 다양하게 운영하고 있으며 교과서를 편찬할 때에는 기본 방향과 기준에 의해서 교과서가 만들어진다. 교사는 이러한 점을 잘 이해하여 교과서를 활용해야 하며, 교과서 내용 재구성에 적극적으로 임해야 한다.

　그런데 교육과정이나 교과서를 있는 그대로 가르치기보다는 여러 요인을 고려하여 새로운 내용을 추가하거나 중복되는 내용을 축약, 통합, 삭제하여 가르치는 것이 보다 효과적이다. 국가 수준, 시 · 도 교육청 수준, 학교 수준에서 개발되는 교육과정은 교실 수준에서 교사에 의해 제공되고 학습자에 의해 경험된다. 이때 교사는 적극적으로 공식적 교육과정을 '학습자에게 적합하게' 해석하고 재구성한다. 이를 흔히 교사 수준의 교육과정 혹은 '교사에 의한 교육과정 재구성'이라고 한다.

　교육과정 재구성을 위하여 교사는 여러 가지 방안을 생각해 보아야 한다. 일반적으로 교사들은 전개 순서의 변경, 내용 생략, 내용 추가, 내용 축약, 내용 대체, 타 교과와의 통합이라는 유형을 통하여 교육과정이나 교과서를 재구성하고 있는 것으로 나타나고 있다. 교사는 장차 이러한 재구성 유형 외에도 교육과정의 폭넓은 측면, 예를 들어 교육과정 자료의 가치, 교사의 지식 활용 문제, 전문성 신장을 위한 연구의 측면을 포함하여 재구성을 이해하는 노력이 필요하다. 이러한 의도를 구현하는 데 유익한 것으로 교육과정 해석을 들 수 있다. 교육과정 해석은 교육과정 자료들이 가진 잠재력을 드러내는 하나의 방법으로 제안되었다.

　또 다른 방안으로 내용교수지식과 내러티브를 활용하여 재구성하는 방안을 고려해 볼 수 있다. 우리의 경험과 지식을 조직하고 구성하는 데 있어 자연스러우면서도 손쉬운 방법은 이야기를 만드는 것이다. 이것이 내러티브다. 그리고 이러한 이야기를 만드는 마음의 인지적 작용이 내러티브 사고다. 최근에 이러한 내러티브가 강조되고 있다. 교육목표 설정이나 내용 선정과 조직, 교수–학습 방법이나 평가에 활용될 수 있다는 점이 연구되고 있다. 그리고 교과교육학적 지식 혹은 내용교수지식(PCK: Pedagogical Content Knowledge)이 강조되고 있다. 이 지식은 특정 내용을 가르치는 데 필요하고 효과적인 지식으로서, 교과내용에 따라 달라지므로 교과내용에 고유한 교수법(content-specific pedagogy)이라고도 한다. 이러한 내러티브와 PCK가 교육과정 재구성 전략으로 각광을 받고 있다.

주요개념

검정 도서	국정 도서	내러티브 진술
교과서 재구성	내러티브	내용교수지식
교과서 편찬 기준	내러티브 교육과정	인정 도서
교육과정 재구성	내러티브 사고	자유 발행제
교육과정 해석		

탐구문제

1. 현행 교과서 제도와 교과서 검정 기준에 대해서 설명해 보시오.

2. 교육과정이나 교과서 재구성의 의미를 설명해 보시오.

3. 교육과정이나 교과서를 재구성해야 하는 이유를 설명해 보시오.

4. 교과서 재구성의 다양한 유형을 구분하여 설명해 보시오.

5. 교육과정 재구성 전략으로서 교육과정 해석의 방법을 설명해 보시오.

6. PCK를 활용하여 교과 수업을 재구성하는 방안을 제안해 보시오.

7. 교육과정이나 교과서 재구성 시에 내러티브의 활용 가능성을 제안해 보시오.

참고문헌

강현석(2005). 합리주의적 교육과정 체제에서 배제된 내러티브 교육과정 가능성과 교과목 개발의 방향 탐색. 교육과정연구, 23(2), 83-115.

강현석(2006). 교과교육학의 새로운 패러다임. 서울: 아카데미프레스.

강현석 · 서지민(2009). 내러티브를 활용한 교과교육학적 지식(PCK) 개발의 예비적 탐색. 초등교육연구, 22(3), 217-243.

곽영순 외(2006). 교과별 내용 교수법(PCK) 개발 연구의 이론과 실제. KICE 세미나 자료.

곽영순(2007). 교과별 내용 교수법(PCK) 개발 연구의 이론과 실제. 열린교육실행연구, 10, 81-90.

교육과학기술부(2007). 제7차 개정 초 · 중등 교육과정 총론.

교육과학기술부(2008). 2007년 개정에 따른 교과서 편찬상의 유의점.

김병국(2005). 중등학교 교사들의 교과내용 재구성 실태와 그 활성화 방안. 교육과정연구, 23(4), 91-130.

김한종(1999). 역사수업 도구로서 내러티브의 구성형식과 원리. 사회과교육학연구, 3, 81-107.

남유리(2004). 교사에 의한 교육과정 재구성 전략의 구안. 경북대학교 교육대학원 석사학위논문.

도홍찬(1999). 도덕교육 방법으로서 내러티브 접근법에 대한 연구. 서울대학교 대학원 석사학위 논문.

도홍찬(2002). 내러티브(narrative)의 도덕 교육적 함의. 서울대학교 아시아 태평양교육발전연구 단. BK21 두뇌한국 21 인문사회분야 연구모노그라프.

박성혜(2003). 교사들의 과학 교과교육학적 지식 측정도구 개발. 한국교원교육연구, 20(1), 105-115.

박현주(1996). 교육과정 재구성의 과정: 개별적 교육과정. 교육학연구, 34(1), 231-250.

서경혜(2009). 교사들의 교육과정 재구성 실천 경험에 대한 사례연구. 교육과정연구, 27(3), 159-189.

서울시 교육연구원(1998). 창의력 신장을 돕는 중학교 도덕과 학습 평가 방법. 서울시 교육연구원.

송인발(2010). 우리나라 국검정도서의 인정화와 전망. 교과서 연구, 60, 4-10.

안양옥(1995). 체육교과 내용 지식의 수준과 수업 지식의 관련성. 서울대학교 대학원 박사학위 논문.

안정애(2003). 내러티브를 활용한 국사 교과서 서술모형. 전남사학, 21, 115-148.

양호환(1998). 내러티브의 특성과 역사학습에서의 활용. 사회과교육, 2, 21-35.

유정애(2007). 교육과정 개정에 따른 체육과 내용교수지식 연구. 한국교육과정평가원 보고서.

이연숙(2006). 교수학적 내용 지식 및 그 표상의 개념적 정의와 분석도구 개발. 서울대학교 대학 원 석사학위논문.

이인제·최홍원·송인발(2010). 영국과 프랑스의 국가 교육과정과 교과서 정책 집행 시스템 분석. 한 국교육과정평가원.

이종일(2003). 사회과 교사자질 교육 이론의 변천: 교사자질 형성과정을 중심으로. 초등교육연구, 18(3).

이흔정(2003). 내러티브 교육과정의 적용에 관한 연구. 고려대학교 대학원 박사학위논문.

이흔정(2004). 내러티브의 교육과정적 의미 탐색. 한국교육학연구, 10(1), 151-170.

임청환(2003). 초등교사의 과학 교과교육학지식의 발달이 과학 교수 실제와 교수 효능감에 미치 는 영향. 한국지구과학회지, 24(4), 258-272.

전현정(2006). 교사에 의한 내러티브 중심의 교육과정 재구성 전략. 경북대학교 교육대학원 석사 학위논문.

조희형·조영신·권석민·박대식·강영진·김희경·고영자(2006). 중등 과학교사 양성 교육과정과 교수내용 지식 연구 동향의 탐색. 교과교육학연구, 10(2), 281-301.

최인자(2001). 서사문화와 문학교육론. 서울: 한국문화사.

홍후조(2011). 알기 쉬운 교육과정. 서울: 학지사.

황미정(2005). 개념 기반의 주제 중심 단원 설계 준거 개발. 경북대학교 대학원 박사학위논문.

황윤한(1998). 주제 단원 중심 학습을 위한 통합 교육과정 개발·적용. 초등교육연구, 13(1), 광주교육대학교 초등교육연구소.

Barnett, J., & Hodson, D. (2001). Pedagogical content knowledge: Toward a fuller understanding of what good science teachers know. *Science Education, 85*, 426-453.

Ben-Peretz, M. (1990). *The Teacher-Curriculum Encounter: Freeing Teachers from the Tyranny of Texts*. NY: SUNY Press.

Bruner, J. S. (1996). *The Culture of Education*. Cambridge, Mass: Harvard University Press.

Cochran, K., DeRuiter, J., & King, R. (1993). Pedagogical content knowing-an integrative model for teacher preparation. *Journal of Teacher Education, 44*, 63-272.

Doyle, M., & Holm, D. T. (1998). Instructional Planning through Stories: Rethinking the Traditional Lesson Plan. *Teacher Education Quarterly, Summer*, 69-83.

Egan, K. (1990). *Romantic understanding: The development of rationality and imagination, ages 8-15*. NY and London, England: Routledge.

Grossman, P. L., Wilson, S. M., & Shulman, L. S. (1989). Teachers of substance: Subject matter knowledge for teaching. In M. C. Reynolds (Ed.), *Knowledge Base for the beginning teacher*. Perganmon Press.

Gudmundsdottir, S. (1991). Story-maker, story-teller: Narrative structure in curriculum. *Journal of Curriculum Studies, 23*(3), 207-218.

Gudmundsdottir, S. (1995). The narrative nature of pedagogical content knowledge. In H. McEwan & K. Egan (Eds.), *Narrative in teaching, learning and research. Teachers College*. Columbia University.

Husen, T., & Postlethwaite, T. N. (1994). *The International Encyclopedia of Education*. Pergamon Press.

Lauritzen, C., & Jaeger, M. (1997). *Integrating learning through story: The narrative curriculum*. NY: Delmar Publishers.

Marks, R. (1990). Pedagogical content knowledge: Form a mathematical case to a modified conception. *Journal of Teacher Education, 41*, 3-11.

Shulman, L. (1986). Those who understand: Knowledge growth in teaching. *Educational Researcher, 15*(2), 4-14.

Tanner, D., & Tanner, L. N. (1980). *Curriculum Development: Theory into Practice.* NY: Macmillan.

Walker, D. F. (1990). *Fundamentals of Curriculum.* San Diego: Harcourt Brace Jovannovich, Publishers.

제13장 교육과정 평가

MODERN CURRICULUM

이 장의 주요 목표

▷ 교육과정 평가에 대한 다양한 개념을 조사해 보고 이론적 개념 모형을 설명할 수 있다.

▷ 교육과정 평가의 쟁점에 대하여 여러분의 입장을 제안해 볼 수 있다.

▷ 교육과정 평가의 모형을 구분하여 설명할 수 있다.

▷ 현재 단위학교 교육과정을 평가할 수 있는 모형들을 평가할 수 있다.

▷ CIPP 모형과 감식안 모형의 장단점을 설명할 수 있다.

어떠한 교육과정을 통해 학생들에게 어떠한 교육목표를 달성하도록 할 것인가 하는 것은 교육과정 개발의 과정을 통해 구체화되며, 개발된 교육과정을 현장에 적용·실천해 봄으로써 그 결과에 대한 것을 판단해 볼 수 있다. 원래 애초에 기대하였던 목표가 제대로 달성되었는지, 개발의 전 과정이 제대로 수행되었는지, 실행의 과정에서 예상치 못한 일은 무엇이었는지 하는 등의 문제를 살펴볼 필요가 있다. 제6장에서 살펴본 교육과정 개발이 제대로 이루어지려면 이러한 문제들을 사전에 분석한 후에, 평가 활동이 예비적으로 진행되어야 한다.

교육과정 평가는 한편으로는 교육과정 개발의 마지막 단계인 동시에, 한편으로는 개발 활동과는 별도로 이루어질 수 있다. 평가의 대상으로서 교육과정은 여러 가지로 설명될 수 있다. 교육과정 자체를 대상으로 할 수도 있고, 개발의 과정을 대상으로 삼을 수도 있고, 개발의 결과물을 대상으로 삼을 수도 있다. 교육과정 평가는 교육과정과 평가의 맥락에서 진행되기 때문에 그 개념과 성격이 양자에 의해서 영향을 받는다. 따라서 교육과정 평가의 과정에는 다양한 쟁점들이 발생하며, 여타의 평가들과는 상이한 성격을 지니기도 한다. 그리고 교육과정 평가를 설명하는 모형들도 매우 다양하게 논의되고 있다.

이 장에서는 교육과정 평가의 개념, 교육과정 평가의 쟁점과 성격, 평가모형들을 살펴봄으로써 교실 수업에서 이루어지는 교육과정이나 수업에 대한 가치판단과 의사결정을 하는 데 도움을 주고자 한다.

1. 교육과정 평가의 개념

한마디로 교육과정 평가는 교육과정을 평가하는 것이다. 따라서 이 개념은 일차적으로 교육과정을 무엇으로 볼 것인가 하는 문제와 이차적으로 평가를 어떻게 규정할 것인가에 따라 영향을 받게 된다. 교육과정 평가의 개념은 크게 세 가지 차원에서 구분하여 제시할 수 있다.

첫째, 교육과정의 기본적 관심사에 비추어 본 개념이다. 일반적으로 교육과정의 문제를 교육목표의 설정, 교육내용과 학습경험의 선정과 조직, 교육평가라고 한다면 이 문제들을 평가하는 것을 교육과정 평가라고 볼 수 있다.

둘째, 교육평가의 개념을 확장하여 본 개념이다. 지금까지 교육평가는 주로 교사에 의한 학생의 평가만을 강조하여 왔다. 이러한 논리로 본다면 교육평가에는 학생의 평가뿐만 아니라 교사의 평가, 학교평가, 교육과정 평가 등이 있어야 한다. 학생의 평가가 주로 학생의 행동평가이거나 학업성취도 평가를 말하며, 교사의 평가는 주로 교사가 행하는 수업평가를 의미한다. 물론 교사평가가 수업평가 이외에도 여러 영역이 있을 수 있다. 이와 같이 교육평가를 보다 확장된 개념으로 생각한다면 그 속에는 교육과정 평가와 수업평가가 이미 들어 있어야 한다. 이러한 점에서 볼 때 교육과정 평가는 새로운 개념이 아니며, 논리적으로 보면 교육평가의 말 속에 이미 그 뜻이 들어 있다. 그러나 현실적으로 교육과정에 초점을 둔 평가의 활동이 활발하게 진행되지 못하였다.

셋째, 교육과정의 영역이나 혹은 개발 과정에 비추어 본 개념이다. 일반적으로 교육과정 개발 과정을 교육과정 구상 및 설계–교육과정 개발–교육과정 실행 및 운영–교

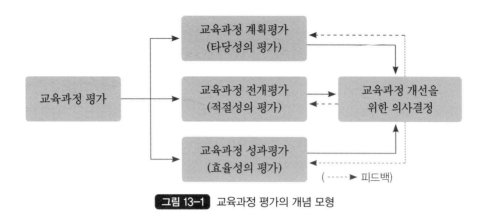

그림 13-1 교육과정 평가의 개념 모형

육과정 성과의 산출로 본다면 교육과정 평가는 구상 및 설계의 평가, 개발의 평가, 실행 및 운영의 평가, 성과의 평가로 볼 수 있다. 이런 점에서 허숙(1987)은 교육과정 평가의 개념 모형을 [그림 13-1]과 같이 제시하고 있다.

이러한 점에서 일찍이 G. A. Beauchamp(1968: 138)는 교육과정 평가에 다음 네 가지 차원이 포함되어야 한다고 보았다. 그것은 ① 교사들의 교육과정 이용에 대한 평가, ② 교육과정의 설계에 대한 평가, ③ 학생들의 학습결과에 대한 평가, ④ 교육과정 체제에 대한 평가 등이다. 교사들의 교육과정 이용에 대한 평가는 교사들의 교수전략과 교수활동 및 방법 등이 평가의 대상이 되며, 교육과정 설계에 대한 평가는 목표의 설정과 내용의 선정이나 조직 등을 포함한다. 학생의 학습결과에 대한 평가는 학습의 결과로 학생들의 어떠한 행동이 어느 정도 변화하였는지를 판단함으로써 교육과정을 평가하는 것이며, 교육과정 체제에 대한 평가는 교육과정 개발의 절차와 그 과정에 참여하는 사람들, 그들의 역할과 조직 등을 평가한다.

또한 김종서는 교육과정 평가를 보다 나은 교육과정을 계획하거나 또는 운영하기 위한 교육과정의 연구활동으로 보고, 교육과정 평가의 요소를 ① 교육목표의 평가, ② 과정 계획의 평가, ③ 교수-학습 과정의 평가, ④ 평가의 평가라는 네 가지 항목으로 분류하였다.

보다 최근에는 교육과정의 의미, 교육과정의 영역, 교육과정의 내용을 한 차원으로, 평가의 지향성이나 방법 등을 한 차원으로, 평가의 수준이나 단계 등을 한 차원으로 하여 종합적인 3차원으로 그 의미를 제시하고 있다. 한국에서 교육과정 평가를 가장 체계적으로 연구한 것으로 판단되는 최호성(1993)은 교육과정 체제, 평가의 지향성, 평가의 방법론에 따라 교육과정 평가의 모형과 개념을 제시하고 있다. 교육과정 체제 차원에

는 상황, 설계, 실행이 포함되며, 평가의 지향성 차원에는 판단, 의사결정, 이해가 포함
되며, 평가의 방법론 차원에는 양적 탐구, 질적 탐구가 포함되는 교육과정 평가의 3차원
을 제시하고 있다. 여기에서 힌트를 얻어 김재춘 등(1998)은 교육과정 평가모형을 교육
과정 영역(개발체제, 문서, 운영, 성과), 수준(국가, 지역, 학교), 방법(검정, 확인, 동의)의 3차
원으로 제시하였다. 그리고 마찬가지로 허경철(2000)은 내용(교육목표, 교육내용, 교육방
법, 평가), 수준(국가, 지역, 학교), 단계(계획, 전개, 구현)를 중심으로 교육과정 평가 영역
모형을 제시하고 있다.

2. 교육과정 평가의 쟁점과 성격

1) 교육과정 평가의 쟁점

교육과정 평가의 쟁점은 매우 다양하게 제시될 수 있다. 왜냐하면 교육과정과 평가
에 의해서 그 의미와 방법이 규정되기 때문이다. 이하에서는 핵심적인 쟁점 사항만을
간략하게 제시한다(강현석, 이경섭, 1999).

우선 교육과정의 개념에 의해서 영향을 강하게 받는다. 내용의 범위와 계열을 공식
화한 문서로서의 교육과정, 학생들의 학습경험의 총체로서의 교육과정, 성과를 나타
내는 학습목표로서의 교육과정 중 어디에 교육과정의 초점을 두는가에 따라 그 개념이
달라진다.

둘째, 교육과정 평가는 교육과정의 제 측면 중 계획, 과정, 결과 어디에 중심을 두는
가에 따라 달라진다.

셋째, 평가의 개념 중 어디에 초점을 두는가에 따라 달라지는데 의도된 성과의 성취
(목표 지향), 가치판단(가치판단 지향), 선택과 의사결정(의사결정 지향)에 따라 교육과정
평가의 개념은 달라진다.

넷째, 교육과정 평가의 목적을 무엇으로 보는가에 따라 상이한 입장이 존재한다. 개
선 대 판단, 의사결정 대 책무성, 판단-의사결정-이해 중 각각 어디에 우선순위를 두
는가에 따라 상이하다.

다섯째, 평가의 관점을 무엇으로 보는가에 따라 상이한 입장이 존재한다. 전통적 관
점, 경험형 관점, 행동주의적 관점, 학문구조형 관점, 인지주의 관점 중 어디에 우선순

위를 두는가에 따라 평가는 다르게 진행된다.

여섯째, 평가 영역을 개발 과정 체제(계획-실행-평가), 교육과정 개념(문서-경험-목표), 교육과정 요소(목표-내용-학습활동-평가)에서 각각 어디에 중점을 두는지에 따라 상충적인 견해가 존재한다.

일곱째, 평가의 방법과 수준에 관한 문제다. 양적 평가와 질적 평가가 상충하며, 평가의 수준에도 국가 수준, 지역 수준, 학교 수준에 따라 교육과정 개념이 상이하다고 볼 수 있다.

2) 교육과정 평가의 성격

앞에서도 제시한 것처럼 교육과정 평가는 학생평가, 교사평가, 학교평가, 교육지원 기관평가 등과 서로 관련이 있으면서도 평가목적이나 평가영역에서 서로 차이점이 존재한다.

첫째, 평가 대상이 상이하다. 학생평가는 학생 혹은 학생의 행동발달 상황이나 학생을 매개로 하는 것을 평가 대상으로 하며, 교사평가는 교사의 수업이나 교사의 행동을, 학교평가는 위 학교를, 교육지원 기관평가는 학교교육을 지원하는 기관, 즉 시·도 또는 시·군·구 교육청을 평가 대상으로 삼는다. 이에 반해, 교육과정 평가는 교육과정을 평가 대상으로 한다.

둘째, 평가의 목적은 본질적으로 학생의 교육경험의 성장을 지원하고 촉진해 주는 데 있지만 각 평가들은 그 목적에서 다소 차이를 보인다. 학생평가는 학생의 지적·정의적·심동적 능력의 평가를 혹은 학습자의 선수학습 능력이나 선행학습의 진단, 학습자의 진로 및 적성 파악, 학습자의 자격 인증 선발이나 집단 내의 상대적 서열 결정 등 학습자 개인에 관한 정보 수집이나 판단을 그 목적으로 한다. 교사평가는 여러 다양한 차원에서 교사를 평가하며 주로 교사의 수업 질의 개선에 주된 목적이 있다. 학교평가는 학교교육을 구성하는 다양한 영역에서 학교교육의 질을 개선하는 목적으로 평가한다. 구체적으로는 학교의 수준 진단, 학교교육의 개선방안 모색, 학교 인증, 책무성의 규명과 상벌의 적용에 활용된다. 최근에 실시되고 있는 교육지원 기관평가는 그 평가의 수준이 상이한데, 주된 목적은 주로 행정적 측면에 매달려 행정의 효율성 제고에 치우쳐져 있고, 교육과정의 본질적이고 구체적 영역에 대한 평가에는 소홀하다는 비판을 받고 있다.

위에서 열거한 다섯 개의 평가활동은 그 목적과 대상에 있어서는 상호 구분되는 활동이지만 평가 실제에 있어서는 다소 중복되기도 한다. 학생평가는 교육과정 평가, 학교평가, 교육지원 기관평가와 각각 겹치는 부분이 존재한다. 예를 들면, 학생평가의 중핵적인 영역인 학업성취도 평가는 교육과정 평가, 학교평가, 그리고 교육지원 기관평가의 성과를 평가하는 데 모두 사용될 수 있다. 학생평가 영역 가운데 다른 세 가지 평가와 중복되지 않는 독립적인 영역이 존재한다. 예컨대 학생평가 가운데 개인의 능력 인증이나 진로지도 혹은 선발을 위한 상대평가 등은 교육과정 평가나 학생평가에서 성과평가와는 무관한 영역으로 간주할 수 있다(김진규, 2002: 126-127).

학교평가와 교육과정 평가 간에도 중복되는 부분과 독립적인 영역이 존재한다. 학교평가에 학교의 교육과정에 대한 평가가 하나의 평가 영역으로 포함될 경우에 교육과정 평가는 학교평가의 하위 영역으로 간주할 수 있다. 그러나 교육과정 평가에는 학교 교육과정 이외에도 국가 수준 교육과정, 지역 교육과정에 관한 평가를 포함하고 있다는 점에서 학교평가와 구분되는 측면이 있다.

교육지원 기관평가에서도 유사한 양상을 찾을 수 있다. 교육지원 기관평가에는 지역 교육과정만이 교육청 평가의 하위 영역으로 교육과정 평가와 중첩되는 부분이 있는 반면에 학교와 국가 수준의 교육과정 평가라는 배타적인 영역이 존재한다.

3. 교육과정 평가의 모형

다음에서 제시되는 모형들은 순수한 교육과정 평가모형이기보다는 프로그램 평가의 차원에서 제시하는 것들이다(배호순, 1994; 변창진 외, 1996; 이성호, 1986; Worthen et al., 1997).

1) 목표지향 모형

(1) Tyler(1942)의 모형

원래 학생들의 학업성취도를 평가하기 위해 제안된 평가모형이었다. 그러나 지금은 교육과정을 평가할 때도 이용되고, 목표기준경영(目標基準經營, Management by Objective: MBO)이 교육행정에 도입되면서 학교경영 및 학교관리 평가에도 활용되고 있다. 세부적인 절차를 보면 다음과 같다.

① 목표 선정: 일반 교육목표를 설정한다.
② 목표 명시: 일반 교육목표를 행동목표로 명세화한다.
③ 도구 제작: 평가 방법과 평가 도구를 선정 또는 개발한다.
④ 자료 수집: 평가 도구를 사용하여 데이터를 수집한다.
⑤ 가치판단: 수집된 데이터를 기준으로 목표의 도달도를 결정한다.

(2) Provus(1969)의 격차모형

교육 또는 경영 및 관리를 통해 달성해야 할 표준이나 준거와 실제 수행성과와의 차이, 괴리, 상위 또는 불일치점을 분석하는 데 주안을 두는 격차평가모형(Discrepancy Evaluation Model: DEM)이다. 여기에서 격차는 표준이나 준거에서 수행성과 간의 차이를 말한다. 세부적인 절차를 보면 다음과 같다.

① 설계: 프로그램에 투입되는 투입(投入, input), 과정(過程, process), 산출(産出, output) 변인을 각각 명시적으로 기술한다.
② 실행: 평가의 표준 및 준거를 열거하고 그 적합도를 확인한다.
③ 과정: 프로그램에서 계획한 변화가 일어났는지를 확인하기 위한 자료를 수집한다.
④ 성과: 목표의 달성 여부와 그 정도를 확인한 다음 표준 또는 준거와의 일치/불일치 여부와 그 정도를 판단한다.
⑤ 비용–효과분석: 수행성과와 목표 달성을 위해 투입된 예산, 인력, 시간, 노력 등을 비교한다.

Provus는 평가를 과정(process)으로 보고 있다. 즉, 평가란 ① 평가하고자 하는 프로그램의 수준(standards)을 합의 · 설정하는 과정이며 ② 그 설정된 수준과 현재의 프로그램 간에 간극(dicrepancy)이 존재하는가를 결정하는 과정이며 ③ 프로그램의 취약점을 구명하는 데 간극 정보를 사용하는 과정이다. 프로그램의 수준에는 프로그램의 내용에 관한 수준과 프로그램의 개발에 관한 수준의 두 가지가 있다. 그런데 대체로 오늘날 교육 현실에서 찾아볼 수 있는 프로그램 개발은 사전 계획 없이 외부에서 급조하여 즉시적으로 투입시키는 경우, 사전에 철저히 계획하고 구조하여 투입시키는 경우,

그리고 학교 그 자체가 설계하는 경우의 세 가지로 나눌 수 있다. 그런데 이 세 가지의 어느 경우에도 크게 성공하지 못하고 있는 것은 곧 프로그램 개발에 관한 평가 수준이 제대로 설정되지 못하고, 또 그것을 채택하여 평가가 이루어지지 못하기 때문이라고 Provus는 보고 있다.

프로그램 개발 단계에 따른 교육과정 평가는 5단계로 이루어진다. 즉, 제1단계는 프로그램의 정의(definition)를 구명하는 단계다. 프로그램의 목적, 특질 등을 밝히는 일이 여기에 속한다. 제2단계는 프로그램의 투입(installation)에 대한 평가다. 그리고 제3단계는 프로그램의 실시 과정(process)에 대한 평가이며, 제4단계는 프로그램의 결과, 성과(product)에 관한 평가다. 끝으로, 제5단계는 꼭 있어야만 하는 것은 아니지만 비용효과분석(cost-benefit analysis)의 단계다.

Provus는 평가의 목적을 Tyler와 마찬가지로 어떤 주어진 프로그램의 결과를 보고 그것을 개선하고 유지할 것인가 또는 종결시킬 것인가 여부를 결정하는 목표지향적인 것으로 보았다. 따라서 Provus의 입장에서 보면, 평가란 프로그램 개선과 프로그램 평정을 위한 계속적인 정보 관리 과정으로 본다. 특히 그가 목표라고 불리는 절대수준을 정해 놓고, 그것과 현존 실태 간의 간극을 측정·평가하는 것을 중요하게 생각하였다. 따라서 준거지향 평가 방식을 교육과정 평가에 적용한 것으로 판단된다.

2) 판단지향 모형

(1) M. Scriven의 탈목표 평가모형

다음으로, M. Scriven의 탈목표 평가모형이다. 그는 L. J. Cronbach의 영향을 받아 평가의 목적이 어떠한 것의 가치를 판단하는 것이라고 보았다. 프로그램 평가의 선행조건으로서 목표에 대한 관심을 강조하였다. 우리는 흔히 목표에 비추어서 그 목표가 성취되었는가의 여부를 따져 평가를 실시하지만, Scriven의 의문은 비록 목표 그대로 잘 성취되었다 하더라도 만약 그 목표가 본래 가치가 없는 것이라고 할 때, 성취 역시 아무런 가치가 없는 것이다. 따라서 목표에 대한 사전 평가 없이 그냥 목표에 의거하여 그것을 기준 삼아 평가를 실시하여서는 안 된다. 이것이 탈목표 평가(goal-free evaluation)라고 부르는 이유이기도 하다.

1972년에 Scriven에 의해 제안된 것으로, 기존의 목표기준평가가 목표를 준거로 하여 의도했던 일차적 성과만을 확인하고 이차적 또는 잠재적 부수효과(side effect)를 간과함으로써 실제 성과(actual outcome)를 평가하지 못한다는 문제점을 보완하기 위해 프로그램이 의도했던 효과뿐만 아니라 부수효과까지 포함시킨 실제 효과를 평가하는 방식을 말한다.

세부적인 절차를 보면 다음과 같다.

① 프로그램 시행과 관찰: 프로그램을 운영하면서 목표를 의식하지 않고 프로그램의 운영 과정과 성과를 다각적으로 광범위하게 관찰·기록한다.
② 일차적 효과의 분석: 관찰된 성과 중에 프로그램을 통해 획득하려고 의도했던 성과를 분석·정리해서 목표를 준거로 하여 그 가치를 판단한다.
③ 이차적 효과의 분석: 프로그램을 운영해서 실제로 관찰한 성과 중에 목표로 진술하지 않았거나 또는 전혀 의도하지 않았으나 예상 외의 부수효과를 가져온 것을 추출하여 긍정적인 것과 부정적인 것으로 분류·정리한다.
④ 표적집단의 요구분석: 프로그램 참가자와 이해관계 당사자들의 프로그램에 대한 요구 또는 기대를 폭넓게 조사하여 항목별로 열거한다.
⑤ 사실상의 효과분석: 표적 집단의 요구와 프로그램에 대한 만족도를 준거로 하여 이차적 효과를 판단한 다음 일차적 효과와 함께 프로그램의 실제 효과를 종합적으로 판단한다.

Scriven은 평가의 준거를 강조한다. 일반적으로 준거에는 두 가지 유형이 있는데, 하나는 내재적 준거이고, 다른 하나는 외재적 준거다. 내재적 준거란 그 프로그램에 내재하는 기본적인 속성들을 의미하며, 외재적 준거란 그 프로그램이 발휘하게 되는 기능적 속성을 의미한다. 예컨대, 교육과정에서 목표가 얼마나 잘 행동적으로 진술되었느냐, 내용 선정과 조직이 얼마나 합리적으로 체계 있게 이루어졌느냐 하는 등의 문제는 내재적 준거다. 그러나 그 프로그램이 실제로 편성되고 운영되는 가운데 그것이 얼마나 잘 운영되었고, 교사들은 얼마나'그것에 따라 충실히 가르치고 학생들은 성공적으로 배웠는가' 하는 문제는 일종의 외재적 준거다. 그러나 지금까지의 평가에서 보면 내재적 준거에 기초한 내재적 평가 또는 과정평가(process evaluation)에만 지나치게 편중되어 왔다고 보고 있다.

(2) 감정 · 비평모형(감식안 모형)

Eisner(1985)가 주장한 것으로, 교육평가에 대한 과학적 · 기술적 접근이 남긴 역작용을 제거할 목적으로 그는 예술활동에서 많이 사용하는 감정(鑑定, connoisseurship)과 비평(批評, criticism)에서 교육비평이라는 개념을 도출하여 예술작품을 감정 또는 평가할 때 그 분야의 전문가들이 사용하는 절차와 기술을 교육평가에 적용한 것을 감정 · 비평모형(鑑定批評模型, model of connoisseurship and criticism)이라 했다. 일명 감식안 모형이라고도 한다.

세부적인 절차는 다음과 같다.

① 실제 사상에 대한 감상: 직관을 토대로 평가하고자 하는 교육적 사상 또는 실제의 모습을 보고, 느끼고, 생각한 대로 담담하게 음미하고 감식한다.
② 기술적인 측면의 비평: 교육적 사상을 관찰 · 감상해서 얻은 특징과 질을 상세하게 기술한다.
③ 해석적인 측면의 비평: 기술한 특징과 질에 대한 교육적 의미와 가치를 자세하게 논리적으로 풀어서 설명한다.
④ 평가적인 측면의 비평: 기술 · 해석한 교육적 의미와 가치를 질적으로 판단한다.
⑤ 결론의 도출과 제언: 교육실제를 정확하게 이해하고 개선하는 데 필요한 결론을 도출한다.

3) 의사결정지향 모형

(1) Stufflebeam의 CIPP 모형

Stufflebeam 등(1971)은 평가가 의사결정에 필요한 정보를 설계, 획득, 제공하는 과정이라는 정의를 바탕으로 CIPP(Context evaluation, 상황평가; Input evaluation, 투입평가; Process evaluation, 과정평가; Product evaluation, 산출평가) 모형을 제안하고 있다.

① 상황평가는 맥락평가라고도 볼 수 있으며, 프로그램이나 수업 평가를 실시함에 있어 전반적인 맥락 또는 환경을 분석하여 필요한 조건과 실제 상황을 명시하고 필요조건과 실제 상황이 맞아떨어지지 않은 부분과 이유, 그리고 해결방안을 확인, 진단하는 과정이다.

② 투입평가는 입력평가라고도 하며, 평가에 동원되는 자원 또는 자원체제의 활용 방법을 결정할 때 필요한 정보를 수집·제공하기 위한 평가다. 그러므로 투입평 가에서는 평가에 동원되는 인적 자원의 능력, 목표 달성을 위한 전략, 선정된 전 략의 실행을 위한 설계를 확인하고 사정한다. 또한 동원할 수 있는 자원, 시간, 예 산에 비추어 여러 대안을 탐색하고 평가 실시 과정에서 발생할 장애 또는 문제점 도 검토한다(예: 집단토론, 문헌연구, 설문조사, 전문가 동원 등).

③ 과정평가는 프로그램의 운영 방법과 절차를 수정·보완하는 데 필요한 정보를 수 집·제공하기 위해 프로그램이 실시되고 있는 동안 프로그램의 운영 상황을 정기 적으로 검색하는 평가다(참여 관찰, 집단토론, 설문조사 등).

④ 산출평가는 성과평가 혹은 출력평가인데 프로그램이 종료된 후에 프로그램의 성 과를 측정하는 평가다.

(2) Alkin의 CSE 모형

Alkin(1969)은 평가를 의사결정자가 선택할 수 있는 여러 대안 중의 최선의 방안을 선택하는 데 필요한 데이터를 요약·정리하여 제공할 목적으로 의사결정을 내려야 할 사안 또는 영역을 확인해서 관계 정보를 선정, 수집, 분석하는 과정이라고 하고 CSE (UCLA 대학의 평가연구소(Center for the Study of Evaluation)의 약자) 모형을 제시하였다.
세부적인 절차는 다음과 같다.

① 체제사정평가(systems assessment evaluation): 특정 상황에 적합하거나 또는 필요한 교육목표를 선정하기 위해 교육목표의 폭과 깊이를 결정하는 데 있어야 할 정보를 수집하는 과정이다. 즉, 추구하고자 하는 목표와 현재의 상태 간의 격차를 요구라 고 했을 때 학생, 지역사회, 국가, 학계의 요구를 확인하여 교육을 통해 기대하는 요구와 체제 및 현상의 차이를 확인, 비교하는 평가다(관찰, 조사, 면담, 토의).

② 프로그램 계획평가(program planning evaluation): 체제사정평가에서 확인, 선정한 체제의 교육적 요구를 충족할 수 있는 여러 방안 중에 가장 효과적인 방안을 선택 하는 데 필요한 정보를 수집하는 과정을 프로그램 계획평가라고 한다.

③ 프로그램 실행평가(program implementation evaluation): 프로그램을 선택, 결정한 다음 실제로 프로그램을 운영했을 때 프로그램 계획평가 단계에서 기대하고 결정 한 사항이 어느 정도 충족되고 있는지를 확인하는 과정을 말한다(참여 관찰, 면담,

토의, 조사 등).

④ 프로그램 개선평가(program improvement evaluation): 프로그램을 개발하는 과정에서 계속 보완하는 작업이 필요하고, 기존 프로그램도 수정해야 한다. 그래서 프로그램 개선에 필요한 정보의 수집과 제공은 프로그램 평가에서 중요한 위치를 차지한다. 개선·보완에 필요한 정보가 주어지면 즉각적으로 개입해서 적절한 조치를 취하고 그 효과 또는 변화를 확인, 검증하는 것이 프로그램 개선평가의 일반적인 절차다.

⑤ 프로그램 승인평가(program certification evaluation): 어떤 프로그램의 채택 여부를 결정하려고 하면 의사결정자에게는 프로그램의 질에 대한 전체적인 종합평가 결과가 필요하다. 그와 같은 의사결정자의 요구를 충족할 목적으로 의사결정자가 프로그램의 채택을 유보할 것인지, 부분적으로 수정하여 실시할 것인지, 또는 적극적으로 채택하고 보급할 것인지를 결정할 즈음에 있어야 할 정보를 수집·제공하기 위한 평가가 프로그램 승인평가다.

4) 자연주의 모형

자연주의 평가모형(naturalistic model of evaluation)은 프로그램의 내용, 구성, 운영과정, 효과, 중요 쟁점 등에 관한 정보를 자연주의적 탐구방법을 이용하여 수집·제공하는 평가방식을 총칭한다. 따라서 평가 설계에 맞추어 인위적으로 조작하는 실험적인 장면보다 현장의 실제 상황에서 평가를 실시하고 사례연구 형태로 데이터를 수집·분석하여 평가 결과를 되도록 수량화시키지 않고 질적으로 나타내는 것이 자연주의 평가모형의 방법론적인 특색이다.

(1) 조명적 평가모형

Parlett와 Hamilton(1976)이 제안한 조명적 평가(照明的 評價, illuminative evaluation)는 프로그램 제작의 이론적 근거와 목적, 개발 과정, 운영 절차, 실시 결과, 문제점 등을 총체적이고 심층적으로 탐구하려는 접근방식의 평가로서 측정과 예언보다는 기술과 해석을, 변인의 통제와 조작보다는 교육적 맥락을 있는 그대로 초상화를 그리듯이 현상적으로 기술하는 평가 방법이다. 그러므로 이 모형에서는 프로그램의 일부 특성이나 개개 변인 간의 상관관계만을 분석하지 않고 전체성을 중시하여 프로그램에 작용하는 모든 변인 간의 역동적이고 총체적인 상호 관계를 규명하려고 한다.

세부적인 절차는 다음과 같다(Marsh & Willis, 2003: 310).

① 관찰: 평가하려는 상황의 일상적인 현실을 파악하고 전체적인 모습 또는 특징을 관찰할 목적으로 평가하려는 상황과 친숙하기 위해 참여적 활동을 하면서 직접 관찰하는 단계다.

② 탐구: 선정된 쟁점과 원인을 심층적으로 분석하고 해결방안을 탐색하여 합의점을 찾는 단계다.

③ 설명: 전체적이고 포괄적인 설명과 함께 쟁점이 된 문제가 생긴 배경과 과정을 사회인류학적인 탐구 방식으로 인과관계를 규명하여 문서로 작성 · 보고하는 단계다.

(2) 반응적 평가

반응적 평가(responsive evaluation)는 Stake(1972)에 의해 제안된 평가 방법으로 교육활동의 복잡성을 이해하고, 관련 인사의 요구에 부응하여, 그들의 다양한 주장, 관심, 쟁점을 확인하기 위한 것이다. 반응적 평가에서는 평가와 직접적으로 또는 간접적으로 관계되는 여러 인사들의 프로그램에 대한 반응을 제일 중요시하고 그들의 반응을 중심으로 평가의 내용과 절차를 수시로 수정 · 보완하는 융통성이 있고 생산적인 방법을 쓰기 때문에 평가자와 관련 인사들 간에 지속적인 상호작용이 필요하다.

세부적인 절차는 다음과 같다.

① 관련자의 관심 확인: 프로그램의 목적, 내용, 절차, 결과에 대한 관련 인사들의 입장과 견해를 청취한다.

② 관련자의 반응 수집: 대화, 토의 등과 같은 방법을 이용하여 평가 과정에서 프로그램과 평가 방법에 대한 관련 인사들의 반응을 계속 수집한다.

③ 관심사 확인: 관련 인사들의 반응을 분석 · 종합하여 프로그램에 대한 주요 관심사와 쟁점을 확인 · 결정한다.

④ 수정과 점검: 평가 내용과 절차에 대한 이견이 있을 때는 조정 · 합의하여 평가 절차를 수정하고 보완한다.

⑤ 보고서 작성: 프로그램의 전체적인 특징과 함께 관련 인사들의 관심사를 중심으로 평가 결과를 질적으로 기술한다.

이 장의 주요 내용

교육과정 평가는 교육과정을 평가하는 것이다. 그러므로 교육과정 평가는 교육과정, 평가, 그리고 이 양자의 관계에 의해서 규정된다. 교육과정 개념은 여러 측면에서 설명될 수 있다. 우선 교육과정의 기본적 관심사(목표의 설정, 교육내용과 학습경험의 선정과 조직, 교육평가 등)를 평가의 대상으로 삼을 수 있다. 다음으로는 교육과정 평가의 개념이 교사에 의한 학생 행동의 평가로 인식되는 교육평가의 협소한 개념으로부터 확장될 필요가 있다. 그리고 교육과정 영역이나 개발 과정의 측면에서 본 개념으로서 교육과정 계획 평가, 교육과정 시행 평가, 교육평가의 평가 등으로 보는 입장이다.

교육과정 평가의 쟁점은 매우 다양하게 제기될 수 있다. 쟁점이 제기되는 소재로서 교육과정의 개념, 교육과정의 제 측면(계획, 과정, 결과), 평가의 초점(목표지향, 가치판단, 의사결정지향), 교육과정 평가의 목적(개선 대 판단, 의사결정 대 책무성, 판단-의사결정-이해), 평가의 관점(전통적 관점, 경험형 관점, 행동주의적 관점, 학문구조형 관점, 인지주의 관점), 평가 영역(개발과정 체제, 교육과정 개념, 교육과정 요소), 평가의 방법(양적 평가와 질적 평가), 평가의 수준(국가, 지역, 학교) 등이 있다.

교육과정 평가는 학생평가, 교사평가, 학교평가, 교육지원 기관평가 등과 서로 관련이 있으면서도 평가 목적이나 평가 영역에서 서로 차이점이 존재한다.

교육과정 평가모형은 순수하게 교육과정 평가에서 출발한 것도 있지만 주로 프로그램 평가에서 발전된 것들이 많다. 평가모형에는 목표지향 모형, 판단지향 모형, 의사결정지향 모형, 자연주의 모형 등이 있다. ① 목표지향 모형에는 Tyler의 모형, Provus의 격차모형이 있으며, ② 판단지향 모형에는 Scriven의 탈목표 평가모형, Eisner의 감정·비평모형(혹은 감식안 모형)이 있으며, ③ 의사결정지향 모형에는 Stufflebeam의 CIPP 모형, Alkin의 CSE 모형이 있다. ④ 자연주의 모형에는 Parlett와 Hamilton의 조명적 평가, Stake의 반응적 평가모형이 있다.

주요개념

CIPP 모형	교육과정 평가	조명적 평가
CSE 모형	반응적 평가	탈목표 평가모형
감정·비평모형	목표지향 모형	평가의 쟁점
격차모형	자연주의 모형	

🔟 탐구문제

1. 교육과정 평가의 의미를 규정해 보시오.

2. 교육과정 평가의 개념 모형을 설명해 보시오.

3. 다양한 교육과정 평가모형들을 비교, 설명해 보시오.

4. CIPP 모형의 장단점을 설명해 보시오.

5. Eisner의 감정 · 비형모형의 특징과 적용 방안을 구상해 보시오.

6. 교육과정 평가와 교육평가의 차이점을 설명해 보시오.

7. 교육과정 평가와 현행 수학능력시험과의 관계를 설명해 보시오.

8. 현재 학교 현장에서 교육과정 평가가 정상적으로 잘 이루어지지 않는 이유를 설명해 보고, 그 개선 방안을 제안해 보시오.

참 고문헌

강현석 · 이경섭(1999). 교육과정 평가상의 주요 쟁점 분석. 교육학논총, 19(2), 87-114.

김재춘 외(1998). 초 · 중등 교육과정평가 방안－제7차 교육과정 평가 실행에 대비한 기초연구－. 한국교육과정평가원 연구보고 RRC 98-2.

김진규(2002). 교육과정과 교육평가. 서울: 동문사.

배호순(1994). 프로그램 평가론. 도서출판 원미사.

변창진 외(1996). 교육평가. 서울: 학지사.

이성호(1986). 교육과정과 평가. 서울: 양서원.

최호성(1993). 교육과정 평가의 모형 정립과 평가기준 설정 및 타당화 연구. 경북대학교 대학원 박사학위논문.

허경철(2000). 21세기 교육평가 어떻게 할 것인가. 한국교육과정평가원세미나 자료집, 107-140.

허숙(1987). 교육과정이론의 쟁점. 서울: 교육과학사.

Alkin, M. C. (1969). Evaluation Theory Development. *Evaluation Comment*, *2* (1).

Beauchamp, G. A. (1968). *Curriculum Theory* (4th ed.). Wilmette: The Kagg.

Eisner, E. (1985). *The art of educational evaluation: A personal view*. PA: The Falmer Press.

Marsh, C., & Willis, G. (1995). *Curriculum: An Alternative Approaches, Ongoing Issues.* Columbus, OH: Merrill.

Marsh, C., & Willis, G. (2003). *Curriculum: An Alternative Approaches, Ongoing Issues* (3th ed.). Columbus, OH: Merrill.

Parlett, M., & Hamilton, D. (1976). Evaluation as Illumination: A New Approach to the Study of Innovative Programs. In G. V. Glass (Ed.), *Evaluation Studies Review Annual* (Vol. 1). Beverly Hills, CA: Sage.

Stake, R. E. (1972). *Responsive Evaluation.* Unpublished Manuscript.

Stufflebeam, D. L. et al., (1971). *Educational Evaluation & Decision-Making in Education.* Itasca, Ill: Peacock.

Worthen, B. R., Sanders, I. R., & Fitzpatrick, J. L. (1997). *Program Evaluation: Alternative approach and practical guidelines* (2nd ed.). NY: Longman.

Zais, R. S. (1976). *Curriculum: Principles and Foundation.* NY: Harper & Row.

제**14**장   교육과정 연구

📕 **이** 장의 주요 목표

▷ 교육과정의 특징을 구현하는 연구방법에 대하여 이해할 수 있다.

▷ 세 가지 연구 패러다임을 적용하여 교육과정 연구의 방향을 제안할 수 있다.

▷ 자신의 교육과정 관점에 적합한 연구방법을 선정하여 연구문제를 진술할 수 있다.

▷ 현행 교육과정 정상화에 기여하도록 하는 연구방법을 설명할 수 있다.

▷ 교사의 교직 생활에 가장 유의미한 연구방법을 선정하여 연구 절차를 제시할 수 있다.

교육과정 연구는 교육과정의 현상이나 활동을 연구 대상으로 하여 체계적인 연구절차에 의해 이루어지는 탐구활동이다. 교육과정 연구가 제대로 이루어져야 교육과정에 대한 우리의 지식과 현장의 문제들이 발전적으로 개선되어 나간다. 교육과정에 대하여 우리는 개인적인 입장이나 인상, 소견을 지닐 수 있다. 그러나 교육과정을 보다 체계적으로 이해하고 발전시키려면 보다 엄밀하고 체계적인 탐구 형식들에 친숙해져야 한다.

교육과정을 다양한 탐구 형식을 통하여 포괄적이고 종합적으로 이해하려는 자세가 필요하다. 교육과정 연구에 도움이 되는 전형적인 연구 패러다임과 다양한 연구방법을 탐구해 본다. 특히 독자 여러분들이 다양한 연구방법 중에서 자신의 관점이나 기호에 부합하는 특정 연구방법을 하나 선정하여 친숙해질 수 있는 기회를 가져 보기를 권장한다.

1. 연구 패러다임

Thomas Kuhn(1970; 1996)에 의하면 패러다임은 "의미에 대한 과학적 탐색에서 과학을 특징짓는 근본적 관점"이다. 한 패러다임이 어떤 실질적 변화도 거부하며 정착되는 것이 일반적이라 했다. 하지만 결국에는 새 패러다임이 등장하고 낡은 것을 대신한다. 교육과정을 연구하는 데에도 몇 가지 패러다임으로 구분하여 논의가 가능하다.

1) 실증주의적 패러다임

흔히 과학적 방법이라고 알려진 실증주의적 패러다임은 자연과학적 방법을 선호한다. 과학적 방법이란 어떤 관찰 가능한 현상을 기술하고 설명하며 예측하기 위한 객관적, 논리적, 체계적 분석방법이라 할 수 있다. 우리를 둘러싸고 있는 자연과 사회는 대체로 질서정연한 규칙에 따라 움직이고 구성되어 있으며, 그러한 자연의 법칙을 발견하는 방법 가운데 가장 믿을 만한 통제된 연구방법이 곧 과학적 방법이라는 것이다(최종후 · 김항규, 1994).

사회과학에서의 과학적 연구방법은 인간과 사회의 현상을 객관적, 경험적 자료를 바탕으로 연구되어야 한다는 경험주의(empiricism)와 실증주의(positivism) 접근법에 근간을 두고 있다. 이것은 근대과학적 세계관에 의해 정립된 과학적 방법론이 자연현상뿐만 아니라 인간과 사회현상의 설명에도 적용될 수 있다는 이른바 방법론적 자연주의에 따른 것으로 볼 수 있다.

이 패러다임에서는 사회를 자연과 동일시하며, 구조화된 양적 방법을 고수하며, 연구의 가치중립성을 중시한다. 그리고 객관성, 정확성과 일반법칙화를 강조하며, 교육과정 연구가 자연과학적 연구 논리와 방법에 경도되는 경향이 강하다.

요컨대, 실증주의적 접근방법에 의한 사회과학의 연구는 경험성, 객관성을 중시하기 때문에 과학은 이러한 욕구를 충족하여 줄 수 있는 계량적 접근방법을 중시한다. 경험적 관찰의 정확도와 객관성을 높이기 위해서는 통제된 실험이나 표준화된 측정도구를 이용하거나, 또한 이러한 것들을 기능하게 해 주는 조작적 정의(operational definition) 등을 통해 이를 계량화해야 한다. 따라서 통계적 사고와 통계적 기법에 근거한 통계적 방법론은 계량적 접근방법을 중시하는 실증주의적 사회과학 연구에 매우 중요한 방법론의 하나로 자리 잡게 된 것이다.

이러한 과학적 연구방법의 특징으로는 다음과 같은 것들을 들 수 있다(최종후·김항규, 1994: 1-12).

- 과학은 경험주의에 기초하고 있다.
- 과학은 합리주의에 기초하고 있다.
- 과학은 연역논변과 귀납논변과 같은 논리성을 특징으로 한다.
- 과학은 계량적 방법을 중시한다.
- 과학적 이론은 반증하고 수정 가능하도록 개방되어야 한다.

그러나 이상의 과학적 연구방법에도 많은 한계가 있다. 실증주의적 연구방법은 우리를 둘러싸고 있는 세계를 인식하는 데 있어서 하나의 인식 방법일 뿐이지, 그것이 인식의 유일한 근거는 아니다. 특히 방법론적 자연주의에 바탕을 둔 실증주의적 접근방법의 사회과학에서의 적용은 그 자체가 본질적으로 한계점을 갖고 있을 뿐만 아니라, 실제로 적용해 나가는 과정에서도 많은 한계점을 내포하고 있다. 이러한 사회과학에서의 실증주의적 접근방법에 대해 비판하고 이에 대한 대안으로 제시되는 것 가운데, 대표적인 것으로 해석적 관점과 비판이론의 관점이 있다.

2) 해석적 패러다임

해석적 패러다임에서 행위자는 서로의 행동을 의미 있는 것으로 받아들이고, 그것을 해석 또는 상황 정의하면서 상호작용 행위를 한다(손승남, 2001). 즉, 규칙적인 과정이라기보다는 본질적으로 해석적인 과정이라고 파악한다. 따라서 인간의 행위와 상호작용이 공유된 일정한 규칙에 지배되지 않는다고 보고 인간의 상호작용을 하나의 해석적 과정으로 파악하고 있기 때문에 그 연구방법 또한 해석적 기술을 강조한다. 미시적 접근의 사회학이 주로 견지하는 패러다임이다.

이 입장에서 사물을 이해하는 것은 해석하는 것이다. 전이해를 통한 해석을 강조한다. 이 과정에서 해석과 의미 부여의 상호작용이 중요하다. 해석은 사회적 상호작용의 맥락 속에서 인간행동에 의미를 부여하는 과정이다. 그것은 주관적 상태에 대한 명백한 이해이며 주관적 상태와 행동 간의 긴밀한 관계다.

이 해석적 패러다임에서는 공통적으로 해석적 과정으로서의 상호작용을 중시하며, 상호작용에 대한 해석적 기술 방법을 채택하며, 연구방법 면에서 질적 연구방법을 강조한다. 특히 분석 수준에서는 미시적 분석을 강조한다. 그리고 내부자 관점을 강조한다. 즉, 연구자는 행위자들과 같은 방식으로 관찰하고 해석 유형이나 규칙성을 찾고 총체주의를 견지하며 문제 상황을 전체적으로 인식하고 탐구한다. 동시에 맥락화를 중시한다. 모든 자료는 그 자료가 수집된 환경의 맥락 속에서 고려되어야 한다. 맥락이 해석의 본질을 이룬다.

이러한 해석적 · 실천적 접근은 역사적 · 해석적 과학을 인도하는 인식적 관심이다. 교육과정에 대한 이러한 접근은 사회 문화적 삶의 차원에서 상호 주관적 이해의 성취와 관련이 있고 현상, 소통, 상호작용 그리고 공통이해(shared understanding)와 관련된 실천적인 관심을 포함한다. 일반적으로 교육적인 문제에 대한 획일적인 대답은 실천적인 문제들이 맥락에 묶여 있고 상황적으로 결정되며 복잡해 보이기 때문에 적용하기에는 불가능하다.

3) 비판적 패러다임

비판적 패러다임에서는 사회라는 실체가 총체적 역사 구조 속에서 파악되어야 된다고 본다. 연구자는 가치중립적이기가 쉽지 않으며 그럴 필요도 없다. 실천적인 자기 입장을 가지면 된다고 본다. 따라서 실천적 입장에서 이론을 바라볼 것을 강조하며, 양적 또는 질적 방법을 사용하기도 한다.

비판 지향적 과학이 인간성의 형성 과정 속에 들어 있는 지배와 억압, 그리고 이데올로기적 행위의 요인들을 분석하고 그러한 형성 과정에 개입되어 있는 가능한 왜곡 구조를 폭로하고 비판하고자 한다면, 이러한 유형의 과학적 인식은 지배와 억압, 이데올로기 등으로부터 벗어나려는 해방적 관심에 따른다. 이러한 비판적 · 해방적 접근은 학교의 사회 정치적인 맥락 그리고 집단의 행동과 속성을 통한 교사들의 권한을 비판하는 것과 관련된다. 이러한 접근은 주로 반성적인 행동과 비판적인 탐구와 관련된 모델로 나타내어진다.

교육과정 편성과 운영에 대한 다양한 정치, 역사, 철학, 윤리 문제와 메커니즘을 연구하고 교사의 자율성과 학생의 인권 문제, 기존의 당연시되는 교육문제에 대해 비판적 각성을 촉구하기도 한다.

이와는 다른 맥락이지만 윤병희(2001)는 한국에서의 교육과정학 연구 동향에 대해 역사적으로 비판하면서 교육과정학 연구의 주요 접근을 5가지, 즉 개발모형 접근, 논리철학 접근, 정책연구 접근, 재개념화 및 후기철학 접근, 교육본위 접근으로 구분하여 논의한 바가 있다. 역사적으로 가장 오랜 전통을 지닌 개발모형 접근, 이홍우와 그의 후학들의 시도인 논리철학 접근, 응용적 R&D 접근, Pinar에 의해 주도된 접근, 교육과정학 연구 자체에 일차적 초점을 두는 교육본위 접근을 설명하면서 '교육 소재'로서의 교육과정이 교육이라는 활동을 활성화할 수 있는 가능성(장상호, 1991)을 탐색해야 한다고 주장한다.

2. 연구방법

연구방법은 모든 학문 분야에 존재한다. 그렇다면 교육과정에서도 활용이 되는 연구방법에는 어떠한 것들이 있는가? 연구방법이라는 것이 하나의 학문 분야가 갖추어야 할 기본요건이므로, 교육과정이 1918년에 F. Bobbitt에 의해 하나의 체계적인 학문 분야로 자리잡게 된 이후로 교육과정 연구방법의 출현과 그에 대한 논의가 시작되었다고 볼 수 있다. 교육과정 연구방법은 여러 학자들에 의해 다양하게 제안되고 있다. 이하에서는 Short(1991)가 제안하고 있는 탐구 형식과 우리가 주목할 필요가 있는 몇 가지 연구방법을 소개하기로 한다.

1) 탐구 형식

Short(1991)는 『교육과정 탐구 형식(*Forms of Curriculum Inquiry*)』이라는 책에서 교육과정을 탐구하는 형식 총 17가지를 소개하고 있다. 그것을 열거해 보면 다음과 같다. 철학적 탐구, 개념적 분석, 철학적 탐구, 확장적 비평, 철학적 탐구, 사변적 에세이, 역사적 탐구, 과학적 탐구, 민족지학적 탐구, 내러티브 탐구, 미학적 탐구, 현상학적 탐구, 해석학적 탐구, 이론적 탐구, 규범적 탐구, 비판적 탐구, 평가적 탐구, 통합적 탐구, 숙의적 탐구, 실행연구 등이다.

이용환(2002)은 이상의 탐구 형식을 참고로 하여 교육과정 연구방법을 양적 연구와 질적 연구, 인문학적 연구로 구분하고 있으며, 위의 17가지 중에서 과학적 탐구와 민족지학적 탐구(혹은 문화기술적 연구)를 제외한 모든 것을 인문학적 연구라고 부르고 있다. 이하에서는 그의 분류를 따라서 탐구 형식의 의미와 전형적인 연구문제를 소개하여 표로 제시하고자 한다.

표 14-1 교육과정 탐구 형식

탐구형식	정의와 전형적 연구문제
분석철학	정의: 개념분석 방법
	연구문제: 교육과정이라는 용어가 일상적으로 의미하는 바는?
확장적 비평	정의: 철학적 비평 혹은 교육비평 방법
	연구문제: 특정 교육과정 주장에 근거하는 전제와 이론은 무엇인가?
사변적 에세이	정의: 비형식적인 문체로 개인적인 단상을 표현하는 에세이 방법
	연구문제: 교육과정 계획의 과정에 대하여 남에게 이야기할 수 있는 내 개인적인 지식과 경험은 어떤 것들일까?
역사적 탐구	정의: 교육과정의 특정 주제 등에 대하여 시간의 흐름에 따른 연구
	연구문제: 1970년대에 '지식의 구조' 이론이 교육과정에 반영된 역사적 요인들은 무엇인가?
내러티브 탐구	정의: 교육과정에 관련된 당사자들의 삶에 대하여 이야기를 구성하기
	연구문제: 교육과정부장으로서 나의 교직생활에 대한 의미는?
미학적 비평	정의: 교육과정 현상의 잠재적인 내면을 체계적으로 탐구하는 방법
	연구문제: 김 교사의 수업에서 경험된 교육과정 효과는 어떤 질적 특성이 있을까?
현상학적 탐구	정의: 인간 경험의 본질, 사고나 의식의 불변 구조를 찾는 연구
	연구문제: 철수는 수준별 수업을 위하여 학급을 옮겨 다니며 무엇을 지각하고 느끼게 될까?
해석학적 탐구	정의: 모든 사건과 행위를 해석의 대상으로 삼는 연구
	연구문제: 우리나라 학교의 교실 수업에서 교과서 내용의 의미는 어떻게 형성되고 어떻게 다루어지는가?
이론적 탐구	정의: 교육과정의 개념 구도를 만들어 내는 연구
	연구문제: 만들어지는 교육과정 개발의 모형과 준거는 어떻게 설정해야 하는가?
규범적 탐구	정의: 교육과정 계획에 내재되어 있는 규범과 가치를 탐구하는 연구
	연구문제: 새 교육과정은 어떤 가치들을 전제로 하여 만들어질 수 있는가?
비판적 탐구	정의: 교육과정의 활동과 현상 속에 있는 이데올로기를 드러내는 연구
	연구문제: 수준별 교육과정에는 어떤 모순이 존재할까?

평가적 탐구	정의: 교육과정 평가 연구
	연구문제: 교사용 지침서는 국가 교육과정 실행에 도움이 되는가?
통합적 탐구	정의: 특정 필요에 맞는 다양한 연구 결과나 지식들을 통합하는 것
	연구문제: 교육과정 개발 과정에 대한 경험적 연구 결과는 교육과정 개발 이론과 일치하는가?
숙의적 탐구	정의: 교육과정 문제들을 순수한 이론적 지식이 아닌 광범한 맥락과 구체적 상황에 반응하여 수행하는 연구
	연구문제: 여러 학자들이 내놓은 교육과정 개발 모형은 더 좋은 교육과정을 만드는 데 기여하는가?
실행연구	정의: 실천가들이 교육과정 실제의 문제들을 다루는 연구
	연구문제: 학교 교육과정 편성에서 교사들의 어려움을 어떻게 개선할 것인가?

2) 내러티브 탐구

내러티브 탐구(narrative inquiry)는 우리 삶에 대한 이야기이며, 우리의 경험에 대한 이야기에 초점을 둔다. 대체로 형식주의적이고 실증적인 연구의 대안으로 등장하고 있으며, 주로 캐나다에서 현상학에 기반을 두고 발전을 하고 있다. 이하에서는 염지숙 (2003)과 소경희 등(2007)의 내용을 참고하여 제시한다.

이 분야의 전문가인 Connelly와 Clandinin은 인간은 '이야기하기'와 '다시 이야기하기', 즉 내러티브를 통해 자신의 경험에 대한 의미를 만들어 간다고 주장하면서, 지식을 구체적이고 내러티브적이며 관계적인 것으로 개념화하고 있다(1988; 1990; 1994; 1995). 따라서 이들에게 내러티브 탐구는 다음과 같다.

> 경험을 이해하기 위한 하나의 방법이며, 한 장소 또는 일련의 장소에서 환경과의 상호작용하에 계속적으로 일어나는 연구자와 참여자 간의 협력이다. 연구자는 이러한 관계망 속으로 들어가서, 이와 똑같은 영감(spirit)을 가지고 탐구를 진행시켜 나간다. 그리고 여전히 사람들의 개인적이고 사회적인 삶을 구성하는 경험의 이야기들을 살아 내고 이야기하고, 다시 살아 내고(reliving) 다시 이야기하는(retelling) 가운데 탐구를 마무리를 짓는다. 간단히 말해 내러티브 탐구는 이야기로 살아 내는 삶의 이야기들이다(Clandinin & Connelly, 2000).

사실, '이야기'와 '내러티브'에 대한 개념 정의는 학자들마다 다소 다르다.[1] 예를 들어, Polkinghorne(1988: 13)은 내러티브를 이야기 형식으로 표현된 일종의 조직적 도식(organizational scheme)이라고 하였다. 그에 의하면, 내러티브는 이야기를 만드는 과정, 이야기의 인지적 도식, 과정의 결과를 의미한다. Polkinghorne(1988: 14)은 이야기를 일반적으로 모든 내러티브 산물로 규정하며, '이야기'를 '내러티브'와 같은 의미로 사용한다.

한편, Clandinin과 Connelly(1991)는 '이야기'란 구체적인 상황에 대한 일화를, '내러티브'란 긴 시간에 걸쳐 있는 삶에 대한 사건들을 뜻하는 것으로 구별 짓는다. 그러므로 이들은 단일한 현상을 언급하기 위해서는 '이야기'를 사용하고, 탐구(inquiry)의 방법을 언급하기 위해서는 '내러티브'를 사용한다. 또한 Connelly와 Clandinin(1990: 2)은 '내러티브에 대한 탐구'(inquiry into narrative)와 '내러티브 탐구'(narrative inquiry)를 같은 의미로 사용하는데, 그들에게 내러티브는 현상(연구 대상)인 동시에 연구방법인 것이다. 따라서 Connelly와 Clandinin에게 있어서 내러티브란, 연구의 대상으로 삼는 경험뿐만 아니라 연구를 위한 탐구 패턴까지를 의미한다. 내러티브 탐구란 인간의 경험에 대한 이야기이며, 그러한 경험을 해석하고 재해석하는 방법까지를 포함하는 것이다(염지숙, 1999: 60).

내러티브 탐구에서 삼차원적 공간이란 개인적·사회적인 상호작용(interaction), 과거·현재·미래라는 시간의 연속성(continuity), 그리고 장소의 개념으로서의 상황(situation)을 말한다.

구체적인 절차는 다음과 같다. 현장에 들어가기: 이야기 속으로 걸어 들어가기 → 현장에서 현장 텍스트(field texts)로: 이야기의 장소에 존재하기 → 현장 텍스트 구성하기 → 현장 텍스트로부터 연구 텍스트(research texts)로: 경험에 대한 의미 만들기 → 연구 텍스트 구성하기다.

이러한 내러티브 탐구에서 글쓰기 문제를 살펴보자.

첫째, 경험을 이야기하고 다시 이야기하기 문제다.

이야기하기는 서로 맞물려 있는 일련의 의미들을 명확하게 말로 나타내는 행위다.

---

1) '이야기'와 '내러티브'의 차이에 대해서는, 염지숙(1999; 2003) 참조.

누군가의 이야기를 듣는 것은 자신의 의미를 통해 화자(話者)의 의미를 찾는 적극적인 행동이다. 어떤 이야기를 '다시 이야기'하는(retelling) 행위는 듣는 과정 자체가 일종의 다시 이야기하기라는 이유만으로도 자신의 의미를 통해 화자의 의미를 능동적으로 탐색하는 행위다(Rosen, 1986: 231).

우리는 우리의 이야기를 다른 사람들에게 함으로써 자신이 하고 있는 일에 대한 의미를 만든다. 그런 이야기들을 반성해 보고 재구성할 때, 우리의 삶은 이야기로 엮어지고 우리는 이야기되는 삶을 살게 된다. 내러티브 탐구에서 참여자들은 연구자에게 그들의 경험을 이야기하며 연구자는 참여자들의 이야기를 들은 대로 다시 이야기한다. 연구자가 참여자들의 경험과 이야기를 다시 이야기함으로써 참여자들은 "연구 이야기(research story)가 오랫동안 가져왔던 권한(authority)과 타당성(validity)" (Connelly & Clandinin, 1990: 4)을 얻기 위해 자신들의 목소리를 높일 수 있는 공간을 갖게 된다.

둘째, 이야기의 선택 문제다.

내러티브 탐구에서는 연구의 시작부터 끝까지 연구자와 참여자가 협력의 관계를 유지하므로, 연구자가 자신의 글을 가지고 참여자와 협의할 때마다 내러티브의 줄거리들을 계속 고치게 되며, 고친 이야기에서 다시 중요한 점들을 발전시켜 나가기 위해 보충할 만한 자료를 지속적으로 수집할 필요가 있다. 따라서 내러티브 탐구에서 자료의 수집은 종종 글쓰기가 끝날 무렵까지 계속되기도 한다.

다른 질적 연구에서와 마찬가지로 내러티브 탐구에서는 많은 양의 자료를 한눈에 볼 수 있도록 응집된 형태로 요약하는 것 자체가 불가능하다. 오히려 내러티브에서 크게 드러나는 주요 인물, 장소, 사건들을 다양하게 묘사하고, 장면과 줄거리들을 폭넓게 기술해 주는 '내러티브 스케치'(Connelly & Clandinin, 1990)야말로 독자들에게 연구에 대한 전반적인 감각을 느끼게 해 줄 뿐만 아니라 연구의 맥락을 이해하는 데에도 큰 도움을 줄 수 있다.

셋째, 글쓰기 문제다.

내러티브 탐구에서는 글쓰기 자체가 최종적으로 쓰여지는 연구 텍스트의 실제적인 형식에 차이를 가져다준다. 내러티브 탐구에서의 글쓰기는 다양한 방식을 취할 수 있다. 내러티브 탐구자는 연구의 초기부터 글쓰기의 유형에 대해 생각해야 하는데, 어떤 유형으로 쓸 것인가를 구체적으로 정할 수도 있고 마음속에 대략적인 그림만을 그려

보고 글쓰기가 진행됨에 따라 변화를 주거나 또는 확장시킬 수도 있다.

예로부터 우리의 학문적인 전통은 감성과 지성을 따로 떼어 생각하는 경향이 있었다. 내러티브 탐구에서는 지적으로 뿐만 아니라 정서적으로 관심이 있는 현상에 대해서도 문제를 제기하고 탐구한다. 더구나 연구자와 참여자 간의 관계에서 생길 수 있는 미묘한 감정의 문제까지도 중요시 여기며 살아 있는 이야기를 쓰고자 한다. 따라서 내러티브 탐구를 통한 연구에서, 글쓰기는 학문적이면서도 감성적인 특징을 지닌다.

Clandinin과 Connelly는 내러티브 탐구자가 내러티브 탐구의 삼차원적 공간 내에서 글쓰기를 해야 한다는 사실을 주지시키면서, 내러티브 탐구방법으로 처음 글쓰기를 하는 연구자들에게, '내러티브 탐구로 쓰인 논문이나 책 읽기' '자신의 연구에 적절한 은유 찾기' '개인적으로 관심이 있는 문학작품이나 수필 등의 글 읽기' '다양한 형태로 글쓰기를 시도해 보기' 등을 권한다.

3) 실행연구

현재 액션 리서치(action research)에 대한 용어상의 혼동이 존재한다. 액션 리서치로서 실행연구는 연구자와 연구 대상의 일체성을 중시한다. 연구자 자신이 연구의 수행과정 및 결과의 혜택을 직접적으로 누린다는 것이다. 따라서 액션 리서치는 연구자인 행위 당사자가 주체가 되어 자신의 개인적·사회적 삶을 탐구하여 계속적으로 개선하려고 하는 과정지향적 탐구 패러다임이다(이용숙 외, 2005: 21). 현재 우리나라에서는 현장연구 혹은 현장개선연구라는 용어와 혼용하여 사용되고 있어서 실행연구의 본질이 잘 드러나지 않는 어려움이 있다. 현장 교사 중심의 현장연구대회용 연구나 현지조사에 중점을 두는 연구로 오해받을 소지가 있다는 것이다. 그러나 실행연구의 본질은 연구자 당사자가 주체가 되어 자신의 개인적·사회적 삶을 탐구하여 계속적으로 반성하고 성찰하는 과정 속에서 탐구가 이루어지고 그로 인해 삶의 성장이 있게 된다는 점이다.

한국에서는 흔히 현장연구라고도 불리며, 교육 실천상에서 나타나는 현장의 문제를 중심으로 현장의 실천 개선을 위하여 현장 교사가 추진하는 연구로서 실천연구·현장실천연구라고도 한다. 실천연구의 측면에서 보면 실행연구는 연구 자체가 현장에서 학습이나 개발 계획을 이행하는 실제 활동을 포함하고 있으며 그러한 실천적 개발활동을 수행하는 과정 속에서 자료를 수집하는 연구방법이다.

대체로 알려져 있는 일반적인 특징으로는 ① 연구주제를 교육 현장에서 찾는다, ② 교육 실천 개선을 목적으로 하고 있다, ③ 현장 교사가 추진한다, ④ 조건통제를 거의 하지 않는다, ⑤ 주어진 사태에 그 기초를 두고 있다, ⑥ 연구 결과는 사태와 조건이 비슷한 학교에만 일반화할 수 있다, ⑦ 연구 추진 과정에서 연구계획의 일부를 변경할 수 있다, ⑧ 교사들에게 현직 교육적 가치를 제공한다는 점이다.

이와 같은 현장연구는 기본적인 연구나 학교의 계획 활동과 여러모로 구분된다. 기본적 연구는 이론의 형성을 위하여 엄격한 과학적 절차에 따라 연구 전문가들이 하는 연구이며, 학교의 계획 활동은 좋은 경영활동에 불과하다. 이렇게 보면 현장연구는 기본적 연구와 학교의 계획 활동의 중간에 있는 형태의 연구방법이며, 연구의 윤리성을 지극히 존중하고 연구의 시초부터 실천을 강조하는 점이 특이하다고 할 수 있다.

앞에서도 지적한 것처럼 실행연구는 위의 현장연구와는 그 의미나 초점이 다소간 다르다고 볼 수 있다. 다음의 정의는 실행연구를 가장 잘 나타내 준다(이용숙 외, 2005: 22 재인용).

> 실행연구는 우리가 역사의 현 시점에서 발현하고 있다고 믿는 참여적 세계관을 기반으로 하여 인간에게 가치 있는 목적을 추구하는 데에 필요한 실천적 지식을 획득해 가는 참여적이고 민주적인 과정이다(Reason & Bradbury, 2001: 1).

실행연구의 과정을 Kemmis와 McTaggart(1998)가 나선형의 자기반성적 연구사이클 모형으로 [그림 14-1]과 같이 나타냈다(최의창, 1998: 570 재인용).

실행연구의 절차로는 7단계가 자주 인용되고 있다.

① 문제의 발견
② 사전조사
③ 가설 세우기
④ 새로운 방법의 적용
⑤ 평가
⑥ 연구 결과의 배포
⑦ 후속연구

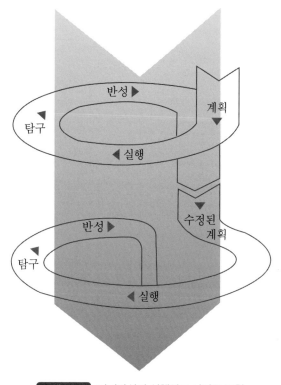

그림 14-1 자기반성적 실행연구 사이클 모형

4) 근거이론

근거이론(Grounded Theory)은 Glaser와 Strauss(1967)에 의하여 제안된 이론으로 이론적 토대는 Mead에 의해 처음 전개되었다. 그리고 Blumer과 Goffman 등에 의해 발전된 미시적 시각에 근거하는 상징적 상호작용주의로서 인간의 행동은 비록 협상과 재협상이라는 계속적인 과정이 있기는 하나 다른 사람들과의 상호작용을 통해 발전한다는 점을 강조한다.

근거이론 방법론은 일련의 체계적인 과정으로 어떤 현상에 대해 귀납적으로 이끌어진 하나의 이론을 발전시키는 질적 연구방법으로, 연구 참여자의 표현 속에서 연구 참여자가 의미 있게 받아들이고 있는 중요 사항이나 문제점을 연구 참여자의 관점에서 파악하려고 한다(Strauss & Corbin, 1990).

이 방법론은 특히 어떤 현상에 적합한 개념 틀이 아직 명확하게 확인되지 않고 개념 간의 관계에 대한 이해가 부족하거나 특정한 문제에 대한 반복 연구가 수행되지 않아 적합한 변수들과 적합하지 않은 변수들을 결정할 수 없을 때 사용하는 방법으로, 적절한 연구방법론으로 활용되고 있다.

이 방법의 주요 목적은 사람이나 사건, 현상들에 대한 이론을 발전시키는 데 있다(김영종, 1999; 2007). 근거이론에서의 조사방법들은 실제 삶의 현장에서 깊이 있는 자료를 수집하기 위해 면접이나 관찰기법 등을 중요시하며, 조사방법이나 절차들을 표준화하거나 제한하지 않는다. 조사자의 관찰이나 면담을 통해 도출되는 자료 외에도 갖가지 종류의 통계자료, 기록물, 일기, 자서전 등 가능한 모든 자료들이 수집과 해석의 대상이 된다.

근거이론의 특징은 체계적 코딩 과정에 있는데, 여기에는 3가지 코딩 방법이 있다(김수지 · 신경림 공역, 1996; http://cafe.naver.com.dongbangdm).

첫째, 개방 코딩(open coding)이다. 이 방법은 자료의 개념화 작업으로 주로 연구 초기에 사용된다. 개방 코딩은 해석적 과정으로 자료에 나타나는 현상을 기존의 해석방법을 뛰어넘어 새로운 분석적인 통찰력을 갖도록 하는 것이다. 주어진 현상에 상호작용을 중심으로 유사점과 차이점을 비교하면서 계속적인 비교, 분석방법에 의해 개념을 도출하고 도출된 새로운 개념의 현상을 명명하는 개념화 과정이다. 개방 코딩의 개념화 과정에서 개념을 명명하다 보면 수없이 많은 동일한 범주의 개념을 발견하게 되며, 동일 현상에 속하는 것으로 보이는 개념들을 하나로 묶는 범주화(categorizing) 과정이 진행되는데, 범주가 나타내는 현상도 개념적 명칭이 필요하다는 점의 차이다. 각 범주는 차원과 특성을 가지는데, 범주를 발전시키기 시작할 때 그 속성(property)과 차원(dimension)에 따라 범주를 발전시킨다. 속성은 범주의 특성이고 차원은 연속선상에서 속성의 위치를 나타내며, 개방 코딩 과정은 개념화, 범주화뿐만 아니라 그 속성과 차원으로 발전시킨다. 개방 코딩의 방법에는 미시분석법(line by line analysis)과 문단 또는 문장 전체를 분석하는 코딩 방법이 있다(김수지 · 신경림 공역, 1996; Strauss & Corbin, 1990).

예: 새, 연, 비행기 → 비행 물체(공통된 속성)

개념 간의 공통된 속성을 쉽게 찾는 방법은 각 개념들의 쓰임새(use)와 개념이 처한 상황(context)을 고려해 보는 것이다, 범주 명명 시 다른 범주와 비교하여 상호 독립적이어야 한다.

둘째, 축 코딩(Axial coding)이다. 이 방법은 범주를 하위 범주와 연결시키는 과정을 말한다. 축이라고 불리는 이유는 코딩이 한 범주를 중심으로 일어나며, 속성과 차원의 수준에서 범주들을 연결시키기 때문이다. 축 코딩의 목적은 개방 코딩 기간 동안에 분해되었던 자료를 재조합하는 과정을 시작하는 것이다. 축 코딩에서 범주는 그 하위 범주와 연결되어 현상에 대한 더 자세하고 완벽한 설명을 이루게 된다. 하위 범주와의 실제 연결은 서술적으로 일어나는 것이 아니라 개념으로 연결되며, 이러한 개념들에 의해 연구자는 설명을 발전시킬 수 있게 된다.

셋째, 선택적 코딩이다. 이 방법은 축 코딩 과정에서 나타난 패러다임을 더욱 확대 발전시키는 과정으로, 핵심 범주와 다른 범주들을 연결시킨 관계에 대한 진술문을 만들고 그러한 관계진술문에 대해서 확인하면서 범주를 정교화시키는 과정이다. 즉, 모든 범주들이 하나의 핵심 범주를 중심으로 통합되어 하나의 이론으로 구축되는 과정이다. 통합에서 범주들은 중심 설명 개념을 따라 조직화된다. 통합은 시간이 흐르면서 진행되며, 분석 첫 단계에서 시작되어 마지막 기술할 때까지 종료되지 않을 때가 많다.

통합을 위해 사용될 수 있는 몇 가지 기법들에는 이야기 윤곽(stort line) 말하기나 쓰기, 도표 사용하기, 메모 정리하기와 검토하기, 컴퓨터 프로그램 사용하기 등이 포함된다. 마지막으로 이론은 그것을 원 자료와 비교하거나 응답자에게 제시해서 반응을 알아보는 것에 의해 검증된다. 중심 설명 개념은 핵심 범주이며, 이것은 연구의 중심이 되는 개념으로 연구의 주제와 관련된다(신경림 · 김수지 공역, 1996, Strauss & Corbin, 1996). 핵심 범주는 어떤 조건이나 시간의 흐름에 의해 다양화되는 변인으로서 1개 또는 1개 이상이 될 수도 있다.

넷째, 과정(process)이다. 이것은 현상에 대한 반응, 대처 조절에 관계하는 작용/상호작용의 연속들을 의미하며, 이 연속들의 연결은 시간에 따라 ① 작용/상호작용에 영향을 미치는 상황의 변화, ② 그 변화에 대한 작용/상호작용 반응, ③ 그 작용/상호작용의 반응으로부터 생기는 결과, ④ 이 결과들이 다음 작용/상호작용의 연속에 미치는 영향이다. 과정을 분석적으로 이해하기 위해서는, 왜 그리고 어떻게 작용/상호작용이 사건, 행위, 우연한 일의 형태와 관련하여 무엇이 변화되고 그대로 지속하거나 또는 역행하는가, 왜 사건이 발전이 있고 무엇이 상황의 변화에서 작용/상호작용의 지속성을 가능하게 하며 그 결과를 주목함으로써 전개되는 사건들의 본질을 보여 준다.

과정분석은 별개의 분석단계가 아니라 축 코딩의 일부로서 범주 간의 관계를 분석하는 과정에서 자연스럽게 도출되는 것으로, 특별히 싱황적 맥락이나 여러 조건하에서 작용/상호작용이 어떤 단계로, 어떤 변화를 나타내는지에 초점을 두고 분석하는 것이다.

5) 숙의적 연구

숙의(deliberation)라는 용어는 J. Schwab에 의해 특별한 의미가 부여된 용어이며, 숙의적 연구라는 말은 W. Reid가 처음으로 사용한 용어다. 교육과정과 관련된 문제는 기본적으로 구체적이고 특수한 상황에서의 선택과 행동에 대한 문제로 '실천적'인 것들이다. 따라서 교육과정 문제들은 무엇이 참인가를 따지는 순수한 이론적인 지식으로는 해결되지 않으며, 보다 더 광범위한 사회적 · 문화적 맥락 내에 위치하는 구체적 상황에 반응하는 연구에 의하지 않으면 안 된다. 이러한 연구를 숙의적 연구라고 부르는데, 일반적으로 다음과 같은 특징을 지닌다(이용환, 2002).

첫째, 한 사람에 의한 연구보다는 공동연구로 수행되는 것이 좋다. 모든 교육문제는 교육내용, 학습자, 교사, 교육환경의 네 가지 공통 요소 모두와 관련되어 있는데, 어느 한 연구자가 이 네 요인 모두에 정통할 수 없기 때문이다.

둘째, 처음에 지각된 문제점은 다양한 시각으로 재조명하며, 계속해서 다른 문제점을 형성해 가면서 그것들을 비교하고 선택하는 과정을 통해 문제점의 본질이 드러나도록 한다.

셋째, 숙의적 연구의 전 과정에서 교육내용, 학습자, 교사, 교육환경의 네 가지 공통 요소는 특수한 교육상황을 체계적으로 분석하는 데 체크리스트의 역할을 한다. 앞의 두 특징에서도 마찬가지다.

넷째, 문제 상황에 대한 효율적인 분석을 위해서는 문제 상황에 대한 자료 수집과 연구가 필요하다.

다섯째, 특수한 교육과정 문제의 해결을 위해 필요한 학문과 이론들을 절충하는 기술이 필요하다.

위의 다섯 가지 특징들에 따르는 구체적인 절차는 Schwab의 생각을 실제로 적용해 본 여러 사람들에 의하여 개발되었으나 여기에서는 생략한다.

6) 교육과정 비평

철학적 비평(또는 교육비평)의 일종으로, 현재의 교육이나 교육과정의 밑바탕이 되고 있는 규범들을 찾아내어 이를 비판하고 그 대안을 제시하는 연구를 일컫는데, 그 범위가 대단히 넓은 용어다. 이 연구에서 흔히 쓰는 연역적 방법은, 먼저 교육과정 개발, 교육과정 연구, 교육과정 개편 등의 지침이 될 수 있는 '보편적'인 규범을 세우고 그것을 교육과정의 효율성과 적합성을 평가하는 기준으로 삼는 것이다. 이렇게 보면, 비판적 철학 탐구의 목적을 개념의 명료화, 이해, 해명의 세 가지로 정하고 이 원칙에 입각하여 좋은 교육과정이란 어떤 것인가를 논의하는 Hirst는 확장적 비평가로도 분류된다. J. Schwab 또한 숙의(熟議)라는 개념을 교육과정과 관련된 여러 연구와 실천들의 준거로 삼는 점에서 이 범주에 속한다. 우리나라에서도 교육과정을 개편할 때마다 이루어지는 '현행 교육과정 분석'은 이러한 연구의 예가 될 것이다. 이 분석의 결과로 새로운 교육과정에 적용하게 될 아이디어를 형성하고 그에 의해서 실제로 새로운 교육과정이 만들어지기 때문이다.

확장적 비평의 영역에서 교육과정과 관계하여 제기할 수 있는 문제들은 다음과 같다.

- 특정 교육과정의 배경으로 제시된 주장들에는 어떠한 전제들과 규범들이 내재되어 있는가? 그 전제들과 규범들은 얼마나 적절한가?
- 다른 적절한 이론적 근거는 무엇인가? 왜 그 근거가 더 적절한가?

한편으로 교육과정 비평 연구는 교육비평의 하위 분야로 보고 특히 Eisner의 질적 연구방법론을 중심으로 교육과정의 문제를 접근하는 방법으로 볼 수도 있다. 대표적으로 박승배(2006)는 이러한 입장에서 교육비평을 접근하고 있다. 원래 교육비평은 Eisner가 교사들에 요청되는 새로운 형태의 학생평가 기술로서 제안한 것으로 여기에는 교육적 감식안(connoisseurship)과 교육비평(educational criticism)이라는 방법이 있다. 교육적 감식안이 학생들의 수행들 간의 미묘한 차이를 정교하게 식별하고 읽어 낼 수 있는 능력을 의미하는 데 반해, 교육비평은 감식가가 자신이 느끼는 미묘한 질의 차이를 일반 인들, 예컨대 학생들과 학부모들에게 볼 수 있도록 언어로 표현하는 방법을 의미한다. 어느 분야에 대한 감식안을 가진 사람만이 감지할 수 있는 미묘한 차이를 그 분야의 비전문가가 이해할 수 있도록 언어로 표현하는 일은 결코 쉬운 일이 아니어서, 비평가들은 흔히 직유, 은유, 유추, 시적 표현 등을 자주 사용하게 된다(박승배, 2002: 216-217).

이와 유사한 맥락에서 김대현(2002; 2003)은 교육비평은 교육감식안과 비평 쓰기로 구성되며, 일관성, 집단적 합의, 지시적 적절성, 도구적 유용성 등의 충족 정도에 따라 진실성의 정도가 결정된다고 보고 있다. 그리고 교육비평의 인식론적 기반은 틀 의존적 구성주의로서 인간 유기체가 세계를 구성하는 특질과 전체적으로 상호작용하는 가운데, 감식안을 형성하고 형성된 개념을 비평의 언어를 통하여 외부로 표현하는 것이다. 특히 교육비평의 인식론은 인식의 자연적 기초를 강조하는 Dewey의 자연주의 경험이론이나 Merleau Ponty의 지각현상학에 더욱 천착해야 한다고 보고 있다. 즉, 교육비평의 주요한 매체가 되는 비평언어는 표현 형식을 가리키거나 표현 형식 중의 한 양식을 의미하며, 교육비평이 관점지상주의의 상대론적 함정을 피하기 위해서는 Dewey의 자연주의 경험이론에 천착하거나 Merleau Ponty의 현상학에 의탁할 필요가 있다는 것이다.

다른 맥락으로 보면 교육과정의 여러 문제들을 비평의 텍스트로 삼아서 문학비평의 방법을 활용하여 연구를 진행하는 방법을 일컫기도 한다.

7) 내용분석

교육과정 연구에서 흔히 교과서의 내용을 분석하는 경우가 자주 있다. 이러한 상황에서 사용할 수 있는 방안으로 내용분석법(content analysis)이 있다. 내용분석법은 의사소통의 기록물인 서적, 신문, 잡지, 라디오, TV, 영화, 편지, 일기, 상담기록서 등을 통해 연구대상자(물)에 대한 자료를 간접적으로 수집하는 방법이다(채구목, 2006). 이 방법은 의사소통 기록물의 현재적 및 잠재적 내용을 객관적, 체계적, 양적으로 분석하기 위한 조사방법에 해당된다.

내용분석은 의사소통의 기록물, 즉 의사소통의 내용을 분석 대상으로 하고 있다. 책, 잡지, 신문, 라디오, TV, 문서, 편지, 일기, 음악, 미술 등 상징을 통해 나타내는 기록물을 분석 대상으로 하고 있다.

분석의 속성 또는 측면에는 명시적으로 나타나는 현재적인 내용과 맥락이나 내용 속에 숨어 있는 암묵적, 잠재적 내용도 포함된다. 즉, 단순히 외부에 나타난 내용뿐만 아니라 외부로 나타나지 않은 암묵적인 내용도 분석의 대상으로 한다.

객관적, 체계적, 양적 분석방법을 사용한다. 객관적이란 그 내용을 다른 사람도 같은 방법을 사용하여 분석하면 같은 결과를 얻을 수 있다는 것을 의미하며, 체계적이란 일정한 과학적 절차에 의해 분석하는 것을 의미한다. 또한 내용분석은 질적인 내용을 양적인 자료로 전환하여 분석한다.

이 방법의 장점과 단점을 살펴보면 다음과 같다(채구목, 2006).

장점은 시간과 비용이 절감된다는 것이다. 많은 조사원이 필요 없고, 특별한 장비도 요구되지 않으며, 단지 분석하고자 하는 자료에의 접근만 가능하면 된다. 반면, 단점은 기록된 의사전달만을 다룰 수 있다는 것이다. 기록한 것을 가지고 분석해야 하기 때문에 기록에 남아 있지 않은 것은 분석하기가 곤란하다.

이 방법에서 가장 중요한 것이 내용분석의 단위 및 카테고리다. 우선 내용분석의 단위가 중요하다. 내용분석을 하기 위해서는 우선 내용 요소를 수량화하기 위한 기준항목을 정해야 하는 데 이를 내용분석의 단위(unit)라 한다. 내용분석 단위에는 다음과 같은 것들이 있다.

① 단어(Word)다. 내용분석에서 사용되는 최소의 단위로 구와 복합어도 포함된다.
② 주제(Theme)다. 어떤 내용의 중심이 되는 제목 또는 문제를 의미한다. 주제는 대개 한 문장으로 표시되지만, 때로는 여러 개의 문장, 문단 혹은 전체 본문에 확산적으로 나타나 있을 수 있다. 이러한 점에서 단어에 비해 경계선이 불분명하며, 문단 또는 본문 등에 여러 개의 주제가 있을 때 어느 것이 더 중심적인 주제인가 가려내기 어려운 경우가 많다는 단점이 있다. 그러나 대량의 자료를 다루고자 할 경우 단어보다 주제를 기본 단위로 하는 것이 더 의미가 있으며, 다루기도 편리하여 분석 단위로 널리 활용된다.
③ 인물(Character)이다. 소설, 전기, 연극, 영화 등의 경우 역사적 인물이나 주인공을 중심으로 분석하는 것이 유용하게 활용될 수 있다.
④ 문단(Paragraph)이다. 여러 개의 문장으로 구성된 단락을 의미한다.
⑤ 항목(Item)이다. 소재를 크게 분류하는 것으로 서적, 잡지, 신문, 학술지 등으로 분류할 수 있고, 신문의 경우 국내문제, 국제문제, 노동문제, 사회문제, 사설 등으로 분류할 수 있다.
⑥ 공간 및 시간(Space & Time)이다. 이것은 항목보다 세분한 단위로 인쇄물의 경우 지면, 방송의 경우 시간 등이 이에 해당된다.

다음으로는 카테고리 설정이 중요하다. 카테고리(category)는 의사소통 내용의 특징을 분류하는 범주 또는 체계를 의미한다. 단위가 의사소통 내용을 분석하기 위한 기준항목이라면, 카테고리는 그러한 기준항목의 특성을 파악하기 위한 범주를 의미한다.

일반적으로 내용분석의 절차는 다음과 같이 진행된다.

- 연구주제의 선정
- 조사 대상의 모집단 선정
- 조사 대상의 표본추출
- 분석 단위 규정
- 분석 카테고리 설정
- 수량화의 체계규정
- 결론의 도출

보다 상세하게 보면 다음과 같이 진행되기도 한다(차배근, 2004; 홍성열, 2001).

내용분석 연구방법의 절차
- 연구문제의 선정과 서술
- 기존 연구의 조사연구
- 연구가설의 설정

내용분석 자료의 표집
- 표본연구의 불가피성과 표집
- 전집과 표집단위의 규정
- 표본의 사례 수 결정
- 표집의 여러 가지 방법과 그 선택
- 표집상의 문제점과 그 유의사항

분석유목의 설정
- 분석유목의 뜻
- 분석유목의 결정방법과 요건
- 분석유목의 종류와 그 표준유목의 실례

분석단위의 결정
- 분석단위의 뜻과 종류
- 코딩 단위와 그 선정

• 문맥 단위와 그 선정

집계체계의 결정과 실제 분석작업
• 집계체계의 종류와 그 선정
• 코딩과 그 작업의 실제

코딩의 신뢰도와 그 검토방법
• 종합적 신뢰도의 검토방법
• 상호 일치도에 의한 신뢰도 검토방법
• 스코트의 pi에 의한 신뢰도 검토방법

내용분석 자료의 분석과 논문의 작성
• 자료의 통계적 분석
• 연구보고서의 작성

8) 양적 연구

양적 연구방법은 현 상태를 기술하고, 관계를 조사하며, 인과관계를 연구하기 위하여 사용된다. 현 상태를 기술하기 위하여 설계된 연구를 기술적(記述的) 연구 혹은 조사연구라고 하며, 둘 또는 그 이상의 변인 간의 관계를 살펴보는 연구를 상관연구라고 한다. 또 있는 그대로의 조건하에서 독립변인에 따른 종속변인의 차이를 알아보는 경우를 인과−비교연구라고 하며, 이를 통제된 상황하에서 수행하는 경우를 실험연구라고 부른다. 이하는 이용환(2002)의 연구에 기초하여 4가지 유형의 방법을 소개해 본다.

(1) 기술적 연구

기술적 연구(descriptive research)가 질적인 방법을 취할 수도 있지만, 특정 집단 사람들이 지니는 선호도, 태도, 실천 양상, 관심, 흥미 등에 대한 정보를 수집하기 위해서 주로 양적인 기술적 연구가 수행된다. 기술적 연구는 질문지법, 면접법, 관찰법 등에 의해서 정보를 수집한다. 사전에 마련된 설문지나 전화면담에 조사 대상자가 답하게 하거나 연구 대상자를 관찰하는 방식으로 자료를 수집한다.

사용되는 검사도구는 수행되는 연구의 특성에 맞게 개발되어야 하는데, 설문을 구성할 때에는 명료성, 일관성 등을 필요로 하며 결코 아무나 할 수 있는 일이 아니다. 반드시 검사지의 신뢰도, 타당도, 객관도 등이 검증되어야 한다. 또한 설문지 회수율이나 전화응답 동의율이 낮을 수 있다는 점도 문제가 된다. 예컨대, '예/아니요' 가운데 택일하는 특정 설문의 응답률이 40%이고 응답자가 모두 '예'에 답하는 경우, 미응답자가 모두 '아니요'의 성향을 가질 수도 있으므로 '이 설문에 대하여 응답자가 긍정적인 반응을 보였다.'라는 판단을 내릴 수는 없는 것이다.

기술적 연구문제의 예는 다음과 같다.

- "초등학교 2학년 교사들의 수업시간은 어떤 요소들로 구성되는가?": 수업시간을 구성하는 요소(예컨대, 강의, 질의응답, 토론, 개별지도 등)를 확인한 다음, 해당 교사들을 대상으로 설문지에 응답하게 하여 그 결과를 %로 제시한다. "교사들이 생각하는 7차 교육과정 시행상의 어려움에는 어떤 것인가?"

(2) 상관연구

상관연구(correlational research)는 둘 혹은 둘 이상의 변인들 사이에 존재하는 관계성 여부 및 관계의 정도를 알아보는 연구다. 연구목적은 변인들 사이의 관계를 확증하거나, 나타난 관계를 활용하여 예언을 하는 것이다. '상관'이란 둘 혹은 둘 이상의 변인들 사이의 점수가 일치하는 정도를 수량화한 측정치를 말한다. 예를 들어, '대입수능 시험의 성적과 개학의 첫 학기 평균평점은 얼마나 일치하는가'를 알아본 결과 두 변인(수능점수와 평균 평점) 간의 상관이 높다면 수능성적은 대학입학 후 첫 학기의 성적을 예측하는 데 유용할 것이다. 만일 두 변인 사이의 상관이 낮다면 수능성적은 대학신입생들의 성적을 예측하는 데 유용하지 않다는 결론을 얻을 수 있다.

두 변인들 사이의 일치 정도는 −1.00부터 +1.00까지의 수치로 표시되는 상관계수에 의하여 측정된다. 0에 가까울수록 상관이 낮고, 1 또는 −1에 가까울수록 상관이 높다. 정적(正的) 상관이란 어떤 변인의 점수가 증가하면 다른 변인의 점수도 증가하는 경우를 말하고, 부적(負的) 상관이란 어떤 변인의 점수가 증가할수록 다른 변인의 점수는 감소하는 경우를 뜻한다. 변인들 간의 완전한 상관이란 거의 존재하지 않기 때문에 상관에 기초한 예언 또한 완전할 수 없다. 상관관계가 인과관계를 나타내 주지는 못하지만 의사결정을 해야 하는 여러 경우에 상관관계에 기초한 예언이 유용할 수도 있다.

상관연구로 변인들 사이의 인과관계를 알 수는 없으므로, 인과관계를 확증하기 위해서는 다른 유력한 연구방법, 예컨대 다음에 설명하게 될 '실험' 연구 등이 필요하다. 자아개념과 학업성취도 사이에 높은 상관관계가 있다는 사실은 자아개념이 학업성취의 '원인'이라거나 성취가 자아개념의 '원인'이라는 것을 의미하지 않는다. 상관이란 높은 자아개념을 지닌 학생들의 학업성취도가 높은 경향이 있다는 것을 의미할 뿐이다. 예를 들어, 부모의 지지와 같은 다른 요인들이 자아개념과 학업성취 모두에 영향을 줄 가능성이 있으므로 부가적인 데이터가 없이 한 변인이 다른 변인의 원인이 된다는 결론을 내릴 수 없다는 것을 유의해야 한다.

이 방법의 연구문제 예로는 다음과 같은 것들이 있다.

- 지능과 자아존중감 사이의 상관: 한 집단의 학생들로부터 지능지수와 자아존중감 검사 점수를 구하여 두 점수들 사이의 상관계수를 산출한다.
- 적성검사를 이용한 수학교과의 성적 예언: '수학적성검사'의 점수와 수학교과 기말고사 점수 사이의 상관계수를 산출하고, 상관계수가 높으면 '수학적성검사'가 수학교과의 성적을 예언하는 중요한 도구가 '될 수 있다'고 할 수 있다.

(3) 인과비교연구

인과비교연구(causal-comparative research)는 다음의 실험연구와 마찬가지로 둘 이상의 집단 · 방법 · 프로그램 등의 성취에 있어서의 인과관계를 진술하는 것이 목적이지만, 비교를 할 때 연구자가 가한 통제의 양에 있어서 실험연구와 구별된다. 실험연구에 있어서는 예상되는 원인을 연구자가 통제 · 조작할 수 있지만 인과비교연구의 경우에는 그렇지 않다. 예상되는 원인, 즉 차이를 만들어 줄 것이라고 생각되는 어떤 특성을 '처치'라고 부르며, 보다 전문적인 용어로는 '독립변인'이라고 부른다. 따라서 독립변인은 집단 간의 차이의 원인이라고 생각되는 변인이 된다. 독립변인이 만들어 내는 차이 또는 '효과'는 어떤 처치가 가해지느냐에 따라 변화할 것이므로 '종속변인'이라고 부른다. 예를 들어, "책 읽기 훈련은 학생들의 자신감을 증진시킬 것이다."라는 진술에서 원인(독립변인)은 책 읽기 훈련이고, 그 결과(종속변인)는 자신감이 된다.

인과비교연구에서 독립변인 또는 원인은 이미 존재하는 것이어서 조작될 수 없으므로 연구자는 아무런 통제력도 행사할 수 없다. 인과비교연구를 '사후(事後)' 연구라고 부르기도 하는 까닭이 여기에 있다. 이처럼 인과비교연구에 있어서는 독립변인을 조작할 수가 없고(예를 들어, 성 또는 신장 등), 조작해서도 안 된다(예를 들어, 흡연 또는 태아의 상태 등).

인과비교연구에서는 적어도 두 개의 서로 다른 집단 사이의 종속변인 또는 수행의 측정치(결과)가 비교되어야 하는데, 예를 들어 장기 흡연 집단과 비흡연 집단 사이에 폐암의 발생빈도를 비교한다고 하면 연구 이전에 이미 흡연자와 비흡연자가 집단을 형성하고 있을 것이어서 연구자는 독립변인을 통제할 수 없다. 그러나 연구자가 독립변인을 통제할 수 없다는 점이 문제가 될 수도 있다. 위의 예에서 흡연자들의 상당수가 공해가 많은 도시지역에 살고 있고 비흡연자들 가운데 극히 일부만이 도시지역에 살고 있는데, 연구자가 이를 몰랐다면 연구 결과로 얻어진 인과관계는 빈약하거나 잠정적일 수밖에 없는 것이다. 그러나 이러한 제한점에도 불구하고 교육연구에 있어서 진정한 인과관계를 찾으려는 시도는 때로 연구에 부적절하거나 심지어는 비윤리적일 수도 있으므로, 인과비교연구는 변인들 사이의 인과관계를 찾아내는 중요한 교육연구법 가운데 하나로 확립되어 있다.

이 방법의 연구문제로는 다음과 같은 것들이 가능하다.

- 유치원 교육의 유무가 초등학교 1학년생의 사회적 성숙도에 미치는 효과: 독립변인은 유치원 교육을 받거나 받지 않은 것이고 종속변인은 초등학교 1학년생들의 사회적 성숙도가 될 것이므로, 초등학교 1학년생들 가운데 유치원 교육을 받은 집단과 받지 않은 집단들의 사회적 성숙도를 측정하여 그 결과를 비교한다.
- 어머니의 취업이 학생의 학교결석에 미치는 효과: 독립변인은 어머니의 취업 유무가 될 것이고 종속변인은 아동의 결석률이 된다. 어머니가 취업하고 있는 집단과 그렇지 않은 집단의 결석률을 산출하여 비교한다.
- 성별에 따른 수학성적의 차이: 남녀가 독립변인이며 수학성적이 종속변인이어서, 남학생 집단의 성적과 여학생 집단의 성적을 비교한다.

(4) 실험연구

인과비교연구와는 달리 실험연구(experimental research)에서는 연구자가 독립변인을 통제한다. 즉, 실험연구는 양적 연구 가운데 연구자의 통제력이 연구절차에 가장 크게 작용하는 연구다. 연구자는 참여자를 선발할 권리를 지니고 있어서 연구 초기에는 비슷한 특성을 갖는 둘 혹은 그 이상의 집단으로 참여자들을 분류한다. 다음 단계로 연구자는 각 집단에 서로 다른 프로그램이나 처치를 적용한다. 연구자는 또한 집단들에 대한 처치를 누가, 언제, 얼마 동안 적용할 것인가 등의 연구 상황에 대한 통제력도 지닌다. 집단에 대한 통제의 효과를 결정하는 검사도구나 측정도구도 연구자가 선택한다.

비슷한 특성을 지닌 동일한 집단에서 참여자들을 선발하고 분류하여 서로 다른 처치나 프로그램을 적용하는 것이 실험연구를 인과비교연구와 구분하는 기준이 된다. 여러 가지 교육적인 상황에서는 실험연구에 필요한 엄격한 상황통제라는 기준을 만족시킬 수 없는 경우가 많기는 하지만 실험연구의 핵심은 통제에 있다.

이 방법의 연구문제 예들이다.

- 교사주도 개별화 수업과 컴퓨터 활용 개별화 수업이 계산능력에 미치는 상대적 효과: 독립변인은 수업방법(교사주도 개별화 수업과 컴퓨터 활용 개별화 수업)이, 종속변인은 계산능력이다. 두 종류의 개별화 수업을 모두 경험해 보지 않은 학생들을 선발하여 무선적으로 두 집단으로 분류한 다음 각 집단에 다른 수업방법을 적용하여 가르친다. 미리 정한 기간(한 달 혹은 한 학기 등) 동안 가르친 다음 학생들의 계산능력을 측정·비교하여 어떤 수업방법이 계산능력을 향상시켰는지 결론을 내린다.
- 자기주도 학습이 자아개념 증진에 미치는 효과: 독립변인은 주도 학습(자기주도 학습과 교사주도 학습)이며, 종속변인은 자아개념이다.
- 정적 강화가 학교 관련 자아개념에 미치는 효과: 독립변인은 강화의 종류(정적 강화, 부적 강화, 무강화)이며, 종속변인은 학교 관련 자아개념이다. 당연히 연구 대상 집단은 세 집단이 된다.

9) 프로그램 개발 및 적용

교육과정 연구에서 흔히 볼 수 있는 주제로 특정 프로그램을 개발하는 것이다. 프로그램에는 매우 다양한 것들이 존재한다. 그 주제, 유형, 수준, 기관, 주체 등에 따라 다양한 프로그램들이 존재한다. 우리 주위에서 교과 프로그램, 인성 프로그램, 교과 외 프로그램 등을 자주 접할 수 있다. 교육학의 많은 영역에서도 다양한 프로그램을 개발하는 것을 주제로 소논문이나 학위논문들이 생산되고 있는 실정이다. 특히 수요가 많은 특정 상담 프로그램, 심리 프로그램, 성인교육 프로그램, 체험활동 프로그램 등이 그것이다.

이러한 프로그램을 개발하는 연구들이 증가하면서 이러한 방식의 연구에 대한 보다 타당하고 폭넓은 이해가 요청되고 있다. 이러한 연구들을 어떻게 진행하면 되는지, 개발 방법들을 어떻게 채택할 수 있으며, 개발의 효과는 어떻게 검증하고, 개발의 범위는 어디까지 설정해야 하는지에 대하여 합의된 것이 별로 없다고 판단된다.

그런데 개발 연구가 과연 연구라고 볼 수 있는지에 대해서는 논쟁의 여지가 많은 것으로 보인다. 이러한 프로그램을 개발(development)하는 것도 하나의 연구(research)라고 볼 수 있는가? 아니면 최근에 연구와 개발의 경계에 따라 이러한 구분은 유효한가 아니면 더욱 엄격하게 구분해야 하는 것인가? 왜냐하면 연구와 개발을 엄격하게 구분하는 입장에서 보면 연구는 기초적인 수준이고 개발은 응용의 차원으로 접근하기 때문이다. 여기에서는 이 양자의 구분에 관심이 있는 것이 아니라 개발 연구의 방법에 대해 알아보는 것이므로 논외로 하기로 한다.

그러나 프로그램을 개발하는 연구들이 증가하고 있는 실정에서 이하에서는 구체적인 연구방법을 살펴보기로 한다.

가장 일반적인 프로그램 개발 연구의 절차를 살펴보자. 다음은 어느 전공의 박사학위논문 목차다.

1. 서론
2. 이론적 배경
3. 프로그램 개발 방법론
4. 프로그램 개발 과정 및 구성 결과
5. 프로그램 효과 검증 및 결과
6. 논의 및 결론

이상의 목차에 비추어 보면 프로그램 개발 연구는 특정 프로그램을 개발하고자 하는 연구의 필요성과 목적에서 출발하여 연구의 문제와 범위가 정해지고 이론적 배경에 대한 논의를 통하여 연구의 주제와 문제에 대한 이론적 이해를 도모한다. 그리고 프로그램 개발에 대한 방법론적 이해에 근거하여 구체적인 프로그램을 설계, 구성한다.

개발 방법론은 크게 연역적 논리나 귀납적 논리, 아니면 통합적 논리에 의해 구성될 수도 있다. 프로그램을 구성하는 방식도 여러 다양한 방법을 통하여 이루질 수 있다.

이어서, 구성한 프로그램에 대한 평가(혹은 적용)는 양적 방법이나 질적 방법에 의하여 그 적용 효과를 알아볼 수 있다. 그다음으로 프로그램 평가 결과에 대해서 결과를 반영하여(환류작용, 피드백) 최종적인 프로그램을 개발해야 한다. 즉, 파일럿 테스트를 거쳐서 최종 프로그램을 확정하는 방식이다.

이 장의 주요 내용

교육과정 연구는 교육과정의 현상이나 활동을 연구 대상으로 하여 체계적인 연구절차에 의해 이루어지는 탐구활동이다. 교육과정 연구에 유익한 연구 패러다임으로는 실증주의적 패러다임, 해석적 패러다임, 비판적 패러다임 등 세 가지가 있다.

실증주의적 접근방법에 의한 사회과학의 연구는 경험성, 객관성을 중시하기 때문에 과학은 이러한 욕구를 충족하여 줄 수 있는 계량적 접근방법을 중시한다. 해석적 입장에서 사물을 이해하는 것은 해석하는 것이다. 전이해를 통한 해석을 강조한다. 이 과정에서 해석과 의미 부여의 상호작용이 중요하다. 비판적·해방적 접근은 학교의 사회 정치적인 맥락과 집단의 행동과 속성을 통한 교사들의 권한을 비판하는 것과 관련된다.

교육과정을 연구하는 방법에는 매우 다양하게 활용할 수 있는 것들이 존재한다. 그것들을 정리하여 표로 제시해 보면 다음과 같다.

분석철학	미학적 비평	비판적 탐구
확장적 비평	현상학적 탐구	평가적 탐구
사변적 에세이	해석학적 탐구	통합적 탐구
역사적 탐구	이론적 탐구	숙의적 탐구
내러티브 탐구	규범적 탐구	실행연구

주요개념

교육과정 연구	사변적 에세이	통합적 탐구
규범적 탐구	숙의적 탐구	평가적 탐구
내러티브 탐구	실증주의적 패러다임	해석적 패러다임
미학적 비평	실행연구	해석학적 탐구
비판적 패러다임	역사적 탐구	현상학적 탐구
분석철학	연구 패러다임	확장적 비평
비판적 탐구	이론적 탐구	

탐구문제

1. 교육과정의 특징을 구현하는 연구방법에 대하여 조사해 보시오.

2. 세 가지 연구 패러다임을 적용하여 교육과정 연구의 방향을 제안해 보시오.

3. 자신의 교육과정 관점에 적합한 연구방법을 선정하여 연구계획서를 작성해 보시오.

4. 현행 교육과정 정상화에 가장 큰 도움을 줄 수 있는 연구방법을 선정하여 그 구체적인 방법을 설명해 보시오.

5. 교사의 교직생활에 가장 유의미한 연구방법을 선정하여 연구절차를 제시해 보시오.

참고문헌

김대현(2002). 교육비평의 인식론 탐구. 아시아교육연구, 3(2), 153-174.

김대현(2003). 교육비평의 성격과 그 인식론적 기반. 교육사상연구, 13권, 1-15.

김수지 · 신경림 공역(1996). 근거이론의 이해. 서울: 한울아카데미.

김영종(1999). 사회복지 조사방법론. 서울: 학지사.

김영종(2007). 사회복지조사론. 서울: 학지사.

박승배(2002). 교육과정학의 이해: 역사적 접근. 서울: 양서원.

박승배(2006). 교육비평: 엘리어트 아이즈너의 질적 연구방법론. 서울: 교육과학사.

소경희 · 강현석 · 조덕주 · 박민정 공역(2007). 내러티브 탐구. 서울: 교육과학사.

손승남(2001). 교육해석학. 서울: 교육과학사.

염지숙(1999). 내러티브 탐구(Narrative Inquiry)를 통한 유아 세계 이해: 유치원에서 초등학교 1학년으로의 전이 경험 연구를 중심으로. 교육인류학연구, 2(3), 57-82.

염지숙(2003). 교육연구에서 내러티브 탐구의 개념, 절차, 그리고 딜레마. 한국교육인류학회, 6(1).

윤병희(2001). 우리나라 교육과정학 연구동향에 관한 역사적 비판. 교육과정연구, 19(1), 139-158.

이용숙 · 김영천 · 이혁규 · 김영미 · 조덕주 · 조재식(2005). 교육현장 개선과 함께 하는 실행연구방법. 서울: 학지사.

이용환(2002). "교육과정연구방법론." 한국교육과정학회 편(2002). 교육과정: 이론과 실제. 서울: 교육과학사, 127-162.

장상호(1991). 교육학 탐구영역의 재개념화. 교육학연구, 91(2). 서울대 사대교육연구소.

차배근(2004). 사회과학연구방법. 서울: 세영사.

채구목(2006). 사회복지조사방법론. 서울: 양서원.

최의창(1998). 학교교육의 개선, 교사연구자 그리고 현장개선 연구. 이용숙 · 김영천(편). 교육에서의 질적 연구: 방법과 적용. 서울: 교육과학사.

최종후 · 김항규(1994). 과학적 통계방법론과 통계기법의 활용. 서울: 자유아카데미.

홍성열(2001). 사회과학도를 위한 연구방법론. 서울: 시그마프레스.

Bobbitt, F. (1918). *The Curriculum*. NY: Houghton Mifflin.

Clandinin, D. J., & Connelly, F. M. (1991). Narrative and Study in Practice and Research. In D. Schön (Ed.), *The Reflective Turn*, 258-281. NY: Teachers College Press.

Clandinin, D. J., & Connelly, F. M. (1994). "Personal Experience Method.". In N. K. Denzin & Y. Lincoln (Eds.), *Handbook of Qualitative Research*. Thousand Oaks, Calif: Sage, 413-427.

Clandinin, D. J., & Connelly, F. M. (2000). *Narrative inquiry: Experience and story in qualitative research*. San Francisco: Jossey-Bass.

Connelly, F. M., & Clandinin, D. J. (1988). *Teachers as Curriculum Planners: Narratives of Experience*. Teachers College Press.

Connelly, F. M., & Clandinin, D. J. (1990). Stories of Experience and Narrative Inquiry. *Educational Researcher*. Jun-July, 2-14.

Glaser, B., & Strauss, A. (1967). *The discovery of Grounded Theory*. Chicago: Aldine.

Kuhn, T. (1996). *The structure of scientific revolution* (3rd ed.). NY: University of Chicago Press.

Polkinghorne, D. E. (1988). *Narrative Knowing and Human Science*. Albany: SUNY Press.

Rosen, H. (1986). The importance of story. *Language Arts, 63*(3), 226-237.

Short, E. C. (Ed.). (1991). *Forms of curriculum inquiry.* Albany, NY: SUNY Press.

Strauss, A., & Corbin, J. (1990). *Basics of Qualitative Research: Grounded theory procedures and techniques.* SAGE Publication, Inc.

http://cafe.naver.com.dongbangdm.cafe(검색일 2011. 05.01.)

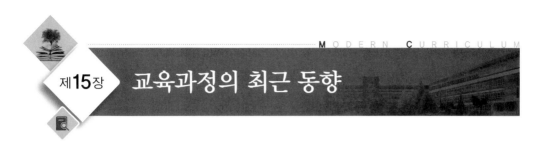

MODERN CURRICULUM

제**15**장 교육과정의 최근 동향

이 장의 주요 목표

▷ 교육과정의 최근 동향에 나타난 특징을 이해할 수 있다.

▷ 여러 가지 최근 동향들 중에서 현행 학교 교육과정의 문제를 해결하는 데 가장 적합한 것을 선정하여 그
  이유와 구체적인 실현 방안을 제안할 수 있다.

▷ 영재 교육과정과 특수아를 위한 교육과정 개발 방안을 제안할 수 있다.

▷ 학습자의 심층적 이해 능력을 개발하기 위한 백워드 교육과정을 설계할 수 있다.

▷ 교과교육의 이론화 방안을 설명할 수 있다.

1. 교육과정 차별화

1) 수준별 교육과정과 고교 다양화

학습자 개개인의 개인차에 부응하는 교육과정의 개별화를 실현하기 위해서는 그동안 한국 교육과정의 문제점으로 지적되어 온 교육과정 의사결정의 지나친 중앙집권화와 국가 교육과정의 지나친 상세화가 지양되어야 한다. 따라서 학교중심의 교육과정 개발에 대한 융통성을 폭넓게 부여하여 각 학교의 실정에 맞게, 또 학부모와 학생들의 요구를 수렴하여 교육과정이 융통성 있게 운영되도록 하는 것이 바람직하다. 더구나 수준별 교육과정의 도입으로 또다시 모든 학교 교육과정이 획일화되지 않도록 하기 위

해서는 각 학교급별로, 또 각 학교급의 특성에 따라 다양한 교육과정 차별화(curriculum differentiation) 방안을 구상해 볼 수 있다. 교육과정 차별화는 교육 대상이나, 여러 요인에 의해 이수해야 할 교육과정을 분화시키는 것으로 일종의 계열화(traking)의 성격을 지니고 있다. 미국의 Oakes(1985)는 이 문제를 학교가 불평등을 체계적으로 유도하고 있다고 보고, 중요한 이론적 차원으로 논의하고 있다.

초등학교에서는 요즘 확산되고 있는 열린교육을 잘 적용하여 시행함으로써 결과적으로는 학생들로 하여금 자연적으로 교육과정이 차별화되도록 할 수 있을 것이다. 중학교에서도 그동안 초등학교에서만 가능하다고 여겨져 온 열린교육을 시도하기 시작하였다. 이러한 열린교육의 시도가 경직된 교육과정에서는 효율적으로 운영되기 어렵다. 학교 단위에 교육과정 개발의 자율성을 확보해 주는 것과 더불어 교사들의 교육과정 운영에 대한 연구와 새로운 수업 시도를 격려하는 분위기가 형성되어야 한다(이하의 내용은 조인진, 1998: 479-481 참조).

제7차 교육과정에 수준별 교육과정이 도입된 후 열린교육과 수준별 교육과정과의 연계성이 논의된 적이 있다. 수준별 교육과정이나 열린교육은 다 같이 학습자 중심 교육이라는 교육 개혁의 차원에서 추진되었지만 운영 방안은 다른 방법으로 고안되었다. 더구나 수준별 교육과정과 열린교육은 그 관심과 출발점이 반드시 일치하는 것은 아니다.

수준별 교육과정은 각 교과영역을 고수하면서 교과내용을 위계화(단계화)하거나 난이도 수준을 조정하여 학생들의 능력에 적용시킴으로써 교육의 효율성을 높이겠다는 보수적인 교육관을 지니며 교과중심의 운영 방안을 제시하고 있다. 이에 비해 열린교육은 아동 경험의 총체적인 성장을 위하여 기존의 교과나 수업방법, 수업 자료, 환경 등의 획일성에서 탈피하고자 하는 진보적인 교육관을 지니고 학습자 중심의 수업방법을 강조한다. 수준별 교육과정이 학습자의 교과별 지적 능력에만 의거하여 학습자의 개인차를 고려하는 것에 비해 열린교육에서는 학습자의 다양한 능력과 적성, 필요, 흥미에 대한 개인차를 반영하여 다양한 수업을 운영하고 학습자는 자기주도적인 동시에 협력적인 학습이 이루어지도록 한다. 이러한 의미에서 열린교육은 학습자들에게 자연스러운 교육과정 차별화가 이루어질 수 있도록 한다.

열린교육에서 강조하는 통합교육과정은 수업방법과도 연결되며 자연스럽게 교육과정을 차별화하는 방안이다. 통합교육과정의 교육내용은 문제해결중심, 프로젝트중심, 주제중심으로 구성되며 간학문적(interdisciplinary) 주제들과 소집단 협동학습을 통하여 자연스럽게 학생들의 능력과 흥미, 필요에 따라 교육과정이 차별화되도록 한다. 이러한 통합교육과정에서는 학습자들로 하여금 각자 자신의 수준에 맞는 방법으로 문제나 주제에 접근하여 현재 자신의 경험에서 할 수 있는 방법으로 의미를 이해하고, 다른 학습자와 상호작용하면서 다른 사람들의 관점을 이해하고 자신의 관점을 명료화하고 정교화할 수 있도록 되어 있다. 평가는 교수-학습에 바로 통합되도록 하고 교사는 학습자를 관찰하고 포트폴리오(portfolio), 학생의 일지 등과 같이 학습 수행 과정들을 나타낸 자료들을 평가의 근거로 삼는다. 학교에서는 교육과정에서 다루어 나갈 주요 주제를 학생과 학부모의 요구를 수용하여 결정하고 이를 학년별로 내용과 과정으로 선정하여 구성한다.

고등학교 수준에서는 학생들의 다양한 필요와 흥미, 진로에 따라 일반계와 실업계 고등학교 외에도 다양한 특수 목적 고등학교, 특성화 고등학교(Magnet school), 대안학교(Alternative school) 등이 설립되어 각 학교들이 다양하게 차별화된 교육과정을 개발하여 운영하고 이를 지원하는 학생들에게 자연스럽게 교육과정이 차별화되도록 한다. 고등학교 수준에서는 학생들의 개성도 더욱 다양화되고 학업성취 수준도 폭넓어지므로 학생들의 진로, 필요, 흥미에 따라 학교 간의 교육과정 차별화(interschool curriculum differentiation)를 지향하는 것이 현실적인 방안이다.

각 학교들에 교육과정 운영의 자율성을 부여하는 것과 더불어 교육 수요자인 학생과 학부모에게 학교 선택권을 주어야 한다. 학생들이 다양하게 개발되어 있는 각 학교의 교육과정을 참고로 하여 자신의 필요와 흥미, 능력, 적성에 따라 학교를 선택할 수 있어야 한다. 또한 교육 수요자의 학교 선택은 각 학교들로 하여금 교육과정 개발에 대한 적극적인 의지와 교사들의 수업 개선에 대한 열의를 고무시키고 자극할 수 있다. 이는 자율과 경쟁을 통한 교육의 질과 교육의 경쟁력을 회복할 수 있는 방법이며, 수요자 중심의 교육으로 전환되는 것이다.

미국의 차터 학교(charter school)는 교육구에서 재정만 할당하고 각 학교에서 교육과정 편성과 운영, 교직원 임용과 보수, 재정 집행 등 모든 것을 결정한다. 즉, 단위학교에 최대한 자율성을 보장해 주고 학생과 학부모에게 학교를 선택할 수 있도록 한다. 차터 학교는 각 학교들의 교육과정 개발에 의해 자연스럽게 교육과정이 차별화되며, 또 학교 안에서도 다양한 수업방법의 개발에 의해 학습자 스스로가 자신의 능력에 맞는 지식을 구성하고 의미를 탐색하며 자신의 지식을 계속적으로 재구성할 수 있도록 한다. 최근에는 차별화, 개별화, 개인화를 구분하여 운영되기도 한다. 차별화(differentiation)는 집단별로 수업 방법의 차이를 개별화(individualization)는 개인별 차이를 강조하며,

개인화(personalization)는 목표, 내용, 방법에서 모두 차이를 보이는 것이다. 이와 반면에 차별화와 개별화는 목표와 내용은 동일하지만 방법에서 차이를 보인다.

2) 교육과정 차별화 요소[1]

지금까지 교육과정 논의는 보통 일반 학습자들을 위한 교육과정에 대하여 설명해 왔다. 그런데 요즘에는 영재 교육과정에 대한 관심이 높다. 특히 영재 교육과정 개발에서 중요하게 거론되는 것이 차별화 교육과정이다(강현석 외, 2007: 111-118). 이하에서는 강현석 외(2007)의 내용을 참고로 그 주요 내용을 제시한다.

전형적으로, 교육과정은 학년 수준에 따라 조직되며, 후속 학년 단계에서는 이전 단계보다 요구가 많아진다. 이런 방식으로 근접발달영역(zone of proximal development)에서 학습하고 있다고 볼 때 학생들의 학습 곤란의 수준을 조정할 수 있으며(Vygotsky, 1978), 몰입 상태(a state of flow)를 개발하도록 도와줄 수 있다(Csiksentmihalyi, 2000; 2003). 영재를 위해 교육과정을 차별화할 때, 내용, 과정, 개념과 관련해 보다 높은 기대를 가져야 한다. 높은 기대를 효과적으로 충족하는 하나의 방법은 어린 학생들이 이용할 수 있는 보다 상급의 교육과정을 개발하는 것으로, 이는 모든 수준의 준거들이 과정 속에서 주의 깊게 고찰될 수 있음을 보장한다(Van Tassel-Baska, 2003). 예를 들어 언어과의 경우, 이는 영재 학습자의 기능적 읽기 수준을 능가하는 보다 도전적인 책들을 읽는 것을 의미한다. 그러므로 차별화 교육과정은 보다 높은 수준의 기대에 부합하는 문서화된 기능 학습의 수준에 주의를 기울일 것을 요구한다. 상급 수준의 학습 기대를 적용하는 것 또한 필요하다. 심오하고 복잡한 경험에 대해 제대로 이해하지 못한 채 단순히 학생들을 다음 단계의 교육과정으로 이동시키는 것만으로는 불충분하다. 따라서 영재 학습자를 위한 교육과정 수준은 선행, 깊이, 복잡성의 요구를 모두 충족하여야 한다(Van Tassel-Baska, 2003).

명확히 해야 할 차별화의 또 다른 측면은 수업전략의 선택이다. 많은 점에서, 영재만을 위한 차별화된 수업전략은 없다. 오히려 전략의 사용은 교육과정의 본질과 수준에 관련되어 있다. 수업에 대한 진단적-처방적 접근이 영재들에게 매우 효과적인 이유는 교육과정 수준을 적합한 방식으로 효율적으로 구별할 수 있고 전달할 수 있는 과

---

1) 이하 내용은 강현석 외 공역(2007)과 경북대학교 사범대학 교육학과(2010)의 내용을 재구성하였음.

정이기 때문이다. 그러나 일부 전략들은 높은 수준의 교육과정과 조화될 때만이 영재들에게 매우 효과적이다. 예를 들어, 질문하기 전략은 읽기 자료나 탐구 조사 자료가 도전적일 때 영재 학생들에게 상급 수준의 토론을 이끌어 내는 강력한 도구가 될 수 있다. 개방적 활동을 수준 높게 활용하는 것도 상당히 효과적일 수 있다. 문제해결학습 (Problem-Based Learning: PBL)은 구조화되지 않은 문제들을 학습하기 때문에 영재 프로그램에서 사용할 수 있는 매우 적합한 수업 접근이다. 그러므로 전략의 차별화는 영재 학습자들을 위한 보다 높은 수준의 학습에 효과적이기 위해 상급 교육과정에 부합하는 일련의 기법들을 포함한다(Van Tassel-Baska, 2003).

영재를 위한 차별화 전략의 추가적 요소는 도전적인 것과 관련되며, 이는 교실에서 사용할 수 있는 자료들을 신중하게 선택할 때 가장 잘 제공될 수 있다. 교실에서 자료들이 교육과정을 구성한다는 데 강력한 증거를 갖고 있으나(Apple, 1991), 대부분의 기본적인 자료들은 도전적인 영재들의 요구에 적합하지 않다(Johnson, Boyce, & VanTassel-Baska, 1995). 또한 이 연구 결과들은 차별화 특성에 기초를 두고 영재들에게 적합한 교육과정뿐만 아니라 교과영역에서 모범적인 교육과정을 위해 기초적인 세부사항을 충족하는 신중한 자료의 선택이 필요함을 제안한다. 비록 영재를 위해 이런 세부사항을 충족할 수 있는 국가적으로 활용이 가능한 자료는 선택의 폭이 매우 좁지만, 그럼에도 불구하고 그런 자료들은 존재하며 교육과정의 차별화를 안내하는 데 사용되어야 한다.

마지막으로, 창의성의 기준을 충족하기 위해서 영재들에게는 신중하게 차별화된 프로젝트 작업이 필요하다는 것을 인식하는 것이 중요하다. 모든 수준의 학교교육에서 협동 작업을 보다 강조할수록 영재 교사들은 이 작업이 영재들에게 충분히 도전적이었는지 혹은 아닌지를, 또한 이 작업이 수행된 환경이 영재들의 충분한 성장을 촉진했는지 혹은 아닌지를 판단하는 데 일련의 기준을 활용한다. 프로젝트 작업의 차별화는 프로젝트를 수행하는 매체에 의해 판단될 수도 있으며, 작업의 요구에 부합하는 변인과 기술에 기초해 판단될 수도 있다. 학생 산출물을 위해 여러 가지의 대안을 준비하는 것도 교육과정의 창의성 차원을 향상한다(Van Tassel-Baska, 2003). 예를 들면, 학생들은 자신들이 시 형식을 선택해서 시집을 작성할 수도 있고, 특정 양식으로 건축물을 설계할 수도 있고, 혹은 특정 건축 자재와 세부사항으로 2톤을 견딜 수 있는 다리를 건설할 수도 있다.

(1) 차별화 교육과정 적용의 특징

영재를 위한 교육과정은 단시 수업의 목표, 학생들에게 요구되는 학습성과, 학생들이 참여하는 프로젝트, 교사들이 활용하는 전략, 사용된 자료, 학습 진전의 정도를 측정하기 위한 평가 등 모든 수준의 설계에서 차별화되어야 한다(Van Tassel-Baska, 2003). 각각의 수준을 다루기 위해, 교사들은 내용 영역에서 다음의 차별화 특성을 적용해야 할 필요가 있다. ① 속진, ② 복잡성, ③ 깊이, ④ 도전성, ⑤ 창의성, ⑥ 추상성 (Van Tassel-Baska, 2003).

① 속진(Acceleration)

영재 학생들은 더 적은 연습 시간으로 다른 학생들보다 더 빨리 배울 수 있다. 그러므로 교육과정의 속도는 학습의 속도를 천천히 하면서 학습을 깊이 있게 하거나 혹은 기준을 완전히 숙달하는 데 더 적은 과제를 요구함으로써 학습 시간을 빠르게 할 수도 있는데, 이는 학생들이 보다 상급의 내용을 학습하도록 허용한다. 교육과정을 효과적으로 속진하기 위해서는 진단적-처방적 접근을 고려해야 한다. 달리 말하자면, 학생이 이미 알고 있는 기술이나 개념을 확인하기 위해 사전 평가가 실시되어야 한다. 학습 목표는 학생의 평가에 기초해야 한다. 수학에서 속진의 예가 아래에 제시되어 있다.

〈속진의 예〉

전형적인 수업 기준	영재를 위한 속진 기준
1자릿수로 나누기 2자릿수로 나누기 3자릿수로 나누기 나눗셈을 사용해서 문장제 문제 완성하기	숫자와 언어 형태에서 다단계 문제를 푸는 데 덧셈, 뺄셈, 곱셈, 나눗셈 사용하기

전형적인 요구인 첫 번째 세로 칸은 학생들에게 필요하다면 자릿수를 추가하여 나눗셈을 하도록 요구하며, 동일한 절차를 사용하여 문장제 문제를 완성하도록 요구한다. 속진 학생들은 자동적으로 상급 수준의 기능을 통합한 문제들로 시작하며, 모든 형태의 기본적인 연산을 포함하는 문제로 학습하는 데 초점을 두고 수준을 속진함으로써 절차를 간소화한다. 보다 높은 기대와 보다 넓은 학습 범위(스코프)에 맞추어 학습의 기준을 조직함으로써, 영재 학생들은 반복된 절차와는 달리 실질적인 문제해결 행동을

할 다양한 기회를 갖게 된다.

② 복잡성(Complexity)

특정 과제의 복잡성은 학생이 실습하기를 요구하는 고차적인 사고 기술의 수준에 의해 결정된다. 여기에는 추가 변인들과 다양한 자원들 그리고 보다 어려운 질문들이 부과된다. 그러나 이것은 학생들이 동일한 유형의 활동들을 더 많이 하게 될 것임을 뜻하는 것은 아니다. 오히려 많은 변인들은 과제를 더 복잡하게 만들기 위해 보다 추상적인 수준에서 추가된 것이다. 읽기에서 복잡성의 예가 아래에 제시되어 있다.

〈복잡성의 예〉

전형적인 학급의 과제 요구	영재를 위한 과제 요구의 복잡성의 특징
존 스타인벡이 쓴 소설 『진주』에서 줄거리와 설정과 등장인물들에 대해 토론하라.	존 스타인벡이 쓴 두 소설 『진주』와 『생쥐와 인간』의 줄거리, 설정, 등장인물, 동기, 주제, 절정을 비교하고 대조하라. 작가의 스타일을 어떻게 특징지을 수 있는가?

이 예시에서 정규 학급에서의 요구는 특정 소설의 문학적 요소를 조사하는 것이다. 많은 영재 학생들은 이러한 요소들을 즉각적으로 확인할 수 있으므로, 보다 복잡한 것을 요구한다. 읽기 과제의 복잡성이 추가된다면, 이 예시에서 교사는 과제의 요구에 다양하고 보다 추상적 변인들을 추가해서 높은 수준의 분석 기술을 요구해야 한다.

③ 깊이(Depth)

특정 과제에 깊이를 추가하기 위해 학생들은 본래의 연구를 수행하고, 가치 있는 산출물을 개발하고, 다양한 방법으로 개념을 적용해야 한다. 이는 학생들이 두 개의 보조적인 자료들을 읽고 사실들을 반복해서 되풀이하도록 요구된다는 뜻이 아니다. 대신에 영재를 위한 교육과정에 깊이를 추가할 때에는, 영재 학생들이 질문들을 진술하고 다양한 자원을 통해 데이터를 수집하고 차트, 그래프, 혹은 컴퓨터 프로그래밍 데이터베이스와 같은 마음에 드는 매체를 통해 데이터를 표현하는 것과 같은 연구 과정을 사용하여 연구를 수행해야 한다. 다음은 깊이에 대한 예시다.

〈깊이의 예〉

전형적인 학급의 과제 요구	영재를 위한 과제 요구의 깊이의 특징
다음의 3가지 주제 중 1가지를 고르고, 적어도 4가지의 도서관 자료를 활용하여 구두 프레젠테이션을 준비하라. • 공학의 사용 • 과거의 과학적 발견들 • 일상생활에서의 수학	다음의 문장 중 1가지에 대해 논쟁하라. • 공학은 인류의 진보를 나타낸다. • 인류는 보다 복잡한 세상에서 살면서 더 진보하게 되었다. 자신의 견해를 주장하기 위해 발표할 때 설문조사, 면담, 도서관 자료를 포함하여 다양한 자원을 사용하라.

열거된 각각의 예시는 차별화된 학급의 특징에 따라 학생들이 의미 있는 작업을 수행하도록 요구한다(Tomlinson, 1999). 과제에 대한 이런 독특한 비교는 과제 그 자체보다는 영재 학생들이 개념을 확실히 이해하고 논쟁을 통해 찬성과 반대에 대해 생각하며 수집된 자료(예: 설문조사, 면담)를 활용하여 자신들의 답변을 옹호하기를 요구함으로써 과제에 깊이를 추가한다. 사실상 이는 연구가 다차원적이며, 학생 자신들에 의해 생성된 자원을 요구함을 뜻한다.

④ 도전성(Challenge)

영재 학생들은 특정 토픽에 관한 결론에 도달하기 위해 활용된 상급의 자원들과 논의된 내용의 정교성과, 학문적 연결과 요구된 추론의 양에 기초를 둔 교육과정에서 보다 도전적인 것을 요구한다. 아래는 수학에서 도전성에 대한 예시를 보여 준다.

〈도전성의 예〉

전형적인 학급의 과제 요구	영재 과제 요구의 도전성의 특징
찰스는 1월에 주식에 만 달러를 투자했다. 12월에 이를 되팔았을 때, 구입 가격보다 10%가 올랐다. 그는 주식으로 얼마의 이득을 남겼는가?	당신은 다음 중 어느 것을 선택하겠는가? a. 1년간 8%의 이득과 2년간 50%의 손실 b. 1년간 5%의 이득과 2년간 5%의 손실 그 이유를 글로 써서 설명하고 너의 생각을 학급에서 공유하라.

이 예시는 학생들에게 동일한 지식 토대를 요구하고 있음에 주목하라. 도전성의 수준은 과제를 수행하기 위해 요구되는 추론의 양에 기초한다. 또한 과제는 학생들에게

구두 및 서술 형식으로 자신들의 추론을 설명할 것을 요구하는데, 이는 과제 요구에 대한 도전성의 수준을 높인다.

⑤ 창의성(Creativity)

창의성을 교육과정에 통합하기 위해, 학생들은 학습해야 할 개념에 기초한 모델을 구성하고, 그들의 선택에 대한 대안적 과제 혹은 산출물을 완성할 기회를 가져야 하며, 혹은 실세계의 청중들과 구두 혹은 글로 의사소통하는 것을 강조하기 위해 자신이 선택한 매체로 새로이 학습한 것을 프레젠테이션하도록 요구받아야 한다. 어떤 유형의 산출물을 통해 창의성을 프레젠테이션할 때 창의성은 반드시 정확한 내용을 포함해야 한다. 만약 산출물이 어떤 방식으로든 학습을 새롭게 향상하지 않는다면, 단지 학생들에게 산출물을 만들거나 생산하라고 요구하는 것은 차별화가 아니다.

〈창의성의 예〉

전형적인 학급의 과제 요구	영재 과제 요구의 창의성의 특징
당신이 제2차 세계 대전에 관해 연구하고 있는 뉴스캐스터라고 가정해 보라. 당신의 역할에 기초하여, 다음 중 하나를 선택하여 완성하라. 　a. 전쟁에서 중요한 사건을 요약하여 뉴스 리포트를 작성하라. 　b. 새로운 사건을 재창조하고 그 사건이 전쟁의 결과에 얼마나 결정적이었는지를 기술하라. 　c. 중요한 사건에 기초하여 전단지를 설계하라.	당신이 선택한 하나의 매체(노래, 춤, 포스터, 파워포인트 프레젠테이션, 플로차트 등)를 활용하여, 제2차 세계 대전의 사건들의 인과관계를 증명하라.

이 예시는 영재 학생들에 의해 개발된 산출물들이 중요한 주제에 관한 학습에 실질적으로 토대를 두고 있음을 확신하는 중요성에 대해 예를 들어 증명하고 있다. 제2차 세계 대전의 원인과 결과에 대한 과제의 요구 수준을 높임으로써, 학생들은 전달 방식을 선택해야 함과 동시에 실질적인 아이디어에 관해 생각한다. 더욱이 학생들은 과제에 관한 정답이 없을 때 반응하는 방식에 관해서도 선택한다.

⑥ 추상성(Abtractness)

추상성이라는 차별화의 특성은 학생들에게 학문 내에서 혹은 학문 간 개념적 사고에

〈추상성의 예〉

전형적인 학급의 과제 요구	영재 과제 요구의 도전성의 특징
우리나라의 수송 기관의 발달에 관한 차트를 그리라. 각 수송 기관의 주요 특징에 따라 주요 혁신에 관해 기술하라.	모델의 콘셉트에서 도출된 일반화를 활용하여, 시간의 흐름에 따라 각 수송 기관의 혁신을 평가하라. 각 수송 기관의 장점과 약점을 평가하고, 각 모델이 어떻게 후속 모델에 영향을 끼쳤는지를 예증하기 위해 시각적 표현을 창출하라.

1. 속진
    a. 기준을 숙달하는 데 더 적게 할당된 과제들
    b. 가르치기 전에 평가된 기준에 기초한 기술들
    c. 고차적 수준의 사고 기술에 의해 묶여진 기준

2. 복잡성
    a. 다양한 고차적 수준의 기술들이 사용됨
    b. 학습해야 할 더 많은 변인들이 추가됨
    c. 다양한 자원들이 요구됨

3. 깊이
    a. 다양하게 적용하여 개념을 학습함
    b. 본래의 연구를 수행함
    c. 산출물을 개발함

4. 도전성
    a. 상급의 자원들을 활용함
    b. 정교한 내용 자극들이 사용됨
    c. 간학문적 적용을 함
    d. 명백한 추론을 함

5. 창의성
    a. 원리나 준거에 기초하여 모델을 설계하고 구성함
    b. 대안적 과제, 산출물, 평가를 제공함
    c. 실세계 청중들과 구두 혹은 글로 상호작용하는 것을 강조함

6. 추상성
    a. 학문 내 혹은 학문 간의 연결을 위해 거대 개념을 활용함
    b. 거대 개념을 자신만의 일반화로 만듦
    c. 특정 토픽에서 더 적은 개념들을 연결하기 위해 거대 개념을 사용함

그림 15-1 차별화 특징 체크리스트

초점을 둘 것을 요구한다. 예를 들면, 학생들은 변화와 독립성과 체계 혹은 패턴과 같은 특정의 거대 개념을 일반화해야 한다. 학생들은 그들의 발견에 관해 일반화하고 구체적인 적용에서부터 개념 혹은 학문에 관해 보다 추상적인 사고방식으로 옮겨갈 것을 요구받을 수도 있다.

이 예시는 '모델'과 같은 콘셉트의 사용이 어떻게 학생들을 보다 추상적인 수준에서 수송 기관에 관해 생각하도록 만드는지에 관해 예를 들어 보여 주고 있다. 예를 들면, 기차는 전용 트랙에 따라 이동하는 수송 기관의 모델이 되기 때문에, 여행의 새로운 방식을 열었다. 영재 학생들에게는 일반화를 활용하는 것뿐만 아니라, 그들의 학습 맥락 내에서 주요 모델들을 평가하는 것도 요구된다. 구성요소에 복잡성도 추가되어 학생들은 그들의 연구 결과에 대해 시각적인 프레젠테이션을 하도록 요구된다.

여기에서 기술된 각 특성들은 각 교육과정 기준이 다양한 내용 영역에서 어떻게 영재들에게 적합한지를 평가하기 위한 체크리스트로 종합될 수 있다. 이것은 다양한 내용 영역에서 영재 학습자들을 위해 학습의 수준을 조정하는 데 사용할 수 있는 예시를 제공한다. 교사들은 개별 학생들의 요구를 고려해서 열거된 수정 사항에 따라 과제를 조정할 수 있다.

3) 영재 교육과정

(1) 교육과정 압축

교육과정 압축 혹은 축약(curriculum compacting)은 정규 수업의 상위 학습자에 교육과정을 적응시키려고 고안된 절차로서, 1970년대 Renzulli와 Smith(1979) 이후 지속적으로 그 효과를 검증해 왔다. Renzulli와 Reis(1985)에 따르면, 교육과정 압축이란 학습자가 사전에 학습한 자료를 반복하여 가르치는 것을 막고, 정규 교육과정에 대한 학습의 도전 수준을 향상하며, 기초 학습 기술의 숙달을 보장하면서 심화 혹은 속진형 학습활동의 기회를 마련해 주는 일종의 교육과정 재구성(modifying) 혹은 간소화(streamling) 과정을 가리킨다(최호성, 2002: 75). 이 과정은 어느 교과영역이나 어느 학년에서든지 학생들에게 적절한 교육과정을 제공하기 위하여 교육과정을 재구성하는 수업시법으로서, 당초에는 영재 혹은 재능아를 위한 교육 프로그램의 하나로 개발되었으나, 상위 능력 수준의 학생들에게 적합한 교육과정 재구성 방법으로 발전되어 왔다.

Tannenbaum(1986)은 상위 능력 학습자를 위한 교육과정 적응의 한 방법으로서

telescoping(포개어서 기간을 단축하는 절차)이라는 유사 절차를 제시한 바 있다. 그에 의하면 압축(telescoping)을 "학습자가 이미 알고 있는 내용 혹은 훨씬 더 시간을 단축하여 흡수할 수 있는 학습내용에 몰두하여, 지겨운 시간을 보내지 않고 최소의 시간으로 기초 학습내용을 완전 습득해 버리도록 안내하는 절차"(Tannenbaum, 1986: 406; 최호성, 2002에서 재인용)라고 정의하였다. 즉, 압축은 정상적인 학업 이수 기간을 단축하는 것으로서, 예를 들어, 3년 동안 이수해야 할 과정을 2년 동안에 마치는 것을 의미한다. 이는 곧 학생 자신의 능력에 비례하는 정도로 학습할 수 있도록 허용하는 방식으로서, 이 절차를 통해 아낀 시간은 학생들에게 적절한 정도의 도전적인 속진 · 심화 활동을 제공하는 데 활용될 수 있을 것이다(Imbeau, 1991).

교육과정 압축(Renzulli & Smith, 1978)은 교과서가 쉬워지고 수업 자료에 반복이 심한 현상을 해결하고, 수월하게 교실 수업을 끝내어 일상적인 과제에 대한 지겨움을 이내 느끼는 평균 이상의 학습 욕구를 지닌 학습자들에게 적합한 수업전략이다. 이상의 사실에 비추어 보면 교육과정 압축은 미리 학습한 자료가 반복되는 일을 막고, 정규 교육과정의 도전 의욕 수준을 높이며, 기초 기능을 숙달하면서도 적절한 심화, 속진의 학습활동을 경험할 수 있는 시간을 마련해 주기 위해서 정규 교육과정을 재구성하거나 효율화하는 과정을 말한다(최호성, 2002: 76). 이러한 개념에 비추어 보면 결국 교육과정 압축에 관한 핵심 개념을 세 가지로 요약해 볼 수 있다.

첫째, 학생의 강점을 객관적으로 평가하여 정규 교육과정을 재구성하는 일이다. 둘째, 평가를 실시한 결과, 학생이 강점을 보이는 기능 활동 가운데 일부를 제어하거나 속진하는 일이다. 셋째, 학생이 미리 학습하였거나 빠른 속도로 완전학습을 해낼 수 있는 기능에 대해서는 그것들을 대체할 만한 심화 혹은 속진형 학습 프로그램을 체계적으로 기획하는 일이다.

그러면 이러한 교육과정 압축을 어떻게 실행할 것인가? [그림 15-2]는 교육과정 압축을 실행하는 과정을 간략하게 제시해 놓은 것이다.

이상의 그림에서 알 수 있듯이 교육과정 압축은 세 가지 국면으로 이루어져 있음을 알 수 있다.

첫째, 국면 I은 교육목표와 학습성과를 명확하게 정의하는 일이다. 이 국면은 1단계로 구성되어 있다.

• 제1단계: 특정 교과영역이나 학년에서 적절한 학습목표를 설정

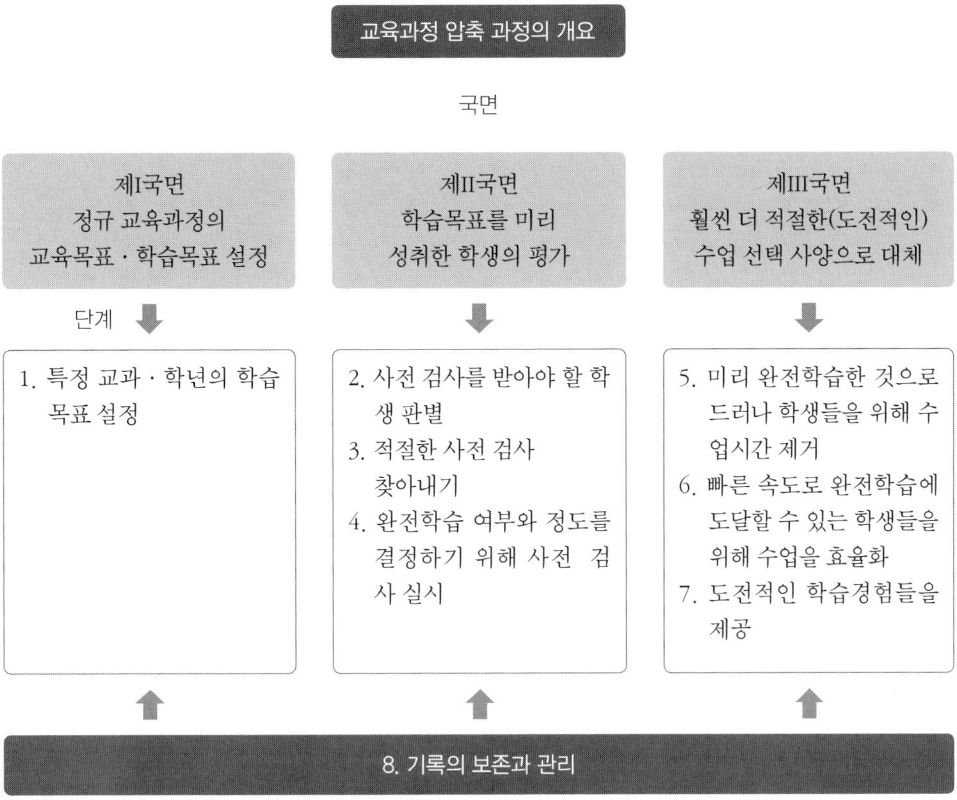

교육과정 압축 과정의 개요

국면

제I국면 정규 교육과정의 교육목표 · 학습목표 설정	제II국면 학습목표를 미리 성취한 학생의 평가	제III국면 훨씬 더 적절한(도전적인) 수업 선택 사양으로 대체

단계

1. 특정 교과 · 학년의 학습 　목표 설정	2. 사전 검사를 받아야 할 학 　생 판별 3. 적절한 사전 검사 　찾아내기 4. 완전학습 여부와 정도를 　결정하기 위해 사전　검 　사 실시	5. 미리 완전학습한 것으로 　드러난 학생들을 위해 수 　업시간 제거 6. 빠른 속도로 완전학습에 　도달할 수 있는 학생들을 　위해 수업을 효율화 7. 도전적인 학습경험들을 　제공

8. 기록의 보존과 관리

그림 15-2 교육과정 압축 과정

둘째, 국면 II는 교육과정 압축을 해야 할 후보자를 판별하는 과정으로서, 새로이 배워야 할 수업 단원이나 그 일부분에 대해 이미 완전학습을 하고 있는 학생이 누구인지를 가려내는 것이다. 이 국면은 3개의 하위 단계로 구성되어 있다.

- 제2단계: 학습목표를 이미 완전학습하였을 것으로 추정되는 학생 선별
- 제3단계: 수업을 실시하기 이전에 한 가지 이상의 학습목표를 선정하여 그것에 대해 학생이 어느 정도 알고 있는지를 사전 검사할 수 있는 도구 개발
- 제4단계: 학생에 대해 사전 검사 실시

셋째, 국면 III은 학습자에게 적절한 속진 및 심화학습 프로그램을 제공하는 일이며, 네 개의 하위 단계로 구성되어 있다.

- 제5단계: 학습목표를 사전에 숙달한 학생들에게 연습, 훈련 및 수업시간 등에 있어서 군살을 빼내어 간소화하기
- 제6단계: 아직 모든 학습목표를 숙달하지는 않았지만, 또래 학생들보다는 훨씬 더 빠른 속도로 학습목표를 성취할 수 있는 학생들에게 다양한 수업의 선택 사양들을 개별화하는 일
- 제7단계: 학습목표를 숙달한 학생들에게 심화 혹은 속진형의 수업 선택 사양을 개발하여 제시하는 일
- 제8단계: 압축된 교육과정을 이수하는 학생들이 이용할 수 있는 수업 선택 사양에 대해 적절한 기록 장치를 개발하고 유지 · 관리하는 일

최호성(2002)에 의하면, 상위 성취 학습자를 위한 교육과정 압축 과정은 철저한 진단평가의 절차를 통해 이러한 과정에 적합한 학습자가 과연 누구인지를 판별하는 일이 가장 우선적이다. 일단 교육과정 압축 대상자가 판별되고 나면, 그의 장점과 기본학습 정도에 근거하여 다양한 대체학습 활동(replacement activities)을 마련해 주어야 한다.

교육과정 압축으로 제거된 학습내용을 대체하는 데에서는 심화활동과 속진, 그리고 기타 활동들이 제안되고 있다. 심화 기법으로는 수학퍼즐, 문장제 문항, 프로젝트, 자유 독서, 창작문 쓰기, 비판적 · 창의적 사고활동, 개별화 학습기구 활용, 현장답사, 일지 작성, 과학실험, 사서교사에 의한 조사 활동 등 다양한 프로그램이 제공될 수 있으며, 기타 수업전략으로는 또래 개인지도, 협동학습, 수업시간에 활용한 작업지 작성, 수업 관련 보고서의 수정 · 보완 등의 활동을 제공할 수도 있을 것이다.

(2) 핵심 병행 영재 교육과정 개발

일반적으로 차별화된 교수는 학생의 잠재능력을 개발함에 있어 도전성과 융통성을 보인다는 점이 특징이다(김명옥 · 강현석, 2010). 최근에 이러한 특징을 담고 있는 교육과정 설계방식으로 병행 교육과정(parallel curriculum)에 대한 논의가 강조되고 있다. 병행 교육과정은 Tomlinson 등(2001)이 학생들의 높은 잠재능력을 개발하고 높은 성취와 능력을 보이는 학생들을 보다 높은 수준의 과제에 도전할 수 있도록 제안하는 설계 방식이다. 병행 교육과정 설계는 네 가지 접근법을 통해 이루어질 수 있다. 이 네 가지 접근법은 핵심(core), 연결(connection), 실행(practice), 정체성(identity) 교육과정이다. 병행 교육과정은 교육과정을 설계할 때 하나 이상의 병행(핵심, 연결, 실행, 정체성) 교육

과정을 통해서 한 가지 규모만을 고집하지 않고 같은 단원 내에서도 다양하며 효과적으로 차별화된 교수책략을 전개할 수 있다.

① 핵심 병행 교육과정의 특징

핵심 병행 교육과정은 효과적인 교육과정을 위한 출발점으로 학생의 잠재성과 능력을 개발할 수 있는데, 그 특징은 다음과 같다(이미순, 2009: 24).

첫째, 학문의 주요 핵심 사실, 개념, 원리와 기술에 기인하며 전문가들이 학문에서 발견하였던 가장 중요한 것을 반영한다. 둘째, 학생들이 체계적으로 지식을 구성하고, 이해하고, 기술을 개발할 수 있도록 학문의 조직에 일관성이 있고, 기억하고, 의미를 만들고, 비슷하지 않은 상황에서 배운 것을 적용할 수 있도록 학생 능력을 개발하는 방식으로 배운 바를 구성한다.

② 핵심 병행 교육과정 개발 이유

첫째, 변화하는 사회가 학생을 변화시킨다. 둘째, 지능과 영재성에 대한 관점이 변화하고 있다. 셋째, 모든 학습자와 영재 학습자를 위한 교육과정상의 유사점과 차이점에 대한 탐색의 필요성이 커지고 있다. 넷째, 우수한 능력을 가진 학생에게 사고를 앞으로 나아가게 하는 적절한 학습기회를 제공해야 한다.

③ 핵심 병행 교육과정의 핵심 내용

첫째, 어떤 과목의 주제를 가르칠 때, 그 과목의 핵심으로서 근본적이고 필수적인 지식과 의미에 도달할 수 있도록 교육과정 개발자들에게 형식과 일련의 절차를 제공한다. 둘째, 초점 그 자체가 목적이 되지는 않는다. 셋째, 핵심 병행 교육과정을 통해 교육과정 개발자들은 학문 영역의 핵심 지식, 구조, 목적에 도달하게 된다. 넷째, 일련의 질문을 끊임없이 제기하여 핵심 지식, 구조, 목적 등이 드러나게 해야 한다. 그래야만 핵심 지식, 구조, 목적을 밝힐 수 있도록 돕는 것이 쉬워진다.

④ 핵심 병행 교육과정의 이점

핵심 병행 교육과정을 사용하게 되면 최소한 여섯 가지 측면에서 이점이 있다(이미순, 2009: 103). 첫째, 핵심 병행 교육과정을 통해서 영역의 의미와 구조에 대한 이해를 신장시킨다. 둘째, 같은 영역에서라도 새로운 학습을 보다 쉽게, 그리고 효율적으로 할 수 있다. 셋째, 학생들의 해당 영역에 대한 숙련도, 노련함, 독립성, 자아효능감을 직접적으로 신장시켜 전문성으로 나아갈 수 있는 원동력을 마련해 준다. 넷째, 핵심 병행 교육과정을 통해서 교사는 지도하는 영역에서 자신만의 의미 구조를 개발할 수 있다. 다섯째, 핵심 병행 교육과정의 접근법에 따라 개발한 교육과정은 새로운 정보가 폭발적으로 쏟아지는 사회에서 보다 높은 수준의 사고 과정을 활용하여 사람들의 필요한 요구를 충족하여 준다. 여섯째, 핵심 병행 교육과정을 사용함으로써 나이, 경제적 상황, 지적 발달 수준의 구별 없이 모든 학생들이 배울 수 있도록 기회를 제공한다. 이것은 Bruner(1960)의 나선형 교육과정에서 말한 학습자가 현 수준에서 가장 잘 이해할 수 있는 방법으로 학문 영역의 기본 구조를 가르치는 것이야말로 교육의 목적이라고 한 점과 일맥상통한다고 할 수 있다.

(3) 영재 교육과정 단원 개발 도구와 체크리스트

다음으로는 우리가 영재 교육과정 단원을 개발할 때 활용할 수 있는 도구로서 기존 단원을 분석할 때에 활용 가능한 것이다. 소위 교육과정 효과성에 관한 질문들로서 아래의 것들을 사용하여 단원을 새롭게 개발할 수 있다.

---

1. 단원에서 제거해야 할 것은 무엇인가?

2. 단원에 추가해야 할 것은 무엇인가?

3. 단원에서 변경해야 할 것과 개선해야 할 것은 무엇인가?

4. 학습경험은 영재 학생들에게 적절하게 도전적이었는가?

5. 영재 학생들이 매우 흥미 있는 단원을 발견했는가?

6. 영재 학생들이 이 교육과정을 사용한 결과로서 특정 학습 영역에서 매우 숙달되었다는 어떤 증거가 있는가?

7. 단원을 가르치기 위해 활용한 교수 전략은 효과적이었는가?

8. 단원을 가르치는 데 사용된 자료들은 적합했는가?

9. 단원의 장점들은 무엇인가?

10. 단원의 약점들은 무엇인가?

다음으로는 영재 프로그램을 개발하는 데 사용할 수 있는 교육과정 원리의 체크리스트다.

1. **영재에 대한 적합성**: 이 교육과정은 영재 학습자들의 능력과 요구에 대한 명확한 평가에 기초하고 있는가?

2. **다양성**: 명세화된 교육과정 틀 내에서 목표를 달성하기 위한 대안적 수단들이 준비되어 있는가?

3. **개방성**: 기술되지 않은 교육과정에 대한 학습기회도 있는가?

4. **통합성**: 교육과정에 상위 수준의 내용들과 고차적 수준의 과정들과 개념들뿐만 아니라 인지와 정서도 통합적으로 사용되는가?

5. **실체적 학습**: 학습자와 학문 분야에 중대한 결과를 가져오는 유의미한 교수요목(subject matter)과 기술과 산출물에 초점을 두고 있는가?

6. **독립성**: 자기주도적 학습이 가능한가?

7. **복잡성**: 원리와 개념과 핵심 이론에 기초하여 지식의 체계적인 학습이 이루어지는가?

8. **전이**: 지식의 영역 내 혹은 영역 간에 학습의 전이가 이루어지는가?

9. **깊이**: 학생들은 목표로 하는 문제점과 논쟁점에 대해 아이디어를 연구하고 기술을 연구할 기회가 있는가?

10. **선택**: 학생들은 완성해야 할 활동들과 과제들과 그것을 어떻게 해야 하는지에 관해 의사결정할 수 있는가?

11. **창의성**: 활동들과 프로젝트들은 창의적 과정을 적용할 것을 요구하는가?

12. **동료와의 상호작용**: 영재 학습자들은 그들의 능력과 흥미를 공유하는 다른 학생들과 함께 학습할 기회를 가지는가?

13. **자신에 대한 이해와 사회적 이해**: 자신과 사회에 대한 가치와 믿음을 계발하고 검사할 기회가 교육과정에 포함되어 있는가?

14. **의사소통 기술**: 아이디어에 관해 말하고, 공유하고, 교환할 수 있는 구두 혹은 작문 기술이 포함되어 있는가?

15. **시간의 적절성**: 영재 학습자의 특성에 부합하는 수업시간이 단기간 혹은 장기간으로 할당되었는가?

16. **다양한 자원**: 학습과정에서 다양한 자료와 인간 자원이 활용되는가?

17. **속진-빠른 속도**: 기존의 자료와 새로운 자료를 학습하는 데 걸리는 학습 시간에 대한 고려가 있는가?

18. **연속성**: 유치원에서 고등학교(K-12)까지의 학습경험이 잘 정의되어 있는가?

19. **경제성**: 영재 학생의 학습능력에 부합하게 교육과정이 압축되고 간결한가?

20. **도전감**: 학습자의 이해를 확장시킬 수 있도록 선행된 수준의 학습을 충분히 제공하는가?

(4) 영재 교육과정의 차원

비록 영재 교육과정에 대한 연구는 그 효과성에 관해서 제한된 증거들을 제공하고 있지만, 상대적으로 구별되는 교육과정의 세 가지 차원은 영재들에게 발달의 다양한 단계에서 그리고 다양한 영역 특정적인 분야에서 성공적이라는 점이 판명되었다. 세 가지 차원은 다음과 같다. 즉, 내용 숙달, 과정과 산출, 그리고 인식론적인 개념이다. 이러한 차원들은 통합된 교육과정 모델(ICM)을 통하여 지난 20년에 걸쳐서 차별화된 교육과정 작업을 위한 기본으로서 통합되고 사용되어 왔다(Van Tassel-Baska, 1986, 1992, 2003). 교육과정과 수업에서의 개념 기반 차원은 앞에서 기술된 두 차원의 특징과 상당히 다르다.

표 15-1 영재 교육과정-수업 모델의 비교 및 대조

	A. 내용	B. 절차와 성과	C. 개념
차별화된 특징	고급 수준의 그리고 속진의	심층적인 그리고 생성적인-창조적인	추상적이고 복합적인
사정	숙달 기반	산출 기반	미학적 기반
수업	D(진단) → P(처방) 접근	자원 지향	토론 접근
조직	지적인 내용에 의해	과학적 모형 또는 다른 과정 모형 중심으로	주제와 아이디어들에 의해
교사의 역할	촉진자	협력적인	소크라테스식

개념 기반 차원은 내용 또는 과정 기능들이 아니라 주제들과 아이디어들에 의해서 조직된다. 그것은 수업 상황에서 매우 상호작용적인데, 다른 두 접근에서 사용된 것보다 수업에서 보다 독립적인 분위기와 대조된다. 지식 그 자체의 특징과 구조에 대한 관심은 이 접근의 주요한 근본적 입장이다. 전형적으로 이 모델에 몰두했던 학생들에 대한 평가는 내용 숙달보다는 오히려 높은 수준의 미학적인 지각과 통찰력의 증거를 필요로 한다. 궁극적인 성과는 학문의 영역을 가로질러 형식과 의미를 통합하는 증거를 보여 주는, 잘 만들어진 에세이가 되는 경향이 있다. 또한 예술적인 성과는 형식과 의미의 이러한 종합을 증명한다(Eisner, 1990).

영재를 위한 효과적인 교육과정과 수업은 기존에 존재하는 이론적인 차원들과 그리고 탐색 기반 차원들이 하나의 모델 안으로 조직적으로 통합되고, 지역 수준에서의 실천으로 전환되는 것이 필요하며 이제 그러한 발전의 한 단계에 이르렀다. 내용, 과정,

그리고 산출의 종합, 그리고 개념 차원들은 새로운 교육과정 그리고 진행 중인 교육과정 작업 모두를 위해 분명한 방향을 제공했다.

4) 특수아 교육과정

특수아를 위한 교육과정은 흔히 장애아들을 염두에 둔 교육과정을 말하기도 한다. 따라서 우리는 장애에 어떠한 것들이 있는지 주목할 필요가 있다(경북대학교 사범대학 교육학과, 2010).

(1) 장애 유형별 특성
류문화 등(1999)의 국립특수교육원의 자료에 의하면 장애 유형별 특성은 다음과 같이 분류된다.

① 시각장애(Visual Impairments)
법적으로 시각장애는「특수교육진흥법시행령」과「장애인복지법시행령」에서 규정하고 있다.「특수교육진흥법시행령」에서 규정하고 있는 시각장애의 정의를 살펴보면 다음과 같다.
가. 두 눈의 교정시력이 각각 0.04 미만인 자
나. 시력의 손상이 심하여 시각에 의해 학습과제를 수행할 수 없고, 촉각이나 청각을 학습의 주요 수단으로 사용하는 자
다. 두 눈의 교정시력은 각각 0.04 이상이나 특정 학습매체 또는 과제의 수정을 통해서도 시각적 과제 수행이 어려운 자
라. 특정 광학기구 · 학습매체 또는 설비를 통하여서만 시각적 과제 수행을 할 수 있는 자

「장애인복지법시행령」에서 규정하고 있는 시각장애인에 대한 규정은 다음과 같다.
가. 두 눈의 시력(시력표에 의하여 측정한 것을 말하며 굴절 이상이 있는 자에 대하여는 교정시력에 대하여 측정한 것을 말한다. 이하 같다.)이 각각 0.1 이하인 자
나. 한 눈의 시력이 0.02 이하, 다른 눈의 시력이 0.6 이하인 자
다. 두 눈의 시야가 각각 10도 이내인 자

라. 두 눈의 시야의 1/2 이상을 상실한 자

② 청각장애(Hearing Impairments)

소리는 세기와 강도(데시벨, dB) 그리고 주파수와 음의 고저(헤르츠, Hz)로 측정한다. 청각장애는 이 두 가지 모두에서 나타날 수 있으며 한쪽 귀나 두 쪽 귀 모두에 나타날 수도 있다. 청력의 상실은 주로 말과 관련된 주파수와 강도에 있어서 얼마만큼 잘 듣는 가에 따라 판별할 수 있다. 일반적으로 청력 상실이 90dB 이상인 아동만이 교육적 배치를 위한 농으로 판정된다.

「특수교육진흥법시행령」에는 청각장애를 다음과 같이 규정하고 있다.

가. 두 귀의 청력 손실이 각각 90dB 이상인 자

나. 청력 손실이 심하여 보청기를 착용하여도 음성언어에 의한 의사소통이 불가능하거나 곤란한 자

다. 일상적인 언어생활 과정에서 청각의 기능적 활용이 불가능하여 일반인과 함께 교육받기가 곤란한 자

또한 「장애인복지법」에서는 다음과 같이 정의 · 분류하고 있다.

가. 두 귀의 청력 손실이 각각 60dB 이상인 자

다. 한 귀의 청력 손실이 80dB 이상, 다른 귀의 청력 손실이 40dB 이상인 자

다. 두 귀에 들리는 보통 말소리의 명료도가 50% 이하인 자

③ 정신지체(Mental Retardation)

교육적 의미에서 정신지체는 지능지수가 평균 이하이며 적응행동에 지체를 지니고 있는 경우를 말한다. 그리고 정신지체를 규정하는 이러한 지체는 발달기(0~18세)에 나타나는 것을 전제로 하며, 발달기 이후에 나타나는 지체는 정신지체라고 하지 않는다. 현재 「특수교육진흥법시행령」 제9조 2항 관련 별표에서는 정신지체를 "지능검사 결과 지능지수가 75 이하이며 적응행동에 결함을 지니는 자"로 규정하고 있다.

이전에는 정신지체를 지능지수를 기준으로 교육가능급, 훈련가능급, 보호급 정신지체로 구분하였으나, 최근에 들어서는 지원의 정도에 따라 간헐적 지원, 제한적 지원, 확장적 지원, 전반적 지원이 필요한 정신지체라는 4개 수준으로 구분한다.

정신지체아동의 특성은 언어발달에 지체를 보이는데, 지능이 낮을수록 언어지체가

심하며 정신지체아동의 언어지체는 유(乳)·유아기(幼兒期)부터 나타난다. 기억의 특성은 단기기억에 많은 결함을 보이나 장기기억에는 반드시 그렇지 않으며 정보의 저장보다는 정보를 받아들이는 투입과정과 필요할 때 정보를 인출하는 인출과정에 결함이 있는 것으로 밝혀지고 있다.

　정신지체아동은 인지발달의 지체뿐만 아니라 신체 및 운동발달도 일반아동보다 2~4년 정도 지체를 나타내는데 큰 근육운동(서기, 걷기, 달리기 등)의 발달보다 작은 근육운동(수지 운동)의 발달에 더욱 지체를 나타낸다. 또한 이들은 대인관계를 중심으로 한 집단생활에서 사회적 욕구를 유리하게 달성해 가는 사회적·정서적 발달에 지체를 나타내는 특성을 지닌다. 따라서 정신지체아동을 지도하기 위해서는 이들의 특성을 잘 이해하고 도와주는 일이 필요하다.

　④ 지체부자유(Physical Disabilities)

　지체부자유는 크게 두 가지 경우로 분류할 수 있다. 그중 하나는 정형장애로, 내반족(內反足), 신체 일부의 결손, 선천적인 변형, 소아마비, 골결핵 등의 질환에 따른 손상, 뇌성마비에 의한 손상, 절단 등이 있다. 또 다른 하나는 병허약으로 체력이 부족한 것이 특성이라 할 수 있다. 심장질환이나 결핵, 류머티즘열, 신장병, 천식, 빈혈, 혈우병, 간질, 납중독, 백혈병, 당뇨병 등과 같은 만성 또는 급성의 건강문제도 여기에 포함된다.

　「특수교육진흥법시행령」에는 지체부자유를 "지체(肢體)의 기능·형태상 장애를 지니고 있고, 체간(體幹)의 지지 또는 손발의 운동·동작이 불가능하거나 곤란하여 일반적인 교육시설을 이용하여 학습이 곤란한 자"라고 규정하고 있다.

　「장애인복지법」에서는 지체부자유를 포괄적으로 규정하고 있다. 그 내용을 요약해 보면, (1) 한쪽 팔이나 다리 또는 몸통의 기능에 분명하고 지속적인 장애가 있거나, (2) 한 손의 엄지손가락이 없거나 검지를 포함해 두 손가락의 끝 마디 이상을 잃은 경우, (3) 한쪽 다리를 리스후랑관절 이상 잃은 경우, (4) 두 발의 모든 발가락을 잃은 경우, (5) 한 손의 엄지손가락에 영구적 기능장애가 있거나 검지를 포함하여 세 손가락 이상이 영구적 기능장애를 보이는 경우, (6) 손발과 몸통(肢體)에 위에서 언급한 (1)~(5)의 내용 중 한 가지 이상의 장애가 있는 경우 지체부자유라고 한다.

　⑤ 정서장애(Emotional Disorders)

　정서장애라는 말은 행동장애라는 말로 그 표현이 바뀌어 가고 있다. 그 이유는 정서장애라는 용어는 아동 그 자체에 문제가 있다는 일종의 질병으로 간주하는 반면, 행동장애라는 명칭에는 나타나는 부적절한 행동만 수정하면 정상아동으로 되돌아갈 수 있다는 의미가 함축되어 있기 때문이다. 또한 정서장애보다는 행동장애라는 명칭을 붙일 때 아동의 교육계획을 수립, 집행하기에 보다 명확함을 줄 수 있고, 미래지향적으로 치유 가능하다는 의미를 지니고 있다. 최근에는 법적 용어는 아닐지라도 많은 학자와 교사들 사이에서 정서 및 행동장애라는 용어를 사용하고 있는데, 이는 내면화 행동이 주가 되는 정서장애와 외면화 행동이 주가 되는 행동장애를 동시에 나타내는 것을 의미하며 장애의 현상을 정서와 행동을 분리하여 이해해서는 안 된다는 입장을 내포하고 있다.

정서·행동장애는 자기 자신을 과잉 통제하는 불안, 우울 등의 행동과 자기 자신을 과소 통제하는 주의력결핍 과잉행동장애와 행동장애로 크게 두 부류로 분류하고 있다.

「특수교육진흥법시행령」에는 정서장애를 다음과 같이 규정하고 있다.

가. 지적·신체적 또는 지각적인 면에 이상이 없음에도 학습성적이 극히 부진한 자

나. 친구나 교사들과의 대인관계에 부정적인 문제를 지니는 자

다. 정상적인 환경하에서 부적절한 행동이나 감정을 나타내는 자

라. 늘 불안해하고 우울한 기분으로 생활하는 자

마. 학교나 개인문제에 관련된 정서적인 장애로 인하여 신체적인 통증이나 공포를 느끼는 자

바. 감각적 자극에 대한 반응·언어·인지능력 또는 대인관계에 결함이 있는 자

정서·행동장애아동들의 평균 지능은 일반아동의 하위 평균인 약 90 정도이며, 상위 평균 이상의 지능을 보이는 아동은 비교적 적은 것으로 알려져 있다. 정서·행동장애아동들은 대부분 교실에서의 학업활동에 어려움을 호소하고 낮은 학업성취를 보이고 있으며, 심한 정서·행동장애아동들은 학업뿐 아니라 기본적인 신변처리기술(용변, 식사기술)을 갖추지 못할 수도 있다.

⑥ 자폐성(Autism)

우리나라의 경우 대부분의 자폐아동이 정서장애학교에서 교육을 받고 있으며「특수교육진흥법」상에서는 정서장애 영역에 자폐성을 포함시키고 있으나, 정확히 말하면 자

폐성은 정서장애와는 다르다.

자폐성은 보통 남아가 여아보다 4~5배 더 높은 출현율을 보이고 사회적 상호작용과 의사소통에 결함을 보이며 활동과 관심 영역이 제한된 특성을 보인다.

자폐성의 특성을 구체적으로 살펴보면 ① 대인관계를 형성하거나 유지하는 데 있어서의 결함, ② 언어발달과 의사소통기능의 질적 결함, ③ 제한적이고 반복적으로 보이는 상동행동, ④ 자발적이고 융통성 있는 상징놀이나 상상놀이를 수행하는 데 있어서의 결함, ⑤ 외부 자극에 무관심하거나 특정 사물에 집착하는 행동 등이라고 할 수 있다.

⑦ 언어장애(Speech-Language Disorder)

아동이 말과 언어 기술의 획득에서 그의 또래들보다 현저하게 뒤떨어질 때, 언어발달이 다른 발달영역에 비해 현저히 저하되어 있을 때(언어성 IQ가 비언어성 IQ보다 20 이상 저하된 경우), 언어발달에 지장을 초래할 수 있는 신체적인 원인이나 언어장애를 특징적으로 수반하는 잘 알려진 임상증후군(예: 자폐성, 정신지체 등)이 없는데도 언어발달이 지체될 때 언어장애라고 정의하고 있다.

「특수교육진흥법시행령」에는 언어장애를 "조음장애 · 유창성장애 · 음성장애 · 기호장애 등으로 인하여 의사소통이 곤란하고, 학습에 어려움이 있는 자"로 규정하고 있다. 이 시행령의 조음장애 · 유창성장애 · 음성장애는 말장애에 해당되며 기호장애는 언어장애에 해당되는 내용이다.

조음장애란 음운장애라고도 하며, 말할 때 말소리를 생략, 대치, 왜곡 또는 첨가하는 것을 의미하며, 유창성장애는 말의 흐름을 구성하는 유창성 · 속도 · 리듬 등 세 가지 요소 중 일부 또는 전부에 이상을 나타내는 것을 말한다. 여기에는 말더듬과 속화증(성급하게 말하기)이 포함된다. 음성장애는 후두, 구강, 비공 등의 장애를 말하는데, 후두 내의 기능장애와 관련이 있으면 발성장애, 구강 및 비강 통로의 기능장애와 관련이 있으면 공명장애라고 한다.

기호장애는 언어발달지체 · 실어증을 말하며, 어휘력 · 문장력 · 의미 파악 등에 결함을 나타낸다.

⑧ 학습장애(Learning Disabilities)

학습장애는 발달기에 유발되어 성인기까지 지속되는 만성적 장애로서, 뇌장애 때문에 유발되는 것으로 추정하고 있다. 다시 언급하면 학습장애는 환경 때문이 아니고 뇌의 어떤 부위에 생긴 손상이 원인이라는 뜻이 포함되어 있다.

학습장애는 자신의 전체적인 지능과 비교했을 때, 읽기 이해, 구어, 쓰기, 추리력 등의 성취에서 개인 내의 능력에 현저한 차이를 보이며, 학습상의 문제가 주 장애로 나타나고 있지만 행동문제나 부적응행동이 부차적인 장애로 나타나고 있다. 특히 학습장애와 관련된 행동 특성으로 과잉행동이 지적되고 있다. 이외의 특성으로는 지각장애, 운동장애, 충동적 행위, 굴곡이 심하거나 예상키 어려운 시험성적, 사회적 상호작용을 형성하는 데 있어서의 어려움 등과 같은 다양한 징후 등이 나타날 수 있다.

「특수교육진흥법시행령」에는 학습장애를 "셈하기 · 말하기 · 읽기 · 쓰기 등 특정한 분야에서 학습상 장애를 지니는 자"로 규정하고 있다. 이 정의는 개념이 모호하여 일선 교사들에게 학습부진과 학습지진과의 개념적 혼란을 야기할 우려가 있어 학습부진과 학습지진에 관한 설명을 부언하고자 한다.

학습부진은 정상적인 지능을 갖고 있고 신경계의 이상이 없으나 정서적 문제(우울증, 불안, 강박증), 사회 경제적 요인(가정불화, 빈곤, 결손가정, 스트레스)으로 인하여 학업성취도가 떨어지지만, 이러한 요인들이 제거되거나 치료적 개입을 통해 교정되면 정상적인 학습능력과 학업성취도를 보일 수 있는 경우를 의미하는 반면, 학습지진은 지능지수가 70~85 정도로 낮은 상태여서 학습 속도가 느린 자를 말한다.

(2) 통합 특수교육과정 운영

이제 우리는 학급 교실에서 특수아들을 일반 학생들과 통합된 학급에서 지도해야 할 의무를 지니고 있다. 과거에는 특수아들을 별도로 분리하여 가르치던 환경에서 이제는 한 학급에 통합되어 학습을 지도해야 한다. 그러므로 통합교육에 대한 전략에 대하여 잘 알아둘 필요가 있다.

통합교육의 촉진을 위해서는 여러 가지 전략이 필요하다. 특수교육 전문서적에 많은 통합교육 전략들이 제시되어 있지만, 통합교육의 주요 목표인 장애학생의 학업성취와 사회성 향상을 높이기 위한 전략들을 소개하고자 한다. 통합학급에는 다양한 능력과 요구를 가진 학생들이 있으므로 이들을 교육하기 위해서는 교육과정, 교수 그리고 환경 수정이 필수적이다. 또한 장애학생을 수용하고 장애학생과 비장애학생 간의 친구관계를 향상하기 위해 일반 교사는 최대한 계획하고 노력해야 한다(김의정, 2008).

① 교육과정, 교수, 환경 수정

우리나라 「특수교육진흥법」에는 특수교육을 "특수교육 대상자의 특성에 적합한 교육과정 · 교육방법 및 교육매체 등을 통하여 교과교육 · 치료교육 및 직업교육 등을 실시하는 것을 말한다."라고 정의되어 있다. 이는 장애학생이 통합 환경에서 교육적 유익을 얻기 위해서는 여러 형태의 수정이 필요하다는 것을 의미한다.

• 교육과정 수정

장애학생이 일반학급에서 일반 교육과정을 비장애학생과 함께 배우기 위해서는 때로 교육과정의 수정이 요구된다. 장애학생의 개별적인 요구에 따라 작성된 개별화교육계획(Individualized Education Plan: IEP)에 명시된 교육목표들을 성취하기 위해서 교육과정을 수정하여야 한다. 그러나 교육과정의 수정 정도는 장애학생 개개인에 따라 다를 수 있다. 교육과정 수정 시 꼭 명심해야 할 것은 필요 이상의 수정은 하지 않도록 해야 한다는 것이다. 경도 장애학생들은 대체로 일반 교육과정을 수료하는 데 있어 별 무리가 없지만 어떤 특정 과목이나 특정 분야에 도움이 필요한 경우 이를 교육과정에 추가시키거나(사회성 향상) 보충교수(학습전략)를 할 수 있다. 이것을 가리켜 보충/추가 교육과정(Supplementary Curriculum)이라고 한다. 그러나 어떤 장애학생은 일반 교육과정을 배우기는 하되 모든 교육과정에 명시된 것을 배우기보다 몇 가지 중요한 기술이나 개념을 골라서 배우기도 하는데, 이것을 간이화한 교육과정(Simplified Curriculum)이라고 한다. 특히 중도 장애학생이 통합되었을 경우에는 대안/기능 교육과정(Alternative/Functional Curriculum)을 사용한다(Janney & Snell, 2000; 김의정, 2008 재인용). 장애의 정도로 인해 일반 교육과정이 적합하지 않다고 판단되었을 때 그들의 일상생활에 도움이 되는 영역들을 학습한다고 볼 수 있다. 사회성 향상 기술이나 의사소통 기술을 그 예로 볼 수 있다. 좀 더 쉽게 표현한다면 이런 중도 장애인들은 통합 환경에서 비장애학생과는 별개의 내용을 학습한다고 말할 수 있다.

• 교수 수정

교수 수정은 교육과정 수정과는 달리, 통합 교실에서 주어진 과제에 따라 통합 교사가 교수 내용(Instructional Content), 교수 전달 방법(Delivery of Instruction), 교수 자료(Instructional Materials) 또는 교수활동(Instructional Activity)을 수정하는 것을 의미한다. 교수 수정 또한 장애학생 개개인의 장점과 단점에 의해서 결정되어지며 장애학생이 교육과정을 잘 수료할 수 있도록 도와주는 데 그 목적을 두고 있다. 이때 중요한 것은 교수 수정에 대한 평가다. 교수 수정을 한 후에 장애학생의 학습에 효과가 없었다면 이를 올바른 교수 수정이라 할 수가 없고, 교수 수정을 한 후에는 반드시 그 효과에 대해 평가를 해야 한다. 교수 내용 수정의 예로는 비장애학생들이 두 자릿수 덧셈을 배우는 동안 어떤 장애학생은 한 자릿수 덧셈을 배우는 것이다. 교수 전달 방법 수정의 예로는 장애학생들에게 좀 더 많이 연습할 수 있는 기회를 제공한다든가, 소집단 활동, 교사가 한번 더 과제를 풀어 주는 모델링을 하는 것 등을 들 수 있다. 교수 자료 수정은 장애학생들에게 수학문제를 풀 때 구체물 사용을 허락하거나 작문을 할 때 손으로 쓰는 대신 컴퓨터를 쓰도록 허락해 주는 것 등을 들 수 있다. 마지막으로 교수활동 수정이란 교사가 학생들의 수업 참여를 높이고 교육목표를 가르치기 위해 사용하는 교수활동이 장애학생들에게 적합하지 않은 경우에 하는 것을 의미한다. 예를 들어, 학생들의 읽기 유창성을 높이기 위해 짝짓기 읽기활동(Partner Reading)을 시행하고자 한다. 그러나 행동에 문제가 있는 학생에게는 이 교수활동이 적절하지 않을 수도 있기 때문에, 다른 학생들은 짝을 지어 서로에게 책을 읽어 주는 동안 문제행동이 있는 학생은 친구와 짝을 짓는 대신 혼자 녹음되어 있는 책을 듣고 따라 읽기를 함으로, 읽기 유창성을 높이도록 교사가 도와주는 것이 교수활동 수정의 한 예다.

• 환경 수정
환경 수정은 장애학생이 통합 환경에서 새로운 기술을 터득하는 데에 필요한 환경을 변화시켜 주는 것을 목적으로 하며, 그 예로는 장소(집중하기 어려운 장애학생을 돕기 위해 칸막이를 쳐 주거나 맨 앞 줄에 앉힘, 휠체어가 움직일 수 있는 공간 제공), 스케줄(쉬는 시간을 자주 허용), 사람(교사와 학생 비율을 줄여 줌) 수정 등을 들 수 있다(Janney & Snell, 2000; 김의정, 2008 재인용).

② 사회적 수용과 친구관계의 형성 및 촉진
장애학생들에게 비장애학생들과의 원만한 상호작용을 위해 구체적인 상호작용 기술(사회성 훈련, 긍정적 행동 지원, 의사소통 훈련)을 교수하는 것은 매우 중요하다. 그러나 이러한 상호작용 기술의 습득만으로는 장애학생과 비장애학생 사이에 사회적 관계를 형성하고 친구관계를 형성하고 유지하는 데 충분하지는 않다. 비록 비장애학생들로 하여금 장애학생을 수용하게 만들거나 장애학생과 비장애학생 간의 친구관계를 형성시킬 수는 없다고 하더라도 통합 환경/여건을 사회적으로 수용하고 친구관계 형성 및 촉진을 유발하도록 만들 수는 있다. 여러 연구 결과에서 밝혀진 바가 있듯이 막연하게 장애학생을 비장애학생과 함께 같은 학급에 둔다고 해서 이들 간의 긍정적인 상호작용이 일어난다고 기대할 수가 없다. 그러므로 효과적인 사회적 통합을 위해서는 조직적인 계획이 필요하다.

• 통학학급 선정

통합학급을 선정함에 있어 신중을 기해야 한다. 특히 통합학급의 교사는 모든 학생을 그 학급에 소속된 구성원으로 보아야 하며, 장애학생의 사회적 수용이나 친구관계의 형성을 도와주고 그들이 비장애학생과 친구관계를 잘 유지할 수 있도록 도와주는 사람이어야 한다. 비록 장애가 있다고 하지만 장애학생이 가진 장점을 최대한 활용하게 함으로써 장애학생이 그 학급에 필요한 존재임을 인식시킬 필요가 있다. 또한 통합학급에 있는 학생들이 서로를 돕고자 하는 마음이 있는지도 중요한 요소 중 하나이고, 장애학생의 통합으로 인해 최소한으로 방해받을 수 있는 학급을 선택하는 것도 필요하다.

• 통합 스케줄

일반학급에 통합되어 있는 장애학생에게 교수나 관련 서비스를 제공하기 위해 풀 아웃(pull out)하는 경우가 생기기도 한다. 가능한 한 장애학생들에게 필요한 서비스가 일반학급 내에서 주어지는 것이 일반학급에서 행해지는 학습활동 참여에 방해가 되지 않으므로 바람직하다. 부득이 한 경우 장애학생을 교실로부터 다른 곳으로 옮겨 야 할 경우 수업 도중에 나가게 하거나 돌아오게 하는 것을 피하고 쉬는 시간이나 점심시간 등을 이용하는 것은 비장애학생들에게도 자연스러워 보일 뿐만 아니라 수업 도중 장애학생들이 눈에 띄는 것을 방지할 수 있다.

• 보조교사 지원

장애학생이 일반학급으로 통합될 경우 특수교사나 보조원이 동반하는 경우가 있다. 특히 장애의 정도가 심할수록 보조원이 통합 학급에 따라가 수업 내내 장애학생의 학습을 도와주기도 한다. 이러한 경우 장애학생과 비장애학생 간의 상호작용의 기회를 제한하고 이들 간의 자연적인 지원(natural support)을 통해 배울 수 있는 기회를 줄일 수 있다. 또한 장애학생들이 보조원에게 지나치게 의존함으로써 독립심을 상실하기도 한다(박승희, 2003). 보조원의 도움으로 인해 중도 장애학생들의 통합교육의 기회는 늘어났다 하더라고 보조원의 지나친 지원은 장애학생과 비장애학생들의 상호작용에 해가 될 수 있음을 명심해야 한다. 일반교사들은 보조원들이 꼭 장애학생뿐만 아니라 통합학급에 소속된 모든 학생을 도울 수 있도록 권하는 것도 좋은 방법의 하나다. 그리고 장애학생에게 불필요한 도움을 주는 것을 저지하는 것도 중요하다.

• 비장애학생 교육

통합교육의 주요 목적 중의 하나가 장애학생의 비장애학생과의 상호작용을 통한 긍정적인 사회성 발달에 있다고 한다면 먼저 장애학생들에 대한 수용에서 시작되어야 한다고 볼 수 있다. 장애학생의 수용을 위해 일반적으로 쓰이는 방법으로는 장애학생이 통합되기 전에 그 학생이 가진 장애나 특성에 관해 토론하거나 장애학생이 가진 장점에 초점을 둘 수 있다. 특히 비장애학생들이 장애학생들이 자기와 다르다고 생각할 때 장애학생과의 상호작용을 꺼려 하는 경향이 있으므로 서로의 차이점보다는 같은 학생으로서의 유사성에 초점을 두고 토론하는 방법이 훨씬 효과적이다. 그리고 장애학생뿐만 아니라 모든 개인의 다양성과 특성에 대해 집단토의를 하는 것도 장애학생과 비장애학생의 사회적 관계를 발전시키는 데 도움이 된다(박승희, 2003).

2. 다문화 교육과정

1) 다문화 교육

다문화 교육이란 문화적으로 다양한 사회 혹은 하나의 독립된 세계 속에서 문화적 다양성을 촉진하기 위해 민주적인 가치와 신념에 기초해서 가르치고 배우는 접근이다(Bennett, 1995). 모든 학생들이 그들의 문화적, 인종적, 민족적, 성별, 사회적 계급의 특성에 관계없이 학교에서 평등한 교육을 받는 것을 의미한다. 이는 단순히 다양한 인종이나 민족에 국한된 교육이 아니라 모든 다양한 단체를 포함하여 그들에게 적절하고 공평한 교육의 기회를 제공하기 위한 교육적 노력을 의미하는 것이다(양영자, 2007).

장인실(2006)에 따르면 미국의 다문화 교육은 역사적으로 몇 가지 과정을 거친 것으로 보인다.

첫째로 네티비즘(nativism) 단계다. 초기의 이민자들을 구이민자로, 다른 지역 출신 이민자들을 신이민자로 보았으며 구이민자들이 신이민자들의 홍수를 멈추려는 움직임이다.

둘째로 동화주의(Assimilation) 단계다. 백인 청교도문화와 신이민자들의 소수 민족 문화 간의 갈등을 해소하기 위하여 나타난 것이 동화주의 개념이다. 동화주의는 이민자들에게 그들이 가지고 있던 원래 문화를 포기하고 미국의 주류 문화인 백인 청교도 문화를 받아들이라고 하였고, 이런 동화를 통하여 이민자들에 대한 편견이나 차별이 사라질 것이라고 주장하였다.

셋째로 용광로 이론 단계다. 미국의 이민자들의 늘어 감으로 인하여 동화주의는 적용되지 못하였고 용광로 이론이 대두되었다. 용광로 이론은 다양한 민족 문화가 미국 문명을 풍부하게 한다는 샐러드 볼(salad bowl)의 개념으로 발전하였으나, 미국 정치, 경제, 교육의 지도자들은 대부분 이민자와 토착 민족 집단의 동화를 강조하였다.

넷째로 민족 연구와 집단 간 교육운동 단계다. 제2차 세계 대전으로 야기된 사회, 정치, 경제적 변화는 문화 간 교육 혹은 집단 간 교육으로 알려졌으며 다양한 문화, 민족적인 교육과정 운동을 야기시켰다(Banks, 1988; 장인실, 2006 재인용). 사회적 변화와 인종적 폭동은 백인과 흑인에 관한 국가적 조치를 필요로 하게 되었다. 집단 간 교육의 목적은 민족적, 인종적 편견과 오해를 줄이는 것이었다.

다섯째로 새로운 다민족주의 단계다. 1965년 이민법 개혁 이후, 미국은 남미와 아시아로부터의 새로운 이민자들을 맞이하게 되었다. 시민권리 운동과 다양한 민족 연구에 의해 야기된 개혁 운동은 교육과정에 다른 민족 문화에 대한 더 많은 정보를 포함시키도록 하였다.

마지막으로 다문화 교육 단계다. 1970년 중반, 많은 소수 집단들은 미국의 주류사회로의 완전한 참여가 힘들다는 것을 느끼고 학교를 포함한 모든 기관에 더 많은 변화와 조절을 요구하였다. 이에 따라 다문화 교육이 생겨났다. 다문화 교육은 현 교육과정에 단순히 교과목을 첨가하거나 보충하는 것을 의미하는 것이 아니라 교육과정 전체에 적용되어야 함을 의미한다. 1973년 미국 교사교육대학 협의회(AACTE)는 "미국에는 한 가지 모형만 있는 것이 아니다."라는 진술을 통하여 다문화 교육의 기본적인 틀을 마련하였다.

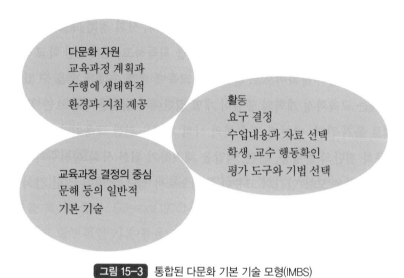

다문화 자원
교육과정 계획과
수행에 생태학적
환경과 지침 제공

활동
요구 결정
수업내용과 자료 선택
학생, 교수 행동확인
평가 도구와 기법 선택

교육과정 결정의 중심
문해 등의 일반적
기본 기술

그림 15-3 통합된 다문화 기본 기술 모형(IMBS)

나 단원, 강좌 등을 추가함으로써 이루어진다. '전환적 접근'은 교육과정의 근본적인 목적, 구조, 관점이 변화하는 것으로 다양한 인종과 문화 집단의 관점에서 개념, 쟁점, 사건, 주제 등을 생각해 볼 수 있도록 교육과정의 구조를 바꾸는 데에 관심을 기울인다. 이는 단순히 타문화의 내용을 교육과정에 첨가하는 데 그치는 것이 아니라, 미국 사회의 특성, 발달, 복합성 등에 대한 이해를 확장시킬 수 있도록 다양한 관점과 참조 틀이나 다양한 집단에 관한 내용 등을 융합하는 것이다. '사회적 활동 접근'은 전환적 접근의 모든 요소를 포함하면서 학생들이 의사결정을 내리고 행위를 하도록 요구한다.

Banks는 다문화 교육이 바람직하게 이루어지기 위해서 전환적 접근과 사회적 활동 접근에 도달해야 한다고 주장한다. 현재 미국 다문화 교육에서는 기여적 접근이나 부가적 접근이 훨씬 일반적이고 보편적으로 이루어지고 있다. 그러나 궁극적으로 학생들이 중요한 사회의 쟁점에 대해 스스로 의사결정을 내리고 해결할 수 있도록 하는 사회적 활동 접근을 강조해야 한다고 한다. 왜냐하면 다문화 교육은 완성된 기획이 아니라 끊임없이 개혁되어야 할 속성을 지닌 지속적인 과정이기 때문이다.

3. 이해중심 교육과정: 백워드 설계

오늘날 교실 수업의 문제점은 무엇일까? 아마도 가장 큰 문제는 학생들이 수업에서 진정한 이해에 도달하지 못하고 있으며, 이로 인해 학습 결손이 발생·누적되어 학생의 학업성취를 담보하지 못하게 된다는 것이다. 요컨대, 내용 전달의 수업이 학생들의 진정한 이해(authentic understanding)를 보장하지 못하고 단편적 이해로 그치기 때문에 심층적 이해를 위한 노력이 필요하다는 점이다. 특히 중요하고도 본질적인 내용을 엄선하지 못하고 제대로 가르치는 일이 사소하게 치부되고 목표가 임의적으로 설정되어 평가와 유리되는 수업이 진행된 결과, 학생들의 심층적 이해는 점차 어려워지게 되었다는 점이다.

그렇다면 학생들이 수업내용을 잘 이해하지 못하는 원인은 무엇일까? 첫째, 교과서 중심의 수업이 이루어지고 있다는 점이다. 대부분의 교사들은 교과서를 보고 학습량이 많다고 하면서 교과서에 있는 것은 모두 가르치려고 한다. 학습량이 많으면 상대적으로 단위 시간에 가르쳐야 하는 내용이 많아지게 되어 학생들의 학습과정 및 이해 정도를 살피기보다는 계획한 진도 나가기(coverage-based approach)에 초점을 두게 된다.

둘째, 게임·놀이 위주의 활동중심 수업이 이루어지고 있다는 점이다. 초등학교 학생들은 발달 과정상 활동적인 성향이 강하다. 이런 학생의 특성에 비추어 보아 게임이나 놀이 위주의 수업은 학생들의 동기를 유발하고 집중시킬 수 있는 효과적인 수업방법이다. 하지만 지나치게 게임이나 놀이를 강조하다 보면 학습목표를 놓치는 수업이 이루어지기도 한다(한국교육과정평가원, 2007: 256-257). 즉, 재미있고 활동적인 수업이(activity-based approach) 학습을 보장하는 것은 아니다.

셋째, 평가가 잘 이루어지고 있지 않다는 점이다. 과다한 학습량으로 진도 나가기에 급급하다 보니 학생들의 학습과정 및 성취 정도를 확인하기 어렵다. 교실에서는 교사를 대신하여 짝 활동 혹은 모둠 활동으로 학생 간 상호 평가를 하기도 하나 평가의 과정 없이 수업이 끝나는 경우도 있다. 이런 상황 속에서는 학생의 학습에 대한 즉각적인 피드백이 이루어지기 어렵고 학생들이 진정한 이해에 도달하지 못하게 된다.

여기에서는 이상의 문제를 중요하게 제기하면서 위와 같은 교육과정 현장의 문제점을 개선할 수 있는 도구로 Wiggins와 McTighe(2005)가 제안한 백워드 설계(Backward design)를 알아보기로 하자.[2)]

---

2) 이 내용은 이지은·강현석(2010). **초등교육연구**, 23(2), 383-409를 참고한 것임.

1) 백워드 설계의 특징

백워드 설계는 Wiggins와 McTighe(2005)가 지적하고 있듯이 전통적인 Tyler의 교육과정 개발 모형과 Bruner의 내용 모형에 기반을 두어 발전시켰으며, 목표 달성을 위해 목표와 평가를 함께 고려하는 교육과정 설계 모형으로 평가받고 있다.

백워드 설계의 특징은 절차와 내용 면에서 구분하여 제시할 수 있다. 첫째, 백워드 설계는 Tyler 모형의 절차를 변화시켜 목표 달성을 위해 평가를 강조한 모형이다. 1949년 『교육과정과 수업의 기본 원리』에서 제시한 Tyler의 논리는 지금까지도 교육과정 개발의 기초로 활용되고 있다. Tyler의 교육과정 개발 모형은 목표모형으로 불리기도 하는데, 수업목표를 설정하고 학습경험을 선정 · 조직하며 마지막으로 평가를 계획하는 단계로 이루어진다. 그러나 백워드 설계에서는 절차상의 순서를 변경하여 수업목표를 설정하고 목표 도달 여부를 확인할 수 있는 평가를 계획하고 마지막으로 학습경험을 선정한다. 즉, 평가를 설계의 앞부분에 위치시켜 평가의 역할을 강화시켰다.

Dick과 Carey의 모형과 같이 전통적인 교수 개발 모형도 학습목표 설정 다음 단계에 평가 도구를 개발하는 단계를 제시하고 있다. 이는 백워드 설계와 절차상 동일하다고 볼 수 있으나 교수 개발 모형이란 효과적인 학습을 위해 주요 요소들과 요소들 간의 관계를 중심으로 개발의 과정 및 절차를 도식화하여 나타낸 것(박성익 외, 2001: 180)이므로 절차, 즉 방법에 초점을 두었다고 볼 수 있다. 반면, 백워드 설계는 학습자의 이해를 위한 교육과정 설계 내용에 초점을 두고 있어 Dick과 Carey의 모형과 절차는 유사하지만 그 강조점이 다르다.

둘째, 백워드 설계는 전이가능성이 높은 주요 아이디어에 초점을 둔다. 백워드 설계의 주요 아이디어는 Bruner의 '지식의 구조'에서 그 근원을 찾을 수 있다. Bruner는 지식의 구조를 '학문의 기저를 이루고 있는 일반적인 아이디어'로 보고 있다. 따라서 학습자가 이해할 수 있고, 기억하기 쉽고, 학습 이외의 사태에도 활용할 수 있도록 구조를 학습해야 한다(이홍우, 2004). 즉, 모든 지식을 학교에서 가르칠 수 없기 때문에 다른 상황에 적용하여 활용할 수 있는, 전이가능성이 높은 주요 아이디어를 학습하는 것이 곧 학습의 효율성을 높이는 방법이 된다. Wiggins와 McTighe도 교과내용의 우선순위를 명료화하여 주요 아이디어를 선별해야 한다고 제안하였다.

셋째, 백워드 설계는 교육목표로 학습자의 진정한 이해를 강조한다. Wiggins와 McTighe는 다양한 의미를 함축하고 있는 이해를 여섯 가지 측면—설명, 해석, 적용, 관점, 공감, 자기지식—으로 분류하여 제시하였다. 이는 교육과정의 목표를 '이해'라는 용어로 제시한 것으로 볼 수 있다.

Wiggins와 McTighe는 진정한 이해를 위한 출발점으로, 본질적 질문을 제안하고 있다. 본질적 질문은 학생들이 도달해야 하는 목표를 질문의 형식으로 제시하여 학생의 흥미를 유발하는 방법이다. 즉, 성취 기준을 선정한 후, 목표풀기(unpacking)의 과정을 거쳐 본질적 질문을 선정하고 이해의 측면을 결정하게 된다. 이 과정은 백워드 설계의 핵심적인 과정이라 볼 수 있다. 즉, 백워드 설계는 교사들로 하여금 교육과정 내용에서 주요 아이디어를 확인하여 선택하고 학생들이 진정한 이해에 도달하도록 하는 학습목표-평가-학습경험의 순으로 수업을 설계하며 평가를 강조하는 교육과정 설계 방법이다.

2) 백워드 설계의 단계

백워드 설계 모형은 [그림 15-4]와 같이 3단계로 나타난다(Wiggins & McTighe, 2005: 18). 각 단계별 내용을 살펴보기로 한다.

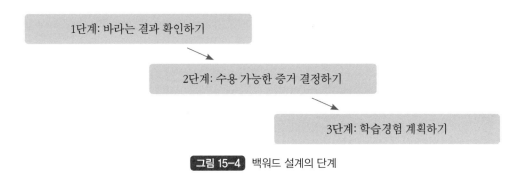

1단계: 바라는 결과 확인하기

2단계: 수용 가능한 증거 결정하기

3단계: 학습경험 계획하기

그림 15-4 백워드 설계의 단계

(1) 1단계: 바라는 결과 확인하기

1단계는 목표를 설정하는 단계다. 국가 수준에서 제시하는 성취 기준을 바탕으로 목표풀기 과정을 거쳐 주요 아이디어를 선정한 후, 이해의 측면을 고려하고 본질적 질문을 도출하게 된다. Wiggins와 McTighe(2005)는 목표의 다른 표현인 이해를 여섯 가지 측면—설명, 해석, 적용, 관점, 공감, 자기지식—으로 나누어 구체적으로 제시하고 있다. 이 '여섯 가지 측면'은 학생들이 이해한 것을 나타내기 위한 개념적 안목을 제공하는 역할을 한다.

이해의 측면별로 살펴보면 첫째, 설명은 사실이나 사건, 행위에 대해 타당한 근거를 제공하는 능력이다. 둘째, 해석은 숨겨진 의미를 도출하는 능력이다. 셋째, 적용은 지식을 다양한 상황이나 실제적인 맥락에서 효과적으로 사용하는 능력이다. 넷째, 관점은 비판적인 시각으로 바라보는 능력이다. 다섯째, 공감은 타인의 입장에서 감정과 세계관을 수용하는 능력이다. 여섯째, 자기지식은 자신의 무지를 알고 자신의 사고와 행위를 반성할 수 있는 메타인지의 능력이다. 이해란 한 가지 측면으로 정의될 수 있는 단순한 개념이 아니라 여섯 가지 측면으로 나눌 수 있는 복잡한 양상을 지닌 개념이다. 각각의 이해는 평가의 측면에서 학습자의 진정한 이해의 도달 정도를 판단하기 위한 기준이 된다.

(2) 2단계: 수용 가능한 증거 결정하기

2단계는 1단계에서 설정한 목표의 성취 정도를 확인하는 평가를 계획하는 단계다. 목표를 설정하고 설계 초반에 평가를 상세하게 계획한다는 점에서 다른 설계 방법과 차별화되는 백워드 설계의 특징적인 단계다.

박미자(2008)는 이해의 정도를 파악하기 위한 평가 설계 지침 네 가지를 소개하고 있다. 첫째, 문제를 중심으로 설계해야 한다. 둘째, GRASPS[3]를 활용하여 수행 과제를 설계한다. 셋째, 이해의 여섯 가지 측면을 활용하여 설계한다. 넷째, 본질적 질문을 직접적 혹은 간접적으로 언급한다는 점이다.

수행 과제를 결정한 후에는, 학생의 이해를 확인할 수 있는 다른 평가 증거를 고려해야 한다. 관찰, 검사, 퀴즈, 학생의 학습결과물 등 다양한 방법을 활용할 수 있다. 또한 평가 준거를 결정해야 하는데, 1단계에서 설정한 목표와 이해의 여섯 가지 측면과의 일치도를 고려하여 준거를 마련하여야 한다. 즉, 2단계에서는 교사가 평가자의 입장이 되어 목표와 이해를 고려하여 수행 과제를 결정하고 평가 방법을 선택, 평가 준거를 마련해야 한다.

(3) 3단계: 학습경험 계획하기

3단계는 이해의 여부를 확인할 수 있는 증거를 가지고 학습경험과 수업을 계획하는 단계다. 수업방법이나 수업 자료, 학습경험 등 구체적인 사항을 설계한다. 즉, 교사는 학

---

3) GRASPS는 수행 과제 요소의 두 문자에를 활용하여 개발한 도구이며 각 두문자는 목표(Goal), 역할(Role), 청중(Audience), 상황(Situation), 수행(Performance), 기준(Standadrds)을 뜻한다.

표 15-2 'WHERETO'의 요소와 의미

요소	의미
W(where and why)	학생들에게 단원이 어디로 나아가고 있고, 왜 그런지를 이해시키라.
H(hook and hold)	도입에서 학생들의 동기를 유발하고 관심을 계속 유지시키라.
E(explore and equip)	학생들이 중요한 개념을 경험하고 주제를 탐구하도록 준비하라.
R(rethink, reflect, revise)	학생들에게 주요 아이디어를 재고하고, 과정 속에서 반성하고 활동을 교정하기 위한 많은 기회를 제공하라.
E(evaluate)	학생들에게 과정과 자기 평가의 기회를 제공하라.
T(tailor)	개인적인 재능, 흥미, 필요를 반영할 수 있도록 설계하라.
O(organize)	진정한 이해를 최적화하기 위하여 조직하라.

생들이 도달해야 하는 목표와 여섯 가지 측면의 이해를 염두에 두고 수업을 계획한다.

설계의 목적에 따라 백워드 설계를 단시 수업에서 활용할 수도 있지만, 짧은 시간 안에 학습자가 진정한 이해에 도달하기 위해서는 어려움이 있다. 따라서 단원 수준에서 백워드 설계를 할 필요가 있다. 3단계는 단원 전개 과정에서 계열성과 일관성을 고려하여 계획한다. 즉, 주요 아이디어로 활동의 구조를 만들고 이를 기초로 학습의 전이가 일어날 수 있는 활동을 계획하여야 한다. 보다 자세히 살펴보면 Wiggins와 McTighe(2005)는 다음 표와 같이 'WHERETO'의 요소를 제시하여 구체적으로 학습경험을 계획하도록 제안하였다.

3) McTighe와 Wiggins의 설계 템플릿

McTighe와 Wiggins(2004)는 워크북을 통해서 백워드 설계에 근거하여 실제 단원을 개발할 때 활용할 수 있는 설계 템플릿을 제시하였다. 백워드 설계의 1, 2, 3단계의 구체적 적용 형태는 템플릿으로 구현된다. 템플릿은 구체성의 정도에 따라 1, 2, 3, 6쪽 등 다양한 양식으로 활용 가능하며 수업 상황과 설계의 요구 정도에 따라 적절하게 선택하여 활용할 수 있는 장점이 있다. 각 단계를 가장 압축적으로 나타내는 것은 다음 [그림 15-5]에서 제시한 1쪽 템플릿이다. [그림 15-5]는 McTighe와 Wiggins(2004)의 템플릿을 최윤경 외(2008)가 번안한 것을 기초로 수정·보완하였다. 그것을 제시해 보면 다음과 같다.

1단계–바라는 결과 확인(Desired Results)

설정된 목표(Established Goal)

• 설계에서 초점을 두는 목표(예: 성취 기준, 코스나 프로그램 목표, 학습성과)는 무엇인가?

이해(Understandings)	본질적 질문(Essential Qustions)
학생들은 다음을 이해할 것이다.	• 탐구와 이해, 학습의 전이를 유발하는 질문은 무엇인가?
• 주요 아이디어는 무엇인가?	
• 주요 아이디어에 관해 바라는 구체적인 이해는 무엇인가?	
• 예상되는 오개념은 무엇인가?	

학생들은 알게 될 것이다.　　　　　　　**학생들은 할 수 있게 될 것이다.**

• 이 단원의 결과로 학생들이 획득하게 될 핵심 지식과 기능은 무엇인가?

• 학생들은 지식과 기능을 습득하여 무엇을 할 수 있어야 하는가?

2단계–증거 결정하기(Assessment Evidence)

수행 과제(Performance Tasks)	다른 증거(Other Evidence)
• 학생들은 어떤 수행 과제를 통해 바라는 이해를 증명할 것인가?	• 학생들의 바라는 결과의 성취를 증명하기 위한 다른 증거(퀴즈, 시험, 관찰, 숙제, 저널)는 무엇인가?
• 이해의 수행을 어떤 준거로 평가할 것인가?	• 학생들은 어떻게 자신의 학습을 자기 평가하고 반성할 것인가?

3단계–학습경험 계획하기(Learning Plan)

학습활동(Learning Activities)

학생들이 바라는 결과를 성취할 수 있도록 하는 학습경험과 수업은 무엇인가?
어떻게 설계할 것인가?

• w = 단원이 어디로 향하며 무엇을 기대하는지 학생들이 이해하도록 돕는가?
　　　학생의 사전 지식과 흥미를 교사가 이해하도록 돕는가?

• H = 모든 학생의 동기를 유발하고 흥미를 유지하는가?

• E = 학생들이 주요 아이디어를 경험하고 이슈를 탐구하도록 돕는가?(E1)

• R = 학생들의 이해와 학습을 재고하고 수정하기 위한 기회를 제공하는가?

• E = 학생들에게 자신의 학습과 학습의 의미를 평가하도록 하는가?(E2)

• T = 학습자의 서로 다른 요구와 흥미, 능력에 맞추도록 하는가?

• O = 효과적인 학습뿐만 아니라 처음부터 일관된 학습 참여를 최대화하도록 조직하는가?

그림 15-5 백워드 설계 템플릿

4. 내러티브 교육과정

1) 의미

우선 내러티브 교육과정의 의미는 여러 가지로 해석될 수 있다. 즉, 어느 특정 측면을 강조하여 내러티브 교육과정의 의미를 구성할 수 있다. 이들 측면을 그 구체성의 정도에 따라 몇 가지로 제시해 보면 다음과 같다.

첫째, 내러티브가 곧 교육과정이며(Bruner, 1996), 교육과정은 단순히 내용 그 자체보다는 내용에 대한 해석을 의미한다(Doyle & Carter, 2003).

둘째, 교육의 과정과 교육과정의 공통 요인(common places)인 교사, 학생, 교재, 환경이 내러티브 혹은 내러티브 사고양식에 의해 재개념화될 수 있다(Conle, 2003).

셋째, 교육과정 내용이 내러티브 인식론에 의해 정당화된다는 점이다(Clandinin & Connelly, 2000; Polkinghorne, 1988).

넷째, 교육과정 내용 선정과 조직이 내러티브와 이야기 구조를 통해 가능하다는 점이다(Lauritzen & Jaeger, 1997).

다섯째, 교육과정의 양태, 즉 편성과 운영의 구조가 내러티브 성격을 지닌다는 점이다(McEwan & Egan, 1995).

여섯째, 교육과정, 즉 학습의 수단이 내러티브라는 관점(narrative learning)이다(Bigge, 1999).

2) 교육과정 차원

인간은 언제나 특정한 시간, 공간과 상황 속에서 존재하며, 한 사람으로서의 교사나 학생은 자신의 경험, 정신과 신체, 그리고 의도 속에서 이야기를 하고, 다시 그 이야기를 계속해서 재구성하면서 의미를 형성해 나가고 자신의 교육과정을 구성해 나간다. 교육과정은 경험과 상황, 상호작용, 시간과 공간의 모든 측면들을 고려해야 하며 여러 상황들 속에서 경험된 무엇이다. 이런 점에서 내러티브와 교육과정과의 관계는 총체적이다. 따라서 내러티브는 교육의 과정 전반, 즉 교육목표, 내용 선정과 조직, 교수방법, 평가의 문제와 관련되어 있다. 이하에서는 한국교육과정학회 편(2010)의 강현석 연구를(285-327) 중심으로 살펴본다.

첫째, 교육목표의 문제다. 내러티브 사고는 교육목표에 많은 시사를 준다. 내러티브는 서술 형식일 뿐만 아니라 특정 영역적 사고에 적합한 인지 도구 내지 사고양식이다. 이런 점에서 볼 때 교육목표는 내러티브 사고의 성장을 촉진하는 목표, 즉 내러티브 사고 기술과 관련된 지식, 능력과 태도를 설정하는 것이 필요하다. 이러한 목표는 이야기 구성 능력, 해석학적 사고능력, 내러티브화(narrativising) 능력들을 포함하며, 특히 Bruner (1996: 125)는 내러티브 발견(narrative heuristics)을 강조하였다. 인지 도구로서의 내러티브 형식이나 영역 특정적 사고방식에 부합하는 것으로서 내러티브는 결국 내러티브적 이해능력을 요청하며, 이것은 교과 학습에서 상상력과 감정 이입을 필요로 한다. 이와 관련하여 Bruner(196: 42)가 제시하고 있는 내러티브 능력을 기르기 위한 두 가지 방법(신화와 역사, 민담 등을 통해 정체성을 길러 주는 것과 소설을 통해 상상력을 높이는 일)을 고려할 필요가 있다.

둘째, 내용 선정 및 조직의 문제다. 내러티브 사고양식의 교육내용은 크게 2가지로 분석될 수 있다. 우선 교육내용 자체가 내러티브적 해석의 성격을 띠는 속성적 차원과, 내러티브 사고양식 그 자체가 교육내용이 될 수 있는 대상적 차원이다. 전자는 교육내용을 구성하는 여러 차원의 것들, 예를 들어 지식, 기능, 가치관 및 태도 등이 내러티브적 성격을 그 속성상 함축하고 있어야 한다는 측면인 반면, 후자는 내러티브적 사고양식 그 자체가 교육의 과정에서 교수-학습의 대상으로서 기능할 수 있다는 것이다. 이와 관련하여 Bruner(1996)가 제시하고 있는 내러티브 능력을 기르기 위한 두 가지 방법은 대상적 차원의 내러티브 교육내용이 될 수 있다. 자라나는 아이들이 정체성을 갖고 자신의 문화 속에서 하나의 위치를 발견하는 데 내러티브 사고 기술은 중요하며, 교육내용은 이것을 강조하여 내러티브를 만들며 이해하는 기술과 능력을 학교교육이 길러 주어야 한다. 결국 사고방식, 행위방식, 그리고 감정의 표현 방식과 관련이 있는 학교의 교육과정이나 교과를 강조해야 한다.

내러티브 사고양식은 또한 나선형 조직을 해석할 수 있는 근거를 제공해 준다. 우리가 지식을 조직하고 경험하는 가장 자연적이고 초기적인 방식은 내러티브 형식에 의해서 이루어진다. 나선형 교육과정의 아이디어를 초보적으로 이해하고 과도기를 거쳐 그 아이디어를 충분히 파악하는 일은 나선형의 아이디어를 스토리나 내러티브 형식으로 구체화시켜 보는 일에 의존한다. 의미를 전달하는 사태의 계열로서 내러티브는 과학적 설명에 의해 증명되는 것이 아니라 그럴듯한 인간의 의도적 세계를 이야기처럼 다양하게 해석하는 것이다. 결국 이야기 구조로서의 내러티브에 주목한다면 내용, 즉 학교 교과를 이야기 형태로 조직하는 것(Egan, 1986)이 요청되기도 한다.

셋째, 교수-학습 방법의 문제다. 교수는 기본적으로 의미를 만드는 것에 관한 것이다(Gudmundsdottir, 1991: 216-217). 교사는 그들이 가르치는 내용 속에서 자신들을 위해서 의미 만들기를 해야 하며, 자신들의 사적인 의미를 학생들이 이해할 것이라고 느끼는 형식으로 전환해 주어야 한다. 이것을 하기 위하여 교사들은 내용교수지식을 필요로 한다. 교수는 하나의 스토리를 쓰는 것과 같다. 교수를 이해한다는 것은 하나의 스토리를 해석하는 데에 도달하는 것과 같은 것이다(Polkinghorne, 1988: 142). 이런 점에서 내러티브가 수업의 소재, 전달 수단, 수업내용, 인식의 도구(김한종, 1999)로 활용될 수 있다. 수업의 내용으로서 내러티브는 수업 소재로서 이야기나 사건, 즉 교사가 가지고 있는 수업 소재에 관한 내용 지식이 변형 과정을 거쳐서 만들어진 것이다. 대부분의 교사들은 자신이 가장 잘 아는 부분에 대해서 설명을 길게 한다. 인식 도구로서의 내러티브는 경험의 흐름을 이해할 수 있게 한다. 내러티브는 무수히 많은 내적 관계를 맺고 있는 일련의 사실들을 하나의 이야기로 인식하게 되는데, 이것이 사태 인식의 기본적 성격이다.

이야기 구조는 학생들의 내적 지식에 이야기의 전형적인 구조를 형성하는 스키마로서, 학습에서 이야기를 이해하도록 안내하는 인지적 구조 역할을 한다(이흔정, 2003: 42). Egan(1986)의 이야기하기로서의 수업(teaching as story telling) 모형에서, 수업은 달성해야 할 목표들의 집합체가 아니라 좋은 이야기다. 요컨대, 내러티브 관련 수업에서는 소극적인 방법으로는 기존의 내러티브 구조를 가지고 있는 이야기를 활용하여 수업을 전개하는 것이며, 보다 적극적인 방법으로는 수업의 전개 자체를 내러티브 구조로 조직하는 것이다. 더 나아가 이야기식 구조를 가지지 않는 사건들을 내러티브 구조로 조직하는 수업 모형이 개발되어야 한다.

끝으로 평가의 문제다. 내러티브에 대한 폭넓은 이해와 함께 새로운 평가방법이 필요하다. 내러티브는 우리가 이미 아는 것에서 유도되며, 이것을 넘어서 더 멀리 나아가도록 허용해 준다. 즉, 우리가 이미 마주친 적이 있는 개별적인 사실들을 넘어서 더 포괄적인 미지의 무엇을 깨우칠 수 있게 한다. 이것을 '지식의 구조'라고 한다. 이것을 얻게 되는 것은 우리 인생에서 귀중한 기쁨이며, 학습의 위대한 개가일 것이다. 평가를 통해 학습자에게 이것을 체험하도록 해 주어야 한다. 훌륭한 과학 수업을 참관하다 보면 '적을수록 더 좋다(less is more)'는 교훈을 깨닫게 된다. 우리가 지향하는 과학과 교육과정,

학습계획, 수업 실제, 혹은 교육연구의 핵심부에는 늘 이 진부하고도 당 연한 지침이 들어 있다. 그런데 좋은 이야기란 바로 최소한을 가지고 최선의 성과를 얻는 경로다. 또한 이미 알고 있는 것을 가지고 생각하는 것을 배울 수 있게 한다. 이를 통해 과학 만들기가 진행된다. 그러므로 이것이 과학교육을 평가하는 첫 번째 기준이 되어야 한다. 그러기 위해서는 과학교육 현상과 방법에 있어서의 내러티브 위치를 먼저 폭넓게 이해할 필요가 있다(Bruner, 1996: 121-129).

3) 구체적 방법과 모형

이상의 측면들을 가장 포괄적으로 보면 내러티브가 곧 교육과정이라는 점이다. 내러티브 자체가 교육과정을 의미하고, 교육과정이 곧 내러티브의 의미로 재개념화될 수 있다는 것이다. 이러한 의미는 결국 교육의 과정이 내러티브 혹은 내러티브 사고 양식에 의해 재개념화될 수 있다는 것을 의미한다. 따라서 교육과정에서 핵심적인 교육과정 내용이 내러티브 인식론에 의해 정당화되는 관점이다. 구체적으로는 교육과정의 내용 선정과 조직이 내러티브를 통해 가능하다는 것이다. 이러한 과정을 거치면서 결국 교육과정의 편성과 운영의 논리가 내러티브 성격을 지니게 된다. 이러한 교육과정의 체계 속에서는 학교 학습 자체가 내러티브라는 수단을 통해 이루어진다. 따라서 이상의 측면들을 종합해 보면, 내러티브 교육과정은 내러티브를 통해 학생의 학습기회를 구성적이고 해석적으로 조직하여 지식과 경험을 지속적으로 재구성할 수 있도록 해 주는 구조를 의미하는 것으로, 내러티브 자체가 곧 교육과정을 의미하는 것이다.

이상의 의미를 지니는 내러티브 교육과정은 다음의 사항들을 근거로 하여 가능해질 수 있다. 첫째, 내러티브 교육과정은 기본적으로 이야기 구조를 전제하고 그것을 반영할 필요가 있다. 이야기의 내용적 측면과 형식적 측면을 고려하여 스토리와 그 스토리의 표현과 전달 체계를 반영할 필요가 있다. 둘째, 내러티브는 상상력과 해석적인 재구성을 통하여 학생의 이해 능력과 양식을 다양화하고 학생의 의미 형성 기제로서 중요한 역할을 수행할 수 있다. 셋째, 교육과정의 구현체로서 내러티브 수업은 이야기하기로서의 교수를 토대로 학생들의 교육적 관심과 발달적 측면에 초점을 두면서 이야기 양식을 활용하는 것이 중요하다. 넷째, 학습기회의 제공을 의미하는 교육과정은 결국 이야기를 통한 학습의 통합으로 구체화되어야 한다. 보다 근본적으로는 학습 그 자체가 의미 만들기이고, 그것이 결국 내러티브를 의미하며, 그것은 곧 학습이 통합적으로 전개될 수밖에 없다는 점을 의미한다.

　따라서 학습경험과 기회를 적절하게 조직하는 설계의 문제는 내러티브를 중심으로 이루어질 수밖에 없다. 학습은 내러티브를 통해 의미를 만들어 가는 과정이다. Bruner가 보기에 우리는 특정 의미가 창조되고 전달되는 맥락 내에서 의미와 의미 구성 과정을 해석할 수 있을 것이며, 우리가 구성하는 삶과 우리 자신은 이러한 의미 구성 과정의 결과물이다(1990b: 64-77). 이러한 내러티브와 관련하여 Bruner는 교육과정 설계에서 고려해야 할 5가지의 원리를 제시하고 있다(Bigge, 1999: 143-144).

　첫째, 학교 교육과정을 통하여 학생들 자신의 추측의 가치와 수정 가능성을 발견하도록 촉진하고, 문제해결에서 가설을 수립하고 해결을 시도하는 활동의 효과를 자각하도록 권장할 필요가 있다. 둘째, 현재의 조건과 미래의 결과를 관련시키는 마음의 사용을 통해 문제해결의 가능성에 대한 학생의 신뢰를 개발하는 데 강조점을 두어야 한다. 셋째, 다양한 교과내용과 관련하여 학생 자신의 추진력을 배양하고, 스스로 조작해 나갈 수 있는 능력을 개발해야 한다. 넷째, 마음을 경제적으로 사용할 수 있는 능력을 개발할 필요가 있다. 다섯째, 학생의 지적인 정직성을 개발하는 것이다.

　결국 내러티브 사고과정과 탐구기능을 개발할 수 있도록 설계되기 위해서는 설계 과정과 절차 역시 내러티브 사고의 속성을 반영하는 것이 되어야 한다. 이것은 최근에 등장하고 있는 이야기를 통한 교육과정 설계와 수업 설계에서 다양하게 이루어지고 있다(Doyle & Holm, 1998). 이러한 방식에서는 전통적인 교육과정 설계와 수업 설계에 대하여 재검토해 보고, 내러티브 탐구로서 교육과정 설계를 재개념화하는 것이 중요하다. 이와 동시에 Schwab의 네 가지 공통 요인을 활용하여 교육과정을 설계하는 것이 가능하다(Conle, 2003). 왜냐하면 교육과정의 실재가 내러티브에 의해 구성되며, 설계의 행위가 곧 내러티브 행위이기 때문이다.

　그렇다면 이러한 내러티브 교육과정은 어떻게 구성될 수 있는가? 그 구체적인 방안에 대한 논의가 활발하지 않지만, 관련 문헌 분석을 통해 몇 가지를 제안해 보면 다음과 같다.

　첫째, 스토리 구조를 활용하는 방안이다. Egan(1990)은 학교 교과를 이야기 형태로 조직하고, 수업도 달성해야 할 목표들의 집합체가 아니라 좋은 이야기로 보았다. 발달적 내러티브 모형에서는 학생들의 인지적, 정의적 특성과 발달단계를 고려하여 학생들의 이해와 지적 활동을 도울 수 있는 이야기의 속성을 다르게 조직하는 방안을 제시하고 있다.

둘째, 내러티브 사고를 직접적으로 활용하는 방안이다. McEwan과 Egan(1995)은 학습과 교수가 내러티브적 관심사를 중심으로 전개된다는 점을 지적하고 있으며, Bruner(1996)는 과학의 내러티브에서 내러티브 사고가 과학자 활동이 학생-교수 활동과 어떠한 관련성을 지니는가 하는 문제를 과학교육과정에서 논의하고 있다. 다른 한편으로는 그가 제안하는 교육과정은 자아형성 교육과정이며, 자서전적 교육과정이기도 하다.

셋째, 이야기를 통한 통합 학습을 활용하는 방안이다. Lauritzen과 Jaeger(1997)는 '이야기를 통한 학습의 통합'을 내러티브 교육과정으로 보고, 이야기를 통해 어떻게 수업에 활용할 수 있는지를 단계적으로, 즉 맥락 파악-질문 구성-목표 점검-탐구-정리로 나누고, 각 단계에서의 활동을 구체화시킨 점이 특징이다(강현석 · 소경희 외, 2007). 이것을 응용하여 이흔정(2003)은 Lauritzen과 Jaeger(1997)의 모형을 활용하여 내러티브 교육과정 모형을 제안하고 있다.

다음은 Lauritzen과 Jaeger(1997)가 제시한 내러티브 설계 템플릿이다. 내러티브의 템플릿은 맥락, 탐구질문, 목표필터, 탐구조사, 완성 및 정리 단계로 구성된다.

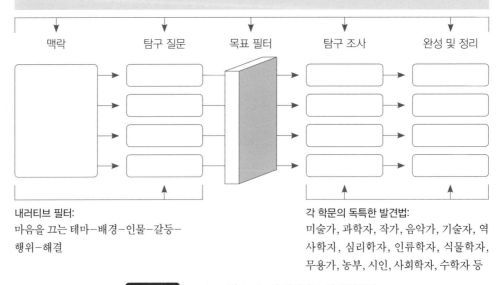

기본 목표
문제를 해결하라-비판적이고 창의적으로 사고하라-기술을 사용하라-의사소통하라-정량화하라-자기주도적인 학습을 하라-협동/협력하라

적용
공공의 이슈를 심사숙고하고, 인간 경험을 해석하며, 다양성, 건강습관, 과학/수학의 관계를 이해하는 능력

| 맥락 | 탐구 질문 | 목표 필터 | 탐구 조사 | 완성 및 정리 |

내러티브 필터:
마음을 끄는 테마-배경-인물-갈등-행위-해결

각 학문의 독특한 발견법:
미술가, 과학자, 작가, 음악가, 기술자, 역사학지, 심리학자, 인류학자, 식물학자, 무용가, 농부, 시인, 사회학자, 수학자 등

그림 15-6 Lauritzen과 Jaeter의 내러티브 설계 템플릿

넷째, 교육과정의 공통 요인을 활용하는 방안이다. Conle(2003: 4-5)은 내러티브 교육과정을 교사, 학생, 교재, 환경의 측면에서 재개념화하고 있다. 여기에서 교사와 학생은 상호 탐구자이며 상호 학습자다. 교재는 교사–학생의 실제적 지식이 되며, 환경은 개방적이고 융통적인 구조가 된다.

다섯째, 내러티브 설계 원리를 활용하는 방안이다. 강현석(2004)은 내러티브 중심의 내용 선정과 조직 방안을 제시하고 있다. 내용 선정에서는 내러티브 사고과정과 기능, 자기 추진력과 조작 능력 개발, 지적 정직성의 개발을, 내용 조직에서는 이야기 구조, 개연성과 아이러니, 해석적 재구성, 융통성과 개방성을 제안하고 있다.

여섯째, 보다 구체적으로 내용 선정 및 조직의 문제에 적용하는 방안이다. 교육내용으로서 지식의 구조는 이제 객관적인 실체이기보다는 학생이 내러티브적 해석에 의해 구성하고 생성해야 할 의미체이며, 내용 선정 시에 지식의 발견적 속성과 생성적 속성을 동시에 고려할 필요가 있다. 그리고 교육내용을 선정할 때에는 앞에서 논의한 것처럼 내러티브의 포괄적 차원을 고려하여 교육내용의 성격을 반영해야 하며, 특히 내러티브 사고 기술을 중요하게 선정할 필요가 있다. 내용 조직에 있어서도 나선형 조직을 순환적 회귀의 차원에서 재해석할 필요가 있다.

내러티브 원리에서 보면 내러티브 사고와 관련되는 내용들이 선정되어 논리적인 지식과 보완될 필요가 있다. 신화, 소설, 민담이나 인간의 삶의 목적과 우연성을 담은 내용들, 인간의 상상력을 풍부하게 해 주는 내용들이 선정될 수 있다. 이러한 내러티브 내용들은 논리정연한 질서보다는 이야기 구조 속에서 우연성과 아이러니를 표현하는 방식으로 조직될 필요가 있다. 교육내용은 실재를 내러티브적으로 구성하는 원리에 맞게 조직될 필요가 있다(Bruner, 1996: 133-147). 우선 내용이 기계적이고 규칙적으로 전개되고 조직되는 방식이 아닌 인간적으로 적절한 시간(Ricoeur, 1984)에 맞게 조직되고, 의미가 서로 교섭되는 방식으로, 그리고 전체 이야기 구조 속에서 풍부하게 해석적으로 재구성되는 방식으로 조직될 필요가 있다. 특히 조직에서는 일차적으로 이야기 중심의 주제 통합 단원을 조직할 수 있다. 이것은 하나의 중심 주제를 둘러싸고 일정한 구성 형식, 즉 시작–전개–반전–결말을 갖는 일련의 이야기를 의미한다. Egan의 내용을 이야기 형태로 조직하는 단계로 접근 제공–단원/학습과정 조직–세부 항목과 맥락의 추적(이혼정, 2003: 48)을 제안하고 있다. 그리고 내러티브의 성격에 비추어 보면 학생의 학습 에피소드는 내러티브 중심으로 통합되어 조직될 필요가 있다. 이와 관련하여 강현석(2004)은 교육과정 설계 원리로서 내러티브주의에서 가능한 조직상의 고려

사항으로 이야기 구조, 개연성과 아이러니, 해석적 재구성, 융통성과 개방성을 제안하고 있는 바, 이는 해석적 구성과 순환적 회귀의 이야기 구조가 내용 조직의 근거가 될 수 있다는 점을 의미한다.

다음으로 내러티브 교육과정의 구체적인 문제, 즉 수업과 평가의 문제는 12장 3절의 내용을 참조하기 바란다.

5. 통합교육과정

1) 교육과정 통합의 개념

교과영역을 서로 분리하는 교과 선을 없애고, 따로 떨어진 별개의 교과영역이 사라지도록 하는 교육과정 구성의 한 접근방식이다. 더 나아가, 둘 이상의 내용 교과목 간에 자연적이고 조화롭게 수업계획과 수업 실행을 종합하고 혼합하고 융합하는 것을 의미한다. 통합교육과정은 개념적 접근방법이나 생활문제 중심의 접근방법을 활용한다. 그 속에서 여러 기능들은 적합한 맥락에서 활용이 되고, 필요에 따라 새로운 기능을 가르치게 된다. 그리고 학생들은 탐구 영역의 맥락 속에서 다양한 프로젝트와 조사 활동을 자주적으로 선택하거나 그것들을 스스로 개발할 수 있는 기회를 갖게 된다. 통합교육과정에 따라 학습하는 아동들은 그들과 관련 있는 학습경험에 투입될 기회를 상당히 많이 갖고 있다. 여기에는 그들이 관여하게 될 여러 종류의 프로젝트 및 활동뿐만 아니라 발달시켜야 할 개념도 포함된다. 마지막으로 통합교육과정은 아동의 발달을 어떤 외부의 확정된 기존의 표준에 비추어 측정하기보다는, 오히려 그의 개별적인 발달 과정을 기록해 나가는 참 평가(authentic assessment)의 형식을 활용한다(강현석 외, 2003: 26).

교육과정 통합(curriculum integration)에 대한 의미가 지금까지 다양하게 제시되고 있지만 학습자에게 일어나는 학습의 통합과 학습자의 인격의 통합이 교육과정 통합 노력의 궁극적인 목적이 된다는 점에서 공통적이다. 즉, 시간과 공간적으로 달리한 학습경험들이 상호 관련되어 의미 있게 모아져서 하나의 전체로서 학습이 이루어지게 하고, 나아가서 학습자의 인격이 성숙되는 결과를 가져오도록 하는 모든 과정이라고 볼 수 있다. 이렇게 교육과정을 통합하는 과정에서 종전에 전통적으로 각 학문 또는 지식의 체계에 따라 분화된 교과 중심으로 학습경험을 선정하고 조직하던 것에서 탈피하여 전

표 15-3 교육과정 개발의 범위와 통합의 정도

낮은 수준 ←					→ 높은 수준
범위	개별	광역	프로젝트	중핵	통합
내용	세분화된 교과의 제목	세분화된 교과의 주제 중심	다학문적 주제 중심	간학문적 주제 중심	통합주제 중심
학생들의 참여	학생들의 참여 없음	극히 일부의 학생 참여	약간의 학생 참여	주제 선정 및 학습계획에 학생 참여	교사-학생의 협동
교과 간의 관계	각 교과 간의 벽이 있는 가장 낮은 수준의 통합	각 교과에서 가져온 학습자료	각 교과의 특성을 그대로 지니고 있는 학습자료	몇 개의 교과 간의 벽이 남아 있음	교과 간의 벽을 헐어 버린 가장 높은 수준의 통합

통적 교과 간의 벽을 고려하지 않고 보다 광역화하여 각 교과의 지식이나 경험을 재구성하여 학생의 흥미, 문제 중심으로 구성한 통합 교과(integrated subject)들이 나오게 되었다.

　Schubert(1986)는 교육과정이 다루는 범위 및 통합의 정도에 따라 개별교과(separate subject), 광역교과(broad fields), 프로젝트(project), 중핵교과(the core), 통합교과(integration) 등의 다섯 가지 접근방법으로 구분하였다. 통합의 정도에 따라 정리하면 앞의 〈표 15-3〉과 같다.

2) 교육과정 통합의 접근법

　교육과정을 통합하고자 하는 접근방법은 학자들에 따라 다양하다. 교과나 학문이 가지고 있는 개념·기능·가치 또는 원리들을 논리적으로 다른 교과나 학문의 것과 상호 관련시키는 구조적 접근이 있는 반면, 생활에서 문제해결과 여러 경험들의 표현 활동 속에서 조직 요소를 가져오고, 교과나 학문으로부터 자료를 가져다 활용함으로써 이루어진 통합인 경험적 접근이 있다. 이들은 다시 교과 간 연계 형태에 따라 또는 학문 간 연계 형태에 따라 그 통합의 모습이 달라진다. 그리고 교육과정 통합은 교육과정 유형에 따라 다르게 전개될 수도 있는데 교과중심 교육과정에서는 통합의 정도는 다르지만 분과형 이외의 조직 형태들(상관, 융합, 광역, 중핵 등)을 통합형으로 볼 수 있으며, 학문

중심 교육과정에서는 기본적으로 학문의 구조와 논리에 따르기 때문에 분과형을 전제하지만 학문 간의 연계 정도에 따라 다르게 통합을 볼 수도 있다. 특히 교육과정 통합은 경험중심 교육과정에 와서 활발하게 전개되었으며, 여기에는 목표중심 통합, 사회기능 중심 통합, 청소년 욕구 중심 통합이 있다(이종원, 1991).

이하에서는 교육과정의 통합을 위한 접근으로 일반적으로 논의되는 네 가지 범주, 즉 학문 분야, 언어와 문학, 주제, 쟁점 중심 통합(Wolfinger & Stockard, 1997)으로 나누어 살펴본다(강현석 외, 2003: 165-304).

(1) 학문 분야 중심 통합

이 접근법은 서로 구별되는 둘 이상의 지식체계를 통합하며, 지식의 여러 범주를 함께 묶는 방식이다. 사회과나 과학과 같은 교과는 어느 정도 서로 구분이 되는 지식체계를 통합하기 때문에 간학문적이라고 불린다. 예를 들어, 사회과는 역사학, 지리학, 정치학, 경제학, 인류학, 사회학에, 과학은 생물학, 화학, 물리학, 지질학, 생리학에 의거한다. 예를 들면, 사회과 수업시간에 역사, 지리 그리고 다른 사회과학을 서로 혼합하고 뒤섞는 것은 흔히 볼 수 있는 일이다. 비슷한 방식으로 초등학교 과학 수업 시간에 생물학, 물리학, 화학, 지질학을 융합시키는 것을 쉽게 발견할 수 있다.

교과 간의 수업 통합과 관련된 것으로서 넓은 의미에서 통합교육과정은 학교 교육과정 사이에서 수업을 통합한다는 것을 의미한다. 그것은 모든 교과의 경계선을 가로질러 학교 교육과정의 다양한 영역을 통합시키면서 전체적으로 통일시키는 프로그램을 만든다는 생각을 야기한다. Jarolimek 등(1993)의 주장에 따르면, 통합교육과정의 주요한 강점은 아이들이 피상적인 지식을 넘어서서 고차적인 사고력에 이를 수 있도록 도와주기 위한 잠재력에 있다. 교육과정 통합은 아동들이 공부의 대상을 보다 충실히 이해할 수 있도록 도와주려는 목적에서 지식의 여러 범주를 불러 모은다.

사회과는 이미 광범한 학문 분야의 기반을 소유하고 이 학문 분야를 그 자체의 내용 영역 내에서 통합하고 있기 때문에, 초등학교 교과를 통합시키는 데 이상적으로 적합하다. 사회과는 교육과정 통합에 있어서 비교적 완전한 포괄적 틀을 형성한다. 사회과에서 전통적인 내용 영역을 통합하는 일은 학생들에게 그들의 지식과 기능을 단편화된 조각으로서가 아니라 의미 있고 상호 연관된 방식으로 확장하고 세련화하는 데 도움을 줄 수 있는 교육과정을 제공한다.

학문 간 연계 방식에 의한 통합의 종류에는 간학문적 통합, 다학문적 통합, 그리고 탈학문적 통합이 있다. 간학문적(interdisciplinary) 통합은 개념 혹은 방법이나 절차를 중심으로 두 개 이상의 학문을 연결하거나 재구성하는 방식이다. 다학문적(multidisciplinary) 통합은 주제 혹은 문제를 중심으로 관련된 학문의 개념이나 방법, 절차를 활용하여 몇 개 학문이 동시에 주제를 다루어 나가는 방식이다. 탈학문적(transdisciplinary) 통합은 학문 간의 개념이나 방법의 관련성에 관심을 두지 않고 학생들의 관심이나 흥미 또는 경험을 중심으로 학습내용이 선정되고 표현 활동까지 전개되는 통합 방식이다.

(2) 언어와 문학 중심 통합

이 접근법은 학교 교과 내의 통합과 교과 사이의 통합을 위한 도구로서 많은 문학작품을 활용하는 방식이다. 교육과정을 통합하는 데 사용된 접근 방법이 어떤 것이든 관계없이 아동문학의 '하위 장르'는 수업 설계에서 중요한 역할을 할 것이다. 물론 이것은 언어와 문학을 통한 통합을 선택할 때 특별히 더 타당한 이야기가 될 것이다. [그림 15-7]은 아동문학의 하위 장르를 보여 주고 있다. 이것들은 모든 교육과정 통합에서 필수적인 것이라고 볼 수 있다.

여러 가지 면에서 교육과정 통합의 출발점 아니면 적어도 주요 원동력이 되는 것은 총체적 언어 운동이다. 많은 초등학교와 학급에서 총체적 언어 철학으로의 운동은 초등학교 교육과정 통합의 선구자 노릇을 하였다. Goodman(1986)의 지적에 따르면, 총체적 언어 교수는 아동들에게 언어와 사고를 통합하는, 올바르고 내용이 풍부한 읽기 경험을 제공한다는 교육철학에서 나온다. 이런 점에서 올바른 읽기는 단지 고안되거나 형식에 얽매인 기초 독본 선정이 아니라, 사람들이 현실 세계에서 읽을 때 하는 것과 똑같이 어떤 것에 관하여 읽는 것을 의미한다. '내용이 풍부한' 읽기 자료는 다양한 종류의 양질의 책, 해설 자료, 정보 제공 자원을 말한다. 올바르고 내용이 풍부한 읽기, 사고, 언어 경험은 필연적으로 교과의 경계를 허무는 학습으로 나아간다. "언어는 모든 학교와 미래 학습을 위한 기반이며, 아이들이 언어를 사용하면서 그것을 배운다는 것, 그리고 사용하면서 배운 언어는 언제나 전체적이고 의미 있고 목적이 있다는 것을 믿는 교사는 학습자 중심의 통합학급, 문학에 기초한 통합학급을 창출하려는 경향이 있다."(Stice et al., 1995: 94)

지난 몇 년 동안에 초등학교 교육과정에서 총체적 언어 접근법의 발전은 괄목할 만한 것이었다. 총체적 언어 접근은 널리 퍼져 실행되고 있으며, 종종 더 광범위한 교육과정 통합의 선구자 노릇을 하였다.

그림 15-7 아동문학의 하위 장르

　총체적 언어 교수는 국어과에서 가르치는 기능의 통합을 강조한다. 읽기, 쓰기, 말하기, 듣기, 그리고 국어과에 속하는 하위 기능(철자, 손으로 쓰기, 문법)을 따로따로 그리고 고립된 상태로 가르치기보다는 오히려 그것들을 통합시킨다. 예를 들어, 읽기와 쓰기 기능의 수업은 단어 지각, 이해, 언어 발달, 철자, 문법, 구두점, 대문자 사용법, 손으로 쓰기와 같은 하위 기능을 포함하면서 아동문학을 통해 통합시킬 수 있다. Fredericks(1992: 9)의 개념 정의에 따르면, 총체적 언어는 "아동에게 의미 있는 맥락 속으로 읽기, 쓰기, 말하기, 듣기의 통합"이다. Bereiter 등(1987)은 국어과 기능의 교수가 학생들에게 전에는 존재하지 않았던 새로운 문해 '능력 부여'를 초래한다고 쓰고 있다. Tchudi(1994)의 지적에 따르면, 총체적 언어 접근은 교육과정 전체를 통해서 읽기와 쓰기의 역할을 강조하고 교육과정에서 교과 사이의 관계를 맺어 줌으로써 통합교육과정을 창출한다. Hennings(1986)도 역시 총체적 언어 수업이 사고하기, 듣기, 말하기, 쓰기, 읽기 활동을 통합하여 사회과학과 자연과학의 의미 있는 내용을 의사소통하도록 하기 때문에 자연적으로 교육과정 통합을 지향한다고 말하고 있다.

(3) 주제 중심 통합

　이 접근법은 핵심 주제를 중심으로 탐구와 학습이 이루어지도록 통합한다. 교육과정의 교과 통합 방식 중 유용한 것은 탐구와 학습의 중심이 되는 핵심 주제를 사용하는 일이다. 주제 연구와 주제 단원은 핵심적인 아이디어를 중심으로 창출된 수업 설계다. 주제 단원은 국어, 수학, 사회과, 과학의 핵심 개념을 강조한다. 단원 내의 활동은 다양한 교과와 교육과정 영역에서 필요한 기능을 통합한다. 주제 연구의 통합적 성격은 학습에 적합성과 의미를 부여한다. 주제 단원의 활동 범위는 일지, '일화 기록', 체크리스트(점검표), 회의, 학생의 자기 평가, 포트폴리오(작품 모음)에 의한 참 평가를 통하여 학생의 학습에 대한 정확한 평가를 제공한다(Meinbach et al., 1995).

주제 연구는 비교적 짧은 기간에 이루어져 학교 일과 중 한 국면에 불과할 수도 있지만, 주제 단원은 비교적 긴 시간에 걸쳐서, 이를테면 며칠, 몇 주, 아니면 심지어 그 이상에 걸쳐서 진행된다. 주제 단원 교수법은 결코 새로운 것이 아니다. 그 시초는 John Dewey와 진보주의 교육운동 시기로 소급된다.

오늘날 경험 있는 교사는 대학에서 교사양성 프로그램을 거치면서 '단원법'을 배운 시절을 회상할 것이다. 하지만 1980년대에는 분과형 교육과정이 유행하면서 단원법 접근의 인기가 시들해졌다. 그러나 1990년대 중반에 와서 교육과정 통합은 일반적인 추세가 되었으며, 주제 단원이 서로 다른 내용 영역을 통합시키기 위한 초점으로 다시 부상하기 시작하였다(Maxim, 1995). 주제 연구와 주제 단원은 핵심적인 접근방법이 되고 있으며, 그 결과 초등학교에서는 광범위하게 교육과정 통합이 이루어지고 있으며, 중학교 수준에서도 상당한 정도의 교육과정 통합이 이루어지고, 심지어 고등학교에서도 어느 정도의 교육과정 통합이 이루어지고 있다.

Jacobs 등(1986)이 제안한 바, 주제 연구 개발을 위한 4단계 계획은 다음과 같다.

① 주제 선정
② 주제와 연관되는 토픽과 아이디어에 대한 브레인스토밍
③ 주제의 조사를 안내할 수 있는 질문 설정
④ 주제의 탐구에 도움을 주는 활동의 설계 및 실행

Meinbach 등(1995)은 비슷한 방식으로 효과적이고 성공적인 주제 단원 설계를 위해 고려해야 할 다섯 가지 영역을 다음과 같이 제안한다.

① 주제 선정
② 주제 조직
③ 자원과 자료 수집
④ 활동과 프로젝트 설계
⑤ 단원 실행

(4) 쟁점 중심 통합

사회적 쟁점과 문제의 조사를 통하여 통합을 하는 방식이다. "학생들에게 그들의 세

계와 실제로 연결되는 문제를 부여하고, 해결책을 찾도록 하며, 그다음에 뒤따르는 신중한 사고 활동을 주의 깊게 관찰해 보라."(Savoie et al., 1994: 54) 학생들이 『월스트리트 저널(*Wall Street Journal*)』에서 찾은 어떤 문제와 관련된 쟁점을 검토하기 위하여 현실 세계의 맥락을 제공한 2주간의 프로젝트에 관하여 보고하면서 Savoie 등(1994)이 밝힌 바에 따르면, 쟁점과 문제는 학생들로 하여금 의미 있는 교재를 파악하도록 하는 데 강한 동기를 부여하는 기제를 제공한다는 것을 알게 되었다. 그들은 문제에 기초한 학습이 특히 동기 부여를 많이 한다는 것을 알고, 쟁점 중심의 접근을 추구하면서 고려해야 할 절차를 다음과 같이 제시하였다.

① 문제를 가지고 시작한다.
② 그 문제가 학생들의 세계와 연결되도록 한다.
③ 교재를 학문 분야가 아니라 문제를 중심으로 조직한다.
④ 학생들에게 그들 자신의 학습을 구성하고 주도할 수 있도록 책임을 부여한다.
⑤ 대부분의 학습을 위한 맥락으로서 소규모 팀을 이용한다.
⑥ 학생들이 학습한 것을 산출물이나 수행을 통하여 보여 주도록 요구한다.

우리 세계에는 중대한 쟁점과 문제가 엄청나게 많다. 사회, 과학, 환경, 의학, 종교, 법, 철학, 도덕, 미디어 등의 쟁점이 있으며, 에이즈, 암, 핵전쟁, 오염과 같은 세계적 문제가 있다. 이러한 것들은 교육과정 통합의 중요하고 일관성 있는 요건들이 된다.

쟁점과 문제는 실제적이고 의미 있는 교육과정 통합이 일어날 수 있는 출발점을 제공한다. 그것은 학습자 개개인이 다른 학습자들과 협력하면서, 학습의 추구와 성취를 위해 교과의 경계를 가로질러 수많은 진정한 활동과 일의 통합에 참가할 수 있는 영역이다.

3) KDB 중심의 간학문적 통합[4]

(1) KDB 모형의 논거로서 자율성/책무성 및 적절성/엄밀성

KDB 모형은 최근에 각광을 받고 있는, 지식-기능-인성을 간학문적으로 통합하는 교육과정 통합방식이다. 이 모형은 창의 · 인성 개발에도 적용 가능성이 높다.

KDB(Knowledge-Do-Be) 모형에서 말하는 자율성이란 교사 혹은 단위학교에서 교육과정을 나름의 잣대로 해석하고 재구성하여 교육과정을 생성해 낼 수 있는 것에서부터 파생된다. 교육과정이 수시 개정 체제로 운영되고 있으며, 이러한 재개정을 거듭하면서 점차 교육과정의 주도권이 현장으로 이동하고 있다. 하지만 이러한 자율성 뒤에는 언제나 일정한 범위의 책무성을 강조하기 마련이다.

이러한 배경하에 등장하여 논의되고 있는 KDB 중심의 간학문적 통합이 시도하고자 하는 내용은 자율성과 책무성을 모두 보장받을 수 있는 통합 방법이다. 즉, 통합을 시도하는 과정에서 간학문적인 요소를 KDB 요소 중심으로 통합을 하는 과정은 교사 혹은 단위학교의 자율성이 반영되는 측면으로 해석할 수 있다. 통합교육과정이 주어지지 않는 이상, 교사들이 이러한 통합을 시도한다는 것 자체가 자율성을 구현하는 과정으로 볼 수 있기 때문이다.

한편, 책무성 측면에서 보면 KDB 중심의 간학문적 통합이 추구하고자 하는 바는 기존의 교육과정을 근간으로 하여 통합을 추구하는 것이기 때문에 오히려 주어진 교육과정을 그대로 가르치는 것보다 책무성 측면에서 더 많은 효율성이 있다고 볼 수 있다. 최근 시행된 국가 수준 학업성취도 평가가 이러한 학교 현장의 책무성을 강조하기위한 의도로 볼 수 있다면, 현장 교사들의 경우는 책무성과 동시에 많은 혼란을 느끼는 게 사실이다. 주어진 교과서 위주로 가르쳤기 때문에 교사는 물론이고 학생들도 상당히 당황해하는 것이 현실이다. 물론 교과서에는 국가 수준의 교육과정이 요구하는 기준이 포함되어 있다. 하지만 국가에서 요구하는 기준을 평가하는 잣대 중 대다수의 텍스트나 맥락은 교과서를 벗어난 것이었다.

더욱이 간학문적이라는 말 자체에 벌써 다양한 맥락과 상황이 전제되어 있다. 학생들로 하여금 다양한 맥락과 상황에 자신들의 지식이나 기능을 전이시킬 수 있는 상황을 만들어 준다면, 이상과 같은 혼란 속에서 벗어날 수 있으며 또한 국가가 요구하는 책무성을 보장받을 수 있으리라 판단된다.

이러한 간학문적 접근의 장점과 관련하여 Hargreaves는 이 통합 방법의 장점이 교사들이 학생들에게 적합하고 필요에 맞는 맥락에서 운영할 수 있다는 것이라고 하였다(Drake & Burns, 2004: 14). 학생들은 자신의 주변에 관심을 많이 가지고 있으며, 교육과정 통합을 시도할 때 이러한 측면을 고려하면 학생들의 관심과 참여를 얻어 낼 수 있다. 즉, 교육과정의 기준을 바탕으로 의도적으로 학생들 주변의 내용들을 기존의 기준에 맞게 유의미하게 제시하는 것이다.

   마지막으로 이상의 장점 외에 보다 적극적으로 엄밀성의 측면에서 그 특징을 고려할 필요가 있다. Drake와 Burns(2004)에 따르면 교육과정을 통합할 때 피상성의 함정에 빠져서는 안 된다고 한다. 자칫 활동 위주의 수업으로 흘러가 학생들이 간학문적으로 구성하지 못한다면, 왜 그러한 활동을 했고 왜 그러한 수업에 참여하게 되었는지 모르는 피상성에 빠지기 십상이다. 하지만 KDB 중심의 간학문적 통합의 절차를 주의 깊게 따른다면 이러한 엄밀성을 벗어나는 결과는 초래되지 않을 것이다. 또한 Drake와 Burns(박영무 외 공역, 2006: 46-47)는 엄밀성과 관련하여 다음과 같이 언급하고 있다.

   학생들이 서로 다른 학문 분야의 시각을 통해 어떤 토픽을 탐구할 때 그들은 그 토픽을 심도 있게 공부할 수 있다. 더 나아가서, 학생들은 다른 생활 영역으로 전이시킬 수 있는 간학문적인 개념과 기능을 학습한다. 교사들이 교육과정을 적절성이 있는 맥락에 적용시키는 재량권을 가질 때, 그들은 교육과정을 다양한 학생의 요구에 맞게 적용시키는 데 높은 창의력을 발휘할 수 있다.

   요컨대, 이상의 논의에서처럼 KDB 모형은 책무성을 강조하지만 그 단점으로 제기될 수 있는 적절성과 엄밀성의 문제를 동시에 고려하고 있다. 이러한 양자의 요인을 근거로 하여 학교교육의 정상화에 기여하고 있는 것으로 평가받고 있다.

(2) KDB 모형의 설계 원리로서 백워드 설계

   KDB 모형은 Drake와 Burns(2004)가 그들의 저서 *Meeting Standards through Integrated Curriculum*에서 제시한 것이다. 우선 이 모형을 살펴보기 전에, KDB 모형의 설계 원리로서 Wiggins와 McTighe(2005)의 백워드 설계 방식을 살펴볼 필요가 있다. 그 이유는 앞에서 말한 책무성과 적절성을 보장하는 방안으로 교육과정 정렬(alignment)에 근거한 백워드 설계 방식이 타당하기 때문이다. Wiggins와 McTighe는 기존의 '목표-수업-평가'라는 식의 단계를 떠나, 바라는 결과(목표)로부터 시작하여 평가와 수업으로 진행된다는 점에서 이러한 설계를 백워드 설계로 부르고 있다. 그리고 우리가 가르치는 단시 수업은 추구하고자 하는 결과로부터 논리적으로 추론됨으로써 우리가 쉽게 빠져들 수 있는 활동중심(무목적성) 수업과 피상적인(무의미성) 수업에서 벗어날 수 있다고 한다. 백워드 설계의 단계는 [그림 15-8]과 같이 바라는 결과를 확인하고, 수용 가능한 증거를

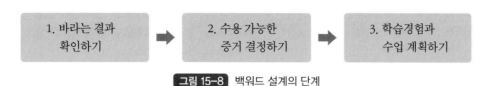

그림 15-8 백워드 설계의 단계

결정하고 난 후, 학습경험과 수업을 계획하는 과정을 따르게 된다. 목표와 평가가 좀 더 밀접하게 연관됨으로써 목표-평가-수업의 정합성과 일관성이 보장되게 된다.

이상의 단계에 의하면 간학문적 작업의 백워드 설계에 해당되는 질문은 첫째, 목적과 기대하는 결과를 확인한다. 둘째, 간학문적인 틀 속에서 어떻게 활용할 것인지를 결정하기 위하여 표준안을 검토한다. 셋째, 인정할 수 있는 증거를 결정한다. 넷째, 기대하는 결과에 도달하도록 하는 학습경험을 계획한다(박영무 외 공역, 2006: 67).

본 연구는 간학문적 통합의 예비적 연구로서, 백워드 설계의 과정을 따르되(Drake & Burns, 2004) 첫 번째 단계인 '바라는 결과 확인하기' 수준에 초점을 맞추어 진행되었으며, 차후 평가와 관련된 내용과 학습경험과 수업계획과 관련된 내용은 앞으로 더 수행해야 할 연구과제로 남겨 놓고자 한다. 따라서 본 연구의 범위는 KDB 4단계, 백워드 설계 1단계로서 양자의 관련성은 〈표 15-4〉와 같다.

표 15-4 통합교육과정을 설계하기 위한 단계와 백워드 설계 과정과의 관계

통합교육과정 설계 단계	백워드 설계 과정
1. 교육과정 스캔 및 클러스터 분석	1. 바라는 결과 확인하기
2. 토픽이나 주제 선정	
3. 잠재적 클러스터 확인을 위한 망 구성	
4. 지식 · 기능 · 인성 다리 구성	
5. 정리 국면의 최종 평가 설계	2. 수용 가능한 증거 결정하기
6. 길잡이 질문 창안	3. 학습경험과 수업 계획하기
7. 수업 활동 및 평가 실시	

(3) KDB 모형의 세 가지 요소

KDB 모형에서 교육과정을 설계하거나 수업을 할 때, 고려해야 할 사항은 크게 세 가지로 볼 수 있다. 즉, 우리가 학생들이 학습하기를 기대하는 결과로서, 학생들이 알아야 할 가장 중요한 것(KNOW, 지식), 학생들이 할 수 있어야 하는 것(DO, 기능), 학생

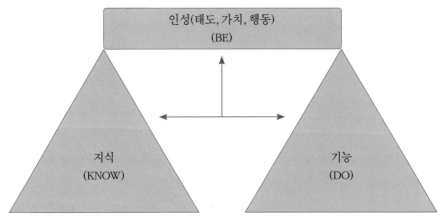

그림 15-9 지식 · 기능 · 인성의 상호작용

들이 갖추어야 할 가치나 태도(BE, 인성) 등이다. 지식은 사실이나 개념 혹은 지속적인 이해를 포함하고 있으며, 기능은 의사소통이나 정보 관리와 같이 여러 교과를 아우르는 폭넓은 기능뿐만 아니라 Bloom이 교육목표분류학에서 제시한 분석, 종합, 평가와 같은 인지적 기능 그리고 기억과 재생과 같은 비교적 하위 기능까지 포함한다. 인성은 학생들이 보여 주기를 기대하는 태도나 가치, 행동을 포함하고 있다(박영무 외 공역, 2006).

주지주의에 입각하여 전통적으로 지식 교육 위주의 교육이 이루어져 왔으며 사회가 분화되고 복잡 다양해짐에 따라 기능 교육에 대한 중요성도 야기되었다. 하지만 교육의 핵심은 많이 알고, 문제를 잘 해결하는 인간 육성도 중요하겠지만 무엇보다도 상대방을 배려하고, 협력하고, 공존할 수 있는 태도나 가치관 형성에 초점을 두어야 한다. 어느 때보다도 더욱더 필요한 인성 측면에 주목하면서 이 장에서는 Drake와 Burns(박영무 외 공역, 2006: 71)가 제시한, 지식과 기능의 상호작용에 있어 인성을 뒷받침해 주는 KDB 모형을 살펴보고자 한다. 그 세 요소들 간의 상호작용은 [그림 15-9]와 같다.

[그림 15-9]에서 보듯이 지식과 기능은 인성이라는 수평 막대에서 평형을 이루고 있으며 지식과 기능을 받쳐 주고 있는 형상이다. 지식과 기능은 평형을 유지하며 서로 상호작용한다. 두 개의 삼각형은 인성을 위하여 균형을 잡지 않으면 안 된다. 그렇지 않으면 평형은 깨어지기 십상이다. 즉, 무엇인가 알기 위하여 우리는 그것을 가지고 인지적인 행위든 실제적인 행위든 능동적인 무엇을 행할 필요가 있고, 지식이 없다면 무엇인가를 행한다는 것은 무의미한 행위다. 인성은 개인이 지식과 기능을 가지고 하는 것

그림 15-10 지식의 수준

에 반영되어 있다. 인성이 빠진 지식이나 기능은 익히 알고 있듯이 한편으로는 위험하고 위협적인 것이 될 수도 있다.

지금부터는 Drake와 Burns(박영무 외 공역, 2006: 74)가 제시하고 있는 지식·기능·인성의 각 요소에 대해 살펴보고자 한다.

Drake와 Burns(박영무 외 공역, 2006: 74-81)에 따르면 지식은 [그림 15-10]에서 보는 바와 같이 여러 가지 수준으로 생각해 볼 수 있다. 우선 가장 아랫부분을 차지하고 있는 '사실'이다. 사실은 학생들이 학습하게 될 구체적인 내용에 해당한다. 이러한 여러 사실과 사실 사이에서 토픽을 추출해 낼 수 있다. 즉, 여러 토픽은 여러 가지 사실들을 포함하게 된다. 개념은 사실과 토픽을 함의하고 있다. 즉, 사실적인 자료를 범주화하기 위한 조직자로서 역할을 수행할 수 있다. 모든 개념이 동일한 것은 아니며 낮은 수준의 개념이 존재할 수도 있고, 특정 학문 분야에 한정된 것도 있다. 높은 수준의 개념, 즉 간학문적 개념은 다른 학문 분야에 전이될 수 있다. Erickson(2001)은 간학문적으로 분류해 낼 수 있는 개념으로 추상성, 범주 속의 구체적인 사실의 포함, 초시간적 특성과 범문화적인 특성, 전이와 같은 것을 들고 있다. 지속적 이해는 지식 구조에서 한층 더 높은 수준의 것으로 일반화나 필수 이해와 같은 관념과 유사하다고 볼 수 있다. 이것은 심층적인 이해이며 시간과 문화를 가로질러 전이시킬 수 있다. 또한 폭넓고 추상적이며 보편적인

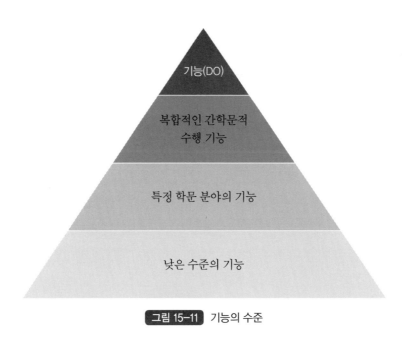

그림 15-11 기능의 수준

적용이 가능하다는 특성을 가지고 있다. 마지막 원리와 이론은 일종의 진리라고 볼 수 있으며 지속적으로 검증될 필요가 없는 것으로 간주된다. 이러한 원리와 이론은 고등교육에서 이루어지므로 학생들이 경험하는 가장 높은 수준의 지식은 지속적 이해다.

Drake와 Burns(박영무 외 공역, 2006: 86)는 또한 일상생활 혹은 사회생활에 필요한 기능에 읽기, 쓰기, 기본적인 계산능력, 듣기, 말하기, 창의적 사고, 의사결정, 학습방법에 대한 학습 등과 같은 기능들이 있다고 밝히고 있다. 이러한 기능들은 간학문적인 것이며, 특정 과목의 내용과 관련된 것은 아니다.

지식과 마찬가지로 기능도 [그림 15-11]과 같이 하위 수준의 기능을 포함한 일정한 위계를 가지고 있다. 기능은 일련의 동사로 표현되며 교육과정의 목표에서 확인할 수 있다. 학생들이 기존의 지식을 그대로 재생하는 수준의 기능은 낮은 수준의 기능이며, 열거·회상·설명하는 수준의 기능이 여기에 해당한다. 이 수준의 기능은 학생들로 하여금 새로운 지식의 생산을 요구하지 않는다. 낮은 수준 기능의 상위에는 특정 학문 분야에서 요구하는 기능이 자리 잡고 있다. 동사 그 자체로는 특정 학문 분야와 관련이 없지만 특정 학문 분야의 내용과 연결되면서 복합적인 기능을 수행하도록 요구한다. 이러한 특정 학문 분야의 기능은 하위 수준의 기능과 달리 학생들로 하여금 내용을 가지고 어떤 능동적인 일을 수행하도록 요구하며 새로운 지식을 생산하도록 요구한다.

간학문적 기능은 하나 이상의 교과영역에서 나타나며 실생활 맥락에서 유용성을 가진다. 정보를 관리하고 문제를 해결하며, 의사소통을 하고 비판적으로 사고하는 기능은 복합적인 간학문적 기능에 속한다. 간학문적인 기능은 복잡한 수행을 요구하게 되는데 이때 학생들은 특정 학문 분야의 기능과 마찬가지로 지식을 생산하게 된다.

(4) 전인적 성장과의 관련성

교육은 가치중립적이기보다는 가치를 지향하는 것을 그 본성에 내포하고 있다. 가치를 배제한, 예를 들어 학력 신장에만 몰두한 교육은 교육 자체의 존재 의미와 교사로서의 중요한 책임의 일부를 포기하는 것과 같다. 학생의 진정한 전인으로서의 성장을 도모하기 위해서는 인성적인 측면, 보여 준 태도, 신념, 가치 지향적인 행위를 포함해야 한다.

[그림 15-12]는 위에서 살펴본 내용을 바탕으로 하여 [그림 15-9]를 재구성하여 나타낸 것이다. 이러한 모형을 구성해 봄으로써 학생들이 무엇을 알고 행하며 어떤 사람이 되기를 원하는가의 질문에 해당하는, 학생의 전인적인 성장을 도모할 수 있는 적절성과 엄격성을 갖춘 교육과정의 통합을 설계할 수 있을 것이다.

즉, [그림 15-12]에서 보듯이 KDB 모형은 간학문적 개념과 복합적인 간학문적 수행 기능으로 통합을 시도하고자 한다. 그 속에서 인성적인 측면이 항상 내재되어 이 두 가지 개념과 기능이라는 요소의 균형을 맞추면서 동시에 서로 연결시켜 주는 기능을 하게 된다. 이러한 과정을 통해 자칫 기능이나 개념 학습 중심으로 치우칠 수 있는 방향

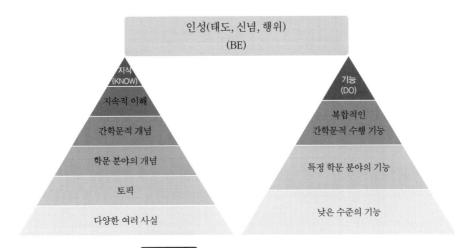

그림 15-12 각 수준으로 나타난 KDB 모형

에 인성적인 측면이 뒷받침해 주게 되는데, 이러한 의미에서 간학문적 통합은 전인적인 성장을 위한 통합으로 적절하다는 것이다. 예를 들어, 의사소통이라는 간학문적 기능은 그 자체로만으로는 어떠한 인성적인 측면이 고려되지 않는 기능이라고 볼 수 있다. 여기에 가치나 태도 등을 가미하고 통합하여 단순한 의사소통으로서의 기능을 학습하게 하는 것이 아니라 그 속에서 가치를 찾고 태도를 배양하는 경험을 할 수 있도록 단원을 설계하게 된다.

6. 역량중심 교육과정[5]

1) 등장 배경과 중요성

최근 들어, 학교 교육과정에서 가르쳐야 할 내용과 관련하여 역량(competency)에 대한 논의가 활발하다. 기존의 교과를 중심으로 하는 교육만으로는 변화하는 세계에 능동적으로 대처하기 힘들고, 소위 기존의 전통적인 자유교육에 대한 적합성 문제가 구체적으로 논의되면서 이 문제는 복잡한 양상을 띠는 것처럼 보인다. 종래의 인문적 자유교육만으로는 삶의 구체적 장면에서 필요로 하는 실제적 요구나 직업을 위한 경제적 요구에 대처할 수 없다는 것이다. 이러한 문제점으로 인해 학교에서 가르쳐야 할 주요 내용으로서 교과지식이 아닌 새로운 차원인 역량을 제안하고 있는 것처럼 보인다. 더욱이 이러한 제안은 생애능력과 직업기초능력을 규명하고 이를 학교에서 가르쳐야 한다는 주장들과 맞물려 매우 타당한 것으로 비쳐지고 있으며, 이와 관련된 논의들이 증가하고 있는 실정이다. 몇몇 나라의 경우(예를 들어, 호주, 캐나다, 영국 등)는 전체 교육과정을 역량중심으로 개정하는 경우도 생겨나고 있다.

역량이라는 용어는 본래 직업 훈련이나 산업교육 분야에서 사용되어 오던 것이다. 특히 OECD가 역량의 개념을 매우 포괄적이고 체계적으로 제안하면서 우리의 전반적인 삶의 질 향상에 필요한 것으로, 학교교육 내용 선정에 중요한 영향을 미치고 있다. 이런 배경에서 학교에서 가르쳐야 할 내용에 대한 적합성의 문제가 중요하게 논의될 수밖에 없게 되었다. 특히 문화예술교육 분야에서 전개되는 교육내용으로서의 문화적 역량에

---

5) 이 내용은 강현석 · 유제순(2010). 교육철학, 41, 179-206을 재구성한 것임.

대한 논의는 역량과 문화적 역량, 학교 교육과정과의 관계 설정에 매우 복잡한 문제를 던져 주고 있다. 문화예술교육 분야에서는 학교에서 문화적 역량을 가르치는 일이 단순히 특정 교과에서 특정 내용을 추가하여 가르치는 차원이 아닌 국가의 경쟁력과 인간 삶의 가치 추구에 매우 중요한 것으로 인식하고 있다. 이 점으로 인해 최근 학교교육과 관련한 역량 논의에서 또 하나의 과제를 안게 된 셈이며, 문화적 역량이 무엇이고 그것이 기존 학교 교육내용과 어떤 관련이 있는지가 중요한 과제로 등장하고 있다.

일찍이 Short(1985: 2-6)는 여러 견해들을 종합하여 역량을 정의 내리는 관점을 4가지로 제안하였다. 첫째로 행동이나 수행(performance), 둘째로 지식이나 기능의 통제자, 셋째로 충분하다고 여겨지는 능력(capability), 넷째로 사람의 자질(quality)이 그것이다. 첫째 관점에서 보면 하나의 행동이라는 것은 대상의 유목이고, 하나의 수행(통합된 행동의 조합체)은 또 다른 대상이며, 구체적인 행동과 수행에는 논리적 혹은 경험적 연관성이 있다. 둘째 관점에서는 어떤 행동이나 수행 이상의 것을 뜻하는 것으로서, 수행의 숙달에 대한 충동이 아니라 어떤 활동을 하는 가운데 역량이 작용한다는 것이다. 셋째 관점에서는 역량을 어떤 공적 수준으로 보는 것으로, 역량의 판단이 수월성에 대한 공적 기준이나 준거를 사용해서 이루어져야 한다는 점을 강조한다. 넷째 관점에서는 역량을 개인적인 자질로 보는 것이며, 일단 특정한 자질이 바람직한 것으로 가려지고 확인되면 그런 자질들을 가진 개인을 구분해 낼 수 있다는 것이다.

일반적으로 역량은 직업에서 주어진 직무의 활동을 효과적으로 수행하거나 기대되는 준거에 효과적으로 기능하게 해 주는 데 필요한 지식, 기능, 태도를 의미한다. 이 경우 역량은 특정 직무의 성공적인 수행과 관련된 능력이다. 그런데 서론에서 언급하였듯이, 역량의 개념은 원래 직업사회의 필요에 의해서 등장하였으나 요즘에는 매우 포괄적인 교육목표로서 논의되고 있다. 이 개념의 확장에는 OECD의 DeSeCo 프로젝트가 크게 작용하고 있는 것처럼 보인다. 이 프로젝트를 통해서 직업이나 직무와 관련된 것에서 벗어나 일반적인 삶의 질과 관련된 논의로 발전하고 있다.

교육계에서 논의되고 있는 역량은 다양하게 정의되고 있으나 그 공통적인 것은 기존의 교과지식만으로는 해결할 수 없는 것으로, 매우 복합적인 상황 속의 문제를 효과적으로 해결할 수 있는 능력과 관련이 있다는 점이다. 즉, 어떤 복잡한 상황 속에서도 효과적으로 행동하거나 적절하게 반응할 수 있는 능력을 의미한다. 이런 점에서 본다면 역량에 대한 협소한 의미, 즉 특정 직무와 관련된 한정된 능력의 의미 그 이상임을 알 수 있다.

이와 같이 특정 직무에 한정된 역량의 의미, 즉 특정 직무의 성공적인 수행과 관련된 능력으로서의 역량은 개념적으로 확장 중에 있다. 이제 역량에 대한 논의는 직업사회와의 관련을 넘어서고 있다. 역량은 이제 인간의 사회적 삶과 관련이 깊다는 점이다. 성공적인 삶 전체의 맥락에서 역량이라는 용어는 외국의 경우 다양하게 표현되고 있는 바, 생애기술(life skills: ILO, OECD, UNESCO), 핵심기술(core skills, key skills, common skills: 영국, essential skills: 뉴질랜드), 핵심능력(key competencies: DeSeCo, 호주, 뉴질랜드 등), 일반기술(generic skills: 미국), 핵심자질(key qualification: 독일) 등이 바로 그것이다. 특히 OECD는 DeSeCo 프로젝트를 통해서 그것을 다음과 같이 제안하고 있다(OECD, 2003; 2005).

DeSeCo 프로젝트에서는 직무 수행 성과를 알아보기 위한 장면을 넘어서서 일상생활 혹은 복잡한 사회적 장면에 적용할 수 있는 생애 핵심능력으로 역량 개념을 확장하고 있다는 것이다. 즉, "지식, 인지적 · 실제적 기술, 동기화, 가치 태도 및 정서와 효율적 행동을 할 수 있도록 하는 여타의 사회적 · 행동적인 구성요소들의 연합"으로 포괄적으로 정의하고 있다. 이것은 역량을 직업장면에서 일상생활 및 사회적 장면으로 확대하였다는 점에서 의의가 있다.

이상과 같이 역량에 대한 다양한 개념들을 종합적으로 볼 때 역량은 지식, 기술, 태도 및 가치 등이 통합된 총체적 특성을 지니며, 특히 수행에 근거하거나 학습 가능성, 가치지향성, 맥락을 강조하고 실제 적용을 중시한다는 점이다.

표 15-5 OECD의 DeSeCo 프로젝트에서 추출한 생애능력

영역	중요성	생애능력
1. 도구를 상호적으로 사용하기	• 기술 변화에 적응 • 개인적 목적에 맞게 변화 유도 • 세상과 적극적으로 대화	1-a: 언어, 상징, 문자를 상호적으로 사용하기 1-b: 지식과 정보를 상호적으로 사용하기 1-c: 기술을 상호적으로 사용하기
2. 이질 집단과 상호작용하기	• 다원화된 사회에서 다양하게 대응하기 • 공감의 중요성 • 사회적 자본의 중요성	2-a: 타인과 관계를 잘 맺음 2-b: 협력할 수 있는 능력 2-c: 갈등을 관리하고 해결
3. 자율적으로 행동하기	• 정체감을 파악하고 목표를 수립하기 • 권리를 찾고 의무를 수행 • 환경과 그것의 작동원리를 이해	3-a: 큰 맥락 안에서 행동 3-b: 생애 계획을 수립하고 실천에 옮김 3-c: 권리, 이익, 한계와 요구를 주장할 수 있는 능력

표 15-6 뉴질랜드 새 교육과정에서 강조하는 핵심 역량의 범주와 의미

핵심 역량	의미
자기관리	• 학생들이 자신이 누구인지, 어디로부터 왔는지, 어디에 어울리는지를 아는 것 • 자기 동기화, 할 수 있다는 태도, 개인 목표를 설정하고 계획을 세우고 자신을 위한 높은 기준을 정할 수 있는 능력
타인과의 관계 형성	• 다양한 맥락에서 다양한 범주의 사람들과 효과적으로 상호작용하는 것 • 적극적으로 듣고, 다른 관점을 인정하고 협상하고 아이디어를 공유하는 능력
참여 및 공헌	• 지역, 국가, 지구촌 공동체에 적극적으로 참여하는 것 • 집단 구성원으로서 적절하게 반응하고, 다른 삶과 관계를 형성하고, 사람들을 집단 활동에 포함시키기 위한 기회를 창출할 수 있는 능력
사고하기	• 정보, 경험, 아이디어에 대한 의미를 형성하고 이를 의문시하기 위해 창조적, 비판적, 메타인지적, 반성적 과정을 활용하는 것 • 지적 호기심
언어, 상징, 텍스트의 활용	• 지식이 표현되는 코드를 가지고 일하고, 그것의 의미를 만드는 것 • 언어와 상징은 정보, 경험, 아이디어를 표현하고 의사소통하기 위한 체제 • 모든 종류의 텍스트(즉, 문서화된 · 구두의 · 시각적, 정보적 · 상징적, 비공식적 · 공식적, 수학적 · 과학적 · 공학적)를 산출하는 데 언어와 상징 사용

　한편, 교육과 관련하여 역량은 이해능력(understanding)과도 밀접하게 관련이 된다. 이러한 점에서 Wiggins와 McTighe(2005)는 이해를 매우 포괄적으로 제안하고 있다. 그들에 따르면 이해는 다음의 여섯 가지 측면(facets), 즉 설명, 해석, 적용, 관점, 공감, 자기지식의 측면을 지닌다. 학교교육에서 역량은 이러한 이해와 동일하다고 볼 수 있다. 특정 사태에 대하여 타당한 근거를 제공하는 능력, 의미를 제공하는 해석의 능력, 지식을 새로운 상황이나 실제적인 맥락에 효과적으로 사용하는 능력, 비판적이고 통찰력 있는 시각을 지니는 것, 타인의 감정과 세계관을 수용할 수 있는 능력, 자신의 무지를 아는 지혜 등이 바로 그것이다.

　최근 OECD에서는 새로운 역량 개념을 다음과 같이 제시하고 있다.

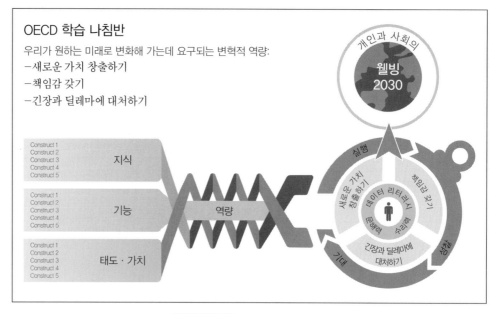

OECD 학습 나침반

2) 교육내용으로서의 역량

한편, 문화적 역량은 그 자체가 중요한 교육내용으로 포함될 수 있다. 매우 포괄적인 수준에서 말하면 초·중등 교육과정에서 다루어지는 내용들은 문화적 역량과 관련이 없는 것이 없으며, 학교교육에서 다루어지는 모든 것들이 문화적 역량을 키우는 데 중요한 역할을 하는 것으로 이해될 수 있다. 구체적으로 보면 문화적 역량과 관련이 되는 것을 직접적으로 가르치는 교과는 문화를 무엇으로 보느냐에 따라 달라지기는 하지만 통념적으로 언어과, 사회과, 예체능과, 교양 과목과 관련이 깊다고 볼 수 있다.

그러나 본질적으로 보면 문화적 역량 자체는 교육의 통합적 주제로서 개별 교과에서 가르치기보다는 범교과적인 주제로서 교육받은 사람의 특징을 잘 표현해 주는 것으로 볼 수 있다. 이런 점에서 현 교육과정에서는 범교과 학습 주제로 제시되고 있다.

문화적 역량과 관련하여 핵심 역량은 여러 나라에서 중요한 교육내용으로 제안되고 있다. 특히 뉴질랜드와 호주에서는 본격적으로 국가 교육과정을 역량중심으로 설계하고 있다. 이와 관련하여 뉴질랜드의 새 교육과정에서 강조하는 핵심 역량의 범주와 의미는 〈표 15-6〉과 같다(윤현진 외, 2007: 55).

표 15-7 호주 빅토리아 주의 본질적 학습 스트랜드의 구조

스트랜드	영역		내용
신체적, 개인적, 사회적 학습	건강과 체육교육		운동 및 신체적 활동 건강 지식 및 증진
	대인관계 발달		사회적 관계 형성 팀 작업
	개인적 학습		개별 학습자 자신의 학습관리
	시민성		시민성에 관한 지식과 이해 지역사회 참여
학문 기반 학습	예술		창조하고 만들기 탐색하고 반응하기
	영어		읽기 쓰기 말하기와 듣기
	제2외국어		영어 이외의 언어로 의사소통하기 이문화 간 지식 및 언어 인식
	인문학	경제	경제 지식과 이해 경제 추론과 해석
		지리	지리 지식과 이해 지리 공간적 기술
		역사	역사적 지식과 이해 역사적 추론과 해석
	수학		수, 공간, 측정 및 확률과 통계, 구조, 수학연구
	과학		과학 지식 및 이해 과학 연구
간학문적 학습	의사소통		듣고 보고 반응하기 표현하기
	디자인, 창의성, 공학		탐색하고 설계하기 만들어 내기 분석하고 평가하기
	정보통신기술(ICT)		시각적 사고를 위한 ICT 창조를 위한 ICT 의사소통을 위한 ICT
	사고력		추론, 정보처리, 탐구 창의성 반성, 평가, 초인지(메타인지)

이상의 핵심 역량들은 문화적 역량을 의미하는 것도 있고, 문화적 역량의 기초를 형성하는 것들도 있다. 특히 '참여 및 공헌' '언어, 상징, 텍스트의 활용'은 문화적 역량의 핵심을 이루는 것이며, 나머지 것들 역시 그 기초를 형성하고 있는 것들로 볼 수 있다. 이러한 점은 역량과 문화적 역량과의 구분이 매우 어렵다는 것을 의미한다.

뉴질랜드와 마찬가지로 호주에서도 학교 교육과정에서 교과별 구분을 지양하고 학생들이 학습해야 할 역량들을 〈표 15-7〉과 같이 강조하고 있다(소경희, 2006: 53).

〈표 15-7〉의 본질적 학습의 스트랜드(Strand)에 대한 내용을 보면 특히 시민성 영역, 예술과 영어 영역, 의사소통 영역, 디자인과 창의성 영역에서 문화적 역량과의 긴밀한 관련성을 엿볼 수 있다. 물론 이외의 영역들도 문화적 역량과 직간접적으로 관련이 되어 있다.

7. 교과교육 이론의 동향

여기에서 제시하는 교과교육 이론의 성격과 수준은 교육 혹은 교과를 이해하는 방식이나 교육과정의 관점에서 바라보는 성질의 것이기보다는 매우 거시적인 측면에서 말하는 것이다. 이하에서는 강현석(2006: 28-35)의 연구를 중심으로 그 동향을 제시한다.

1) 일반 교육학 이론: 일반 교육적 접근법

역사적으로 교과교육에 대한 관심은 별도로 논의할 수 있는 영역이기보다는 일반 교육학에 포함되어 취급될 만큼 그 고유한 성격이나 특징이 뚜렷하지 못하였다. 따라서 교과교육은 일반 교육학의 테두리 안에서 논의되거나 일반 교육학의 이론에 의존하는 경향이 강했다고 볼 수 있다. 이러한 배경 속에서 교과교육에 대한 체계적이고도 이론적인 관심은 일반 교육이론에 가려서 활발하게 전개되지 못하였으며, 일반교육으로부터의 이론적 탈피가 관건이었다고 볼 수 있다.

이러한 점 때문에 교과교육은 통념적으로 개별 교과의 특수한 입장에서 논의되기보다는 일반 교육학 이론에 의존해 온 경향이 강하다. 일반 교육학 이론의 입장에서 교과교육을 설명하고, 그 논리나 영역들이 교육학을 구성하는 틀과 대체적으로 동일하거나 유사하다고 볼 수 있다. 보다 과장해서 말하면 교과교육은 일반 교육학의 직접적인 적용 내지 변용이라고 볼 수 있다. 이러한 양상은 교육과정 진술체계에서도 그대로 드러나고 있다. 즉, 일반 교육학의 체계가 개별 교과의 교육과정 진술체계에서도 동일하게 적용되어 나타나고 있다는 점이다.

일반 교육학과 교과교육학의 이러한 관계는 교육과정 편성 시에도 그대로 드러나고 있다. 대체로 교육과정은 총론과 각론으로 이루어져 있으며, 교육과정 총론에는 그것에 상응하는 '각론'이 있고, 개별 교과마다 상이한 각론은 나름의 위치와 성격을 유지해야 한다. 그러나 각론의 진술체계나 구성방식은 총론의 것을 그대로 적용하는 것에 불과하다. 즉, 교과별 교육과정은 예컨대 Tyler가 제시한 교육과정의 '일반모형'을 각각의 교과에 거의 기계적으로 적용하는 일로 간주되고 있다.

교과별 교육과정으로 표현되는 교과교육의 모습은 전통적으로 교육과정의 일반모형에 의해 설명되어 왔다. 교육과정의 일반모형이란 매우 일반적으로 얘기하면 Tyler에 의해 구체화된 교육과정 개발의 절차를 말하는 것으로, 그 핵심 특징은 교육의 과정을 핵심 요소들로 간략하게 도식화한 것을 말한다. 즉, 교육의 과정은 교육목표의 설정과 진술, 학습경험의 선정과 조직, 교육평가로 이루어진다고 보는 것이다. 이 간략한 도식이 향후 보다 상세하게 변경되어 오늘날에는 '교육목적과 목표' '교육내용 및 학습경험' '교육방법' '교육평가' 등으로 형식화되어 이해되고 있다. 따라서 교과교육은 이러한 도식에 의해 설명이 가능하며, 교과별 교육과정인 각론 역시 이와 동일하게 구성될 수 있다고 보는 방식이다.

사실상 이러한 방식은 교과교육에 대한 매우 형식주의적인 접근의 성격을 지닌다고 볼 수 있다. 교과마다의 특성과 고유한 조건을 무시하고 매우 일반적인 절차에 의해 교과교육을 획일적으로 적용하는 것으로서 교과교육의 가장 일반화된 전통적인 이론이라고 볼 수 있다.

2) 교육방법 중심의 응용적 접근법: 방법 우위의 이론

교과교육에 대한 가장 상식적인 견해로서 교과를 가르치는 교수방법에 초점을 두는 이론이다. 이 입장은 가장 널리 퍼져 있는 것으로서 상식적인 견해에 기초하고 있기 때문에 설득력도 강하다. 특히 학교 현장과 교사들에게 많은 지지를 받는 이론이라고 볼 수 있다. 이 이론에서 교과교육은 곧 교과를 가르치는 방법을 규명하고, 보다 효과적이고 효율적인 교수-학습 방법을 체계화하며, 그 현장 적용 가능성을 높이는 데 일차적인 관심을 둔다. 따라서 이 입장에서 강조되는 것은 교과의 교수목적을 달성하기 위한 다양한 방법들 중에서 가장 체계적이고 매력적이며 효율적인 기법을 확보하는 데 있다.

그런데 이 입장은 교과를 가르치는 교수방법에 중점적으로 초점을 두기 때문에 협소한 접근법으로 비판을 받고 있다. 교과교육의 전체적인 맥락에서 보면 교과를 교수하는 방법은 가장 실제적으로 해결해야 할 문제이기는 하지만 그것이 전부는 아니다. 교과교육의 모습은 교과를 가르치는 목적과 교과를 교육적으로 정당화해야 하는 문제, 교과를 가르치는 목적과 목표를 달성하기 위하여 상세화해야 할 교육내용, 교육 평가의 문제 등에 포괄적으로 영향을 받게 된다.

이 입장에서는 최우선적으로 방법에 초점을 두고 있기 때문에 교과내용의 이질적 성격보다는 방법의 일반성과 보편성에 강조점을 둔다. 따라서 교과영역과 교과내용이 상이하더라도 가르치는 활동의 보편성에 주목하여 그 가르치는 일반적인 방법을 중심으로 교과교육을 개념화하게 된다. 이러한 맥락에서 교과교육은 일반적이고 보편적인 교육방법을 상이한 교과내용에 직접적으로 응용하는 수준에서 이해되고, 내용과 방법 간의 관계에서도 이 양자를 독립적으로 구분하여 이해하며, 방법이 여타의 다른 교육과정의 요소를 규정하게 된다. 이런 점에서 이 이론을 방법 우위의 이론이라고 볼 수 있다.

3) 학문 토대 이론(내용 우위 이론)

교과교육의 기저를 해당 학문의 체계에 두는 입장을 말한다. 따라서 교과교육의 목적이나 내용, 방법 역시 해당 학문의 탐구목적, 학문적 내용과 학문의 탐구방법에 영향을 받는다. 일반적으로 하나의 분야가 체계적인 탐구 영역이나 학문이 되려면 고유한 탐구 영역, 탐구 대상, 탐구 방법과 진위 판단의 검증 방법 등이 확립되어 있어야 한다. 이러한 일련의 학문적 조건들이 교과교육의 과정에 영향을 미치게 된다. 그러므로 교과교육은 학문을 탐구하는 논리, 절차와 밀접한 관련을 맺게 되며, 학문을 이해하는 방식이 교과교육의 체계에 강한 영향을 미치게 된다. 이러한 입장은 역사적으로 교육과정 사조상 학문중심 교육과정의 시대에 가장 활발하게 나타났으며, 지금도 그 영향력이 남아 있다고 볼 수 있다.

우선 교과교육의 목적은 학문을 탐구하는 목적에서 찾을 수 있다. 보통 학문을 탐구하는 목적은 학문에 들어 있는 지식체계를 이해하고, 더 나아가 거기에 내재되어 있는 사고방식을 내면화하고 세상을 보는 안목을 형성하여 거기에 비추어 삶을 구현하는 데 있다고 볼 수 있다. 교과교육을 하는 목적도 크게 보면 여기에서 벗어나지 않는다. 교과교육의 내용과 방법 역시 학문의 지식체계와 그것을 탐구하는 방식에서 유래되며, 특히 학문적 사고방식에 따라 교과를 가르치는 것을 타당하다고 간주한다.

한편, 이 입장에서 교과의 의미는 학문과 동일하기 때문에 교과는 학문에서 유래하며, 교과를 분류하는 방식 역시 학문의 분류방식을 따른다. 그러므로 학문적 지식의 체계성에 따라 교과의 중요성과 가치가 상대적으로 상이해지며, 교과의 경중이 달라진다. 이 입장에서 강조되는 교과는 학문적 토대가 강한 교과로서 수학, 과학, 사회과, 역사 등이다. 이러한 교과들은 학문적 전통이 강하고 그 지식체계가 정연하기 때문에 교과교육에서 비교적 잘 갖추어진 논리와 방법 체계를 지니고 있다.

대체로 교과교육이 학문에 토대를 두면 교육내용에 강조점이 놓이게 된다. 이 입장은 앞에서 논의한 방법 중심의 입장과 대조적인 모습을 보인다. 그러므로 교과교육에서 교과내용의 체계에 의하여 목표가 설정되고, 방법과 평가 방식에 영향을 미치게 된다. 내용을 탐구하는 이유에 의하여 목적이 구성되며, 교과내용의 논리와 체계가 교수방법을 안내하고, 평가 방법을 결정하는 데 결정적인 역할을 하게 된다.

4) 교과 정당화 이론

4장에서 교과 가치 이론에서도 언급하였듯이 "교과를 정당화한다."라는 말은 한 교과가 왜 교과로서 성립될 수 있는 것이며, 그 내용과 그것의 교육적 가치는 무엇인가를 밝히는 일이다. 사실상 앞서 설명한 교과의 이해와 지금 논의하고자 하는 교과의 정당화는 서로 분리시켜 생각할 성질의 것이 못 된다. 교과에 대한 이해 없이 그것의 정당화가 불가능하며, 교과를 정당화하는 일 그 자체가 어떤 의미에서 교과의 본질과 특징을 이해하는 일의 일종이기 때문이다. 그러나 교과의 정당화는 교육받는 구체적 대상과의 관계를 사고의 기본적인 출발점으로 삼지 않고는 가능하지 않다.

교과의 가치와 의미를 밝히는 일에는 적어도 두 가지 방식이 있을 수 있는데, 하나는 '본질론적 정당화'이고, 다른 하나는 '도구론적 정당화'다. 전자는 교과의 교육적 가치와 의미를 교육의 규범적 의미와 이에 일관된 교육의 목적에 따라서 정당화하는 방식을 말하고, 후자는 교과의 수단적 가치를 들어 정당화하는 방식을 말한다. 교육의 본질적 기능과 수단적 기능은 교육의 목적 혹은 교육의 규범적 의미를 규정하는 관점에 따라서 논리적으로 설명하는데 매우 복잡성을 띠게 된다. 교육관에 따라서 교육은 본질적 기능만을 위주로 생각해야 할 사회적 과업이라고 설명되기도 하고, 단순히 사회적 수단에 불과한 것이므로 본질적으로 수단적 기능만을 가진다는 견해가 있기도 하다. 본질론적 정당화와 도구론적 정당화는 때때로 서로 갈등하기도 한다. 대체적으로 말해서, 교육의 내재적 가치를 주장하고 이에 따라서 본질적 기능을 중시하는 교육의 전문가 집단은 전자를 후자보다 우선적으로 고려하지만, 교육의 비전문가 집단은 오히려 교육의 가치를 후자에서 구하고 그것으로 교과를 정당화하고자 한다. 그러므로 도구론적 정당화는 그 것이 본질론적 정당화와 모순을 이루지 않는 범위 안에서 허용되어야 한다.

5) 교과교육의 개념분석 이론: 개별적 교과교육학 성립의 전제 조건

‘교과교육학’은 물리학과 같이 어떤 객관적 실체의 세계가 있거나, 경제학과 같이 인간의 어떤 제도적 체제가 형성되어 있어서 그것을 인식의 대상으로 삼는 것과 같은 학문은 아니다. 그것은 자연과 인간에 관한 지식의 체계, 예술적 혹은 기술적 활동의 방식, 아니면 어떤 목적으로 조직된 생활의 원리들로 이루어진 교육활동의 내용, 즉 ‘교과’의 구성을 기본적으로 상정하고 있다. 그리고 이러한 의미의 ‘교과’는 하나의 구성체로서가 아니라 복수로 존재한다. 그러므로 ‘교과교육학’은 그것이 일종의 학문이 될 수 있다고 하더라도 ‘하나의’ 학문을 가리키는 것이 아니라 유사한 학문들, 즉 어떤 학문적 형식을 공유하는 개별적 학문들을 통칭하는 이름이다. ‘국어교육학’ ‘수학교육학’ ‘과학교육학’ 등으로 일컬어지듯이 개별적 교과교육학들은 서로 일반적 특징을 공유할 뿐이지, 하나의 체제 속에 통합되는 것도 아니고 실질적 내용을 공유하는 것도 아니다. 개별적 교과의 성격에 따라 실질적 내용체계와 탐구 방법은 전혀 다른 것일 수도 있다. 그러나 어느 학문 혹은 지식의 체계가 개별적 교과교육학이기 위해서는 적어도 다음의 세 가지 과제적 특징을 공유하여야 한다. 첫째로 교과의 이해에 관한 지식, 둘째로 교과의 정당화에 관한 논의, 셋째로 교과의 운영에 관한 원리를 포함하고 있어야 한다(이돈희 외, 1994). 이하에서는 이돈희 등(1994)에 제시된 이돈희의 주장을 살펴보기로 하자.

(1) 교과교육의 개념적 조건: 교과의 이해에 대한 지식

그러면 우선 첫째로 교과의 이해에 관한 지식이라는 과제는 어떠한 성격의 것인가? 한마디로 말해서 어떤 교과, 예컨대 ‘국어’라는 교과는 어떤 성격의 교과이며, 어떤 내용을 포함하고 있고, 그것의 교육적 가치는 무엇인가 등의 물음에 대한 답을 추구하는 것이다. 그것은 교과의 내용적 본질과 특징을 밝히는 일이라고 할 수 있다. 그러나 여기서 '내용적 본질'이라고 하는 것은 교과교육학의 구성요소로서 포함되는 내용적 명제들이 밝히는 것만을 가리키는 것은 아니다. 내용적 명제들을 중심으로 교과의 내용을 이해하려는 수준을 '일차원적 이해'로, 설명적 명제와 교육적 명제들에 의한 이해를 이차원적 이해로 구분할 수 있다.

대체적으로 말해서 종래의 교과교육에서는 교육 원리에 관한 부분을 제외한 교과내용 그 자체를 이해할 때 바로 이 일차원적 이해의 수준에 머무르는 것이 보통이었다. 물론 일차원적 이해가 없이는 그것에 관한 역사적, 철학적, 사회과학적 혹은 교육학적 설명이라는 것이 가능하지 않다. 국어교과의 경우를 두고 생각해 보자. 그 교과의 내용으로 담겨지는 문학작품, 문법적 체계, 사용된 어휘, 표현의 기술 등에 관한 어학적, 문학적 분석은 그 자체의 내적 구조와 특징을 이해하는 데 불가결한 것이며, 그것만으로도 국어교과의 사회적, 문화적, 예술적 의미와 교육적 가치를 이해하는 데 결정적으로 중요하다.

그러나 우리는 교과의 내용적 명제들의 이해, 즉 교과의 일차원적 이해만으로는 교과의 본질과 가치, 특징을 포괄적으로 이해하기에 부족하며, 교과의 교육적 정당화를 위한 가치를 체계적으로 인식시키기가 어렵다. 그것만으로는 국어교과의 내용을 우리의 삶 전체에 관련시켜 이해하고 그것의 교육적 가치와 의미를 인식하려는 노력으로 극히 제한된 것일 뿐이다. 우리가 사용하는 '국어'(혹은 특정의 외국어)는 문법적 구조나 의미론적 특징만으로 다 이해할 수 있는 것은 아니다. 그것의 발달과 분화에 대한 역사적 이해, 그 언어에 함축된 논리와 사고의 형식, 그것과 더불어 전개된 문화적 특징, 그 언어에 의해 창조되는 문학작품의 예술적 고유성 등은 국어학적, 국문학적 범위를 넘을 수밖에 없다. 이러한 포괄적 이해를 확장하고 심화할수록 국어의 교육은 더 풍요로운 교육적 가치를 전달하고 창조하고 거래할 수 있게 한다. 그러므로 교과에 대한 일차원적 이해는 교육적 이해를 위한 필요조건일 따름이지 충분조건은 못 된다.

이차원적 이해는 국어교과 그 자체의 내용, 즉 일차원적 이해의 대상이 되는 내용을 우리 삶의 전반에 체계적으로 관련시켜 주는 역할을 한다. 다시 말하면, 국어에 대한 역사적 고찰, 철학적 분석, 사회과학적 설명(예컨대, 사회학적, 인류학적, 언어학적, 심리학적 설명 등)은 국어를 이념적, 역사적, 사회적 삶을 사는 인간에 폭넓게 접근시키며 인간의 삶과 의미 있는 관계를 성립시키는 기초가 된다. 이러한 이차원적 이해를 위한 지식을 포괄적으로 포함한다는 것은 바로 '국어교육학'이 '국어학'과 구별되는 중요한 내용적 차이다. 국어학도에게 이차원적 이해를 위한 지식은 일종의 교양적 목적으로 혹은 특수한 전문적 목적으로 필요한 것일 뿐이지만, 국어교육학도(혹은 국어교사)에게는 전문적 자질의 기본적인 조건이다.

교과에 대한 역사적, 철학적, 사회과학적 이해의 도움이 없을 때, 교육적 가치는 매우 피상적으로 인식되고 말 가능성이 있다. 그러나 그러한 이해만으로 그 교과가 지니는 교육적 의미와 가치, 그리고 그것과 관련된 교육행위의 원리가 저절로 도출된다고 하기는 어렵다. 그러므로 우리는 다시 이차원적 이해를 위한 지식 가운데 교과를 구체적 교육활동을 위한 내용으로 이해하고 그 가치를 종합적으로 인식하는 차원의 것을 구별할 필요가 있다. 교육은 삶의 다른 부분과 적어도 논리적으로 구별되는 그 자체의 특유한 기능과 가치를 가지고 있기 때문이다. 그러므로 교과의 내용에 관한 이해이기는 하지만 교과를 교육의 의미와 목적에 관련시켜 생각하는 또 하나의 수준을 상정한다면, 이를 '교육론적 이해'라고 해도 좋을 것이다. 교육론적 이해는, 예컨대 하나의 교과가 제도적 혹은 비제도적 교육의 역사적 전개 과정에서 어떤 위치에 있어 왔고, 그 교과는 역사적으로나 현실적으로 추구하고 있는 교육의 이상이나 가치에 어떤 논리적 · 인과적 관련성을 지니고 있으며, 그 교과는 사회의 교육적 필요와 그 경향의 변화에 어떤 영향을 받아 왔고, 그것은 또한 교육적 욕구의 변화에 어떤 작용을 해 왔는가? 말하자면 교과의 내용이 지니는 교육적 가치, 그리고 그 내용의 교육적 가능성을 검토하는 수준에서의 교과에 대한 이해가 있을 수 있다는 것이다.

교육론적 이해는 다음에 설명하고자 하는 교과의 교육적 정당화와 성격상 유사한 것이지만 다소 차이가 있다. 전자는 교육의 정립된 목적과 결정된 가치 기준을 전제로 하지 않고 교육적 가치와 의미를 개방해 둔 상태의 것이지만, 후자는 교과의 가치와 의미를 계획된 교육행위 속에서 분석하고 평가하는 것이다. 그러나 이러한 구분은 논리적인 것에 불과하고 그 경계를 사실상 두기도 어려우며, 그것을 명백히 할 필요도 특별한 경우를 제외하고는 별로 없다.

(2) 교과교육의 규범적 조건: 교과의 정당화

이것은 앞에서 제시한 교과 정당화 이론과 동일한 측면을 나타낸다. "교과를 정당화한다."라는 말은 한 교과의 교육적 가치를 밝히는 일이다. 교과에 대한 이해 없이는 교과의 정당화가 불가능하며, 교과를 정당화하는 일 그 자체가 어떤 의미에서 교과의 본질과 특정을 이해하는 일의 일종이다. 교과의 정당화 방식에는 적어도 두 가지 방식이 있을 수 있는데, 하나는 '본질론적 정당화'이고 다른 하나는 '도구론적 정당화'다. 전자는 교과의 교육적 가치와 의미를 교육의 규범적 의미와 이에 일관된 교육의 목적에 따라서 정당화하는 방식을 말하고, 후자는 교과의 수단적 가치를 들어 정당화하는 방식을 말한다. 교육의 본질적 기능과 수단적 기능은 교육의 목적 혹은 교육의 규범적 의미를 규정하는 관점에 따라서 논리적으로 설명하는 데 매우 복잡성을 띠게 된다. 본질론적 정당화와 도구론적 정당화는 때때로 서로 갈등하기도 한다. 교육의 내재적 가치를 주장하고 이에 따라서 본질적 기능을 중시하는 교육의 전문가 집단은 전자를 후자보다 우선적으로 고려하지만, 교육의 비전문가 집단은 오히려 교육의 가치를 후자에서 구하고 그것으로 교과를 정당화하고자 한다. 그러므로 도구론적 정당화는 그것이 본질론적 정당화와 모순을 이루지 않는 범위 안에서 허용되어야 한다.

(3) 교과교육의 가능성 조건: 교과의 운영 원리

끝으로 교과의 운영 원리에 대한 과제는 어떤 것인가? 한 교과에 담겨질 내용을 어떤 기준에 의해서 선정하고, 그 선정된 내용을 어떻게 조직하며, 그것을 학습시키기 위하여 어떤 방법적 원리를 기용할 것인가에 관한 연구는 교과교육학의 중요한 과제다. 그것은 한마디로 교과의 교육과정에 관한 과제다. 종래의 교과교육은 이 과제를 중심으로 전개되어 왔다. 그것은 이 과제가 교과교육의 최종적, 완성적 단계에 관한 것이며 그것의 실질적 성과를 마무리하는 것이기 때문에, 실천적 효율성을 일차적으로 중시하는 사람들이 그 중요성을 강조해 왔기 때문이라고 할 수 있다.

어떤 의미에서 교과교육의 다른 과제들은 사실상 이 과제를 효과적으로 수행하기 위한 기초 혹은 준비로서의 의미를 지니는 것이다. 어떤 수준의 대상, 그 대상을 교육할 여건, 그리고 기용될 방법에 대한 고려 없이 이야기되는 교과의 내용이라는 것은 막연하고 잠정적인 교육 자원에 불과하다. 그 내용이 교육의 규범적 의미를 만족시킬 수 있는 자원이고 또 교육의 일반적 가치를 실현시킬 수 있는 것이라고 하더라도, 그것이 구체적인 교육활동에 의미 있게 조직되고, 학습과 교수의 활동을 효율적으로 가능하게 할 수 있게 하는 방법의 기용과 더불어 검토되어야 비로소 교육적 가치의 실현을 실질적으로 가능하게 한다. 선정된 내용의 조직은 적어도 다음의 세 가지 타당성을 지녀야 한다.

첫째는 교육 대상에 대한 타당성이다. 내용의 선정과 조직이 교육의 대상 집단이 지닌 특성에 비추어 타당한가의 여부는 대상의 심리적·정신적 발달의 수준과 특성, 그리고 그 집단의 사회문화적 배경에 대한 이해를 필요로 한다. 대상 집단이 심리학적으로나 사회학적(혹은 인류학적)으로 설명될 수 있는 특징에 비추어 볼 때, 선정된 내용의 조직 형태를 효율적으로 수용할 수 있는 조건을 가지고 있지 못하다면, 그 내용이 아무리 그 자체의 교육적 가치를 지니고 있다고 하더라도 실질적으로는 구체적인 교육활동에서 생산적인 교육적 결과를 가져올 수 있게 하지는 못한다.

둘째는 교육계획에 대한 타당성이다. 그것은 교과의 선정된 내용과 그 조직이 달성하고자 설정한 목표, 교육활동의 시기와 기간, 주어진 환경과 여건, 그리고 교육활동에 대한 사회적 동기와 필요의 반영 형태 등에 비추어 유의미하고 기술적으로 가능하며 효율적인 것이어야 한다는 것이다. 어떤 내용은 교육목표의 명확한 진술을 용이하게 하지만, 어떤 내용은 목표의 구체적 분석을 어렵게 만들기도 한다. 어떤 내용은 집중적인 장시간의 단위 활동을 필요로 하지만, 어떤 내용은 비교적 단시간의 반복적 형태로도 효과적인 성과를 가져오게 할 수도 있다. 그리고 어떤 내용은 고도로 체계적인 시설과 환경을 필요로 하지만, 어떤 내용은 단순한 대화의 상황을 성립시키는 정도로도 높은 교육의 성과를 거두게 할 수도 있다. 그러므로 교육의 내용이 교육계획에 비추어 타당하냐의 여부는 획일적인 기준에 의해서 검토될 성질의 것이 아니다.

셋째는 교육방법에 대한 타당성이다. 교육의 방법에 관해서는 주어진 내용의 학습을 가능하게 하느냐의 여부도 중요하지만, 얼마나 효율적으로 목표의 달성을 가능하게 하느냐의 정도도 중요하다. 또한 기용된 방법의 역기능을 얼마나 극소화하느냐의 문제도 우리가 충분히 체계적으로 검토해야 할 사항에 속한다. 어떤 교육의 방법이든지 간에 교육목표를 달성하는 데 있어서 순수하게 적극적인 기여만을 하지는 않는다.

이 장의 주요 내용

이 장에서는 교육과정에서 주목해야 할 몇 가지의 최근 동향을 간략하게 살펴보았다. 교육과정과 관련된 내용과 교육환경은 급속하게 변화하고 있다. 핵심적이고 기본적인 중요한 과거의 내용들을 보존하고 잘 실천하는 것도 중요하며, 새로운 내용들을 신속히 파악하여 그 의미를 탐구하고 학교교육의 현실 개선에 종합적으로 활용하려는 태도도 중요하다. 특히 종합 학문적 성격을 지는 교육과정 분야는 여러 분야의 변화와 발전 양상에 주의를 기울여야 하며, 다른 학문의 연구 결과를 항상 교육내용의 선정과 조직 차원에서 주목해야 한다.

이 장에서 소개하고 있는 동향은 7가지로서 그 내용 자체가 새로운 것도 있고, 내용의 성격은 최근의 것은 아니지만 이전 주제를 새로운 시각으로 논의한 것을 소개한 것도 있다. 교육자로서 우리는 새로운 주제나 새로운 논의 방식에 주목하여 '학교에서 무엇을 가르칠 것인가'라는 문제를 해결하는 데 최선을 다해야 한다.

교육과정 차별화는 여전히 중요한 내용이다. 학습자의 수준과 관심, 능력과 발달단계에 맞추어 학습기회를 제공하는 일은 예나 지금이나 그리고 미래에서도 중요한 과제다. 최근에는 수준별 교육과정이나 수준별 수업, 고교 다양화나 고교 선택제, 고교 교육과정 특성화가 강조되고 있다. 교육과정 차별화의 가장 특징적인 양상이 영재교육과 특수아 교육이다.

영재교육에서는 최근에 교육과정 압축과 핵심 병행 교육과정을 통하여 영재를 위한 교육과정을 개발하고 있다. 특수아 교육과정에서는 교육환경 재설계나 교정적 수업을 통하여 교육과정을 운영하고 있다.

다음으로는 다문화 시대에 즈음하여 다문화 교육을 범교과 학습 차원에서 보다 적극적으로 나아가 다문화 교육과정을 개발하고자 노력하고 있으며, 학습자의 이해를 강조하는 백워드 교육과정 설계, 새롭게 등장하여 합리주의적 교육을 보완하는 데 도움이 되는 내러티브 교육과정, 교과를 다양하게 조직하는 통합교육과정, 교과의 벽을 과감히 허물고 새로운 능력을 개발하는 데 새로운 영역을 개척하고 있는 역량중심 교육과정, 기존의 진부한 논의를 과감히 혁신하는 새로운 교과교육의 변화 등을 다루고 있다.

주요개념

KDB 간학문적 통합	내러티브 교육과정	영재 교육과정
교과교육	다문화 교육과정	장애 유형
교과교육학	백워드 교육과정 설계	통합교육과정
교육과정 압축	속진 교육과정	특수아 교육과정
교육과정 차별화	수준별 교육과정과 수업	핵심 병행 교육과정
교육과정 차별화 요소	심화 교육과정	
교육과정 특성화	역량중심 교육과정	

🔍 탐구문제

1. 교육과정의 최근 동향에 나타난 특징을 설명해 보시오.

2. 최근 동향들 중에서 현행 학교 교육과정의 문제를 해결하는 데 가장 적합한 것을 선정하여 그 이유
   와 구체적인 실현 방안을 제안해 보시오.

3. 영재 교육과정 개발 방안을 설명해 보시오.

4. 특수아를 위한 교육과정 개발 방안을 제안해 보시오.

5. 기존 단원을 KDB 중심의 간학문적 통합 단원으로 개발해 보시오.

6. 학습자의 심층적 이해능력을 개발하기 위한 백워드 교육과정을 설계해 보시오.

7. 미국의 교육과정 개혁 운동이 한국에 주는 시사점을 설명해 보시오.

8. 내러티브 교육과정을 개발하는 방법과 그 활용 방안을 제시해 보시오.

9. 기존 교과중심의 교육과정을 역량중심 교육과정으로 구성하는 방안을 제안해 보시오.

10. 기존 교과교육의 문제와 개선 방안을 제시해 보시오.

📎 참고문헌

강현석(2004). 지식구조론의 재구성을 통한 교육과정 설계원리의 구성. 교육과정연구, 22(2), 55-85.

강현석(2006). 교과교육학의 새로운 패러다임. 서울: 아카데미프레스.

강현석(2010). "내러티브 교육과정 개발의 방향과 과제." 한국교육과정학회 편. 교육과정: 이해와
   개발. 경기: 교육과학사, pp. 285-327.

강현석 · 강이철 · 권대훈 · 박영무 · 이원희 · 조영남 · 주동범 · 최호성 공역(2005). 신 교육목표
   분류학의 설계. 서울: 아카데미프레스.

강현석 · 박영무 · 조영남 · 허영식 · 이종원 공역(2003). 통합 교육과정의 이론과 실제. 서울: 양서원.

강현석 · 소경희 · 박창언 · 박민정 · 최윤경 · 이자현 공역(2007). 내러티브 교육과정의 이론과 실
   제. 서울: 학이당.

강현석 · 유제순(2010). 학교교육에서 문화적 역량 모델링의 가능성 탐구. 교육철학, 41, 179-206.

강현석 · 정정희 · 박창언 · 박은영 · 황윤세 · 장사형 · 이신동 · 이경화 · 최미숙 · 이순주 · 이효
   녕 · 문병상 공역(2007). 최신 영재교육과정론. 서울: 시그마프레스.

강현석 · 소경희 · 박창언 · 박민정 · 최윤경 · 이자현 공역(2007). 내러티브 교육과정의 이론과 실

제. 서울: 학이당.

경북대학교 사범대학 교육학과(2010). 교직실무의 이론과 실제. 경기: 교육과학사.

김명옥·강현석(2010). 핵심병행 교육과정 설계를 통한 교육과정 재구성 적용. 영재와 영재교육, 9(2), 5035.

김의정(2008). 통합교육의 이해. 국립특수교육원 부설 원격연수원 자료.

김의철 외 공역(1997). 문화와 사고. 서울: 교육과학사.

김한종(1999). 역사 수업 도구로서 내러티브 구성 형식과 원리. 사회과교육학연구, 제 3호, 81-107.

류문화·김현진·장병연(1999). 가고 싶은 학교, 즐거운 교실―특수학급 운영을 위한 안내서, 국립특수교육원. 행정간행물 등록번호 27060-81510-57-9904.

모경환 외 공역(2008). 다문화교육 입문. 서울: 아카데미프레스.

박미자(2008). 백워드 설계 모형을 적용한 이해 중심의 초등 과학과 단원 개발. 이화여자대학교 교육대학원 석사학위논문.

박성익 외 7인(2001). 교육공학 탐구의 새 지평. 서울: 교육과학사.

박승희(2003). 한국특수학생 통합교육: 특수교육과 일반교육의 관계 재정립. 서울: 교육과학사.

박영무·강현석·김인숙·허영식 공역(2006). 통합 교육과정. 서울: 원미사.

서혜애 외 공역(2000). 국가 과학교육 기준. 서울: 교육과학사.

소경희(2006). 학교 지식의 변화 요구에 따른 대안적 교육과정 설계 방향 탐색. 교육과정연구, 24(3), 39-60.

소경희(2007). 학교교육의 맥락에서 본 '역량(competency)'의 의미와 교육과정적 함의. 교육과정연구, 25(3), 1-21.

양영자(2007). 분단―다문화시대 교육이념으로서의 민족주의와 다문화주의의 양립 가능성 모색. 교육과정연구, 25(3), 23-48.

위미나(2007). 문화적 역량의 개념 및 구성 요소에 관한 연구. 부산대학교 대학원 석사학위논문.

윤갑정·이병준(2008). 미국에서의 문화적 역량에 대한 담론. 2007-2008 학진 기초연구과제 연구진 5차 워크숍 자료집(계명대 2008년 7월 11일-12일), 57-73.

윤현진 외(2007). 미래 한국인의 핵심 역량 증진을 위한 초·중등학교 교육과정 비전연구(I): 핵심역량 준거와 영역 설정을 중심으로. 한국교육과정평가원 연구보고 RRC 2007-1.

이경화·최병연·박숙희 공역(2009). 영재교육. 서울: 박학사.

이광우(2008). 미래 한국인의 핵심역량 탐색을 위한 세미나. 한국교육과정평가원 연구자료 ORM 2008-14.

이돈희·박순경(1997). 교과학 기초 연구. 한국교육개발원 연구보고서.

이돈희·황정규·윤희원·조영달·권오량·우정호·최승언·강신복(1994). 교과교육학 탐구. 서울: 교육과학사.

이미순 역(2009). **병행교육과정**. 서울: 박학사.

이종성(2001). 능력중심 교육과정 개발 연구. 한국직업능력개발원. 기본 연구 01-40.

이종원(1991). 경험교육과정의 통합관에 대한 구조주의적 해석. 경북대학교 대학원 박사학위논문.

이지은 · 강현석(2010). 백워드 설계의 초등 수업 적용 가능성 탐색. **초등교육연구**, 23(2), 383-409.

이홍민 · 김종인(2003). **핵심 역량, 핵심 인재**. 서울: 리드리드.

이홍우(2004). **증보 교육과정 탐구**. 서울: 박영사.

이혼정(2003). 내러티브 교육과정의 적용에 관한 연구. 고려대학교 대학원 박사학위논문.

장인실(2003). 다문화 교육이 한국 교사 교육과정 개혁에 주는 시사점. **교육과정연구**, 21(3), 409-431.

장인실(2006). 미국 다문화 교육과 교육과정. **교육과정연구**, 24(4), 27-53.

장인한(2011). KDB 모형 중심의 간학문적 통합 단원 개발. 경북대학교 박사학위논문.

장인한 · 강현석(2009). KDB 중심의 간학문적 통합 단원의 구성. **교육과정연구**, 27(4), 99-122.

전효선 · 오상철 · 박진용 · 권순달 · 정미경 · 김이성(2007). 국내외 교실 학습 연구 (1): 한국, 영국, 프랑스, 일본의 초등학교를 중심으로. RRI 2007-1. 서울: 한국교육과정평가원.

조인진(1998). 수준별 교육과정에 대한 반성적 고찰. **교육과정연구**, 16(1), 469-488.

조재식(2005). 백워드(backward) 교육과정 설계 모형의 고찰. **교육과정연구**, 23(1), 63-94.

최동근 외(2000). **교육방법의 공학적 접근**. 서울: 교육과학사.

최윤경 · 강현석(2008). 음악 수업 설계에서 백워드 모형의 적용. **교육과정평가연구**, 11(2), 211-230.

최진영 외(2008). **초등 교원의 핵심 역량 분석 연구**. 서울: 한국교육과정평가원.

최호성(2002). 수준별 수업에서의 상위 학습자를 위한 교육과정 압축 전략. **교육과정연구**, 20(4), 67-86.

한국교육과정평가원(2007). 국내외 교실학습연구 (I). RRI 2007-1. 전효선 외. KICE 보고서.

한기순(2008). **영재교육과정 모형의 분석**. 서울대학교 영재교육센터 자료.

한승희(1997). 내러티브 사고양식의 교육적 의미. **교육과정연구**, 15(1), 400-423.

황미정(2005). 개념 기반의 주제 중심 단원 설계 준거 개발. 경북대학교 대학원 박사학위논문.

Apple, M. W. (1991). The Culture and Commerce of the Textbook. In M. W. Apple & L. K. Christian-Smith (Eds.), *The Politics of the Textbook* (pp. 22-40). NY: Routledge.

Banks, J. A. (1994). *Multiethnic education: Theory and Practice* (3nd ed.). Boston: Allyn & Bacon.

Banks, J. A. (2006). *Race, culture and education*. NY: Routledge.

Banks, J. A. (2007). *An Introduction to Multicultural Education* (4th ed.). 모경환 · 최충옥 · 김명정 · 임정수 공역(2008). 다문화교육 입문. 서울: 아카데미프레스.

Banks, J. A., & Banks, C. A. M. (2001). *Handbook of Research on Multicultural Education*. San Francisco: Jossey-Bass.

Bennett, C. I. (2007). *Comprehensive Multicultural Education: Theory and Practice* (6th ed.). NY: PEARSON.

Bigge, M., & Shermis, S. (1999). *Learning Theories for Teachers* (6th ed.). NY: An Imprint of Addison-Wesely Lonhman, Inc.

Boyatzis, R. E. (1982). *The competent manager: A model for effective performance*. NY: Jogn Wiley and Sons.

Bruner, J. S. (1960). *The Process of Education*. Cambridge, Mass: Harvard University Press.

Bruner, J. S. (1983). *In Search of Mind*. NY: Harper & Row Publishers.

Bruner, J. S. (1985). "Narrative and Paradigmatic Modes of Thought", In Einer (Ed.), *Learning and Teaching: The Ways of Knowing*. NSSE., Chicago: Univ. of Chicago Press.

Bruner, J. S. (1986). *Actual Minds, Possible Worlds*. Cambridge, Mass: Harvard Univ. Press.

Bruner, J. S. (1987). "Life as Narrative". *Social Research, 54*(1), 11-32.

Bruner, J. S. (1990a). Culture and Human Development: A New Look. *Human Development, 33*, 344-355.

Bruner, J. S. (1990b). *Acts of Meaning*. Cambridge, Mass: Harvard University Press.

Bruner, J. S. (1996). *The Culture of Education*. Cambridge. Mass: Hard University Press.

Christine Sleeter (2008). Multiculturalism, globalization, and the politics of knowledge. 2008 KSCS KSSEE International conference, 37-51.

Clandinin, D. J., & Connelly, F. M. (1986). On the narrative method, personal philosophy, and narrative units in the story of teaching. *Journal of Research in Science Teaching, 23*(4), 293-310.

Clandinin, J., & Connelly, M. (1987). Teachers' personal knowledge: What countss as 'personal' in studies of the personal. *Journal of Curriculum Studies, 19*(6).

Clandinin, J., & Connelly, M. (1998). Stories to live by: Narrative unundersfanding of school reform. *Curriculum Inquiry, 28*(2).

Clandinin, J., & Connelly, M. (2000). *Narrative inquiry: Experience and story in qualitative research*. San Francisco: Jossey-Bass.

Conle, C. (1993). *Learning Culture and embracing contraries: Narrative inquiry through stories of acculturation*. Toronto: University of Toronto.

Conle, C. (1997). Images of change in narrative inquiry. *Teachers and Teaching, 3*(2), 205-219.

Conle, C. (1999). Why Narrative? Which Narrative? Our Struggle with time and place in teacher education. *Curriculum Inquiry, 29*(1), 7-33.

Conle, C. (2003). An Anatomy of Narrative Curricular. *Educational Researcher, 32*(3), 3-15

Connelly, M., & Clandinin, J. D. (1990). Stories of Experience and Narrative Inquiry. *Educational Researcher.* Jun-July, 2-14.

Csikszentmihalyi, M. (2000). *Beyond Boredom and Anxiety: Experiencing Flow in Work and Play.* San Francisco, CA: Jossey-Bass.

Csikszentmihalyi, M. (2003). *Good Business: Leadership, Flow and the Making of Meaning.* NY: Viking.

Doll, W. E., Jr. (1993). *A Post-Modern Perspective on Curriculum.* NY: Teachers College Press.

Doyle, M., & Holm, D. T. (1998). Instructional Planning through Stories: Rethinking the Traditional Lesson Plan. *Teacher Education Quarterly, Summer,* 69-83.

Doyle, W., & Carter, K. (2003). Narrative and learning to teach: Implication for teacher-education curriculum. *Journal of Curriculum Studies, 35*(2), 129-137.

Drake, S. (1992). *Developing a integrated curriculum using the story model.* Toronto: OISE.

Drake, S. M., & Burns, R. C. (2004). *Meeting Standards through Integrated Curriculum.* VA: ASCD.

Duffy, T., & Jonassen, D. (1991). Constructivism: New Implications for Instructional technology. *Educational Technology, 31*(5), 7-11.

Egan, K. (1986). *Teaching as story telling.* Chicago: The University of Chicago Press.

Egan, K. (1990). *Romantic understanding: The development of rationality and imagination, ages 8-15.* NY and London, England: Routledge.

Eisner, E. (1990). *The Enlightened Eye: Qualitative Inquiry and th Enhancement of Educational Practice.* NY: Macmillan.

Erickson, L. H. (2001). *Stirring the Head, Heart, and Soul: Redefining Curriculum and Instruction* (2nd ed.). Thousand Oaks, CA: Corwin Press, Inc.

Erickson, L. H. (2002). *Concept-Based Curriculum and Instruction: Teaching Beyond the Facts.* Thousand Oaks, CA: Corwin Press, Inc.

Gardner, H. (2004). "Discipline, Understanding and Community". *Journal of Curriculum Studies, 36*(2), 233-236.

Goodman, N. (1978). *Ways of Worldmaking.* Indianapolis: Hackett.

Gudmundsdottir, S. (1991). Story-maker, story-teller: Narrative structure in curriculum. *Journal of Curriculum Studies, 23*(3), 207-218.

Gudmundsdottir, S. (1995). The Narrative Nature of Pedagogical Content Knowledge. In H. McEwan & K. Egan (Eds.), *Narrative In Teaching, Learning, and Research*. Teachers College Press, 24-38.

Harste, J. C., & Leland, C. H. (1994). *Multiple ways of knowing: Curriculum in a new key*. Heinemann.

Hipkins, R. (2006). *The Nature of the Key Competencies: A Background Paper*. New Zealand Council for Educational Research.

Johnson, D. T., Boyce, L. N., & Van Tassel-Baska, J. (1995). Science Curriculum Review: Evaluating Materials for High-ability Learners. *Gifted Child Quarterly, 39*, 36-43.

Lauritzen, C., & Jaeger, M. (1997). *Integrating learning through story: The narrative curriculum*. NY: Delmar Publishers.

Luica, A. D., & Lepsinger, R. (1999). *The art and science of competency models*. 정재창·민병모·김종명 공역(2001). 알기 쉬운 역량 모델링. 서울: PSI 컨설팅.

Marzano, R. J. (2001). *Designing A New Taxonomy of Educational Objectives*. Thousand Oaks, CA: Corwin Press.

McEwan, H., & Egan, K. (Eds.) (1995). *Narrative In Teaching, Learning, and Research*. NY: Teachers College Press.

McTighe, J., & Sief, E. (2003). A Summary of Underlying Theory and Research Base for Understanding by Design. Association for Supervision and Curriculum Development.

McTighe, J., & Wiggins, G. (1999a). *The Understanding by Design: Handbook*. Alexandria, Virginia: Association for Supervision and Curriculum Development.

Mctighe, J., & Wiggins, G. (1999b). *Understanding by Design: Professional Development Workbook*. Alexandria, Virginia: Association for Supervision and Curriculum Development.

McTighe, J., & Wiggins, G. (2004). *Understanding by design: Professional development workbook*. Alexandria, VA: Association for Supervision and Curriculum Development. 강현석·이원희·박영무·최호성·박창언, 경북대학교 교육과정 연구팀 역(2008b). 거꾸로 생각하는 교육과정 개발—교사 연수를 위한 워크북—. 서울: 학지사.

National Research Council (2000). *How people learn: Brain, mind, experience, and school* (Expanded ed.). Washington, DC: Academy Press.

Nicholson, K., & Conle, C. (1991). *Narrative reflection and curriculum*. AERA.

Oakes, J. (1985). *Keeping Track*. New Haven and London: Yale University Press.

Oakeshott, M. (1975). *Rationalism in Politics and Other Essays*. London: Methuen.

OECD (2003). Definition and selection of competencies: Theorietical and conceptual foundation(DeSeCo). OECD Press.

OECD (2005). The definition and selection of key competencies: Executives Summary.

Polkinghorne, D. (1988). *Narrative knowing and the human science*. Albany: SUNY Press.

Polkinghorne, D. (1995). Narrative configuration in Qualitative analysis. *Qualitative studies in education, 8*(1).

Ravitch, D., & Finn, C. E., Jr. (1987). *What do our 17-Year-Olds Know: A Report on the First National Assessment of History and Literature*. NY: Harper and Row.

Renzulli, J. F., & Smith, L. H. (1979). *A Guidebook for Developing Individualized Educational Programs for Gifted and Talented Students*. Mansfield Center, Connecticut: Creative Learning Press.

Renzulli, J. F., & Reis, S. M. (1985). *The Schoolwide Enrichment Model: A Comprehensive Plan for Educational Excellence*. Mansfield Center, Connecticut: Creative Learning Press.

Ricoeur, P. (1984). *Time and Narrative*. Chicago: University of Chicago Press.

Robinson, J. A., & Hawpe, L. (1986). "Narrative Thinking as a Heuristic Process". In Theodore R. Sarbin (Ed.), Narrative Psychology: *The Storied Nature of Human Conduct*. NY: Preger.

Rychen, D. S., & Salganik, L. H. (Eds.) (2003). *Key Competencies: for a successful life and a well-functioning society*. Cambridge: Hogrefe & Huber.

Sandlos, J. (1998). The storied curriculum: Oral narrative, ethics, and environmental education. *The Journal of Environmental Education, 30*(1).

Schnack, K. (2003). *Action competence as an educational ideal. In studies in Educational Theory and Curriculum*. Copenhagen: Royal School of Educational Studies, 271-291.

Schubert, W. H. (1986). *Curriculum: Perspective, Paradigm, and Possibility*. NY: Macmillan Publishing.

Schubert, W. H. (1994). Alternative Curriculum Designs. *Curriculum and Teaching, 9*(1).

Short, E. C. (1985). "The Concept of Competence: Its Use and Misuse in Education". *Journal of Teacher Education, 37*, 2-6.

Shweder, R. A. (1991). *Thinking Through Cultures: Expeditions in Cultural Psychology*. Cambridge, Mass: Harvard University Press.

Smith, M. K. (2002). Bruner and the Culture of Education. In *The Encyclopedia of Informal Education*. NY: Infeed.

Spencer, L., & Spencer, S. (1993). *Competence at work: Models for superior performance*. NY: John Wiley & Sons.

Stice, C., Bertrand, J., & Bertrand, N. (1995). *Integrating Reading and the Other Language*.

Calif: Wadsworth.

Tomlinson, C. A. (1999). *The Differentiated Classroom: Responding to the Needs of All Learners*. Alexandria, VA: ASCD.

Tomlinson, C. A., & McTighe, J. (2006). *Integrating Differentiated Instruction & Understanding by Design*. Alexandria, Virginia: ASCD.

Tomlinson, C. A., Kaplan, S. N., Renzulli, J. S., & Purcell, J. H. (2001). *The Parallel Curriculum*. Thousand Oaks, CA: Corwin Press.

Van Tassel-Baska, J. (1986). Acceleration. In J. Maker (Ed.), *Critical issues in gifted education* (pp. 179-186). Rockville, MD: Aspen.

Van Tassel-Baska, J. (1992). *Planning effective curriculum for gifted learners*. Denver, CO: Love.

Van Tassel-Baska, J. (2003). *Curriculum planning and instructional design for gifted learners*. Denver, CO: Love.

Vygotsky, L. (1962). *Thought and Language*. Cambridge, Mass: MIT Press.

Vygotsky, L. (1978). *Mind in Society: The Development of Higher Psychological Processes*. Cambridge, MA: Harvard University Press.

Wiggins, G., & McTighe, J. (2001). *Understanding by Design*. Columbus, Ohio: Merrill Prentice Hall.

Wiggins, G., & McTighe, J. (2005). *Understanding by Design* (2nd ed.). Alexandria, VA: Association for Supervision and Curriculum Development. 강현석·이원희·허영식·이자현·유제순·최윤경 공역(2008a). 거꾸로 생각하는 교육과정 개발-교과의 진정한 이해를 목적으로-. 서울: 학지사.

Wiggins, G., & McTighe, J. (2011). *The Understanding by design Guide to Creating High-Quality Units*. Alexandria, VA: Association for Supervision and Curriculum Development.

Witherell, C., & Noddings, N. (1991). *Stories lives tell: Narrative and Dialogue in education*. NY: Teachers College Press.

Wolfinger, D. M., & Stockard, J. S. Jr. (1997). *Elementary Method: An Integrated Curriculum*. Allyn & Bacon. Pearson Education Inc.

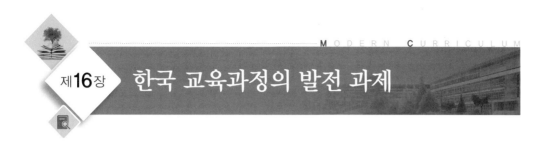

제**16**장 한국 교육과정의 발전 과제

MODERN CURRICULUM

📘 **이** 장의 주요 목표

▷ 현행 우리나라 교육과정의 문제점을 지적하고 문제 발생의 이유와 그 개선 방안을 제시할 수 있다.

▷ 한국 교육과정의 발전을 위해서 국가, 지역, 단위학교가 해야 할 과제를 제안해 볼 수 있다.

▷ 단편적 지식 위주의 교육과정을 개선하기 위한 단기-중기-장기 대책을 제안해 볼 수 있다.

▷ 다양한 발전 과제 중에서 창의·인성 교육을 강화하는 데 적절한 과제를 제시할 수 있다.

▷ 미래 사회의 변화에 부합하는 교육과정의 과제를 구상하여 구체적인 방안을 설명할 수 있다.

1. 이해중심 교육과정의 심화, 발전

우리의 교육은 참으로 양적으로 많이 팽창되었고, 짧은 기간 안에 많은 발전을 이루었다. 해외에서도 우리의 교육에 대하여 많은 관심과 칭찬을 보내고 있다. 그러나 최근 들어 우리는 다음과 같은 비판들을 쉽게 접할 수 있다.

> 한국의 중·고교 교육은 다른 국가들과 정반대로 가고 있다. 하루 15시간 학교와 학원에서 미래에 필요하지 않은 지식과 존재하지도 않을 직업을 위해 시간을 낭비하고 있다(Toffler, 2008).

왜 우리 학생들은 학교에서 그 많은 교과를 배우고 있는가? 그 내용을 전부 기억하고 있는가? 그것을 어디에 언제 어떻게 사용하는가? 어떤 지식(교과내용)을 누구에게(교사, 학습자) 어떻게 제시하고, 어떻게 가르쳐야 할 것인가? 이러한 문제들에 우리 한국의 교육과정은 제대로 된 답변을 할 수 있는가?

주지하다시피 20세기에는 읽기, 쓰기, 셈하기와 같은 단순한 문해능력이 강조되었다면, 21세기에는 수준 높은 문해, 즉 비판적으로 읽고 사고하기, 명료하고 설득적으로 자신을 표현하기, 수학과 과학에서 복잡한 문제해결하기 등이 강조되고 있다. 관심의 초점이 지역적인 것으로부터 세계적인 것으로 변화됨에 따라 민주주의에의 사려 깊은 참여 등의 수행이 복잡해지고 있다.

우리나라 2009년 개정 교육과정에서는 '창의 · 인성 교육' '나눔과 배려'를 강조하고, 글로벌 창의 인재 인간상을 학교급별 목표로 제시하고 있다. 미국에서는 ASCD(장학과 교육과정 개발 형태)에서 21세기에 필요한 능력으로 핵심 지식과 비판적 사고, 창의성, 윤리 협력, 테크놀로지, 다양성, 리더십과 같은 것들을 지지하고 있다.

이제 교육선진국들은 다양한 교과영역에서 생산적인 사고를 가능하게 하는 지식을 습득하는 데 필요한 지적 도구와 학습전략을 개발하도록 돕는 방향으로 나아가고 있다. 다양한 교과영역에서 어떻게 의미 있는 질문을 생각해 내고, 어떠한 질문을 할 것인가를 포함하는 교과에 대한 근본적인 이해(fundamental understanding about subjects)를 돕는 방향으로 학교 교육과정을 운영하고 있다(National Research Council, 2000).

학교교육에서 우리는 이해라는 말을 자주 사용하면서도 이해라는 상태가 어떠한 상태인지를 자세히 모른다. 교과서는 학생들이 암기 또는 풀이하기를 기대하는 내용들로 채워져 있다. 대부분의 시험들은 사실들을 기억하는 능력을 평가하는 시험들로 이루어지고 있다. 이해를 암기보다 강조하는 학교 수업에서는 이해를 수반하는 학습기회가 제한적일 수밖에 없다.

새로운 학습과학(learning science)의 지표는 이해를 수반하는 또는 이해를 목표로 하는 학습을 강조하고 있다. 전문가의 지식은 중요한 개념을 중심으로 연결되어 있고, 그 지식이 적용되는 맥락이 구체화되는 방식으로 조건화되어 있다(김경자, 2010).

장차 교육과정은 개념적 이해로 학생을 인도하는 방식으로 조직되어야 한다. 교과영역의 모든 내용에 대한 피상적 학습은 교과를 이해하는 데 필요한 소수의 핵심 개념에 대한 심층적 학습으로 전환되어야 하며, 탐구 능력을 길러 주어야 한다. 즉, 개념적 구조의 맥락 속에서 사실과 아이디어를 이해하도록 해야 한다. 사실에 대한 피상적 학습

(coverage)을 마치면 다음의 사실적 주제로 넘어가 버린다. 중요하고 조직화된 아이디어로 발전시킬 시간과 기회가 주어지지 않는다.

이하에서는 이해중심 교육과정과 관련된 과제를 크게 5가지 분야에서 제안하고 있는 논의를 소개하기로 한다.

1) HPL 이론

사람들은 오랜 세월 동안 사람이 어떻게 학습하는가에 관해 연구해 왔다. 미국에서 지난 30여 년간 수행된 거대한 양의 연구들을 사람은 어떻게 학습하는가(How People Learn: HPL)라는 우리의 조직 틀을 사용하여 국가 과학 아카데미(National Academy of Sciences) 보고서에 여러 가지 형식으로 소개되었다. 이하에서는 강현석 등(2009)의 내용을 중심으로 살펴본다.『사람은 어떻게 학습하는가: 두뇌, 마음, 경험, 그리고 학교(*How People Learn: Brain, Mind, Experience and School*)』(National Research Council, 2000),「사람은 어떻게 학습하는가: 연구와 실천의 연계(How People Learn: Bridging Research and Practice(Donovan, Bransford, and Pellegrino)」(1999)라는 보고서가 그 예다. 다음 그림에서 보는 바와 같이 그 틀은 다음과 같은 지점에서 학습에 관해 사고할 수 있는 지침을 제공한다. 이 문제는 Darling-Hammond와 Bransford(2005)가 편집한 저서에서 중요하게 논의되고 있다.

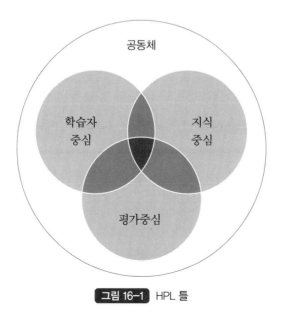

그림 16-1 HPL 틀

이 틀의 네 가지 구성요소는 학습과 교수에 관한 '미시 이론'을 분명히 하는 데 사용할 수 있을 것이다. 예를 들면, 다음과 같은 것에 가정을 할 수 있다.

- 무엇을 가르쳐야 하는가, 그것이 왜 중요한가, 지식이 어떻게 조직되어야 하는가 (지식 중심)
- 누가 어떻게 왜 배우는가(학습자 중심)
- 학습 증진을 위해 교실, 학교, 학교—지역사회 환경은 어떤 종류가 있는가(학습환경 중심)
- 효과적인 학습이 실제로 일어나고 있는지를 확인하기 위해, 배우는 학생, 교사, 학부모 등이 활용 가능한 증거는 어떤 것인가(평가 중심)

교사가 효과적으로 가르치고자 한다면 HPL 틀의 4가지 구성요소의 균형을 맞추고 통합하는 것을 배워야 한다. 즉, 다음의 사항들에 주목해야 한다.

- 학습자와 학습자가 가진 장점, 관심, 선개념
- 사람들이 습득하기를 원하는 지식, 기능, 태도 그리고 학습의 전이
- 학생의 사고를 드러내고, 피드백을 통해 후속 학습의 안내를 가능하게 하는 학습평가
- 교실 안과 밖에서 학습이 일어나는 공동체

유능한 교사는 이 틀에서 제시하는 4가지 요소 모두를 적절하게 고려하는 방법을 안다. 아동 발달, 언어, 문화적 배경, 특별한 요구에 대한 교사의 지식은 학습자 중심 교사가 되는 데 아주 중요한 요소다. 학습에 관한 문제에서 학습자의 지식과 경험을 어떻게 관련지으면 학습자의 학습에 도움이 되는지에 관해 좀 더 자세하게 알 필요가 있다. 더 나아가, 만일 교사가 학생들이 복잡한 세계에서의 삶을 준비할 수 있도록 학생의 학습을 지원해야 한다면, 지식 중심의 교사는 무엇을 가르치고 왜 가르치는가에 대해 주도면밀한 관심을 기울여야 한다. 국가, 주, 지역 수준에서 제공되는 기준에 의해 무엇을 가르칠 것인가가 결정되겠지만, 교사는 어떻게 하면 구체적인 제재와 아이디어들을 가장 잘 가르칠 수 있는가를 고려해야만 한다.

가르쳐야 할 내용은 학습과정을 규정한다. 마찬가지로 다양한 학습자가 이미 습득한

신념과 경험도 중요한 방식으로 학습의 과정을 결정짓는다. 무엇보다도 교사는 특정 영역, 예를 들면 분수, 파동 이론, 학습자의 이해와 오개념, 행성 운동, 파닉스 등의 영역에서 학습자가 갖는 이해와 오개념을 예측할 수 있어야 한다.

유능한 교사는 평가 중심이 됨으로써 지식을 학습자와 합치시킨다. 평가와 평가가 주는 정보로 인해 가능한 피드백은 단순한 학습평가가 아니라, 학습의 또 다른 원천이 된다. 인지과학 분야에서의 연구들은 학생의 사고를 드러나게 하고 학생들에게 자신의 노력을 수정할 수 있도록 피드백을 제공하는, 수업 과정 중에 수행되는 형성평가는 아주 강력한 학습 도구로서 기능한다는 것을 보여 준다.

마지막으로, 학습의 과정은 학습이 일어나는 공동체에서 통용되는 규범과 양식에 의해 영향을 받기 때문에 공동체 중심이다. 어떤 의미에서 보면, 모든 학습은 문화적으로 중재된다. 다시 말하면, 학습은 문화적인 활동으로부터 일어난다. 이러한 관점이 주는 중요한 시사점은 사람들이 서로를 통해 학습할 수 있는 지원적이며, 자원이 풍부하고, 유연성이 있는 상황을 제공해야 한다는 것이다. 교실 내의, 학교 내의, 교실 간의, 그리고 학교 밖의 자원과 강한 사회적 네트워크를 가지면, 학습하는 데 여러 가지 이점이 생긴다. 학생들은 동료 학생들의 자원을 활용할 수 있고, 자신의 노력이 학급 집단의 이익에 기여한다는 것을 믿을 수 있는 상황 속에서 더 효과적으로 학습하게 된다. 또한 교사가 공동체에 존재하는 축적된 지식(funds of knowledge)에 기초하고, 학습자의 학교 밖에서의 경험을 교실 내에서의 경험과 연결 지을 때 더 효과적으로 학습한다.

2) 설계를 통한 이해(Understanding by Design): 백워드 설계

최근 미국의 학교와 교사양성 기관에서 백워드 설계(backward design) 방식이 널리 활용되고 있다. Grant Wiggins와 Jay McTighe(2001)가 개발한 이 모형은 성취 기준 중심의 교육개혁을 바탕으로 학생들이 달성해야 할 바람직한 성과의 확인이 가능하여 교육자들의 책무성의 문제를 해결하는 데 매우 유용한 도구로서 활용되고 있다. 특히, 최근(2005)에는 더욱 정련된 모형을 제안하고 있으며, 2006년에는 McTighe가 Tomlinson과 공동으로 차별화 수업과 UbD(Understanding by Design)를 통합하는 방안을 제안하고 있다. 보다 최근(2011)에는 양질의 단원을 설계하기 위하여 8개의 모듈(모듈 1: UbD의 주요 아이디어, 모듈 2: UbD 템플릿, 모듈 3: 출발점, 모듈 4: 최초 단원 시안 구상, 모듈 5: 상이한 유형의 학습목표, 모듈 6: 본질적 질문과 이해, 모듈 7: 이해의 증거를 결정하고 평가 과제를 개발하기, 모듈 8: 학습기회 개발하기)로 구분하여 백워드 설계 방식을 정교하게 제안하고 있다. 이하에서는 최초의 모형(2001)을 중심으로 소개하고자 한다(강현석, 2005; 이지은, 2011; 이지은 · 강현석, 2010).

(1) 백워드 설계 모형의 등장

교육과정 개발의 지배적인 모형은 주로 Tyler의 논거에서 비롯된다. Tyler가 제시한 개발 모형의 논리는 목표 → 경험 → 평가의 순으로 설정된다. Tyler의 논거와 지금까지의 지배적인 모형을 개략적으로 말해 보면, 교육과정을 통해 달성해야 할 목표를 가장 먼저 설정하고, 그다음에는 목표 달성에 도움이 되는 학습경험을 선정, 조직하며, 마지막으로 목표 달성 여부를 확인하는 평가작업이 진행되는 방식이다. 이러한 방식에서는 목표설정이 제일 중요시되며, 다음에 목표 달성을 위한 교수-학습경험이 오고, 그다음에 평가가 진행된다.

이러한 연속의 과정에서 평가(혹은 평가의 기준)가 교수-학습의 경험 뒤에 오므로 수업활동이 평가에 보다 긴밀하게 연관되지 못하는 문제가 발생한다. 학생들이 달성해야 할 평가가 수업 뒤에 후행하므로 수업이 학생들이 달성해야 할 성취 기준, 평가 기준과 긴밀하게 관련되는 정도가 약해질 수도 있다.

따라서 이러한 문제를 극복하기 위하여 학생들이 성취해야 할 바라는 결과를 확인하고(목적설정), 다음에는 그 결과를 수용할 만한 증거를 결정하며(평가계획), 다음으로 학습경험과 수업계획을 수립하는 절차를 밟는 것이다. 이러한 절차는 목적설정과 평가계획을 보다 긴밀하게 하고, 평가계획에 부합하는 학습경험과 수업계획을 수립하는 데에 초점과 특징이 있다.

요컨대, 백워드 설계 모형은 기존의 기계적이고 전통적인 모형과는 대조적으로 성취 기준 중심의 모형이라고 볼 수 있다. 과거 개발 모형들은 대체적으로 행동목표 중심의 입장에서 교육과정 개발을 보고 있지만, 최근에는 인지 중심과 문제해결 중심의 입장이 강조되고 있다. 그리고 교육과정에서 달성해야 할 목표들을 보다 근본적인 이해에 초점을 두고 전개할 필요가 있다는 점이다.

이 모형은 엄밀하게 말하면 Tyler의 논리와는 다른 것 같지만 결국 동일한 논리를 견지하며, 학생들이 달성해야 할 목표들이 보다 근본적이고 중요한 차원에서 설정되어야 함을 강조한다. 예를 들어, Bruner가 강조하는 지식의 구조와 같은 것이 강조되어야 한다는 것이다. 결국 지식의 구조와 같은 중요한 이해를 성취하기 위하여 Tyler의 논리를 계승, 발전시켜서 최근의 책무성과 성취 기준 중심의 과제를 해결하고자 등장한 것이 바로 백워드 설계 모형이라고 볼 수 있다.

(2) 백워드 설계 모형의 틀과 구성요소

① 이론적 틀

이 모형의 이론적 틀은 크게 세 가지로 이루어져 있다. 첫째는 Tyler의 목표모형의 계승·발전, 둘째는 Bruner의 지식 구조 강조, 셋째는 평가의 지위와 역할을 강조하고 있다는 점이다.

첫째, Tyler의 목표모형의 계승, 발전이라는 대목이다. 이것은 교육과정 개발의 Tyler 논리를 그대로 수용하기보다는 보다 발전적으로 계승하고 있다는 점이다. Tyler의 기본적 논리는 앞에서도 지적하였듯이 목표 → 경험 → 평가의 방식이다. 그러나 여기에서 목표가 곧 성취 기준이며 평가의 기준이 바로 목표가 된다는 점에서 백워드 설계 모형은 엄밀하게 보면 동일한 것으로 볼 수 있다.

상식적으로 보면, 우리가 여행을 하는 데 있어서 여행의 종착점이 어디이며, 여행의 결과 무엇을 얻을 수 있는지를 사전에 분명하게 계획하면 여행이 보다 좋을 것이다. 여행을 계획하는 데 출발점부터 시작하여 여행이 진행되는 방향으로 계획하는 것(forward design)보다, 여행의 최종 종착지를 염두에 두고 역으로 계획을 세우는 것(backward design)이 더 타당하고도 효과적인 설계라는 점이다.

둘째, Bruner의 지식의 구조를 고려하고 있다는 점이다. 이것은 목표의 성질과 관련한 문제다. 일반적으로 Bruner의 지식의 구조는 학문의 기저가 되는 학문의 기본적인 아이디어, 기본 개념, 원리 등으로 볼 수 있는데 이러한 것들, 즉 어떤 현상의 기저에 있는 핵심적인 아이디어와 개념이나 원리를 가르치고 이해시켜야 교수의 효율성과 학습의 경세성을 높일 수 있다는 것이다. Grant Wiggins와 Jay McTighe(2001)는 이러한 성질을 지니는 것을 백워드 설계 모형에서는 '영속적인 이해(enduring understanding)'라는 용어로 제시하고 있다. 이러한 영속적인 이해는 학습자들이 비록 아주 상세한 것들을 잊어버린 이후에도 머릿속에 남아 있는 큰 개념 혹은 중요한 이해를 말한다. 배울 만한 가치가 보편적으로 인정된 아이디어, 주제 혹은 과정이라고 볼 수 있는 영속적인 이해를 선정하는 네 가지 준거는 다음과 같다.

- 사실과 기능을 초월한 보편적 가치를 가졌는가?
- 학문의 중심부에 있는 핵심적인 통찰력을 담고 있는가?
- 누구나 오류에 빠지기 쉬운 내용인가?
- 학습자들을 몰입시킬 할 수 있는 잠재성을 가졌는가?

결국 백워드 설계에서 목표로 삼고 있는 결과는 Bruner가 말하는 지식의 구조인 셈이다.

셋째, 평가의 지위와 역할이 높아졌다는 점이다. 목적의 확인은 바로 그 목적의 달성을 확인할 증거의 수집 계획을 수립하는 것이며, 그것은 평가의 타당도를 높이는 데 결정적이다. 과거에는 목적이 설정되었다면 그다음에는 구체적인 수업계획이 마련되고 평가 절차가 수립되는 것이 일반적인 절차였지만, 이 모형에서는 그 순서를 과감하게 바꾸어 학습경험과 내용의 선정에 앞서 구체적인 평가계획안이 마련되어야 한다는 점이 특징적이다. 이 모형에서 평가 단계는 수행과제 제작과 활용 방안에서 형성평가 및 총괄평가 문항 개발, 그리고 자기 평가 방법에 이르기까지 모든 시나리오가 개발되어야 한다.

② 구성요소

백워드 설계는 크게 목적, 평가 학습경험과 수업으로 구성되어 있다. 이 3가지 요소는 이후 설계 절차로 구체화되어 나타난다. 그리고 3가지 요소 밑에 세부적인 하위 요소들이 설정되어 있다. 목적 요소에는 기준 목표, 이해 유형, 핵심 질문, 지식과 기능 등, 평가 요소에는 수행평가 과제, 기타 다른 증거 유형 등, 학습경험 요소에는 WHERETO 등이 있다.

(3) 백워드 설계 절차

① 단원목적과 질문 개발

백워드 설계에서 첫 번째 절차는 목적설정으로서, 이것은 바라는 결과의 확인이다. 바라는 결과의 내용은 다름 아닌 영속적인 이해다. 즉, 학문의 기저에 있는 기본적이고 중요한 아이디어 · 개념 · 원리를 의미하며, 시간이 지나도 그 가치가 그대로인 불변의 영속적인 것이다. 이해라는 말은 일상적인 언어 사용에서는 자주 사용하지만 그 의

표 16-1 이해의 여섯 가지 측면

이해의 종류	정의
설명	왜 그리고 어떻게를 중심으로 사건과 아이디어들을 서술하는 능력 (예: 독립전쟁이 왜, 어떻게 발발하였는가?)
해석	의미를 제공하는 해석, 내러티브, 번역 (예: 11학년 학생들은 『걸리버 여행기』가 영국 지성인들의 삶에 대한 풍자의 의미를 제공하는 것으로 해석할 수 있다.)
적용	지식을 새로운 상황이나 다양한 맥락에 효과적으로 사용하는 능력 (예: 7학년 학생은 자신의 통계적 지식을 활용하여 학생 자치로 운영하는 문구사의 내년 예산을 정확히 산출한다.)
관점	비판적이고 통찰력이 있는 견해 (예: 학생은 가자 지구의 새로운 협의안에 대한 이스라엘과 팔레스타인의 관점을 비교, 설명한다.)
공감	타인의 세계관과 감정을 수용할 수 있는 능력 (예: 자신을 줄리엣으로 상정하여 왜 그러한 행위를 할 수밖에 없었는지를 설명한다.)
자기지식	자신의 무지를 알고 자신의 사고와 행위를 반성할 수 있는 능력 (예: 나는 누구인가? 나는 어떻게 나의 관점을 결정하는가?)

미가 매우 애매모호하다. 백워드 설계에서 이해는 학문에 기초한 항구적이고 영속적인 지식에 대한 이해를 가리킨다. 단원목적 설정으로서 바라는 결과의 확인은 가르칠 가치가 있는 지식을 다양한 이해의 맥락 속에서 찾아보는 것으로서, 이 모형의 주창자인 Grant Wiggins와 Jay McTighe(2001: 45-60)는 여섯 가지의 이해의 종류와 사례들을 제공하고 있다(〈표 16-1〉 참조).

단원의 목적을 설정할 때, 설계자는 이상의 여섯 가지 이해 측면들 중에서 관련되는 몇 개를 구체적인 학습목적과 내용에 적용시켜 학습자들의 이해를 유도해야 한다. 그러고 나서 단원 문제를 진술해 본다. 여기에는 영속적인 이해 혹은 큰 개념을 포괄할 수 있는 본질적 질문을 먼저 던져 보고, 단원 전체를 구조화할 수 있는 방향을 얻게 된다. 그러고 나서 몇 개의 구체적인 내용 중심의 단원 질문을 진술한다.

② 평가계획

평가 단계에서는 여섯 가지 이해의 측면에 상응하는 계획을 수립해야 한다. 여섯 가지의 이해의 종류가 각 교과나 과목에 따라서 확연하게 구별되는 것은 아니다. 각 교과

표 16-2 │ 이해의 측면과 평가 방향

이해의 종류	정의
설명	① 대화 혹은 상호작용 ② 반복적인 중핵 수행과제 ③ 오개념의 활용 ④ 이해의 정교성을 수직선상에서 평가 ⑤ 중요한 이론과 관련된 본질적 질문에 초점 ⑥ 큰 그림을 잘 유추하는 통제력 ⑦ 학생들의 질문 ⑧ 폭과 깊이를 별도로 측정
해석	① 좋은 글을 여러 각도에서 해석하는 능력 ② 글의 저변에 내재한 이야기의 이해
적용	① 실제적 목적, 상황, 그리고 청중을 고려한 적용 ② 루브릭의 사용 ③ 피드백에 대한 자기 교정능력 ④ 이해와 수행이 일치하는지 확인
관점	① 가치 있고 중요한 것에 대한 질문 ② 대답의 충실도와 표현의 정도를 평가에 반영 ③ 비판적 관점 ④ 저자의 의도 확인
공감	① 타인의 심정을 헤아릴 수 있는 능력 ② 다양한 세계관과 감정을 이해하는 능력 ③ 변증법적 대화를 통하여 공감을 가르치는 것
자기지식	① 과거와 현재의 작품을 스스로 평가 ② 자신의 무지를 인식하는 지혜의 평가

나 과목의 단원 특성을 잘 살려서 하나의 이해에 초점이 맞추어질 수도 있고, 두 가지 이상의 이해들이 관련을 지으며 단원의 목적을 형성할 수도 있다. 여섯 가지의 이해 측면에 부합하는 평가 방향을 제시해 보면 〈표 16-2〉와 같다(조재식, 2005: 78; Wiggins & Mctighe, 2001: 85-97).

③ 학습경험과 수업의 전개

이 절차에서는 학습자들의 흥미를 유발하여 배울 가치가 있는 큰 개념을 장기간 기억하고 실제에 활용할 수 있는 교수-학습 지도안을 개발하는 것이다. 여기에서 개발하는 것은 단원 수준이며, 단시 수업 수준이 아니므로 주로 핵심적 아이디어와 단계들을 열거해 놓은 내용 개요와 유사하다. 학습경험과 수업계획의 수립은 WHERETO 원리를 따른다(Wiggins & Mctighe, 1998; 2005).

- 교사는 높은 기대 수준 및 학습 방향을 제시한다(Where are we headed?).
- 학습자들의 흥미와 관심을 유발하여 분위기를 유도해 나간다(Hook the students).
- 수행과제를 제시하면서 주제를 탐구하고 개발한다(Explore & Equip).
- 성취 수행의 수준과 그 수행 여부를 확인한다(Review & Rethink).
- 성취 증거들을 제시하고 평가한다(Exhibition & Evaluation).
- 학생의 요구, 흥미, 스타일에 맞추어 수준별로 고려한다(Tailer to student needs, interests, and styles).
- 최대의 참여와 효율성을 위해 조직한다(Organize for maximum engagement and effectiveness).

예를 들어, 어떤 단원이 8차시로 구성되었다면 차시별 전개는 W(1차시), H(2차시), E(3차시), R(4차시) E(5-6차시), T(7차시), O(8차시)에 맞추어 단시 수업들을 설계할 수도 있다.

3) 학습자 공동체 개발(FCL)

이 접근방식은 Gardner(2004)의 논문 「Discipline, Understanding and Community」에서 출발하고 있다. 교과영역에서 학습자 공동체 개발(Fostering a Community of Learners: FCL)을 탐구하기 위해서는 세 가지 쟁점, 즉 교과, 이해, 공동체를 탐구해야 한다는 것이다(김경자, 2010).

첫째, 교과에 대한 문제다. Gardner에 의하면 교과는 인간의 중요한 성취가 체계적으로 조직되어 있는 것이다. 우리가 육체적으로, 생물학적으로, 사회적으로 누구인가에 관한 근본적인 물음에 대한 인간이 할 수 있는 최선의 답이 담겨 있다. 교과에는 분명한 차이, 장르, 문법, 내용이 존재한다. 그리고 이것을 통달하는 데에는 오랜 시간이 걸린다. Gardner에 의하면 한 교과는 다른 교과를 단순하게 대체할 수 없다. 각 교과는 형태와 구조(morphology)를 지니고 있다. 예를 들어, 수학과에는 내용, 형식주의, 절차,

문답과정이 있으며, 사회과는 분석, 종합, 통합의 구조를 지니고 있다. 따라서 각 교과의 구조를 찾을 수 있으며, 이것을 학생들이 제대로 이해해야 한다.

둘째, 이해에 대한 문제다. Gardner는 단순한 학습보다는 심층적 이해를 선호한다. 이해는 수행(performance)의 문제다. 통상적으로 이해에서는 한두 교과에서 배운 이론, 개념, 차이를 새로운 상황에 타당하게 적용할 수 있는 수행을 강조하고 있다. 그러나 보다 높은 수준의 수행이 필요하다. 그러기 위해서는 반드시 교과의 중요한 아이디어나 개념의 표현양식을 개발해야 한다. 예를 들어, 생물과의 진화, 사회과의 이주 등 특정 교과의 지식의 구조가 잘 개발되어야 한다. 동시에 이해의 중요한 수행을 최대한 잘 규정해야 할 필요가 있다. 학생들이 이해의 수행을 잘해 나갈 수 있도록 돕는 독창성이 필요하다. 수학에서의 증명과 과학에서의 가설 검증은 동일하지 않으며, 하나의 역사적 사실에 대한 검증과 문학과 예술에서의 비평은 서로 동일하지 않다. 따라서 교사는 이러한 차이를 보이는 것의 이해의 수행을 자신의 언어로 이해하고 만들어 내야 한다.

셋째, 공동체에 대한 문제다. 우리는 우리가 속한 공동체를 제대로 인식하면서 생활하고 있는가? 사람들은 공동체의 소속감을 진짜로 경험해 보지 않으면, 한 공동체에 대하여 생각하지 않는다. 우리는 학습자들에게 공동체에 대한 소속감을 경험하도록 도와주어야 한다. 소속감을 느끼면서 함께 연구하고 설계할 수 있는 학습공동체 프로젝트가 중요하다.

4) 이해를 위한 교수

이해를 위한 교수(Teaching for Understanding: TfU) 방법은 하버드 교육대학원의 Zero 프로젝트 팀에 의해 연구, 개발되었다. David Perkins, Vito Perrone, Stone Wiske가 여러 학자들과 협력하여 발전시켰다. 이 교수방법의 목적은 수행능력으로서 이해의 함양이며 명칭의 두문자를 따서 일반적으로 TfU라고 부른다(김명희, 2001). 이하에서는 이지은(2011: 38-41)의 논의를 참고한다.

이해는 크게 표상적 관점(a representational view of understanding)과 수행의 관점(a performance view of understanding)으로 구분할 수 있다. 수행의 관점은 '어떤 주제를 이해한다는 것은 그 주제에 대해 알고 있는 것'을 사용해서 창의적이고 유능하게 생각하고 행동하는 것이다.

Perkins와 Unger(1994; 김명희, 2001 재인용)는 이해를 정신적 표상과 동일시하는 것이

지나치게 앞서가는 것이며, 정신적 표상을 계획하고 예언하며 적절하게 사용하기 위해서는 그 자체만으로는 부족하며 이를 바탕으로 행위를 수행할 수 있어야 한다고 주장했다. 따라서 TfU에서는 이해의 핵심을 어떤 주제에 대한 융통성 있는 행동 수행능력으로 보고 있다. 이러한 맥락에서 이해를 위한 교수에서는 주어진 시간에 학생들의 이해 정도를 측정하기 위해 학생이 스스로 이해한 내용을 활용할 수 있는 과제를 요구한다. 즉, 학생들이 수행하는 과정을 통해 학습자의 현재 이해 정도를 파악하는 특징을 가진다.

TfU는 이해의 핵심인 수행능력을 개발하기 위해 기본 모형을 개발하였다. 기본 모형은 생성적 주제, 이해의 목표, 이해의 수행, 지속적인 평가를 구성요소로 하고 있다(김명희, 2001: 287-289). 각 구성요소별 특징을 살펴보면 다음과 같다. 첫 번째 구성요소는 생성적 논제다. 현재 학교에서 제시되는 논제들은 학습목표 성취의 과정에서 풍부한 기회를 제공해 주지 못하고 있다. 생성적 논제로 이루어진 주제는 교사와 학생의 흥미를 유발하고 학생의 학습 수준을 고려하여 다양한 연계 기회를 제공한다. 이는 이해에 구성주의적 접근을 가능하게 하여 매력적인 논제를 선택할 수 있게 된다. 또한 생성적 논제는 관련 학문이나 학생들의 삶 속에서 주제를 선정하고 다루게 되어 풍부한 학습 기회를 제공하게 된다.

두 번째 구성요소는 이해의 목표다. TfU에서 이해의 목표는 한 단원의 핵심 내용이며 이를 표현할 때는 문장이나 질문의 형태로 나타낸다. "학생들은 이해할 것이다." "학생들은 감지할 것이다."와 같은 문장형의 표현방법을 통해 이해의 목표가 이해의 수행보다 높은 추상성을 유지해 준다. 질문형의 표현방법은 목표를 자연스럽게 이끌어 내고 학습자의 편의를 도모하면서 아이디어를 유발하도록 한다. 이해 목표의 진술 형태와 관련 없이 이 단계에서 교사들이 대부분 이해의 목표를 선정하지만, 목표를 구체화시키기 위해 학생들과 대화를 하기도 한다. 이러한 접근방법은 학생의 참여의식도 높이고 논제를 풍부하게 하는 데 도움이 된다.

세 번째 구성요소는 이해의 수행이다. 이 단계에서는 지금까지 학습자가 확보한 이해를 확실하게 보여 주며 그 이해를 더욱 발전시켜 준다. 새로운 학습내용에서의 목표에 대한 이해력을 개발하거나 증명하는 활동을 하게 된다. 이때 교사는 학습자가 논제를 다루고 이해를 향상하며 맥락에 맞는 이해의 수준에 도달하도록 이해의 수준을 배열하게 된다. 이에 따라 학습자들은 주어진 논제를 수행하기 위해서 혼란기, 안내된 탐구, 최정점의 수행의 순서로 거치면서 점차 조직적이고 체계적으로 이해의 증거가 되는 수행을 하게 된다.

네 번째 구성요소는 지속적인 평가다. 수행과정 개선을 목적으로 활동에 대해 계속적인 피드백을 제공하는 과정이다. 학습자는 학습과정에서 피드백을 받고 수행을 정교화해 나간다. 대부분의 수업에서는 수업 마지막에 피드백을 주는 경우가 많은데 시기상 수업 마지막 부분에 피드백을 주면 학습자는 이를 교정하거나 수정할 시간이 부족하게 된다. 따라서 이 요소에서는 피드백이 학습의 중요한 요소임을 인정하고 수업과정 속에서 이해의 수행을 통해 평가를 받거나 학습 사태의 흐름 속에서 자연스럽게 평가가 이루어져 피드백 되기를 바란다. 교사는 언제, 어떻게 피드백을 제공할 것인지, 사후 재평가의 시점 등을 결정하게 된다.

네 가지 구성요소는 〈표 16-3〉과 같은 특성을 가지는데 이 특성은 네 요소를 결정하는 준거로도 활용된다(최욱 외 공역, 2005: 87).

TfU는 이해의 핵심 특징에 관해 수행적 관점을 분명하게 취한다. 학습결과를 이해에 초점을 두고 이해의 개발과 평가를 구성하는 요소로서 수행을 강조한다.

교사는 이해 영역의 학습목표를 제한된 범위 내에서 진술하고 이 목적과 관계있는 이해의 수행들을 명시해야 한다. 이런 교사의 수행의 관점은 학생들과 공유된다. 이 접

표 16-3 ┃ TfU의 구성요소와 준거

구성요소	내용
생성적 주제 (generative topics)	• 학문 분야나 영역에 중심적일 것 • 학생들이 쉽게 접근할 수 있고 흥미를 느낄 것 • 교사에게 흥미를 줄 것 • 연계성을 가질 것
이해의 목표 (understanding goal)	• 명시적이고 공개적일 것 • 전체 주제에 연계되고 겹쳐질 것 • 학문 영역에 중심적일 것
이해의 수행 (performances of understanding)	• 이해 목표에 직접 관련될 것 • 연습을 통해 이해를 개발하고 적용할 것 • 다양한 학습 형태와 표현양식을 포함할 것 • 도전적이면서도 접근 가능한 과제들에 성찰적인 참여를 개진할 것 • 이해하고 있음을 공개적으로 입증할 것
지속적인 평가 (ongoingassessment)	• 유관적이고 명시적이며 공개적일 것 • 빈번히 발생할 것 • 사정의 출처가 다중적일 것 • 진척 사항을 측정하고 계획을 알려 주는 역할을 할 것

근을 통한 교수법은 학문 영역에서 핵심이면서 학생의 주의를 끌 만한 생성적 논제, 단위 수업이나 코스에 내재되어 있는 계열성의 규명, 그리고 교사와 학생들을 처음부터 지속적으로 포함시키면서 이루어지는 평가에 초점을 둔다는 등의 몇 가지 핵심 특성을 지닌다.

5) 개념 기반의 주제 중심 통합교육과정 설계[1]

(1) 주제 중심 통합교육과정

CBTU는 개념 기반의 주제 중심 통합 단원(Concept-Based Thematic Units)을 의미하는데, 이는 통합교육과정의 한 유형에 속하는 주제 중심 통합교육과정의 한 형태다. 구체적으로는 통합교육과정의 유형에 의하여 통합의 대상, 통합의 범위, 통합의 정도 세 가지 측면에서 분류해 보도록 한다.

먼저 통합의 대상 측면에서 볼 때는 논리·구조적인 측면의 통합 또는 구조적인 통합으로 볼 수 있다. 둘째, 통합의 범위 측면에서 볼 때는 기능, 주제, 개념, 토픽 등의 교과 간 통합, 특정 주제를 중심으로 여러 교과들의 관련 내용을 통합하는 수평적 통합, 개념적 접근, 주제를 통한 통합 등으로 분류할 수 있다. 셋째, 통합의 정도 측면에서 볼 때는 중핵형, 융합형, 탈학문적 통합 등으로 볼 수 있으나, 통합교육과정의 특성상 주제를 중심으로 하여 간학문적으로, 다학문적으로 혹은 탈학문적으로 통합을 하는 등 다양한 접근법이 있으므로 통합의 정도에 대해서는 정확하게 언급할 수 없다.

CBTU의 개념을 명확하게 하기 위해서는 먼저 주제 중심 통합교육과정에 대한 정의나 성격을 알아보는 것이 도움이 될 것이다. 〈표 16-4〉의 Donna M. Wolfinger와 James W. Stockard, Jr.(1997)의 통합교육과정 유형을 보면 지식 교과 위주의 통합, 언어와 문학을 통한 통합, 주제를 통한 통합, 쟁점을 통한 통합으로 분류될 수 있는데, 여기에서는 주제를 통한 통합을 '학습이 일어나게 될 주변에 있는 중심적 주제를 활용하는 통합'으로 정의 내리고 있다.

주제 중심 접근법은 John Dewey와 진보주의 교육운동 때부터 시작된 것으로서, 핵심 아이디어를 바탕으로 만들어진 교수계획이라고 할 수 있다. 이해를 돕기 위해 Wolfinger와 Stockard(1997)의 글을 인용하면 다음과 같다.

---

[1] 이 내용은 황미정(2005)의 연구를 참고한 것임.

표 16-4 주제 중심 통합교육과정의 유형 분류

주제	핵심 초점	예
문학 주제	한 편 이상의 문학들	Number the Stars, by Lowry(1990), Lyddie, by Paterson(1991)
토픽 주제	일반적 토픽, 혹은 과학, 사회, 체육 영역의 내용	'나비' '대양' '아서 대왕의 궁정'
추상적 개념 주제	'상호 의존' '변화' '양식'과 같은 개념 혹은 개념과 토픽과의 혼합	'공동체에서의 상호 의존' '수평선 변화의 탐구' '이민의 양식'
사건 주제	과거, 현재, 미래 사건	'하계 올림픽' '2000년 대통령 선거' '퇴역군인의 날'
문제 주제	실생활, 개방형 문제나 이슈	"우리는 공기를 어떻게 정화시킬 수 있는가?" "흡연이 우리의 건강과 삶의 질에 어떤 영향을 미치는가?"
지위 주제 (position)	지위	"과학자들은 윤리학적 기준에 의해 그들의 연구를 제한받아야 한다." "모든 사람들은 우리 도시를 아름답게 지킬 책임이 있다."

주제 중심 단원은 언어학, 수학, 사회과 그리고 과학 등 각 교과목의 주요 개념을 강조한다. 그러한 주제 단위의 학습활동은 교육과정 영역과 교과 안의 다양한 기능들을 통합하고 있다. 주제 통합의 본질은 학습의 타당성과 의미를 부여한다. 주제 중심 단원의 활동 범위는 저널, 일화 기록, 체크리스트, 회의, 학생들의 자기 평가, 포트폴리오 등의 믿을 만한 자료를 통하여 학생의 학습을 확장시킨다.

주제 중심 학습은 심화된 이해, 관련성, 능동적인 탐구, 협력, 선택 등의 결정적인 구성요소를 가지고 있으므로 학생들에게는 동기화 증가, 더 방대한 학습량, 심화된 지식, 평생 학습 방략, 대인관계적인 방략, 자기주도적인 학습 방략 등의 이점을 제공하고 교사들에게는 동기화 증가, 더 방대한 융통성을 제공한다.

주제 중심 학습에는 공통된 정의가 있는 반면, 교육자들이 주제 중심 학습의 핵심 초점을 위한 다양한 선취권을 가지기 때문에 기본적으로 다양한 것이 당연하다. 주제 중심 학습의 핵심 특성상 적어도 다음의 6가지 주요 선택권이 우세한데, 그것을 중심으로 하여 주제 중심 통합교육과정의 유형을 분류해 보면 다음의 〈표 16-4〉와 같다 (Campbell & Harris, 2001).

주제 중심 통합교육과정의 유형을 〈표 16-4〉와 같이 문학 주제, 토픽 주제, 추상적 개념 주제, 사건 주제, 문제 주제, 지위 주제로 분류할 수 있는데, 학자들은 어느 한 가지 유형이 다른 것들보다 더 우수하다고 믿지만, 주제 중심 학습이 가치 있고 중요한 한 이러한 대안들 모두가 적절하다고 할 수 있다. 그러나 서론에서도 밝혔듯이 현대 사회에서 방대한 지식의 양 증가와 현대 교육에서 비판적 사고와 창의적 사고 등 고차 인지력의 요구로 인해 개념을 중심으로 통합교육과정을 형성하는 학문중심 통합형으로 접근이 적절하다고 사려된다. 따라서 이 연구에서는 그러한 취지에 가장 적절한 유형인 개념 주제적 접근을 선택하고 개념 주제를 통해 통합 단원을 구성하게 되므로 개념중심 주제 단원(Concept-Based Thematic Units), 즉 CBTU라고 명명한다.

(2) CBTU의 개념

CBTU가 대두된 역사적 배경을 살펴보면, 1960~1970년대 초반 미국에서 Hilda Taba의 연구 결과에 의해 개념−과정 교육과정과 수업이 강조되었고, '열린 교실' 현상이 본 궤도에 올랐다. 그러나 1970년대 중반 열린 교실에 대한 반발로 행동주의자들의 시대가 도래했는데, 평가에 있어서 주관적인 요소를 배제한 구체적이고 평가 가능한 목표를 요구했다. 또다시 1980년대에 교육자들은 비판적인 사고 기능의 필요성을 인식하고, 다양한 사고 기능 프로그램들을 개발하였다. 오늘날 전국의 교사들과 행정가들은 비판적이고 창의적으로 사고하는 능력이 최고라는 사실을 인식하고 있고, 교육과정 설계는 교수−학습 상황에서 이러한 고차 인지 기준을 지원해야 한다는 사실을 인식하고 있다. 이에 응하여 전국의 교육자들은 개념−과정 교육과정 모형을 학습하고, 설계하고, 수행하기 위해 작업하고 있다(Erickson, 2002).

CBTU의 개념을 명확히 하기 위해서는 먼저 개념이 의미하는 것이 무엇인지를 명확히 하여야 할 것이다. Bruner의 지식의 구조에서 개념을 확인할 수 있는데, 가장 하위 단계의 지식으로부터 고차 지식으로 갈수록 사실−토픽−개념−원리 · 일반화−이론의 위계를 이루고 있다. 개념의 정의를 알아보기 위해 Gagné가 개념에 대해서 설명한 글을 인용하면 다음과 같다.

> 개념 학습을 위한 가장 중요한 조건은 선수학습이다. 물체에 대한 사전 확인이 없다면, 학습자는 개념을 습득하지 못할 것이다. 유사하게 학습자가 유용한 반응을 가지지 않는다면 개념을 학습하지 못할 것이다. 학습자는 모든 필요한 분류 표시(label)를 사전에 학습하고, 모든 필요한 반응을 습득하고, 개념 학습을 한다. 즉, 연합 학습, 다중 식

별 학습, 반응 학습은 모두 개념 학습의 사전 조건들이다.

Erickson(2002)은 개념을 "일반적 개념이란 초시간적이고 보편적이고 추상적인 정신적 구성개념"이라고 말하고 있으며 개념 정의로서 갖추어야 할 준거들을 다음과 같이 밝히고 있다.

- 광범위하고 추상적이어야 한다.
- 한두 단어로 표현되어야 한다.
- 보편적으로 적용되어야 한다.
- 초시간적－여러 시대를 통해 통용되어야 한다.
- 공통된 속성을 공유하는 상이한 예시를 통해 표현되어야 한다.
- (예: 갈등이라는 개념은 상이한 예시들을 많이 가지고 있다. 그러나 예시들은 '대항하는 힘' '마찰, 불화'란 특성을 공유한다.)

이러한 개념 구조가 필요한 이유는 첫째, 개념 이해는 내용 지식을 요구하기 때문에 교육과정의 개념 구조가 중요하다. 그러나 그 반대는 성립하지 않는다. 국가 기준과 주 기준은 "학생들이 수학, 과학, 사회 등의 개념과 원리를 이해할 것이다." 란 말을 내포한다. 개념과 절차는 보다 깊이 있는 이해를 의미한다. 둘째, 개념 구조는 증가하는 정보를 다루는 데 효과적이다. 개념은 내용의 폭을 집중시키고 합리화한다. 셋째, 개념 구조는 전환 가능한 의미의 관점에서 학생들이 토픽과 사실들을 생각할 수 있도록 한다. 넷째, 개념 구조는 유치원에서 중등 이후의 교육을 맡은 교사들이 팀을 이루어 체계적으로 개념 이해를 수립하고, 학생들이 지력을 개발하도록 한다. 다섯째, 개념 구조는 '아이디어 중심적'이고, 정밀하고, 교사와 학생 모두에 의해 운영되는 수업 모형을 제공한다. 여섯째, 개념 구조는 교사들이 각 학교급에서 아동들이 이해해야 하는 개념과 '거대 개념'을 명확화한다. 학생과 교사들은 코스 목표들을 모두 다루었다고 개념을 더 깊이 이해할 것이라고 추측할 수는 없다.

개념 중심 통합은 독립이나 갈등 같은 개념 렌즈를 통해 학습 문제(주제)를 검토한다. 개념 중심 통합교육과정의 목적은 학생들이 개념적 수준에서 그들의 사고를 통합하도록 하는 것이다. 각 학문의 핵심 개념과 원리는 학생들이 새로운 지식을 접할 때 뇌 도식을 발달시킨다. 학생들이 새로운 정보를 통합하면서 자신들의 사실적, 개념적 이해를 심화시킨다. 학생들은 사실적 지식과 전환이 가능한 개념적 아이디어들 사이의 패턴과 관계를 알게 된다(Erickson, 2002).

주제 단원들은 핵심 개념을 기본으로 하여 며칠간, 일주일간, 또는 더 오랫동안으로 확장된 시간대를 유지하면서 학습이 이루어지도록 하는 교육 설계다(Maxim, 1995).

위에서 언급한 Erickson과 Maxim에 의해 개념 중심 통합의 특징을 구조, 목적, 과정, 범위의 측면에서 보면 다음과 같다.

- 구조: 개념 중심으로 학습 문제 구성
- 목적: 개념 수준에서 사고의 통합
- 과정: 각 학문의 핵심 개념과 원리에 의한 사실적, 개념적 이해 심화
- 시간 범위: 단원 학습에 적합한 확장된 시간 범위

이러한 네 가지 측면에서 CBTU의 개념을 정의 내리면 다음과 같다. 개념 중심 주제 단원은 개념 수준에서 사고를 통합하기 위해, 각 학문의 핵심 개념과 원리에 의한 사실적, 개념적 이해를 심화할 수 있도록, 확장된 시간 범위 내에서 학습 문제를 개념 중심

표 16-5 개념 중심 통합교육과정의 이점(SOURCE: Arizona Department of Education)

학생들에게 주는 이점	논리적 근거
• 교육과정 분절 방지 • 교수-학습에 깊이 제공 • 교수-학습의 초점 제공	• 교육과정의 연결 촉진 • 산더미 같은 사실의 깊이가 아니라 사고와 개념의 깊이 • 교수-학습은 개념과 중요한 내용에서 제기된 고등 수준의 일반화에 의해 안내된다.
• 학생들을 능동적 학습에 몰두시킴	• 학생들은 다양한 학습 유형과 양식을 이용하여 지식을 조사하고 구성한다.
• 고등 사고 수준에 도전	• 개념 렌즈와 일반화는 분석 및 종합 수준의 사고를 조장한다.
• 학생들이 지식을 관계 짓도록 도움	• 최상의 지력은 사실 이상에서 생기게 되고, 지식을 전환하면서 패턴과의 관계를 안다.
• 중요한 문제, 이슈, 개념을 처리	• 교사가 설계한 단원은 전형적으로 중요한 실생활 이슈를 처리한다.
• "왜 이러한 사실을 학습하는가?"라는 관련 문제에 대한 답 강요	• 사실은 심화된 이해를 위한 목적이 아니라 수단이다.
• 다양한 학습 유형 도출	• 많은 상이한 양식을 이행하기 위해 청각, 시각, 운동감각 활동이 설계된다.

으로 조직한 교육 설계다.

마지막으로 CBTU의 개념을 더 명확하게 하기 위해, 개념 중심 통합교육과정을 활용했을 때 학생들에게 주는 이점과 그에 대한 논리적 근거를 밝히면 다음의 〈표 16-5〉와 같다.

(3) 통합 단원의 구성요소

① 개념망

CBTU 통합 원리 중 가장 먼저 언급해야 할 것은 물론, 어떤 모형을 통해 통합이 이루어지느냐일 것이다. 이를 설명하기 위해서 먼저 Forgarty의 교육과정 통합을 위한 설계모형을 간단히 언급하면, 단절형 · 연관형 · 동심원형 · 계열형 · 공유형 · 거미줄형 실로 꿰어진 모형 · 통합형 · 몰입형 · 네트워크형(구자억 · 구원회 공역, 1998)으로 분류할 수 있다. 이 모형들 중에서 거미줄형 모형이 CBTU 설계를 위해 종종 활용되고 있다. Forgarty는 이 모형에 대해 다음과 같이 설명하고 있다.

> 풍부한 테마가 교육과정 내용과 교과로 조직된다. 교과는 적절한 개념, 소주제, 아이디어들을 추출하기 위해 테마를 활용한다.

CBTU가 개념을 중심으로 학습내용과 교과들이 조직되고, 학습자들의 다양한 활동과 아이디어들이 어떻게 연관되어 있는가를 도식적으로 제시해 주기 때문에 이 모형이 가장 적절한 것으로 생각된다. 그리고 개념을 중심으로 망을 구성하므로 개념망이라고 명명한다.

개념망을 도식적으로 나타내면 다음의 [그림 16-2]와 같다.

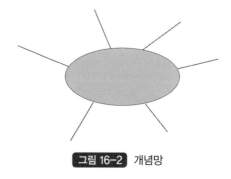

그림 16-2 개념망

개념망의 중심에 있는 원 안에 CBTU의 주제나 핵심 개념이 들어가게 되고, 원에서 뻗어 나온 사선의 끝에 핵심 개념과 관련 있는 교과(학문, 지식)별 개념이 제시되고, 수업활동 구성 시 학습활동이 구체적으로 기록된다. 그 외에도 개념망의 가장자리에 성취결과, 일반화, 안내 발문 등이 선택적으로 명시되기도 한다.

② 개념 렌즈(conceptual lens)

Fogarty는 거미줄형 모형을 "다양한 학습내용들이 하나의 주제를 중심으로 재구성됨으로써 전체를 관망할 수 있는 광범위한 시야를 제공"한다는 측면에서 이 모형을 망원경에 비유하였다. 좋은 렌즈가 사용될 경우 그 망원경은 광범위하게, 풍부하게 적용되고, 기본적인 유형을 드러내 주고, 유사점과 대비점들을 밝혀 주고, 흥미를 끌 수 있는 것이다. 망원경의 렌즈에 해당되는 것이 개념망의 개념 렌즈이며, 이것은 CBTU의 핵심 개념에 해당한다.

핵심 개념 없이는 사실과 활동을 토픽에 조정하는 것밖에 되지 않으며, 고차 수준의 교육과정과 인지적 통합에 도달할 수 없다. 개념 렌즈는 초인지(메타인지)적인 학습을 산출하며, 특정 토픽과 시점을 능가하는 학습목표를 내어 놓는다(Erickson, 2002). 공룡, 대통령 선거 등이 토픽의 예들이므로 개념 렌즈가 될 수 없고, 소멸, 의사소통 등은 개념 렌즈가 될 수 있다.

개념 렌즈 선정에 도움을 주기 위해, 교육과정 조직자로서 토픽과 개념을 비교하면 다음 〈표 16-6〉과 같다.

개념 중에서 '변화' '상호 의존' '제도'와 같은 일부 개념들은 여러 학문에 걸쳐 적용될

표 16-6 토픽 대 개념 조직자

토픽 조직자	개념 조직자
• 일련의 고립된 사실들을 고안한다.	• 공통된 예시들은 범주화하기 위한 정신적 도식을 제공한다.
• 하위 사고 수준을 유지한다.	• 고차 사고 수준을 유도한다.
• 사실이나 활동 수준의 학습을 지속한다.	• 보다 고차적인 일반화를 개발하도록 지원한다.
• 사건, 이슈, 사실들을 다루는 데 단기간이 걸린다.	• 생활 속의 사건을 처리하기 위한 도구로 제공된다.
• 과중한 교육과정을 증가시킨다.	• 개념의 가장 두드러지거나 결정적인 예시들은 조작함에 의해 과중한 교육과정을 감소시킨다.

수 있는 개념들로서, 이러한 거시적 개념들은 상이한 학문에서 다양한 토픽들에 걸쳐 사용될 수 있으므로 통합, 간학문 단원을 위한 개념 렌즈로 활용된다. 그러나 모든 학문들을 그 단원의 개념 렌즈로만 지도해야 한다는 것은 아니다. 경우에 따라서 그 학문 고유의 개념 지도를 통해서 간접적으로 개념 렌즈를 지원할 수 있다.

마지막으로 계열화에 관한 문제인데, 교사들이 교육과정 구성에서 개념 렌즈를 선정할 때 학생들의 학년 수준에 단계적으로 적절한 개념 아이디어를 확인해야 한다. 그래야 학생들은 정보를 양식화하고 분류할 지적 도식을 형성하게 되고, 개념 이해는 학년이 올라가면서 점차 정교화되기 때문이다.

③ 위계 구성

CBTU의 학습활동 조직을 위계적으로 제시하면, 복합적인 과정 → 성취 척도 → 기능의 차례로 구성할 수 있다. 읽기 영역의 위계 구성을 세목화하여 예시적으로 제시하면 다음의 〈표 16-7〉과 같다(Erickson, 2002).

〈표 16-7〉에서 복합적인 과정은 학습활동 전체를 의미한다. 즉, 학습자가 수업시간에 실제로 학습하게 되는 활동이다. 이러한 학습자 활동은 여러 가지 기능들이 복합적으로 통합되어 수행될 것이다. 다음으로 성취 척도는 학습자들이 복합적인 과정을 수행하면서 성취하여야 하는 '목표'라고 할 수 있다. 마지막으로 기능은 성취 척도, 즉 목표를 달성하기 위해 학습자들이 습득해야 할 기능을 세분화시켜 놓은 것이다. 이러한 과정을 통해 학습자 활동을 위계화하는 것이 학습에 방향성을 제시하여 줄 뿐 아니라, 학습활동과 기능도 연관시켜 줄 것이다.

표 16-7 읽기 영역의 위계

위계	예
복합적인 과정(수행)	• 다양한 문학작품을 유창하고 잘 이해하면서 읽는다.
성취 척도	• 작품 유형에 적절한 읽기 기능과 방략을 적용한다. • 교재에 나타나는 개념을 사전 지식과 관계 지워 의미를 구성한다.
기능	• 모르는 단어를 번역하고, 좌성과 우성을 잘 조화시킨다. • 단어 인지와 이해를 돕기 위해 문맥을 이용한다. • 교재 자료에서 주제를 확인한다.

④ 단원 계획안의 구성요소

CBTU는 일반 교육과정처럼 거시적인 것이 아니라, 단원과 차시 수업에 한정되는 미시적 성격과 현장 교사들에 의해 설계되는 경향성이 짙으므로 통합 조직의 최종 제시물은 단원 수업계획안의 형태로 나타날 것이다. 따라서 수업계획안은 어떤 일정한 양식을 가지고 있기보다는 사용하는 교사들의 재량에 의해 여러 가지 형태로 나타나고, 포함되는 구성요소의 항목도 다양할 것이다. 미국 학교에서 현재 실제로 사용되고 있는 몇 가지 개념 중심 단원 계획안의 구성요소를 예로 들어 보면 다음의 〈표 16-8〉과 같다.

구성요소를 살펴보면, 첫 번째 '관점에 관한 거대 개념 개발'은 문학을 중심으로 조직된 형태라 다른 것들과 약간 상이한 구성요소를 보이고 있으나, 나머지는 공유하는 구성요소가 많다. 공통적으로 포함되는 요소는 개념, 학년, 단원 주제, 필수 지식, 필수 발문, 개념망(내용망)이 있는데, 이는 CBTU 조직을 위해 필수적인 요소들이라 하겠다. '유람선의 부력'에서는 과목 영역이라는 항목이 있는데, 이 단원은 수학과 과학을 개념 중심으로 통합한 것으로서, 학습내용이나 핵심 개념이 어떤 학문에 걸쳐 통합되고 있는지를 나타내어 주기 위해 선택된 항목이라고 볼 수 있다. '공동체 구성' 단원에서는 과정, 기능, 제안된 활동 등이 나타나는데, 이것은 앞서 언급한 학습활동의 위계 구성을 세목화한 것으로서 단원 성격이 기능을 강조한 것이면 그러한 항목들을 제시하는 것이 학습자들의 학습이나 교사의 교수에 있어서 도움을 줄 것이다.

표 16-8 개념 중심 단원 계획안의 구성요소

단원 제목	자료 제공	구성요소
관점에 관한 거대 개념 개발	Marianne Kroll, Palos Community Consolidated School District 118, Palos Park, Illinois	문학, 사건, 등장인물, 관점, 성과, 거대 개념
가옥 건설 망	Mary Russell, East Valley School District, Spokane, Washington	개념, 학년, 단원 주제, 개념망, 필수 지식, 필수 발문
공동체 구성	Davenport Community Schools, Davenport, Iowa	학년, 단원 주제, 핵심 개념, 필수 지식, 필수 발문, 과정, 기능, 제안된 활동
유람선의 부력	Lisa C. Dodd, Juanita High School, Lake Washington School District, Redmond, Washington	학년, 단원 주제, 과목 영역, 필수 지식, 필수 발문, 비판적 내용, 과정, 기능

과목 영역:				
개념	학년	단원 주제	필수 지식	필수 발문

개념망:

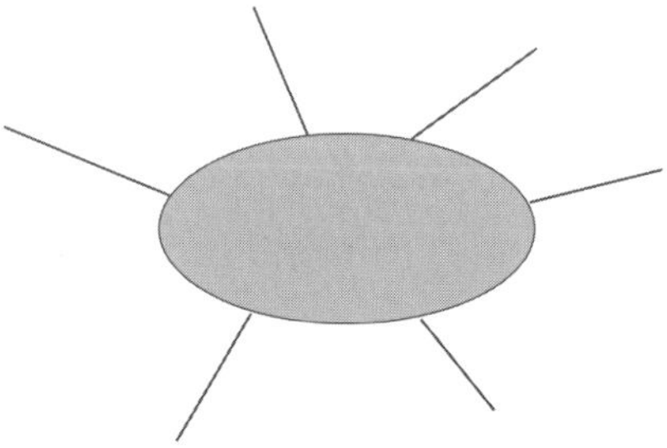

그림 16-3 대안적인 수업계획안(Erickson, 2002)

〈표 16-8〉에서 예시한 수업계획안에 제시된 구성요소들을 참고로 하고 CBTU 조직에 적절하다고 생각되는 요소들을 선정하여, 하나의 대안적인 수업계획안을 구성해 보면 [그림 16-3]과 같다. 개념, 학년, 단원 주제, 필수 지식, 필수 발문, 개념망은 일반적으로 선택되는 요소들이라 그대로 사용하였고, 과목 영역은 CBTU의 유형 분석에서도 구조적 접근과 학문중심 교육과정을 강조하였으므로 개념이 포함되는 과목의 영역을 제시하기로 한 것이다.

6) 뇌신경과학 기반 교육과정

학생들이 자율적 학습자가 되는 일은 곧 자신의 뇌에 대한 주인 역량을 키우는 일이다. 자율적 학습자가 되는 데에 제일 중요한 것은 전이 능력을 개발하는 일이다. 전이 능력은 뇌가 하는 일에서 학습의 차원에서 중요한 영역이다. 우리 뇌에서 전이가 일어나지 않으면 인간 생존도 위협을 받지만, 인간으로서 고등정신 기능 발휘가 불가능하며, 인간 문명 개발이 어려워진다. 뇌 학습만을 살피고 연구하는 일은 뇌신경과학 (neuroscience)의 영역이시만, 교육자로서 우리는 한 발 더 나아가서 교육적인 다양한 조치들에 대한 뇌 반응을 탐구하고 학생들의 지식 구성을 잘 도와주어야 한다(강현석ㆍ 이지은, 2021).

이러한 기조 속에서 교육신경과학(Neuro-Educational Science)의 장르에 많은 관심 과 연구를 투자해야 할 필요가 있다. 교육신경과학은 심리학―교육학―신경과학이 통 합되는 접점이다. 심리학은 인지와 행동의 수행과정을 연구하는 분야이고(인간 마음 연 구), 교육학은 교수와 학습과학을 연구하는 분야이며(교육 연구), 신경과학은 뇌의 발 달, 구조, 기능을 연구하는 분야(뇌 연구)라고 한다면 이 삼자를 잘 통합하는 일(마음― 교육―뇌)이 중요하다고 볼 수 있다. 장차 구체적으로 연구하여 교과 내용(성취기준 혹은 교과별 교수법, 평가 등)에 따라 학습자의 뇌 반응이 어떻게 달라지는가 등에 대한 연구 가 ○○과 교육신경과학이라는 장르로 탄생하고 있다.

더 구체적으로는 동일한 교과 안에서 교과 내용의 수준과 특성에 따라서 뇌 반응이 달라지는 양상, 뇌 주인 역량('Brain-Owner' Power)을 기르기 위해서는 교과를 어떻게 가르치고 평가해야 하는가 하는 문제가 중요하다.

2. 교과 교육과정 개발[2)]

1) 교과 교육과정 기준의 적합성 제고

(1) 교육내용의 타당성과 시대적ㆍ사회적 적합성을 제고한다: 학생의 요구와 국가적ㆍ시 대적ㆍ사회적 필요성에 적합하게 대응할 수 있도록 교과 교육과정이 설계되어야 한다. 교과 교육내용은 추구하는 인간상과 교육목표에 부합하는지, 교과 교육목표 달성에 적 합한지, 내용 영역의 분류는 타당한지, 핵심적인 가치ㆍ개념ㆍ기능이 선정되었는지, 시대적ㆍ사회적 요구를 반영하기 위해 미래 사회에의 유용성이 반영되었는지, 학생의 적성 및 진로에 도움이 되는지의 관점에서 적합성 여부를 검토, 반영해야 할 것이다. 창의성, 인성, 적성 계발을 위한 '글로벌 창의 인재 양성'이라는 교육목표를 효과적으로

---

2) 이 내용은 박순경(2010)을 참고한 것임.

달성할 수 있도록 한다.

(2) 교과의 성격이나 목표에 비추어 핵심적인 내용이 아닌 주변적인 내용은 과감하게 삭제한다: 특히, 모 학문의 논리적 체계만을 고려하여 교육내용을 선정하기보다는 학생들의 인지·심리 발달 측면을 고려하여 실생활 문제해결 과정을 통해 교과 특유의 사고력을 배양하는 데 초점을 두고, 교사와 학생의 관점에서 교수-학습 가능성을 담보할 수 있는 교육내용을 선정하여야 한다.

(3) 교과별 '최소 필수(minimum essential)' 학습내용과 요소를 설정한다: 학교급별 또는 학년군별 학생이 구비해야 할 기초·기본 능력(소양) 규명을 위하여 기존 교과 교육과정 기준 및 교과서에서 부적절한 내용을 삭제하고, 미래에 필요한 내용으로 교체하여 교육내용의 정수(精髓)를 제시한다. 최소 필수 학습내용의 판단 기준으로 다음과 같은 것을 생각해 볼 수 있다.

예: 학교교육 기간에 학교에서 가르치지 않으면 안 되는 우선적인 내용
예: 학교 외의 삶에서 습득 가능한 내용 제외
예: 성장하면서 자연스럽게 습득 가능한 내용 제외
예: 발달단계상 가르치기에 부적절한 내용 제외
예: 단편적 내용 등 효과와 효용성을 저하하는 내용 배제, 지리멸렬한 내용 제이
예: 영역 간 기계적 형평성을 추구하는, 소위 '1/n'식 접근 지양
※ 교과별 교육내용 적정화가 보다 실효성을 갖도록 하기 위해서는 각 교과 교육과정에 따른 교과서 개발 지침을 교과 교육내용 기준에 명기하여 교과별 내용 요소(성취 기준)에 해당하는 '소재'를 최소화하여 제한적으로 제시할 필요가 있다.

(4) 반드시 가르쳐야 할 '필수 학습 요소'를 중심으로 교육내용을 최소한으로 구성하여 학습양을 적정화한다: 학습내용의 실질적 적정화를 위해서는 필수 학습 요소에 따른 내용을 현행 대비 80% 정도로 설정하고, 주요 개념(key concepts), 핵심 능력(core competence)을 정선하여 합리적으로 조직하고 '소주제 심층 학습'으로 학습과정과 학습결과의 질을 추구한다.

(5) 학생 집단의 다양성을 수용한다: 교과 교육과정 개선에서 우선되어야 할 학습 주체로서 보통 학생을 고려하되, 성취도가 낮은 학생과 성취도가 특별히 높은 학생도 학교 교육에서 수용할 수 있도록 한다. 이를 위해서는 기초·기본이 되는 필수 교육내용을 중심으로 하면서 교과의 외연과 유연성을 증진한다.

(6) 학습내용 조직의 적절성을 확보한다: 학년군·학교급 간의 계열성을 확보하기 위해 기본(핵심) 가치와 개념, 기능들이 지속적으로 유지되고 있는지, 내용 수준과 범위의 계열성 견지를 위해 해당 학년군에서의 내용 수준의 점진성이 유지되고 있는지, 학년군·학교급 간 난이도와 범위의 심화·확대가 이루어지고 있는지 등의 관점에서 적합성 여부를 검토, 반영해야 할 것이다. 타 교과 및 생활과의 통합성 제고를 위해 타 교과와의 상호 보완성이 적절한지, 일상생활과의 연관성이 높은지 등의 관점에서도 검토해야 할 것이다.

(7) 교수-학습 가능성을 담보한다: 지식 및 기능의 순차성이 고려되었는지, 학생의 성장 및 발달 수준에 부합하는지, 내용 양의 적정성 유지를 위해 내용 영역의 배정 비율은 적절한지, 기준 수업 시수에 비추어 학습할 수 있는 양인지 등의 관점에서 검토할 필요가 있으며, 교수-학습을 위해 학생의 흥미와 요구를 고려한 것인지, 시설·설비·자료 활용이 가능한 것인지의 측면에서도 검토할 필요가 있다. 교사를 대상으로 '가르칠 만한 수준의 내용인가, 가르칠 만한 양의 내용인가', 학생을 대상으로 '배울 만한 수준의 내용인가, 배울 만한 양의 내용인가, 학생의 흥미와 관심사를 반영한 내용인가, 성인이 되어 직업인으로서 삶을 영위하는 데 도움을 주는 내용인가' 등을 고려하여 적절한 내용을 선정하도록 한다. 이를 위해 교수-학습이 가능한 단원 수, 주제 또는 제재 수를 적정 수준에서 조정할 필요가 있다.

(8) 학년(군) 및 학교급 내, 학교급 간 교육내용의 중복 또는 비약을 조정하도록 한다: 교육내용으로서 중요한 개념이나 원리, 가치 등은 교과 간, 학년 또는 학교급 간 연계를 통해 지속성을 견지할 필요가 있지만 불필요한 반복, 중복 학습은 학습의 효율성을 저하시킬 우려가 있다. 따라서 학습 효과 증진을 위해 유관 교과 간 또는 교과군 내 교과별 교육내용의 중복을 해소한다.

※ 학년(군) 간, 학교급 간 교육내용의 중복을 해소하면서도 연계를 강화하기 위해 교과(군)

별 교육내용 영역(대영역)은 동일하게 유지하되, 학년(군) 또는 학교급에 따라 중영역(또는 소영역)은 차별화하여 구성한다. 예컨대, 대영역의 수를 3개로 설정하고, 대영역별 중영역 수를 초등학교는 6개, 중학교는 7개, 고등학교는 10개로 설정할 경우 공통되는 중영역은 6개가 되며, 내용 영역이 학교급 간 연결되면서 점차 확대되는 형태를 취할 수 있게 된다. 이를 통해 학년(군) 간 또는 학교급 간 내용 중복성을 최소화하면서 연계성을 도모할 수 있을 것이다.

※ 교육내용 중복을 막기 위하여 '범교과 학습' 내용을 재정비한다. 범교과 학습내용을 각 교과에서 다루고 있거나 유사한 내용인 경우가 많기 때문에, 교과 교육과정 개발 시 해당 영역별 관련 교과의 수용 여부에 대한 상황을 점검, 정리할 필요가 있다. 이를 위해 총론에 제시된 범교과 학습 주제(38개) 중 관련 교과에서 수용, 반영하는 경우에는 관련 내용 요소(성취 기준)에 명기하도록 한다.

2) 교과 교육과정 기준의 연계성 증진

(1) 교과(군) 및 학년군 간, 학교급 간 교육과정의 연계를 확보한다: 교육내용의 연계는 교육내용 및 활동 영역의 비일관성, 교육내용 범위 및 수준의 단순 중복, 교육내용의 누락, 비약, 역전, 배치(排置)와 같은 문제를 해소한다. 이를 위해 기존 교육과정을 검토하여 학년 간, 학교급 간 연계성을 분석, 평가하여 교과별 내용 조직의 합리적인 체계를 수립하고 교과 교육과정 설계에 반영할 필요가 있다.

(2) 초등학교의 학년군 간 교육과정의 연계성을 강화한다: 초등학교 6년간의 학습자의 발달 폭과 교육과정 기준을 고려하여 각 학년군에서 다루어야 할 내용과 학년군 종료 시점에 도달해야 할 성취 목표를 설정한다.

(3) 학교급 간 교육과정의 연계성을 강화한다: 유치원-초등학교-중학교-고등학교-대학수학능력시험의 연계를 강화하기 위해서는 인접 학년(군), 인접 학교급을 동시에 고려한다. 교육과정의 구조 변화에 따라 학교급과 활동 영역 및 교과 교육과정을 동시에 고려하며, 학년군 종료 시점에서 학습자가 도달해야 할 목표를 명시하여 교과교육의 질 관리가 가능하도록 한다.

① 유치원과 초등 저학년: 교육과정 구조상의 연계로 초등 1, 2학년 교육과정 편제와

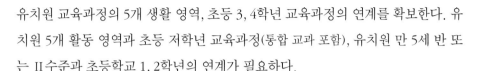

유치원 교육과정의 5개 생활 영역, 초등 3, 4학년 교육과정의 연계를 확보한다. 유치원 5개 활동 영역과 초등 저학년 교육과정(통합 교과 포함), 유치원 만 5세 반 또는 II수준과 초등학교 1, 2학년의 연계가 필요하다.

② 초등학교와 중학교: 교사 수급 체제, 교과 분화 정도, 교육과정 이수 방식과 교수−학습 활동, 평가 방식 등에서 차이가 나는 만큼, 교육과정 기준에서도 긴밀한 연계가 필요하다. 5, 6학년군과 중학교 학년군의 연계가 필요하다.

③ 중학교와 고등학교: 공통 교육과정 종료와 선택 교육과정 시작의 연계를 확보한다.

※ 2009 고등학교 교육과정에서의 '교과영역'은 초 · 중학교 공통 교육과정에서의 교과(군) 조직 방식과는 차이가 있다. 이는 선택 교육과정에서 최소 필수 이수 방안을 제시하기 위해 '영역' 개념을 도입한 것으로 볼 수 있다.

④ 고등학교 교육과정과 국가 수준 시험의 연계: 고등학교의 과목 개설은 2014학년도 이후 대수능시험 체제와의 연계를 확보한다.

(4) 유관 교과(군) 간 연계성을 강화한다: 상호 유관하거나 유사한 교육내용을 내포하는 교과 및 교과(군)의 경우 교육내용의 상호 연계성을 확보한다. 이를 위해서는 교과 교육과정 개발에서의 자체 검토와 교차 검토가 필요하다.

3) 교과 교육과정 기준의 기능 개선

(1) 교과 교육과정 기준으로서의 소양을 갖추고, 학력 관리를 위한 성취 기준 및 평가 기준으로 기능할 수 있도록 한다: 교육과정의 자율화, 개방화 추세 가운데 교육과정 편성 · 운영의 자율성이 확대되었기 때문에 어느 정도 구체성을 갖더라도 학교 현장에서의 해석과 판단의 여지가 있으며, 최소 필수 교육과정 기준이 명료하게 설정되어야 한다.

(2) 교수−학습 자료(교과서 포함)의 질 관리 기준으로 기능하도록 한다: 자율화, 개방화에 따른 교과서의 새로운 역할과 자리매김이 필요한 만큼, 향후 인정 및 검정 교과서 확대에 대비한다.

(3) 교육과정 기준의 가독성과 소통을 원활히 하기 위하여 명료하게 제시한다: 교육과정 총론과 교과 교육과정 기준, 교과서, 수업, 평가가 일관성 있게 연계되어야 하며, 해당 학

년의 학생이 어떤 내용을 어느 정도로 학습하도록 하는지는 교과 교육과정 기준에 명시되어 일차적으로 교과 교육과정이 '기준'으로 기능할 수 있도록 교과 교육과정 기준 제시 및 진술방식이 개선되어야 한다.

(4) 교육과정 내용 제시 방식에서의 학교급 간 일관성을 확보한다: 교육과정 내용 제시 방식이 서로 다른 경우, 연계성 검토 및 확보에 어려움이 있다. 따라서 학교급 간에 어느 정도 일관성을 유지한다.

(5) 교과 교육과정 체제 및 문서 형식을 개선한다: 국가 수준 교과 교육과정 기준의 내용과 제시 방식을 개선하여 교과 교육과정 기준을 담는 문서 내용과 체제를 검토, 보완한다. 내용과 목표(내용+행동)의 혼동을 막기 위하여 학습 소재보다는 학습목표 및 주제, 성취 기준이 전면에 배치한다.

4) 초 · 중학교 공통 교과 교육과정 기준 개선

(1) 학년군별 교육과정 기준을 개발한다: 교육과정 편성 · 운영의 경직성을 탈피하고 학년 간 상호 연계와 협력을 통해 교육과정 편성 · 운영의 유연성을 부여하기 위해 교육과정 편제가 학년군으로 구성되어 있는 만큼, 교과 교육과정의 기준도 학년별로 제시하지 않고 학년군별로 제시한다. 초등학교는 1~2학년, 3~4학년, 5~6학년으로 2개 학년씩 3개 학년군을 단위로 중학교는 1~3학년을 하나의 학년군으로 교과 교육과정 기준을 설정한다.

　※ 교과 교육과정 기준은 설정된 학년군의 교육내용의 위계와 난이도, 양의 적정성을 고려하되, 학년군별 최종 단계의 내용 수준을 설정하여 차상급 학년군 또는 학교급과의 연계성이 담보될 수 있도록 구성되어야 할 것이다.

　※ 학년군 설정에 따른 교과 목표 및 내용 제시 방안으로서 내용 체계와 영역별 내용은 학년군 단위로 제시하되, 교과 특성에 따라 하위 수준이나 단계를 설정할 수도 있다. 그러나 교과 교육과정 기준의 유연성을 고려할 때, 실정된 하위 수준이나 단계가 학기 또는 학년과 반드시 대응해야 하는 것은 아닌 것으로 본다.

(2) 교과(군) 접근의 취지를 살린다: 교육과정 편제는 교과(군)로 조직되어 있으나, 교과

교육과정 기준은 교과별로 개발하되 유관 또는 인접 교과 간의 소통과 통합적 접근으로 학습경험의 확충과 학습 효율성을 증진한다. 교과별 수업 시수는 2007년 개정 교육과정에서의 수업 시수를 기준으로 한다.

> ※ 교과 간에 내용이 유사하거나 유관한 경우 교과 간 연계와 통합 운영이 가능하도록 해당 교과 교육과정 기준에 상호 적시(摘示)하도록 한다.

(3) 공통 교육과정 기간이 단축됨에 따라 교육내용 정선과 영역을 정비한다: 이를 위해서는 교과 특성을 감안하여 현행 및 2007년 개정 교육과정에서의 고교 1학년과 중학교 3학년의 교육내용을 조정하도록 한다.

(4) 공통 교육과정의 종료 시 도달해야 할 성취 목표와 기준을 설정한다: 고등학교 선택 교육과정 이수 전 단계로서 성취해야 할 교과내용과 수준을 제시하고, 공통 교육과정 최종 단계로서의 교과 성취 기준을 설정한다.

(5) 교육내용은 성취 기준의 형태로 제시한다: 교과군과 개별 교과 목표에 따른 내용 영역 체계와 영역별 내용을 제시하고, 영역별 내용의 경우 성취 기준 식으로 제시함으로써 해당 학년군에서 학습해야 할 내용과 도달해야 할 수행 수준을 파악할 수 있도록 한다.

3. 창의성과 고급 사고력 개발을 위한 교육과정 설계

최근에 학교교육에서 창의·인성을 강조하고 창의성 신장, 고급 사고력 개발을 독려하고 있다. 이하에서는 강현석 등(2003: 1-40)의 연구를 중심으로 내용을 제시한다.

1) 시대적 과제

학교교육에서 창의적인 인간 육성 그리고 창의·인성 교육에 대한 관심이 그 어느 때보다 강조되고 있으며, 그 결과 다양한 분야와 수준에서 창의성에 관한 많은 양의 연구물들이 쏟아져 나오고 있다. 그간 창의성과 창의성 교육의 문제는 주로 교육심리학자나 심리학자들에 의해 연구되어 왔으며, 특히 교육개혁의 중요한 방향이나 주제로 제시되고 학교 교육과정의 중요한 목표로도 설정되어 많은 관심을 받아 오고 있는 실정이다. 제7차 교육과정부터 대부분의 교과에서 '창의적인 사고능력의 향상'을 교과교육의 궁극적인 목표로 설정하고 있다. 특히 제7차 교육과정의 '추구하는 인간상'과 '학교급별 교육목표'에도 제시되어 나타나고 있다. 그리고 최근에는 2009 개정 교육과정과 여타 영역에서 창의·인성 교육을 강조하고 있다. 더욱 주목할 일은 지식기반사회가 요구하는 인적 자원의 특성과 관련하여 창의성 개발이 향후 사회 발전의 핵심 요인으로서, 교육의 이론과 실천 개혁의 중심 과제로 등장하고 있다는 점이다.

그러나 최근에 점증되는 창의성에 대한 강조, 창의·인성교육의 강조는 학교교육에서 그리 새로운 일이 아니다. 교육의 기본 토대에 인성과 창의적 사고능력을 개발하는 것이 전제되어 있다고 볼 때, 창의성 교육은 교육활동을 통해 지속적으로 수행해 오고 있는 일 중의 하나일 뿐이다. 그런데 최근 들어 연구물의 양과 저변이 확대되어 가는 추세는 학교교육에 대한 변화의 요구와 사회 변화의 내용과 깊은 관련이 있다고 볼 수 있다. 즉, 최근의 사회는 산업사회에서 벗어나 있는 지식기반사회이며, 여기에서 요구되는 인적 자원이 갖추어야 할 기본 능력 중의 하나가 창의성이라는 점이 최근의 사정을 잘 대변해 주고 있다. 더욱이 최근에는 '지식 창의성' 시대에서 '사고력·창의성'을 지나 요즘은 '창의·인성'의 시대라고까지 얘기되고 있는 실정이다.

그러나 창의성에 대한 활발한 연구와는 대조적으로 학교의 창의성 교육에 대해서는 비판의 소리가 높다. 또한 창의성에 대한 활발한 연구에도 불구하고 그 결과나 효과는 미미한 것으로 보인다. 이러한 다양한 원인들 중에서 가장 근본적이고 중요한 것은 창의성 개념에 대한 포괄적이고도 체계적인 의미가 결여되어 있고 창의성을 저해하는 학교교육의 구조나 문화라고 판단된다. 또한 창의성과 교과교육과의 구체적인 연계성 미흡을 지적할 수 있다. 창의성 개념의 혼란은 창의성에 대한 잘못된 기대와 인식을 조장할 수 있다. 결국 학교교육이 주로 교과교육을 통해 이루어진다고 할 때 학생들의 창의성은 학교의 교과 교육과정에 영향을 받을 수밖에 없으며, 특히 교과 교육과정이 어떻게 구성되는가에 영향을 받게 될 것이다.

이러한 점에 주목하여, 이하에서는 창의성 개발을 위한 교과 교육과정 설계원리와 방향을 제시해 보고자 한다. 여기에서 제시되는 설계 원리와 방향은 특정의 교과에 국한되는 것이 아니라 매우 일반적인 수준에서 적용 가능한 것으로서, 교과의 특성상 그 구체적 적용 가능성의 정도는 상이할 것으로 보인다. 그리고 현행 교육과정의 편제를 반드시 전제하지 않은 이론적 측면에 초점을 두고 있다.

2) 창의성과 고급 사고력[3]

(1) 기본 의미

흔히 말하는 문제해결력이나 탐구력과 같은 것은 지금에서야 처음으로 강조되고 있
는 것은 아니지만, 이들을 묶어서 고급 차원의 사고력.고등 사고력(higher order thinking
또는 higher level thinking)이라는 이름으로 사회과 교육의 교과서에서 체계적으로 강
조하기 시작한 것은 1980년대의 후반에 와서이다(Woolever & Scott, 1988; Banks, 1990;
Jenncs, 1990; 차경수, 2004: 211-212 재인용). 특히 Newmann이 현장 교사들에게 다양한
사고 용어 사용의 혼란을 줄이기 위하여 단순한 암기나 알고리즘적 사고에 반대되는
포괄적 의미로 사용하기 위하여 도입한 말로서 최근에 와서 사회과 교육에서 고등 사
고력이 그만큼 중요해졌다는 것을 의미한다. 물론 1970년대 학문중심 교육과정 사조
가 유행하면서 고등정신 기능이라는 말이 유행하였는데, 이는 사고력 교육이 중시되어
야 한다는 차원에서 등장한 말이다. 그러나 고등 사고력이 본격적으로 사회과 교육에
서 강조되기 시작한 것은 1980년대의 후반에 와서이다. Newmann(1991a)은 고급 사고
력을 도전적이며 확장적인 정신의 사용이라고 정의하면서 교실수업에서도 이것의 함
양을 위해 교수방법을 달리해야 한다고 강조했고, 차경수(2004)도 복잡하고 불확실한
상황 속에서 미래를 이끌어 가는 지도력과 창조성은 바로 높은 차원의 사고력, 즉 고급
사고력에서 나온다고 주장했다.

그러나 국내에는 고급 사고력을 소개하는 연구가 활성화되지 못하였고, 더욱이 사고
기술(skills)을 향상시키는 표준이 될 만한 어떤 교과과정도 없으며, 교실 수업과 관련한
고등 사고력에 관한 수많은 별개의 정의들이 다양하게 소개, 제시되고 있는 실정이다.
특히 사회과의 강조점을 민주시민의 자질에 둠으로써, 민주시민의 자질은 사고력을 기
본으로 하고 있으며 오늘날의 사회변화와 사회환경이 고등 사고력의 신장을 더욱 강조
하고 있다는 주장은 설득력을 얻어 가고 있다.

이러한 고등 사고력은 암기나 단순한 이해를 넘어서 문제를 해결하려는 사고력을 의
미하는 것으로, Newmann과 Woolever & Scott은 고급 사고력의 개념에 대해서 각각
다음과 같이 서술하고 있다(차경수, 2004: 212 재인용).

---

[3] 이하 내용은 강현석·이운발(2004). "고등 사고력 함양을 위한 통합 교육과정의 구성 전략 탐구"를 참고함.

"고급 차원의 사고력은 도전적이고 확장적인 정신의 사용이라고 넓게 정의될 수 있
으며, 비판적 사고, 창조적 사고, 문제해결력, 의사결정력 등이 모두 여기에 포함된다.
반면, 저급 사고력은 일상적이고 기계적인, 그리고 제한적인 정신의 사용이다. 도전적
이고 확장적인 정신작용은 과거에 학습한 지식의 통상적인 응용으로는 문제가 해결되
지 않기 때문에 새롭게 해석하고, 분석하고, 정보를 조정할 때 일어난다. 이에 비해 저
급 사고력은 과거에 기억한 정보의 제시, 이미 학습한 공식에의 숫자의 삽입, 각주의 규
칙을 상황에 따라 응용하는 것 등과 같이 일반적으로 통상적인 절차의 반복인 것이다"
(Newmann, 1991a: 325-326).

"고등 사고력은 수동적이면서 반응적인 태도와는 다르게 질문, 설명, 조직, 해석과
같이 학습자의 주도적이고 능동적인 참여를 통하여, 문제해결, 창조적 사고, 비판적 사
고, 의사결정 등을 하는 활동을 포함한다."(Woolever & Scott, 1988: 286-287)

또한 Ormrod는 Bloom의 인지위계론과 연관지어 분석, 종합, 평가를 고등정신 기능
이라고 보고, 정보를 적용하고, 분석하고, 종합하고, 평가하고 다른 방식에서 정신적으
로 조작해야 하는 경우에 규칙적으로 고차수준의 사고(high-level thinking skills)에 관여
한다고 보고 있다(Ormrod, 2000: 296-340).

이상과 같은 연구들을 살펴볼 때 고등 사고력은 다양한 사고력을 통합하는 것으로서
창조적인 문제해결과 비판적 사고를 통하여 새로운 상황에 직면했을 때 단순한 암기나
과거에 자기가 행동하던 방법을 넘어서는 것이다. 여기에서 가장 중요한 것은 독창적
으로 문제를 해결하려고 하는 정신작용이라고 할 수 있다. 이와 비슷하게 차경수(2004:
212)도 고등 사고력을 새로운 상황에 직면했을 때 단순한 암기나 과거에 자기가 행동하
던 방법을 넘어서 독창적으로 문제를 해결하려고 하는 것으로 보고 있다.

이러한 사고 기능은 우리나라에서도 1960년대 이후 주로 강조되어 온 탐구력과 비판
적 사고력, 창조적 사고력 등이 있다. 특히 최근에 들어서 고급 사고력 · 고등 사고력이
라는 이름으로 탐구력, 의사결정력, 창조적 사고력, 비판적 사고력, 메타인지 등을 포
함하고 있다. 이 각각의 용어가 암시하듯이 이들 용어들은 실제 두뇌에서 일어나는 사
고작용을 묘사한 것이기보다는 어떤 목적이나 기능에 따라 사고 행위를 정의한 것이
다. 사고의 목적에 따라 이들 사고를 구분해 볼 수는 있지만 실제 생활 장면에서는 이
들 사고가 동시에 필요한 경우도 많다.

(2) 사회과에서 고등 사고력의 형태

앞에서 살펴본 고등 사고력은 보는 시각에 따라서 여러 가지 형태로 나누어지지만 최근에 사회과에서 강조되는 것들은 탐구력, 의사결정력, 창조적 사고력, 비판적 사고력, 메타인지 등이다. 이들의 특징을 살펴보면 다음과 같다(Woolever & Scott, 1988: 318; 차경수, 2004: 215-219 재인용)

(가) 탐구력 혹은 문제해결력

고등 사고력 중에서 가장 기본적인 것이 탐구력이다. 1960년대에 사회과학이 자연과학적인 방법을 도입하여 연구하는 경향이 활발해지면서 탐구력은 사회과의 중요한 교육목표가 되었다. 탐구력(inquiry)은 사회과학적 탐구력 또는 사회탐구력이라고도 불리는데, 일반적으로 과학적 탐구력을 의미한다. 탐구력은 문제가 무엇인지 발견하고, 그 문제해결을 위한 가설을 설정하고, 자료를 수집ㆍ분석하여 해결방법을 스스로 찾아내는 사고력이다. 흔히 문제해결(problem solving)을 위한 능력과 같은 뜻으로 쓰인다. 탐구력은 교사의 강의에서 지식을 그대로 받아들이는 것이 아니라 문제를 자기 스스로 해결해 나가는 것이므로 학습자의 능동적이고 적극적인 학습활동을 요구하는 데 그 본질이 있다.

사회과에서의 탐구력은 주로 해결해야 할 사회적 문제나 이슈 중심의 내용을 해결하는 것으로 그 초점이 모아질 수 있다. 사회과에서 해결해야 할 문제는 개인적 차원의 문제에서부터 사회나 국가 차원의 문제에 이르기까지 다양하다. 복잡한 현실 속에서 사회현상을 바르게 이해하고 판단할 수 있는 능력이 필요하며, 특히 사회과의 특성에 부합하는 간학문적 탐구를 통해 특정 이슈나 관심사에 대한 다양한 관점을 인식, 조사, 평가하는 능력, 사회 문제를 합리적으로 해결할 수 있는 능력들과 관련되어야 한다.

(나) 의사결정력

변화가 급속한 현대사회에서 매 순간마다 중요한 의사결정을 해야 하는 상황이 증가되고 있는데 이러한 이유로 의사결정이 최근의 사회과에서 중요시되고 있다. 의사결정력(decision making)은 선택이 가능한 여러 개의 대안 중에서 자기가 추구하는 바람직한 목표에 적합하도록 어느 하나를 선택하는 것을 말한다. 의사결정력은 몇 가지 요소를 필요로 한다. 우선 결정을 하기 위하여서는 필요한 정보를 충분히 가지고 있어야 한다. 여기에는 탐구력에 의해서 사회과학이 창조한 지식을 획득하는 탐구의 과정을 거친다.

다음에는 의사결정은 바람직한 가치를 무엇으로 보느냐에 따라서 크게 영향을 받는다. 특히 대안으로 제시되어 있는 가치가 모두 바람직할 경우에는 더 그렇다. 실제로 의사결정 시에는 대부분이 이러한 경우이다. 여기에서 가치 탐구의 과정이 필수적으로 요청된다. 이러한 과정이 끝나면 가능한 대안을 모두 나열하여 그러한 대안을 선택하였을 때 나타나는 결과를 충분히 예측하여 그 장단점을 검토하여 결정을 하고, 그것을 행동으로 실천한다.

사회과에서의 의사결정력은 개인적·사회적 가치에 입각한 결정력, 가치 판단 능력 등과 관련되어 있다. 이 과정은 사회학적 탐구를 통하여 얻어진 정보나 지식을 활용하여 특정의 가치 기준에 의하여 판단을 내린다는 점에서 문제해결 기능과 유관성이 높다. 특히 다양성을 고려하는 탄력적인 사고방식, 증거를 중요시하는 객관적인 태도 능력, 결과 예측 능력들과 관련되어 있다.

(다) 창조적 사고력

창조적 사고력(creative thinking)은 대체로 어떤 문제에 부딪치거나 자기가 경험하지 않은 새로운 상황에 직면했을 때 과거와는 다른 새로운 방법으로 문제를 해결하거나 상황을 변화시키려고 하는 지적인 작용이다. 창조적 사고력은 새로운 것과 독창적인 것을 만들어 내는 점에서 비판적 사고력과는 구분된다. 창조적 사고력의 본질적인 특징에 대해 울에버와 스컷이 잘 요약하고 있는데, 다음과 같은 것들이다(Woolever & Scott, 1988: 293-294). 즉, Torrance(1966)가 지적한 창조적 사고력의 특징으로는 유창성(fluency), 융통성(flexibility), 독창성(originality), 정교성(elaboration)을 들고 있으며, Davis와 Rimm(1985)은 마음에 떠올리기(visualization), 과거의 습관에서 벗어나기(ability to regress), 비유적 사고(metaphorical thinking), 전환(transformations), 영역의 확대(extension of boundaries), 직관(intuition) 등을 들고 있다.

사회과에서 창조적 사고력은 사회과학적 창의성과 관련되어 있다. 이것은 사회적 마인드를 갖는 것과 유사한데, 어떤 현상이나 문제를 집단적인 맥락에서 이해하는 방식과 관련되어 있다. 그것은 타인과의 관련성을 이해하는 능력, 사회적 지식, 태도 기능의 유연성, 독창성, 그리고 신기성과 관련되어 있다고 볼 수 있다.

(라) 비판적 사고력

비판적 사고력(critical thinking)은 어떤 사물이나 상황, 지식 등의 순수성이나 정확성 여부, 어떤 지식이 허위인가 진실인가 등을 평가하는 정신적 능력이며, 그것은 곧 이성적인 판단을 의미한다는 점에서 다른 사고력과 구분되는 인지적 능력이다. 비판적 사고력에서는 어떤 이상적인 원형과 그것의 변형, 현실적으로 존재하는 것과 그것의 원형과의 구분 등을 하는 이성적 판단이 중요시된다. 또한 비판적인 사고에서는 개방적인 태도를 필요로 하고, 어떠한 질문도 가능하게 하고, 대안적인 세계관을 가지고 있으며, 다양성을 기본으로 하기 때문에 그것은 단지 학습의 원리일 뿐만 아니라 민주사회에서 하나의 삶의 방식이며, 윤리라고 주장되고 있다.

사회과에서는 정보 조사 능력, 비판적 상황 분석 능력, 평가 능력과 관련된다고 볼 수 있다. 특히 사회조사 능력에서 범주와 분류 능력, 사실로부터 명제를 도출하는 능력, 개념적 지식의 활용 능력, 예측 능력 등과 관련되어 있다고 볼 수 있다.

(마) 메타인지

메타인지(metacognition)는 자기 자신이 행하고 있는 사고가 잘되고 있는지 어떤지, 또 잘못되고 있다면 어떻게 하면 잘 되게 할 수 있는가 등을 반성하는 정신적 작용이다. 이러한 성격 때문에 사고에 대한 사고(thinking about thinking)라고 말해지고 있으며, 초인지 또는 상위인지라고도 불려진다. 어떤 문제를 해결하기 위하여 가설을 세우고, 증거를 수집하여 결론을 내리는 탐구과정을 거치는 것을 탐구라고 하는데, 이러한 탐구과정 전체에 어떤 오류가 없었는지를 다시 사고하는 것이 메타인지이다.

사회과에서 메타인지는 크게 보면 두 가지 요소로 성립한다. 하나는 사고의 과정과 그 결과로 생긴 행동을 검토하는 일이고, 다른 하나는 계획을 세우는 전략이다. 자기가 현재 무엇을 하고 있으며, 그 결과로 나타나는 것이 무엇인지를 정확하게 알고 있는 것이 필요하다. 이러한 능력이 없으면 자기가 하는 일에 몰입되어 자기 자신을 정확하게 보지 못하게 된다. 이러한 과정에서 필수적으로 요청되는 것이 문제를 전체적으로 바라보면서 균형 있게 해결방법을 구상하고, 현실에 맞게 실천해 가도록 틀을 짜는 것이 계획을 위한 전략이다.

이상의 논의를 통해서 볼 때 사회과에서의 고등 사고력은 사회과학적 탐구 능력, 개인적 · 사회적 가치에 기초한 결정력, 사회적 지식의 유연성과 독창성, 사회적 상황 분석과 평가 능력, 사회적 마인드 등의 점검 능력 등이 강조되어야 할 필요가 있다.

3) 교육과정 설계의 방향

교육과정 설계의 방향은 기본적으로 창의성의 본질과 구조에 부합되는 것이어야 하며, 그것은 창의성의 내포와 외연의 틀 안에서 기능할 수 있어야 한다. 대체적으로 가능한 교과 교육과정의 설계 방향을 제시해 보면 다음과 같다.

(1) 구성성

교과내용을 어떻게 보는가 하는 관점과 관련된 문제로서 기존의 객관주의 관점과는 달리 구성주의 관점으로 교과내용을 설계하는 것을 의미한다. 교과내용을 학생과 독립적으로 존재하는 실체로 보고 숙달해야 할 대상으로 보기보다는, 새로운 의미를 구성하고 창조해 나가는 것으로 보는 점을 강조한다. 교과교육에서 교과내용은 가르치고 배우는 교육 당사자에 의해 구성되는 것이기 때문에 타인의 교육을 위해 사전에 절차적 처방으로 설계하는 것은 적합하지 않다는 것이다. 이 구성성(constructiveness)의 방향에서 보면 교재 내용의 구성을 새로운 방향에서 조망할 필요가 있으며, 만들어 가는 교육과정을 통해 학교별 창의성을 실천할 수 있다. 즉, 학교, 학년, 학급 교육과정 재구성에서 창의성 교육이 가능하며, 창의적인 학급 교육과정 전개를 위한 노력을 강화할 필요가 있다.

(2) 상호작용성

기존의 교과교육은 학습목표에서 추출된 세부적 학습과제들을 논리적으로 제시하는 설명 위주의 방식으로 운영된 경향이 강하다. 그러나 창의성 개발을 위해서는 숙달해야 할 내용을 논리적으로 제시하는 방식이 아닌, 지식을 내면화하고 지식에 이르는 절차를 안내하고 유도하는 방식으로 이루어져야 한다. 따라서 교과내용과 학습자와의 능동적인 상호작용 과정이 강조되어야 하고, 내용의 논리적 계열보다는 학습자의 경험적 측면의 계열을 강조하는 방향으로 전개되어야 할 것이다. 따라서 교과교육에서는 교과내용의 지식의 구조와 학습자의 인지적 구조 간의 상호작용(interactivity)이 중요해지며, 양 구조 간의 동화와 조절이 적극적으로 일어나도록 수업이 진행되어야 한다. 이런 점에서 교육과정 설계에서는 학습자의 주체적이고 능동적인 사고를 위해서 학습자가 적극적 참여를 보일 수 있도록 적절한 정도의 인지적 긴장 상태가 보장되어야 한다.

(3) 유연성

교사들의 교육과정 운영의 자율성이 신장되고 융통성 있게 교육과정을 운영하기 위해서는 교육과정 조직이 유연해질 필요가 있다. 이러한 유연성(reflexivity) 달성 방법으로 우선적으로 기존 교육과정을 학년별 구분에서 과감하게 탈피시켜 몇 개 학년을 유기적으로 통합하여 과정별로 구성할 필요가 있다. 다음으로는 학생들이 공부해야 할 내용의 양을 대폭 축소하여 교사의 융통적인 수업을 보장할 수 있도록 해야 한다. 과도한 교육과정의 내용에서 기인하는 학생의 학습 부담은 학습을 피상적으로 만들 가능성이 높다. 그리고 이러한 유연한 교육과정의 조직을 위해서는 교육과정의 성격을 내용 중심에서 다양한 차원으로 전향할 필요가 있다. 즉, 규정적인 교육과정이나 교과서 내용을 모두 통달해야 하는 것으로부터 문제해결 절차나 핵심 활동 혹은 과제 중심으로 교육과정이 신축적으로 재구조화될 필요가 있다.

(4) 통합성과 연계성

교과별로 경계를 유지하여 교과서 내에서 가르치기보다는 문제나 쟁점, 사고 기능, 개념이나 범주 중심으로 교과 간의 학습내용을 통합적으로 (재)조직하여 가르칠 필요가 있다. 통합성(integration)은 두 개 이상의 교과가 그것들이 가지고 있는 개념이나 원리 또는 방법이나 절차가 서로 관련을 맺음으로써 통합적으로 조직되는 것을 말하는데, 창의성 교육이 특정 교과별로 이루어지는 것이 아니라면 이 방향은 매우 타당해 보인다. 여기에는 두 가지 방법이 가능한데, 첫째는 창의성을 둘 이상의 여러 교과를 가지고 가서 각각 해결책을 찾아보거나 관련 현상을 탐색해 보는 것이다. 이것은 두 교과가 직접 통합되기보다는 창의성에 대하여 나름대로 내용을 선정, 조직하여 수업에 적용하는 것이다. 그리고 두 번째는 창의성에 대해 둘 이상의 교과가 동시에 적용되어 그들 교과가 가지고 있는 개념, 방법, 가치 등이 활용됨으로써 창의성 개발이 해결되거나 탐구되는 경우가 가능하다. 연계성(connectivity) 또한 통합성과 유사한 것인데, 연계적 지식을 중심으로 하여 구성되는 것으로서 여기에는 교과별 교육과정 내에서 다른 교과 간의 연계와 새로운 문제 중심의 연계 방식이 있을 수 있다. 현행 교육과정의 틀 내에서는 전자의 방식으로 연계성이 가능하고, 보다 적극적으로는 교과 간의 경계와 벽을 허물고 특정 문제나 주제 혹은 기능이나 능력 중심으로 여러 교과를 연계해서 설계하는 방식이 가능하다. 이 과정에는 초학문적인(transdisciplinary) 지식의 연계가 요청된다.

(5) 개방적 학습활동형

학습자 개개인에게 최대, 최선의 선택 가능성을 부여하는 것이다. 학습의 자유가 허용되고 보장되는 허용적인 분위기에서 개성 신장과 잠재 가능성이 최대한 실현된다고 볼 수 있다. 교육과정 구성은 자아의 발달을 촉진하여 최상의 성장을 이루는 데 도움을 준다는 가정 아래, 고정된 지식과 기능은 없으며 학습자 스스로 활동하여 결론을 유추하는 과정 중심적인 것이라야 한다. 학습 상황은 직접적인 경험으로부터 학습이 이루어진다는 점과 학습자의 자유를 살린다. 또한 독립적으로 활동할 것을 권장하며, 개인차와 관심에 따른 개별화 및 개인의 학습을 우선하는 환경을 마련하고, 융통적 시간표 편성이나 자원의 풍부한 활용 등을 보장할 필요가 있다.

(6) 중핵형

교육과정의 중핵과정과 주변과정이 동심원적으로 조직되는데, 창의성 관련 요인을 중핵으로 조직하고 주변과정은 창의성 요인을 둘러싸고 있으면서 계통 학습을 하되 몇몇 영역으로 구분하여 조직할 수 있다. 특히 과목별 특성에 부합하는 창의성 영역을 중핵으로 하고 그 외의 부분을 주변과정으로 하는 방법이 가능하다. 예를 들어, 중핵과정에 조직할 수 있는 것들로는 언어적 창의성, 수학적 창의성, 과학적 창의성, 예능적 창의성 등이 있으며, 이러한 창의성을 중심으로 기타 교과목들을 구성할 수 있다. 또한 여기에는 창의성 관련 교과목을 중핵으로 할 수도 있고, 창의성 관련 학습자 활동이나 경험을 중핵으로 하여 구성할 수 있다.

(7) Doll의 4R's: 함축성(Rich), 희귀성(Recursive), 관련성(Relational), 엄격성(Rigorous)

Doll은 최근에 새로운 교육과정 설계 방안을 제시하였다. 그것은 4R's다. 함축성(Rich)은 교육과정의 심도, 의미의 층, 다양한 가능성 또는 해석을 말한다. 학생들과 교사들이 상호작용하고 상호 변화되기 위해서 교육과정에서는 적당한 정도의 불확정성(indeterminacy), 비정상(anomaly), 비효율성(inefficiency), 혼돈(chaos), 불평형(disequilibrium), 생생한 경험(lived experience)이 포함될 필요가 있다. 학교에서 가르치는 주요 교과목들은 자체의 역사적 맥락, 근본 개념, 궁극적인 어휘를 내포하고 있다. 그러므로 각 교과목은 자체의 방법으로 함축성을 해석하게 마련이다. 읽기, 쓰기, 문학, 구두 의사소통을 포함하는 언어는 은유, 신화, 이야기의 해석에 역점을 둠으로써 자체의 함축성을 개발한다.

회귀성(recursion)은 고정된 시작과 끝이 없는 것을 말한다. Dewey가 지적했듯이, 각각의 끝은 새로운 시작이며, 각각의 시작은 이전의 끝에서 시작된다. 교육과정의 분절, 일부분, 계열은 격리된 단위로서 보는 대신에 반성을 위한 기회로 본다. 이러한 틀 속에서는 의미 생성자로서 우리 자신과 의문이 가는 텍스트를 탐구, 논의, 질문하는 것이다. 규정된 수행을 향상하기 위하여 설계되는 반복(iteration or repetition)과는 다르다. 회귀는 무언가를 발견적으로 조직, 결합, 질문하는 능력을 개발하는 데 목적이 있다. 반복과 회귀의 기능적 차이는 각각에서 반성(reflection)이 작용하는 역할에 있는데, 반복에서 반성은 부정적 역할을 하며 과정을 중단시키지만 회귀에서는 긍정적 역할을 한다. Bruner가 말했듯이 우리들의 행위에서 뒤로 물러나며, '우리들 자신의 사고로부터 어느 정도 거리를 두는' 것이 필요하다. 그러므로 회귀에서 교사와 학생 간에 비평하고 반응하는 것이 중요하다. 그런 점에서 교사와 학생의 대화는 필수적인데, 대화에 의해 형성된 반성이 없다면 회귀는 변용적인 것이 아니라 피상적이 되며, 반성적 회귀가 아니라 단지 반복일 따름이다. 따라서 학습자의 지식 성장 과정이 누적적이고 직선적인 양적 확장의 과정이 아니라 구조적이고 총체적인 변화의 과정이라는 것이다.

관계성(relation)은 아이디어와 의미 간의 관계에 대한 계속적 탐구와 역사적ㆍ문화적인 맥락과 관계가 지각되는 방식 간의 관계에 대한 이해를 의미한다. 교육과정은 교과서 저자에 의해서가 아니라 학급 공동체에 의해서 창조될 필요가 있다. 너무 많은 교과를 가르치지 말고, 한 가지를 가르치되 철저하게 가르치라는 말과 주요 아이디어들을 가능하면 여러 가지로 조합이 되도록 하라는 말은 이런 점에서 의미심장하다.

엄격성(rigor)은 측정되고 조작될 수 있는 것이 아니라 어느 한 아이디어의 옳음을 너무 조속히 결정적으로 끝맺지 말고 모든 아이디어들을 다양하게 조합하는 것이다. 따라서 엄격은 의도적으로 다른 대안, 관계, 연관을 찾는 것을 의미한다. 아이디어의 정신적 정련이나 아이디어의 상호 간의 관계의 개발이나 개념 간의 유희 등을 지칭한다. 여기에는 해석(interpretation)과 불확정성이라는 중요한 특징이 스며 있다. 독자와 텍스트 간의 대화는 양방향적 과정이며, 각각은 제 목소리를 가지고 있고 이러한 대화 속에 확정성과 불확정성의 융합이 존재한다.

(8) 하이퍼텍스트형

일반적으로 하이퍼텍스트(hypertext)는 컴퓨터상에서 구현되어 비직선적으로 조직된 자료 또는 자료의 형태로서 컴퓨터상에서만 존재하는 정보의 조직 방법이다. 그러나 창의성 개발을 위한 내용이 조직 방법으로서 비직선적인 측면을 부각하고 제시하는 것이다. 지금까지 교육내용을 제공하는 데 주로 사용된 매체인 인쇄물은 그 특성상 정보가 특정의 순서, 주로 저자의 의도에 따라 제시되며, 일단 제시되는 정보는 필요에 의해 그 순서를 변경할 수 없지만, 컴퓨터의 경우 정보를 사용자의 필요에 따라 사후에 제시되는 순서를 변경할 수 있도록 한다. 현재 SNS의 발달, 스마트폰의 보급, 디지털 교과서 적용으로 이 방향은 더욱 강화될 전망이다.

4. 교육과정 일치도: 성취 기준 명세화

교육과정에서 가장 문제가 되는 것은 교육과정의 파행적 편성과 운영이라고 할 수 있다. 이 문제는 여러 수준에서 말할 수 있지만, 보다 구체적으로 교육과정의 측면에서 보면 교육과정과 수업 그리고 평가 간의 불일치가 가장 근본적이면서도 큰 문제라고 볼 수 있다. 따라서 교육과정—수업—평가의 일치 문제는 교육과정 정상화 혹은 교육의 정상적 운영에 매우 중요한 문제라고 볼 수 있다. 향후 교육과정 일치도의 개념을 통해서 이 문제에 대한 탐구가 요청된다(강현석, 2006: 194-203).

1) 일치도

교육과정 일치도 혹은 정렬(Alignment)이란 목표, 수업 및 평가 간의 일관성의 정도를 의미한다. 다시 말하면 교육과정, 수업 및 평가 간에 연계성 있게 잘 정렬된 정도를 의미하기도 한다. 보다 구체적으로 말하면 교육과정에서 달성하고자 하는 목표에 일관되게 수업과 평가가 어느 정도 일치하는가 하는 문제를 의미한다. 교과를 가르치는 데 달성해야 할 목표와 그 목표에 부합하는 수업, 수업에 기초한 평가의 문제는 교과교육의 알파이자 오메가다. 따라서 교육과정에 제시되는 목표 혹은 설정되는 수업목표, 목표 명세화를 통한 수업의 적정화, 수업에 기반을 두는 평가, 이 세 가지 사항은 교과를 가르치는 맥락에서 매우 긴요하고도 일관되게 관련되어야 한다.

그러나 이 세 가지 사항 간의 불일치는 심각한 문제를 일으킬 가능성이 높다. 예를 들어, 만약 수업이 평가와 일관성이 없는 경우 아무리 질적 수준이 높은 수업이라 하더라도 성과가 평가에 영향을 미치기 어려울 것이다. 이와 유사하게 평가가 목표와 일관성이 없는 경우 평가의 결과는 목표의 성취를 반영할 수 없을 것이다(강현석 외 공역, 2005b: 11-12).

전형적으로 이러한 일치성의 정도는 목표와 평가, 목표와 수업, 수업과 평가를 비교하여 결정된다. 그러나 이러한 비교는 종종 표면적인 수준의 분석에 그칠 수 있다. 그러나 Anderson과 Krathwohl(2001)이 제안한 분류학 표는 비교를 용이하게 할 수 있는 중요한 대안을 제시한다. 분류학 표는 일종의 표준이나 시금석 역할을 하게 된다.

교육과정 일치도를 다르게 표현하면 교육과정과 학습자의 목표달성도를 측정하기 위해 사용되는 평가 사이를 조화시키고 적합화시키는 것을 말한다. 이는 '설계 일치도'로 불리기도 하는데, 그 이유는 보통 교육과정 일치도가 교육과정이 개발될 때 교육과정 목표부터 설계되기 때문이다. 교육과정 일치도는 또한 교사가 교육과정을 가르칠지, 평가를 위해 가르칠지를 말해 주기도 한다. 만약 교육과정과 평가가 교육과정 개발의 설계 장면에서 일치된다면 교사는 항상 평가를 위해 가르칠 것이다. 만약 그렇지 않다면, 교사는 반드시 평가에 초점을 맞추어 가르치는 것이 아니라 교육과정에 초점을 맞추어 가르칠 것이다.

만약 전달을 위해 설계된 교육과정 안에 포함된 목표에 잘 부합되는 평가라면, 평가를 위해 가르치는 것이 결코 나쁜 것은 아니다. 학생들로 하여금 의도된 학습이 잘 일어났는지를 결정하기 위해 정확하고 결점이 없는 타당한 평가 도구로써 사용되는 평가인 경우에는 항상 평가를 위해 가르친다. 만약 이러한 경우가 아니라면 평가 자료는 어떤 특별한 교육과정과도 관계가 없을 것이고, 학습을 개선하기 위한 정보의 근원으로서의 가치도 없을 것이다(English, 1992).

그런데 교육과정 일치도에는 교육과정 → 수업 → 평가의 방향으로 일치도를 설정하는 전방위 일치도(frontloading alignment)가 있고, 평가 → 수업 → 교육과정으로 일치도 방향을 설정하는 후방위 일치도(backloading alignment)가 있다. 그런데 평가와 교육과정 사이의 일치도 설정은 두 가지 수준에서 일어난다. 첫 번째는 내용 일치도(content alignment)인데, 이것은 평가내용과 교육과정 내용이 똑같은 상황을 이야기한다. 두 번째는 맥락 일치도(context alignment)로서 때로는 형식 일치도(format alignment)라고도 불리는데, 이것은 평가 문서나 계획안이 교육과정 혹은 학업계획(교과서)안의 하나와 일치해야 한다는 것이다.

요즘 세계 각국은 기준 중심의 교육과정 개발에 강조를 두고 있다. 이러한 교육과정 맥락에서 학생들이 반드시 성취해야 할 목표 기준과 평가 기준을 분명히 하는 것이 중요한 과제로 등장하고 있다. 소위 성취 기준을 명세화하는 것이 모든 교과교육에서 중요한 과제로 인식되고 있으며, 교과별 교육과정에서 각 교과가 달성해야 하는 기준을 교육과정에 분명히 제시하고, 그러한 교육과정 기준에 비추어 수업을 실행하며, 그 기준에 맞게 평가하는 것이 매우 중요하게 강조되고 있다. 특히 요즘에는 Solomon(2009)이 제안하는 교육과정 다리 놓기(curriculum bridge)와 하향식 설계 방식(designing-down)이 활용되고 있다. 즉, 국가 기준에서부터 내용기준-벤치마크-코스와 실제 수업으로 이어지는 것이다(강현석 외, 2012). 국가 기준과 수업 간에 연계성을 높여서 교사들을 지원할 필요가 있다. 그러나 너무 엄격하게 적용하면 교사들의 수업의 자율성과 융통성을 제한할 우려가 있다는 비판도 존재한다.

2) 성취 기준의 명세화

학생들이 교과에서 성취해야 할 기준을 명세화하는 일은 다양하게 제시된다. 특히 국가 수준의 교육과정 문서뿐만 아니라 주 수준의 교육과정 지침과 학교구 수준, 단위학교의 수준에서 성취 기준들이 일관되게 제시되고 있어서 특정 교과를 가르치는 데 분명한 지침을 제공해 주고 있다.

위스콘신 주의 경우 교육과정 문서들의 관계를 통해 성취기준 등의 관계를 그림으로 제시해 보면 [그림 16-4], [그림 16-5]와 같다(Wisconsin Deparment of Public Instruction, 2005).

[그림 16-4]를 보면 모델이 되는 학업 표준(혹은 성취도 기준)에 의해 학업성취도 검사에 관한 전반적인 계획이 마련되고, 이것에 따라 우선 위스콘신 주의 수준에 따라 반드시 성취해야 하는 지식과 개념을 측정하는 시험(Wisconsin Knowledge and Concept Examination: WKCE)이 준거 참조 검사(CRT, 혹은 상대평가)로 실시되며, 다음으로 시험

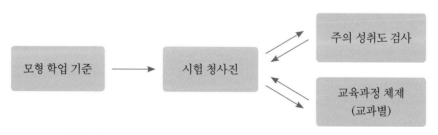

그림 16-4 모형 학업 기준, 시험청사진, 시험, 교육과정 체제의 관련성

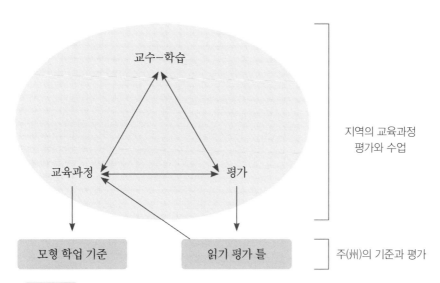

교수-학습

지역의 교육과정
평가와 수업

교육과정　　　평가

모형 학업 기준　　　읽기 평가 틀

주(州)의 기준과 평가

그림 16-5 모형 학업 기준, 읽기 평가 틀, 그리고 지역 교육과정, 수업, 평가 간의 관련성

의 전반적 청사진이 교과별 성취기준의 틀을 형성한다는 점을 알 수 있다.

또한 [그림 16-5]는 주 정부 수준에서의 표준과 평가, 지역 수준의 교육과정 평가와 수행의 측면을 제시하고 있는데, 여기에서 교육과정-교수-학습-평가의 일치된 연관성과 성취 기준의 명세화에 상당한 강조점을 두고 있음을 알 수 있다.

3) 내용 지식

각 교과교육에서 반드시 가르쳐야 하는 내용 지식(content knowledge)을 분명하게 설정하는 것은 매우 중요하다. 내용 지식은 앞에서 제시한 내용 기준에서 유래한다. 내용 기준이라는 것은 학생들이 무엇을 알아야 하고 무엇을 해야 할 것인가를 구체화한 것으로서, 여기에는 지식과 기능, 사고력, 학습(working), 의사소통, 논리적 사고, 그리고 학교에서 가르치고 배워야 하는 학문으로부터 온 본질적인, 그리고 가장 중요하고 영속적인 아이디어, 개념, 쟁점, 딜레마, 지식을 포함한다.

따라서 각 교과에서는 이러한 내용 기준들이 분명하게 밝혀져야 한다. 그러면 교사들에게 분명하게 인식되어야 하며 바르게 전달되어야 한다. 특히 이 분야에서 오랫동안 연구해 오고 있는 Marzano(1996; 1999; 2001)에 따르면, 각 교과에서 내용 지식으로 분화될 수 있는 것들로는 다양한 수준이 있다. 특히 지식의 네 가지 유형을 제시해 보면 다음과 같다.

첫째, 어휘나 단어

둘째, 세부사항

셋째, 조직 아이디어

넷째, 기능과 절차

이상의 것을 보다 발전시켜서 크게 세 가지 영역으로 제시하고 그것을 다시 세분화하여 제시하고 있는데 다음과 같다.

① 정보: 세부 항목(단어나 용어, 사실, 시간 계열, 인과 계열, 에피소드가 포함됨)과 조직 아이디어(일반화와 원리가 포함됨)

② 정신적 절차: 기능(단일규칙, 연산, 책략이 포함됨)과 과정(거시 절차가 포함됨)

③ 심동적 절차: 기능(기초 절차와 단순결합 절차가 포함됨)과 과정(복잡결합 절차가 포함됨)

내용 지식과 관련하여 물리과의 예를 보면 다음과 같다. 예를 들어, 일리노이 주립대학의 교사교육 프로그램에서 제시한 자질 있는 물리교사를 위한 지식 기반에서, 학생들이 민주사회에 기여를 하게 하기 위해서 물리 교사가 갖추어야 할 기본적인 자질을 Carl J. Wenning(1998; 서혜애 외, 2000 재인용)은 다음과 같이 제시하였다. 자질 있는 물리 교사는 민주사회에 기여를 하고 살아가기 위해서 학생들이 알아야만 하고 할 수 있는 것이 무엇인지에 기반을 둔 것을 교사 자신이 할 수 있어야 하고 알아야 한다. 국가 교육목표와 기준은 이런 요구를 반영한 것이고, 미래의 과학 교사가 반드시 알아야만 하고 할 수 있어야만 하는 것이 무엇인지에 대해 강하게 의견 수렴을 하고 있다. 따라서 다양한 교사교육 기준과 과학의 범위에 기반을 두고, 자질 있는 물리 교사가 갖추어야 할 다음과 같은 지식 기반을 수립하였다. 과학내용에 관한 지식, 탐구과정에 대한 절차적 지식, 과학 교육과정에 대한 지식, 일반적인 교육학에 관련된 지식, 학습자에 대한 지식, 학급 경영 능력, 의사소통 능력, 교수-학습에 대한 지식, 과학적 성향, 과학의 사회적·기술적 맥락의 이해, 바람직한 학습환경의 조성, 평가에 관한 지식, 교수기술에 관한 지식, 직업적 책무성 등으로 요약할 수 있다.

여기에서 내용에 대한 지식은 다음과 같다. 자질 있는 교사는 물리학의 중요한 내용영역에서의 넓고 깊은 이해를 가지고 있어야 한다. 여기에는 전기와 자기, 열과 열역

학, 광학, 현대 물리 등이 포함된다. 자질 있는 교사의 이해는 적절한 국가 수준 혹은 주 수준의 기준과 일치되는 수준이 될 것이며, 에너지, 운동량, 질량, 전하의 보존과 같은 물리학의 원리를 통합하는 데 익숙해야 한다. 자질 있는 교사는 또한 물리학과 밀접한 관련이 있는 수학과 화학, 생명과학의 주요한 발견들을 이해해야 한다.

이러한 내용 지식은 교과별로 교육과정에 상세하게 제시되어 있을 수도 있으며, 교육과정 재구성 시에 교사들이 충분히 숙지하고 있어야 한다. 내용 지식이 엄격하게는 교육내용과는 상이하고, 교육과정 문서에 제시되는 '내용' 혹은 '내용체계'와는 다른 것이지만 종종 혼용하여 쓰인다. 교과교육과 관련하여 교재 연구가 그에 부합하는 지도법을 마련할 때 내용 지식에 대한 이해가 선행되어야 할 필요가 있으며, 특히 Bruner의 지식의 구조와 관련하여 그 성격과 구체적인 확인 및 활성 방안을 교사들이 정확하게 이해해야 할 필요가 있다. 이러한 내용 지식에 대한 이해는 교과교육에서 매우 중요한 요인이 되고 있다.

5. 신 교육목표분류학의 적용 및 발전

앞 7장 2절에서도 지적하였듯이 Bloom의 전통적 교육목표분류학에 대한 변화가 다양하게 등장하고 있다. 향후 교실 수업에서 새로운 분류학으로 수업을 전개할 필요가 있다. 이하에서는 강현석(2005: 335-340)의 연구를 기초로 분류학의 적용 방안을 제시해 본다.

1) Bloom의 개정된 분류학을 교실 수업에 활용하기

학교 교실 현장에서 주요한 영역인 수업목표 진술, 수업활동 선정, 평가문항 개발을 Bloom의 개정된 분류표를 가지고 어떻게 활용할 수 있는지를 살펴보면 〈표 16-9〉와 같다.

초등 저학년에서 덧셈 사실에 대한 수업을 한다고 할 때 수업목표 1이 '덧셈 사실 재생하기(18까지의 합산)'라면, 명사 측면인 '덧셈 사실'은 지식 차원에서 사실적 지식에 해당되고 동사 부분인 '재생하기'는 인지적 과정 차원에서 '기억하다'에 해당된다. 그러므로 분류표에서는 A1 칸에 해당된다. 수업목표 2가 '암기의 효율성(어떤 상황에서) 이해

표 16-9 진술된 목표에 근거를 둔 분류표에서 덧셈 사실 예시 분석

지식 차원	인지적 과정 차원					
	1. 기억하다	2. 이해하다	3. 적용하다	4. 분석하다	5. 평가하다	6. 창안하다
A. 사실적 지식	목표 1					
B. 개념적 지식						
C. 절차적 지식						
D. 메타인지 지식		목표 2				

하기'라면 명사 측면인 '암기의 효율성(어떤 상황에서)'은 지식 차원에서 메타인지 지식에 해당되고 동사 부분인 '이해하기'는 인지적 과정 차원에서 이해하다에 해당된다. 그러므로 분류표에서는 D2 칸에 해당된다. 따라서 진술된 목표(덧셈 사실에 대한)에 근거를 둔 분류표에서 수업목표는 위와 같이 분석되어 표에서 A1, D2 칸에 위치하게 된다.

　그러면 목표를 분석하여 분류표에서 수업목표를 위치시킨 다음에 이 목표를 달성하기 위한 활동을 선정해야 한다. 활동도 또한 목표와 일관성을 지녀야 하는데, 분류표를 가지고 수업활동을 분석하면 다음과 같다. '덧셈 사실 재생하기(18까지의 합산)'라는 목표 1을 성취하기 위해 이에 일관된 활동으로는 '18까지의 숫자 중에서 무작위의 두 숫자를 덧셈한 합(덧셈 사실)을 학생들이 기억하게 돕도록 의도된 활동들'을 활동 1로, '암기의 효율성(어떤 상황에서) 이해하기'라는 목표 2에 일관된 활동으로는 교환법칙, 덧셈의 역수, 두 배의 수, 10 만들기와 같이 암기를 촉진하는 학습전략에 대한 이해를 돕도록 의도된 활동들을 활동 2로 할 수 있다. 따라서 분류표에서는 A1, D2에 해당되고 목표와 동일한 칸에 있다는 것은 목표에 일관된 활동이 선정되었음을 말해 주고 있다.

　목표가 진술되고 이 목표를 성취하기 위한 수업활동이 선정된 다음에 마지막으로 목표의 달성 여부를 위한 평가를 해야 한다. '덧셈 사실 재생하기(18까지의 합산)'라는 목표 1을 선정한 다음에 이에 대한 활동으로는 18까지의 숫자 중에서 무작위의 두 숫자를 덧셈한 합(덧셈 사실)을 학생들이 기억하게 돕도록 의도된 활동들을 수업활동 1로, 이를 평가하기 위해서 학생들이 30개의 덧셈문제를 완성하는 데 1분이 주어지는 평가를 실시하는 것을 평가 1로 한다면, 이런 경우에는 목표부터 활동, 평가에 이르기까지 일

표 16-10 수업활동에 기초를 둔 분류표에서 덧셈 사실 예시 분석

지식 차원	인지적 과정 차원					
	1. 기억하다	2. 이해하다	3. 적용하다	4. 분석하다	5. 평가하다	6. 창안하다
A. 사실적 지식	목표 1 활동 1					
B. 개념적 지식						
C. 절차적 지식						
D. 메타인지 지식		목표 2 활동 2				

관성이 있으므로 동일한 칸 A1에 위치한다. 목표 2의 경우에는 목표와 활동까지는 일관성을 가지나 매주 쪽지 시험을 치는 것과 같은 평가로 목표 2의 달성 여부를 평가하고자 한다면 교환법칙, 덧셈의 역수, 두 배의 수, 10 만들기와 같이 암기를 촉진하는 학습전략에 대한 이해를 돕도록 의도된 활동들을 사용하여 '암기의 효율성(어떤 상황에서) 이해하기'라는 목표를 달성하고 있는지를 제대로 평가할 수 없다. 단지, 쪽지 시험에서 점수가 어느 정도인지, 어떤 덧셈문제를 풀 수 있는지의 여부에 대한 정보(사실적 지식 기억하기)만을 제공해 주기 때문에 평가 2는 분류표에서 A1에 위치 지어지고 평가 2는

표 16-11 평가에 기초를 둔 분류표에서 덧셈 사실 예시 분석

지식 차원	인지적 과정 차원					
	1. 기억하다	2. 이해하다	3. 적용하다	4. 분석하다	5. 평가하다	6. 창안하다
A. 사실적 지식	목표 1 활동 1 평가 1 평가 2					
B. 개념적 지식						
C. 절차적 지식						
D. 메타인지 지식		목표 2 활동 2				

표 16–12 신 교육목표 이원분류표

지식 영역		처리수준	인지 체계												메타인지 체계				자기 체계			
			인출		이해		분석					활용											
			재색	실행	종합	표상	조화	분류하기	오류분석	일반화하기	명세화하기	의사결정	문제해결	실험탐구	조사연구	목표명세화	과정점검	명료성점검	정확성점검	중요성검사	효능감검사	정서적반응의검사	동기의검사
정보	세부항목	단어용어																					
		사실																					
		시간계열																					
		인과계열																					
		에피소드																					
	조직아이디어	일반화																					
		원리																					
정신적 절차	기능	단일규칙																					
		연산																					
		책략																					
	과정	거시절차																					
심동적 절차	기능	기초절차																					
		단순결합절차																					
	과정	복잡결합절차																					

목표 2, 활동 2에 대해 일관성을 가지지 못한다고 말할 수 있다. 표에서 가장 어둡게 음영이 들어간 칸은 가장 강력한 일치도를 나타낸다. 즉, 목표, 수업활동, 평가가 같은 칸에 모두 나타나 있다. 더 밝은 음영은 세 가지 중 두 개만, 즉 목표와 활동만이 일치도를 보여 주고 있다고 볼 수 있다.

이상에서 소개되고 있는 것은 학교 현장에서 쉽게 활용할 수 있는 것으로 보이며, 교과의 성격에 따라 탄력적으로 활용이 가능하여 그 사용상의 가치가 매우 높다고 볼 수 있다.

2) Marzano의 신 교육목표분류학

Marzano(2001) 역시 교육목표를 지식영역과 처리 수준으로 제시하고 있다(〈표 16-12〉 참조). 〈표 16-12〉에서 알 수 있듯이 목표 진술이 가능한 경우는 이론적으로 총 294개가 된다. 지식 영역이 총 14개이며, 처리 수준이 21개이기 때문이다. 그런데 실제적으로는 정보를 실행하는 경우와 정보 중에서 세부 항목을 명세화하는 경우, 정보를 과정 점검하는 경우, 심동적 절차를 조사연구하는 경우(표에서 음영을 친 부분)는 발생하지 않는다.

따라서 Marzano의 분류 방식에 따라 목표를 분류하면 Bloom의 방식보다 매우 상세하게 목표를 진술할 수 있으며, 이것은 결국 평가의 구체화로 연결되므로 매우 유익한 도구라고 볼 수 있다. 실제 Marzano는 위의 각 표의 칸에 해당되는 평가 방식들을 들어 제시하고 있다(강현석 외, 2005a). 특히 교육성과의 확인, 나선형 교육과정 설계를 위한 도구로서, 그리고 평가 설계를 위한 도구로서 적용이 가능하다고 보고 있다.

6. Bruner의 문화 구성주의 탐구

과거 Bruner는 발견학습, 지식의 구조, 나선형 교육과정을 강조하면서 미시적 교육의 문제에 관심을 보였다. 그러나 최근에는 새로운 인식론에 기초하여 교육문제 혹은 교육과정의 이론을 조망할 수 있는 과제들을 제시해 주고 있다. 이하에서는 1980년 이후 새롭게 발전을 보이고 있는 그의 이론적 입장을 강현석(2006), 강현석 등(2011a; 2011b)의 연구를 중심으로 살펴보고자 한다.

1) 새로운 관점으로서의 문화 구성주의

Bruner의 구성주의 입장에서 가장 핵심이 되는 것은 문화주의(culturalism)의 전제다. 이 전제는 마음에 대한 정보처리 이론적 접근에 대한 비판에서 비롯된다. 인간 마음의 본질은 의미 구성에 있으며, 마음을 형성한다는 것은 의미를 만드는 일이다(강현석 외, 2011a; 2011b). 의미 구성 과정은 내러티브(narrative)를 통하여 세계 만들기(world making)를 수행하는 일이며, 그것은 세상의 실재를 구성하는 것이다. 이러한 내러티브 사고를 통한 의미 구성은 문화 속에서 이루어지며, 인간의 역사를 반영하는 문화의 도구들을 통해 마음이 구성된다. 따라서 문화 속에서 내러티브 사고를 통하여 실재를 구성하며, 의미를 만들고, 마음을 구성하는 것이 Bruner의 문화 구성주의의 핵심적인 본질이다.

이와 같이 최근에 Bruner는 내러티브 사고를 통하여 자신의 인식론적 변화를 보이고 있다. 그 토대는 문화심리학으로서 여기에는 인간 발달과 마음의 구성 문제, 해석적인 구성주의적 인식론의 문제, 내러티브 사고가 그 주요 차원을 구성한다. 이러한 문화심리학은 그가 제안하는 인간 연구에 있어서 적절한 언어다. 따라서 인간 연구가 타당하게 수행되기 위한 방법론으로서 문화심리학은 심리학의 또 다른 하위 유형이기보다는 심리학의 새로운 조망방식이다. 그러므로 문화심리학의 본질을 파악하기 위해서는 인간 발달을 새롭게 보는 문제와 여기에서 파생되는 마음과 자아의 구성 문제를 이해해야 한다. 여기에 그 기제로서 지식 구성과 내러티브 사고의 문제가 놓여 있는 것이다. 이 문제들은 문화주의의 배경이면서 동시에 그 구성요소로서 기능할 것이다. 따라서 이하에서는 문화 구성주의의 세 가지 핵심 요소로서 의미 구성으로서의 마음 문제, 인식론의 문제, 내러티브 사고의 문제를 논의한다.

(1) 문화주의: 마음과 의미의 문화심리학

1950년대부터 시작된 이른바 '인지혁명'은 심리학의 초점을 행동에서 마음으로 바꾸었지만, 그 과정에서 인간 마음이 어떻게 작용하는지에 관해서는 서로 상충하는 관점이 대립하였다. 마음이 컴퓨터처럼 기능한다는 컴퓨터 메타포에 의한 '연산주의(computation)'와 문화에 의한 마음의 형성을 상정하는 문화심리학(cultural psychology)이 바로 그것이다. 전자는 마음의 본질을 컴퓨터에 의한 정보처리 프로그램으로 상정하여 투입된 정보를 마음이 처리하는 방식에 관심을 갖는 반면에, 후자는 문화가 마음

을 구성한다는 전제하에 마음의 본질을 의미의 구성으로 보고 있다. 여기에서 Bruner
는 인지심리학에서 정보처리 이론이 중심 위치가 됨으로써 인지혁명의 본래 의도가 왜
곡되었다고 비판하면서, 마음에 대한 컴퓨터 연산적 관점(computational view)에서 마
음의 의미 구성으로 그 관심을 돌려야 한다고 주장하고 있다.

이제 심리학은 의미를 중심으로 구성되는 문화의 정신과학이며, 거기에서 구성원들
간의 의미 창조와 의미 교섭이 이루어지고 교육은 그 과정에 주목해야 한다(강현석 외,
2011a; 2011b). 따라서 문화가 마음을 구성하고 마음의 본질이 의미 구성에 있다면 교육
과정은 이제 인지심리학에서 문화심리학으로 관심을 돌려야 한다. 인간의 마음은 인간
의 역사를 반영하는 문화의 도구를 통해 형성된다. 문화심리학도 일종의 문화 도구다.
이러한 우리의 일상심리학이 의미를 만들며, 의미 만들기라는 과정은 해석적 사고를
통하여 이루어진다.

마음의 의미 구성 문제에 주목하는 문화심리학은, 교육과정 구성의 심리학적 기초로
서 중요한 기능을 수행해 오고 있는 인간 발달의 문제를 새롭게 조망하는 데 중요한 기
여를 할 수 있다. 지금까지 교육학에 대한 논의에서는 보편적인 인간의 내부 세계를 실
증 과학적으로 규명하고, 그 결과를 교육과정 구성의 작업에 응용하려는 절차적 관심
이 지배적 방식이 되고 있다. 인간 심리의 제 측면에 대한 발달(단계) 연구와 인간 마음
의 내부 구조에 대한 과학적 설명이 교육과정의 중요한 구성 원리로서 적용되었다. 특
히 인지과학 분야의 발달은 이러한 양상을 점차 강화해 주고 있는 실정이다. 그러나 인
간의 마음은 보편적인 인간 구성으로 나타나지 않는다. 이제 비로소 인간 마음 내부의
역동적 세계와 정신의 보편적 구조를 주로 심리적으로만 규명하는 데 관심을 가져온
기존의 관점들이 비판을 받기 시작하였다. Bruner는 이 비판의 근거로 문화심리학을
제안한다. 인간 발달과 마음의 구성에 대한 새로운 조망으로서 문화심리학은 인간 발
달의 새로운 이해방식을 요청한다.

Bruner(1990a: 344-355)에 따르면 각 문화는 사람들의 존재 방식, 행위의 이유와 방
식, 문제해결 방식에 관하여 내러티브 형식으로 '일상심리학(folk psychology)'을 만들어
낸다. 이 내러티브들은 전형적으로 사물의 규범적이고 표준적인 상태를 묘사한다. 전
형적으로 한 문화의 제도적 조직과 구조는 그 문화에서의 일상심리학을 승인하고, 심
지어 그것을 효율적으로 실행하는 데 기능한다. 그리고 아동들은 어려서부터 자기가
속한 문화의 일상심리학 내에서 행위하기 위한 내러티브 형식을 숙달한다는 것이다.

문화에 의한 마음의 구성을 상정하는 문화심리학은 흔히 정신적 삶의 원리가 본래

고정되어 있고, 보편적이고, 추상적이고, 내적이라고 가정하지 않는다. 그리고 거기에는 순수 심리학적 법칙이 없으며 인간 마음의 의도성을 중요하게 가정한다. 정신은 의도적 인간을 지칭하며, 문화는 의도적 세계를 지칭한다. 즉, 문화적으로 구성된 실재(의도적인 세계)와 실재를 구성하는 정신(의도적 인간)이 계속적으로 상호작용하고 서로의 정체성에 침투하며 서로의 존재를 조건화한다. 결국 문화와 정신이 서로를 구성한다는 의미다(Shweder, 1991: 98-106). 그리고 Bruner는 서로 상이한 문화를 비교하여 보편적이고 공통적인 속성을 밝히려는 비교 문화심리학을 자민족 중심의 심리학과 동시에 경계하면서, 일상심리학이라는 용어와 동의어로 문화심리학을 사용하며 인지과학을 비판한다.

요컨대, 문화와 인간 성장의 새로운 조망을 위해서는 인지과학에서 일상심리학으로 관심을 전환해야 한다. 이 관심의 전환은 동시에 전통적 실증주의 과학의 세 가지 특성(감환주의, 설명과 예언)을 넘어서야 하며(Bruner, 1990b: xiii), 그 지점에서 인간 발달의 토대로서 문화심리학을 이해해야 한다. 따라서 개인의 심리 구성에 문화가 중요한 문제가 된다(1990b: 12-15). 왜냐하면 문화와 무관한 인간 심리, 본성은 없기 때문이다. 문화에의 참여를 통해 인간 지력의 반성을 실현할 수 있다는 것이다. 그리고 문화에 참여함으로써 의미가 공적이 되고 서로 공유할 수 있다는 점이다. 문화적으로 적응된 삶의 방식은 공유된 의미와 개념에 의존하고, 의미와 해석상의 차이점을 대화하고 교섭하기 위한 공유된 담론의 양식에 의존한다는 것이다. 그러므로 인간 마음은 인간의 의도적 상태(신념, 희망, 의도, 헌신) 등에 스며든 공유된 개념 구조와 언어에 기원을 두면서 문화가 반영된 것이므로, 앎의 방식뿐만 아니라 문화의 가치 방식에 참여함으로써 의미를 구성할 수 있다는 것이다. 여기에서 인간 발달과 마음의 구성에 작용하는 문화심리학의 중요성을 알 수 있다.

보다 중요한 것은 일상심리학을 제안하는 이유가 인간 조건의 연구에 대한 그의 신념을 표현한다는 점이다. 인지과학과 실증주의 사유 방식의 한계를 비판하면서, 인간 행위의 문화적 상황성에 기초한 문화의 도구로서 일상심리학을 강조하고 있다. 이러한 그의 입장은 과거 인지혁명이 핵심 주제로서 '의미 만들기'를 포기하였고, 대신에 정보처리와 컴퓨터적 인지(computation)를 선택한 것을 이유로 인지혁명을 비판(1990b: 1-32)하는 데서 나온 것이다. 문화심리학은 자신과 타인 그리고 자신이 살고 있는 세계에 대한 관점을 조직하여 문화적으로 형성된 개념으로서, 그것은 사람들의 사적인 의미뿐만 아니라 문화적 융합의 근본적 기초가 될 수 있다. 이런 점에서 우리는 일상심리학을 가지고 우리의 기관과 제도를 만들어 내고, 그 역으로 제도적 변화에 따라 일상심리학을 구성한다. Bruner는 이 구성이 논리적 명제의 체계라기보다, 내러티브와 이야기하기(storytelling)에서의 실천으로서 내러티브 문화의 구조에 의해 지원된다고 보고 있다(1990b: 137-138). 그러므로 그것은 문화의 도구가 되는 것이다.

문화의 도구로서 일상심리학의 관점에서 보면, 인간을 이해하기 위해서는 그의 경험과 행위가 그의 의도적 상태에 의해 어떻게 형성되는가를 알아야 하며, 이러한 의도적 상태의 형태(form)는 문화의 상징 체계에 참여함으로써만 실현된다는 것이다. 이런 점에서 이것은 또다른 새로운 인지혁명이다. 마음의 구성요인으로서 문화는 공적이고 상호 공동적인 의미 획득을 가능케 하고, 인간의 의도적 상태를 해석 체제에 놓이게 함으로써 행위에 의미를 부여한다. 더욱이 모든 문화는 강력한 구성 도구로서 일상심리학을 소유한다. 인간 발달은 이것을 지향한다. 이와 같이 인간 발달의 문제를 인간 마음과 의미의 문화적 구성 과정으로 조망하고 인간 발달의 이해 도구로서 문화심리학을 제안함으로써 문화와 발달의 맥락적 관계를 분명히 제시해 주고 있다. 그러므로 그는 인간 발달의 문화적 상황성을 중시하고 마음의 구성물로서 문화를 조망하고 있다. 이 속에서 마음을 특정한 문화 형태의 역사에서 특정 시간에 일어나는 구성물로 이해함으로써 컴퓨터 연산적 인지과학을 통한 인간 내부 구조의 보편적 규명의 한계를 넘어서고 있다.

(2) 해석적 구성주의 인식론

Bruner의 문화주의 관점에서의 인간 발달론에는 마음의 구성뿐만 아니라 인식론의 문제가 내포되어 있다. 여기에서는 해석적 관점과 구성주의적 시각이 그 핵심 관심사가 된다. 이와 관련하여 Doll(1993: 118-131)은 Bruner의 인식론에 대한 입장을 포스트모던적 관점으로 해석하면서 크게 해석학적 사고, 경험의 인식론, 구성주의적 사고로 보았다.

해석학적 사고는 Bruner가 언어의 해석학적 기능을 강조하고(1986: 125), 인간 조건에 대한 존재론적 사고보다는 세계 구성을 이해하는 방법을 강조하는(1986: 46) 것에서 그 특징을 찾아볼 수 있다. Bruner 자신도 자신의 입장을 해석주의자 조망(interpretivist perspective)으로 보고 해석적 관점의 특징을 다양한 관점, 담론 의존적, 담론의 상황성 등 세 가지로 제시하고 있다(Bruner, 1990b: 112-114). 그리고 경험의 인식론은 앎의 주체를 객체화하고, 경험적이고 실증적인 증명을 강조하는 증명의 인식론에 대한 극복이다. 다양한 시각, 개인의 주관적 해석을 추구하지 않는 증명의 인식론이 상호작용적이며 대화적인 지식론으로 대체되어야 한다는 것이다. 이러한 인식론에서는 지식의 발견보다는 창조를, 증명이 아닌 교섭을 강조한다. 여기에서 지식의 능동적 측면을 알 수가 있다. 전자의 문제는 지식의 구조 문제에 관련하여 구조의 성격을 파악하는 데 단서를 제공해 주며, 후자는 문화주의에 근거한 의미 만들기와 자아의 구성에 관련된 부분이다. 이와 관련하여 Bruner(1990b: 42)는 자아라는 것이 사회적 세계와 비교적 무관한 '내부의' 본질에서 성장하는 것이 아니라 모든 사람들이 불가피하게 관련되는 의미, 이미지, 그리고 사회적 유대 속에서의 경험으로부터 나온다고 보았다.

이와 같이 인식론에 관련된 자아 형성의 문제는 인간 문화의 상징 체계 속에서 이루어지는 의미 생성과 타협이 해석학적 체계 속에서 구성된다는 것과 유관하다. 이런 점에서 Bruner(1990b: 138)는 우리가 구성하는 생활과 자아가 의미 구성 과정의 결과이며, 자아는 머릿속에 잠겨 있는 고립된 의식이 아니라 사람 사이에 퍼뜨려져 있다는 것이다. 그래서 자아는 역사적 환경으로부터 형상을 부여받고, 그 표현은 문화 속에서의 의미 만들기 과정 안에서 실현되는 것이다. 그래서 해석학적 사고와 경험의 인식론에서 우리가 알 수 있는 것은, 인간 문화를 구성하는 상징적 세계의 관점에서 해석되지 않으면 그럴듯한 의미를 만들 수 없다는 것이다.

또한 지식의 능동적이고 적극적인 측면과 관련되는 구성주의적 사고는 '지식의 구조'의 성격을 이해하는 데도 중요한 단서 역할을 한다. 구성주의(constructivism) 문제와 관련해서는 N. Goodman의 견해를 수용한다(Bruner, 1983: 93-105). 우리가 살고 있는 세계들은 상징적 구성으로 창안된 것이다. 우리가 만들어 내는 세계는 지적 활동에서 생겨나며, 그러한 세계들은 항상 다른 사람들에 의해 만들어진 다른 세계, 즉 우리가 이미 주어진 것으로 받아들이는 세계로부터 구성되어 왔다. 구성주의는 실재론과 관념론의 대안이 될 수 있다. 우리의 실재는 주어진 것이 아니라 만들어지는 것이다. 따라서 실재는 창안되는 것이다. 그래서 순진한 실재론을 포기한다. 우리의 지식은 원칙상 지각 활동과 개념 활동을 통해 우리가 구성하는 세계에 국한되어 있다. 그래서 실재의 본질이 인간 사고의 산물이며, 정신적 산물로서의 세계관은 다수의 실재를 인식하는 것이다. 우리는 세계관을 만들며 올바른 세계관이 세계를 만든다. 우리가 찾는 것을 우리가 만들어야 한다.

이와 같이 Goodman의 구성주의를 토대로 보면 인간의 정신 활동, 상징적 언어와 무관하게 선천적으로 존재하는 유일한 실세계는 없다. 우리가 세계라고 부르는 것은 상징적 과정이 세계를 구성한다는 점에서 어떤 정신의 산물이다. 이런 정신의 산물로서 세계관은 다수의 실재를 인식하는 것이며, 서로 상충하는 참세계관들은 동일 세계 속에서는 동시에 참일 수가 없기 때문에 다수의 여러 세계가 존재해야 된다고 설명하는 것이다. 지식은 절대적인 또는 선험적인 어떤 것에서 출발하는 것이 아니라 세계의 창조를 이루는 여러 종류의 구성(constructions)들로부터 시작한다.

아울러 지식의 사회적 맥락 측면에서는 사회적 세계에 근거를 두고 구성되는 지식의 성격에 그 강조점이 있다. 이것은 단지 지식 그 자체의 문제만이 아니라 실재, 의미, 자아를 구성하는 주체의 마음을 문화적 상황 속에서 어떻게 구성하며, 인간 발달의 문제를 사회역사적 텍스트에서 어떻게 형성하고 해석하는가 하는 문제와 관련이 있다. 이런 점에서 그가 제시하는 새로운 인식론은 지식의 문제뿐만 아니라 문화적 상황성 속에서 구성되는 실재, 의미, 자아와 총체적으로 연관되어 있다.

Bruner의 인식론은 내러티브 사고에서 보다 구체적으로 드러난다. 우리는 이야기를 통해 세계를 구성하며, 그 구성 과정은 해석적이다. 우리는 이야기를 설명하지 않으며, 다만 이야기에 대해 다양한 해석을 할 따름이다.

(3) 내러티브 사고

최근에 Bruner는 내러티브 사고를 강조함으로써 자신의 인식론에서 변화를 보이고 있다. 이러한 자신의 인식론적 입장 변화에 중요한 단서를 제공하는 것은 그의 내러티브 사고양식의 강조에 있다. 1980년대 이래 그는 지식의 본질을 발견적 특성과 함께 생성적 특성을 가진 것으로 보고 있다. 즉, 지식의 발견적 특성이 원인과 결과를 다루는 패러다임적 사고에 기인한다면, 생성적 특징은 의미 구성을 중시하는 내러티브 사고와 밀접하게 관련된다는 것이다.

내러티브는 실재 구성, 의미 만들기, 자아 형성에 모두 관련되어 있으며, 특히 의미 형성과 교섭에서는 내러티브적 해석이 중요하다. 이러한 관련성은 의미가 대화를 통해서 만들어지고 이야기 양식이 해석을 필요로 한다는 내러티브의 가정에 그 근거를 두고 있다.

Bruner는 내러티브 사고에 대한 개념을 구체적으로 정의하지 않는다. 그는 패러다임적 사고와의 대비를 통해 그 특징을 설명하고 있다. 내러티브(narrative)란 서사체를 말하며 하나의 이야기, 즉 시간적 연쇄로 구성된 일련의 사건들을 의미한다. 이야기는 사건들로 구성되며, 그 사건들은 특정의 계열(sequence)을 이루며 배열된다. 그러므로 내러티브는 사건들의 계열과 사건들이 만들어 내는 이야기에 의해서 특징지어진다. 그런데 우리는 이야기를 설명하지 않으며, 다만 이야기에 대해 다양한 해석을 할 따름이다. 과학적 이론이나 논증은 검증됨으로써 판단되지만 이야기는 '있음직한 가능성'에 의해 그 적절성이 판단된다. 이러한 이야기는 물리적 세계보다는 인간 '행위자'에 관한 것으로 인간의 의도적 행위에 초점을 둔다. 이러한 의도적 행위로 인해 인간의 행위는 예측 불가능하기 때문에 그 행위 발생의 이유에 대한 명확한 설명은 불가능하게 된다. 이것이 내러티브의 주요 특징을 이룬다.

그는 이러한 내러티브 사고를 제안(Bruner, 1985; 1986; 1987; 1996)하면서 두 가지의 사고양식을 전제한다. 이 사고양식은 인지 기능이면서 동시에 인간의 경험을 조직하거나 현상을 구성하는 방식이다. 첫째, 논리적 진술문의 구조를 가지며 인과관계로 논리를 가지는 과학적 지식으로 볼 수 있는 패러다임적 사고양식과 둘째, 서술된 이야기 구조를 가지며 임의성을 띠고 비논리적 서술체인 내러티브적 사고양식이다. 이 두 가지 사고양식은 인간이 자신의 세계에 대한 경험을 서로 다른 문화 풍토에서 다른 표현의 방식을 서로 다르게 발전시켜 왔다. 인간 행위를 특징짓는 것은 의도적 행위이며, 이것을 다루는 내러티브 사고는 인간 삶의 의미를 파악하는 데 그 목적이 있다. 그것은 다수로 존재하고 여기에서의 이해는 원인적 존재를 상정하지 않는다. 내러티브 사고는 독자의 관점에 따라 변화하고, 그것에 기초한 심리적 실재(psychological reality)는 검증 불가능하며, 우리의 마음속에 존재한다.

우리는 내러티브의 규칙과 장치에 따라 구성된 세계에서 대부분의 삶을 살고 있다. 실재는 내러티브로 구성될 수 있다. 인간 마음은 우리가 의미를 만들기 위해 사용하는 구성 도구다. 의미를 만드는 행위는 대화를 통해서 이루어진다. 여기에 이야기하기의 중요성이 있다. 이야기하기로서의 내러티브 사고는 해석을 필요로 하며, 거기에서 이야기 만들기가 가능해진다. 내러티브를 통한 적극적 의미 만들기 문제는 Bruner 인식론의 핵심이다. 사고양식으로서의 내러티브의 제안(Bruner, 1985)은 그의 인식론적 입장의 확장(수정이라기보다는)으로서 기존의 패러다임적 사고양식의 한계를 극복하기 위한 자신의 인식론적 지평의 확장이다.

그의 이러한 제안은 앞서 논의한 증명의 인식론을 극복하기 위한 노력이며, 그것의 토대는 마음의 구성물로서 문화를 이해하는 사유 방식에 있다. 우리는 역사 속의 참여자가 실제로 살고 있는 심리적이고 문화적인 실재를 구성하는 것이다. 그가 제안하고 있는(1996: 133-147) 아홉 가지의 내러티브 실재의 보편성들 중에서 행위의 의도성, 해석학적 구성, 내재적 상호 타협 가능성은 내러티브로 실재를 구성하는 데 핵심 요소다. 인과관계로 이루어진 인간 행위는 의도적 상태를 포함하여 행위의 동기를 제공한다. 다수로 이루어진 내러티브의 의미들은 해석학적 순환에 의해 이야기가 만들어진다. 이런 이야기에 대해 누구나 자신의 관점을 말하며, 경쟁하는 이야기들을 우리의 관점에 따라 편리하게 수용할 수 있는 것이다.

실재가 내러티브 사고에 의해 구성될 수 있다는 제안은 인간 마음과 발달의 구성을 새롭게 조망할 수 있을 뿐만 아니라, 학교교육에서 교사와 학생 간의 상호작용적 관계, 교육과정의 전개와 운영, 교실 수업의 실행, 교육내용에 대한 취급 방식 등에 중요한 시사점을 제공할 수 있다. 교육 상황 속에서 교육 주체들 간의 의미 형성과 관점 만들기는 해석학적 조망에 의해, 학생들 각자의 세계관 형성에 내러티브 능력을 길러 주는 일은 교과과정 전개와 교육목표 설정에 반영될 수 있을 것이다. 보다 구체적으로 교실 수업의 전개에서는 수업 참여자들 모두 언어에 의한 상호작용을 통해 의미의 교섭과 거래를 할 수 있다. 이것은 타인의 마음을 설명하고 이해할 수 있는 간주관적 능력에 의해 가능할 수 있다. 이런 점에서 협동학습(collaborative learning)과 상호작용적 교수법(interactive pedagogy)의 가치를 찾을 수 있다. 이런 교수-학습은 경험론적 전통에 의한 서구의 전통적 교수법의 실패를 반성하는 Bruner(1996: 22)의 사색에서 나온다. 한편으로 패러다임적 사고양식과의 보완으로 교육내용에 대해 보다 확장된 시각을 가질 필요가 있다. 교과내용 구성의 패러다임적 방식은 내러티브 방식에 의해 보완될 수 있다. 이것은 과거 증명의 인식론에서 기인하는 논리과학적 지식의 우위성에 오는 교육내용관에 대한 반성이다.

2) 문화 구성주의의 특징

지식구조론을 재구성하여 교과교육을 설계하는 데 가장 핵심적인 근거는 문화 구성주의 관점이다. 이 관점은 Bruner(1996: 13-42)가 제시하고 있는 교육과정의 아홉 가지 원리(tenets)에 구체적으로 표현되어 있다. 그중에서 가장 근본적인 것은 마음과 의미의 구성 문제를 다루는 문화심리학의 관점, 구성주의 인식론, 내러티브 사고, 교수-학습의 상호작용적 측면 등이다. 설계 근거 차원에서 그 관계를 그림으로 재구성하여 제시해 보면 [그림 16-6]과 같다.

[그림 16-6]을 보면 문화 구성주의는 크게 일곱 가지 차원으로 관련지어 설명될 수 있

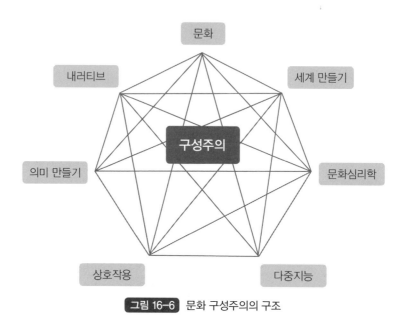

그림 16-6 문화 구성주의의 구조

다. 문화가 인간의 마음을 구성하며 마음의 구성 도구는 문화다. 문화 속에서 우리 자신의 의미를 발견하고 실재에 대한 우리 자신의 시각을 만들어 간다. 인간의 역사를 반영하는 문화 도구를 통해 마음이 형성되며, 마음은 문화를 표상하는 능력이다. 인간의 성장은 세계 그 자체와 문화를 표상하는 개인적 능력이다. 마음의 본질은 의미 만들기에 있고 의미 만들기는 해석적 사고를 통하여 이루어진다. 일상심리학이 의미를 만들며 일상심리학은 문화적으로 지향된 인지심리학으로서 문화심리학의 또 다른 표현이다. 일상심리학은 문화의 도구다. 문화의 도구에는 여러 가지가 있으며 인간은 문화의 도구를 사용함으로써 발달한다. 인간은 자신들의 지적 능력을 보여 주는 다양한 방식을 가지고 있지만 거기에는 두 가지 기본적인 사고의 요소가 있다. 논리-과학적 사고와 내러티브 사고가 있다. 내러티브는 대화와 의미 만들기의 중요한 부분이다. 내러티브 사고를 통하여 이루어지는 의미 구성은 문화의 내면화 과정이며 세계는 내러티브를 통해 만들어진다. 실재는 내러티브에 의해 구성된다. 세계의 실재가 이야기에 의해 만들어진다. 따라서 세상에는 여러 가지 세계관이 존재한다. 이러한 세계 속에서 문화 구성원들 간의 상호작용을 통해 의미 창조와 의미 교섭이 이루어진다. 더 나아가, 지식 구성 영역에서 의미 교섭이 일어난다. 학습은 의미 구성과 교섭에 관련되어 있으며, 세상에는 발견되기를 기다리는 실재나 진리, 옳고 그름이 존재하지 않는다. 각자 문화 공동체 내에서 협력하여 실재를 만들어 나간다. 따라서 학습은 문화 속에서 의미를 만들어 나가는 과정이다. 이 과정 속에서 내러티브가 중요한 역할을 한다. 언어 사용을 통한 의미 교섭은 문화의 내면화 과정이며, 상호작용을 통하여 타인과 의미를 공유하게 되어 간주관적이 되어 간다. 성인은 학습자의 발달에 핵심 역할을 하는데 문화 공동체 속에서 성인의 도움을 통하여 발달이 촉진될 수 있다.

이러한 맥락과 유사하게 Smith(2002)는 Bruner의 문화 구성주의가 교육과정의 설계에서 활용될 수 있는 방향이나 지침을 다음과 같이 제시하고 있다. 첫째로 비계설정을 통하여 타인의 도움을 제공하는 일, 둘째로 모든 교과는 독특하지만 서로 관련되는 구조를 지니고 있으며, 그 구조는 인간 마음의 조작과 연관되어 있다는 점을 유의할 것, 셋째로 언어 사용을 통한 의미 교섭으로서 학습의 본질을 고려할 것, 넷째로 마음의 사용에 의해 실재가 만들어지고 학습은 의미를 만드는 일과 관련되어 있기 때문에 설계는 이 점을 고려해야 한다는 점, 다섯째로 교수–학습에서 내러티브와 사회적 대화는 중요한 역할을 하며, 대화와 의미 형성에서 내러티브가 중요한 본질이라는 것이다.

문화 구성주의에서 가장 핵심적인 것은 내러티브 인식론이다. 따라서 과거 지식구조론의 핵심 아이디어를 내러티브 사고양식에 근거하여 해석함으로써 대체적인 교과교육 설계의 방향을 설정할 수 있다. 첫째, 지식의 구조의 문제에서는 구조의 생성적 본질과 의미 교섭을 통한 구성성을 고려하여 지식의 생성적 구조에 대한 의미(구조감)를 학습자에게 주는 것이 중요하다는 점이다. 둘째, 교육내용과 관련하여 경험적 증명과 형식적 절차에 의존하는 패러다임적 교육내용은 내러티브적 해석에 의해 보완될 필요가 있다. 이와 관련하여 Bruner(1996: 42)가 제시하고 있는 내러티브 능력을 기르기 위한 방법, 즉 신화와 역사, 민담 등을 통해 정체성을 길러 주는 것과 소설을 통해 상상력을 높이는 일 등이 반영될 필요가 있다. 셋째, 나선형과 관련해서 인간 학습의 본질을 고려하여 학습의 흐름을 유의할 필요가 있다. '직관적' 설명으로 시작하여 생성적 힘이 길러질 때까지 순환을 하면서 점차 구조화된 설명으로 회귀한다는 점을 고려해야 한다. 넷째, 내용 구성의 측면에서는 교재에 제시되는 완결의 지식과 '정답'보다는 해당 교과의 문제를 해결하는 과정에 강조를 두어야 한다. 여기에서 도전적 질문을 제기하는 기술(art)과 그런 질문을 풍부하게 하는 기술, 훌륭한 질문을 생기 있게 유지하는 기술 등이 중요하게 고려되어야 한다. 다섯째, 교수–학습에서는 간주관성을 토대로 한 의미 교섭의 상호작용을 고려하며, 가르치고 배우는 상황을 상호 학습자의 공동체로 인식한다. 여기에서 비계설정이 활용되며 간주관적 교수법의 맥락에서 설계가 이루어져야 한다. 이것은 상호작용적 교수법의 근거가 된다.

7. 교과교육에 대한 체계적 연구

한국 교육과정의 발전 과제에서 중핵적인 것은 교과교육이 제대로 이루어져야 한다는 점이다. 각 교과별 교육이 각개 약진으로 많은 발전을 보이고 있으나 교육과정 분야에서는 개별 교과에 대한 관심뿐만 아니라 이제는 메타 수준의 교과교육의 문제를 논의해야 한다. 이하에서는 교과교육의 과제를 강현석(2005: 20-28)의 연구에서 제시된 것을 통해 논의해 보기로 한다.

1) 교과교육의 학문적 가능성 탐색

교과교육은 교육학의 중요한 영역이면서도 교육학의 주변부에서 제대로 논의되지 못하였고, 그 성격이 올바르게 규정되지도 못하였다. 이러한 분위기는 상당 기간 오래 지속되었으며, 교과교육에 대한 체계적인 관심이 교육학 연구에 오히려 걸림돌로 작용하는 경우도 발생하였다. 이런 배경에는 우리나라 교육과정의 체계가 총론과 각론으로 이루어져 있고, 이 양자 간의 괴리가 교육과정 편성과 운영의 문제점으로 자주 거론되어 온 것과 무관하지 않다. 대체로 교육과정 총론은 일반 교육학의 측면에서, 각론은 개별 교과의 측면에서 규정되고 취급되어 왔기 때문이다.

따라서 이러한 분위기로 인해 교과교육 혹은 각론은 교육학의 분야와 거리가 먼 것으로 인식되었고, 더욱이 이해관계 때문에 교육학 종사자들이 그 분야에 관심을 의도적으로 덜 보이는 관행이 지속되어 왔다고 볼 수 있다. 교육학에서는 총론을 전담하고 각론은 교과교육 종사자들이 전담하는 방식이 오랫동안 진행되다 보니 자연스러운 관행으로 고착된 것으로 해석할 수 있다. 물론 현재는 이 양자 간의 괴리가 부분적으로 개선되고 있지만, 여전히 의식과 제도상의 측면에서는 잔존하고 있다고 볼 수 있다. 이것은 교과교육이 교육학과의 관계를 소원하게 만드는 데 결정적으로 작용하였으며, 이론적으로나 학문적으로 그 구조나 성격을 밝히는 데 매우 취약한 환경적 요인으로 작용하고 있다.

이와 같이 총론과 각론의 괴리는 일반 교육학과 교과교육의 반목과 대립을 불러 왔고, 교과교육이 교육학적으로 체계적인 관심과 탐구 영역으로 고려되는 데 매우 부정적 요인으로 작용하였다. 그러나 이러한 이론적 취약점과 관행에 대한 개선이 부분적으로 진행되면서 교과교육에 대한 학문적 관심이 증가하였고, 교육학의 입장에서도 이론적이고 학문적인 차원으로 접근해 보려는 노력이 다양하게 전개되고 있다. 그간의 교과교육에 대한 연구가 교과를 가르치는 방법상의 문제에서 접근하던 것을 탈피하여 학문적 가능성을 탐색하기에 이르렀다.

한편, 교과교육에 대한 관심은 사실상 독립된 하나의 탐구 분야로서 출발했다기보다는 실질적인 필요성 때문에 교사양성의 한 과목 수준에서 취급되어 왔다. 특히 교사교육의 차원에서 중요하게 다루어져 왔다. 교사교육의 교육과정에서 요구되는 과목의 수준으로 논의되고, 그 속에서 과목의 교수요목이나 실라버스(Syllabus)의 구성 차원에서 취급되어 왔다. 또한「교원자격 검정령」에서 제시되고 있는 과목으로 인식되고, 거기에서 '교과교육론' 수준으로 여겨지기도 하였다. 사실상 교과교육이 1980년대 중반에 와서야 독립된 과목으로 등장하였지, 그 이전에는 아예 교과교육에 대한 관심이 전무하였다고 볼 수밖에 없다. 교사양성 과정에서 교과를 가르치는 일의 성격은 전공과목과 교직과목을 혼합하는 일 그 이상도 이하도 아니었다.

그러나 교과를 제대로 가르치는 데 관련되는 요인들이 체계적으로 밝혀지고 교육학의 전문성이 증가하면서 이에 대한 상식적인 견해와 관행이 개선되기에 이르렀고, 교과교육에 대한 관심이 그나마 교과교육론 수준으로 격상되어 취급되기에 이르렀다. 그 이후 다양한 수준의 교과교육의 연구로 인해 기존의 상태에서 더 나아가 한 과목 수준이나 교수요목의 차원이 아니라 학문적 가능성을 탐구하는 수준, 즉 '교과교육학'의 가능성을 정립하는 수준으로 발전을 보이고 있는 실정이다.

2) 교육과정 총론과 각론의 연계성 강화

교과교육에 대한 강조와 체계적인 연구의 성과로 인해 교육과정에서 제시되는 총론과 각론의 괴리가 상당 부분 해소되어 가고 있다. 과거 교과교육이 단순히 한 과목의 수준으로 논의되던 때에는 일반 교육학에서 논의하지 않는 측면을 특수화하여 교과별로 특수한 원리가 작용하고 있다는 식의 막연한 논의가 진행되어 왔다. 교육의 상황에서 일반적 측면과 교과별로 다르게 적용된다고 보는 특수한 측면과의 분리는 양쪽 모두 불행한 결과를 초래하였다. 이러한 괴리 문제는 교육과정 편성에서 극적으로 표출되어 교육과정 목표와 교과별 목표 간의 불일치 문제를 포함하여, 교육과정의 일반적 체계와 교과별 체계가 그 내용과 원리에 있어서 일치하지 않는 문제들이 발생하였다.

그러나 교과교육에 대한 체계적인 연구로 인해 교육학 일반과 교과교육에 대한 내용이 상당 부분 일관성을 갖게 되었고, 상호 유기적인 이론적 관계가 형성되는 분위기가 조성되고 있는 실정이다. 이러한 분위기는 교육과정 편성과 운영 시에 총론과 각론을 연관시키려는 다양한 노력들이 나타나고 이 양자 간의 일치성에 대한 관심이 증가하는 것에 의해 증명되고 있다. 물론 총론과 각론이 완전히 일치할 수는 없는 일이며, 동시에 그것이 이론적으로 항상 좋은 일만은 아니라는 점에서 다소 이견이 있을 수는 있지만, 과거보다는 양자 간의 불일치나 괴리 문제가 교육적으로 상당 부분 해소되고 있다고 볼 수 있다. 이것은 교과교육을 제대로 하기 위해서는 교육학과의 연계와, 교육학적 원리와 교과별 교육원리와의 연관성이 중요하다는 점을 인식하고 있기 때문이기도 하다.

3) 내용과 방법의 결합

과거 교과교육에서는 내용을 정확히 파악하고 이해하는 일을 가장 중요하게 보았으며, 이것이 선행되어야 가르칠 수 있다고 보았다. 가르치는 전문성보다는 일차적으로 교과내용을 아는 것이 중요하다고 보았다. 즉, 교과교육이 초보적인 수준에서는 내용과 방법을 별개로 인식하였으며, 내용이나 방법 중에 어느 하나를 우위에 놓고 교과교육을 이해하는 경향이 지배적이었다.

보다 체계적으로 말하면 전통적인 교과교육학은 교육의 내용을 이해하는 일과, 교육의 방법적 원리를 획득하는 일을 별개의 것으로 생각하는 경향이 있으나, 교육내용 중심적 교과교육학은 교육의 내용을 이해하는 일과 교육의 방법적 원리를 획득하는 일 모두에 동등한 관심을 두게 된다.

교육에 있어서 내용과 방법은 논리적으로 엄격히 분리시켜 생각하기가 어렵다. 예컨대, 수학이라는 교과의 학문적 성격에 관한 체계적인 이해 없이 수학을 가르치는 방법적 원리가 별도로 개발될 수 있다고 생각하기는 어렵다. 그러나 전통적 교과교육학에 있어서는 수학의 내용에 관한 연구가 수학을 가르치는 방법과 별로 상관이 없이 이루어지는 것이고, 반대로 가르치는 방법에 관한 연구도 그 내용의 성격에 관계없이 이루어진다고 생각하는 경향이 없지 않았다. 그래서 수학교사는 바로 수학적 지식을 가져야 하고, 그 내용을 전달하고 학습하는 별도의 기술적 원리에 익숙해 있어야 한다고 여겼다. 이러한 관점에서 보면 내용은 수학이라는 학문의 과제이고, 방법은 교육학 혹은 교과교육학의 과제다. 그리하여 교사양성 과정은 수학적 지식의 획득을 위한 과정과,

이를 교수하는 방법적 원리의 획득을 위한 과정, 이들 양자의 적절한 배합으로 구성되는 것으로 인식되었다.

내용과 방법의 결합의 질에 대해서는 과거와 마찬가지로 어느 한쪽이 우위를 점하는 것이 아니라, 기존의 방법 중심의 교과교육에 내용을 동등하게 고려하는 것이 되어야 한다.

4) 교수방법적 지식의 확보

과거 교과교육이 한 아이디어로 출발할 때에는 내용 위주의 사고방식이 강했다. 가르치는 전문적인 방법에 대한 이해 없이도 교과를 가르치는 일이 가능하다고 보았다. 우선적으로 내용에 대한 심층적인 이해가 내용을 '전달하는' 방법을 시사해 주거나 결정해 준다고 보았다. 이러한 인식은 학교 현장의 교사나 교육관리자의 위치에 있는 사람에게도 예외는 아니었다. 극단적인 예로 사범대 출신보다 비사범대 출신자를 선호하는 이유에서 그 인식을 찾아볼 수 있다.

그러나 교과교육이 발전을 거듭하면서 이러한 인식에 변화를 가져오기 시작하였다. 내용만을 이해하는 일은 교과교육에 대해 부정적이고 단편적인 지식을 조장할 가능성이 높다는 것이다. 따라서 이러한 인식의 변화에 따라 교과를 전문적으로 제대로 가르치는 방법에 대한 지식이 강조되었고, 이 방면에서 교육학적 기여가 상당히 높다고 볼 수 있다.

지금까지 교과교육 부문에서 가장 많은 발전과 성과를 보인 영역은 교수방법적 측면이라고 판단된다. 교과교육의 자구적 의미나 소박한 상식론적 견해에 편승하여 교과교육은 교과를 가르치는 교수방법을 전문화시키는 것이 가장 중요하다는 생각이 자연스럽게 형성되었고, 그 결과 교과를 가르치는 일반적인 교수방법과 특정 교과에 부합하는 교수방법들이 많은 발전을 보였다.

이러한 결과로 교과교육의 발전은 교과 교수법의 발전으로 인식되었고, 과거 전통적인 내용 중심의 사고방식이 상당히 개선되었다고 볼 수 있다. 교과교육 부분에서 교수방법적 지식의 확보와 발전은 학교 현장의 교사들에게 많은 환영을 받았고, 각 교과 교수론의 번성에 영향을 미쳤다. 그런데 이러한 교수방법의 발전은 교과교육의 포괄적이고 체계적인 발전의 또 다른 문제를 안고 있기도 하다.

5) 교육방법 중심 접근의 한계: 응용 중심적 접근

사실상 교과교육은 교과를 가르치는 교수방법 중심으로 인식되어 왔다. 이러한 인식은 교육의 의미를 가르치는 활동을 의미하는 교수학과 동일하게 보는 매우 소박하고 상식적인 견해에 영향을 받은 것도 사실이다. 그래서 교과교육은 교과를 어떻게 하면 효율적으로 가르칠 수 있는가 하는 방법과 처방적 원리를 만들어 내는 데 가장 많은 관심을 두어 왔다. 학습자의 특성에 부합하는 교과의 교수법을 개발하고 적용하는 문제가 교과교육의 중요한 관심사로 등장하다 보니까 방법 중심의 교과교육의 이해방식이 고착되어 버리는 결과가 초래되었다. 이러한 방법 중심의 접근방법은 그 특징과 효율적인 장점에도 불구하고 많은 한계를 드러내고 있다.

교과교육은 형식적으로 보면 원칙상 교과내용을 먼저 이해하고 그 내용의 성격에 부합하는 방법에 따라 교과를 가르치는 것이라고 볼 수 있다. 따라서 교과를 제대로 가르치기 위해서는 그 교과내용의 성격을 제대로 이해하고 내용에 알맞은 교수방법을 활용해야 한다. 그러나 교수방법이 일방적으로 강조되다 보니 오히려 방법이 내용에 의해 규정되는 전도현상이 발생하게 된다. 내용이 방법을 규정하는 것이 아니라 방법이 역으로 교수 내용을 결정하거나 영향을 미치는 일이 발생하게 된다.

교과교육에 대한 이러한 방법 중심의 접근법은 교과교육의 학문적 가능성을 훼손할 개연성이 높으며, 처방적 기법을 생산하는 데 관심을 두는 하나의 기술적 조작의 차원으로 전락할 가능성을 키우게 된다. 이러한 개연성은 교과교육이 학교 현장의 현실적 문제에만 집중하는 데에서 조장될 가능성이 더욱 크다. 물론 교과교육이 교과를 가르치는 교수법을 무시할 수는 없다. 하지만 교육방법의 문제가 내용과 그 외의 요인들을 고려하지 않고 별도로 취급될 때, 기교 중심의 교육이 시행될 가능성이 커진다. 이러한 분위기 속에서는 교과를 열심히 가르치는 활동이 전개되지만, 근본적으로 보면 교과를 제대로 가르치지 않는 일이 역설적으로 발생하게 된다.

교과교육이 교수법의 차원을 탈피하여 가르치는 목적과 가르치는 내용 등을 포괄적으로 이해하면서 여기에 기초한 교수활동을 전개해야만 기법 차원의 교과교육에서 벗어나 보다 체계적인 탐구 분야로서의 위치를 잡을 수 있게 될 것이다. 그리고 각 교과교육을 전공하는 교수나 현장 교사들의 인식도 달라져야 한다. 교과교육이 교수법이 전부가 아니라는 점을 분명하게 자각할 필요가 있다. 교수방법 일변도의 이해방식과 그러한 분야와 유관한 성격을 지니는 교과목만을 개설하는 행태는 지양될 필요가 있

다. 교수방법은 교육목적이나 교육내용에 대한 이해, 교육의 원리적 이해가 선행된 후
에 결정될 문제이기 때문이다. 이런 점에서 교과교육은 교수방법에 과도하게 소모하는
관심을 돌려 교수활동의 목적과 이유, 가르치는 내용이 가정하는 지식의 성격에 관심
을 돌려야 할 때다.

6) 교육내용으로서 교과의 이해방식 결여

교과교육은 논리적으로 보면 '교과'를 '가르치는 활동'을 중심으로 구성될 수밖에 없
다. 이러한 교과교육의 의미에 대한 형식 논리적인 측면에 주목하면, 일차적으로 교과
교육은 교과를 어떻게 이해하는가 하는 점에서 논의가 시작되어야 한다. 교과를 어떻
게 규정하고 이해하는가에 따라 교과교육의 모습은 달라진다. 기존의 교과교육은 어떤
점에서 이 근본적이고도 중요한 문제를 도외시하고 가르치는 방법에 상대적으로 많은
관심을 쏟았다고 볼 수 있다. 그 이유는 교과를 이미 주어진 것으로 보았기 때문이다.
즉, 교과를 주어진 실체로서 교육과정이나 교과서에 제시된 내용으로 인식하였기 때문
이다. 그러나 교과의 의미는 그것이 전부는 아니다. 교과를 보는 방식은 다양하며, 거
기에 기초하여 교과교육의 모습은 다양한 이해가 가능해진다.

교과를 교과목이나 교수요목으로 보는 방식에서 교과 교육의 일차적 관심은 교과로서
체계화된 지식의 전달에 강조를 두게 되며, 교사에 의한 교과지식의 전달과 습득에 초점
을 둔다. 교과를 학습경험으로 보는 방식에서는 교과의 내용과 학습자와의 상호작용을
강조하게 되며, 그 상호작용이 교과의 중요한 의미가 된다. 교과를 학문적 지식으로 보
면 교과교육은 교과 구조의 발견과 학문적 사고방식의 내면화에 초점을 두게 된다. 물론
지금까지의 교과교육이 어느 방식을 배타적으로 고수하였는가 하는 것은 별도의 논의
가 필요하겠지만, 중요한 것은 교과교육이 논리적으로 교과에 대한 이해가 선행되지 않
고 가르치는 방법 중심으로 진행된 것은 비판의 여지를 안고 있는 문제라는 것이다.

이상의 논의에서 알 수 있는 것은, 교육내용으로서의 교과를 어떤 관점에서 이해하
느냐 하는 것이 그것을 어떻게 가르칠 것인가 하는 문제에 못지않게 교과교육학의 중
요한 내용이 된다는 것이다. 수학교사를 양성하는 교육과정과 그것의 구성 원리를 의
미하는 수학교육학은 가르치는 방법적 원리에 관한 것만이 아니라, 수학교과의 내용에
관한 이해의 체계를 가지고 있어야 한다. 다시 말하면 교과교육학은 교과의 내용을 제
외한 방법적 원리와 기술의 영역에 관한 것이 아니라, 교과의 내용을 포함한 보다 포괄

적인 학문적 연계의 설정을 필요로 한다.

7) 내용 범주의 빈약성

이 문제는 방금 논의한 교과의 이해방식과 관련되는 문제인 동시에 보다 근본적으로 '교과내용'을 어떻게 이해하는가 하는 문제를 말한다. 기존의 교과교육에서는 물론 교과내용을 강조하였다. 그러나 교과내용이란 무엇을 말하는가? 교과내용이라는 말은 너무 모호하고 막연한 의미를 지닌다. 교육내용의 범주를 분명하게 할 필요가 있다. 즉, 교육내용이라는 말의 모호성을 감소시켜야 한다. 교육내용이라는 단어의 외연과 내포를 분명하게 해야 한다. 교과교육의 의미를 분명히 하고 교과교육학의 가능성을 정립하는 데 중요한 문제라고 볼 수 있다.

기존의 교과교육에서는 교육내용에 대한 분명한 의미가 결여되어 있었다. 개별 교과에서 가르쳐야 하는 내용은 막연하게 교육과정 혹은 교과서에 제시되는 내용을 지칭하는 것으로 이해하였다. 우리가 내용을 가르친다고 할 때, 그 내용을 규정하는 방식은 다양하며 내용을 여러 의미로 이해할 수 있고, 더 나아가 내용을 구성하는 수준이 다양하게 존재할 수 있다.

교육과정 측면에서 교육내용은 여러 요소를 포함한다. 우리는 흔히 교육내용을 지식과 동의어로 사용하고 있지만 교육내용에는 지식 이외에도 다른 요소들이 있다. 이 문제와 관련하여 일찍이 Hyman(1973: 324)은 교육내용을 규정하였는데, 지식(예: 사실, 설명, 원리, 정의), 기능 및 제 과정(예: 읽기, 쓰기, 셈하기, 춤추기, 비판적으로 생각하기, 의사결정하기, 의사전달하기), 가치(예: 선악, 옳고 그름, 아름답고 추함 등의 문제에 관한 신념)를 모두 교육내용이라고 볼 수 있다.

이상의 견해는 교육과정의 내용을 지식, 과정 및 가치라는 주 요인을 중심으로 규정하고 있음을 알 수 있다. 따라서 우리가 교과교육의 교육내용 측면에서 강조해야 할 점은 교과별로 내용을 구성하는 요인들 중에서 어느 정도로(스코프), 어느 만큼 깊이 있게 내용을 선정하여 가르칠 것인가 하는 문제다. 교과의 특성에 따라 그리고 학년에 따라, 더 나아가서는 단원의 특성에 따라 강조해야 할 내용 요소들의 양과 비율이 상이해지며, 취급의 폭과 깊이도 달라진다.

그리고 교육과정의 스코프로서 내용의 수준에도 차이가 있다. Taba(1962)는 교육내용으로서 지식의 수준을 특수 사실 및 과정 → 기본 아이디어 → 개념 → 사상체계 등으로 제시하였고, Orlosky와 Smith(1978)는 사실적 지식 → 개념 및 법칙 또는 유사법칙 → 법칙 → 가치 → 태도 → 기능 등으로 제시하였다. 그 외 여러 학자들의 입장과 이들의 주장을 일반화해 보면 대체적으로 내용의 수준에는 사실적인 지식 수준 → 개념 수준의 지식 → 원리 및 법칙 → 사상(思想) 수준의 지식 등이 있을 수 있다.

이러한 다양한 내용의 수준들에 비추어 보면 교과교육에서 내용의 수준은 다양하게 논의될 수 있다는 점을 알 수 있다. 따라서 과거의 교과교육에 대한 연구들은 교과내용에 대한 세부적인 구분이 없이 교과내용을 일반적으로 취급해 온 경향이 강하고, 개별 교과의 입장에서 임의적으로 구분하거나 매우 형식적인 용어들(예: 지식, 기능, 가치 등)로 분류하고 있다. 전통적인 교과교육이나 기존의 연구들은 이 점을 도외시하였으며, 단순한 관점에서 교육내용을 이해하였다고 볼 수 있다.

동시에 과거의 교과교육은 내용 지식과 교과교육학적 지식에 대한 이해가 상당 부분 결여되어 있었다. 최근에 와서 교과별로 내용 지식에 대한 중요성이 강조되고 교과교육학적 지식에 대한 관심이 증가하면서 내용 범주에 대한 가치가 고려되고 있다. 내용 지식과 교과교육학적 지식은 과거 교과내용에 대한 막연한 차원에서 벗어나 교과내용의 구체적 범주와 의미, 강조점을 분명하게 해 준다는 의의가 있다.

이와 같이 내용 범주를 다양하게 이해한다면 우리는 교재연구와 교재분석에 대한 시사점을 제공받을 수 있다.

8) 교과내용의 이해에 관한 단편성: 삶과 교육적 가치와의 관련성 결여

이 문제는 종래의 교과교육은 교과내용을 단편적으로 이해하는 경향이 강하다는 점을 지적하기 위한 것이다. 향후 교과교육에서 교과내용을 보다 포괄적으로 이해할 필요가 있다는 것이다. 이 문제는 금방 앞에서 논의한 교과내용 범주의 문제와 관련되어 있다. 다만, 다른 점은 교과의 성격, 교과가 포함하는 내용, 교과의 교육적 가치에 초점을 둔다는 것이다. 이것은 교과의 내용적 본질과 특징을 밝히는 일이라고 할 수 있다. 이러한 점에 비추어 보면 교과교육에서는 교과의 내용을 이해하는 다양한 수준을 포괄적으로 파악하는 것이 중요하다. 여기에는 특정 교과가 어떠한 성격의 교과이고, 어떤 내용을 포함하고 있으며, 그것의 교육적 가치는 무엇인가 하는 점이 중요하게 고려되어야 한다. 기존의 교과교육에서는 이러한 문제들에 대한 일차적인 고려 없이 방법 중심의 차원을 강조하는 경향이 강하다.

그런데 교과교육학에서 다루어야 할 교과내용이 일차적으로 교과내용 그 자체를 의미하는 내용적 명제들만 강조해서는 곤란하다. 즉, 교과내용을 이해하려는 수준을 다양화하고 심화시킬 필요가 있다. 이돈희 외(1994)에 의하면 교과내용을 이해하려는 수준에는 내용적 명제들을 중심으로 하는 일차원적 이해가 있고, 이 일차원적 이해를 인식 대상으로 하는 이차원적 이해가 있는데, 여기에는 설명적 명제와 교육적 명제들이 있다. 즉, 교과내용을 구성하는 명제들에는 교과내용 그 자체를 의미하는 내용적 명제 이외에도 특정 교과에 '관한' 명제들(설명적 명제)과 교과를 교육의 의미와 목적에 관련시켜 생각하는 '교육적 명제'가 있을 수 있다.

따라서 일반적으로 교과의 내용을 이해하는 수준은 내용적 명제에 의한 일차원적 이해와 설명적 명제를 중심으로 하는 이차원적 이해, 교육적 명제를 중심으로 하는 교육론적 이해로 구분이 가능하다. 기존 교과교육학의 논의에서는 교과의 내용적 명제만을 위주로 교과내용을 고려하였다. 그러나 이러한 일차원적인 이해는 문제점을 내포하고 있다. 설명적 명제와 교육적 명제, 즉 이차원적인 이해가 병행되어야 한다. 예를 들어, 국어교과의 경우, 그 교과내용으로 포함되는 문학작품, 문법적 체계, 사용된 어휘 등에 관한 어학적, 문학적 분석만으로는 국어과의 본질과 가치, 특징을 포괄적으로 이해하기에 부족하며, 국어과의 교육적 정당화를 위한 가치를 체계적으로 인식하기가 어렵다. 국어라는 교과는 문법적 구조나 의미론적 특징만으로 충분히 이해할 수 없으며, 국어 혹은 특정 언어의 발달과 분화에 대한 역사적 이해, 그 언어에 함축된 논리와 사고양식, 그것과 더불어 전개된 문화적 특징, 그 언어에 의해 창조되는 문학작품의 예술적 고유성은 국어국문학적 범위를 넘어서는 것이다. 이러한 포괄적 이해를 확장하고 심화할수록 국어과의 교육은 더 풍요로운 교육적 가치를 전달하고 창조하고 거래할 수 있게 한다.

이차원적 이해는 일차원적 이해의 대상이 되는 내용을 우리의 삶에 관련시켜 주는데 기여한다. 예를 들어, 국어과에 대한 설명적 명제는 국어교과 그 자체의 내용, 즉 내용적 명제를 우리의 삶의 전반에 체계적으로 관련시켜 주는 역할을 한다. 교과에 대한 역사적, 철학적, 사회과학적 설명은 국어를 이념적, 역사적, 사회적 삶을 사는 인간에 폭넓게 접근시키며, 인간의 삶과 의미 있는 관계를 성립시키는 기초가 된다. 따라서 교과에 대한 역사적, 철학적, 사회과학적 이해의 도움 없이 교과가 지니는 교육적 가치는 피상적으로 인식될 가능성이 높다. 그러나 그러한 이해만으로는 그 교과가 지니는 교육적 의미와 가치, 그리고 그것과 관련되는 교육행위의 원리가 저절로 도출된다고 보기에는 무리가 있다. 따라서 교과의 내용이 지니는 교육적 가치, 그리고 그 내용의 교육적 가능성을 검토하는 수준에서의 교과에 대한 이해가 별도로 요청되는데, 그것을 교육론적 이해라고 볼 수 있다. 즉, 이차원적 이해를 위한 지식 가운데 교과를 구체적 교육활동을 위한 내용으로 이해하고 그 가치를 종합적으로 인식하는 차원이 필요하다.

이와 같이 교과교육학을 종합적으로 이해하기 위해서는 교과의 이해에 관한 지식을 포괄적으로 고려할 필요가 있다. 교과의 내용을 내용 그 자체인 내용적 명제 중심으로 이해하거나, 우리의 삶의 전반과 관련시켜 이해하거나, 삶의 다른 부분과 독특하게 구별되는 고유의 교육의 의미와 목적, 교육적 가치와 관련시켜 이해할 필요가 있다.

이 장의 주요 내용

우리의 교육은 양적으로 괄목할 만한 발전을 이루었다. 국내외에서의 우리 교육에 대한 평가가 이를 말해 주고 있다. 보통 의무교육의 급속한 성장과 안정, 높은 대학진학률, 국제 학업 성취도의 수준, 전국적인 교육의 수준과 질, 국가 교육과정 기준의 안정적 운영 등 많은 발전을 보이고 있는 것도 사실이다.

그러나 다른 한편 우리가 해결해야 할 교육과정의 과제 역시 산적해 있다. 아직도 학교 현장에서는 단편적인 지식 위주의 교육이 이루어지고 있고, 교과 이기주의가 팽배하고, 특정 이론이나 이데올로기에 편향된 위험이 상존하고 있으며, 엄격한 교육의 질 관리가 느슨하게 이루어지고 있다. 이러한 문제들은 조속히 해결되어야 할 과제다.

이 장에서는 이론적으로나 실천적으로 교육과정이 장차 더욱 발전하기 위하여 우리가 생각해 볼 수 있는 몇 가지 발전 과제들을 선정하여 간략하게 논의해 보았다. 여기에는 단편적 지식교육을 극복하기 위한 이해중심 교육과정의 심화·발전, 단순한 교과교육의 개선을 위한 교과 교육과정의 개발, 창의적 사고력을 개발하기 위한 교육과정 설계, 성취 기준 명세화를 통하여 교육과정 일치도를 제고하는 일, 오래된 교육목표분류학을 개선하는 일, 새로운 시각에서 교육과정을 이론화하는 일, 체계적인 교과교육을 전개하기 위한 심층적인 연구 등을 제안하고 있다.

교육과정의 발전 과제는 하루아침에 해결할 수 있는 것이 아니다. 그리고 교육과정 실천가나 연구자들은 각자의 위치에서 학교에서 학생들의 학습과 심층적 이해를 촉진하여 주기 위한 다양한 노력들을 해야 한다. 그리고 발전 과제들은 그 성격상 시기를 호흡을 달리하면서 일관되고 장기적으로 추진해야 좋은 성과를 낼 수 있을 것이다.

주요개념

CBTU	문화 구성주의	인지혁명
HPL 이론	문화심리학	일상심리학
UbD	문화주의	주제 중심 통합교육과정
WHERETO 원리	백워드 설계 모형	총론
각론	성취 기준	총론과 각론의 연계성
개념망	신 교육목표분류학	최소 필수 학습
공통교육과정	연계성	포워드 설계
교육과정 일치도	영속적인 이해	학습자 공동체 개발(FCL)
내러티브 사고	이야기하기	해석적 구성주의
내용	이해의 6가지 측면	
내용 지식	인식론 내러티브	

탐구문제

1. 현행 우리나라 교육과정의 문제점을 지적하고 문제 발생의 이유와 그 개선 방안을 제시해 보시오.

2. 한국 교육과정의 발전을 위해서 국가, 지역, 단위학교가 해야 할 과제를 제안해 보시오.

3. 단편적 지식 위주의 교육과정을 개선하기 위한 단기-중기-장기 대책을 제안해 보시오.

4. 심층적 이해능력을 개발하기 위한 교육과정 개발의 사례를 조사, 설명해 보시오.

5. 다양한 발전 과제 중에서 창의 · 인성 교육을 강화하는 데 적절한 과제를 제시해 보시오.

6. 전통적인 Bloom의 교육목표분류학의 문제를 지적하고 그 개선 방안으로 신 교육목표분류학의 활용 방안을 제시해 보시오.

7. 미래 사회의 변화에 부합하는 교육과정의 과제를 구상하여 구체적인 방안을 설명해 보시오.

참고문헌

강현석(2004). 지식구조론의 재구성을 통한 교육과정 설계원리의 구성. 교육과정연구, 22(2), 55-85.

강현석(2006). 교과교육학의 새로운 패러다임. 서울: 아카데미프레스.

강현석 · 이운발(2004). 고등 사고력 함양을 위한 통합 교육과정의 구성 전략 탐구. 교육학논총, 25(2), 29-51.

강현석 · 강이철 · 권대훈 · 박영무 · 이원희 · 조영남 · 주동범 · 최호성 공역(2005a). 신 교육목표 분류학의 설계. 서울: 아카데미프레스.

강현석 · 강이철 · 권대훈 · 박영무 · 이원희 · 조영남 · 주동범 · 최호성 공역(2005b). 교육과정 · 수업 · 평가를 위한 새로운 분류학. 서울: 아카데미프레스.

강현석 · 김창호 · 이재순(2003). 창의성 개발을 위한 교과교육과정 설계 원리와 방향. 중등교육연구, 51(2), 1-40.

강현석 · 소경희 · 조덕주 · 김경자 · 서경혜 · 최진영 · 이원희 · 장사형 · 박창언 공역(2009). 최신 교사교육론. 서울: 학이당.

강현석 · 이자현 · 유제순 · 김무정 · 최윤경 · 최영수(2011a). 교육이론의 새로운 지평: 마음과 세계를 융합하기. 경기: 교육과학사. Bruner, J. S. (1988). *Actual Minds, Possible World*. Cambridge: Harvard University Press.

강현석 · 유제순 · 이자현 · 김무정 · 이순옥 · 최영수(2011b). 인간과학의 혁명: 마음, 문화, 그리고 교육. 서울: 아카데미프레스. Bruner, J. S. (1990). *Acts of Meaning. Cambridge*: Harvard University Press.

강현석 · 허영식 · 신영수 · 최윤경 · 추갑식 공역(2012). 미국 교육과정 개혁 이야기: 국가 기준에서 교실 수업으로 다리 놓기. 경기: 양서원.

강현석 · 이지은(2021). 뇌신경과학 기반의 백워드 설계 방안의 사례 개발: UbD가 뇌신경과학을 만나다. 창의력교육연구, 21(1), 37-59.

강현석 · 허영식 · 신영수 · 최윤경 · 추갑식(2012). 미국교육과정 개혁이야기. 경기: 양서원.

김경자(2010). 외국의 교육과정 개발 동향. 2009 개정 교육과정에 따른 교과별 교육과정 지침 연구개발 세미나 자료. 국가교육과학기술자문회의.

김명희(2001). 이해를 위한 교수모형의 적용에 관환 연구. 교육과정연구, 19(1), 283-308.

김의철 외 공역(1997). 문화와 사고. 서울: 교육과학사.

구자억 · 구원회 공역(1998). 교사를 위한 교육과정 통합의 방법. 서울: 원미사.

박순경(2010). "2009 개정 교육과정 총론과 교과 교육과정 개정 연계." 국가교육과학기술자문회의 교육과정위원회. 2009 개정 교육과정에 따른 교과 교육과정 개선 방향, pp. 23-49.

서혜애 · 오필석 · 홍재식 공역(2000). 국가과학교육기준. 서울: 교육과학사.

이돈희·황정규·윤희원·조영달·권오량·우정호·최승언·강신복(1994). 교과교육학 탐구. 서울: 교육과학사.

이지은(2011). 백워드 설계모형을 적용한 이해중심 교육과정 개발. 경북대학교 대학원 박사학위 논문.

이지은·강현석(2010). 백워드 설계의 초등 수업 적용 가능성 탐색. 초등교육연구, 23(2), 383-409.

조재식(2005). 백워드(backward) 교육과정 설계 모형의 고찰. 교육과정연구, 23(1), 63-94.

최욱·박인우·변호승·양영선·왕경수·이상수·이인숙·임철일·정현미 공역(2005). 교수 설계 이론과 모형. 서울: 아카데미프레스.

한승희(1997). 내러티브 사고양식의 교육적 의미. 교육과정연구, 15(1), 400-423.

황미정(2005). 개념 기반의 주제 중심 단원 설계 준거 개발. 경북대학교 대학원 박사학위논문.

Anderson, L. W., & Krathwohl, D. R. (Eds.) (2001). *A Taxonomy for Learning, Teaching and assessing: A Revision of Bloom's Taxonomy of Educational Objectives*. NY: Longman.

Bruner, J. S. (1983). *In Search of Mind*. NY: Harper & Row Publishers.

Bruner, J. S. (1985). "Narrative and Paradigmatic Modes of Thought", In Eisner (Ed.), *Learning and Teaching: The Ways of Knowing*. NSSE, Chicago: Univ. of Chicago Press.

Bruner, J. S. (1986). *Actual Minds, Possible Worlds*. Cambridge, Mass: Harvard Univ. Press.

Bruner, J. S. (1987). *Life as Narrative. Social Research, 54*(1), 11-31.

Bruner, J. S. (1990a). Culture and Human Development: A New Look. *Human Development, 33*, 344-355.

Bruner, J. S. (1990b). *Acts of Meaning*. Cambridge, Mass: Harvard Univ. Press.

Bruner, J. S. (1996). *The Culture of Education*. Cambridge, Mass: Harvard Univ. Press.

Campbell, D. M., & Harris, L. S. (2001). *Collaborative Theme Building: How Teachers Write Integrated Curriculum*. Boston: Allyn & Bacon A Pearson Education Company.

Champman, D. W., & Windham, D. M. (1986). *The evaluation of efficiency in educational development activities*. Albany, NY: State University of NY at Albany.

Darling-Hammond, L., & Bransford, J. (2005). *Preparing Teachers for a Changing World*. Jossey-Bass, A Wiley Imprint.

Doll, W. E., Jr. (1993). *A Post-Modern Perspective on Curriculum*. NY: Teachers College Press.

English, F. W. (1992). *Deciding what to teach and test*. California: A sage Publications Company.

Erickson, H. L. (2001). *Stirring the Head, Heart, and Soul: Redefining Curriculum and Instruction* (2nd ed.). Thousand Oaks, CA: Corwin Press, Inc.

Erickson, H. L. (2002). *Concept-Based Curriculum and Instruction: Teaching Beyond the*

Facts. Thousand Oaks, CA: Corwin Press, Inc.

Fogarty, R. (1991). Ten ways to integrate curriculum. *Educational Leadership, 49*(2).

Gardner, H. (2004). "Discipline, Understanding and Community". *Journal of Curriculum Studies, 36*(2), 233-236.

Goodman, N. (1978). *Ways of Worldmaking*. Indianapolis: Hackett.

Hyman, R. T. (1973). *Approaches in Curriculum*. Englewood Cliffs, NJ: Prentice-Hall.

Ingram, J. B. (1979). *Curriculum Integration and Life-long Education*. Paris: UNESCO.

Kelly, E. F. (1982). Evaluation and judging. Occasional Paper, The Evaluation Consortium at Albany, NY: SUNY-Albany.

Kendall, J. S., & Marzano, R. J. (1996). *Content Knowledge: A Compendium of Standards and Benchmark for K-12 Education*. Mid-continent Regional Educational Laboratory, Inc.

Marzano, R. J. (2001). *Designing A New Taxonomy of Educational Objectives*. Thousand Oaks, CA: Corwin Press, Inc.

Marzano, R. J. et al. (2001). *A Handbook for Classroom Instruction that Works*. Alexandria: ASCD.

Maxim, G. (1995). *Social studies and the elementary school child*. Englewood Cliffs, NJ: Merril.

National Research Council (2000). *How people learn: Brain, mind, experience, and school* (Expanded Ed.). Washington, DC: Academy Press.

Orlosky, D. E., & Smith, B. O. (1978). *Curriculum Development: Issues and Insights*. Chicago: Rand McNally.

Shweder, R. A. (1991). *Thinking Through Cultures: Expeditions in Cultural Psychology*. Cambridge, Mass: Harvard Univ. Press.

Smith, M. K. (2002). Bruner and the Culture of Education. In *The Encyclopedia of Informal Education*. NY: Infeed.

Taba, H. (1962). *Curriculum Development*. NY: Harcourt, Brace & World.

Tomlinson, C. A., & McTighe, J. (2006). *Integrating Differentiated Instruction & Understanding by Design*. Alexandria, Virginia: ASCD.

Toffler, A. (2008). 한국 교육의 과제 강연 원고. 국가교육과학기술자문회의 교육과정특별위원회 (2009). 미래형 교육과정의 구조와 실효화 방안, 재인용.

Wiggins, G., & McTighe, J. (2001). *Understanding by Design*. Columbus, Ohio: Merrill Prentice Hall.

Wiggins, G., & McTighe, J. (2005). *Understanding by Design* (Expanded 2nd ed.). Alexandria, Virginia: Association for Supervision and Curriculum Development.

Wiggins, G., & McTighe, J. (2011). *The Understanding by design Guide to Creating High-Quality Units*. Alexandria, VA: Association for Supervision and Curriculum Development.

Wisconsin Deparment of Public Instruction (2005). Wisconsin's Model Academic Standards for Subjects.

Wolfinger, D. M., & Stockard, J. W., Jr. (1997). *Elementary Methods: An Integrated Curriculum*. London: Longman.

부록 III

2009 개정
초 · 중등학교 교육과정 총론

2009 개정 교육과정: 2009. 12. 23.

(교육과학기술부 고시 제2009-41호)

초·중등교육법 제23조 제2항에 의거하여 초·중등학교 교육과정을 다음과 같이 고시합니다.

2009년 12월 23일

교육과학기술부장관

1. 초·중등학교 교육과정은【별책 1】과 같습니다.

2. 초등학교 교육과정은【별책 2】와 같습니다.

3. 중학교 교육과정은【별책 3】과 같습니다.

4. 고등학교 교육과정은【별책 4】와 같습니다.

5. 국어과 교육과정은【별책 5】와 같습니다.

6. 도덕과 교육과정은【별책 6】과 같습니다.

7. 사회과 교육과정은【별책 7】과 같습니다.

8. 수학과 교육과정은【별책 8】과 같습니다.

9. 과학과 교육과정은【별책 9】와 같습니다.

10. 실과(기술·가정) 교육과정은【별책 10】과 같습니다.

11. 체육과 교육과정은【별책 11】과 같습니다.

12. 음악과 교육과정은【별책 12】와 같습니다.

13. 미술과 교육과정은【별책 13】과 같습니다.

14. 외국어과 교육과정은【별책 14】와 같습니다.

15. 중학교 선택 과목 교육과정은【별책 16】과 같습니다.

16. 한문, 교양 선택 과목 교육과정은【별책 17】과 같습니다.

17. 창의적 체험활동 교육과정은【별책 18】과 같습니다.

18. 외국어 계열 전문 교과 교육과정은【별책 27】과 같습니다.

19. 국제 계열 전문 교과 교육과정은【별책 28】과 같습니다.

부칙

1. 이 교육과정은 학교급별, 학년별로 다음과 같이 시행합니다.

   가. 2011년 3월 1일: 초등학교 1, 2학년, 중학교 1학년, 고등학교 1학년

   나. 2012년 3월 1일: 초등학교 3, 4학년, 중학교 2학년, 고등학교 2학년

   다. 2013년 3월 1일: 초등학교 5, 6학년, 중학교 3학년, 고등학교 3학년

   라. 단, 고등학교 보통 교과 중 화법과 작문 I · II, 독서와 문법 I · II, 문학 I · II, 한국지리, 세계지리, 동아시아사, 세계사, 법과 정치, 경제, 사회 · 문화, 생활과 윤리, 윤리와 사상, 물리 I · II, 화학 I · II, 생명과학 I · II, 지구과학 I · II, 운동과 건강 생활, 스포츠 문화, 스포츠 과학, 음악 실기, 음악과 사회, 음악의 이해, 미술과 삶, 미술 감상, 미술 창작, 농업 생명 과학, 공학 기술, 가정 과학, 창업과 경영, 해양 과학, 정보, 독일어 I · II, 프랑스어 I · II, 스페인어 I · II, 중국어 I · II, 일본어 I · II, 러시아어 I · II, 아랍어 I · II, 한문 I · II는 2012년부터 적용하며, 고등학교 보통 교과 중 '*'표가 된 과목의 경우는 2011년 3월 1일부터 2014년 2월 28일까지 적용합니다.

교육과정의 성격

이 교육과정은 초 · 중등교육법 제23조 제2항에 의거하여 고시한 것으로, 초 · 중등학교의 교육목적과 교육목표를 달성하기 위한 국가 수준의 교육과정이며, 초 · 중등학교에서 편성, 운영하여야 할 학교 교육과정의 공통적, 일반적인 기준을 제시한 것이다.

이 교육과정의 성격은 다음과 같다.

가. 국가 수준의 공통성과 지역, 학교, 개인 수준의 다양성을 동시에 추구하는 교육과정이다.
나. 학습자의 자율성과 창의성을 신장하기 위한 학생 중심의 교육과정이다.
다. 교육청과 학교, 교원 · 학생 · 학부모가 함께 실현해 가는 교육과정이다.
라. 학교 교육 체제를 교육과정 중심으로 개선하기 위한 교육과정이다.
마. 교육의 과정과 결과의 질적 수준을 유지, 관리하기 위한 교육과정이다.

I. 교육과정 구성의 방향

1. 추구하는 인간상

우리나라의 교육은 홍익인간의 이념 아래 모든 국민으로 하여금 인격을 도야하고, 자주적 생활 능력과 민주 시민으로서 필요한 자질을 갖추게 하여 인간다운 삶을 영위하게 하고, 민주 국가의 발전과 인류 공영의 이상을 실현하는 데 이바지하게 함을 목적으로 하고 있다.

이러한 교육 이념을 바탕으로, 이 교육과정이 추구하는 인간상은 다음과 같다.

가. 전인적 성장의 기반 위에 개성의 발달과 진로를 개척하는 사람
나. 기초 능력의 바탕 위에 새로운 발상과 도전으로 창의성을 발휘하는 사람
다. 문화적 소양과 다원적 가치에 대한 이해를 바탕으로 품격 있는 삶을 영위하는 사람
라. 세계와 소통하는 시민으로서 배려와 나눔의 정신으로 공동체 발전에 참여하는 사람

2. 교육과정 구성의 방침

추구하는 인간상을 구현하기 위한 이 교육과정 구성의 방침은 다음과 같다.

가. 배려와 나눔을 실천하는 창의적인 인재를 기를 수 있도록 교육과정을 구성한다.

나. 이 교육과정은 초등학교 1학년부터 중학교 3학년까지의 공통 교육과정과 고등학교 1학년부터 3학년까지의 선택 교육과정으로 편성한다.

다. 교육과정 편성·운영의 경직성을 탈피하고, 학년 간 상호 연계와 협력을 통한 학교 교육과정 편성·운영의 유연성을 부여하기 위하여 학년군을 설정한다.

라. 공통 교육과정의 교과는 교육목적상의 근접성, 학문 탐구 대상 또는 방법상의 인접성, 생활양식에서의 연관성 등을 고려하여 교과군으로 재분류한다.

마. 선택 교육과정에서는 학생들의 기초영역 학습 강화와 진로 및 적성 등을 감안한 적정 학습이 가능하도록 4개의 교과 영역으로 구분하고, 필수이수단위를 제시한다.

바. 학기당 이수 교과목 수 축소를 통한 학습부담의 적정화와 의미 있는 학습활동이 전개될 수 있도록 집중이수를 확대한다.

사. 기존의 재량활동과 특별활동을 통합하여 배려와 나눔의 실천을 위한 '창의적 체험활동'을 신설한다.

아. 학교 교육과정 평가, 교과 평가의 개선, 국가 수준의 학업성취도 평가 실시 등을 통해 교육과정 질 관리 체제를 강화한다.

II. 학교급별 교육과정 편성과 운영

1. 초등학교

가. 초등학교 교육목표

초등학교의 교육은 학생의 학습과 일상생활에 필요한 기초 능력 배양과 기본 생활 습관을 형성하는 데 중점을 둔다.

(1) 풍부한 학습 경험을 통해 몸과 마음이 건강하고 균형 있게 자랄 수 있도록 하며, 다양한 일의 세계에 대한 기초적인 이해를 한다.

(2) 학습과 생활에서 문제를 인식하고 해결하는 기초 능력을 기르고, 이를 새롭게 경험할 수 있는 상상력을 키운다.

(3) 우리 문화에 대해 이해하고, 문화를 향유하는 올바른 태도를 기른다.

(4) 자신의 경험과 생각을 다양하게 표현하며 타인과 공감하고 협동하는 태도를 기른다.

나. 편제와 시간 배당

(1) 편제

(가) 초등학교 교육과정은 교과(군)와 창의적 체험활동으로 편성한다.

① 교과(군)는 국어, 사회/도덕, 수학, 과학/실과, 체육, 예술(음악/미술), 영어로 한다. 다만, 초등학교 1, 2학년의 교과는 국어, 수학, 바른 생활, 슬기로운 생활, 즐거운 생활로 한다.

② 창의적 체험 활동은 자율 활동, 동아리 활동, 봉사 활동, 진로 활동으로 한다.

(2) 시간 배당 기준

구분		1~2학년	3~4학년	5~6학년
교과(군)	국어	국어 448	408	408
	사회/도덕		272	272
	수학	수학 256	272	272
	과학/실과	바른 생활 128	204	340
	체육		204	204
	예술(음악/미술)	슬기로운 생활 192	272	272
	영어	즐거운 생활 384	136	204
창의적 체험활동		272	204	204
학년군별 총 수업시간 수		1,680	1,972	2,176

① 이 표에서 1시간 수업은 40분을 원칙으로 하되, 기후 및 계절, 학생의 발달 정도, 학습 내용의 성격 등과 학교 실정을 고려하여 탄력적으로 편성·운영할 수 있다.

② 학년군 및 교과(군)별 시간 배당은 연간 34주를 기준으로 한 2년간의 기준 수업 시수를 나타낸 것이다.

③ 학년군별 총 수업시간 수는 최소 수업 시수를 나타낸 것이다.

④ 3~4학년의 국어과 기준 수업 시수는 주 5일 수업에 따라 감축된 시간 수이므로 학교에서

는 442시간을 기준 수업 시수로 운영할 수 있다.

⑤ 실과의 수업시간은 5~6학년 과학/실과의 수업 시수에만 포함된 것이다.

다. 초등학교 교육과정 편성·운영의 중점

(1) 학교는 1학년 학생들의 입학 초기 적응 교육을 위해 창의적 체험활동의 시수를 활용하여 자율적으로 입학 초기 적응 프로그램 등을 편성·운영할 수 있다.

(2) 학교는 모든 교육 활동을 통해 학생의 인성과 기본 생활 습관을 형성할 수 있도록 교육과정을 편성·운영한다.

(3) 각 교과의 기초적, 기본적 요소들이 체계적으로 학습되도록 계획하고, 정확한 국어 사용 능력을 신장할 수 있도록 배려한다. 특히, 기초적 국어사용 능력과 수리력이 부족한 학생들을 위해 별도의 프로그램을 편성·운영할 수 있다.

(4) 학교의 특성, 학생·교사·학부모의 요구 및 필요에 따라 학교가 자율적으로 교과(군)별 20% 범위 내에서 시수를 증감하여 운영할 수 있다.

(5) 초등학교에서는 학교의 여건과 교과(군)별 특성을 고려하여 학년, 학기별로 집중 이수를 통해 학기당 이수 교과 수를 감축하여 편성·운영할 수 있다.

(6) 정보통신활용교육, 보건교육, 한자교육 등은 관련 교과(군)와 창의적 체험활동 시간을 활용하여 체계적인 지도가 이루어질 수 있도록 한다.

(7) 전입 학생이 특정 교과목을 이수하지 못할 경우, 교육청과 학교에서는 '보충 학습 과정' 등을 통해 학습 결손이 발생하지 않도록 한다.

(8) 학년을 달리하는 학생을 병합하여 복식 학급을 편성, 운영하는 경우에는 교육 내용의 학년별 순서를 조정하거나 공통 주제를 중심으로 교재를 재구성하여 활용할 수 있다.

(9) 학교는 학생이 학년군별로 이수해야 할 학년별, 학기별 교과목을 편성하여 안내한다.

(10) 예술(음악/미술)은 음악과 미술 교과를 중심으로 편성·운영한다.

2. 중학교

가. 중학교 교육목표

중학교의 교육은 초등학교 교육의 성과를 바탕으로, 학생의 학습과 일상생활에 필요한 기본 능력을 배양하며, 다원적인 가치를 수용하고 존중하는 민주 시민의 자질 함양에 중점을 둔다.

(1) 심신의 건강하고 조화로운 발달을 추구하며, 다양한 분야의 경험과 지식을 익혀 적극적으로 진로를 탐색한다.

(2) 학습과 생활에 필요한 기초 능력과 문제 해결력을 바탕으로 창의적 사고력을 기른다.

(3) 자신을 둘러싼 세계에 대한 경험을 토대로 다양한 문화와 가치에 대한 이해를 넓힌다.

(4) 다양한 소통 능력을 기르고 민주 시민으로서의 자질과 태도를 갖춘다.

나. 편제와 시간 배당 기준

(1) 편제

(가) 중학교 교육과정은 교과(군)와 창의적 체험활동으로 편성한다.

① 교과(군)는 국어, 사회(역사 포함)/도덕, 수학, 과학/기술 · 가정, 체육, 예술(음악/미술), 영어, 선택으로 한다. 선택은 한문, 정보, 환경, 생활 외국어(독일어, 프랑스어, 스페인어, 중국어, 일본어, 러시아어, 아랍어), 보건, 진로와 직업 등 선택 과목으로 한다.

② 창의적 체험 활동은 자율 활동, 동아리 활동, 봉사 활동, 진로 활동으로 한다.

(2) 시간 배당 기준

구분			1~3학년
교과(군)		국어	442
		사회(역사 포함)/도덕	510
		수학	374
		과학/기술 · 가정	646
		체육	272
		예술(음악/미술)	272
		영어	340
		선택	204
창의적 체험활동			306
총 수업시간 수			3,366

① 이 표에서 1시간 수업은 45분을 원칙으로, 기후 및 계절, 학생의 발달 정도, 학습 내용의 성격 등과 학교 실정을 고려하여 탄력적으로 편성 · 운영할 수 있다.

② 학년군 및 교과(군)별 시간 배당은 연간 34주를 기준으로 한 3년간의 기준 수업 시수를 나타낸 것이다.

③ 총 수업시간 수는 3년간의 최소 수업 시수를 나타낸 것이다.

다. 중학교 교육과정 편성·운영의 중점

(1) 학교는 학생들이 이수해야 할 3년간의 교과목을 학년별, 학기별로 편성하여 안내한다.

(2) 교과(군)의 이수 시기와 수업 시수는 학교가 자율적으로 결정할 수 있다.

(3) 학교의 특성, 학생·교사·학부모의 요구 및 필요에 따라 학교가 자율적으로 교과(군)별 수업 시수를 20% 범위 내에서 증감하여 운영할 수 있다.

(4) 교육 효과를 높이기 위해 학생의 학기당 이수 교과목 수를 8개 이내로 편성하도록 한다.

(5) 예술(음악/미술)은 음악과 미술 교과를 중심으로 편성·운영한다.

(6) 선택 과목을 개설할 경우, 학교는 2개 이상의 과목을 개설함으로써 학생들의 선택권이 보장되도록 한다.

(7) 학교는 필요한 경우 새로운 선택 과목을 개설할 수 있다. 새로운 과목을 개설하여 운영하고자 할 경우에는 시·도 교육청의 교육과정 편성·운영 지침에 의거하여 사전에 필요한 절차를 거쳐야 한다.

(8) 학교는 학생의 직업 및 진로에 대한 탐색과 선택을 돕기 위해 진로 교육을 강화한 교육과정을 편성·운영한다.

(9) 전입 학생이 특정 교과목을 이수하지 못할 경우, 교육청과 학교에서는 '보충 학습 과정' 등을 통해 학습 결손이 발생하지 않도록 한다.

3. 고등학교

가. 고등학교 교육목표

고등학교 교육은 중학교 교육의 성과를 바탕으로, 학생의 적성과 소질에 맞는 진로 개척 능력과 세계 시민으로서의 자질을 함양하는 데 중점을 둔다.

(1) 성숙한 자아의식을 토대로 다양한 분야의 지식과 기능을 익혀 진로를 개척하며 평생학습의 기본 역량과 태도를 갖춘다.

(2) 학습과 생활에서 새로운 이해와 가치를 창출할 수 있는 비판적, 창의적 사고력과 태도를 익힌다.

(3) 우리의 문화를 향유하고 다양한 문화와 가치를 수용할 수 있는 자질과 태도를 갖춘다.

(4) 국가 공동체의 발전을 위해 노력하며, 세계 시민으로서의 자질과 태도를 기른다.

나. 편제와 단위 배당 기준

(1) 편제

(가) 고등학교 교육과정은 교과(군)와 창의적 체험활동으로 편성한다.

(나) 교과는 보통 교과와 전문 교과로 한다.

① 보통 교과 영역은 기초, 탐구, 체육 · 예술, 생활 · 교양으로 구성하며, 교과(군)는 국어, 수학, 영어, 사회(역사/도덕 포함), 과학, 체육, 예술(음악/미술), 기술 · 가정/제2외국어/ 한문/교양으로 한다.

② 전문 교과는 농생명 산업, 공업, 상업 정보, 수산 · 해운, 가사 · 실업, 과학, 체육, 예술, 외국어, 국제에 관한 교과로 한다.

(다) 창의적 체험활동은 자율 활동, 동아리 활동, 봉사 활동, 진로 활동으로 한다.

(2) 단위 배당 기준

[표 1]

구분			필수 이수 단위		학교자율과정
			교과(군)	교과 영역	
교과(군)	기초	국어	15(10)	45(30)	학생의 적성과 진로를 고려하여 편성
		수학	15(10)		
		영어	15(10)		
	탐구	사회(역사/도덕 포함)	15(10)	35(20)	
		과학	15(10)		
	체육 · 예술	체육	10(5)	20(10)	
		예술(음악/미술)	10(5)		
	생활 · 교양	기술 · 가정/ 제2외국어/ 한문/ 교양	16(12)	16(12)	
	소계		116(72)		64
창의적 체험활동			24		
총 이수 단위			204		

① 1단위는 50분을 기준으로 하여 17회를 이수하는 수업량이다.

② 1시간의 수업은 50분을 원칙으로 하되, 기후 및 계절, 학생의 발달 정도, 학습 내용의 성격 등과 학교 실정을 고려하여 탄력적으로 편성·운영할 수 있다.

③ 필수 이수 단위의 교과(군) 및 교과 영역 단위 수는 해당 교과(군) 및 교과 영역의 '최소 이수 단위'를 가리킨다.

④ 필수 이수 단위의 ( ) 안의 숫자는 전문교육을 주로 하는 학교, 예체능 등 교육과정 편성·운영의 자율권을 인정받은 학교가 이수할 것을 권장한다.

⑤ 총 이수 단위 수는 교과(군)과 창의적 체험활동의 이수 단위를 합한 것으로, 고등학교 졸업에 필요한 '최소 이수 단위'를 가리킨다.

(3) 보통 교과

[표 2]

교과 영역	교과(군)	과목
기초	국어	국어*, 화법과 작문 I, 화법과 작문 II, 독서와 문법 I, 독서와 문법 II, 문학 I, 문학 II
	수학	수학*, 수학의 활용, 수학 I, 미적분과 통계기본, 수학 II, 적분과 통계, 기하와 벡터
	영어	영어*, 영어 I, 영어 II, 실용 영어 회화, 심화 영어 회화, 영어 독해와 작문, 심화 영어 독해와 작문
탐구	사회 (역사/도덕 포함)	사회*, 한국 지리, 세계 지리, 동아시아사, 세계사, 법과 정치, 경제, 사회·문화, 한국사*
	도덕*, 생활과 윤리, 윤리와 사상	
	과학	과학*, 물리 I, 물리 II, 화학 I, 화학 II, 생명과학 I, 생명과학 II, 지구과학 I, 지구과학 II
체육·예술	체육	체육*, 운동과 건강 생활, 스포츠 문화, 스포츠 과학
	예술 (음악/미술)	음악*, 음악 실기, 음악과 사회, 음악의 이해
	미술*, 미술과 삶, 미술 감상, 미술 창작	
생활·예술	기술·가정/ 제2외국어/ 한문/ 교양	기술·가정*, 농업 생명 과학, 공학 기술, 가정 과학, 창업과 경영, 해양 과학, 정보
	독일어 I, 독일어 II, 프랑스어 I, 프랑스어 II, 스페인어 I, 스페인어 II, 중국어 I, 중국어 II, 일본어 I, 일본어 II, 러시아어 I, 러시아어 II, 아랍어 I, 아랍어 II	
	한문 I, 한문 II	
	생활과 철학, 생활과 논리, 생활과 심리, 생활과 교육, 생활과 종교, 생활 경제, 안전과 건강, 진로와 직업, 보건, 환경과 녹색성장	

① 각 과목의 기본 단위 수는 5단위이며, 각 과목별로 1단위 범위 내에서 증감 운영이 가능하며, 가능한 한 한 학기에 이수하도록 한다.

② *표 한 과목은 교과(군)별 학습의 위계를 고려하여 선택할 수 있도록 지도한다. 이 과목은 4단위 범위 내에서 증감하여 운영할 수 있다.

③ 위 표에 제시된 과목 이외에 전문교과의 과목을 편성·운영할 수 있다.

(4) 전문 교과

[표 3]

교과	교과(군)				기준 학과
농생명 산업	농업 이해 생물 공학 기초 산림 자원 기술 원예 기술 I 사육 기술 II 조경 기술 II 농업 토목 기술 II 농업 기계 기술 II 식품 가공 기술 II 환경 보전	농업 기초 기술 재배 원예 원예 기술 II 누에와 비단 농업과 물 농업 기계 식품 과학 농산물 유통 환경 관리 I	농업 정보 관리 작물 생산 기술 생활 원예 동물 자원 조경 농촌과 농지 개발 농업 기계 공작 식품 위생 농산물 유통 관리 I 환경 관리 II	농업 경영 숲과 인간 생산 자재 사육 기술 I 조경 기술 I 농업 토목 기술 I 농업 기계 기술 I 식품 가공 기술 I 농산물 유통 관리 II 농업과 관광	식물 자원과 동물 자원과 농업 토목과 식품 가공과 농업 기계과 조경과 농산물유통정보과 환경·관광 농업과 생물 공학과
공업	공업 입문 기계 일반 기계 공작법 기계 기초 공작 금형 제작 전자 기계 제어 금속 제조 전기 응용 전력 설비 II 전자·전산 응용 정보 통신 프로그래밍 토목 설계 지적 전산 건축 목공 색채 관리 시각 디자인 제조 화학	기초 제도 전기 일반 원동기 공작 기계 I 전자 기계 이론 로봇 기초 재료 가공 전기 회로 전기·전자 측정 전자 회로 통신 시스템 디지털 논리 회로 토목 일반 지적 실무 건축 시공 I 조형 컴퓨터 그래픽 분석 화학	정보 기술 기초 공업 영어 유체 기기 공작 기계 II 전자 기계 회로 로봇 제작 주조 전기 기기 자동화 설비 계측 제어 컴퓨터 구조 측량 토목 재료·시공 건축 구조 건축 시공 II 제품 디자인 공업 화학 기능성 세라믹	전문 제도 기계 설계 공기 조화 설비 산업 설비 전자 기계 공작 재료 일반 금속 처리 전력 설비 I 전자 기기 통신 일반 시스템 프로그래밍 역학 수리·토질 건축 계획 일반 디자인 일반 공예 단위 조작·공정 제어	기계과 전자 기계과 금속 재료과 전기과 전자과 통신과 컴퓨터 응용과 토목과 건축과 디자인과 화학 공업과 환경 공업과 세라믹과 식품 공업과 섬유과 인쇄과 자동차과 조선과

교과	교과(군)				기준 학과
공업	구조 세라믹 식품 분석 제포 · 봉제 평판 인쇄 자동차 · 건설 기계 건설 기계 구조 · 　정비 선박 건조 항공기 장비 대기 · 소음 방지 컴퓨터 게임 그래픽 영화 · 방송 제작	세라믹 디자인 식품 공업 기술 염색 · 가공 특수 인쇄 자동차 기관 자동차 차체 수리 항공기 일반 항공기 전자 장치 폐기물 처리 만화 · 애니메이 　션 기초 촬영 · 조명	발효 공업 섬유 재료 인쇄 일반 사진 · 전자 제판 자동차 섀시 선박 이론 항공기 기체 환경 공업 일반 컴퓨터 게임 기획 애니메이션 제작 방송 시스템	세라믹 원리 · 공정 식품 제조 기계 방적 · 방사 인쇄 · 사진 재료 사진 자동차 전기전자 　제어 선박구조 항공기 기관 수질 관리 컴퓨터 게임 프로 　그램 만화 창작	항공과 컴퓨터 게임과 만화 · 애니메이 　선과 영상 제작과
상업 정보	상업 경제 경영과 법 커뮤니케이션 실무 세무 회계 전자 무역과 국제 　상무 프로그래밍 실무 멀티미디어 기획 인터넷 쇼핑몰 관리	컴퓨터 일반 마케팅과 광고 원가 회계 금융과 생활 유통 정보 관리 소프트웨어 개발 멀티미디어 실무 전자 상거래 실무	회계 원리 경영 정보 시스템 기업 회계 국제화와 기업 경영 물류 관리 사무 관리 실무 웹 프로그래밍 인터넷 마케팅	기업과 경영 기업 자원 관리 전산 회계 무역 영어 자료 처리 멀티미디어 일반 전자 상거래 일반 창업 일반	경영 정보과 회계 정보과 무역 정보과 유통 경영과 정보 처리과 멀티미디어과 전자 상거래과 응용 디자인과 관광 경영과
수산 · 해운	수산 일반 수산 생물 양식 생물 질병 해양 오염 열기관 잠수 기술 해사 영어 전자 통신 운용 해양 정보 관리	해사 일반 수산 경영 일반 수산 가공 냉동 일반 선박 보조 기계 항해 선화 운송 생선회 실무	해양 일반 해양 생산 기술 수산물 유통 냉동 기계 선박 전기 · 전자 선박 운용 전자 통신 공학 해양 레저 · 관광	수산 · 해운 정보 　처리 수산 양식 해양 환경 냉동 공조 실무 기계 설계 · 공작 해사 법규 전자 통신 기기 항만 물류 일반	해양 생산과 수산 양식과 자영 수산과 수산 식품과 해양 환경과 냉동 공조과 동력 기계과 항해과 전자 통신과 해양 레저과 항만 물류과 해양 정보과

교과	교과(군)				기준 학과
가사·실업	인간 발달 동양 조리 패션 디자인 주거 영·유아 교육 원리 관광 일반 관광 영어 보건 간호 헤어 미용	식품과 영양 서양 조리 한국 의복 구성 실내 디자인 영·유아 교육 프로그램 관광 경영 실무 관광 일본어 기초 간호 임상 실무 피부 관리	급식 관리 제과 제빵 서양 의복 구성 가구 디자인 영·유아 놀이 교육 관광 서비스 실무 관광 중국어 기초 복지 서비스 메이크업	한국 조리 의복 재료·관리 자수와 편물 디스플레이 영·유아 생활 지도 관광 외식·조리 간호의 기초 노인 생활 지원 공중 보건	조리과 의상과 실내 디자인과 유아교육과 관광과 간호과 복지 서비스과 미용과
과학	물리 실험 과학사 고급 수학 고급 지구 과학 현대 과학과 기술	화학 실험 전자 과학 고급 물리 과제 연구 I 원서 강독	생명 과학 실험 정보 과학 I 고급 화학 과제 연구 II 워크숍	지구 과학 실험 정보 과학 II 고급 생명 과학 환경 과학 과학 철학	
체육	스포츠 개론 체조 운동 투기 운동 전문 스포츠 경기 체력 전문 스포츠 경기 실습 스포츠 경영·행정	스포츠 경기 과학 수상 운동 빙상·설상 운동 전문 스포츠 경기 초급 스포츠 교육 전공 실기	체육과 진로 탐구 개인·대인 운동 표현·창작 운동 전문 스포츠 경기 중급 코칭론 전공 실습	육상 운동 단체 운동 체력 운동 전문 스포츠 경기 중급 건강 관리	스포츠경기과 체육지도과
예술	음악 이론 합창 교양 실기 미술 이론 기초 조소 미술 감상과 비평 무용의 이해 무용 전공 실기 문학의 이해 시 창작 연극의 이해 연극 감상과 비평 영화 제작 실습 사진의 이해 사진 편집	음악사·감상 합주 미술사 기초 디자인·공예 기초 한국 무용 무용 음악 문장론 소설 창작 무대 기술 영화의 이해 영화 감상과 비평 기초 촬영 디지털 사진 촬영	시창·청음 연주 소묘 미술 전공 실기 기초 발레 안무 고전 문학의 감상과 비평 희곡 창작 연기 영화 기술 중급 촬영 디지털 사진 표현 기법	음악 전공 실기 컴퓨터와 음악 기초 회화 영상 매체와 미술 기초 현대 무용 무용 감상과 비평 현대 문학의 감상과 비평 매체와 문학 연극 제작 실습 영화 창작과 표현 암실 실기 사진 감상과 비평	음악과 미술과 무용과 문예창작과 연극영화과 사진과

교과	교과(군)				기준 학과
외국어	심화 영어 영어 독해 영어 문법 기초 독일어 독일어 독해 독일어 문법 기초 프랑스어 프랑스어 독해 프랑스어 문법 기초 스페인어 스페인어 독해 스페인어 문법 기초 중국어 중국어 독해 중국어 문법 기초 일본어 일본어 독해 일본어 문법 기초 러시아어 러시아어 독해 러시아어 문법 기초 아랍어 아랍어 독해 아랍어 문법	영어 청해 영어 작문 독일어 청해 독일어 작문 프랑스어 청해 프랑스어 작문 스페인어 청해 스페인어 작문 중국어 청해 중국어 작문 일본어 청해 일본어 작문 러시아어 청해 러시아어 작문 아랍어 청해 아랍어 작문	영어 회화 I 영어권 문화 I 독일어 회화 I 독일어권 문화 I 프랑스어 회화 I 프랑스어권 문화 I 스페인어 회화 I 스페인어권 문화 I 중국어 회화 I 중국 문화 I 일본어 회화 I 일본 문화 I 러시아어 회화 I 러시아 문화 I 아랍어 회화 I 아랍 문화 I	영어 회화 II 영이권 문화 II 독일어 회화 II 독일어권 문화 II 프랑스어 회화 II 프랑스어권 문화 II 스페인어 회화 II 스페인어권 문화 II 중국어 회화 II 중국 문화 II 일본어 회화 II 일본 문화 II 러시아어 회화 II 러시아 문화 II 아랍어 회화 II 아랍 문화 II	영어과 독일어과 프랑스어과 스페인어과 중국어과 일본어과 러시아어과 아랍어과
국제	영어 강독 중국어 강독 국제 정치 I 세계 문제 국제법 한국의 현대 사회 예능 실습	독일어 강독 일본어 강독 국제 정치 II 비교 문화 I 지역 이해 한국어	프랑스어 강독 러시아어 강독 국제 경제 I 비교 문화 II 인류의 미래 사회 과제 연구 I	스페인어 강독 아랍어 강독 국제 경제 II 정보 과학 한국의 전통 문화 과제 연구 II	

① 전문 교육을 주로 하는 고등학교에서는 [표 3]에서 필요한 전문 과목을 80단위 이상 이수한다.

② 전문 교육을 주로 하는 고등학교에서는 다음 과목을 필수로 이수한다.

　㉮ 농생명 산업 계열: 농업 이해, 농업 기초 기술, 농업 정보 관리

　㉯ 공업 계열: 공업 입문, 기초 제도, 정보 기술 기초

ⓓ 상업 정보 계열: 상업 경제, 회계 원리, 컴퓨터 일반

ⓔ 수산·해운 계열: 해양 일반, 수산·해운 정보 처리, 수산 일반(수산 계열), 해사 일반 (해운 계열)

ⓕ 가사·실업 계열: 인간 발달, 컴퓨터 일반

ⓖ 체육, 외국어, 국제계열은 시·도 교육감이 정한 지침에 따르되, 과학, 예술 계열은 필수 이수 과목을 별도로 정하지 않는다.

다. 고등학교 교육과정 편성·운영의 중점

(1) 공통 지침

(가) 고등학교 교육과정의 총 이수 단위는 204단위이며 교과(군) 180단위, 창의적 체험활동 24단위로 나누어 편성한다.

(나) 교과의 이수 시기와 단위는 학교에서 자율적으로 편성·운영할 수 있다.

(다) 교육 효과를 높이기 위해 학생의 학기당 이수 과목 수를 8개 이내로 편성하도록 한다.

(라) 선택 과목 중에서 위계성을 갖는 과목의 경우 계열적 학습이 되도록 편성한다. 단, 학교의 실정 및 학생의 요구, 과목의 성격에 따라 탄력적으로 운영할 수 있다.

(마) 선택 과목은 학교의 실정과 학생들의 요구를 반영하여 편성하되, 학교는 필요에 따라 이 교육과정에 제시되어 있는 과목 외에 새로운 과목을 개설할 수 있다. 새로운 과목을 개설하여 운영하고자 할 경우에는 시·도 교육청의 교육과정 편성·운영 지침에 의거하여 사전에 필요한 절차를 거쳐야 한다.

(바) 일정 규모 이상의 학생이 이 교육과정의 편제에 있는 특정 선택 과목의 개설을 요청할 경우, 학교는 이를 개설해야 한다.

(사) 학교에서 개설하지 않은 선택 과목 이수를 희망하는 학생이 있을 경우 그 과목을 개설한 다른 학교에서의 이수를 인정하도록 한다.

(아) 학교 및 학생의 필요에 따라 지역사회의 학습장에서 행하는 학습을 이수 과목으로 인정할 수 있다. 다만, 이 경우 시·도 교육청이 정하는 지침에 따른다.

(자) 학교는 필요에 따라 대학과목 선이수제의 과목을 개설할 수 있고, 국제적으로 공인받은 교육과정과 과목을 선택 과목으로 인정할 수 있다. 다만, 이와 관련된 구체적인 사항은 시·도 교육청의 지침에 따른다.

(차) 학교는 필요에 따라 교과의 총 이수 단위를 증배 운영할 수 있다. 단, 전문 교육을 주로 하는 학교는 전문 교과에 한하여 증배 운영할 수 있다.

(카) 학교는 학생이 3년간 이수해야 할 학년별, 학기별 과목을 편성하여 안내해야 한다.

(2) 일반계 고등학교

(가) 교과(군)의 이수 단위 180단위 중 필수 이수 단위는 116단위 이상으로 한다.

(나) 학생의 진로 과정을 고려하여 교과(군)별 최소 필수 이수 단위 수로 편성할 수 있으나, 교과 영역별로 제시된 단위 수를 편성·운영하여야 한다.

(다) 일반계 고등학교에서 체육, 음악, 미술 등의 과정을 개설하거나 자율 학교로 지정된 학교의 경우 교과(군) 최소 이수 단위인 72단위로 편성·운영할 수 있다.

(라) 학교는 학생의 요구 및 흥미, 적성 등을 고려하여 진로를 적절히 안내할 수 있는 진로 집중 과정을 편성·운영하도록 한다. 이를 위해 학교는 이 교육과정에 제시하는 '학교자율과정'에서 진로 집중 과정과 관련된 과목의 심화학습이 이루어질 수 있도록 편성·운영한다.

(마) 과학, 수학, 사회, 영어, 예술, 체육 등 교과를 중심으로 중점 학교를 운영할 수 있으며 이 경우, 학교 자율 과정의 50% 이상을 관련 교과목으로 편성할 수 있다.

(바) 체육, 음악, 미술 등의 과정을 개설하는 학교의 경우, 필요에 따라 지역 내 중점 학교 및 지역 사회 학습장 등을 활용할 수 있다.

(사) 일반계 고등학교에서 직업에 관한 과정을 운영할 수 있으며, 이와 관련된 세부 지침은 시·도교육청에서 정한다.

(아) 학교에서 제2외국어 과목을 개설할 경우, 2개 이상의 과목을 동시에 개설하도록 노력해야 한다.

(3) 전문교육을 주로 하는 고등학교

(가) 교과(군)의 이수 단위 180단위 중 보통 교과 필수 이수 단위는 72단위 이상으로 편성하며, 전문 교과의 과목은 80단위 이상 편성한다.

(나) 전문 교과의 각 과목에 대한 이수 단위는 시·도 교육감이 정하되, 외국어와 국제에 관한 교과의 각 과목별 이수 단위는 5단위를 기본으로 하되, 3단위 범위 내에서 증감 편성할 수 있다.

(다) 전문 교과의 기초가 되는 과목을 선택하여 이수할 경우, 이를 해당 보통 교과의 이수로 간주할 수 있다.

(라) 내용이 유사하거나 관련되는 보통 교과의 과목과 전문 교과의 과목은 교체하여 편성·운영할 수 있다.

(마) 농생명산업, 공업, 상업정보, 수산·해운, 가사·실업 계열의 고등학교는 다음과 같이 편성·운영할 수 있다.

① 전문 교과는 필요한 경우 다른 계열의 전문 과목을 선택하여 편성·운영할 수 있다.

② 학과별 필수 과목은 필요한 경우 학교장이 정할 수 있으며, 2개 이상의 계열을 운영하는 경우, 해당 학과가 속한 계열의 필수 과목을 이수한다.

③ 교육과정 내용과 관련이 있는 현장 실습을 운영하여야 한다. 이 경우 다양한 형태로 운영할 수 있으며, 이와 관련된 구체적인 사항은 시·도 교육청이 정한 지침에 따른다.

(바) 국제계열 고등학교는 전공 관련 교과군과 외국어에 관한 교과의 과목에서 80단위 이상 이수하되, 전공 관련 교과군에서 50% 이상 편성한다.

(사) 외국어 계열 고등학교에서는 전문 교과 총 이수 단위의 60% 이상을 전공 외국어로 하고, 전공 외국어 포함 2개 외국어로 전문 교과를 편성해야 한다.

(아) 이 교육과정에 명시되지 아니한 계열의 교육과정은 유사 계열의 교육과정에 준한다. 부득이 새로운 계열의 설치 및 그에 따른 교육과정을 편성할 경우와 학교의 실정에 따라 새로운 과목을 설정하여 운영하고자 할 경우에는 시·도 교육청의 교육과정 편성·운영 지침에 의거하여 사전에 필요한 절차를 거쳐야 한다.

4. 학교급별 공통 사항

가. 편성·운영

(1) 학교는 이 교육과정을 바탕으로 학교 실정에 알맞은 학교 교육과정을 편성·운영한다.

(2) 학교는 학교 교육과정 편성·운영 계획을 바탕으로 학년 및 교과목별 교육과정을 편성할 수 있다.

(3) 학교 교육과정은 모든 교원이 전문성을 발휘하여 참여하는 민주적인 절차와 과정을 거쳐 편성·운영한다.

(4) 교육과정의 합리적 편성과 효율적 운영을 위하여 교원, 교육과정(교과 교육) 전문가, 학부모 등이 참여하는 학교 교육과정 위원회를 구성하여 운영하며, 이 위원회는 학교장의 교육과정 운영 및 의사 결정에 관한 자문의 역할을 담당한다.

(5) 학교 교육과정을 편성·운영함에 있어서는 교원의 조직, 학생의 실태, 학부모의 요구, 지역 사회의 실정 및 교육 시설·설비 등 교육 여건과 환경이 충분히 반영되도록 노력한다.

(6) 학교는 동학년 모임, 교과별 모임, 현장 연구, 자체 연수 등을 통해서 교사들의 교육 활동 개선이 이루어지도록 한다.

(7) 학교가 종교 과목을 개설할 때에는 종교 이외의 과목을 포함, 복수로 과목을 편성하여 학생

에게 선택의 기회를 주어야 한다.

(8) 각 교과의 기초적, 기본적 요소들이 체계적으로 학습되도록 계획하고, 이를 일관성 있고 지속성 있게 지도한다.

(9) 각 교과목별 학습목표를 모든 학생이 성취하도록 지도하고, 능력에 알맞은 성취가 가능하도록 다양한 학습의 기회와 방법을 제공하며, 이를 위한 계획적인 배려와 지도를 하여 학습 결손이 누적되거나 학습 의욕이 저하되지 않도록 노력한다.

(10) 공통 교육과정에서는 학생의 능력과 적성, 진로를 고려하여 교육 내용과 방법을 다양화한다. 특히 국어, 수학, 사회, 과학, 영어 교과에서는 수준별 수업을 권장한다.

(11) 수준별 수업 운영을 위한 학습 집단은 학교의 여건이나 학생의 특성에 따라 다양하게 편성할 수 있으며, 학습 결손을 보충할 수 있도록 '특별 보충 수업'을 운영할 수 있다. 특별 보충 수업의 편성·운영에 관한 제반 사항은 학교가 자율적으로 결정한다.

(12) 교과 수업은 탐구적인 활동을 통하여 개념 및 원리를 이해하고, 이를 새로운 사태에 적용하는 기회를 많이 가지게 한다. 특히 여러 가지 자료를 활용한 정보 처리 능력을 가지도록 하는 데 힘쓴다.

(13) 개별적인 학습 활동과 더불어 소집단 공동 학습 활동을 중시하여 공동으로 문제를 해결하는 경험을 많이 가지게 한다.

(14) 각 교과 활동에서는 학습의 개별화가 이루어지도록 하고, 발표·토의 활동과 실험, 관찰, 조사, 실측, 수집, 노작, 견학 등의 직접 체험활동이 충분히 이루어지도록 유의한다.

(15) 학교는 창의적 체험활동이 실질적 체험학습이 되도록 지역사회의 유관기관과 적극적으로 연계·협력해서 프로그램을 운영해야 한다.

(16) 교과와 창의적 체험활동의 효율적인 운영을 위하여 지역 사회의 인적, 물적 자원을 계획적으로 활용한다.

(17) 창의적 체험활동에 배당된 시간 수는 학생의 요구와 학교의 실정에 기초하여 융통성 있게 배정하여 운영할 수 있다.

(18) 교과와 창의적 체험활동의 내용 배열은 반드시 학습의 순서를 의미하는 것이 아닌 예시적인 성격을 지니고 있으므로, 필요한 경우에 지역의 특수성, 계절 및 학교의 실정과 학생의 요구, 교사의 필요에 따라 각 교과목의 학년별 목표에 대한 지도 내용의 순서와 비중, 방법 등을 조정하여 운영할 수 있다.

(19) 심신 장애 학생을 위한 특수 학급을 설치, 운영하는 경우, 학생의 장애 정도와 능력을 고려하여 이 교육과정을 조정·운영하거나, 특수학교 교육과정 및 교수-학습 자료를 활용할 수 있다.

(20) 학습부진아, 장애를 가진 학생, 귀국 학생, 다문화 가정 자녀 등이 학교에서 충실한 학습 경험을 누릴 수 있도록 특별한 배려와 지원을 하도록 한다.

(21) 교육 활동 전반을 통하여 남녀의 역할에 관한 편견을 가지지 않도록 지도한다.

(22) 범교과 학습 주제는 관련되는 교과와 창의적 체험활동 등 교육 활동 전반에 걸쳐 통합적으로 다루어지도록 하고 지역 사회 및 가정과의 연계 지도에도 힘쓴다.

민주 시민 교육, 인성 교육, 환경 교육, 경제 교육, 에너지 교육, 근로 정신 함양 교육, 보건 교육, 안전 교육, 성 교육, 소비자 교육, 진로 교육, 통일 교육, 한국 정체성 교육, 국제 이해 교육, 해양 교육, 정보화 및 정보 윤리 교육, 청렴·반부패 교육, 물 보호 교육, 지속 가능 발전 교육, 양성 평등 교육, 장애인 이해 교육, 인권 교육, 안전·재해 대비 교육, 저출산·고령 사회 대비 교육, 여가 활용 교육, 호국·보훈 교육, 효도·경로·전통 윤리 교육, 아동·청소년 보호 교육, 다문화 교육, 문화 예술 교육, 농업·농촌 이해 교육, 지적 재산권 교육, 미디어 교육, 의사소통·토론 중심 교육, 논술 교육, 한국 문화사 교육, 한자 교육, 녹색 교육 등

(23) 학교에서는 교육과정에 제시되지 않은 사회 현안에 대해 학생들의 올바른 이해를 돕기 위하여 계기 교육을 실시할 수 있으며, 이 경우 계기 교육 지침에 따른다.

(24) 교과용 도서 이외의 교수-학습 자료는 교육청이나 학교에서 개발한 것 등을 사용할 수 있다.

(25) 각 교과의 특성에 맞는 다양한 학습이 이루어질 수 있도록 교과 교실제 운영을 활성화한다.

(26) 실험·실습이나 실기 지도에 있어서는 시설 및 기계·기구, 약품 사용의 안전에 유의하도록 한다.

(27) 학교는 학생과 학부모의 요구를 바탕으로 방과 후 학교 또는 방학 중 프로그램을 개설할 수 있으며, 학생들의 자발적인 참여를 원칙으로 한다.

나. 평가 활동

(1) 학교는 학교 교육과정 편성과 운영의 적합성, 타당성, 효과성을 자체 평가하여 문제점과 개선점을 추출하고, 다음 학년도의 교육과정 편성·운영에 그 결과를 반영한다.

(2) 학교에서 실시하는 평가 활동은 다음과 같은 사항을 고려해서 이루어지도록 한다.

(가) 평가는 모든 학생들이 교육목표를 성공적으로 달성하기 위한 교육의 과정으로 실시한다.

(나) 학교는 다양한 평가 도구와 방법으로 성취도를 평가하여 학생의 목표 도달도를 확인하고, 수업의 질 개선을 위한 자료로 활용한다.

(다) 교과의 평가는 선택형 평가보다는, 서술형이나 논술형 평가 그리고 수행 평가의 비중을

늘려서 교과별 특성에 적합한 평가를 실시하도록 한다.

(라) 실험·실습의 평가는 교과목의 성격을 고려하여 합리적인 세부 평가 기준을 마련하여 실시한다.

(마) 정의적, 기능적, 창의적인 면이 특히 중시되는 교과의 평가는 타당한 평정 기준과 척도에 의거하여 실시한다.

(바) 학교와 교사는 학교에서 가르친 내용과 기능을 평가하도록 한다. 학생이 학교에서 배울 기회를 마련해 주지 않고, 학교 밖의 교육 수단을 통해서 익힐 수밖에 없는 내용과 기능은 평가하지 않도록 유의한다.

(사) 창의적 체험활동에 대한 평가는 창의적 체험활동의 내용과 특성을 감안하여 평가의 주안점을 학교에서 작성, 활용한다.

Ⅲ. 학교 교육과정 지원

1. 학교 교육과정 편성·운영 지원

가. 국가 수준 지원 사항

이 교육과정의 원활한 편성·운영을 위하여 국가 수준에서는 다음과 같이 평가하고 지원한다.

(1) 시·도 교육청의 교육과정 지원 활동과 단위학교의 교육과정 편성·운영 활동이 상호 유기적으로 이루어질 수 있도록 행·재정적 지원을 한다.

(2) 이 교육과정의 질 관리를 위하여 국가 수준에서는 주기적으로 학업 성취도 평가, 학교와 교육 기관 평가, 교육과정 편성·운영에 관한 평가를 실시한다.

(가) 학업 성취도를 평가하기 위하여 교과별, 학년(군)별 학생 평가를 실시하고, 평가 결과는 교육과정의 적절성 확보와 그 개선에 활용한다.

(나) 학교의 교육과정 편성·운영과 교육청의 교육과정 지원 상황을 파악하기 위하여 학교와 관련 교육청에 대한 평가를 주기적으로 실시한다.

(다) 교육과정 편성·운영과 지원 체제의 적절성과 실효성을 평가하기 위한 연구를 수행한다.

(3) 국가 수준에서는 학교에서 교육과정의 정신을 구현한 평가 활동이 원활히 이루어질 수 있도록 다양한 방안을 강구해서 학교 현장에 제공해 주어야 한다.

(가) 교과별로 '평가 기준'을 개발, 보급하여 학교가 교과 교육과정의 목표에 부합되는 평가를 실시할 수 있도록 한다.

　　(나) 교과별 평가 활동에 활용할 수 있는 다양한 평가 방법, 절차, 도구 등을 개발하여 학교에 제공한다.

나. 교육청 수준 지원 사항

이 교육과정의 원활한 편성·운영을 위하여 교육청은 다음과 같은 사항을 지원한다.

　(1) 교육과정의 편성·운영에 관한 조사 연구와 자문 기능을 담당할 위원회를 구성하여 운영한다. 이 위원회에는 교원, 교육 행정가, 교육학 전문가, 교과 교육 전문가, 학부모, 지역사회 인사, 산업체 인사 등이 참여할 수 있다.

　(2) 지역의 특수성, 교육의 실태, 학생·교원·주민의 요구와 필요 등을 반영하여 교육 중점을 설정하고, 교육과정 편성·운영 지침을 작성한다.

　(3) 교육과정 편성·운영의 개선을 위한 연구 학교를 운영하고, 수업 개선을 위한 연구 교사를 두어 교과별 연구회 활동을 적극적으로 지원한다.

　(4) 학년군, 교과군 도입을 통한 단위학교 교육과정 자율 편성과 창의적 체험활동의 효율적인 운영을 위한 교육과정 컨설팅 등 지원 기구를 조직하여 교육과정 편성·운영을 위한 각종 자료를 연구, 개발하여 보급한다.

　(5) 교원의 학교 교육과정 편성·운영 능력 향상과 교과와 창의적 체험활동에 대한 지도 능력 제고를 위하여 각급 학교 교원에 대한 연수 계획을 수립, 시행한다.

　(6) 각급 학교가 새 학년도 시작에 앞서 교육과정 편성·운영에 관한 계획을 세울 수 있도록 교육과정 편성·운영 자료를 개발·보급하고, 교원의 전보를 적기에 시행한다.

　(7) 학교 교육과정 편성과 운영을 위한 교육 시설, 설비, 자료 등의 정비 확충에 필요한 행·재정적인 지원을 한다.

　(8) 학교가 지역사회의 유관기관과 적극적으로 연계·협력해서 교과, 창의적 체험활동을 내실 있게 운영할 수 있도록 지원하며, 관내 학교가 활용 가능한 '지역 자원목록'을 작성하여 제공하는 등 구체적인 지원 방안을 마련한다.

　(9) 수준별 수업을 효율적으로 운영하도록 지원하며, 학습 결손을 보충할 수 있도록 '특별 보충 수업'을 운영하는 데 필요한 행·재정적인 지원을 한다.

　(10) 개별 학교의 희망과 여건을 반영하여 지역 내 학교 간 개설할 집중과정을 조정하고, 그 편성·운영을 지원한다. 특히, 소수 학생이 지망하는 집중과정을 개설할 학교를 지정하고, 원활한 교육과정 편성·운영을 위한 행·재정적 지원을 한다.

　(11) 특정 분야에서 탁월한 재능을 보이는 학생과 학습 장애가 있는 학생들을 위한 교육 기회를

마련하고 지원한다.

(12) 귀국자 및 다문화 가정 자녀의 교육 경험의 특성과 배경을 고려하여 이 교육과정을 이수하는 데 어려움이 없도록 지원한다.

(13) 전·입학, 귀국 등에 따라 공통 교과를 이수하지 못한 학생들이 해당 교과를 이수할 수 있도록 다양한 기회를 마련해 주고, 학생들이 지역사회의 공공성 있는 사회 교육 시설을 통해 이수한 과정을 인정해 주는 방안을 마련한다.

(14) 지역사회와 학교의 여건에 따라 초등학교 저학년 학생을 학교에서 돌볼 수 있는 기능을 강화하고, 이에 대해 교육청은 특별한 배려와 지원을 하도록 한다.

(15) 교육과정에 제시되지 않은 교과목을 설치, 운영하는 경우에 대비하여, 교육청은 관련 지침을 학교에 제시해 주고, 학교로 하여금 필요한 사전 절차를 밟도록 지원한다.

(16) 복식 학급 운영 등 소규모 학교의 정상적인 교육과정 운영을 지원하기 위해서 교원의 배치, 학생의 교육받을 기회의 확충 등에 필요한 행·재정적인 지원을 한다.

(17) 학교 교육과정의 효과적 운영을 위하여 학생의 배정, 교원의 순회 및 수급, 학교 간 시설과 설비의 공동 활용, 자료의 공동 개발 활용에 관하여 학교 간 및 인접 교육청 간의 협조 체제를 구축한다.

(18) 학생의 교육 활동에 필요한 교과용 도서의 인정, 개발, 보급을 위해 노력한다.

(19) 전문 교육을 주로 하는 고등학교는 개설 전공과 유사한 산업체와 협력하여 특성화된 교육과정과 실습 과목을 편성·운영할 수 있으며, 학생의 현장 실습이 내실 있게 운영될 수 있도록 행·재정적 지원을 한다.

(20) 학교에 대한 교육과정 운영 지원 실태와 각급 학교의 교육과정 편성·운영 실태를 정기적으로 파악하고, 효과적인 교육과정의 운영과 개선 및 질 관리에 필요한 적절한 지원을 한다.

(21) 학교의 교육과정 편성·운영에 대한 질 관리 및 교육과정 편성·운영 체제의 적절성과 실효성을 높이기 위하여 학업 성취도 평가, 교육과정 편성·운영 평가 등을 실시할 수 있다.

2 특수한 학교에서의 교육과정 편성과 운영

가. 초·중·고등학교에 준하는 학교의 교육과정은 이 교육과정에 따라서 편성·운영한다.

나. 국가가 설립 운영하는 학교의 교육과정은 해당 시·도 교육청의 편성·운영 지침을 참고하여 학교장이 편성한다.

다. 공민학교, 고등 공민학교, 고등기술학교, 근로 청소년을 위한 특별 학급 및 산업체 부설 학교, 기타 특수한 학교는 이 교육과정을 바탕으로 학교의 실정과 학생의 특성에 알맞은 학교 교육과정을 편성하고, 시 · 도 교육감의 승인을 얻어 운영한다.

라. 야간 수업을 하는 학교의 교육과정은 이 교육과정을 따르되, 다만 단위 수업시간을 40분으로 단축하여 운영할 수 있다.

마. 방송 통신 고등학교는 이 교육과정에 제시된 고등학교 교육과정을 따르되, 시 · 도 교육감의 승인을 얻어 이 교육과정의 편제와 단위 배당 기준을 다음과 같이 조정하여 운영할 수 있다.

 (1) 편제와 단위 배당 기준은 고등학교 교육과정에 준하되, 162단위 이상 이수하도록 한다.

 (2) 교육은 방송 통신에 의한 수업, 출석 수업 및 첨삭 지도의 방법에 의한 수업으로 한다.

 (3) 학교 출석 수업 일수는 연간 20일 이상으로 한다.

바. 특성화 학교, 자율학교 등 법령에 의거하여 교육과정 편성 · 운영의 자율성이 부여되는 학교의 경우에는 학교의 설립 목적 및 특성에 따른 교육이 가능하도록 교육과정 편성 · 운영의 자율권을 부여하고, 이와 관련한 구체적인 사항은 시 · 도 교육청의 지침에 따른다.

사. 교육과정의 연구를 위해 새로운 방식으로 교육과정을 편성, 운영하고자 하는 학교는, 교육과학기술부 장관의 승인을 받아 이 교육과정의 기준과는 다르게 학교 교육과정을 편성 · 운영할 수 있다.

부록 IV

2015 개정
초·중등학교 교육과정 총론

교육부 고시 제2015-74호

초 · 중등교육법 제23조 제2항에 의거하여 초 · 중등학교 교육과정을 다음과 같이 고시합니다.

2015년 9월 23일

교육부 장관

1. 초 · 중등학교 교육과정 총론은 【별책 1】과 같습니다.

2. 초등학교 교육과정은 【별책 2】와 같습니다.

3. 중학교 교육과정은 【별책 3】과 같습니다.

4. 고등학교 교육과정은 【별책 4】와 같습니다.

5. 국어과 교육과정은 【별책 5】와 같습니다.

6. 도덕과 교육과정은 【별책 6】과 같습니다.

7. 사회과 교육과정은 【별책 7】과 같습니다.

8. 수학과 교육과정은 【별책 8】과 같습니다.

9. 과학과 교육과정은 【별책 9】와 같습니다.

10. 실과(기술 · 가정)/정보과 교육과정은 【별책 10】과 같습니다.

11. 체육과 교육과정은 【별책 11】과 같습니다.

12. 음악과 교육과정은 【별책 12】와 같습니다.

13. 미술과 교육과정은 【별책 13】과 같습니다.

14. 영어과 교육과정은 【별책 14】와 같습니다.

15. 바른 생활, 슬기로운 생활, 즐거운 생활 교육과정은 【별책 15】와 같습니다.

16. 제2외국어과 교육과정은 【별책 16】과 같습니다.

17. 한문과 교육과정은 【별책 17】과 같습니다.

18. 중학교 선택 교과 교육과정은 【별책 18】과 같습니다.

19. 고등학교 교양 교과 교육과정은 【별책 19】와 같습니다.

20. 과학 계열 전문 교과 교육과정은 【별책 20】과 같습니다.

21. 체육 계열 전문 교과 교육과정은 【별책 21】과 같습니다.

22. 예술 계열 전문 교과(보통 교과 연극 과목 포함) 교육과정은 【별책 22】와 같습니다.

23. 외국어 계열 전문 교과 교육과정은 【별책 23】과 같습니다.

24. 국제 계열 전문 교과 교육과정은 【별책 24】와 같습니다.

25. 전문 교과Ⅱ 교육과정은 【별책 25~41】과 같습니다.

26. 창의적 체험활동(안전한 생활 포함) 교육과정은 【별책 42】와 같습니다.

27. 한국어 교육과정은 【별책 43】과 같습니다.

부칙

1. 이 교육과정은 학교 급별, 학년별로 다음과 같이 시행합니다.

    가. 2017년 3월 1일: 초등학교 1, 2학년

    나. 2018년 3월 1일: 초등학교 3, 4학년, 중학교 1학년, 고등학교 1학년

    다. 2019년 3월 1일: 초등학교 5, 6학년, 중학교 2학년, 고등학교 2학년

    라. 2020년 3월 1일: 중학교 3학년, 고등학교 3학년

2. 중학교 자유학기 편성·운영 관련 규정은 2016년 3월 1일부터 적용합니다.

3. 교육부 고시 제2013-7호의 전문 교과는 2016년 3월 1일부터 이 교육과정의 전문 교과Ⅱ 실무 과목으로 대체하여 편성할 수 있습니다.

4. 교육과학기술부 고시 제2009-41호(2009. 12. 23.), 교육과학기술부 고시 제2010-24호(2010. 5. 12.), 교육과학기술부 고시 제2011-5호(2011. 1. 26.), 교육과학기술부 고시 제2011-13호(2011. 2. 24.), 교육과학기술부 고시 제2011-361호(2011. 8. 9.), 교육과학기술부 고시 제2012-3호(2012. 3. 21.), 교육과학기술부 고시 제2012-14호(2012. 7. 9.), 교육과학기술부 고시 제2012-29호(2012. 12. 7.), 교육과학기술부 고시 제2012-31호(2012. 12. 13.), 교육부 고시 제2013-7호(2013. 12. 18.)의 초·중등학교 교육과정은 2020년 2월 29일로 폐지합니다.

5. 「훈령·예규 등의 발령 및 관리에 관한 규정」(대통령훈령 제334호)에 따라 이 고시 발령 후의 법령이나 현실 여건의 변화 등을 검토하여 이 고시의 폐지, 개정 등의 조치를 하여야 하는 기한은 2020년 2월 29일까지로 합니다.

〈참고〉

초·중등학교 교육과정 개정 고시의 전문은 교육부 홈페이지와 국가교육과정정보센터에 게재되어 있습니다.

※ 교육부 홈페이지(www.moe.go.kr)〉정부 3.0정보 공개〉법령 정보〉입법·행정 예고

※ 국가교육과정정보센터(ncic.go.kr)〉교육과정 자료실〉교육과정 원문 및 해설서

교육과정의 성격

이 교육과정은 초·중등교육법 제23조 제2항에 의거하여 고시한 것으로, 초·중등학교의 교육 목적과 교육 목표를 달성하기 위한 국가 수준의 교육과정이며, 초·중등학교에서 편성·운영하여야 할 학교 교육과정의 공통적이고 일반적인 기준을 제시한 것이다.

이 교육과정의 성격은 다음과 같다.

가. 국가 수준의 공통성과 지역, 학교, 개인 수준의 다양성을 동시에 추구하는 교육과정이다.
나. 학습자의 자율성과 창의성을 신장하기 위한 학생 중심의 교육과정이다.
다. 학교와 교육청, 지역사회, 교원·학생·학부모가 함께 실현해 가는 교육과정이다.
라. 학교 교육 체제를 교육과정 중심으로 구현하기 위한 교육과정이다.
마. 학교 교육의 질적 수준을 관리하고 개선하기 위한 교육과정이다.

Ⅰ. 교육과정 구성의 방향

1. 추구하는 인간상

우리나라의 교육은 홍익인간의 이념 아래 모든 국민으로 하여금 인격을 도야하고, 자주적 생활 능력과 민주 시민으로서 필요한 자질을 갖추게 함으로써 인간다운 삶을 영위하게 하고, 민주 국가의 발전과 인류 공영의 이상을 실현하는 데에 이바지하게 함을 목적으로 하고 있다.

이러한 교육 이념과 교육 목적을 바탕으로, 이 교육과정이 추구하는 인간상은 다음과 같다.

가. 전인적 성장을 바탕으로 자아정체성을 확립하고 자신의 진로와 삶을 개척하는 자주적인 사람
나. 기초 능력의 바탕 위에 다양한 발상과 도전으로 새로운 것을 창출하는 창의적인 사람
다. 문화적 소양과 다원적 가치에 대한 이해를 바탕으로 인류 문화를 향유하고 발전시키는 교양 있는 사람
라. 공동체 의식을 가지고 세계와 소통하는 민주 시민으로서 배려와 나눔을 실천하는 더불어 사는 사람

이 교육과정이 추구하는 인간상을 구현하기 위해 교과 교육을 포함한 학교 교육 전 과정을 통해 중점적으로 기르고자 하는 핵심역량은 다음과 같다.

가. 자아정체성과 자신감을 가지고 자신의 삶과 진로에 필요한 기초 능력과 자질을 갖추어 자기 주도적으로 살아갈 수 있는 자기관리 역량

나. 문제를 합리적으로 해결하기 위하여 다양한 영역의 지식과 정보를 처리하고 활용할 수 있는 지식정보처리 역량

다. 폭넓은 기초 지식을 바탕으로 다양한 전문 분야의 지식, 기술, 경험을 융합적으로 활용하여 새로운 것을 창출하는 창의적 사고 역량

라. 인간에 대한 공감적 이해와 문화적 감수성을 바탕으로 삶의 의미와 가치를 발견하고 향유하는 심미적 감성 역량

마. 다양한 상황에서 자신의 생각과 감정을 효과적으로 표현하고 다른 사람의 의견을 경청하며 존중하는 의사소통 역량

바. 지역·국가·세계 공동체의 구성원에게 요구되는 가치와 태도를 가지고 공동체 발전에 적극적으로 참여하는 공동체 역량

2. 교육과정 구성의 중점

이 교육과정은 우리나라 교육과정이 추구해 온 교육 이념과 인간상을 바탕으로, 미래 사회가 요구하는 핵심역량을 함양하여 바른 인성을 갖춘 창의융합형 인재를 양성하는 데에 중점을 둔다. 이를 위한 교육과정 구성의 중점은 다음과 같다.

가. 인문·사회·과학기술 기초 소양을 균형 있게 함양하고, 학생의 적성과 진로에 따른 선택학습을 강화한다.

나. 교과의 핵심 개념을 중심으로 학습 내용을 구조화하고 학습량을 적정화하여 학습의 질을 개선한다.

다. 교과 특성에 맞는 다양한 학생 참여형 수업을 활성화하여 자기주도적 학습 능력을 기르고 학습의 즐거움을 경험하도록 한다.

라. 학습의 과정을 중시하는 평가를 강화하여 학생이 자신의 학습을 성찰하도록 하고, 평가 결과를 활용하여 교수·학습의 질을 개선한다.

마. 교과의 교육 목표, 교육 내용, 교수·학습 및 평가의 일관성을 강화한다.

바. 특성화 고등학교와 산업수요 맞춤형 고등학교에서는 국가직무능력표준을 활용하여 산업사

회가 필요로 하는 기초 역량과 직무 능력을 함양한다.

3. 학교 급별 교육 목표

가. 초등학교 교육 목표

초등학교 교육은 학생의 일상생활과 학습에 필요한 기본 습관 및 기초 능력을 기르고 바른 인성을 함양하는 데에 중점을 둔다.
  1) 자신의 소중함을 알고 건강한 생활 습관을 기르며, 풍부한 학습 경험을 통해 자신의 꿈을 키운다.
  2) 학습과 생활에서 문제를 발견하고 해결하는 기초 능력을 기르고, 이를 새롭게 경험할 수 있는 상상력을 키운다.
  3) 다양한 문화 활동을 즐기고 자연과 생활 속에서 아름다움과 행복을 느낄 수 있는 심성을 기른다.
  4) 규칙과 질서를 지키고 협동정신을 바탕으로 서로 돕고 배려하는 태도를 기른다.

나. 중학교 교육 목표

중학교 교육은 초등학교 교육의 성과를 바탕으로, 학생의 일상생활과 학습에 필요한 기본 능력을 기르고 바른 인성 및 민주 시민의 자질을 함양하는 데에 중점을 둔다.
  1) 심신의 조화로운 발달을 바탕으로 자아존중감을 기르고, 다양한 지식과 경험을 통해 적극적으로 삶의 방향과 진로를 탐색한다.
  2) 학습과 생활에 필요한 기본 능력 및 문제 해결력을 바탕으로, 도전정신과 창의적 사고력을 기른다.
  3) 자신을 둘러싼 세계에서 경험한 내용을 토대로 우리나라와 세계의 다양한 문화를 이해하고 공감하는 태도를 기른다.
  4) 공동체 의식을 바탕으로 타인을 존중하고 서로 소통하는 민주 시민의 자질과 태도를 기른다.

다. 고등학교 교육 목표

고등학교 교육은 중학교 교육의 성과를 바탕으로, 학생의 적성과 소질에 맞게 진로를 개척하며 세계와 소통하는 민주 시민으로서의 자질을 함양하는 데에 중점을 둔다.
  1) 성숙한 자아의식과 바른 품성을 갖추고, 자신의 진로에 맞는 지식과 기능을 익히며 평생학습의 기본 능력을 기른다.

2) 다양한 분야의 지식과 경험을 융합하여 창의적으로 문제를 해결하고, 새로운 상황에 능동적으로 대처하는 능력을 기른다.

3) 인문 · 사회 · 과학기술 소양과 다양한 문화에 대한 이해를 바탕으로 새로운 문화 창출에 기여할 수 있는 자질과 태도를 기른다.

4) 국가 공동체에 대한 책임감을 바탕으로 배려와 나눔을 실천하며 세계와 소통하는 민주 시민으로서의 자질과 태도를 기른다.

Ⅱ. 학교 급별 교육과정 편성 · 운영의 기준

1. 기본 사항

가. 초등학교 1학년부터 중학교 3학년까지의 공통 교육과정과 고등학교 1학년부터 3학년까지의 선택 중심 교육과정으로 편성 · 운영한다.

나. 학년 간 상호 연계와 협력을 통해 학교 교육과정을 유연하게 편성 · 운영할 수 있도록 학년군을 설정한다.

다. 공통 교육과정의 교과는 교육 목적상의 근접성, 학문 탐구 대상 또는 방법상의 인접성, 생활 양식에서의 연관성 등을 고려하여 교과군으로 재분류한다.

라. 선택 중심 교육과정에서는 학생들의 기초 영역 학습을 강화하고 진로 및 적성에 맞는 학습이 가능하도록 4개의 교과 영역으로 구분하고 교과(군)별 필수 이수 학점을 제시한다. 특성화 고등학교와 산업수요 맞춤형 고등학교는 보통 교과의 4개 교과 영역과 전문 교과로 구분하고 필수 이수 학점을 제시한다. 〈개정 2022. 1. 17.〉

마. 고등학교 교과는 보통 교과와 전문 교과로 구분하며, 학생들의 기초 소양 함양과 기본 학력을 보장하기 위하여 보통 교과에 공통 과목을 개설하여 모든 학생이 이수하도록 한다.

바. 학습 부담을 적정화하고 의미 있는 학습 활동이 이루어질 수 있도록 학기당 이수 교과목 수를 조정하여 집중이수를 실시할 수 있다.

사. 창의적 체험활동은 학생의 소질과 잠재력을 계발하고 공동체 의식을 기르는 데에 중점을 둔다.

아. 범교과 학습 주제는 교과와 창의적 체험활동 등 교육 활동 전반에 걸쳐 통합적으로 다루도록 하고, 지역사회 빛 가정과 연계하여 지도한다.

> 안전 · 건강 교육, 인성 교육, 진로 교육, 민주 시민 교육, 인권 교육, 다문화 교육, 통일 교육, 독도 교육, 경제 · 금융 교육, 환경 · 지속가능발전 교육

자. 학교는 필요에 따라 계기 교육을 실시할 수 있으며, 이 경우 계기 교육 지침에 따른다.

차. 학교는 필요에 따라 원격수업을 할 수 있으며, 이 경우 수업 운영에 관한 사항은 교육부 장관이 정하는 지침에 따른다. 〈신설 2020. 12. 31.〉

2. 초등학교

가. 편제와 시간 배당 기준

1) 편제

가) 초등학교 교육과정은 교과(군)와 창의적 체험활동으로 편성한다.

나) 교과(군)는 국어, 사회/도덕, 수학, 과학/실과, 체육, 예술(음악/미술), 영어로 한다. 다만, 1, 2학년의 교과는 국어, 수학, 바른 생활, 슬기로운 생활, 즐거운 생활로 한다.

다) 창의적 체험활동은 자율 활동, 동아리 활동, 봉사 활동, 진로 활동으로 한다. 다만, 1, 2학년은 체험 활동 중심의 '안전한 생활'을 포함하여 편성·운영한다.

2) 시간 배당 기준

구분		1~2학년	3~4학년	5~6학년
교과(군)	국어	국어 448	408	408
	사회/도덕		272	272
	수학	수학 256	272	272
	과학/실과	바른 생활 128	204	340
	체육	슬기로운 생활 192	204	204
	예술(음악/미술)		272	272
	영어	즐거운 생활 384	136	204
	소계	1,408	1,768	1,972
창의적 체험활동		336 / 안전한 생활 (64)	204	204
학년군별 총 수업 시간 수		1,744	1,972	2,176

① 이 표에서 1시간 수업은 40분을 원칙으로 하되, 기후 및 계절, 학생의 발달 정도, 학습 내용의 성격, 학교 실정 등을 고려하여 탄력적으로 편성·운영할 수 있다.

② 학년군 및 교과(군)별 시간 배당은 연간 34주를 기준으로 한 2년간의 기준 수업 시수를 나타낸 것이다.

③ 학년군별 총 수업 시간 수는 최소 수업 시수를 나타낸 것이다.

④ 실과의 수업 시간은 5~6학년 과학/실과의 수업 시수에만 포함된 것이다.

나. 교육과정 편성·운영 기준

1) 학교는 모든 교육 활동을 통해 학생의 기본 생활 습관, 기초 학습 능력, 바른 인성을 함양할 수 있도록 교육과정을 편성·운영한다.

2) 학교는 학년군별로 이수해야 할 교과를 학년별, 학기별로 편성하여 학생과 학부모에게 안내한다.

3) 학교는 각 교과의 기초적, 기본적 요소들이 체계적으로 학습되도록 교육과정을 편성·운영한다. 특히 국어 사용 능력과 수리 능력의 기초가 부족한 학생들을 대상으로 기초 학습 능력 향상을 위한 별도의 프로그램을 편성·운영할 수 있다.

4) 학교는 학교의 특성, 학생·교사·학부모의 요구 및 필요에 따라 교과(군)별 20% 범위 내에서 시수를 증감하여 편성·운영할 수 있다. 단, 체육, 예술(음악/미술) 교과는 기준 수업 시수를 감축하여 편성·운영할 수 없다.

5) 학교는 교육의 효과를 높이기 위하여 필요한 경우 학년별, 학기별로 교과 집중 이수를 실시할 수 있다.

6) 전입 학생이 특정 교과를 이수하지 못할 경우, 교육청과 학교에서는 보충 학습 과정 등을 통해 학습 결손이 발생하지 않도록 한다.

7) 학년을 달리하는 학생을 대상으로 복식 학급을 편성·운영하는 경우에는 교육 내용의 학년별 순서를 조정하거나 공통 주제를 중심으로 교재를 재구성하여 활용할 수 있다.

8) 학교는 창의적 체험활동의 영역을 학생들의 발달 수준, 학교의 여건 등을 고려하여 학년(군)별로 선택적으로 편성·운영할 수 있다.

9) 학교는 1학년 학생들의 입학 초기 적응 교육을 위해 창의적 체험활동의 시간을 활용하여 자율적으로 입학 초기 적응 프로그램 등을 편성·운영할 수 있다.

10) 정보통신활용 교육, 보건 교육, 한자 교육 등은 관련 교과(군)와 창의적 체험활동 시간을 활용하여 체계적인 지도가 이루어질 수 있도록 한다.

3. 중학교

가. 편제와 시간 배당 기준

1) 편제

가) 중학교 교육과정은 교과(군)와 창의적 체험활동으로 편성한다.

나) 교과(군)는 국어, 사회(역사 포함)/도덕, 수학, 과학/기술·가정/정보, 체육, 예술(음악/미술), 영어, 선택으로 한다.

다) 선택 교과는 한문, 환경, 생활 외국어(독일어, 프랑스어, 스페인어, 중국어, 일본어, 러시아어, 아랍어, 베트남어), 보건, 진로와 직업 등의 과목으로 한다.

라) 창의적 체험활동은 자율 활동, 동아리 활동, 봉사 활동, 진로 활동으로 한다.

2) 시간 배당 기준

구분		1~3학년
교과(군)	국어	442
	사회(역사 포함)/도덕	510
	수학	374
	과학/기술 · 가정	680
	체육	272
	예술(음악/미술)	272
	영어	340
	선택	170
	소계	3,060
창의적 체험활동		306
총 수업시간 수		3,366

① 이 표에서 1시간 수업은 45분을 원칙으로 하되, 기후 및 계절, 학생의 발달 정도, 학습 내용의 성격, 학교 실정 등을 고려하여 탄력적으로 편성 · 운영할 수 있다.

② 학년군 및 교과(군)별 시간 배당은 연간 34주를 기준으로 한 3년간의 기준 수업 시수를 나타낸 것이다.

③ 총 수업 시간 수는 3년간의 최소 수업 시수를 나타낸 것이다.

④ 정보 과목은 34시간을 기준으로 편성 · 운영한다.

나. 교육과정 편성 · 운영 기준

1) 학교는 3년간 이수해야 할 교과목을 학년별, 학기별로 편성하여 학생과 학부모에게 안내한다.

2) 교과(군)의 이수 시기와 그에 따른 수업 시수는 학교가 자율적으로 결정할 수 있다.

3) 학교는 학교의 특성, 학생 · 교사 · 학부모의 요구 및 필요에 따라 자율적으로 교과(군)별 20% 범위 내에서 시수를 증감하여 편성 · 운영할 수 있다. 단, 체육, 예술(음악/미술) 교과는 기준 수업 시수를 감축하여 편성 · 운영할 수 없다.

4) 학교는 학습 부담을 적정화하고 의미 있는 학습 활동이 이루어질 수 있도록 학기당 이수 교과목 수를 8개 이내로 편성한다. 단, 체육, 예술(음악/미술) 교과는 이수 교과목 수 제한에서 제외하여 편성할 수 있다.

5) 전입 학생이 특정 교과목을 이수하지 못할 경우, 교육청과 학교에서는 보충 학습 과정 등을 통해 학습 결손이 발생하지 않도록 한다.

6) 학교가 선택 과목을 개설할 경우, 2개 이상의 과목을 개설함으로써 학생의 선택권이 보장되도록 한다.

7) 학교는 필요한 경우 새로운 선택 과목을 개설할 수 있다. 이 경우 시·도 교육청이 정하는 지침에 따라 사전에 필요한 절차를 거쳐야 한다.

8) 학교는 창의적 체험활동의 영역을 학생들의 발달 수준, 학교의 여건 등을 고려하여 자율적으로 편성·운영한다. 창의적 체험활동은 학교스포츠클럽 활동 및 자유학기에 이루어지는 다양한 활동들과 연계하여 운영할 수 있다.

9) 학교는 학생들이 자신의 적성과 미래에 대해 탐색하고, 학습의 즐거움을 경험하여 스스로 공부하는 자기주도적 학습 능력과 태도를 기를 수 있도록 자유학기를 운영한다.

가) 중학교 과정 중 한 학기는 자유학기로 운영한다.

나) 자유학기에는 해당 학기의 교과 및 창의적 체험활동을 자유학기의 취지에 부합하도록 편성·운영한다.

다) 자유학기에는 지역사회와 연계하여 진로 탐색 활동, 주제 선택 활동, 동아리 활동, 예술·체육 활동 등 다양한 체험 중심의 자유학기 활동을 운영한다.

라) 자유학기에는 협동 학습, 토의·토론 학습, 프로젝트 학습 등 학생 참여형 수업을 강화한다.

마) 자유학기에는 중간·기말고사 등 일제식 지필평가는 실시하지 않으며, 학생의 학습과 성장을 지원하는 과정 중심의 평가를 실시한다.

바) 자유학기에는 학교 내외의 다양한 자원을 활용하여 진로 탐색 및 설계를 지원한다.

사) 학교는 자유학기의 운영 취지가 타 학기·학년에도 연계될 수 있도록 노력한다.

10) 학교는 학생들의 심신을 건강하게 발달시키고 정서를 함양하기 위해 '학교스포츠클럽 활동'을 편성·운영한다.

가) 학교스포츠클럽 활동은 창의적 체험활동의 동아리 활동으로 편성한다.

나) 학교스포츠클럽 활동은 학년별 연간 34~68시간(총 136시간) 운영하며, 매 학기 편성하도록 한다. 학교 여건에 따라 연간 68시간 운영하는 학년에서는 34시간 범위 내에서 학교스포츠클럽 활동을 체육으로 대체할 수 있다.

다) 학교스포츠클럽 활동의 시간은 교과(군)별 시수의 20% 범위 내에서 감축하거나, 창의적 체험활동 시수를 순증하여 확보한다. 다만, 여건이 어려운 학교의 경우 68시간 범위 내에서 기존 창의적 체험활동 시간을 활용하여 확보할 수 있다.

라) 학교스포츠클럽 활동의 종목과 내용은 학생들의 희망을 반영하여 학교가 정하되, 다양한 종목을 개설함으로써 학생들의 선택권이 보장되도록 한다.

4. 고등학교

가. 편제와 학점 배당 기준 〈개정 2022. 1. 17.〉

1) 편제

가) 고등학교 교육과정은 교과(군)와 창의적 체험활동으로 편성한다.

나) 교과는 보통 교과와 전문 교과로 한다.

(1) 보통 교과

㉮ 보통 교과의 영역은 기초, 탐구, 체육·예술, 생활·교양으로 구성하며, 교과(군)는 국어, 수학, 영어, 한국사, 사회(역사/도덕 포함), 과학, 체육, 예술, 기술·가정/제2외국어/한문/교양으로 한다.

㉯ 보통 교과는 공통 과목과 선택 과목으로 구분한다. 공통 과목은 국어, 수학, 영어, 한국사, 통합사회, 통합과학(과학탐구실험 포함)으로 하며, 선택 과목은 일반 선택 과목과 진로 선택 과목으로 구분한다.

(2) 전문 교과

㉮ 전문 교과는 전문 교과 I 과 전문 교과 II 로 구분한다.

㉯ 전문 교과 I 은 과학, 체육, 예술, 외국어, 국제 계열에 관한 과목으로 한다.

㉰ 전문 교과 II 는 국가직무능력표준에 따라 경영·금융, 보건·복지, 디자인·문화콘텐츠, 미용·관광·레저, 음식 조리, 건설, 기계, 재료, 화학 공업, 섬유·의류, 전기·전자, 정보·통신, 식품 가공, 인쇄·출판·공예, 환경·안전, 농림·수산해양, 선박 운항 등에 관한 과목으로 한다. 전문 교과 II 의 과목은 전문 공통 과목, 기초 과목, 실무 과목으로 구분한다.

다) 창의적 체험활동은 자율 활동, 동아리 활동, 봉사 활동, 진로 활동으로 한다.

2) 학점 배당 기준

가) 일반 고등학교(자율 고등학교 포함)와 특수 목적 고등학교(산업수요 맞춤형 고등학교 제외)

⟨개정 2022. 1. 17.⟩

교과 영역		교과(군)	공통 과목(학점)	필수 이수 학점	자율 편성 학점
교과(군)	기초	국어	국어(8)	10	학생의 적성과 진로를 고려하여 편성
		수학	수학(8)	10	
		영어	영어(8)	10	
		한국사	한국사(6)	6	
	탐구	사회 (역사/도덕 포함)	통합사회(8)	10	
		과학	통합과학(8) 과학탐구실험(2)	12	
	체육·예술	체육		10	
		예술		10	
	생활·교양	기술·가정/ 제2외국어/ 한문/교양		16	
소계				94	80
창의적 체험활동				18(306시간)	
총 이수 학점				192	

① 1학점은 50분을 기준으로 하여 17회를 이수하는 수업량이다. 단, 1회는 학교가 자율적으로 운영할 수 있다.

② 1시간의 수업은 50분을 원칙으로 하되, 기후 및 계절, 학생의 발달 정도, 학습 내용의 성격, 학교 실정 등을 고려하여 탄력적으로 편성·운영할 수 있다.

③ 공통 과목은 2학점 범위 내에서 감하여 편성·운영할 수 있다. 단, 한국사는 6학점 이상 이수하되 2개 학기 이상 편성하도록 한다.

④ 과학탐구실험은 이수 학점 증감 없이 편성·운영하는 것을 원칙으로 하되, 과학 계열, 체육 계열, 예술 계열 고등학교의 경우 학교 실정에 따라 탄력적으로 운영할 수 있다.

⑤ 필수 이수 학점의 학점 수는 해당 교과(군)의 '최소 이수 학점'으로 공통 과목 학점 수를 포함한다. 특수 목적 고등학교와 자율형 사립 고등학교의 경우 예술 교과(군)는 5학점 이상, 생활·교양 영역은 12학점 이상 이수할 것을 권장한다.

⑥ 기초 교과 영역 학점 단위 총합은 교과 총 이수 학점의 50%를 초과하지 않도록 한다.

⑦ 창의적 체험활동의 학점은 최소 이수 학점이며 ( )안의 숫자는 이수 학점을 이수 시간 수로 환산한 것이다.

⑧ 총 이수 학점 수는 고등학교 3년간 이수해야 할 '최소 이수 학점'을 의미한다.

나) 특성화 고등학교와 산업수요 맞춤형 고등학교

〈개정 2022. 1. 17.〉

교과(군)		교과 영역	교과(군)	공통 과목(학점)	필수 이수 학점	자율 편성 학점
교과(군)	보통 교과	기초	국어	국어(8)	24	학생의 적성·진로와 산업계 수요를 고려하여 편성
			수학	수학(8)		
			영어	영어(8)		
			한국사	한국사(6)	6	
		탐구	사회 (역사/도덕 포함)	통합사회(8)	12	
			과학	통합과학(8)		
		체육·예술	체육		8	
			예술		6	
		생활·교양	기술·가정/ 제2외국어/ 한문/교양		10	
		소계			66	
	전문 교과 II	17개 교과(군) 등			86	22
창의적 체험활동					18(288시간)	
총 이수 학점					192	

① 1학점은 50분을 기준으로 하여 16회를 이수하는 수업량이다.

② 1시간의 수업은 50분을 원칙으로 하되, 기후 및 계절, 학생의 발달 정도, 학습 내용의 성격 등과 학교 실정 등을 고려하여 탄력적으로 편성·운영할 수 있다.

③ 공통 과목은 2학점 범위 내에서 감하여 편성·운영할 수 있다. 단, 한국사는 6학점 이상 이수하되 2개 학기 이상 편성하도록 한다.

④ 필수 이수 학점의 학점 수는 해당 교과(군)의 '최소 이수 학점'을 의미한다.

⑤ 창의적 체험활동의 학점은 최소 이수 학점이며 ( )안의 숫자는 이수 학점을 이수 시간 수로 환산한 것이다.

⑥ 총 이수 학점 수는 고등학교 3년간 이수해야 할 '최소 이수 학점'을 의미한다.

3) 보통 교과

〈개정 2020. 9. 11.〉

교과 영역	교과(군)	공통 과목	선택 과목	
			일반 선택	진로 선택
기초	국어	국어	화법과 작문, 독서, 언어와 매체, 문학	실용 국어, 심화 국어, 고전 읽기
	수학	수학	수학 I, 수학 II, 미적분, 확률과 통계	기본 수학, 실용 수학, 인공지능 수학, 기하, 경제 수학, 수학과제 탐구
	영어	영어	영어 회화, 영어 I, 영어 독해와 작문, 영어 II	기본 영어, 실용 영어, 영어권 문화, 진로 영어, 영미 문학 읽기
	한국사	한국사		
탐구	사회 (역사/ 도덕포함)	통합사회	한국지리, 세계지리, 세계사, 동아시아사, 경제, 정치와 법, 사회·문화, 생활과 윤리, 윤리와 사상	여행지리, 사회문제 탐구, 고전과 윤리
	과학	통합과학 과학탐구실험	물리학 I, 화학 I, 생명과학 I, 지구과학 I	물리학 II, 화학 II, 생명과학 II, 지구과학 II, 과학사, 생활과 과학, 융합과학
체육 · 예술	체육		체육, 운동과 건강	스포츠 생활, 체육 탐구
	예술		음악, 미술, 연극	음악 연주, 음악 감상과 비평 미술 창작, 미술 감상과 비평
생활 · 교양	기술 · 가정		기술·가정, 정보	농업 생명 과학, 공학 일반, 창의 경영, 해양 문화와 기술, 가정과학, 지식 재산 일반, 인공지능 기초
	제2외국어		독일어 I 일본어 I 프랑스어 I 러시아어 I 스페인어 I 아랍어 I 중국어 I 베트남어 I	독일어 II 일본어 II 프랑스어 II 러시아어 II 스페인어 II 아랍어 II 중국어 II 베트남어 II
	한문		한문 I	한문 II
	교양		철학, 논리학, 심리학, 교육학, 종교학, 진로와 직업, 보건, 환경, 실용 경제, 논술	

① 선택 과목의 기본 학점 수는 5학점이다.

② 교양 교과목을 제외한 일반 선택 과목은 2학점 범위 내에서 증감하여 편성·운영할 수 있다.

③ 교양 교과목과 진로 선택 과목은 3학점 범위 내에서 증감하여 편성·운영할 수 있다.

④ 체육 교과는 매 학기 편성하도록 한다. 단, 특성화 고등학교와 산업수요 맞춤형 고등학교의 경우, 현장 실습이 있는 학년에는 탄력적으로 운영할 수 있다.

4) 전문 교과

가) 전문 교과 I

교과(군)	과목			
과학 계열	심화 수학 I	심화 수학 II	고급 수학 I	고급 수학 II
	고급 물리학	고급 화학	고급 생명과학	고급 지구과학
	물리학 실험	화학 실험	생명과학 실험	지구과학 실험
	정보과학	융합과학 탐구	과학과제 연구	생태와 환경
체육 계열	스포츠 개론	체육과 진로 탐구	체육 지도법	육상 운동
	체조 운동	수상 운동	개인 · 대인 운동	단체 운동
	체육 전공 실기 기초	체육 전공 실기 심화	체육 전공 실기 응용	
	스포츠 경기 체력	스포츠 경기 실습	스포츠 경기 분석	
예술 계열	음악 이론	음악사	시창 · 청음	음악 전공 실기
	합창	합주	공연 실습	
	미술 이론	미술사	드로잉	평면 조형
	입체 조형	매체 미술	미술 전공 실기	
	무용의 이해	무용과 몸	무용 기초 실기	무용 전공 실기
	무용 음악 실습	안무	무용과 매체	무용 감상과 비평
	문예 창작 입문	문학 개론	문장론	문학과 매체
	고전문학 감상	현대문학 감상	시 창작	소설 창작
	극 창작			
	연극의 이해	연기	무대기술	연극 제작 실습
	연극 감상과 비평	영화의 이해	영화기술	시나리오
	영화 제작 실습	영화 감상과 비평		
	사진의 이해	기초 촬영	암실 실기	중급 촬영
	사진 표현 기법	영상 제작의 이해	사진 영상 편집	사진 감상과 비평

외국어 계열	심화 영어 회화 I	심화 영어 회화 II	심화 영어 I	심화 영어 II
	심화 영어 독해 I	심화 영어 독해 II	심화 영어 작문 I	심화 영어 작문 II
	전공 기초 독일어	독일어 회화 I	독일어 회화 II	독일어 독해와 작문 I
	독일어 독해와 작문 II	독일어권 문화		
	전공 기초 프랑스어	프랑스어 회화 I	프랑스어 회화 II	프랑스어 독해와 작문 I
	프랑스어 독해와 작문 II	프랑스어권 문화		
	전공 기초 스페인어	스페인어 회화 I	스페인어 회화 II	스페인어 독해와 작문 I
	스페인어 독해와 작문 II	스페인어권 문화		
	전공 기초 중국어	중국어 회화 I	중국어 회화 II	중국어 독해와 작문 I
	중국어 독해와 작문 II	중국 문화		
	전공 기초 일본어	일본어 회화 I	일본어 회화 II	일본어 독해와 작문 I
	일본어 독해와 작문 II	일본 문화		
	전공 기초 러시아어	러시아어 회화 I	러시아어 회화 II	러시아어 독해와 작문 I
	러시아어 독해와 작문 II	러시아 문화		
	전공 기초 아랍어	아랍어 회화 I	아랍어 회화 II	아랍어 독해와 작문 I
	아랍어 독해와 작문 II	아랍 문화		
	전공 기초 베트남어	베트남어 회화 I	베트남어 회화 II	베트남어 독해와 작문 I
	베트남어 독해와 작문 II	베트남 문화		
국제 계열	국제 정치	국제 경제	국제법	지역 이해
	한국 사회의 이해	비교 문화	세계 문제와 미래 사회	국제 관계와 국제기구
	현대 세계의 변화	사회 탐구 방법	사회과제 연구	

① 전문 교과 I 과목의 이수 학점은 시·도 교육감이 정한다.
② 국제 계열 고등학교에서 이수하는 외국어 과목은 외국어 계열 과목에서 선택하여 이수한다.

나) 전문 교과 II

〈개정 2018. 4. 19.〉

교과(군)	과목군				기준 학과
	전문 공통 과목	기초 과목	실무 과목		
경영 · 금융	성공 적인 직업 생활	상업 경제 기업과 경영 사무 관리 회계 원리 회계 정보 처리 시스템 기업 자원 통합 관리 세무 일반 유통 일반 국제 상무 비즈니스 영어 금융 일반 보험 일반 마케팅과 광고 창업 일반 커뮤니케이션 전자 상거래 일반	총무 비서 사무 행정 회계 실무 구매 조달 공정 관리 공급망 관리 수출입 관리 유통 관리 카드 영업 무역 금융 업무 손해 사정 전자 상거래 실무 방문 판매	노무 관리 인사 예산 · 자금 세무 실무 자재 관리 품질 관리 물류 관리 원산지 관리 창구 사무 증권 거래 업무 보험 모집 고객 관리 매장 판매	경영 · 사무과 재무 · 회계과 유통과 금융과 판매과
보건 · 복지		인간 발달 보육 원리와 보육 교사 보육 과정 아동 생활 지도 아동 복지 보육 실습 생활 서비스 산업의 　이해 복지 서비스의 기초 사회 복지 시설의 이해 공중 보건 인체 구조와 기능 간호의 기초 기초 간호 임상 실무 보건 간호	영 · 유아 놀이 지도 영 · 유아 건강 · 　안전 · 영양 지도 사회 복지 시설 실무	영 · 유아 교수 방법 대인 복지 서비스	보육과 사회복지과 보건간호과

교과(군)	과목군				기준 학과
	전문 공통 과목	기초 과목	실무 과목		
디자인·문화 콘텐츠		디자인 제도 디자인 일반 조형 색채 관리 컴퓨터 그래픽 미디어 콘텐츠 일반 문화 콘텐츠 산업 일반 영상 제작 기초	시각 디자인 실내 디자인 디지털 디자인 영화 콘텐츠 제작 광고 콘텐츠 제작 게임 디자인 애니메이션 콘텐츠 제작 캐릭터 제작	제품 디자인 색채 디자인 방송 콘텐츠 제작 음악 콘텐츠 제작 게임 기획 게임 프로그래밍 만화 콘텐츠 제작 스마트 문화 앱 콘텐츠 제작	디자인과 문화콘텐츠과
미용·관광·레저		미용의 기초 미용 안전·보건 관광 일반 관광 사업 관광 서비스 관광 영어 관광 일본어 관광 중국어	헤어 미용 메이크업 여행 서비스 실무 호텔 식음료 서비스 실무 유원 시설 서비스 실무	피부 미용 네일 미용 호텔 객실 서비스 실무 카지노 서비스 실무	미용과 관광·레저과
음식 조리		식품과 영양 급식 관리	한국 조리 중식 조리 소믈리에 바텐더	서양 조리 일식 조리 바리스타	조리·식음료과
건설		공업 일반 기초 제도 토목 일반 토목 도면 해석과 제도 토목 기초 실습 건축 일반 건축 도면 해석과 제도 건축 기초 실습 조경	토공·포장 시공 지적 공간 정보 융합 서비스 건축 도장 시공 단열·수장 시공 건축 마감 시공 조경 시공 조경 설계	측량 공간 정보 구축 건축 목공 시공 창호 시공 철근 콘크리트 시공 경량 철골 시공 조경 관리	토목과 건축시공과 조경과

교과(군)	과목군			기준 학과
	전문 공통 과목	기초 과목	실무 과목	

기계		기계 제도
		기계 기초 공작
		전자 기계 이론
		기계 일반
		자동차 일반
		냉동 공조 일반
		유체 기계
		자동차 기관
		자동차 섀시
		자동차 전기·전자
		  제어
		선체 도면 독도와 제도
		선박 이론
		선박 구조
		선박 건조
		항공기 일반
		항공기 실무 기초
			기계요소 설계
			선반 가공
			연삭 가공
			측정
			방전 가공
			워터제트 가공
			사출 금형 설계
			사출 금형 품질 관리
			프레스 금형 설계
			프레스 금형 품질 관리
			기계 수동 조립
			운반 하역 기계 설치·
			  정비
			섬유 기계 설치·정비
			고무 플라스틱 기계
			  설치·정비
			승강기 설치·정비
			자전거 정비
			냉동 공조 장치 설치
			냉동 공조 유지·보수
			관리
			자동차 전기·전자
			  장치 정비
			자동차 섀시 정비
			자동차 도장
			자동차 영업
			선체 가공
			선박 도장
			기장 생산
			선장 생산
			선체 생산 설계
			항공기 엔진·프로
			  펠러 제작
			항공기 기체 정비
			항공기 왕복 엔진 정비
			항공기 계통 정비
			헬리콥터 정비
			소형 무인기 정비
				기계 제어 설계
				밀링 가공
				컴퓨터 활용 생산
				성형 가공
				레이저 가공
				플라스마 가공
				사출 금형 제작
				사출 금형 조립
				프레스 금형 제작
				프레스 금형 조립
				기계 소프트웨어 개발
				건설 광산 기계 설치·
				  정비
				공작 기계 설치·정비
				농업용 기계 설치·
				  정비
				오토바이 정비
				냉동 공조 설계
				보일러 장치 설치
				보일러 설치·정비
				자동차 엔진 정비
				자동차 차체 정비
				자동차 정비 검사
				자동차 튜닝
				선체 조립
				선체 품질 관리
				전장 생산
				선실 의장 생산
				항공기 기체 제작
				항공기 전기·전자
				  장비 제작
				항공기 가스 터빈 엔진
				  정비
				항공기 프로펠러 정비
				항공기 전기·전자
				  장비 정비
				항공기 정비 관리
					기계과
					냉동공조과
					자동차과
					조선과
					항공과

교과(군)	과목군			기준 학과
	전문 공통 과목	기초 과목	실무 과목	
재료		재료 시험 세라믹 재료 세라믹 원리·공정 재료 일반 산업 설비	주조 제강 금속 재료 가공 압연 도금 광학 재료 생체 세라믹 재료 내화물 도자기 탄소 제품 배관 시공 가스 텅스텐 아크 용접 서브머지드 아크 용접	제선 금속 열처리 금속 재료 신뢰성 시험 비철 금속 제련 전기·전자 재료 내열 구조 재료 유리·법랑 연삭재 시멘트 판금 제관 피복 아크 용접 이산화탄소·가스 　메탈 아크 용접 로봇 용접	금속재료과 세라믹과 산업설비과
화학 공업		공업 화학 제조 화학 단위 조작	화학 분석 화학 공정 유지 운영 고분자 제품 제조 기능성 정밀 화학 제품 　제조 플라스틱 제품 제조	화학 물질 관리 석유 화학 제품 무기 공업 화학 바이오 화학 제품 제조	화학공업과
섬유· 의류		섬유 재료 섬유 공정 염색·가공 기초 의류 재료 관리 패션 디자인의 기초 의복 구성의 기초 패션 마케팅	방적 제포 텍스타일 디자인 생산 현장 관리 패턴 메이킹 서양 의복 구성과 생산 가죽·모피 디자인과 　생산 한국 의복 구성과 생산	방사·사가공 염색·가공 구매 생산 관리 패션 디자인의 실제 비주얼 머천다이징 니트 의류 생산 패션 소품 디자인과 　생산 패션 상품 유통 관리	섬유과 의류과

교과(군)	과목군			기준 학과
	전문 공통 과목	기초 과목	실무 과목	
전기 · 전자		전기 회로 전기 기기 전기 설비 자동화 설비 전기 · 전자 기초 전자 회로 전기 · 전자 측정 디지털 논리 회로	수력 발전 설비 운영 원자력 발전 설비 운영 송 · 변전 배전 설비 운영 직류 송배전 제어 · 보호 시스템 설비 제작 전기 기기 제작 전기 설비 운영 외선 공사 자동 제어 기기 제작 자동 제어 시스템 운영 전기 철도 시설물 유지 보수 철도 신호 제어 시설물 유지 보수 전자 제품 생산 전자 부품 생산 전자 부품 소프트웨어 개발 전자 제품 영업 가전 기기 응용 소프트웨어 개발 전자 응용 기기 소프트웨어 개발 가전 기기 기구 개발 산업용 전자 기기 기구 개발 전자 응용 기기 기구 개발 정보 통신 기기 기구 개발 반도체 개발 반도체 장비 디스플레이 개발 디스플레이 장비 부품 개발 로봇 기구 개발 로봇 지능 개발 의료 기기 인허가	화력 발전 설비 운영 원자력 발전 전기 설비 정비 직류 송배전 전력 변환 설비 제작 전기 기기 설계 전기 기기 유지 보수 내선 공사 변전 설비 공사 자동 제어 시스템 유지 정비 전기 철도 시공 철도 신호 제어 시공 전자 제품 기획 전자 부품 기획 전자 부품 기구 개발 전자 제품 설치 · 정비 가전 기기 시스템 소프트웨어 개발 산업용 전자 기기 소프트웨어 개발 가전 기기 하드웨어 개발 산업용 전자 기기 하드웨어 개발 전자 응용 기기 하드웨어 개발 정보 통신 기기 하드웨어 개발 정보 통신 기기 소프트웨어 개발 반도체 제조 반도체 재료 디스플레이 생산 로봇 하드웨어 설계 로봇 소프트웨어 개발 로봇 유지 보수 의료 기기 생산 광부품 개발	전기과 전자과

교과(군)	과목군			기준 학과
	전문 공통 과목	기초 과목	실무 과목	
전기· 전자			의료 기기 연구·개발 레이저 개발 3D 프린터 개발 가상 훈련 시스템 설계·검증	LED 기술 개발 3D 프린터용 제품 제작 가상 훈련 구동 엔지니어링	
정보· 통신		통신 일반 통신 시스템 정보 통신 방송 일반 정보 처리와 관리 컴퓨터 구조 프로그래밍 자료 구조 컴퓨터 시스템 일반 컴퓨터 네트워크	네트워크 구축 무선 통신 구축 방송 제작 시스템 운용 시스템 관리 및 지원 시스템 프로그래밍 응용 프로그래밍 화면 구현 빅데이터 분석 정보 보호 관리	유선 통신 구축 초고속망 서비스 관리 운용 네트워크 프로그래밍 컴퓨터 보안 응용 프로그래밍 개발 데이터베이스 프로그래밍 사물 인터넷 서비스 기 획	방송·통신과 정보컴퓨터과
식품 가공		식품 과학 식품 위생 식품 가공 기술 식품 분석	곡물 가공 식품 품질 관리 면류 식품 가공 축산 식품 가공 유제품 가공 음료·주류 가공 농산 식품 유통 제빵	떡 제조 수산 식품 가공 두류 식품 가공 건강 기능 식품 가공 김치·반찬 가공 농산 식품 저장 제과	식품가공과
인쇄· 출판· 공예		인쇄 일반 디지털 이미지 재현 출판 일반 공예 일반 공예 재료와 도구	프리프레스 특수 인쇄 출판 편집 도자기 공예 석공예 보석 감정	평판 인쇄 후가공 금속 공예 목공예 섬유 공예 귀금속·보석 디자인	인쇄·출판과 공예과
환경· 안전		환경 화학 기초 인간과 환경 산업 안전 보건 기초	수질 관리 폐기물 관리 산업 환경 보건 기계 안전 관리 건설 안전 관리 가스 안전 관리	대기 관리 소음 진동 측정 환경 생태 관리 전기 안전 관리 화공 안전 관리	환경보건과 산업안전과

교과(군)	과목군			기준 학과
	전문 공통 과목	기초 과목	실무 과목	
농림 · 수산 해양		농업 이해 농업 기초 기술 농업 경영 재배 농촌과 농지 개발 농산물 유통 농산물 유통 관리 농산물 거래 관광 농업 환경 보전 친환경 농업 생명 공학 기술 농업 정보 관리 농산 식품 가공 원예 생산 자재 조경 식물 관리 화훼 장식 기초 산림 휴양 산림 자원 임산 가공 동물 자원 반려동물 관리 실험 동물과 기타 가축 농업 기계 농업 기계 공작 농업 기계 운전 · 작업 농업과 물 농업 토목 제도 · 설계 농업 토목 시공 · 측량 해양의 이해 수산 · 해운 산업 기초 해양 생산 일반 해양 정보 관리 해양 오염 · 방제 전자 통신 기초 전자 통신 운용 수산 일반 수산 생물 수산 양식 일반	수도작 재배 육종 종자 유통 보급 농촌 체험 상품 개발 농산물 품질 관리 과수 재배 화훼 장식 산림 조성 임산물 생산 펄프 · 종이 제조 가금 사육 한우 사육 말 사육 사료 생산 애완동물 미용 바이오 의약품 제조 연안 어업 원양 어업 염 생산 어업 환경 개선 내수면 양식 수산 생물 질병 관리 어촌 체험 상품 개발 일반 잠수	전특작 재배 종자 생산 농업 생산 관리 농촌 체험 시설 운영 채소 재배 화훼 재배 임업 종묘 산림 보호 버섯 재배 목재 가공 젖소 사육 돼지 사육 종축 동물 약품 제조 수의 보조 농업 생산 환경 조성 근해 어업 내수면 어업 어업 자원 관리 해면 양식 수산 종묘 생산 어촌 체험 시설 운영 수상 레저 기구 조종 산업 잠수	농업과 원예과 산림자원과 동물자원과 농업기계과 농업토목과 해양생산과 수산양식과 해양레저과

교과(군)	과목군			기준 학과
	전문 공통 과목	기초 과목	실무 과목	
농림 · 수산 해양		수산 경영 수산물 유통 양식 생물 질병 해양 환경과 자원 해양 레저 관광 요트 조종 잠수 기술		
선박 운항		항해 기초 해사 일반 해사 법규 선박 운용 선화 운송 항만 물류 일반 해사 영어 항해사 직무 해운 일반 열기관 선박 보조 기계 선박 전기 · 전자 기관 실무 기초 기관 직무 일반	선박 운항 관리 선박 통신 선박 기기 운용 선박 기관 정비	선박 안전 관리 선박 갑판 관리 기관사 직무 선박 보조기계 정비	항해과 기관과

① 전문 교과 II 과목의 이수 학점은 시 · 도 교육감이 정한다.

② 전문 공통 과목, 기초 과목, 실무 과목은 모든 교과(군)에서 선택할 수 있다.

나. 교육과정 편성 · 운영 기준

1) 공통 사항

가) 고등학교 교육과정의 총 이수 학점은 192학점이며 교과(군) 174 학점, 창의적 체험활동 18학점(306시간)으로 나누어 편성한다. 단, 특성화 고등학교와 산업수요 맞춤형 고등학교는 창의적 체험활동을 18학점(288시간)으로 편성한다. 〈개정 2022. 1. 17.〉

나) 학교는 학생이 3년간 이수 할 수 있는 과목을 학년별, 학기별로 편성하여 학생과 학부모에게 안내하도록 한다. 〈개정 2019. 12. 27.〉

다) 학교는 학습 부담을 고려하고 의미 있는 학습 활동이 이루어질 수 있도록 학기당 이수 과목 수를 적정하게 편성한다. 〈개정 2019. 12. 27.〉

라) 과목의 이수 시기와 학점은 학교에서 자율적으로 편성 · 운영하되, 다음의 각호를 따른다. 〈개정 2019. 12. 27.〉

① 공통 과목은 해당 교과(군)의 선택 과목 이수 전에 편성 · 운영하는 것을 원칙으로 한다. 〈개정 2019. 12. 27.〉

② 보통 교과의 진로 선택 과목 중 기본 수학, 기본 영어, 실용 국어, 실용 수학, 실용 영어는 해당 교과(군)의 공통 과목 이수 전에 편성 · 운영할 수 있으며, 필요한 경우 학생의 발달 수준 등을 고려하여 공통 과목으로 대체하여 편성 · 운영할 수 있다. 이 경우 시 · 도교육청이 정하는 지침에 따라 필요한 절차를 거쳐야 한다. 〈신설 2019. 12. 27.〉, 〈개정 2020. 4. 14.〉

마) 선택 과목 중에서 위계성을 갖는 과목의 경우, 계열적 학습이 가능하도록 편성한다. 단, 학교의 실정 및 학생의 요구, 과목의 성격에 따라 탄력적으로 편성 · 운영할 수 있다.

바) 학교는 일정 규모 이상의 학생이 이 교육과정에 제시된 선택 과목의 개설을 요청할 경우 해당 과목을 개설해야 한다. 이 경우 시 · 도 교육청이 정하는 지침에 따른다.

사) 학교에서 개설하지 않은 선택 과목 이수를 희망하는 학생이 있을 경우 그 과목을 개설한 다른 학교에서의 이수를 인정한다. 이와 관련된 구체적인 사항은 시 · 도교육청이 정하는 지침에 따른다. 〈개정 2022. 1. 17.〉

아) 학교는 필요에 따라 이 교육과정에 제시되어 있는 과목 외에 새로운 과목을 개설할 수 있다. 이 경우 시 · 도 교육청이 정하는 지침에 따라 사전에 필요한 절차를 거쳐야 한다.

자) 학교 및 학생의 필요에 따라 지역사회 기관에서 이루어진 학교 밖 교육을 과목 또는 창의적 체험활동으로 이수할 수 있다. 이 경우 시 · 도 교육청이 정하는 지침에 따른다. 〈개정 2022. 1. 17.〉

차) 학교는 필요에 따라 대학과목 선이수제의 과목을 개설할 수 있고, 국제적으로 공인된 교육과정이나 과목을 개설할 수 있다. 이 경우 시·도 교육청이 정하는 지침에 따른다.

카) 학교는 필요에 따라 교과의 총 이수 학점을 증배 운영할 수 있다. 단, 특수 목적 고등학교와 특성화 고등학교는 전문 교과의 과목에 한하여 증배 운영할 수 있다.

타) 학교는 창의적 체험활동의 영역을 학생들의 발달 수준, 학교의 여건 등을 고려하여 자율적으로 편성·운영하고, 학생의 진로와 연계하여 다양한 활동이 이루어질 수 있도록 한다.

파) 학교는 학생이 자신의 진로에 적합한 과목을 체계적으로 이수할 수 있도록 진로지도와 연계하여 선택 과목 이수에 대한 정보를 적극적으로 안내한다.

하) 학교는 과목별 최소 성취수준을 보장하기 위해 학교의 여건 등을 고려하여 다양한 방식으로 예방·보충지도를 실시하여야 한다. 이와 관련된 구체적인 사항은 교육부 장관이 정하는 지침에 따른다. 〈신설 2022. 1. 17.〉

2) 일반 고등학교(자율 고등학교 포함)

가) 교과(군)의 총 이수 학점 174학점 중 필수 이수 학점은 94학점으로 한다. 단, 필요한 경우 학교는 학생의 진로 및 발달 수준 등을 고려하여 필수 이수 학점을 학생별로 다르게 정할 수 있으며, 이 경우 시·도 교육청이 정하는 지침에 따른다. 〈개정 2022. 1. 17.〉

나) 학교는 교육과정을 보통 교과 중심으로 편성하되, 필요에 따라 전문 교과의 과목을 개설할 수 있다.

다) 학교는 학생이 이수하기를 희망하는 일반 선택 과목을 개설하도록 노력해야 하며, 모든 학생이 보통 교과의 진로 선택 과목에서 3개 과목 이상을 이수할 수 있도록 한다.

라) 학교가 제2외국어 과목을 개설할 경우, 2개 이상의 과목을 동시에 개설하도록 노력해야 한다.

마) 특정 교과를 중심으로 중점 학교를 운영할 수 있으며, 이 경우 자율 편성 학점의 50% 이상을 해당 교과목으로 편성할 수 있다. 〈개정 2022. 1. 17.〉

바) 체육, 음악, 미술 등의 과정을 개설하는 학교의 경우, 필요에 따라 지역 내 중점 학교 및 지역사회 기관 등을 활용할 수 있다. 〈개정 2022. 1. 17.〉

사) 학교는 직업에 관한 과정을 운영할 수 있다. 이 경우 특성화 고등학교와 산업수요 맞춤형 고등학교의 학점 배당 기준을 적용할 수 있으며, 이와 관련된 구체적인 사항은 시·도 교육청이 정하는 지침에 따른다. 〈개정 2022. 1. 17.〉

아) 학교가 필요에 따라 이 교육과정에 명시되지 않은 새로운 과목을 개설할 경우 진로 선택 과목으로 편성한다. 〈신설 2019. 12. 27.〉

3) 특수 목적 고등학교(산업수요 맞춤형 고등학교 제외)

가) 특수 목적 고등학교는 교과(군)의 총 이수 학점 174학점 중 보통 교과는 85학점 이상 편성하며, 전공 관련 전문 교과 Ⅰ 을 72학점 이상 편성한다. 〈개정 2022. 1. 17.〉

나) 보통 교과의 선택 과목은 이와 내용이 유사하거나 관련되는 전문 교과 Ⅰ 의 과목으로 대체하여 편성·운영할 수 있다.

다) 외국어 계열 고등학교에서는 전문 교과 Ⅰ 의 총 이수 학점의 60% 이상을 전공 외국어로 하고, 전공 외국어를 포함한 2개 외국어로 전문 교과 Ⅰ 의 과목을 편성해야 한다.

라) 국제 계열 고등학교는 전문 교과 Ⅰ 의 국제 계열 과목과 외국어 계열 과목을 72학점 이상 이수하되, 국제 계열 과목을 50% 이상 편성한다.

마) 이 교육과정에 명시되지 않은 계열의 교육과정은 유사 계열의 교육과정에 준한다. 부득이 새로운 계열을 설치하고 그에 따른 교육과정을 편성할 경우에는 시·도 교육청이 정하는 지침에 따라 사전에 필요한 절차를 거쳐야 한다. 〈개정 2019. 12. 27.〉

바) 학교가 필요에 따라 이 교육과정에 명시되지 않은 새로운 과목을 개설할 경우 진로 선택 과목 또는 전문 교과 Ⅰ 로 편성한다. 〈신설 2019. 12. 27.〉

4) 특성화 고등학교와 산업수요 맞춤형 고등학교

가) 학교는 산업수요와 직업의 변화를 고려하여 학과를 개설하고, 학과별 인력 양성 유형, 학생의 취업 역량과 경력 개발 등을 고려하여 학생이 직업기초능력 및 직무능력을 함양할 수 있도록 교육과정을 편성·운영한다. 〈개정 2018. 4. 19.〉

① 학교는 교과(군)의 총 이수 학점 174학점 중 보통 교과를 66학점 이상, 전문 교과 Ⅱ를 86학점 이상 편성한다. 단, 필요한 경우 학교는 학생의 진로 및 발달 수준 등을 고려하여 필수 이수 학점을 학생별로 다르게 정할 수 있으며, 이 경우 시·도 교육청이 정하는 지침에 따른다. 〈개정 2020. 4. 14.〉 〈개정 2022. 1. 17.〉

② 학교는 두 개 이상의 교과(군)의 과목을 선택하여 전문 교과 Ⅱ를 편성·운영할 수 있다.

③ 실무 과목을 편성할 경우, 해당 과목의 내용 영역(능력단위)을 기준으로 학년별, 학기별 운영 계획을 수립해야 한다.

④ 실무 과목은 국가직무능력표준의 성취기준에 적합하게 교수·학습이 이루어지도록 한다.

나) 학교는 학과를 운영할 때 필요한 경우 세부 전공, 부전공 또는 자격 취득 과정을 개설할 수 있다. 〈개정 2018. 4. 19.〉 〈개정 2022. 1. 17.〉

다) 전문 교과 Ⅱ의 기초가 되는 과목을 선택하여 이수할 경우, 이를 관련되는 보통 교과의 선택 과목 이수로 간주할 수 있다.

라) 내용이 유사하거나 관련되는 보통 교과의 선택 과목과 전문 교과 I 의 과목을 전문 교과 II 의 과목으로 교체하여 편성 · 운영할 수 있다.

마) 삭제 〈2019. 12. 27.〉

바) 학교는 산업계의 수요 등을 고려하여 전문 교과 II 의 교과 내용에 주제나 내용 요소를 추가하여 구성할 수 있다. 단, 실무 과목의 경우에는 국가직무능력표준에 기반해야 하며 필요에 따라 내용 영역(능력단위) 중 일부를 선택하여 운영할 수 있다.

사) 다양한 직업적 체험과 현장 적응력 제고 등을 위해 학교에서 배운 지식과 기술을 경험하고 적용하는 현장 실습을 교육과정에 포함하여 운영해야 한다.

　① 현장 실습은 교육과정과 관련된 직무를 경험할 수 있도록 운영한다. 특히, 산업체를 기반으로 실시하는 현장 실습 운영은 학생이 참여 여부를 선택하도록 하되, 학교와 산업계가 프로그램을 공동으로 개발하고 실습의 과정과 결과를 평가하도록 한다. 〈개정 2018. 4. 19.〉

　② 현장 실습은 지역사회 유관 기관들과 연계하여 다양한 형태로 운영할 수 있으며, 이와 관련된 구체적인 사항은 시 · 도 교육청이 정한 지침에 따른다.

아) 학교는 실습 관련 과목을 지도할 경우 사전에 수업 내용과 관련된 산업안전보건 등에 대한 교육을 실시해야 하고, 안전 장구 착용 등 안전 조치를 취한다.

자) 창의적 체험활동은 학생의 진로 및 경력 개발, 인성 계발, 취업 역량 제고 등을 목적으로 프로그램을 운영할 수 있다.

차) 이 교육과정에 명시되지 않은 교과(군)의 교육과정은 유사한 교과(군)의 교육과정에 준한다. 부득이 새로운 교과(군)의 설치 및 그에 따른 교육과정을 편성 · 운영하고자 할 경우, 시 · 도 교육청이 정하는 지침에 따라 사전에 필요한 절차를 거쳐야 한다.

카) 학교가 필요에 따라 이 교육과정에 명시되지 않은 새로운 실무 과목을 개설하여 운영할 경우 국가직무능력표준에 기반해야 하며, 시 · 도교육청이 정하는 지침에 따라 사전에 필요한 절차를 거쳐야 한다.

타) 산업수요 맞춤형 고등학교는 산업계의 수요와 직접 연계된 맞춤형 교육과정을 운영하며, 산업계의 수요를 교육에 반영하기 위하여 필요한 경우 이 교육과정과 다르게 자율적으로 교육과정을 편성 · 운영할 수 있다.

파) 특성화 고등학교와 산업수요 맞춤형 고등학교 외의 학교에서 직업교육 관련 학과를 설치 · 운영할 경우, 특성화 고등학교와 산업수요 맞춤형 고등학교의 편성 · 운영 기준에 따른다.

하) 삭제 〈2022. 1. 17.〉

5. 특수한 학교에서의 교육과정 편성 · 운영

가. 초 · 중 · 고등학교에 준하는 학교의 교육과정은 이 교육과정에 따라서 편성 · 운영한다.

나. 국가가 설립 운영하는 학교의 교육과정은 해당 시 · 도 교육청의 편성 · 운영 지침을 참고하여 학교장이 편성한다.

다. 공민학교, 고등공민학교, 고등기술학교, 근로 청소년을 위한 특별 학급 및 산업체 부설 학교, 기타 특수한 학교는 이 교육과정을 바탕으로 학교의 실정과 학생의 특성에 알맞은 학교 교육 과정을 편성하고, 시 · 도 교육감의 승인을 얻어 운영한다.

라. 야간 수업을 하는 학교의 교육과정은 이 교육과정을 따르되, 다만 1시간의 수업을 40분으로 단축하여 운영할 수 있다.

마. 방송통신중학교 및 방송통신고등학교는 이 교육과정에 제시된 중학교 및 고등학교 교육과정 을 따르되, 시 · 도 교육감의 승인을 얻어 이 교육과정의 편제와 시간 · 학점 배당 기준을 다음 과 같이 조정하여 운영할 수 있다. 〈개정 2022. 1. 17.〉

  1) 편제와 시간 · 학점 배당 기준은 중학교 및 고등학교 교육과정에 준하되, 중학교는 2,652시간 이상, 고등학교는 152학점 이상 이수하도록 한다. 〈개정 2022. 1. 17.〉

  2) 학교 출석 수업 일수는 연간 20일 이상으로 한다.

바. 특성화 학교, 자율 학교, 재외한국학교 등 법령에 따라 교육과정 편성 · 운영의 자율성이 부여 되는 학교의 경우에는 학교의 설립 목적 및 특성에 따른 교육이 가능하도록 교육과정 편성 · 운영의 자율권을 부여하고, 이와 관련한 구체적인 사항은 시 · 도 교육청(재외한국학교의 경 우 교육부)의 지침에 따른다.

사. 교육과정의 연구 등을 위해 새로운 방식으로 교육과정을 편성 · 운영하고자 하는 학교는 교육부 장관의 승인을 받아 이 교육과정의 기준과는 다르게 학교 교육과정을 편성 · 운영할 수 있다.

Ⅲ. 학교 교육과정 편성 · 운영

1. 기본 사항

가. 학교는 이 교육과정을 바탕으로 학교 실정에 알맞은 학교 교육과정을 편성 · 운영한다.

나. 학교는 학교 교육과정 편성 · 운영 계획을 바탕으로 학년(군)별 교육과정 및 교과(목)별 교육 과정을 편성할 수 있다.

다. 학교 교육과정은 모든 교원이 전문성을 발휘하여 참여하는 민주적인 절차와 과정을 거쳐 편성한다.

라. 교육과정의 합리적 편성과 효율적 운영을 위해 교원, 교육과정 전문가, 학부모 등이 참여하는 학교 교육과정 위원회를 구성하여 운영하며, 이 위원회는 학교장의 교육과정 운영 및 의사 결정에 관한 자문의 역할을 담당한다. 단, 특성화 고등학교와 산업수요 맞춤형 고등학교의 경우에는 산업계 인사가 참여할 수 있고, 통합교육이 이루어지는 학교의 경우에는 특수교사가 참여할 것을 권장한다.

마. 학교 교육과정을 편성·운영할 때에는 교원의 조직, 학생의 실태, 학부모의 요구, 지역사회의 실정 및 교육 시설·설비 등 교육 여건과 환경을 충분히 반영하도록 노력한다.

바. 교과와 창의적 체험활동의 내용 배열은 반드시 학습의 순서를 의미하는 것은 아니므로, 지역의 특수성, 계절 및 학교의 실정과 학생의 요구, 교사의 필요에 따라 각 교과목의 학년군별 목표 달성을 위한 지도 내용의 순서와 비중, 방법 등을 조정하여 운영할 수 있다.

사. 학교는 교과와 창의적 체험활동의 효율적인 운영을 위하여 지역사회의 인적, 물적 자원을 계획적으로 활용한다.

아. 학교는 학생의 요구, 학교의 실정 및 특색 등을 종합적으로 고려하여 창의적 체험활동의 영역, 활동, 시간 등을 자율적으로 편성·운영할 수 있다.

자. 학교는 창의적 체험활동이 실질적 체험학습이 되도록 지역사회의 유관 기관과 연계·협력하여 프로그램을 운영할 수 있다.

차. 학교는 학생과 학부모의 요구를 바탕으로 방과후학교 또는 방학 중 프로그램을 개설할 수 있으며, 학생들의 자발적인 참여를 원칙으로 한다.

카. 학교는 가정 및 지역과 연계하여 학생이 건전한 생활 태도와 행동 양식을 가지고 학습에 임할 수 있도록 지도한다.

타. 학교는 동학년 모임, 교과별 모임, 현장 연구, 자체 연수 등을 통해서 교사들의 교육 활동 개선이 이루어지도록 한다.

파. 학교는 학교 교육과정 편성·운영의 적절성과 효과성 등을 자체 평가하여 문제점과 개선점을 추출하고, 다음 학년도의 교육과정 편성·운영에 그 결과를 반영한다.

하. 학교는 교과별 성취기준 및 학습자의 온라인 학습 상황 등을 종합적으로 고려하여 원격수업 방법, 시간 등을 계획하여 운영한다. 〈신설 2020. 12. 31.〉

2. 교수·학습

가. 학교는 교과목별 성취기준에 따라 다음과 같은 사항에 중점을 두고 교수·학습이 이루어지도

록 한다.

1) 교과의 학습은 단편적 지식의 암기를 지양하고 핵심 개념과 일반화된 지식의 심층적 이해에 중점을 둔다.

2) 각 교과의 핵심 개념과 일반화된 지식 및 기능이 학생의 발달 단계에 따라 그 폭과 깊이를 심화할 수 있도록 수업을 체계적으로 설계한다.

3) 학생의 융합적 사고를 기를 수 있도록 교과 내, 교과 간 내용 연계성을 고려하여 지도한다.

4) 실험, 관찰, 조사, 실측, 수집, 노작, 견학 등의 직접 체험 활동이 충분히 이루어지도록 한다.

5) 개별 학습 활동과 함께 소집단 공동 학습 활동을 통하여 협력적으로 문제를 해결하는 협동학습 경험을 충분히 제공한다.

6) 학생이 능동적으로 수업에 참여하고 자신의 생각을 표현하는 기회를 가질 수 있도록 토의·토론 학습을 활성화한다.

7) 학생에게 학습 내용을 실제적 맥락 속에서 적용하고 활용할 수 있는 기회를 충분히 제공한다.

8) 학생이 스스로 자신의 학습 과정과 학습 전략을 점검하고 개선하며 자기주도적으로 학습할 수 있도록 지도한다.

나. 학교는 효과적인 교수·학습 환경 설계를 위해 다음과 같은 사항에 중점을 둔다.

1) 교사와 학생 간, 학생과 학생 간 상호 신뢰와 협력이 가능한 교수·학습 환경을 제공한다.

2) 학생의 능력, 적성, 진로를 고려하여 교육 내용과 방법을 다양화하고, 학교의 여건과 학생의 특성에 따라 다양한 학습 집단을 구성하여 학생 맞춤형 수업을 하도록 한다.

3) 학교는 학습 결손을 보충할 수 있도록 특별 보충 수업을 운영할 수 있으며, 이에 대한 제반 운영 사항은 학교가 자율적으로 결정한다.

4) 각 교과의 특성에 맞는 다양한 학습이 이루어질 수 있도록 교과 교실제 운영을 활성화한다.

5) 학교는 교과용 도서 이외에 교육청이나 학교에서 개발한 다양한 교수·학습 자료를 활용할 수 있다.

6) 실험 실습 및 실기 지도 과정에서 학생의 안전사고를 예방하기 위해 시설 및 기계 기구, 약품, 용구 사용의 안전에 만전을 기한다.

7) 학교의 여건과 교과의 특성에 따라 실시간 쌍방향 수업, 콘텐츠 활용 중심 수업, 과제 중심 수업 등 다양한 유형의 원격수업을 운영할 수 있다. 〈신설 2020. 12. 31.〉

3. 평가

가. 평가는 학생의 교육 목표 도달도를 확인하고 교수·학습의 질을 개선하는 데에 주안점을 둔다.

　1) 학교는 학생에게 평가 결과에 대한 적절한 정보 제공과 추수 지도를 통해 학생이 자신의 학습을 지속적으로 성찰하고 개선할 수 있도록 지도한다.

　2) 학생 평가 결과를 활용하여 수업의 질을 지속적으로 개선한다.

나.학교와 교사는 성취기준에 근거하여 학교에서 중요하게 지도한 내용과 기능을 평가하며 교수·학습과 평가 활동이 일관성 있게 이루어지도록 한다.

　1) 학생에게 배울 기회를 주지 않은 내용과 기능은 평가하지 않도록 한다.

　2) 학습의 결과뿐만 아니라 학습의 과정을 평가하여 모든 학생이 교육 목표에 성공적으로 도달할 수 있도록 한다.

　3) 학교는 학생의 인지적 능력과 정의적 능력에 대한 평가가 균형 있게 이루어질 수 있도록 한다.

다. 학교는 교과의 성격과 특성에 적합한 평가 방법을 활용한다.

　1) 서술형과 논술형 평가 및 수행평가의 비중을 확대한다.

　2) 정의적, 기능적, 창의적인 면이 특히 중시되는 교과는 타당한 평정 기준과 척도에 따라 평가를 실시한다.

　3) 실험·실습의 평가는 교과목의 성격을 고려하여 합리적인 세부 평가 기준을 마련하여 실시한다.

　4) 창의적 체험활동은 내용과 특성을 고려하여 평가의 주안점을 학교에서 결정하여 평가한다.

　5) 전문 교과 II의 실무 과목은 성취 평가제와 연계하여 내용 요소를 구성하는 '능력단위' 기준으로 평가할 수 있다.

4. 모든 학생을 위한 교육기회의 제공

가. 교육 활동 전반을 통하여 남녀의 역할, 학력과 직업, 종교, 이전 거주지, 인종, 민족 등에 관한 편견을 가지지 않도록 지도한다.

나. 학습 부진 학생, 장애를 가진 학생, 특정 분야에서 탁월한 재능을 보이는 학생, 귀국 학생, 다문화 가정 학생 등이 학교에서 충실한 학습 경험을 누릴 수 있도록 필요한 지원을 한다.

다. 특수교육 대상 학생을 위해 특수학급을 설치·운영하는 경우, 학생의 장애 특성 및 정도를 고려하여 이 교육과정을 조정하여 운영하거나 특수교육 교육과정 및 교수·학습 자료를 활용할 수 있다.

라. 다문화 가정 학생을 위한 특별 학급을 설치·운영하는 경우, 다문화 가정 학생의 한국어 능력

을 고려하여 이 교육과정을 조정하여 운영하거나, 한국어 교육과정 및 교수·학습 자료를 활용할 수 있다. 한국어 교육과정은 학교의 특성, 학생·교사·학부모의 요구 및 필요에 따라 주당 10시간 내외에서 운영할 수 있다.

마. 학교가 종교 과목을 개설할 때에는 종교 이외의 과목을 포함, 복수로 과목을 편성하여 학생에게 선택의 기회를 주어야 한다. 다만, 학생의 학교 선택권이 허용되는 종립 학교의 경우 학생·학부모의 동의를 얻어 단수로 개설할 수 있다.

IV. 학교 교육과정 지원

1. 국가 수준의 지원

이 교육과정의 원활한 편성·운영을 위하여 국가 수준에서는 다음과 같이 지원한다.

가. 시·도 교육청의 교육과정 지원 활동과 단위 학교의 교육과정 편성·운영 활동이 상호 유기적으로 이루어질 수 있도록 행·재정적 지원을 한다.

나. 이 교육과정의 질 관리를 위하여 주기적으로 학업 성취도 평가, 학교와 교육 기관 평가, 교육과정 편성·운영에 관한 평가를 실시하고 그 결과를 교육과정 개선에 활용한다.

1) 교과별, 학년(군)별 학업 성취도 평가를 실시하고, 평가 결과는 학력의 질 관리와 교육과정의 적절성 확보 및 개선에 활용한다. 특성화 고등학교와 산업수요 맞춤형 고등학교에서는 교육과정의 특성을 고려하여 기초 학력과 평생 학습 역량의 강화를 위한 학업 성취도를 평가할 수 있으며, 평가 결과는 기초 학력과 직업 기초 능력의 향상, 취업 역량 강화 등을 위해 활용할 수 있다.

2) 학교의 교육과정 편성·운영과 교육청의 교육과정 지원 상황을 파악하기 위하여 학교와 교육청에 대한 평가를 주기적으로 실시한다.

3) 교육과정 편성·운영과 지원 체제의 적절성 및 실효성을 평가하기 위한 연구를 수행한다.

다. 학교에서 평가 활동이 원활히 이루어질 수 있도록 다양한 방안을 개발하여 학교에 제공한다.

1) 교과별로 성취기준에 따른 평가 기준을 개발·보급하여 학교가 교과 교육과정의 목표에 부합되는 평가를 실시할 수 있도록 한다.

2) 교과별 평가 활동에 활용할 수 있는 다양한 평가 방법, 절차, 도구 등을 개발하여 학교에 제공한다.

라. 특성화 고등학교와 산업수요 맞춤형 고등학교가 기준 학과별 국가직무능력표준이나 직무분석 결과에 기초하여 교육과정을 편성·운영할 수 있도록 지원한다.

마. 특수교육 대상 학생의 교육과정 편성·운영을 위해 관련 교과용 도서와 교수·학습 자료 개발, 평가 등에 필요한 제반 사항을 지원한다.

바. 이 교육과정이 교육 현장에 정착될 수 있도록 교육청 수준의 교원 연수와 전국 단위의 교과 연구회 활동을 적극적으로 지원한다.

사. 학교 교육과정이 원활히 운영될 수 있도록 학교 시설 및 교원 수급 계획을 마련하여 제시한다.

2. 교육청 수준의 지원

이 교육과정의 원활한 편성·운영을 위하여 교육청은 다음과 같은 사항을 지원한다.

가. 시·도의 특성과 교육적 요구를 구현하기 위하여 시·도 교육청 교육과정 위원회를 조직하여 운영한다.

 1) 이 위원회는 교육과정 편성·운영에 관한 조사 연구와 자문 기능을 담당한다.

 2) 이 위원회에는 교원, 교육 행정가, 교육학 전문가, 교과 교육 전문가, 학부모, 지역사회 인사, 산업체 인사 등이 참여할 수 있다.

나. 지역의 특수성, 교육의 실태, 학생·교원·주민의 요구와 필요 등을 반영하여 교육청 단위의 교육 중점을 설정하고, 학교 교육과정 개발을 위한 시·도 교육청 수준 교육과정 편성·운영 지침을 마련하여 안내한다.

다. 학교가 새 학년도 시작에 앞서 교육과정 편성·운영에 관한 계획을 수립할 수 있도록 교육과정 편성·운영 자료를 개발·보급하고, 교원의 전보를 적기에 시행한다.

라. 교과와 창의적 체험활동에 필요한 교과용 도서의 인정, 개발, 보급을 위해 노력한다.

마. 중학교 자유학기 운영을 지원하기 위해 각종 자료의 개발·보급, 교원의 연수, 지역사회와의 연계가 포함된 자유학기 지원계획을 수립하여 추진한다.

바. 학교가 국가 교육과정에 제시되지 않은 교과목을 설치, 운영할 수 있도록 관련 지침을 학교에 제공하고 학교로 하여금 필요한 사전 절차를 밟도록 지원한다.

사. 학교가 지역사회의 유관 기관과 적극적으로 연계·협력해서 교과, 창의적 체험활동을 내실 있게 운영할 수 있도록 지원하며, 관내 학교가 활용할 수 있는 '지역 자원 목록'을 작성하여 제공하는 등 구체적인 지원 방안을 마련한다.

아. 학교 교육과정의 효과적 운영을 위하여 학생의 배정, 교원의 수급 및 순회, 학교 간 시설과 설비의 공동 활용, 자료의 공동 개발과 활용에 관하여 학교 간 및 교육지원청 간의 협조 체제를

구축한다.

자. 전・입학, 귀국 등에 따라 공통 교육과정의 교과와 고등학교 공통 과목을 이수하지 못한 학생들이 해당 교과를 이수할 수 있도록 다양한 기회를 마련해 주고, 학생들이 지역사회의 공공성 있는 사회 교육 시설을 통해 이수한 과정을 인정해 주는 방안을 마련한다.

차. 귀국자 및 다문화 가정 학생의 교육 경험의 특성과 배경을 고려하여 이 교육과정을 이수하는 데에 어려움이 없도록 지원한다.

카. 특정 분야에서 탁월한 재능을 보이는 학생, 학습 부진 학생, 장애를 가진 학생들을 위한 교육 기회를 마련하고 지원한다.

타. 단위 학교의 교육과정 편성・운영을 지원할 수 있도록 교원 연수, 교육과정 컨설팅, 연구학교 운영 및 연구회 활동 지원 등에 대한 계획을 수립하여 시행한다.

 1) 교원의 학교 교육과정 편성・운영 능력과 교과 및 창의적 체험활동에 대한 지도 능력을 제고하기 위하여 교원에 대한 연수 계획을 수립하여 시행한다.

 2) 학교 교육과정의 효율적인 편성・운영을 지원하기 위해 교육과정 컨설팅 지원단 등 지원 기구를 운영하며 교육과정 편성・운영을 위한 각종 자료를 개발하여 보급한다.

 3) 학교 교육과정 편성・운영의 개선과 수업 개선을 위해 연구학교를 운영하고 연구 교사제 및 교과별 연구회 활동 등을 적극적으로 지원한다.

파. 학교가 이 교육과정에 근거하여 학교 교육과정을 편성・운영할 수 있도록 다음의 사항을 지원한다.

 1) 학교 교육과정 편성・운영을 위해서 교육 시설, 설비, 자료 등을 정비하고 확충하는 데 필요한 행・재정적인 지원을 한다.

 2) 고등학교에서 학생의 과목 선택권을 보장하기 위해 교원 수급, 시설 확보, 프로그램 개발 등 필요한 행・재정적인 지원을 한다.

 3) 복식 학급 운영 등 소규모 학교의 정상적인 교육과정 운영을 지원하기 위해 교원의 배치, 학생의 교육받을 기회 확충 등에 필요한 행・재정적인 지원을 한다.

 4) 수준별 수업을 효율적으로 운영하도록 지원하며, 기초학력 향상과 학습 결손 보충이 가능하도록 '특별 보충 수업'을 운영하는 데 필요한 행・재정적인 지원을 한다.

 5) 지역사회와 학교의 여건에 따라 초등학교 저학년 학생을 학교에서 돌볼 수 있는 기능을 강화하고, 이에 대해 충분한 행・재정적 지원을 한다.

 6) 개별 학교의 희망과 여건을 반영하여 지역 내 학교 간 개설할 집중 과정을 조정하고, 그 편성・운영을 지원한다. 특히 소수 학생이 지망하는 집중 과정을 개설할 학교를 지정하고, 원활

한 교육과정 편성·운영을 위한 행·재정적인 지원을 한다.

7) 인문학적 소양 및 통합적 읽기 능력 함양을 위해 독서 활동을 활성화하도록 다양한 지원을 한다.

8) 특성화 고등학교와 산업수요 맞춤형 고등학교가 산업체와 협력하여 특성화된 교육과정과 실습 과목을 편성·운영할 경우, 학생의 현장 실습이 내실 있게 운영될 수 있도록 행·재정적 지원을 한다.

9) 안정적인 원격수업을 지원하기 위해 학교의 원격수업 인프라 구축, 교원의 원격수업 역량 강화 등에 필요한 행·재정적인 지원을 한다. 〈신설 2020. 12. 31.〉

10) 고등학교 교육과정이 학점에 기반을 두고 편성·운영 될 수 있도록 각종 자료의 개발·보급, 교원의 연수, 학교 컨설팅, 최소 성취수준 보장 프로그램, 지역사회와의 연계 등이 포함된 지원계획을 수립하여 추진한다. 〈신설 2022. 1. 17.〉

하. 학교 교육과정의 질 관리를 위하여 다음의 사항을 실시한다.

1) 학교에 대한 교육과정 운영 지원 실태와 각급 학교의 교육과정 편성·운영 실태를 정기적으로 파악하고, 효과적인 교육과정의 운영과 개선 및 질 관리에 필요한 지원을 한다.

2) 학교의 교육과정 편성·운영에 대한 질 관리와 교육과정 편성·운영 체제의 적절성 및 실효성을 높이기 위하여 학업 성취도 평가, 학교 교육과정 평가 등을 실시하고 그 결과를 교육과정 개선에 활용한다.

3) 교육청 수준의 학교 교육과정 지원에 대한 자체 평가와 교육과정 운영 지원 실태에 대한 점검을 자율적으로 실시하고 개선 방안을 마련한다.

찾아보기

인명

내용

저자 소개

강현석

경북대학교 교육학과 졸업

경북대학교 대학원(교육학 석 · 박사)

University of Wisconsin-Madison 연구원

한국대학교육협의회 선임연구원, 순천대학교 교수 역임

전 한국내러티브교육학회 회장

현 한국교육과정학회 회장

현 경북대학교 사범대학 교육학과 교수

〈주요 저서 및 역서〉

선택중심 교육과정의 이론과 실제(공저, 학지사, 2004)

교육과정: 기초, 원리, 쟁점(공역, 학지사, 2007)

내러티브, 인간과학을 만나다(공역, 학지사, 2009)

인간 교육학의 새로운 도전(공역, 학지사, 2011)

이해중심 교육과정을 위한 백워드 설계의 이론과 실천:
    교실혁명 2판(공저, 학지사, 2021)

내러티브 기반 지식교육의 대전환(학지사, 2022)

(다문화 교실 수업을 위한)교과 학습과 백워드 설계(공
    저, 학지사, 2022)

현대 교육과정 탐구(2판)

2011년 8월 30일 1판 1쇄 발행
2019년 8월 7일 1판 6쇄 발행
2022년 8월 30일 2판 1쇄 발행

지은이 • 강현석
펴낸이 • 김진환
펴낸곳 • (주)**학지사**
　　　　　04031 서울특별시 마포구 양화로 15길 20 마인드월드빌딩
대표전화 • 02-330-5114　　팩스 • 02-324-2345
등록번호 • 제313-2006-000265호

홈페이지 • http://www.hakjisa.co.kr
페이스북 • https://www.facebook.com/hakjisabook

ISBN 978-89-997-2732-0　93370

정가 25,000원

출판미디어기업 **학지사**

간호보건의학출판 **학지사메디컬** www.hakjisamd.co.kr
심리검사연구소 **인싸이트** www.inpsyt.co.kr
학술논문서비스 **뉴논문** www.newnonmun.com
교육연수원 **카운피아** www.counpia.com